KB140741

의미 따라 갈래지은

우리말 관용어 사전

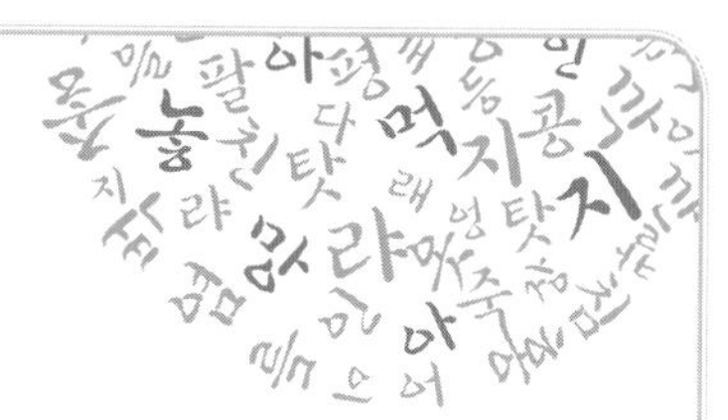

의미 따라 갈래지은

우리말 관용어 사전

최경봉 지음

일조각

머리말

이 책은 우리말 관용어를 의미에 따라 갈래지어 수록한 사전이다. 이러한 사전을 편찬한 목적은 명확하다. 상황 맥락에 따라 그에 적절한 관용어를 선택해 쓰고 싶은 사람들에게 도움을 주자는 것이다. 우리는 글을 쓰거나 말을 할 때 가끔 이런 생각을 하기도 한다.

"일에 임하는 적극적인 태도를 나타내고 싶은데 이를 표현할 만한 말이 없을까? 생동감이 느껴지는 관용어라면 더 좋을 텐데." "슬픈 감정을 표현하고 싶은데 이러한 감정을 나타내려면 어떤 말을 써야 하지? 내가 느끼는 이 오묘한 슬픔을 섬세하게 표현하려면 관용어가 좋을 것 같은데."

그러나 이런 생각은 대개 생각으로 끝나기 십상이다. 아무리 국어사전과 관용어사전을 뒤적여도 우리가 원하는 표현을 찾기는 쉽지 않을 테니까. 사전에 무슨 문제가 있어서일까? 사전의 표제어가 너무 부족해서일까? 사전의 뜻풀이와 용례가 변변치 못해서일까? 그러나 사전의 내용을 보충하더라도 이런 불편은 계속될 수밖에 없다. '일에 임하는 적극적 태도'와 '슬픈 감정'을 표현하는 말이 사전에 없다는 게 문제가 아니라, 그 말들이 사전 속에 꼭꼭 숨어 찾을 수 없다는 게 문제이기 때문이다.

나는 1996년 3월 지금은 고인이 된 박영준 교수와 관용어사전(《관용어사전》, 태학사)을 출간한 바 있다. 그러나 이 사전이 출간되고 얼마 되지 않아 자모순으로 배열된 관용어사전의 한계를 느끼게 되었다. 그러던 차에 《관용어사전》의 공저자로서 관용어사전의 개선 방안과 관련한 의견을 발표할 기회가 몇 차례 있었다. 나는 그때마다 관용어가 언어의 화용적 변이 양상을 보여 주는 어휘소임을 거론하며, 관용어를 언어의 사용 맥락에 따라 갈래지어 사전에 수록했을 때 사전의 활용도가 높아질 수 있음을 강조하였다. 게다가 각종 포털에서 무료로 국어사전을 이용할 수 있는 시대가 되면서, 국어사전과 거의 동일한 체제로 편찬한 관용어사전이 무슨 소용이 있을지에 대한 의구심은 날로 커졌다.

《관용어사전》의 공저자로서 《관용어사전》의 체제를 비판하고 그 효용성을 의심해야 하는 건 참으로 불편한 일이었다. 결국 그 불편함을 견디지 못한 나는 《관용어사전》에 수록된 관용어를 사용 맥락에 따라 갈래짓는 일을 시작하였다. 2000년 겨울방학 때였다. 그러나 웬걸, 관용어를 사용 맥락별로 갈래짓는 시도를 한 지 한 달 만에 일을 접었다. 아쉬움보다는 다행이라는 생각이 먼저 들었다. 4,000여 개의 관용어를 의미 혹은 사용 맥락에 따라 갈래짓는 것이 얼마나 복잡한 일인지를 일 년이 아니라 한 달 만에 깨달은 건 다행 아닌가!

그러나《관용어사전》공저자로서의 책임을 쉽게 벗어던질 수는 없었던지라, 박영준 교수와는 관련어 정보를 강화하는 선에서라도 개정을 해야 하지 않겠느냐는 말을 주고받곤 했다. 시간이 흐르면서 드러나는 내용상 오류들에 피차 괴로워하던 차였다. 그러나 마음과 달리, 다른 일에 쫓겨 혹은 다른 책에 밀려 일을 시작하자는 말은 선뜻 꺼내지 못했다. 그런데 2007년 11월 박영준 교수가 허망하게 세상을 떠났다. 그를 떠나보내고 나니 뭔지 모를 사명감이 밀려왔다. 그로부터 햇수로 칠 년, 그동안 나는 겨를만 있으면 관용어사전에 매달렸다. 용례를 수집하고 철저하게 용례에 근거하여 뜻풀이를 하면서 관용어를 갈래짓는 방식을 고민했던 과정은, 사전 편찬이 무엇인지를 몸으로 깨닫는 시간이었다. 수집한 관용어를 갈래지어 정리하면서《관용어사전》의 내용과 체제에 많은 변화가 생겼다.

사전 기술 원칙을 새롭게 정하면서 대부분의 용례가 교체·수정되었고, 표제어와 뜻풀이에도 상당한 변화가 있었다. 내가 가장 중요하게 생각한 원칙은 실제 용례에 기초하여 사전을 기술한다는 것. 용례를 수집하고 정리한 후 표제어를 정하고 그 뜻을 풀이하는 작업이 원점에서 다시 시작되었다. 나름 엄청난 일을 벌였음에도 내가 자못 여유로울 수 있었던 것은 이 시대가 나에게 베푼 혜택 때문이었다. 나는 소설 연구자들의 지적·육체적 노동에 힘입어 출간된 다양한 소설어사전을 뒤적이며 한국어의 보물을 손쉽게 탐색할 수 있었다. 그뿐인가? 눈부시게 발달한 정보화 기술 덕에 정보의 바다로 나아가 생생한 관용어를 마음껏 낚아 올릴 수 있었다. 특히나 90여 년에 걸쳐 쌓인 신문과 잡지 더미를 헤집을 엄두를 내지 못했던 나에게 '네이버 뉴스 라이브러리(newslibrary.naver.com)'와 '국사편찬위원회 한국사데이터베이스(db.history.go.kr)'는 뱃놀이 삼아 다녀올 수 있는 보물섬이었다.

의미 갈래에 따라 표제어를 배치하고 많은 용례를 분석하다 보면 뜻풀이는 더 정교해지기 마련이다. 같은 부류에 속하는 여러 관용어의 두루뭉술한 뜻풀이를 방치할 수 없는 노릇 아닌가! 같은 부류에 속하는 관용어 간의 의미 차이를 다시 고민하다 보니 뜻풀이에는 해당 관용어의 사용상 특수성과 어감 등이 많이 반영되었다. 또한 복수의 의미를 지닌 관용어를 의미에 따라 갈라야 할지 말지를 결정해야 했는데, 갈래에 맞게 관용어를 배치하다 보니 동일한 형태의 관용어를 두 개 이상의 갈래에 분산 배치하는 경우가 많았다. 동음어 혹은 동형어에 가까운 관용어를 하나의 표제어로 설명했던 관행에서 볼 때 이는 나름 혁신적인 시도라 할 만하다.

이렇게 정교한 뜻풀이에 몰두하던 즈음 뜻풀이의 원칙을 새롭게 고민해야 하는 일이 생겼다. 양오진 교수의 제안으로 한중 관용어사전 집필을 시작하게 된 것이다. 양오진 교수와 함께했던 한중 관용어사전 편찬 사업은 미완으로 끝났지만, 그때 진행한 집필 작업의 성과는 이 사전에 고스란히 흡수되었다. 번역을 염두에 두고 뜻풀이와 용례를 간명하게 다듬었으며, 한국 문화에 낯선 사전 이용자의 요구를 의식하며 관용어의 기원과 관련한 정보를 보강했던 것이다. 이때 관용어의 기원을 찾는 작업은 상당 부분 《우리말 어원사전》(김민수), 《우리말 유래사전》(박일환) 등과 같은 선행 연구에 기대어 이루어졌다.

물론 이 사전의 가장 큰 성과는 갈래의 체계를 만들고 이 체계 안에서 4,300여 개의 관용어를 갈래지은 것이다. 한계를 절감하며 포기했던 트라우마를 안고 있었음에도 '갈래의 체계'를 다시 고민하게 된 것은 《例解 慣用句辭典》(井上宗雄)의 분류 체계를 접하면서부터이다. 비록 일본어 사전이지만 내가 생각했던 갈래의 얼개와 유사한 성과물이 있다는 데 자신감을 얻은 것이다. 그러나 그 자신감이 자만이었음을 깨달았을 때, 나는 이미 깊이를 가늠할 수 없는 수렁에 빠져 있었다. 자고 일어나면 체계가 흔들렸고, 앉았다가 일어서면 관용어의 배치가 달라졌다. 이는 의미를 갈래짓는 일의 숙명이기도 하다. 그러니 독자들의 너그러운 마음과 유연한 사고에 기댈 수밖에 없지만, 내 나름대로 혼란을 최소화할 장치를 몇 가지 마련하여 책임을 다하고자 했다. 연관 갈래와 관련어 정보, 그리고 색인 정보가 그것이다. 번잡할 수도 있는 장치이지만, 이를 통해 독자들이 이 사전을 좀 더 효율적으로 이용할 수 있었으면 하는 마음 간절하다.

이상의 작업을 거치다 보니 이 사전은 이전의 《관용어사전》과 많이 달라졌다. 고통과 번민의 시간만큼 내용과 체제가 일신되었다. 이 사전을 '개정판'이라 할 수 없었던 이유이다. 그러나 내가 관용어사전을 출간하였던 경험이 없었다면 이 작업을 시작할 엄두도 내지 않았을 것이란 점에서, 이전에 출판한 《관용어사전》은 이 사전의 뿌리이자 출발점일 수밖에 없다. 그래서일까? 편찬 작업이 막바지에 이를 무렵부터 《관용어사전》을 함께 만들었던 박영준 교수를 가슴 두근거리며 떠올리는 일이 잦아졌다.

그는 이 사전의 내용과 체제에 대해 아쉬워하지 않을까?

"이왕 내는 거 좀 더 다듬어 보라고."

그의 죽음이 새로운 사전을 집필한 동기가 된 데 대해 아쉬워하지는 않을까?

"결국 이렇게 낼 거 좀 더 일찍 서두르지 그랬어."

조금은 아쉬워도 내 등을 두드리며 대견해하지 않을까?

"우리가 냈던 《관용어사전》을 개정하지 못한 게 마음에 걸렸었는데, 이렇게 발전한 모습으로 재탄생했으니 나야 고맙지. 수고했어, 최 선생."

고백건대, 1996년 출간한 《관용어사전》은 사전 편찬에 대한 식견이 없을 때 시작하여 그 식견을 채 갖추기도 전에 마무리되었다. 그런 점에서 이번 작업은 그 당시의 작업을 반성하고 저자의 책임을 다시금 생각하는 계기가 되었다. 뜻풀이를 바꾸고 용례를 교체하고 표제어를 추가하거나 삭제하며, '내 안목도 제법 높아졌구나!' 하고 느끼는 건 나름 뿌듯한 일이었지만, 첫 《관용어사전》 독자들에게는 부끄러우면서도 미안한 일이었다. 이 분들에게 진 빚을 이 사전으로 조금이나마 갚을 수 있길 바랄 뿐이다. 그런데 그런 부끄러움이 많아서였을까? 이 작업을 하는 내내 고려대학교 국어사전편찬실에서 근무하던 때를 자주 떠올렸다. 이는 모든 게 미숙했던 과거를 떠올리는 일이기도 했고, 이만큼이나마 성장해 온 과정을 회고하는 일이기도 했다.

내가 사전편찬원으로 근무했을 당시 편찬실을 이끌었던 홍종선 선생님과 최호철 선생님으로부터 나는 사전 편찬의 알파부터 오메가까지 배웠다. 이 분들의 가르침이 없었다면 미숙했던 한 사전편찬원은 영원히 무지의 질곡에서 벗어나지 못했을 것이다. 20년 전 사전편찬실에서 머리를 맞댔던 젊은 그들, 도원영 선생을 비롯한 여러 사전편찬원과의 우정은 진한 추억으로 남아 있다. 서툴기만 했던 서로를 안타까워하며 감싸 주었던 그들과 나를 추억할 때면 가슴이 따뜻해지면서 아려 온다.

나는 지금 이 사전의 세 번째 교정지를 보면서 두 번째 머리말을 쓰고 있다. 그만큼 마무리 작업은 험난했다. 지금으로부터 일 년 전쯤 첫 번째 머리말을 일조각에 보냈었다. 따끈따끈한 초판 사전을 기대하며. 그러나 마지막이라 생각했던 교정 작업이 일 년 넘게 이어졌다. 가을에 낙엽 쓸기와도 같은 교정은 나를 지치게 했고, 사전의 회로에 빠져 허우적거렸던 악몽 같은 기억은 지금까지도 원고 읽기를 방해한다. 그러니 지친 나를 독려하며 함께 뛰어 준 안경순 편집장과 황인아 과장에게 고개를 숙일 수밖에. 교정 기간 동안 그들과 주고받았던 수십 통의 메일을 훑어보며, 일 년 전 내밀었던 교정본과 지금의 교정본을 비교하며, 새삼 절감한다. 그들의 노동과 조언이 이 사전의 내용과 체제를 튼실하게 한 밑거름이었음을.

이 사전을 출판하면서 내 학문 인생의 한 고비를 넘는다. 오랜 빚을 청산하였기에 마음이 가뿐해서일까? 쉬고 싶다는 마음보다 새로운 과제를 맞이하는 마음이 바쁘다. 당장 내일부터 새로운 과제와의 씨름이 시작된다. 나의 아내 박유희 선생은 그런 남편에게 격려와 위로를 아끼지 않을 것이고, 나의 아들 세영과 세운은 그런 아빠를 답답해하면서도 자랑스러워 할 것이다. 언제나 그랬던 것처럼.

2014년 3월 12일
나의 이동 연구실,
익산-용산 간 KTX에서
최 경 봉

일러두기

1. 표제어

(1) 표제어의 범위

① 현대 한국어의 관용어를 수록하였다.

② 둘 이상의 단어가 결합한 어휘 복합체의 의미가 구성 단어의 의미 합과 달라졌을 경우 이를 관용어로 보았다. 그러나 구성 단어의 의미가 확연히 달라지지 않았더라도 두 단어의 결합이 관습적이어서 특별히 수록할 필요가 있다고 판단한 경우 표제어에 포함하였다.

③ 원칙적으로 구(句)를 대상으로 하지만, 결합성이 불완전하다고 판단한 합성어도 표제어로 수록하였다.

④ 표준어를 수록하는 것을 원칙으로 하되, 방언과 비표준어 형태의 관용어도 자주 쓰일 경우 표제어로 수록하였다.

(2) 표제어의 배열

① 표제어는 의미에 따라 갈래지어 배열하였다.

② 의미 분류는 대분류, 중분류, 소분류의 3단 체계로 하였다. 분류 항목은 의미적 연관성을 고려하여 배치하였기 때문에 표면적으로 배열 순서를 정하지는 않았다.

③ 소분류 아래 표제어는 자모순으로 배열하였다.

④ 구체적인 의미 분류 체계는 '6. 의미 갈래'에 별도로 제시하였다.

⑤ 색인은 '표제어 색인'과 '분류명 색인', '분류에 따른 색인'으로 나누어 제시하였다. 각 색인은 자모순으로 배열하였다.

(3) 제시 방식

① 구 형식인 관용어의 경우 구성 단어 간에 띄어쓰기를 하였다. 단어의 구분 기준은《표준국어대사전》의 수록 원칙에 따랐다.

예 **가시방석에 앉다**

② 합성어 형식인 관용어의 경우 구성 성분을 보여 주기 위하여 어근 간에 띄어쓰기를 하였다. 그러나 용례에서는《표준국어대사전》의 수록 원칙에 따라 붙여 썼다.

예 **얼굴 마담²** 어떤 분야나 집단을 대표할 만한 사람. ¶ 외국어 학원에서는 명문대 출신의 원어민 강사를 얼굴마담으로 내세워 홍보를 한다. / 그는 모든 국제 영화제에서 초청을 받는 한국 영화계의 얼굴마담이다.

단, 합성어가 구성 성분이 되어 구를 이룰 경우에는 띄어쓰기를 하지 않았다.

예 **낙타**(가) **바늘구멍**(에) **들어가다**

《표준국어대사전》에 합성어로 등재한 경우에도 구의 성격이 남아 있다고 판단되는 경우 이러한 성격을 표제어와 용례에 반영하여 제시하였다.

예 **어처구니**(가) **없다** 어이없다. 즉, 어떤 일이 놀랍고 납득하기 어렵다. ¶ 살다 보면 가끔 어처구니가 없는 일을 당하기도 한다. / 세계 제일의 선수가 무명의 신인에게 어처구니없이 나가떨어졌다. ※ 어처구니: 상상 밖의 엄청나게 큰 사람이나 사물.

③ 표제어에 사용된 조사나 단어가 생략 가능한 경우 다음과 같이 표시하였다.

예 **길**(을) **들이다**

(말)**깃을 달다**

(변덕이) **죽 끓듯 하다**

④ 표제어에 둘 이상의 조사가 쓰일 수 있는 경우 다음과 같이 표시하여 함께 제시하였다.

예 **귓가에**[를] **맴돌다**

단, 생략될 수 있는 조사가 둘 이상 쓰일 경우에는 다음과 같이 표시하여 함께 제시하였다.

예 **죽사발**(로, 을) **만들다**

⑤ 같은 의미의 관용어에 사용된 구성 단어가 어근을 공유하는 경우 다음과 같이 표시하여 함께 제시한다.

예 김칫국물부터 마시다, 김칫국부터 마시다

김칫국(물)**부터 마시다**

구름을 잡다, 뜬구름을 잡다

(뜬)**구름**(을) **잡다**

⑥ 같은 의미의 관용어들에 사용된 구성 단어가 어감 차이만 있거나 동의어인 경우 다음과 같이 표시하여 함께 제시하였다.

예 하늘이 깜깜하다, 하늘이 캄캄하다

하늘이 깜깜[캄캄]**하다**

달달 볶다, 들들 볶다

달달[들들] **볶다**

숨을 돌릴 겨를이 없다, 숨을 돌릴 틈이 없다, 숨을 돌릴 사이가 없다

숨(을) **돌릴 겨를**(이)[틈(이), 사이(가)] **없다**

⑦ 동일한 형태의 관용어가 다른 의미로 쓰이는 경우 표제어의 오른쪽에 번호를 달아 구분하였다. 번호는 본문에 출현하는 순서에 따라 정하였다.

예 **눈**(이) **돌아가다**[1] 놀라면서 격분하다. ¶ 나이가 들면 눈이 돌아갈 만한 일이 줄어든다. 그만큼 세상일에 무덤덤해진다는 뜻이다. / 돈 많은 사람들이 사는 모습을 본 순간 눈이 돌아갔다. 소외감과 분노가 동시에 밀어닥쳤다.

눈(이) **돌아가다**[2] 관심을 보이다. ¶ 예쁜 여자를 보면 눈 돌아가는 게 당연한 것 아닌가요? / 학생들은 학교 밖에서 벌어지는 세상만사에 더 눈이 돌아가기 마련이다.

⑧ 비표준어이지만 널리 쓰이는 경우 표준어와 함께 제시하였다.

예 **자귀**[짜구](가) **나다** 너무 먹어 탈이 나다. 규범 표기는 '자귀'이지만 일반적으로 '짜구'가 쓰인다.

2. 뜻풀이

(1) 뜻풀이 원칙

① 표제어는 같은 범주의 단어로 직접 뜻풀이하였다.

예 **가만히 앉아** ① 특별한 일을 하지 않고. ¶ 은행은 가만히 앉아 수천억대의 마진을 챙기고 있다. / 그는 부모덕에 가만히 앉아 막대한 돈을 벌 수 있었다. / 가만히 앉아 있으면 아무것도 바꾸지 못합니다. 뭔가 일을 해야지요. ② 대응하지 않고. ¶ 어차피 죽을 목숨, 가만히 앉아 당할 수만은 없지요. 나가 싸웁시다. / 현지 분위기는 이제 우리도 더 이상 가만히 앉아 있어서는 안 된다는 쪽으로 돌아가고 있다.

단, 표제어와 같은 범주로 뜻풀이하기 어려운 경우에는 '쓰는 말'과 같은 상위 언어를 이용하여 뜻풀이하였다.

예 **가만 있자** 생각이 얼른 떠오르지 않을 때 쓰는 말.

② 관용어는 하나의 의미 단위를 이루므로 가능한 한 뜻풀이는 기본 의미를 명료하게 제시하고, 필요할 경우 부가 설명을 그 뒤에 덧붙였다.

예 **고사**(를) **지내다**[1] 간절히 바라다. 주로 부정적인 마음을 나타낼 때 쓴다.

팔짱(을) **끼고 있다** 어떤 일에도 상관하지 않고 가만히 있다. 수수방관(袖手傍觀)에 상응하는 표현이다.

낯(을) **돌리다**[2] 관심을 가지다. '무엇에 낯을 돌리다'와 같이 쓰인다.

(2) 제시 방식

① 사용 조건을 특별히 나타낼 때는 기본 의미 앞에 괄호를 하고 사용 조건을 설명하였다.

예 **게걸음(을) 치다**[1] (두렵거나 마음이 내키지 않아) 마주치지 않고 피해 가다.

낯을 가리다 ① (주로 어린아이에 대하여 쓰여) 처음 보는 사람을 어려워하거나 피하다.

② 하나의 관용어가 여러 뜻을 가질 경우에는 사용 빈도가 높은 순으로 배열하였다.

예 **오지랖(이) 넓다**[1] ① 쓸데없는 참견을 하는 경향이 심하다. ¶ 오지랖이 넓어 다른 사람들 일에 참견하다 아직까지 결혼도 못 했다. / 헐벗은 사람을 보면 옷을 벗어 줘야 직성이 풀리는 남편은 좋게 말하면 배려심이 많고 나쁘게 말하면 오지랖이 넓은 거지요. ② 관심 갖거나 관여하는 분야가 많다. ¶ 딸은 오지랖이 넓어 무슨 일을 하다가도 또 다른 일에 신경 쓴다. / 어떠한 소재의 만화를 그리더라도 그 방면에 아는 바가 있어야 한다. 어쨌든 만화가는 오지랖이 넓어야 한다. ※ 오지랖: 웃옷이나 윗도리에 입는 겉옷의 앞자락.

③ 표제어들의 의미가 거의 유사하고 어느 한 표제어가 대표성을 분명하게 띨 경우에 한하여 대표 표제어에만 뜻풀이를 하였다. 다른 표제어들에서는 '⇒'로 표시한 후 대표 표제어를 제시하였다.

예 **낚시(를) 던지다** ⇒ 낚싯밥을 던지다

낚싯밥을 던지다 (사람을 끌어들이거나 꾀기 위하여) 유혹하는 수단을 쓰다.

미끼를 던지다 ⇒ 낚싯밥을 던지다

그러나 의미의 차이를 명시적으로 밝히지 못하더라도 구성 단어의 의미 때문에 용법이 달라질 수 있다고 판단되는 경우에는 같은 뜻풀이를 반복하여 제시하였다.

예 **뒷맛이 개운치 않다** 일이 끝난 후 꺼림칙하여 언짢다.

뒷맛(이) 쓰다 일이 끝난 후 꺼림칙하여 언짢다.

④ 비속어임을 나타낼 때는 뜻풀이 끝에 '▷'를 표시하고 '비속어'임을 밝혔다.

예 **골로 가다** 죽다. ▷ 비속어

(3) 원어 및 기원 정보

① 구성 단어의 원어 정보를 특별히 밝힐 필요가 있을 때, 용례 다음에 '※'으로 표시하고 풀이하였다.

예 **(허)풍(을) 떨다** 과장하여 말하다. ¶ 세상에 믿을 수 없는 사람이 쓸데없이 허풍 떨며 거드름 피우는 사람이다. ※ 풍(風): 바람. 허풍(虛風): 거짓 바람.

피치를 올리다 일의 속도를 높이다. ¶ 좀 더 피치를 올려서 오늘 저녁까지 이 일을 마무리 짓자. / 그는 마지막 순간에 피치를 올려 일등을 했다. ※ 피치(pitch): 보트의 노를 저을 때 일 분간에 당기는 노의 횟수 또는 그 완급의 정도.

② 구성 단어의 뜻을 특별히 밝힐 필요가 있을 때, 용례 다음에 '※'으로 표시하고 풀이하였다.

예 **오지랖**(이) **넓다**[1] ① 쓸데없는 참견을 하는 경향이 심하다. ¶ 오지랖이 넓어 다른 사람들 일에 참견하다 아직까지 결혼도 못 했다. ② 관심 갖거나 관여하는 분야가 많다. ¶ 딸은 오지랖이 넓어 무슨 일을 하다가도 또 다른 일에 신경 쓴다. ※ 오지랖: 웃옷이나 윗도리에 입는 겉옷의 앞자락.

③ 해당 표현의 기원을 설명할 필요가 있을 때, 용례 다음에 '〖기원〗'으로 표시하고 설명하였다.

예 **염장**(을) **지르다** 분한 마음이 일어나게끔 자극을 주다. ¶ 너 누구 염장 지를 일 있어? 왜 그렇게 사사건건 트집이야. / 내가 오늘 기분이 좋긴 좋은가 보다. 네가 그렇게 염장 지르는 소리를 해도 이렇게 웃고 있으니. 〖기원〗 이 말의 기원에 대한 설은 두 가지가 있다. 첫째는 염장을 '鹽藏'으로 보는 설이다. 이는 상처 나서 가뜩이나 아픈데 거기다 소금을 뿌리면 더 쓰라리다고 하는 데에서 화를 돋운다는 의미를 유추한 것이다. 둘째는 염장을 염통과 오장(五臟)을 줄여 쓴 말로 보는 설이다. 염장을 지르는 것은 염장을 힘껏 친다는 말이니 여기에서 화가 나게 만든다는 의미를 유추한 것이다.

3. 용례

(1) 제시 원칙

① 실제 쓰임이 확인되는 경우에 한하여 그 용례를 제시하였다. 그러나 의미를 명확하게 드러내기 위하여 필요에 따라 해당 용례를 가공하여 제시하였다.

② 용례는 표제어의 사용 양상을 보이는 데 도움이 되도록 가능한 한 두 개 이상 제시하였다. 그러나 다양한 사용례를 찾기가 어렵거나 하나의 용례로도 그 의미를 충분히 설명할 수 있다고 판단하는 경우 그 수를 줄여 제시하기도 하였다.

(2) 제시 방식

① 용례는 뜻풀이 다음 또는 대표 표제어를 제시한 다음에 '¶' 표시를 한 후 제시하였다.

예 **손**(을) **떼다** 하던 일을 그만두다. ¶ 그런 일은 후배들에게 시키고, 너는 그 일에서 손을 떼는 것이 좋을 것 같아.

낚시(를) **던지다** ⇒ **낚싯밥을 던지다** ¶ 그는 돈이 있는 척하며 낚시를 던졌지만, 그 정도에 넘어갈 내가 아니었다. / 이 과장은 상희의 생각이 똑똑한 데 내심으로 탐을 내고 음흉하게 낚시를 던졌다.

② 용례를 두 개 이상 제시하는 경우 각 용례를 ' / '으로 구분하였다. 용례의 순서는 대부분 간

단한 용례를 먼저 제시하고, 긴 용례는 그 뒤에 제시하였다.

예 **손(을) 떼다** 하던 일을 그만두다. ¶ 그런 일은 후배들에게 시키고, 너는 그 일에서 손을 떼는 것이 좋을 것 같아. / 하던 일에서 손을 떼고 지금은 복덕방을 하고 있어요. / 어제로 현장 일을 손 떼고 오늘부터 사무실 근무를 시작했다.

③ 가공하지 않은 용례의 경우 그 출처를 밝혔다. 또한 용례에서 방언, 고어, 난해한 표현 등이 사용되었을 경우 이해를 돕기 위하여 용례 끝에 '*'을 표시한 뒤 설명하였다.

예 **눈에 선하다** 전개될 상황이 분명히 그려지다. ¶ 이런 말을 했을 때 네가 지을 표정이 눈에 선해서 속으로 웃었다. / 동생이 오죽 바지런을 떨며 구석구석 쓸고 닦고 엽엽하게 투숙객들 시중을 들 것인가 보지 않아도 눈에 선했다. (박완서, 그리움을 위하여) * 엽엽(曄曄)하다: (성질이나 생김이) 환하고 서글서글하다.

치마폭이 열두 폭이다 ⇒ **치마폭(이) 넓다** 치마폭이 넓다는 것을 강조하기 위하여 '치마폭이 스물네 폭이다'라는 표현도 쓰인다. ¶ 쓰잘데기 없는 일에 신경을 끊어야 되는데, 치마폭이 열두 폭이라 온갖 일에 다 신경을 쓰고 사니 집중력이 떨어지지. * 쓰잘데기: 사람이나 사물의 쓸모 있는 면모나 유용한 구석. '쓰잘머리'의 방언.

4. 관련어

(1) 제시 원칙

① 관련어는 유의어, 반의어, 참고어 등을 제시하였다.

② 한 유형에 속하는 관련어가 둘 이상일 경우 자모순으로 배열하였다.

③ 한 표제어의 용례 뒤에 관련어를 제시하였다.

④ 관련어는 유의어, 반의어, 참고어 순으로 제시하였다.

⑤ 뜻풀이가 둘 이상일 경우, 관련어가 모든 의미 항목에 해당할 경우는 제일 뒤에, 하나의 의미 항목에만 해당할 경우는 그 의미 항목 뒤에 제시하였다.

(2) 유형별 제시 방식

① 유의어: 이 사전에서는 표제어를 의미에 따라 갈래지어 제시했으므로, 유의어의 경우 비슷한 의미를 가지고 있으면서도 소분류로 함께 묶기 어려운 경우에만 제한적으로 사용하였다. 용례 다음에 '유'로 표시한 다음 제시하였다.

예 **미역국(을) 먹다** 시험에 떨어지다. ¶ 올해가 취업 정년인데 마지막 시험에서 미역국을 먹고 말았다. / 이번에도 미역국 먹으면 깨끗이 포기하고 다른 일을 시작할 생각이다. / 수험생은 많고 대학 문은 좁으니, 수험생의 반 이상이 미역국을 먹어야만 한다. 유 **고배를 들다[마시다], 쓴잔을 들다[마시다]**

② 반의어: 이 사전에서는 표제어를 의미에 따라 갈래지어 제시했으므로, 반의어의 경우 반대 의미를 가지고 있으면서도 소분류로 함께 묶기 어려운 경우에만 제한적으로 사용하였다. 용례 다음에 '반'으로 표시한 다음 제시하였다.

예 **간(이) 작다** 대범하지 못하다. ¶ 나는 간이 작아서 부정한 돈에 절대로 손을 댈 수가 없어요. / 간 작은 사람은 여기에 아예 발도 들여놓지 마세요. / 남자가 그렇게 간이 작아서야 어디 남자라고 할 수 있어요? 좀 대범하게 행동하세요. 반 **간(이) 크다**

③ 참고어: 해당 관용 표현과 관련하여 참고할 만한 가치가 있다고 판단되는 표현을 나타낼 때, 용례 다음에 '참'으로 표시한 다음 참고어를 제시하였다.

예 **바늘방석에 앉다** 마음이 편치 않다. ¶ 모든 일정이 계획보다 늦어지자, 날마다 바늘방석에 앉아 있는 기분이었고 속은 까맣게 타들어 갔다. / 그 여자를 의붓어미로 들여, 지금껏 어미 없이 자란 자식을 바늘방석에 앉혀 키우고 싶지는 않았다. 참 **돈방석에 앉다, 비단 방석에 앉다**

입맛(에, 을) 맞추다 상대의 취향에 따르거나 마음에 들도록 하다. ¶ 대중의 입맛을 맞추기 위해 내 소신을 꺾지는 않겠다. / 폭군의 입맛을 맞추는 활동만 했던 예술가에게 천재라는 칭호를 붙일 수는 없다. / 신세대 고객들의 입맛에 맞춰 제품의 디자인을 새롭게 바꿔 봤습니다. 참 **입(맛)에 맞다**

④ 연관성이 있는 소분류를 제시할 경우, 소분류 명칭 다음에 '≒'으로 표시하고 연관된 소분류 명칭을 제시하였다.

예 【긴장(緊張)】≒【말을 못 함】

5. 기호 및 약칭

※ : 구성 단어의 원어 정보 및 의미를 설명할 때

⇒ : 뜻풀이가 된 대표 표제어를 제시할 때

〖기원〗: 기원을 제시할 때

▷ : 비속어임을 표시할 때

¶ : 용례가 시작될 때

/ : 용례를 구분할 때

* : 용례에 사용된 단어에 대하여 설명할 때

[유] : 유의어를 제시할 때
[반] : 반의어를 제시할 때
[참] : 참고어를 제시할 때
≒ : 관련 소분류 명칭을 제시할 때

6. 의미 갈래

(1) 의미 갈래의 특징

① 관용어의 사용 맥락에 따라 관용어를 분류하였다. 이에 따라 '사물'을 의미하는 관용어의 경우도 그것의 사용 맥락을 고려하여 분류하였다.

[예] 물 만난 고기

[대분류]	→	[중분류]	→	[소분류]
상태(狀態), 가치(價值)		조건(條件), 처지(處地)		【활약(活躍), 호조건(好條件)】

물 만난 고기 어려운 지경에서 벗어나 크게 활약할 판을 만난 사람. ¶ 나는 대학 졸업 후 언론사에 입사하면서 물 만난 고기처럼 현장을 누볐다. / 유럽 리그에 들어선 그는 물 만난 고기였다. [반] **물 떠난 고기**

② 의미 갈래 항목의 개념에 따라 소분류, 중분류, 대분류의 관련성을 나타내고자 했기 때문에 개별 관용어의 경우 그 품사적 속성과 다른 부류에 배치되는 경우도 있다.

[예] 맞불(을) 놓다

[대분류]	→	[중분류]	→	[소분류]
상태(狀態), 가치(價值)		조건(條件), 처지(處地)		【대립(對立)】

맞불(을) 놓다 대항하여 공격하다. ¶ 그 사람 성질이 보통이 아니지만, 네가 맞불만 놓지 않는다면 같이 일하는 데 큰 문제는 없을 거야. / 우리가 '통 큰 치킨'으로 큰 인기를 모으자 경쟁 업체는 '착한 생닭'으로 맞불을 놓았다.

③ 의미 갈래는 분류자의 관점에 따라 다양하게 이루어질 수 있기 때문에 단일한 모델을 만들기가 어렵다. 본 사전에서는 의미 갈래 항목 간 관련성을 표시하여 이러한 문제를 해결하고자 하였다.

[예] 【등장(登場), 부각(浮刻), 주목(注目)】≒【노출(露出)】【관심(關心), 무관심(無關心)】
【피해(被害)】≒【고난(苦難), 고생(苦生)】
【끝, 종결(終結)】≒【단절(斷絶), 불통(不通)】

(2) 의미 갈래의 체계

대분류	중분류	【소분류】
감정(感情), 심리(心理)	기억(記憶), 망각(忘却)	【기억(記憶)】
		【한(恨), 원한(怨恨)】 ≒【고통(苦痛), 괴로움, 슬픔】
		【망각(忘却), 해소(解消)】
	27~32쪽	【꺼림칙함, 미련(未練)】
	기대(期待), 의욕(意欲)	【기대(期待), 가망성(可望性)】
		【의욕(意欲), 열정(熱情)】
		【실망(失望), 무기력(無氣力)】
	33~38쪽	【절망(絶望)】 ≒【고통(苦痛), 괴로움, 슬픔】
	욕망(慾望)	【욕심(慾心)】 ≒【흥미(興味), 기쁨】
	39~42쪽	【심술(心術), 질투(嫉妬)】
	만족감(滿足感), 흥미(興味)	【만족(滿足)】
		【불만(不滿), 못마땅함】 ≒【고통(苦痛), 괴로움, 슬픔】
		【흥미(興味), 기쁨】 ≒【욕심(慾心)】
	43~53쪽	【염증(厭症), 권태(倦怠)】
	놀람, 당황(唐惶)	【경악(驚愕), 경탄(驚歎)】
		【어이없음, 의아(疑訝)】
	54~58쪽	【당황(唐惶)】 ≒【말을 못 함】
	공포감(恐怖感), 불안감(不安感)	【공포(恐怖)】
		【걱정, 불안(不安), 초조(焦燥)】
		【평온(平穩), 안심(安心)】 ≒【무노동(無勞動)】
	59~70쪽	【긴장(緊張)】 ≒【말을 못 함】
	흥분(興奮), 화(火)	【흥분(興奮)하거나 화(火)를 냄】
	71~78쪽	【화(火)나게 함】
	우울(憂鬱), 통쾌(痛快)	【우울(憂鬱), 부담(負擔)】
	79~81쪽	【통쾌(痛快)】
	슬픔, 감동(感動), 고통(苦痛)	【감동(感動), 슬픔】
		【고통(苦痛), 괴로움, 슬픔】
	82~86쪽	≒【한(恨), 원한(怨恨)】【절망(絶望)】【불만(不滿), 못마땅함】
성격(性格), 태도(態度)	인격(人格), 품성(品性)	【내실(內實), 줏대】
		【선량(善良), 불량(不良)】
		【교활(狡猾), 음흉(陰凶), 위선(僞善)】
		【뻔뻔함】
		【내성적(內省的)】
	89~96쪽	【진득함, 경박(輕薄)】
	인정(人情), 도량(度量)	【인정(人情), 정(情)】
	97~102쪽	【소심(小心), 옹졸(壅拙), 유약(柔弱)】

대분류	중분류	【소분류】
성격(性格), 태도(態度)	인정(人情), 도량(度量)	【예민(銳敏), 둔감(鈍感)】
		【대범(大凡), 대담(大膽)】
	97~102쪽	【호탕(豪宕), 관대(寬大)】
	각오(覺悟), 간절(懇切), 인내(忍耐)	【각오(覺悟), 결심(決心)】
		【간절(懇切), 절실(切實)】
		【인내(忍耐)】
	103~107쪽	【참을 수 없음】
	숨김, 드러냄	【은폐(隱蔽), 기만(欺瞞)】
		【은밀(隱密), 슬그머니】≒【잠적(潛跡), 은둔(隱遁), 알려지지 않음】
	108~111쪽	【노출(露出)】≒【등장(登場), 부각(浮刻), 주목(注目)】
	평가(評價)	【존경(尊敬), 본(本)보기】
		【칭찬(稱讚), 격려(激勵), 인정(認定)】
		【경멸(輕蔑), 비난(非難), 질책(叱責)】≒【죄(罪), 처벌(處罰)】
	112~118쪽	【비꼼, 핀잔】
	판단(判斷)	【시시함, 보잘것없음】≒【무시(無視)】
		【특별(特別), 중요(重要)】
	119~124쪽	【난이도(難易度), 가능성(可能性)】≒【과장(誇張), 거짓말】
	능숙성(能熟性)	【익숙, 습관(習慣), 체득(體得)】
	125~128쪽	【미숙(未熟), 생경(生硬)】
	일치(一致), 조화(調和)	【일치(一致), 동조(同調)】
	129~132쪽	【불일치(不一致), 부조화(不調和)】
	사람을 대하는 태도(態度)	【거만(倨慢)】≒【고집(固執), 자존심(自尊心)】
		【건방짐, 버릇없음】
		【기세등등(氣勢騰騰)】≒【통제(統制), 주도(主導)】
		【겸손(謙遜)】
		【억압(抑壓), 위축(萎縮), 억눌림】
		【무시(無視)】≒【시시함, 보잘것없음】
		【외면(外面), 배척(排斥)】≒【배신(背信), 배반(背反)】
		【모르는 척, 아닌 척】≒【주의(注意), 산만(散漫)】
		【태연(泰然)】
	133~149쪽	【아첨(阿諂), 배려(配慮)】
	책임성(責任性)	【희생(犧牲)】
		【책임(責任)】
	150~152쪽	【모면(謀免), 회피(回避)】≒【도주(逃走), 축출(逐出)】
	염치(廉恥), 죄의식(罪意識)	【떳떳함, 떳떳하지 못함】
		【민망(憫惘), 부끄러움】
	153~158쪽	【사죄(謝罪)】

대분류	중분류	【소분류】
성격(性格), 태도(態度)	진실성(眞實性), 진정성(眞情性)	【거짓 태도(態度)】
		【과장(誇張), 거짓말】 ≒【난이도(難易度), 가능성(可能性)】
		【허언(虛言)】
	159~162쪽	【허황(虛荒), 들뜸】
	참여 태도(參與態度)	【소극적(消極的)】
		【방관(傍觀)】 ≒【관심(關心), 무관심(無關心)】
		【신중(愼重), 망설임】
		【적극적(積極的)】
	163~169쪽	【관여(關與), 참견(參見)】
	작업 태도(作業態度)	【능률적(能率的)】
		【열중(熱中), 몰두(沒頭)】
		【정성(精誠)】
		【노력(努力)】 ≒【고난(苦難), 고생(苦生)】
		【나태(懶怠), 무사안일(無事安逸)】
	170~175쪽	【신속(迅速), 성급(性急)】
	생활 태도(生活態度)	【여유(餘裕), 휴식(休息)】
		【재촉, 독려(督勵), 안달】
		【분주(奔走), 바쁨】
		【의존성(依存性)】
	176~182쪽	【씀씀이】
	말하는 태도(態度)	【과묵(寡默), 다언(多言), 잔소리】
		【변명(辨明)】
		【말의 격(格), 반말】
		【주장(主張), 장담(壯談)】
	183~188쪽	【불명료(不明瞭)】
	수용 태도(受容態度)	【찬성(贊成), 납득(納得), 환영(歡迎)】
		【당연(當然), 의외(意外)】
		【반대(反對), 부인(否認), 거절(拒絶)】
		【반항(反抗)】
		【억지】
		【고집(固執), 자존심(自尊心)】 ≒【거만(倨慢)】
		【융통성(融通性)】
		【경향(傾向), 편견(偏見)】
		【사리 분별(事理分別)】
	189~198쪽	【믿음】
	관심(關心)	【관심(關心), 무관심(無關心)】 ≒【등장(登場), 부각(浮刻), 주목(注目)】【방관(傍觀)】【듣기, 청취(聽取)】
	199~205쪽	【주의(注意), 산만(散漫)】 ≒【모르는 척, 아닌 척】【듣기, 청취(聽取)】

대분류	중분류	【소분류】
성격(性格), 태도(態度)	한계(限界), 확인(確認)	【제한(制限), 한계(限界)】
		【확정(確定), 확고(確固)】
	206~209쪽	【확실(確實), 확인(確認)】
동작(動作), 행위(行爲)	일상적 행동(日常的 行動), 몸동작	【이동(移動), 방문(訪問), 기다림】 ≒【관계(關係), 소통(疏通)】【접근성(接近性), 경쟁력(競爭力)】
		【식사(食事)】
		【음주(飮酒), 흡연(吸煙)】
		【치료(治療), 관리(管理), 제작(製作)】
	213~219쪽	【몸동작】
	표현 행위(表現行爲)	【신호(信號), 요구(要求)】
		【표정】
	220~223쪽	【울음, 웃음】
	통제(統制), 주도(主導)	【통제(統制), 주도(主導)】≒【기세등등(氣勢騰騰)】【소유(所有), 지배(支配)】
		【농락(籠絡), 마음대로 다룸】
	224~227쪽	【방임(放任), 제멋대로 행동(行動)함】
	승부(勝負), 싸움	【경쟁(競爭), 다툼】
		【맞고 때림】≒【망가뜨림, 일을 망침】
		【승부(勝負), 승리(勝利)】
		【굴복(屈伏), 항복(降伏)】
		【도주(逃走), 축출(逐出)】≒【모면(謀免), 회피(回避)】
	228~236쪽	【포기(抛棄)】
	듣기와 말하기	【듣기, 청취(聽取)】≒【주의(注意), 산만(散漫)】【관심(關心), 무관심(無關心)】
		【반복적(反復的) 듣기】
		【말하기】≒【발설(發說), 폭로(暴露)】【소문(所聞), 이야깃거리】
		【말을 못 함】≒【당황(唐惶)】【긴장(緊張)】
		【말을 안 함, 비밀 유지(秘密維持)】
		【발설(發說), 폭로(暴露)】≒【말하기】【소문(所聞), 이야깃거리】
		【중단(中斷), 전환(轉換)】
		【덧붙임】
	237~247쪽	【반복적(反復的) 말하기】
	전략적 행위(戰略的 行爲)	【가로채기, 앞지르기】
		【편승(便乘)】
		【약속(約束), 위약(違約)】
		【배신(背信), 배반(背反)】≒【외면(外面), 배척(排斥)】
		【강권(强勸), 강제(强制)】
	248~264쪽	【위협(威脅), 다짐, 경고(警告)】

대분류	중분류	【소분류】
동작(動作), 행위(行爲)	전략적 행위(戰略的 行爲)	【계략(計略), 함정(陷穽)】
		【매혹(魅惑), 유혹(誘惑)】
		【결정(決定), 선택(選擇), 답습(踏襲)】
		【계획(計劃), 준비(準備), 대비(對備)】
		【조치(措置), 해결(解決), 수습(收拾)】 ≒【혼란(混亂), 악화(惡化), 호전(好轉)】
		【조정(調整)】
		【협동(協同)】
	248~264쪽	【협의(協議)】
	정신적 행위(精神的 行爲)	【생각, 궁리(窮理)】
		【이해(理解), 파악(把握), 짐작(斟酌)】
		【예측(豫測), 상상(想像)】≒【식견(識見)】
	265~273쪽	【시험(試驗), 계산(計算), 평가(評價)】
	괴롭힘	【괴롭힘, 졸라 댐, 박해(迫害)】
	274~276쪽	【착취(搾取)】
	후원(後援), 보조(補助)	【후원(後援)】≒【관계(關係), 소통(疏通)】
		【베풂, 선처(善處)】
	277~279쪽	【보조(補助)】
	소유(所有), 지배(支配),	【소유(所有), 지배(支配)】≒【영향(影響)을 미침】【통제(統制), 주도(主導)】
	이용(利用) 280~282쪽	【이용(利用)】
상태(狀態), 가치(價値)	모양(模樣), 신체 상태(身體狀態)	【모양새】
		【몸의 모습】
		【건강(健康), 질병(疾病)】
		【피로(疲勞), 힘겨움】
	285~291쪽	【목소리】
	능력(能力), 성장(成長), 수준(水準)	【성숙(成熟), 성장(成長), 연령(年齡)】
		【탁월(卓越), 우월(優越)】
		【열등(劣等), 무능(無能)】
		【지능(知能), 이해력(理解力)】
	292~301쪽	【진부(陳腐), 신선(新鮮), 쇄신(刷新)】
	사정(事情), 형세(形勢)	【분위기(雰圍氣)】
		【시간(時間)】≒【자주, 항상(恒常)】
		【단계(段階), 근접(近接)】
		【정착(定着), 안정(安定), 기반 확보(基盤確保)】
		【기반 상실(基盤喪失), 소외(疏外)】
		【일탈(逸脫), 비정상(非正常)】
		【혼란(混亂), 악화(惡化), 호전(好轉)】 ≒【조치(措置), 해결(解決), 수습(收拾)】
	302~325쪽	【위기(危機), 위험(危險)】

대분류	중분류	【소분류】
상태(狀態), 가치(價値)	사정(事情), 형세(形勢)	【곤경(困境), 곤란(困難), 난처(難處)】
		【고난(苦難), 고생(苦生)】≒【피해(被害)】【노력(努力)】
		【다급(多急), 절박(切迫)】
	302~325쪽	【변질(變質), 변화(變化)】
	빈도(頻度), 정도(程度), 분량(分量)	【자주, 항상(恒常)】≒【시간(時間)】
		【유일(唯一), 처음】
		【심(甚)함, 격렬(激烈)】
		【최대한(最大限), 최소한(最小限)】
		【적다, 드물다】
		【많다, 흔하다】
		【밀집(密集), 몰려듦】
		【증감(增減)】
	326~336쪽	【소멸(消滅), 소진(消盡)】
	정신 상태(精神狀態)	【정신(精神)없음, 얼떨떨함】
		【정신(精神) 차림】
	337~340쪽	【실성(失性)】
	출몰(出沒), 소요(騷擾)	【등장(登場), 부각(浮刻), 주목(注目)】 ≒【노출(露出)】【관심(關心), 무관심(無關心)】
		【잠적(潛跡), 은둔(隱遁), 알려지지 않음】≒【은밀(隱密), 슬그머니】
		【적발(摘發), 발각(發覺), 추적(追跡)】
	341~347쪽	【소란(騷亂), 적막(寂寞), 침묵(沈默)】
	성패(成敗), 보람	【성공(成功), 성과(成果)】
		【실패(失敗), 보람 없음】
		【파산(破産)】
		【망가뜨림, 일을 망침】≒【맞고 때림】
		【손해(損害)】
	348~358쪽	【이익(利益), 혜택(惠澤)】
	영향(影響), 흔적(痕迹), 해(害)	【영향(影響)을 미침】≒【소유(所有), 지배(支配)】
		【영향(影響)이 없음】
		【가해(加害)】
		【자해(自害)】
	359~365쪽	【피해(被害)】≒【고난(苦難), 고생(苦生)】
	일의 진행(進行)	【원인(原因)】
		【시작(始作)】
		【발전(發展), 순조(順調)로움】
		【전환(轉換), 변경(變更), 교체(交替)】
	366~383쪽	【방해(妨害), 장애(障礙)】

대분류	중분류	【소분류】
상태(狀態), 가치(價値)	일의 진행(進行)	【차질(蹉跌), 보완(補完)】
		【부진(不進), 쇠퇴(衰退), 중단(中斷), 후퇴(後退)】
		【연속(連續), 인계(引繼), 지속(持續)】
	366~383쪽	【끝, 종결(終結)】≒【단절(斷絶), 불통(不通)】
	조건(條件), 처지(處地)	【속박(束縛), 고립(孤立)】
		【자유(自由)】
		【활약(活躍), 호조건(好條件)】
		【대등(對等)】
	384~389쪽	【대립(對立)】
	기회(機會), 화근(禍根)	【기회 획득(機會獲得)】
		【기회 상실(機會喪失)】
	390~392쪽	【말썽, 화근(禍根)】
	유사성(類似性), 적합성(適合性)	【닮음, 유사(類似)】
		【차이(差異)】
		【마찬가지】
		【적합(適合), 적절(適切)】
	393~397쪽	【부적합(不適合), 부적절(不適切)】
	가치(價値), 효과(效果), 명예(名譽)	【가치(價値), 효과(效果)】
		【명성(名聲), 업적(業績)】
		【체면 유지(體面維持)】
	398~403쪽	【체면 손상(體面損傷)】
문화(文化) 및 사회(社會) 생활(生活)	글쓰기, 방송(放送)·예술(藝術), 스포츠	【글쓰기】
		【그리기, 사진(寫眞)】
		【방송(放送), 공연(公演)】
	407~410쪽	【운동 경기(運動競技), 놀이】
	권한(權限), 역할(役割),	【권한(權限), 역할(役割)】
	무력(武力) 411~413쪽	【무력 행위(武力行爲)】
	돈, 상거래(商去來),	【돈, 상거래(商去來)】
	절도(竊盜) 414~416쪽	【절도(竊盜)】
	소식(消息), 소문(所聞), 평판(評判)	【소식(消息)】
		【소문(所聞), 이야깃거리】≒【말하기】【발설(發說), 폭로(暴露)】
	417~420쪽	【평판(評判)】
	식견(識見), 견문(見聞)	【식견(識見)】≒【예측(豫測), 상상(想像)】
		【안목(眼目)】
		【논리(論理), 이치(理致)】
	421~425쪽	【견문(見聞), 체험(體驗)】

대분류	중분류	【소분류】
문화(文化) 및 사회(社會) 생활(生活)	노동(勞動), 생활(生活)	【노동(勞動)】
		【무노동(無勞動)】≒【평온(平穩), 안심(安心)】
		【일손, 일솜씨】
	426~430쪽	【생활(生活)】
	결혼생활(結婚生活)	【결혼(結婚)】
		【이혼(離婚)】
		【임신(姙娠), 출산(出産)】
	431~434쪽	【양육(養育)】
	혈연(血緣), 가정(家庭)	【혈연(血緣)】
	435~436쪽	【집안, 가정(家庭)】
	교제(人間交際)	【관계(關係), 소통(疏通)】 ≒【후원(後援)】【이동(移動), 방문(訪問), 기다림】
		【단절(斷絶), 불통(不通)】≒【끝, 종결(終結)】
		【친밀성(親密性), 이별(離別)】
		【교제 양상(交際樣相)】
		【접근성(接近性), 경쟁력(競爭力)】≒【이동(移動), 방문(訪問), 기다림】
	437~446쪽	【접대(接待), 뇌물(賂物)】
	남녀 관계(男女關係)	【이성 경험(異性經驗)】
		【성관계(性關係)】
		【외도(外道), 간통(姦通)】
	447~451쪽	【성차별(性差別)】
	죄(罪)와 벌(罰)	【죄(罪), 처벌(處罰)】≒【경멸(輕蔑), 비난(非難), 질책(叱責)】
	452~454쪽	【용서(容恕)】
	학업(學業), 직업(職業), 출세(出世)	【학업(學業)】
		【취업(就業), 직업 활동(職業活動)】
		【비정상적(非正常的)인 취업(就業)과 입학(入學)】
		【실업(失業), 해고(解雇), 퇴직(退職)】
	455~462쪽	【출세(出世)】
	부유(富裕), 가난	【부유(富裕), 풍족(豊足)】
	463~466쪽	【빈곤(貧困) 결핍(缺乏)】
	생(生)과 사(死)	【출생(出生), 생존(生存)】
		【죽음】
	467~470쪽	【죽임, 살해(殺害)】
	운수(運數), 운명(運命)	【운수(運數), 횡재(橫財)】
	471~473쪽	【운명(運命), 신앙(信仰)】
	생리(生理)	【갈증(渴症)】
		【배설(排泄), 월경(月經)】
	474~475쪽	【잠, 졸음】

참고문헌

고려대 민족문화연구원,《고려대 한국어대사전》, 서울: 고려대 민족문화연구원, 2009.
국립국어원,《표준국어대사전》, 서울: 두산동아, 1999.
김민수,《우리말 어원사전》, 서울: 태학사, 1997.
남영신,《국어용례사전》, 서울: 성안당, 1999.
남영신,《우리말분류사전》, 서울: 성안당, 1994.
노용균,《한국어 기본 숙어 사전》, 서울: 한국문화사, 2002.
민충환,《박완서 소설어사전》, 서울: 백산출판사, 2003.
민충환,《임꺽정 우리말 용례사전》, 서울: 집문당, 1995.
박영준·최경봉,《관용어 사전》, 서울: 태학사, 1996.
박용수,《우리말 갈래사전》, 서울: 서울대출판부, 2002.
박일환,《우리말 유래사전》, 서울: 우리교육, 1994.
사회과학원 언어연구소,《조선말대사전》, 평양: 사회과학출판사, 1992.
서정범,《국어어원사전》, 서울: 보고사, 2000.
신현숙 외,《의미로 분류한 한국어·영어 학습사전》, 서울: 한국문화사, 2000.
엄병섭·김현옥,《조선 성구집》, 평양: 사회과학출판사, 1989.
이기문·조남호,《속담사전》, 서울: 일조각, 2014.
정종진,《한국의 속담 용례 사전》, 서울: 태학사, 1993.
조항범,《우리말 활용사전》, 서울: 예담, 2005.
최경남·송천수,《조선말 성구사전》, 연변: 사회과학원, 1991.
최동호·김윤식,《소설어사전》, 서울: 고려대출판부, 1998.
한글학회,《우리말 큰사전》, 서울: 어문각, 1992.
井上宗雄,《例解 慣用句辭典》, 東京: 創拓社, 1992.

1

감정
感情

심리
心理

기억(記憶), 망각(忘却)

【기억(記憶)】

가슴속에 남다 잊히지 않고 기억되다. ¶ 대중의 가슴속에 남는 연기자가 되고 싶어요. / 종종 정색을 하고 위엄 있게 하시는 아버지의 말씀은 확실히 그녀의 가슴속에 남았다.

가슴에 간직하다 잊지 않고 기억하다. ¶ 당신과의 추억을 가슴에 간직하고 살아가겠어요.

가슴에 박히다 강한 충격으로 잊히지 않다. ¶ 그가 쏘아붙인 그 한마디가 생각보다 깊이 가슴에 박혔나 보다. 한 달이 넘도록 그 말로부터 벗어날 수가 없었다.

가슴에 새기다 (잊지 않으려는 강한 의지를 갖고) 기억하다. ¶ 그는 아버지의 유언을 가슴에 새기고 일평생을 살았다.

골에 박히다 ⇒ 뇌리에 박히다 ② ¶ 공부하라는 어머니 말씀은 이제 골에 박혀 있다.

귀에 걸리다 (어떤 소리나 말이) 잊히지 않고 기억되다. ¶ 나보다는 그쪽이 더 효성스러운 딸일지도 모른다는 그의 말이 두고두고 귀에 걸렸다. / 몇 연대는 어떻고 하는 낱말이 가끔 들려올 뿐 맥락을 잡을 수 없었는데 '이재복'이란 이름만은 똑똑히 귀에 걸렸다. (이병주, 그를 버린 여인) 참 **귀에 거슬리다, 눈에 걸리다, 입이 귀에 걸리다**

귀에 쟁쟁하다 (어떤 소리나 말이) 마음속에 강하게 남아 있다. ¶ 아직도 귀에 쟁쟁한 어머니의 당부. / 원효 스님의 깨달음은 왜 이다지도 귀에 쟁쟁한 것인가.

귓가에[를] 맴돌다 (어떤 소리나 말이) 마음속에 남아 있다. ¶ 못 들은 체하고 돌아서서 왔지만, 아직도 그의 목소리가 귓가에 맴돈다.

귓가에 아른거리다 (어떤 소리나 말이) 마음속에 남아 있다. 보통 그리워하는 마음 상태를 표현할 때 쓰인다. ¶ 잘 다녀오라는 아이의 목소리가 귓가에 아른거려 잠이 오지 않았다.

귓전에[을] 맴돌다 ⇒ 귓가에[를] 맴돌다 ¶ 출근길 내내 아이 우윳값이라도 벌어야겠다는 아내의 말이 귓전에 맴돌았다.

귓전에 아른거리다 ⇒ **귓가에 아른거리다** ¶ 그 여인의 웃음소리가 귓전에 아른거려 일에 집중할 수가 없었다.

뇌리를 떠나지 않다 잊히지 않다. ¶ 아들을 입영 열차에 태워 보내고 돌아서는 어머니의 슬픈 뒷모습이 뇌리를 떠나지 않았다. / 오늘은 늙은 점쟁이의 점괘가 뇌리를 떠나지 않아서 모든 게 시큰둥했어. ※ 뇌리(腦裏): 머릿속. 반 **뇌리에서 사라지다**

뇌리에 남다 잊히지 않다. ¶ 한 철없는 어린이가 상자를 들고 두리번거리며 어색한 표정을 짓는 모습이 뇌리에 남았다. / 그 많은 이야기 가운데 관객의 뇌리에 남은 것은 주인공의 마지막 대사였다.

뇌리에 박히다 ① 인상적이어서 잊히지 않다. ¶ 한번 뇌리에 박힌 이미지는 쉽게 지워지지 않는다. / 그 곡은 처음 듣자마자 '이거다!' 하며 뇌리에 박혀 버렸다. / 그녀가 알리고자 했던 진실은 몇 개의 자극적 키워드로만 남아 사람들의 뇌리에 박혔다. 반 **뇌리에서 사라지다** ② 으레 그러할 것으로 여기게 되다. ¶ 정기적이고 지속적인 만남은 곧 결혼이라는 공식이 그의 뇌리에 박혀 있는 것 같았다.

뇌리에 새겨지다 인상적이어서 잊히지 않다. ¶ 단장을 하고 가마에 오르는 고모의 모습은 다시없는 아름다움으로 뇌리에 새겨져 지금까지 남아 있다.

눈(앞)에 선하다 보이는 듯 기억에 생생하다. ¶ 화마에 휩싸인 숭례문의 모습이 눈앞에 선해 제대로 잠을 이루지 못했다. / 그는 그때의 상황이 눈에 선한 표정으로 말을 맺었다. / 매일 새벽 어두운 산길을 절뚝절뚝 걸어 올라가는 아버지의 뒷모습이 눈에 선했다.

눈에 밟히다 잊히지 않고 자꾸 생각나다. ¶ 손자들과 며칠 같이 지내다가 떨어져서 그런지, 아직까지 아이들 얼굴이 눈에 밟힌다. / 사랑하는 사람을 두고 떠나온 여행이라 자꾸 그 사람이 눈에 밟혀서 멋진 풍경도 맛있는 음식도 즐기지 못했다.

눈에 삼삼하다 잊히지 않고 생각나다. ¶ 오랜 세월이 지났어도 그 모습이 아직 눈에 삼삼하네요. / 보리 이랑 사이로 난 길이 눈에 삼삼하다. / 초롱초롱 영롱하니 예쁜 게 눈에 삼삼하니 보고 싶어요.

눈에 아른거리다 잊히지 않고 생각나다. ¶ 그 노래를 들으면 그의 얼굴이 눈에 아른거리고 눈물이 난다. / 아까 백화점에서 보았던 그 검정색 원피스가 자꾸만 눈에 아른거렸다.

뒤를 돌아보다 지난날을 생각하다. ¶ 지금 와서 뒤를 돌아보면 내가 참 잘못을 많이 저질렀어요. / 하는 일 없이 바쁘게 지내다가 문득 뒤를 돌아보니 내 나이가 오십이었습니다.

머리에 맴돌다 잊히지 않고 계속 생각나다. ¶ 오랜 시간이 지났지만, 할아버지의 마지막 말씀이 아직도 머리에 맴돈다. / 어떤 질문이 머리에 맴돌게 되면 자연히 그 질문의 답을 찾기 위해 책을 읽기 마련이다.

머리에 박히다 ① ⇒ **뇌리에 박히다** ① ¶ 내 머리에 박혀서 떠나지 않는 것은 그때 절에서 본 지옥도였어. / 연엽이는 전봉준을 맨 처음 만났을 때의 인상이 지금도 그대로 머리에 박혀 있었다. (송기숙, 녹두장군) ② ⇒ **뇌리에 박히다** ② ¶ 사람들의 머리에 박힌 유교 사상을 단시간에 없앨 수도 없는 노릇이었다.

머리에 새기다 어떤 것을 단단히 기억하다. ¶ 그는 손님을 떠나보낼 때마다 손님이 사는 마을 이름을 물어서 머리에 새겼다.

뼈(골)에 (아로)새기다 (잊지 않으려는 강한 의지를 갖고) 기억하다. '골'이 생략되지 않을 때는 '뼛골'이 된다. ¶ 그는 스승의 가르침을 뼈에 아로새겼다. / 민주주의가 몇 사람의 노력만으로는 이루어지지 않는다는 사실을 뼈에 새겨야 합니다. / 해외에서의 생활 체험은 그로 하여금 조국의 귀중함을 뼛골에 새기게 했다.

인상(이) 깊다 (마음속에) 뚜렷이 남아 잊히지 않다. ¶ 그 영화의 마지막 장면이 무척 인상 깊었다. ※ 인상(印象): 어떤 대상에 대한 마음속 느낌.

자리(를) 잡다[1] (마음속에) 남아 있다. ¶ 나를 버리고 떠난 사람에 대한 미움이 마음속 깊이 자리를 잡았다.

폐부에 새기다 ⇒ **가슴에 새기다** ¶ 선생님께서 하신 말씀 제 폐부에 새기겠습니다. / 그대의 은혜는 영원히 폐부에 새겨 두도록 하겠네. ※ 폐부(肺腑): 허파.

【한(恨), 원한(怨恨)】 ≒ 【고통(苦痛), 괴로움, 슬픔】

가슴에 맺히다 (원한, 분노, 슬픔 따위의 감정이) 마음속에서 뭉치다. ¶ 슬픔이 한이 되어 가슴에 맺혔다. / 부모에게 버림받았다는 것을 알고 자랐으니, 어린아이지만 가슴에 맺힌 것이 얼마나 많겠어.

(가슴에) **못(을) 박다** 원통한 생각이 들게 하다. ¶ 몇 번이나 내 가슴에 못을 박더니, 이제는 과부라고 나를 무시해. / 사랑하는 사람들의 가슴에 못을 박고 떠나야만 합니까? 참 **못(을) 박다, 쐐기(를) 박다**

(가슴에) **못을 치다** ⇒ (가슴에) **못(을) 박다** ¶ 지금 그런 소리를 해서, 살아 보겠다고 버둥거리는 애한테 못을 칠 수가 있는 거니?

가슴에 (피)멍(이) 들다 (심리적인 충격으로) 한(恨)이 생기다. ¶ 그의 모진 말 때문에 가슴에 멍이 들었다. / 그 은혜를 하나도 갚지 못했는데 이렇게 떠나시면 저는 평생 가슴에 멍이 든 채 살아야 할 것입니다. / 아이를 잃고 가슴에 피멍이 든 채 살아가는 부모의 마음을 네가 알아? / 분단으로 인해 가슴에 피멍 든 사람들이 우리 주위에 많다는 사실을 기억하기 바랍니다.

골수에 맺히다 (원한, 고통, 서러움 따위가) 잊히지 않게 되다. ¶ 골수에 맺힌 원한은 풀 길이 없다. / 십 년 동안 죽도록 일했는데도 자신을 알아주지 않는 사장에 대한 감정이 골수에 맺혔다. ※ 골수(骨髓): 뼈의 속을 채우는 조직. 참 **골이 배기다**

골수에 사무치다 ⇒ **골수에 맺히다** ¶ 골수에 사무친 그 원한을 어떻게 잊을 수 있겠습니까?

뒤(를) 두다[1] 어떤 좋지 않은 감정을 버리지 않고 계속 품고 있다. ¶ 그런 일로 뒤 두면 남자가 아니지. / 사소한 다툼 끝에도 뒤를 두는 사람이면 상종도 하지 마라. / 그는 그 자리에서는 웃고 넘어가지만 뒤를 두는 성격을 가지고 있어서 항상 두렵다. 반 **뒤끝(이) 없다**

뼈(속)에 사무치다 (원한, 고통, 서러움 따위를) 마음속 깊이 절실히 느끼다. '속'이 생략되지 않을 때는 '뼛속'이 된다. ¶ 뼈에 사무치는 그리움에 잠 못 들고 괴로워했다. / 일본은 우리 민족에게 망국의 설움을 뼈에 사무치도록 맛보게 했다. / 친구를 지키지 못했다는 자책감이 뼛속에 사무쳤다.

뼛골에 사무치다 ⇒ **골수에 맺히다** ¶ 서출이라 종육품 미관말직을 지낸 서러움이 뼛골에 사무쳤다. / 찢어지게 가난한 집안에 태어난 그는 가난이 뼛골에 사무쳐 쌀 한 톨 허투루 여기는 일이 없다.

뼛속 깊이 사무치다 ⇒ **뼈(속)에 사무치다** ¶ 그는 자신의 출신에 대한 콤플렉스가 뼛속 깊이 사무쳐 있는 사람이다.

뼛속까지 사무치다 ⇒ **뼈(속)에 사무치다** ¶ 괜한 싸움을 했다는 후회가 뼛속까지 사무쳤다.

(속에) **칼을 품다**[1] 원한으로 복수심을 갖다. ¶ 그는 겉으로는 웃고 있지만 속에 칼을 품고 복수할 날을 기다리는 듯했다. / 그 사람에게 칼을 품고 있었지만 내색하지 않으려고 오히려 친절하게 대했다.

앙금이 남다 나쁜 감정이 해소가 되지 않다. ¶ 앙금이 조금이라도 남아 있으면 안 되니까 서로에게 서운했던 점을 다 이야기해 봅시다.

옹이(가) 지다 ⇒ **응어리(가) 지다** ¶ 옹이 진 슬픔 오가는 비무장 지대. / 영원히 깨어나지 못한, 옹이 진 아버지 가슴인 줄 알았다, 하지만 저 팽나무, 옹이 진 가슴 수없이 감고 돌아, 온몸으로 아픈 세월 삭이더니 (김정호, 팽나무의 전설) ※ 옹이: 나무의 몸에 박힌 가지의 밑부분.

응어리(가) 지다 (원한, 분노, 서운함 따위의 감정이) 마음에 뭉쳐 있다. ¶ 분노가 응어리 져서 잠을 이룰 수 없었다. / 응어리 진 마음으로 같이 일을 한다는 것은 무리입니다. 서운했던 점 모두 잊고 다시 한 번 일해 봅시다. ※ 응어리: 근육이 뭉쳐서 된 덩어리. 과실의 씨가 박힌 부분. 반 **응어리(를) 풀다**

응어리를 남기다 (원한, 분노, 서운함 따위의 감정이) 마음에 뭉치게 하다. ¶ 남의 가슴에 응어리를 남겨 놓는 일일랑은 아예 하지 마세요. / 말도 없이 떠난 그 남자는 내 마음에 또 하나의 응어리를 남겼다.

이(가) 갈리다 (원한 때문에) 화가 치밀다. ¶ 미군들에게 수모를 당한 것만 생각하면 금순이는 지금도 이가 바드득 바드득 갈린다. / 나에게 다시 한 번 그런 기회가 온다 하여도 나는 그 일을 할 것이오. 나는 여전히 부자들이라면 이가 갈리는 사람이오.

이(를) 갈다 원통하거나 분하여 앙갚음을 하려고 벼르다. 원한을 품다. ¶ 동생이 동네 불량배들한테 얻어맞았다는 소리를 듣고 이를 갈았다. / 보복을 하려고 해도 뾰족한 수가 보이지 않아 이를 갈 뿐이었다. 참 **뼈를 갈다, 칼(을) 갈다**

【망각(忘却), 해소(解消)】

까마귀 고기(를) 먹다 건망증이 심하다. ¶ 까마귀 고기를 먹었나, 왜 그리 정신이 없어? 〖기원〗 '까먹다'라는 말과 '까마귀'라는 말의 발음이 유사한 데에서 착안한 표현이다.

뇌리에서 사라지다 잊히다. ¶ 아무리 슬픈 기억도 세월이 지나면 뇌리에서 사라지기 마련이다. / 그는 한때 주목받는 가수였지만 생각보다 빨리 대중의 뇌리에서 사라졌다. ※ 뇌리(腦裏): 머릿속. 반 **뇌리를 떠나지 않다, 뇌리에 박히다** ①

뒤를 풀어 주다 (혼내거나 싸운 뒤에) 상대의 마음을 누그러지게 하다. ¶ 그는 아들에게 몰풍스럽게 핀잔을 주고 마음에 안되었던지 뒤를 풀어 주었다. * 몰풍(沒風)스럽다: 정이 없고 냉랭하며 퉁명스러워 보이는 데가 있다.

속(이) 풀리다 감정이 누그러지다. ¶ 내가 말 몇 마디에 속이 상할 사람도 아니고 몇 마디 말에 금방 속이 풀릴 사람도 아니다. / 처음에는 화가 머리끝까지 났으나, 자세한 이야기를 들어 보고 나니 속이 풀렸다.

앙금을 털어 버리다 나쁜 감정을 해소하다. ¶ 가슴속에 남아 있는 앙금을 털어 버리고 새롭게 시작하자. / 직장 동료와 본다면, 이 뮤지컬은 업무 때문에 쌓인 앙금을 웃음으로 훌훌 털어 버리기에 좋은 작품이다. ※ 앙금: 물에 가라앉은 녹말 따위의 부드러운 가루.

응어리(를) 풀다 마음속에 맺힌 감정을 떨쳐 내다. ¶ 가슴속의 응어리를 풀고 서로 화해했다. ※ 응어리: 근육이 뭉쳐서 된 덩어리. 과실의 씨가 박힌 부분. 반 **응어리(가) 지다**

【꺼림칙함, 미련(未練)】

가슴에 손(을) 얹고 양심에 따라. ¶ 대통령은 정말 가슴에 손을 얹고 왜 나라가 이 모양이 되었는지 반성해야 될 것이다. / 가슴에 손 얹고 생각해 봐. 네가 한 일이 정말 잘한 일인지.

가슴이 뜨끔하다 ⇒ **가슴이 찔리다** ¶ 봉숙은 낮에 있었던 일 때문에 어머니가 부른 것이 아닌가 하여 가슴이 뜨끔했다. / 선생님의 한마디 말에 가슴이 뜨끔하여 사실대로 다 말해 버렸다.

가슴이 찔리다 마음에 꺼리는 것이 있어 양심의 가책을 받다. ¶ 지난번에 있었던 일 때문에 가슴이 찔릴 때가 있다. / 그와의 관계를 묻는 질문에 가슴이 찔렸지만 영희는 짐짓 태연한 표정을 지으며 그냥 직장 동료라고 말했다.

뒷맛이 개운치 않다 일이 끝난 후 꺼림칙하여 언짢다. ¶ 허 감독으로선 데뷔전에서 패한 만큼 뒷맛이 개운치 않을 것이다. / 나 역시 값을 깎지 않고 물건을 사면 어딘지 속고 산 듯 뒷맛이 개운치 않은 아줌마다.

뒷맛(이) **쓰다** 일이 끝난 후 꺼림칙하여 언짢다. ¶ 일은 끝났지만 일을 하는 과정에 일어났던 불미스러운 일 때문에 뒷맛이 쓰다. / 내용상으로는 뒷맛이 쓴 영화였지만 마지막 장면은 아름다웠다.

발(길)**이 떨어지지 않다** (애착이나 걱정, 미련 따위로) 선뜻 떠나지 못하다. ¶ 아이들을 두고 이 땅을 떠난다 생각하니 발길이 떨어지지 않는다. / 발이 떨어지지 않았지만 난 마음을 독하게 먹고 집을 나왔다. / 고생하시는 부모님을 생각하면 차마 발길이 떨어지지 않는다. 참 **발걸음이 무겁다, 발길이 내키지 않다**

속이 찔리다 ⇒ **가슴이 찔리다** ¶ 동생의 말을 듣고 사실 속이 찔리긴 찔렸다. 동생 장난감을 망가뜨린 사람이 바로 나였기 때문이었다.

기대(期待), 의욕(意欲)

【기대(期待), 가망성(可望性)】

가슴이 고동(을) 치다 희망으로 흥분되다. ¶ 젊은이들의 가슴은 미래에 대한 희망으로 항상 고동칠 것이다. / 그의 말을 들은 후, 나의 답답했던 가슴은 환히 열리고 내일에 대한 희망으로 가슴은 세게 고동쳤다. ※ 고동(鼓動): 피의 순환을 위하여 뛰는 심장의 운동.

가슴(이) 뛰다[1] 희망으로 흥분되다. ¶ 가슴이 뛰는 일, 그것을 하라. 인생은 그리 길지 않다. 현실을 핑계로 가슴 뛰는 일을 외면하지 말자.

가슴(이) 부풀다 기대가 크고 희망에 넘치다. ¶ 앞으로 일어날 일에 대한 기대로 가슴이 부풀었다. / 가슴 부푼 내일을 그려 보면서 혼자서 엄동설한을 이겨 냈다.

가슴이 울렁거리다 기대로 흥분되다. ¶ 여행 전날 나는 가슴이 울렁거려 잠을 이룰 수 없었다. / 그런 일에 가슴이 울렁거릴 만큼 철이 없는 사람은 아니라고 생각한다.

김칫국(물)부터 마시다 상대편의 속도 모르고 제 짐작으로 그렇게 될 것으로 믿고 행동하다. ¶ 여자는 맘도 없는 것 같은데 남자 혼자 김칫국부터 마신다. / 그렇게 김칫국물부터 마시다가 일이 뜻대로 되지 않으면 그 절망을 어떻게 감당하려고 그러나. 〖기원〗 '떡 줄 사람은 생각도 안하는데 김칫국부터 마신다'라는 속담에서 비롯한 표현이다. 이 표현에서 떡과 같이 차진 음식을 먹을 때 목이 메는 것을 방지하기 위하여 먼저 김칫국을 먹었던 조상들의 습관을 알 수 있다.

꿈(을) 꾸다 희망하다. ¶ 그 여자는 꿈도 꾸지 마. 내가 벌써부터 점찍어 놨으니까. / 명색이 대통령을 꿈꾸던 사람이 당 대표 자리에 만족할 리가 있겠어요? 반 **꿈이 깨지다** 참 **단꿈(을) 꾸다**[1,2], **청사진을 그리다**

떠오르는 별 어떤 분야에 새로이 등장하여 촉망받는 사람. ¶ 그는 중견 배우지만 예능계에서는 떠오르는 별이다. / 서정성과 광기를 한 작품에 녹여 내는 재능을 지닌 그는 한국 문단의

떠오르는 별이 되었다. 반 **날개 부러진 매** 참 **가르친 사위, 고드름 장아찌, 곤산의 옥**

빛이 보이다 희망이 생기다. ¶ 무죄가 선고되면서 고난 끝에 빛이 보이기 시작했다. / 재정 문제는 더 이상 해결의 빛이 보이지 않았다.

서광이 비치다 희망이 생기다. ¶ 지금은 암담해도 노력하다 보면 서광이 비칠 거야. / 분단된 지 50년 만에 남북통일의 서광이 비치고 있다. ※ 서광(曙光): 동틀 때 비치는 빛.

심장이 뛰다[1] 설렘으로 흥분하게 되다. ¶ 도시를 빠져나가서 바다를 볼 수 있다는 것에 심장이 뛰었다. / 젊은 날에는 심장이 뛰는 일도 많았었는데, 이젠 나이를 먹긴 먹었나 봐.

싹수가 노랗다 장래성이 없거나 가망이 없다. ¶ 부모한테 대드는 싹수가 노란 녀석. / 그 녀석이 듬직하다고? 천만에. 어른도 못 알아보는 걸 보면 싹수가 노래.

싹수가 보이다 (사람이나 일이) 잘될 가능성이 있다. 주로 재능이 있거나 예의범절이 있는 젊은이를 칭찬할 때 쓰는 말이다. ¶ 싹수가 보여야 참고 기다릴 것 아니겠어요. / 투자 전문가들이 볼 때, 될 성싶은 주식은 애초에 그 싹수가 보인다. / 한번 글을 써 보게 했다가 작가로서 싹수가 보이면 뽑을 생각입니다.

싹수(가) 없다 장래성이 없거나 가망이 없다. ¶ 애가 저렇게 게을러서는 싹수가 없어. / 팔 년째 과장으로 눌러앉아 있으니, 승진 같은 것은 처음부터 싹수가 없었다. / 이번 일은 내가 보기에 싹수가 없어 보여. 지금 그만두는 게 좋아. / 인사치레일망정 제 형제들 안부라도 묻는 걸 보면, 영 싹수없는 놈은 아닌 것 같아.

싹수(가) 있다 ⇒ 싹수가 보이다 ¶ 저 사람 싹수가 있다는 식의 추천을 듣고 가서 보면 별로일 때가 많다. / 될성부른 나무는 떡잎부터 안다는 말처럼 그는 어릴 때부터 싹수가 있었다.

싹이 노랗다 ⇒ 싹수가 노랗다 ¶ 한번 일을 맡겨 보았다가 싹이 노랗다 싶으면 그때 자르지 뭐.

앞(날)이 훤하다 ① 미래가 기대되다. ¶ 지금까지 해 온 것으로 볼 때 그의 앞날은 무척 훤할 것이다. 반 **(눈)앞이 깜깜[캄캄]하다, 앞이 막막하다** ② 가능성이 없다. ¶ 하는 짓을 보니 앞날이 훤하다.

【의욕(意欲), 열정(熱情)】

가슴을 불태우다 의욕이나 기세가 끓어오르게 하다. ¶ 그는 구국의 일념으로 가슴을 불태우며 만주로 건너갔다. / 태산 같은 난관에 부딪히더라도 젊은 가슴을 불태우며 진군 또 진군하자.

가슴이 뜨겁다[1] 열정적이다. ¶ 가슴이 뜨거울 때인 20대의 사랑은 이루어지기 힘들다. / 작업을 하는 내내 다른 곳에서는 볼 수 없는 폭발적 에너지를 느껴 가슴이 뜨거웠다. 참 **가슴**

(이) 따뜻하다, 가슴이 서늘하다

네굽(을) 치다[1] (가슴이 뛰면서) 감정이 용솟음치다. ¶ 아무리 진정하려고 해도 네굽을 치며 솟아오르는 그리움을 떨쳐 버리진 못했다. ※ 네굽: 네발짐승의 네 발굽. 사람의 손과 발을 속되게 이르는 말로도 쓰인다.

맥을 쓰다[1] 기운이나 힘을 쓰다. ¶ 젊은 나이에 벌써부터 맥을 쓰지 못하니 큰일이지요. / 덩치가 크면 뭐합니까? 고추만 한 놈한테 맥도 쓰지 못하고 나가떨어졌으니.

맥을 추다 잃었던 힘이나 기운을 다시 돌이키다. ¶ 한동안 앓았던 몸이 요즘 와서는 차츰 맥을 추기 시작한다. 반 **맥(을) 못 추다**

맥이 나다[1] 힘이나 의욕이 생기다. ¶ 먹어야 맥이 나서 학교 나와 공부 열심히 하지요. 먹지 못해 맥이 없는데 어찌 학교 나와 공부합니까.

쇠도 녹이다 젊고 활력이 있다. ¶ 쇠도 녹이는 나이에 그까짓 밥 두 그릇을 못 먹어?

열(을) 내다[1] 온 정신을 쏟아 열정적으로 하다. ¶ 학생의 질문에 다시 한 번 설명하느라고 열을 냈다. / 그는 자신이 얼마나 위대한 일을 했는지 열 내며 떠들었다.

열(을) 올리다[1] 온 정신을 쏟아 열정적으로 하다. ¶ 그는 지금 시험공부에 열 올리고 있다. / 둘은 땀을 식힐 겨를도 없이 막바지 일에 열을 올렸다.

열(이) 나다[1] 열성이 생기다. ¶ 그 당시에는 열이 나게 공부했지만 지금은 열정이 많이 식었다. / 창민이가 하도 열나게 말하는 통에 다른 사람들은 한마디도 할 수 없었다.

젊음을 불사르다 젊은 시절을 다 바쳐 활동하다. ¶ 아동 교육에 젊음을 불살랐던 선생님이 올해 정년을 맞으신다.

피(가) 끓다 어떤 감정이 격렬하게 복받쳐 오르다. ¶ 피가 끓는 젊은이들은 불의를 보면 참지 못한다. / 분통 터지고 피가 끓는 일들도 시간이 지남에 따라 서서히 망각되는 게 순리다.

피가 뜨겁다 정열적이다. ¶ 피가 뜨거운 청년들이 이 나라의 민주주의를 발전시켰다. / 조그마한 일에도 피가 거꾸로 솟는 것을 보면, 아직 피가 뜨거운 나이인가 보다.

【실망(失望), 무기력(無氣力)】

고개를 떨구다 결과에 실망하다. ¶ 판사의 판결이 떨어지자 피고의 어머니는 고개를 떨구었다. / 평소에 소심한 면이 보이기는 했지만 그 정도 말에 고개를 떨굴 사람은 아니다. / 우리는 경기를 주도했지만 골 결정력 부족으로 고개를 떨구어야 했다.

고개를 떨어뜨리다 ⇒ **고개를 떨구다** ¶ 시험이 끝나자 그는 결과를 예상한 듯 고개를 떨어뜨리고 교실을 나갔다. / 그는 사기꾼에 속아 회사에 피해를 입혔다며 고개를 떨어뜨렸다.

김(을) 빼다 의욕을 없애다. ¶ 회사 분위기가 좋아지고 있었는데, 구조 조정 계획이 발표되며 김을 뺐다. / 한참 기세가 오른 억균의 김을 빼는 조윤의 노회함은 이런 순간에 빛난다. (김영하, 아랑은 왜) ※ 김: 액체가 높은 열을 만나서 기체로 변한 것.

김(이) 나가다 ⇒ **김(이) 새다** ¶ 아침 일 때문에 김 나간 선수들은 좀처럼 움직이려고 하지 않았다. / 용의자가 사실을 부인하면 호되게 몰아치려고 단단히 별렀습니다. 그런데 막상 그가 되레 한 발 앞서 실토하니 김이 나갈밖에요.

김(이) 빠지다[1] ⇒ **김(이) 새다** ¶ 월급도 오르지 않으니, 김빠져 일할 맛이 나지 않아요. / 잘되던 일도 한번 김이 빠지고 나면 흐지부지되기 일쑤다.

김(이) 새다 흥미나 의욕이 없어지다. ¶ 멋진 남자가 나올 거라고 기대했던 다혜는 자리에 앉아 있는 상대를 보자 김이 샜다. / 이번 경기에 스타들이 빠진다는 말이 흘러나오자 팬들은 다소 김샌 모습이다. 참 **말이 새다**

김이 식다 흥미를 덜 느끼게 되거나 의욕이 줄어들다. ¶ 달아나고 쫓던 두 팀의 접전은 점수가 큰 차로 벌어지면서 김이 식었다.

꿈이 깨지다 희망이 없어지다. ¶ 이 순진한 아이의 꿈이 깨지지 않았으면 좋겠어요. / 전쟁 때문에 농사지으며 살겠다던 소박한 꿈이 깨져 버렸다. 반 **꿈(을) 꾸다** 참 **꿈 깨라**

뒤통수(를) 치다[1] 뜻대로 되지 않아 매우 낙심하다. ¶ 그래 눈바람이 이렇게 몰아치는데 열 시 반까지 기다리다가 이대로 뒤통수치고 가란 말이야? / 그 아이는 어찌나 바둑을 잘 두는지 서울에서 내로라하는 고수들도 뒤통수를 치고 물러났다.

떡심(이) 풀리다 (긴장이 풀리거나 기대가 무너지면서) 힘이나 의욕이 없어지다. ¶ 마지막 희망이 무너지자 아버지는 떡심이 풀렸는지 그 자리에 주저앉았다. / 여기저기 탱고리 수염 같은 벼 포기가 벌써 빨갛게 모깃불감이 되고, 마을 앞 정자나무 밑에는 떡심 풀린 농부들의 보람 없는 걱정만이 늘어갈 뿐이었다. (김정한, 사하촌) ※ 떡심: 억세고 질긴 근육.

맥(을) 놓다 (긴장이 풀리거나 기대가 무너지면서) 멍하게 되다. ¶ 막내아들이 군대에 가자 어머니는 맥을 놓고 앉아서 하늘만 쳐다보고 있었다. / 나는 맥 놓고 있다가 술을 바지에 쏟아 버렸다.

맥(을) 못 추다 무기력하다. ¶ 힘깨나 쓴다는 사람도 그 씨름꾼한테는 맥을 못 추고 나가 떨어졌다. / 한국에서만 맥 못 추는 세계 일등 브랜드가 여러 개 있다. / 나라를 잃고 남의 땅에 건너와 사는 사람이 맥을 못 추는 것은 당연한 일이다. 반 **맥을 추다**

맥(이) 끊어지다[1] 희망이나 기대를 잃다. ¶ 작은아들마저 탈락하자, 맥이 끊어진 집안사람들은 밥 먹을 생각도 하지 않고 하늘만 쳐다보았다.

맥이 나다[2] ⇒ **맥(이) 빠지다** ¶ 나는 그대로 드러누웠다. 맥이 나서 앉아 있을 힘이 없었다. / 팔뚝에 맥이 나서 더 이상 낚시를 못 하고 쉬고 있는데 한 사람이 내게 다가왔다.

맥(이) 빠지다 힘이나 의욕이 없어지다. ¶ 경수의 낙방 소식을 듣고 진희는 맥이 빠져 버렸다. / 남편이 허구한 날 맥 빠지는 소리만 하니, 결혼 생활이 재미가 있겠어요?

맥(이) 없다 힘이 없다. ¶ 우리 팀이 맥없이 나자빠지는 바람에 응원하는 사람도 맥이 빠져 버렸어요. / 선거에 출마했다가 이번에도 맥없이 고배를 들었다.

맥(이) 풀리다 (긴장이 풀리거나 기대가 무너지면서) 힘이나 의욕이 없어지다. ¶ 텅 빈 객석을 보니 맥이 탁 풀려 연주할 마음이 나지 않았다. / 애써 쓴 원고가 퇴짜 맞았다는 소식에 너무 맥이 풀린 나머지 하루 종일 잠만 잤다.

바람(이) 나가다[1] 의욕이 없어지다. ¶ 한창 흥이 올랐을 때 일을 해치웠어야지, 바람이 다 나간 후에 일을 하려고 하니 일이 될 리가 있겠어? / 그는 바람 나간 사람처럼 매사에 의욕이 없다.

열이 식다 흥분이나 정열이 가라앉다. ¶ 지난주까진 머리를 싸매고 공부하더니 이젠 열이 많이 식었나 보구나. 텔레비전 보는 시간이 많아졌어. / 만나기만 하면 결혼을 하자고 졸라 대던 그가 요즈음에는 웬일인지 열이 식었다.

울고 가다 감당하거나 대적할 수 없음을 알고 실망하다. ¶ 그녀는 양 귀비도 울고 갈 도자기 피부를 지녔다. / 내가 그린 그림을 봤다면 피카소도 울고 갔을 것이다. ＊도자기 피부: 도자기처럼 매끄럽고 윤기 있는 피부. 아름다운 피부를 비유적으로 표현하는 말이다.

한숨(을) 쉬다 ⇒ 한숨(을) 짓다 ¶ 한숨만 쉰다고 해결될 일이 아니야. 마음 단단히 먹고 새로 시작하자. / 치솟는 물가에 한숨을 쉬는 우리 서민들 사정을 위정자들이 알기나 할까. 참 **한숨 쉬어 가다**

한숨(을) 짓다 실망하여 의욕이 없다. ¶ 덧없는 인생살이에 한숨을 짓다가 술에 손을 대기 시작했지. / 서민들을 한숨짓게 하는 주거난을 해결할 방안은 무엇인가? 참 **한숨(을) 돌리다**

【절망(絶望)】 ≒ 【고통(苦痛), 괴로움, 슬픔】

가슴이 무너져 내리다 절망하다. ¶ 공들인 작품이 산산조각이 난 걸 보는 순간 말문이 막히고 가슴이 무너져 내렸다. / 이제 그녀와의 기억을 모두 잊어버리고 홀로 힘겨운 시간을 보내야 한다고 생각하니 가슴이 무너져 내렸다.

가슴이 무너지다 절망하다. ¶ 낙방 소식에 내 가슴만 무너진 게 아니었다. 온 가족이 슬픔에 잠겼다. / 선생님이 불치의 병에 걸렸다는 것은 알고 있었지만, 운명하셨다는 소식은 가슴이 무너지는 충격이었다.

날개 부러진 매 위세를 부리다가 심한 타격을 받아 힘을 못 쓰게 된 신세. ¶ 자신만만하던 사람이었는데, 지난번 경기에서 참패한 후로 날개 부러진 매가 되어 슬럼프에 빠졌다. / 왕년에는 잘나가던 사람이었는데, 이제는 날개 부러진 매다. 반 **떠오르는 별**

(눈)**앞이 깜깜[캄캄]하다** 대책을 세울 수 없이 절망적이다. ¶ 이 난국을 어떻게 타개할지 앞이 깜깜한 상황이다. / 불합격 소식을 듣자 눈앞이 깜깜했다. / 당장 수천만 원을 마련해야 한다고 하니, 눈앞이 캄캄할 따름입니다. / 지금도 이렇게 힘든데 앞으로 물가가 더 오르면 어떻게 될지 앞이 캄캄한 실정이다. 반 **앞(날)이 훤하다** ①

눈앞이 아찔하다 (큰 충격을 받아) 막막해지다. ¶ 나와 원수지간이나 다름없는 그가 신임 사장에 내정되었다는 소식에 눈앞이 아찔했다. / 사고 현장은 그야말로 아비규환이었어요. 지금도 그때만 생각하면 눈앞이 아찔해집니다.

앞이 막막하다 대책을 세울 수 없이 절망적이다. ¶ 회사를 그만두었으니 앞으로 어떻게 살아야 할지 앞이 막막했다. 반 **앞(날)이 훤하다** ①

억장(이) **무너지다** (슬픔이나 고통이 지나쳐) 절망하다. ¶ 법의 원칙에 충실했다지만, 억울하게 목숨을 잃은 피해자의 부모에게는 억장이 무너지는 판결이었다. / 피투성이가 된 채 돌아온 남편을 보았을 때는 억장이 무너졌다. ※ 억장(億丈): 썩 높음. 또는 썩 높은 길이.

하늘이 깜깜[캄캄]하다 (큰 충격을 받아) 막막해지다. ¶ 그만 만나자는 그의 말에 하늘이 깜깜했다. / 부도가 났다는 말을 듣고 나니 하늘이 캄캄해졌다.

하늘이 노랗다[1] (큰 충격을 받아) 막막해지다. ¶ 입학시험에 떨어졌다는 소식을 듣자, 하늘이 노래졌다. 참 **얼굴이 노래지다**

욕망(慾望)

【**욕심**(慾心)】 ≒ 【**흥미**(興味), **기쁨**】

감(아) **빨다** (잇속을) 탐내다. ¶ 공직자가 마음을 비우지 않고 재물을 감아 빨면 반드시 뒤끝이 좋지 않은 법이다. 〖기원〗 '감아 빨다'의 원뜻은 입술을 감아 들이며 감칠맛 있게 입으로 빠는 모습을 지칭하는 말이다. 이는 주로 '감빨리다'의 형태로 쓰인다.

걸신(이) **나다** ⇒ **걸신**(이) **들리다** ¶ 밥에 걸신 난 사람처럼 급하게 밥을 먹었다. / 우리 과장은 회의에 걸신이 난 사람 같다. 하루에도 몇 번씩 사람을 불러 대는 통에 일을 할 수가 없다. ※ 걸신(乞神): 빌어먹는 귀신.

걸신(이) **들리다** 어떤 사물이나 일에 대한 욕심이 몹시 생기다. 주로 '무엇에 걸신이 들리다'와 같이 쓰인다. ¶ 그때는 나도 걸신들린 사람처럼 밥을 먹자마자 뒤돌아서서 빵을 사 먹고 그랬다. / 어린 시절 동화책에 걸신이 들려 책만 발견하면 붙들고 집에 올 생각을 하지 않았다.

구미(가) **나다** ⇒ **입맛**(이) **당기다** ¶ 어제 백화점에서 구미 나게 멋진 물건을 보았다. / 구미가 난다고 무작정 일을 떠맡다가는 탈이 나기 마련이다. / 전쟁에 참여한 국가들 대부분은 전후 재건 사업에 구미가 났을 것이다. ※ 구미(口味): 입맛.

구미(가) **당기다** ⇒ **입맛**(이) **당기다** ¶ 내 말에 구미 당기는 사람은 내게 전화해. / 보수는 다른 데보다 적지만 일주일에 두 번만 나가면 된다는 말에 구미가 당겼다. / 아이는 새로운 장난에 구미가 당기는지 눈을 반짝거렸다.

구미(가) **돌다** ⇒ **입맛**(이) **당기다** ¶ 그렇게 구미 도는 일은 아니에요. / 장관 자리를 보장한다는 말에 구미가 돌았지만, 그 사람에게는 믿음이 가지 않아 망설였다.

구미가 동하다 ⇒ **입맛**(이) **당기다** ¶ 내 제안에 구미가 동했는지 사내는 내가 부르는 전화번호를 수첩에 받아 적었다.

구미를 돋우다 욕심이나 관심을 유발하다. ¶ 구미를 돋우는 그의 제안에 나는 귀가 솔깃해졌다. / 최신 이론을 적용한 그의 논문은 신진 학자들의 구미를 돋우었다.

군입(을) **다시다** 무엇인가를 하고 싶어 하다. ¶ 그때 나는 선뜻 나서지를 못하고 앉아서 군입만 다셨었다. / 전부터 그 일이 마음에 들어 군입 다시고 있었는데, 철수가 눈치 없이 혼자서 그 일을 했다. ※ 군입: 자고 난 입. 아무것도 먹지 않은 때의 맨입.

(군)**침**(을) **삼키다** 어떤 것을 차지하려고 욕심을 내다. ¶ 미미는 새언니의 고운 한복을 보고 침을 삼켰다. / 그 회사는 누구나가 침을 삼킬 만한 조건을 제시하고 있다. / 한반도는 세계열강이 군침을 삼키는 전략의 요충지다. / 만화는 대형 출판사들도 군침을 삼키는 출판계의 총아가 되었다.

(군)**침**(을) **흘리다** 어떤 것을 차지하려고 욕심을 내다. ¶ 내가 점찍어 놨으니까 그 여자에게 침 흘리지 마. / 많은 나라가 이 땅에 침을 흘렸지만 어떤 나라도 이 땅을 차지하지는 못했다. / 골프장 건설은 수익이 많이 나기 때문에 군침을 흘리지 않는 회사가 없다.

군침(이) **돌다** 욕심이 생기다. ¶ 거액의 우승 상금이 걸렸으니, 선수 입장에서는 군침이 돌 수밖에 없다. / 세계 거대 광고 회사들이 군침 도는 미개척지인 중국의 온라인 광고 시장 선점을 위해 열을 올리고 있다.

넘겨다 보다 자신의 소유나 영역이 아닌 것에 욕심내어 마음을 그쪽으로 돌리다. ¶ 남의 재산을 넘겨다보다가 쇠고랑 차는 수가 있어. / 그쪽에서도 사업을 확장하려고 유망 업종을 계속 넘겨다보았다.

눈독(을) **들이다** 몹시 탐내어 가지고 싶어 하다. ¶ 이 선수에게 눈독 들이는 구단이 유난히 많았다. / 사냥꾼들은 이미 잡은 것이나 다름없는 기러기는 놓아두고 새로운 기러기에 눈독을 들였다. / 러시아와 중국이 눈독을 들이는 나진항은 동북아의 전략 거점으로 꼽힌다. ※ 눈독(-毒): 눈의 독기(毒氣).

눈독(이) **들다** 몹시 탐이 나 관심이 가다. ¶ 돈에 눈독이 든 김 씨는 돈이 되는 일이라면 뭐든지 했다. / 다른 형제들이 태자 자리에 눈독이 들어 있을 때도 그는 권력에 초연한 태도로 아버지를 보필했다.

눈에 불을 켜다[1] 몹시 탐을 내거나 어떤 목표에 집착하다. ¶ 좋은 대학에 들어가려고 눈에 불을 켜고 공부를 했다. / 어려웠던 시절 어머니는 시장에서 단돈 십 원이라도 더 깎기 위해 눈에 불을 켰었다. / 세상 사람들이 눈에 불을 켜고 돈과 명예와 권력을 훔치기에 바빴지만 그만은 달랐다.

눈에 쌍심지를 켜다[1] ⇒ **눈에 불을 켜다**[1] ¶ 그런 조건이라면 눈에 쌍심지를 켜고 달려들 일이 아니잖아.

눈에 핏발을 세우다 몹시 탐을 내거나 어떤 목표에 집착하다. ¶ 그는 눈에 핏발을 세우고 범인을 찾고 있었다. / 지금 적군이 우리를 치려고 눈에 핏발을 세우고 있다.

눈에 핏발이 서다 강한 집착을 보이다. ¶ 그는 노름판에서 가진 돈을 다 잃자 눈에 핏발이 섰다. / 눈에 핏발이 서서 공부하는 사람을 보면 좀 무섭다는 생각이 앞선다.

눈이 벌[뻘]겋다 ⇒ **혈안이 되다** ¶ 재산 싸움에 눈이 벌게진 형제들은 아버지의 장례를 치를 생각도 하지 않았다. / 젊은 사람들이 돈에 눈이 뻘겋게 되어 날뛰는 것처럼 보기 흉한 것도 없다. / 공장이 들어선다는 말에 서울 부자들이 눈이 뻘게 가지고 땅을 샀지요. 참 **눈(이) 멀다**

마음을 비우다 욕심을 버리다. ¶ 사람이 마음을 비웠을 때에만 보물이 보이는 법이다. / 마음을 비우고 경기에 성실히 임한다면 좋은 결과가 있을 거야.

목구멍까지 (차)오르다 (욕망이나 충동이) 억누를 수 없을 정도가 되다. ¶ 이 일 저 일에 시달려 쓰러질 것 같은 피로에 감싸일 때, 조용히 드러누워 음악을 듣고 싶은 충동이 목구멍까지 오를 때가 있다.

배(를) 불리다 욕심껏 이익을 취하다. ¶ 제국주의를 쉽게 설명하면, 약소민족을 착취하여 제 배만 불리겠다는 것이다. / 제 배를 불리자고 남의 등골을 뽑는 이 험한 세상. 울어야 할지, 웃어야 할지 모르겠다.

배(를) 채우다[1] 욕심껏 이익을 취하다. ¶ 나라의 물건을 훔쳐서 내 배를 채웠다는 말을 듣는다면 대장부로서 어찌 치욕스러운 일이 아니겠는가?

비위(가) 당기다 ⇒ **입맛(이) 당기다** ¶ 그 정도 조건이면 구매자들이 비위가 당길 만했다. / 군대 간 아들이 생각날 때는 산해진미를 차려 놓아도 비위가 당기지 않았다. ※ 비위(脾胃): 비장(脾臟)과 위장(胃臟). 참 **비위(가) 사납다**

비위(가) 동하다 ⇒ **(입)맛이 당기다** ¶ 그의 제안에 비위가 동했지만, 양심을 팔고 싶지는 않았다. / 참기름 냄새에 비위가 동한 길동이 식당 문을 열고 들어왔다.

입맛(을) 다시다[1] 어떤 것을 차지하려고 욕심을 내다. ¶ 그는 모든 팀이 입맛을 다시는 최고의 스트라이커다. / 우리 동네에 좋은 매물이 나왔다는 말을 듣자 아버지는 입맛을 다셨다.

입맛(이) 당기다 어떤 것에 끌리어 욕심이나 관심이 생기다. ¶ 요즘은 단 음식에 입맛이 당긴다. / 그 회사 월급이 제법 된다는 말에 입맛이 당겼다. / 불경기에는 자기 입맛 당기는 대로 직장을 구한다는 건 상상조차도 할 수 없다. / 그는 내 제안에 입맛이 당기는지 귀를 쫑긋 세우고 의자를 당겨 앉았다.

입맛(이) 동하다 ⇒ **입맛(이) 당기다** ¶ 김 대표는 총리 자리에 입맛이 동했는지 내각제 개헌에 찬성했다. / 이 정도 냄새를 풍겼으면 그쪽에서도 입맛 동할 때가 되었다.

입에 당기다 ⇒ **입맛(이) 당기다** ¶ 나는 주로 소주를 즐기지만 봄나물이 나올 때면 막걸리가 입에 당겼다. / 내 제안이 입에 당겼는지 발표회가 끝나자마자 그가 내 쪽으로 걸어왔다.

자리를 넘보다 직위를 탐내다. 주로 '누구의 자리를 넘보다'와 같이 쓰인다. ¶ 내 자리를 넘보는 놈은 죽음을 면치 못할 것이다. / 그는 보통 사람들은 꿈에도 생각지 못하는 자리에 올랐지만 여전히 최고의 자리를 넘봤다.

피에 (굶)주리다 사람을 죽이려는 마음이 가득하다. ¶ 피에 굶주린 폭도들이 무슨 짓을 할지 몰랐다. / 로베스피에르, 그는 순수한 혁명가인가, 피에 주린 몽상가인가?

혈안이 되다 (무엇을 차지하려는 욕심에) 기를 쓰고 덤비다. ¶ 그는 돈벌이에 혈안이 된 사람이었다. / 경찰은 범인 검거에 혈안이 되어 있었다. ※ 혈안(血眼): 붉게 충혈된 눈.

회가 동하다 무엇인가 하고 싶은 욕심이 생기다. ¶ 그 친구 말에 회가 동해서 집까지 팔아 여기에 투자한 얼간이도 있어. / 여자가 꼬리만 치면 금세 회가 동해 문제를 일으키는 남자가 많다. 〖기원〗 옛날에 위생 상태가 좋지 않았을 때는 사람들의 몸속에 회충과의 기생충인 회(蛔)가 많이 기생하였는데, 이 회가 몸속에서 활동을 하면 사람이 배가 고파 먹을 것을 찾는 현상에서 착안한 표현이다.

【심술(心術), 질투(嫉妬)】

놀부 심보 인색하고 심술궂은 마음씨. ¶ 그는 매사에 놀부 심보여서 모두가 그를 피한다. / 그렇게 놀부 심보를 부리다가는 크게 당할 수도 있어. 〖기원〗 놀부는 《흥부전》에 나오는 흥부의 형으로 마음씨가 나쁘고 심술궂은 사람의 전형이다. 이로 인하여 놀부는 심술궂은 사람을 가리킬 때 쓰는 말이 되었다.

놀부 심사 ⇒ 놀부 심보 ¶ 그는 무슨 놀부 심사인지 남이 잘되는 꼴을 보지 못한다.

놀부의 환생 남이 잘되는 것을 시기하여 비방하는 사람. ¶ 다른 사람 잘되는 꼴을 못 보니 놀부의 환생이라고 할밖에. / 그는 집으로 돌아와 왜 자신이 놀부의 환생인 현선에게 마음을 쏟게 되었는지 한탄했다.

배(가) 아프다 샘, 질투 따위가 나다. ¶ 친구가 잘되는 게 그렇게 배가 아프니? / 우리 둘이 사귀는 것을 배 아파하는 친구들이 많은 모양이야. 〖기원〗 '사촌이 논을 사면 배가 아프다'라는 속담에서 비롯한 표현이다.

배(를) 앓다 샘, 질투 따위가 나다. ¶ 네가 지금 그런 높은 사람들을 보고 배 앓을 처지야?

만족감(滿足感), 흥미(興味)

【만족(滿足)】

가슴(이) **뿌듯하다** (성취한 것이 있어) 흡족하다. ¶ 네가 취업을 한다면 얼마나 가슴 뿌듯한 일이겠니? / 단상 위에 늠름한 모습으로 서 있는 아들을 보니 가슴이 뿌듯했다.

경치(가) **좋다** 함께 있는 남녀가 잘 어울림을 이르는 말. ¶ 그렇게 두 분이 어깨를 꼭 껴안고 있으니 경치가 참 좋습니다그려.

구미에 맞다 ⇒ **입**(맛)**에 맞다** ¶ 취업난으로 구미에 맞는 일을 찾기가 어려웠다. / 남쪽으로 펼쳐진 한강 조망권은 부유층의 구미에 맞았다. / 소신도 중요하지만 우선 독자의 구미에 맞는 책을 써야 팔리지 않겠어요?

눈에 들다 신임을 얻다. 주로 '누구의 눈에 들다'와 같이 쓰인다. ¶ 일 잘하는 것은 시어머니 눈에 들었으나, 얼굴 미운 것은 남편 눈에 들지 않았다. / 우리 회사에서는 그의 눈에 들어야 인정을 받고 승진도 할 수 있어.

눈에 차다 마음에 흡족할 정도가 되다. 주로 '누구의 눈에 차다'와 같이 쓰인다. ¶ 외모야 눈에 차지 않지만 마음이 착한 처녀라 며느릿감으로 결정했습니다. / 나처럼 능력 없는 사람이 그 사람 눈에 차기나 하겠어요?

(밥을) **먹지 않아도 배부르다** ⇒ **가슴**(이) **뿌듯하다** ¶ 어머니는 자식들이 맛있게 먹는 것을 보면 밥을 먹지 않아도 배부르다고 하신다.

비위에 맞다 ⇒ **입**(맛)**에 맞다** ¶ 사람이 살다 보면 자기 비위에 맞는 일만 하고 살 수는 없다. / 그는 자기의 비위에 맞는 것이 바로 선이요 그렇지 않은 것은 악으로 여길 만큼 자기중심적이다.

사람(을) **죽이다**[1] 무척 만족스럽다. ▷ 비속어 ¶ 그 연극, 사람 죽이데. 차마 숨기고 싶었던 나

의 내면을 꿰뚫어 보는 것 같더군. 참 **살살 녹이다**

성에 차다 ⇒ **눈에 차다** ¶ 표정을 보니 물건이 별로 성에 차지 않는가 보다. / 눈이 높아 성에 차는 여자를 고르기는 애당초 틀렸다.

양에[이] 차다 ⇒ **눈에 차다** ¶ 정부에서는 보상을 한다고 했지만, 내 양에는 차지 않았다. / 자기들 딴에는 상당한 수준이라고 생각하는 모양이었지만, 지도 교수에게는 양이 차지 않았다.

입(맛)에 맞다 (취향에 일치하여) 마음에 들다. ¶ 입맛에 맞는 일만 하려 하면 직장을 잡기가 힘들지요. / 프로듀서들은 십대들의 입맛에 맞는 프로그램을 개발하기 위해 머리를 싸맸다. / 그는 자신의 입맛에 맞아야만 훌륭한 작품이라고 칭찬을 한다. / 주인이 내놓은 술과 안주가 모두 입에 맞았다. / 저는 주부의 마음으로 국민의 입에 딱 맞는 생활 정치를 펼쳐 보이겠습니다. 참 **입맛(에, 을) 맞추다**

입에 맞는 떡 알맞은 것. 또는 마음에 드는 것. ¶ 오십 줄에 든 사람이 이 판에 벌이 구멍이 입에 맞는 떡으로 있을 리는 없지만……. (염상섭, 삼대) / 하숙집을 새로 구하려니 입에 맞는 떡이 있어야지. 마땅한 하숙집을 구할 수 없어 이 집으로 온 거야.

직성이 풀리다 소원이나 욕망이 이루어져 마음이 흡족하게 되다. ¶ 그는 한번 의심이 나는 문제가 생기면 끝까지 뿌리를 캐야만 직성이 풀린다. / 그 사람 성질에 그 정도로는 직성이 풀리지 않을 거야. 〖기원〗 옛날 사람들은 사람의 행년(行年)을 따라 그의 운명을 맡은 별인 직성(直星)이 있다고 믿었다. 이처럼 나이에 따라 운명을 관장하는 별이 달라진다고 보기 때문에, 옛날 사람들은 직성의 변화에 따라 사람의 운명이 달라진다고 생각하였다. 이에 따라 좋은 직성이 오는 때를 기다리면서 그때가 도래하는 것을 '직성이 풀린다'라고 표현하였다.

【불만(不滿), 못마땅함】 ≒ 【고통(苦痛), 괴로움, 슬픔】

가시(가) 돋(치)다 불평불만이나 공격하는 뜻이 있다. ¶ 그의 가시 돋은 말을 듣고 순간 울컥했다. / 이번 정권이 등장한 이래 무엇 하나 원만히 진행되는 일이 없다는 가시 돋은 주장이 마음을 아프게 한다. / 그가 전과 달리 가시가 돋친 말을 하는 것으로 보아 심기가 불편한 모양이었다.

가시(가) 박히다 ⇒ **가시(가) 돋(치)다** ¶ 가시 박힌 말은 듣는 이에게 지울 수 없는 상처가 될 수 있다. / 그는 시종 웃는 얼굴이었지만, 그의 말에는 가시가 박혀 있었다.

곱지 않다 못마땅해하다. ¶ 그는 무죄 판결을 받았지만, 그를 바라보는 대중의 시선은 결코 곱지 않다. / 굳이 곱지 않은 말을 하여 상대방의 기분을 나쁘게 할 필요는 없잖아요.

구역질(이) 나다 역겹다. ¶ 출입국 관리소 담당자의 거만한 태도에 구역질이 났지만 한 번 더

허리를 굽히고 부탁했다. / 그는 보석으로 치장하고 나타나 서민들을 이해한다고 했어요. 정말 구역질 나는 말이었어요.

귀먹은 욕 당사자가 듣지 않는 데에서 불만 따위를 말하는 것을 이르는 말. ¶ 이런저런 일들을 글로 쓰다 보면 귀먹은 욕을 많이 먹는다. / 극심한 식량난이 계속되자 사람들은 그 책임이 간부들에게 있는 것처럼 그들에게 귀먹은 욕을 퍼부었다. / 윤직원 영감은 역정 끝에 춘심이더러 귀먹은 욕을 하던 것이나, 그렇지만 그건 애먼 탓입니다. (채만식, 태평천하)

귀먹은 푸념 ⇒ **귀먹은 욕** ¶ 우리 선수들을 대표 팀에 끌고 가서 안 뇌준 덕분에 우리만 한 시즌 날렸다고 귀먹은 푸념도 참 많이 했습니다.

귀에 거슬리다 듣기 거북하다. ¶ 나도 형을 좋아하지는 않지만, 남이 우리 형 흉보는 것은 귀에 거슬린다. / 귀에 거슬리는 말이라고 해서 말길을 강압적으로 막아 버리면 그 입에서는 엉뚱한 소리가 새어 나오게 마련이다. 참 **귀에 걸리다**

귀에 거칠다 ⇒ **귀에 거슬리다** ¶ 장사를 하려면 귀에 거친 말도 웃으며 들을 수 있어야지. / 노인분이 목에 핏대를 세우며 훈계를 했다. 귀에 거칠었지만 눈을 감았다.

꼴 같지 않다 (하는 짓이나 모습이 격에 맞지 않아) 거슬리다. ▷ 비속어 ¶ 돈 좀 벌었다고 갑자기 거들먹거리는 게 꼴 같지 않아 봐줄 수가 없다.

꼴(이) **사납다** (하는 짓이나 모습이) 보기 싫다. ¶ 동창회에서 돈 자랑이나 하는 속물들이 꼴사나워 일찍 집에 들어왔다. / 왜 내 앞에서 애를 때려. 오냐! 네가 이 시어미 꼴이 사나워 그러는 모양인가 본데, 어디 그 소원 하나 못 풀어 주랴? 내가 나가마.

난장(을) **맞을** '난장을 맞을 만한'의 뜻으로, 몹시 못마땅하여 저주하는 말. ¶ 난장맞을, 날씨 한번 더럽게 찌는군. ※ 난장(亂杖): 조선 시대 고문 가운데 하나. 신체의 부위를 가리지 않고 마구 매로 침.

난장(을) **칠** '난장을 칠 만한'의 뜻으로, 몹시 못마땅하여 저주하는 말. ¶ 대낮에 그것도 신성한 학원에서 여자를 때렸다고? 난장을 칠 놈 같으니라고.

눈 밖에 나다 (신임을 잃고) 미움을 받다. ¶ 회사든 학교든 어디서나 그런 옳은 말만 하다가는 눈 밖에 나기 십상이다. / 여하튼, 그의 기분을 잘 맞춰야 눈 밖에 나지 않는다. / 내가 주장을 맡고 있을 때, 구단 눈 밖에 나 있던 건 맞습니다. 참 **줌 밖에 나다**

눈꼴(이) **사납다** ⇒ **눈**(이) **시다** ¶ 눈꼴사나운 짓을 한다고 함부로 사람을 때리면 이 사회가 어떻게 되겠어? / 돈깨나 있다고 거들먹거리는 게 눈꼴이 사나워서 볼 수가 없을 지경이야. ※ 눈꼴: 눈의 생김새나 눈의 동작 형태를 얕잡아 이르는 말.

눈꼴(이) **시다** ⇒ **눈**(이) **시다** ¶ 밑에 빌붙어 아첨하는 놈들의 눈꼴신 짓이 갈수록 가관이다. / 그렇게 눈꼴이 시어 못 보겠으면 당신이 떠나라고요. 나 보기 싫은 사람 떠나는 것 하나도 아쉽지 않으니까요.

눈꼴(이) 틀리다 ⇒ **눈(이) 시다** ¶ 젊었을 때는 눈꼴틀린 일을 보다 못해 주먹질을 한 적이 많았다. / 개나리 울타리에 꽃 피던 뒷동산은, 허리가 잘려 문화 주택이 서고, 사당 헐린 자리엔 신사가 들어앉았다니, 전하는 말만 들어도 기가 막히는데, 내 발로 걸어가서 눈꼴이 틀려 어찌 보겠소? (심훈, 고향은 그리워도)

눈살을 찌푸리다 못마땅해하다. ¶ 이 바닥에서 십여 년 활동한 사람이라면 그 정도 일에 눈살을 찌푸리진 않지요. / 이번에도 금품 살포, 인신공격 등 선거 때마다 눈살을 찌푸리게 하던 추태가 다시 고개를 들고 있다.

눈에 거슬리다 (행동이나 모습이 거슬려) 불쾌한 느낌이 들다. 주로 '누구의 눈에 거슬리다'와 같이 쓰인다. ¶ 내 눈에 거슬리는 짓을 하는 사람은 용서하지 못한다. / 지금 당장 담배 끊으세요. 담배 피우려고 들락날락하다가 사장 눈에 거슬려 고생하지 말고. / 요란하게 화장을 한 여자의 얼굴이 눈에 거슬렸다.

눈에 거칠다 ⇒ **눈에 거슬리다** ¶ 그가 여사원에게 너무 실없게 구는 것이 눈에 거칠어서 알아듣게 한마디 해 주었다. / 한번 마음에 들지 않으면, 별로 상관없는 것까지 눈에 거칠고 심사에 틀리기 마련이다.

눈에 걸리다 ⇒ **눈에 거슬리다** ¶ 짙은 화장이 눈에 걸리기는 했지만, 행동이나 말씨는 아주 교양 있었다. / 앞으로는 어떻게 변할 줄 모르겠지만, 지금 당장은 눈에 걸리는 것이 없다. 참 귀에 걸리다

눈엣가시 몹시 미워 눈에 거슬리는 사람. 눈에 있는 가시처럼 거슬린다는 뜻으로 쓰는 말이다. ¶ 다른 사람들은 그를 우리 팀의 보배라고 말하지만, 내게는 눈엣가시일 뿐. / 사장은 그를 눈엣가시처럼 여기더니 결국은 해임시켰다.

눈(을) 흘기다 못마땅해하다. ¶ 정치인들이 재산이 그렇게 많으니 국민들이 눈을 흘기지 않을 수 없다. / 어머니는 서로 눈을 흘기고 있는 형제를 바라보며 큰소리하셨다.

눈(이) 시다 (하는 짓이 거슬려) 보기에 아니꼽다. ¶ 요즘 젊은이들이 자유분방하게 지내는 것을 보면 눈이 시다가도 부럽다네. / 돈깨나 있다고 자가용을 몰고 다니는 학생들을 눈 시어서 못 보겠다.

눈초리가 따갑다 시선에 못마땅해하는 감정이 실려 있다. ¶ 주위에 있는 동료들의 눈초리가 따가운 것이 흠이라면 흠이지만 회사 커플로서 좋은 점도 많다. / 나를 쳐다보는 선생님의 눈초리가 따갑다고 느꼈지만 두 눈 딱 감고 계속했다.

눈초리가 차갑다 시선에 못마땅해하는 감정이 실려 있다. 냉담한 반응을 나타낼 때 쓰인다. ¶ 처음에는 활기찼던 철수도 지금은 주위의 차가운 눈초리에 몹시 위축된 것 같았다. / 젊은 사람이 너무 튄다고 주위의 눈초리가 차가웠지만 참고 내 일을 계속했다.

눈총(을) 맞다 ⇒ **눈총(을) 받다** ¶ 이야기를 들어 보니 자네가 눈총 맞을 짓을 했구먼. / 그는 왜

사람들의 따가운 눈총을 맞으면서도 무리하게 재개발을 하려는지 모르겠다.

눈총(을) 받다 (남의) 미움을 받다. ¶ 그는 지킬 수도 없는 선심 공약을 남발하여 유권자들로부터 눈총을 받았다.

눈총(을) 주다 독기 어린 눈으로 미워하는 마음을 전하다. ¶ 짓궂게 굴기에 눈총을 주었더니 슬며시 나가 버렸다. / 회식 자리에서는 술을 마시지 않는 사람에게 눈총 주면서 억지로 술을 권하는 사람이 가장 부담스럽다.

눈치(가) 보이다 (껄끄럽거나 거북하여) 남의 마음이나 태도를 살피게 되다. ¶ 나이가 서른이 넘으니까 집에서 밥 얻어먹는 것도 눈치가 보여 따로 나와 살기로 했다.

눈허리(가) 시다 ⇒ **눈(이) 시다** ¶ 그가 점잖은 체하는 걸 두고 보자니 눈허리가 시었다. / 희숙이는 눈허리가 시어 못 보겠다는 듯이 입이 잔뜩 부어서 외면을 하고 제청으로 나오다 말고 안방으로 다시 들어가 버렸다. (염상섭, 수절내기) ※ 눈허리: 두 눈 사이, 콧등의 잘록한 부분을 뜻하는 '코허리'와 같은 말이다. 단, '눈허리가 시다'로 쓰일 때 '눈허리'는 '눈'을 뜻한다고 할 수 있다.

두드러기(가) 나다 민망하거나 역겹다. ¶ 야, 두드러기 난다. 알랑거리는 소리 그만해라. / 더 참는 것은 속으로는 병이 되고 겉으로는 부정직해 두드러기가 날 것인즉, 에라! 삼수갑산이라도 갈 데까지 가 보자. (박범신, 개뿔) 참 **닭살(이) 돋다[1, 2], 소름(이) 돋다**

두드러기(가) 돋다 ⇒ **두드러기(가) 나다** ¶ 나는 예쁜 남자를 보면 두드러기가 돋아. / 선거 때 밥 얻어먹으려고 침 흘리는 사람들을 볼 때면 너무 혐오스러워 두드러기가 돋는다.

떡을 할 못마땅함을 나타내는 말. ¶ 떡을 할 놈, 어른도 못 알아봐? 참 **떡(을) 해 먹을 집안**

미운털(이) 박히다 미움을 받다. '누구에게 또는 어디에 미운털이 박히다'와 같이 쓰인다. ¶ 나는 그때 그 일로 윗사람에게 미운털 박혀 승진도 늦어졌다. / 아무리 회사에 미운털이 덕지덕지 박힌 사람이라 해도 평생을 봉직한 사람을 그렇게 내치면 되겠어요?

밥맛(이) 떨어지다 마음에 들지 않아 역겹고 언짢다. ¶ 그 남자 얼굴만 생각해도 밥맛이 떨어져. / 부패한 정치판이 온 국민을 밥맛 떨어지게 한다. / 요즘 드라마에선 밥맛이 떨어지는 악역보다는 인간적인 면을 드러내는 악역이 인기를 끈다. 참 **(입)맛(이) 떨어지다**

밥맛(이) 없다 ⇒ **밥맛(이) 떨어지다** ¶ 시험 생각만 하면 밥맛이 없다. / 그 사람은 하는 말마다 밥맛없는 말만 해서 반발을 산다.

밥알이 곤두서다 (하는 짓이 거슬려) 보기에 아니꼽다. 소화가 되지 않을 정도로 기분이 좋지 않음을 나타내는 말이다. ¶ 원, 듣다 보니 밥알이 곤두서서 못 참겠네. / 벼락 치는 소리에 얼떨결에 절을 하고 선비의 발을 받쳐서 말 위에 올려 주고 나니, 은근히 속에서 밥알이 곤두섰다.

배알이 곤두서다 (하는 짓이 거슬려) 보기에 아니꼽다. ¶ 돈깨나 있다고 거들먹거리는 놈들을 보면 배알이 곤두선다. / 학창 시절, 모범생이라는 애들의 짓이 꼴사나워 배알이 곤두선 적이 많았다. ※ 배알: '창자'를 비속하게 이르는 말. 참 **배알도 없다, 배알(을) 부리다, 배알이 돋다**

배알이 꼴리다 ⇒ **배알이 곤두서다** ▷비속어 ¶ 배알이 꼴리더라도 네가 참아라. / 사회에 나가 생활하다 보면 배알이 꼴리는 일이 한두 가지가 아닐 것이다.

배알이 꼬다 ⇒ **배알이 곤두서다** ¶ 똑같은 일을 하는데도 일본인은 이 원씩 곱절을 더 주는 데는 배알이 꾀었다. (이기영, 두만강)

배알이 나다 ⇒ **배알이 곤두서다** ¶ 배알이 나는 대로 막 행동할 수도 없었다. / 그 녀석이 한 말을 나중에 생각해 보니 배알이 나서 잠을 이룰 수가 없었다.

배알이 (뒤)틀리다 ⇒ **배알이 곤두서다** ¶ 수남이와 영희가 죽어라 붙어 다니는 꼴만 봐도 영수는 배알이 뒤틀렸다. / 그가 여러 번 말을 붙였지만 철수는 배알이 틀렸는지 대답도 하지 않았다.

뱃속이 뒤틀리다 ⇒ **배알이 곤두서다** ¶ 철희는 뱃속이 뒤틀렸지만 이를 악물고 꾹 참았다. / 오랜만에 동창회에 나갔지만 돈 자랑을 하는 몇몇 녀석들 때문에 뱃속이 뒤틀려 그냥 나와 버렸다.

비위(가) 사납다 마음에 들지 않아 언짢다. ¶ 그 정도 말에 비위가 사나워지면 안 돼. / 몇 년간 연락도 없던 아들이 며느리랍시고 계집 하나를 데려왔는데 비위가 사나워서 방에 들이지 않았다. 〖기원〗 소화액을 분비하는 비장(脾臟)과 음식물을 소화시키는 위장(胃臟)을 합쳐서 비위라고 한다. 뱃속에서 어떤 음식을 무리 없이 받아들일 수 있는 조건이 되는지 그렇지 않은지를 사람의 마음 상태에 비유하면서 '**비위(가) 사납다**', '**비위(가) 약하다**', '**비위(가) 좋다**', '**비위를 거스르다**', '**비위(를) 맞추다**' 따위와 같은 표현이 만들어졌다. 참 **비위(가) 당기다**

비위(가) 상하다 하는 짓이 마음에 맞지 않아 언짢아지다. ¶ 그들 하는 짓이 비위가 상했지만 모른 체하고 지나갔다. / 그 사람은 천성이 원만해서 남의 비위를 상하게 하는 말은 좀체 입 밖에 내지 않는다.

비위를 거스르다 기분을 상하게 하다. ¶ 광해군은 후금의 비위를 거스르지 않으면서 명과의 의리도 지킬 수 있는 정책을 폈다. / 완곡한 표현으로 상대방의 비위를 거스르지 않고 내 뜻을 전달했다. 반 **비위(를) 맞추다**

비위를 건드리다 ⇒ **비위를 거스르다** ¶ 그는 오히려 유들유들 웃거나 혼잣말을 해 대며 내 비위를 건드렸다.

비위를 긁다 ⇒ **비위를 거스르다** ¶ 그는 유난히 거드름을 피우면서 첫날부터 사람들의 비위를 긁었다.

비위에 거슬리다 ⇒ **비위를 거스르다** ¶ 사람을 무시하는 듯한 그 남자의 태도가 더욱 나의 비위에 거슬렸다.

속에 얹히다 신경이 쓰이는 것이 있어 언짢다. ¶ 아침밥을 먹이지 못하고 아들을 보낸 것이 내내 속에 얹혔다. / 형사가 저녁에 다녀간 일이 속에 얹혀 어머니는 밤새도록 잠을 이룰 수가 없었다.

속이 느글거리다 마음에 들지 않고 거슬리다. ¶ 구렁이 같은 김 과장만 보면 속이 느글거린다. / 선생님 앞에서만 착한 척하는 아이들을 보면 속이 느글거려 참을 수가 없다.

속이 느끼하다 ⇒ **속이 느글거리다** ¶ 그의 목소리만 들으면 속이 느끼해진다.

속(이) **뒤집히다** 마음에 거슬려 역겹고 언짢다. ¶ 녀석들 하는 짓을 보면 속이 뒤집히지만 참고 또 참는다. / 직장 생활 하다 보면 속 뒤집히는 일이 그것뿐인 줄 아세요? 그 정도는 약과라고요.

속이 메스껍다 ⇒ **속이 느글거리다** ¶ 특별히 기분 나쁜 일은 없었는데, 조금 잘산다고 까부는 모습에는 속이 메스꺼웠다.

속(이) **쓰리다** 후회가 들어 언짢다. ¶ 그때는 천 원도 싸다고 생각했는데, 나중에 똑같은 걸 팔백 원에 먹자니 속이 쓰렸다. / 그는 자신의 실책이 팀 패배의 결정적 계기가 되었다는 생각에 더욱 속이 쓰렸다.

수(가) **틀리다** 마음에 맞지 않다. ¶ 그는 친할 때는 그렇게 잘해 주다가도 수가 틀리면 맹수로 돌변했다. / 수가 틀린다고 바로 사표를 던져 버리면 어떡하니. / 그는 나에 대해 단단히 수틀려 있었다.

쓴 입맛을 다시다 어이없어하거나 못마땅해하다. ¶ 좋은 계책이 생각나지 않아 눈살만 찌푸리며 쓴 입맛을 다셨다. / 아버지는 매형이 마음에 들지 않았는지 결혼식 내내 쓴 입맛을 다셨다.

얼굴(을) **찌푸리다** 못마땅해하다. ¶ 얼굴 찌푸리지 마세요. 모두가 다 힘들잖아요. / 마지못해 얼굴을 찌푸리며 주머니를 여는 것은 진정한 기부가 아니다.

이마에 내 천 자를 쓰다 못마땅해하다. ¶ 이마에 내 천 자를 쓰고 왜 이래? 분위기 기껏 살려 놓았더니.

이맛살(을) **찌푸리다** 못마땅해하다. ¶ 남의 이맛살을 찌푸리게 하는 파렴치한 행위는 하지 마시오.

인상(을) **긁다** 못마땅해하다. ▷ 비속어 ¶ 내 말이 기분을 상하게 했는지 그는 인상을 긁으며 침을 뱉었다. ※ 인상(人相): 사람의 얼굴 생김새와 골격.

인상(을) **쓰다** 못마땅해하다. ¶ 인상 쓰고 서 있지 말고 이리 와서 한잔하자고. / 볼이 네트에 걸리자 그는 짜증을 참지 못하고 발을 구르며 인상을 썼다.

입맛(을) **다시다**[2] (일이 마음에 들지 않거나 마음대로 되지 않아) 못마땅해하거나 난처해하다. ¶ 내가 그의 제안을 거절하자, 그는 "참 좋은 기회인데."라며 입맛을 다셨다. / 내가 국문과를 가겠다고 말하자 아버지는 왜 '굶는 과'를 가려고 그러느냐면서 입맛을 다셨다.

입맛이 개운치 않다 ⇒ **입(맛)이 떫다** ¶ 마지막 문제를 잘 쓰지 못해 입맛이 개운치 않았다. / 모두 자식을 위해서라지만 떳떳지 못한 돈을 쓴다는 게 입맛이 개운치는 않다.

입(맛)이 떫다 꺼림칙하여 기분이 언짢다. ¶ 그렇게 생글거렸던 게 돈 때문이었다고 생각하니 입맛이 얼마간 떫어지는 것도 사실이었다. / 당했다는 느낌이 들어 입맛은 떫었지만 따지기도 귀찮아 그냥 나왔다. / 아내에게 직장을 그만두었다고 말했다. 사실대로 밝히는 말이면서도 입은 떫었다.

입(맛)이 쓰다 못마땅하여 기분이 언짢다. ¶ 무조건 복종할 것을 강요하는 윗사람들 때문에 입맛이 썼다. / 나를 떨어뜨린 속사정은 이해하지만 입맛이 쓴 것만은 어쩔 수 없다. / 그는 나의 반문에는 대답을 하지 않았다. 입이 쓴 모양이었다.

입맛이 씁쓸하다 ⇒ **입(맛)이 쓰다** ¶ 오랫동안 준비했던 나로서는 경기 결과에 입맛이 씁쓸할 수밖에 없었다. / 그의 충고는 내게 큰 도움이 되었지만 그 말을 들었던 순간엔 입맛이 씁쓸했었다.

입을 내밀다 못마땅해하다. ¶ 뭐가 그렇게 불만인지 막내는 입을 한 자나 내밀고 있다. / 엄마의 말이 서운했는지 순희는 삐죽 입을 내밀었다.

입을 삐죽이다 못마땅해하다. ¶ 그는 섭섭한 듯 입을 삐죽였다. / 영선이가 말만 하면 모두 입을 삐죽이니 영선의 처지를 알 만했다.

입이 나오다 못마땅한 상태가 되다. ¶ 틀린 문제를 다시 세 번씩 쓰라고 하자 녀석은 잔뜩 입이 나왔다. / 그 일을 누가 시켜서 하라고 했으면 아마도 입이 석 자는 나와서 온갖 짜증을 다 부렸을 것이다.

혀를 차다 못마땅해하다. ¶ 그는 연방 혀를 차며 아이들의 잘못된 행동을 꾸짖었다. / 선생님은 나에게 '너를 믿고 일을 맡긴 내 잘못'이라며 혀를 끌끌 찼다.

【흥미(興味), 기쁨】 ≒ 【욕심(慾心)】

가락이 나다[1] 흥겹다. ¶ 흥겨운 음악에 맞추어 춤을 추는 취객들을 보면서 그도 저절로 콧노래가 흘러나왔다. 가락이 나는 이 분위기를 언제 다시 느껴 보리오. ※ 가락: 소리의 높낮이가 길이나 리듬과 어울려 나타나는 음의 흐름.

고기 맛본 중 금지된 쾌락을 뒤늦게 맛보고 재미를 붙인 사람. ¶ 한번 타락의 길로 접어들면 고기 맛본 중이 더한 법이야. 참 **늦바람(이) 나다**[2]

깨가 쏟아지다 아기자기하게 재미가 나다. 부부(특히 신혼부부) 사이가 좋음을 나타내는 말이다. ¶ 요즘 옆집은 깨가 쏟아지나 봐요. 모임에는 통 나타나질 않고. / 흔히 단꿈이나 깨가 쏟아지는 것으로 신혼의 재미를 이야기하지만, 우리의 신혼은 좀 달랐어.

단꿈(을) 꾸다[1] 아기자기한 재미에 빠지다. ¶ 신혼의 단꿈을 꾸는 것도 한순간이다. 짧은 그 시간이 지나면 긴 '생활'이 시작된다. 참 **꿈(을) 꾸다**

맛(을) 들이다 (어떤 일을 반복적으로 하는 중에) 재미를 느끼다. 어떤 음식을 자주 먹다가 좋아하게 되는 것과 연관 지어 만들어진 표현이다. ¶ 노름에 맛 한번 들이더니 자식이고 마누라고 다 팔아먹을 기세다. / 무협지만 보지 말고 제발 공부에 맛 좀 들이고 열심히 해 보아라.

사족(을) 못 쓰다 너무 좋아하여서 꼼짝 못하다. 현재는 '사죽을 못 쓰다'와 같은 비표준어형이 더 많이 쓰인다. ¶ 우리 아이는 과자라면 사족을 못 써요. / 사족 못 쓰고 계집년 꽁무니만 쫓아다니더니 결국 패가망신했다. ※ 사족(四足): 짐승의 네발.

신바람(이) 나다 우쭐해지며 흥겨워하다. ¶ 잘한다는 말 몇 마디에 아이는 신바람이 나서 일을 했다. / 잘해야 본전인 일에 신바람 날 리도 없겠지만 군소리 없이 일하는 학생들에게 고마운 생각이 들었다. 참 **바람(이) 나다**[2], **손바람이 나다**

신바람(이) 들리다 흥겨워지다. ¶ 신바람이 들린 사물놀이패는 징과 꽹과리를 정신없이 두들겼다. / 신바람 들려서 춤을 추느라 무릎이 다친 줄도 몰랐다.

신(이) 나다 흥겨워하다. ¶ 아이는 엄마의 칭찬에 신이 나서 공부를 했다. / 고환율 정책으로 재벌들만 신났다.

(입)**맛(을) 붙이다** ⇒ **맛(을) 들이다** ¶ 도적질에 입맛을 붙인 사람이 제대로 살 수 있겠어요? / 그 애가 시집가더니 살림살이에 맛 붙였나 봐. / 동네 도서관에 다니는 데 맛을 붙이면 카페에는 자연히 발을 끊게 되지요.

입이 귀밑까지 찢어지다 ⇒ **입(이) 찢어지다** ¶ 난생 처음 돈뭉치를 만져 본 명호는 입이 귀밑까지 찢어졌다.

입이 귀에 걸리다 ⇒ **입(이) 찢어지다** ¶ 임신 소식을 전하자 남편은 입이 귀에 걸렸다. / 매출 호조로 입이 귀에 걸린 사장은 직원들에게 특별 보너스를 주겠다며 생색을 냈다. 참 **귀에 걸리다**

입이 벌어지다[1] 기뻐하다. ¶ 어머니는 아들의 합격 소식을 듣고 입이 벌어졌다.

입(이) 찢어지다 기뻐서 어쩔 줄을 모르다. ¶ 결혼하더니 입이 찢어지는구나. / 돈 덜 쓰게 하겠다는데 반대할 관리자가 어디에 있나. 사장님 금세 입이 찢어지던데.

재미(를) 보다[1] 즐거움을 경험하다. ¶ 신혼여행에서 재미 많이 보십시오.

재미(를) 붙이다 어떤 일을 좋아하게 되다. ¶ 늘그막에 등산에 재미를 붙이고 나니 하루하루가 즐겁더라고.

죽고 못 산다 아주 좋아한다. ¶ 우리 아이는 다른 애들이 그렇게나 죽고 못 산다는 캐릭터 인형들을 봐도 시큰둥해한다.

콧노래가 나오다 기분이 좋다. ¶ 콧노래가 나오는 것을 보니 일이 잘 풀리는 모양이구나. / 일이 한창 재미있을 때는 몸이 고단하기는커녕 하루 종일 콧노래만 나오더라고.

콧노래(를) 부르다 일이 잘되어 기분을 내다. ¶ 지금 콧노래를 부르고 있을 때가 아니다. / 적의 계략을 파악한 장군은 속으로 콧노래를 불렀다.

휘파람을 불다 일이 잘되어 기분을 내다. ¶ 수출 시장의 판도가 변하면서 전자 쪽은 죽을 쑤고 있지만, 조선업은 휘파람을 불고 있다.

【염증(厭症), 권태(倦怠)】

멀미(가) 나다 ⇒ 진저리(가) 나다 ¶ 이젠 그 남자 이름만 들어도 멀미 날 지경이다. / 비는 매일같이 줄기차게 내렸다. 사람들은 차차 지루한 장마에 멀미가 나기 시작했다.

멀미(를) 내다 ⇒ 진저리(를) 치다 ¶ 그 사람 말이 재미는 없지만 멀미를 낼 정도는 아니다.

몸을 꼬다[1] 지루해하다. ¶ 너희가 아무리 몸을 꼰다고 해도 오늘 할 일은 꼭 할 거야. / 수업 시간이 길어지자 학생들은 하나둘 몸을 꼬기 시작했다.

신물(이) 나다 지겹다. ¶ 그 일은 이제 신물이 나 생각하기도 싫어요. / 이제 시험이라면 생각만 해도 신물 난다. / 이런 말 하면 욕할지 모르지만, 난 남자의 두레박 팔자가 되긴 싫어. 남자라면 이젠 신물이 나. ※ 신물: 먹은 것이 체하여 트림할 때 나오는 시척지근한 물.

(입)맛(이) 떨어지다 흥미를 잃다. ¶ 방송용에 적합하게 맞추자니 패러디의 맛이 떨어져 버렸다. / 그 소설은 중반부까지는 재밌게 보았는데, 후반부로 갈수록 맛이 떨어져 끝까지 보지 못했다. / 재밌던 일도 입맛 한번 떨어지면 천만금을 준다고 해도 하기가 싫은 법이다. 참 **밥맛(이) 떨어지다**

입에서 신물이 나다 입이 아프도록 같은 말을 되풀이하여 매우 지긋지긋하다. ¶ 입에서 신물이 나도록 이야기했지만, 내 말은 전혀 듣지 않더구나.

진저리(가) 나다 못 견딜 만큼 지긋지긋한 느낌이 들다. ¶ 그 일이라면 이제 진저리 난다. / 술을 먹고 어찌나 혼이 났던지, 술을 보기만 해도 진저리가 났다. ※ 진저리: 차가운 것이 살갗에 닿을 때나 오줌을 눈 뒤에 무의식적으로 떨치는 몸짓.

진저리(를) 치다 지긋지긋한 느낌이 들어 괴로워하다. ¶ 영숙은 그의 독기 어린 눈이 떠올라 진저리를 쳤다. / 이 과장에 대해 진저리 치는 사원들이 많은 걸 보면, 그 사람에게 뭔가 문제가 있는 것 같아.

진절머리(가) 나다 ⇒ 진저리(가) 나다 ¶ 공부라는 이야기만 들어도 진절머리가 난다. / 죽어라고 일해도 콩죽을 면할 길 없는 배고픈 농촌 생활이 그는 진절머리 나게 싫었다.

체머리를 젓다[1] ⇒ **체머리(를) 흔들다** ¶ 그가 온다는 말에 어머니는 체머리를 저었다.

체머리(를) 흔들다 지긋지긋해하거나 싫어하다. ¶ 영어 시간은 영어를 좀 한다는 학생들도 체머리 흔들 정도로 지루하다. / 사람이 하도 신용이 없으니 사람들이 그의 이야기라면 체머리를 흔들었다. ※ 체머리: 머리가 저절로 계속하여 흔들리는 병적 현상, 또는 그런 현상을 보이는 머리. 참 **머리를 흔들다**

하품(이) 나(오)다[1] 재미없고 지루하다. ¶ 그의 이야기를 듣고 있으면 하품만 나온다. / 하품 나오는 수업은 이제 그만 들었으면 좋겠어. / 교과서에는 하품이 나는 얘기만 써 있다는 걸 익히 아는 터였지만, 이건 좀 심하지 싶었다.

놀람, 당황(唐惶)

【경악(驚愕), 경탄(驚歎)】

가슴이 내려앉다 (충격과 불안감으로) 놀라다. 주로 '덜컹', '철렁', '선뜩' 따위와 어울려 쓰인다. ¶ 할머니께서 돌아가셨다는 소식에 가슴이 덜컹 내려앉았어요. / 그의 목소리만 들어도 나는 가슴이 철렁 내려앉는다. / 수술대 위에 허연 홑이불을 씌워 놓은 것이 눈에 띄자 동혁은 가슴이 선뜩 내려앉아서 "어떻게 됐습니까?" 하고 당황하여 물었다. (심훈, 상록수)

가슴이 덜컹하다 ⇒ 가슴이 철렁하다 ¶ 길을 가다가 빚쟁이와 마주치자 가슴이 덜컹했다. / 선생님이 내 이름을 부르는 순간 가슴이 덜컹한 나는 애써 웃었지만 손이 부들부들 떨렸다.

가슴이 철렁하다 (충격과 불안감으로) 놀라다. ¶ "어머니!" 대답이 없다. 나는 가슴이 철렁하여 어머니 가슴에 귀를 댔다. / 빚쟁이들이 다녀갔다는 말에 나는 가슴이 철렁했다.

간담이 내려앉다 ⇒ 가슴이 내려앉다 ¶ 선생님을 욕하고 있다가 바로 옆에 서 있는 선생님을 발견한 순간 간담이 내려앉았다. / 어두운 밤 골목에서 그 사람이 갑자기 나타났는데, 간담이 내려앉는 줄 알았어요.

간담이 떨어지다 ⇒ 간(이) 떨어지다 ¶ 유격대의 국내 진공에 간담이 떨어진 왜경들은 국경 경비에 혈안이 되었다. / 둘째 아들 열의 글씨를 보니 겉면에 '통곡' 두 자가 씌어 있어 면의 전사를 알고 간담이 떨어져 목 놓아 통곡했다. (김경수 편저, 난중일기)

간(이) 떨어지다 (충격으로) 놀라다. ¶ 연무장에서 수련을 하다가 소리 없이 나타난 뱀 한 마리에 간이 떨어질 뻔했다. / 원, 간 떨어지겠어요. 나 귀 안 먹었으니까 조용히 말해요. 공연히 야단 떨지 말고.

눈깔(이) 나오다 (정도가 너무 지나친 일이나 현상에) 놀라다. ▷ 비속어 ¶ 판사가 손해 배상 액수를 말하는데, 정말 눈깔이 나오더라고요.

눈알(이) 나오다 ⇒ 눈(이) (튀어)나오다 ¶ 눈알이 나올 정도로 변한 서울의 모습을 어서 빨리 중국에 있는 부모님에게 알려 드리고 싶었다.

눈을 휘둥그렇게 만들다 감탄하며 놀라게 하다. ¶ 우리 아파트에서는 어린이들의 눈을 휘둥그렇게 만들 놀이터를 설계하고 있다. / 1930년 8월 4일. 대공황이 휩쓸고 있던 뉴욕에는 사람들의 눈을 휘둥그렇게 만들 만한 점포가 하나 등장한다. 세계 첫 슈퍼마켓 킹컬렌(King Cullen)이 문을 연 것이다.

눈이 등잔만 해지다 ⇒ 눈이 (휘)둥그레지다 ¶ 그 광경을 보고 그는 눈이 등잔만 해졌다. / 철수의 눈이 등잔만 해져서 화물칸 바닥에 쌓인 지폐 더미를 봤다.

눈이 번쩍하다 (충격으로) 놀라다. ¶ 모두가 파김치가 되어 버려 눈이 번쩍할 일이 생기지 않는 한 일어날 것 같지 않다. / 내가 윗자리에 앉게 되었을 때, 내가 헐뜯던 윗사람들보다 과연 눈이 번쩍할 정도로 일을 훌륭히 해 나갈 수 있을까?

눈(이) (튀어)나오다 (정도가 너무 지나친 일이나 현상에) 놀라다. ¶ 눈이 나올 정도로 많은 음식을 차려 놓았다. / 눈이 튀어나오게 비싼 가구와 귀금속과 음식을 치장하고 걸치고 먹는 자들은 나중에 경멸해 주자.

눈이 (회)동그래지다 ⇒ 눈이 (휘)둥그레지다 ¶ 사장은 회사를 떠난다는 김 과장의 뜬금없는 말에 눈이 동그래졌다. / 아이는 조금 놀란 듯 눈이 회동그래져 나를 보았다.

눈이 (휘)둥그레지다 (정도가 지나친 일이나 현상에) 놀라다. ¶ 내가 자리를 박차고 일어나자 모두 눈이 둥그레졌다. / 꿈조차 못 꿀 만큼 어마어마한 액수에 눈이 휘둥그레진 집주인은 단박에 집을 팔아 치웠다.

애(가) 떨어질 뻔하다 (충격으로) 몹시 놀라다. ¶ 갑자기 들어오면 어떻게 하니? 애 떨어질 뻔했잖아. ※ 애: 아이의 준말.

얼굴이 노래지다 (감당할 수 없는 상황에) 몹시 놀라다. ¶ 우리가 덮치자 스페인 놈들 얼굴이 노래진 게, 정말 볼만했어! / 총이 없어진 걸 알고 얼굴이 노래진 중대장이 나를 추궁했다. 참 **얼굴이 붉어지다[1], 하늘이 노랗다[1,2]**

얼굴이 파래지다 (감당할 수 없는 상황에) 몹시 놀라다. ¶ 그는 시험에 떨어졌다는 말을 듣고 얼굴이 파래졌다. / 나도 샐러리맨 시절에는 지방으로 전근 발령을 받고 얼굴이 파래진 적이 있었다. 참 **(새)파랗게 질리다, 얼굴이 붉어지다[1,2], 얼굴이 빨개지다**

얼굴이 하얘지다 (감당할 수 없는 상황에) 몹시 놀라다. ¶ 자기가 범인이라는 사실이 밝혀지자 김 기사는 얼굴이 하얘졌다. / 도무지 아무것도 생각나질 않아 얼굴이 하얘진 채 주위만 두리번거리며 도움을 청했다. 참 **얼굴이 붉어지다[1]**

입을 다물지 못하다 ⇒ 입이 벌어지다[2] ¶ 백만장자의 화려한 정원을 둘러본 나는 입을 다물지 못했다. / 뉴스가 나가고 나자 사람들은 너무나 끔찍한 사실에 입을 다물지 못했다.

입(을) 벌리다[1] ⇒ 입이 벌어지다[2] ¶ 우리의 갑작스러운 결혼 발표에 모두 입을 벌렸겠지. / 그가 횡령한 돈의 액수가 알려지자 사람들은 모두 입을 딱 벌렸다.

입이 벌어지다² (엄청나거나 갑작스러워) 놀라다. ¶ 그의 그림 실력이 너무 뛰어나 보는 사람마다 입이 벌어졌다. / 입사 일 년도 안 된 신입 사원이 회사 정책에 반대를 하고 나서자 모두 입이 딱 벌어지도록 놀랐죠. 참 **입이 떨어지지 않다**

혀를 내두르다 (예상하였던 바와 많이 달라) 놀라다. ¶ 옷에 붙은 가격표를 보고 모두 혀를 내둘렀다. / 나는 오래전의 소소한 일도 기억하는 어머니의 기억력에 혀를 내두르곤 했다.

【어이없음, 의아(疑訝)】

고개를 갸우뚱거리다[갸우뚱하다] ① (잘 이해하지 못해) 의아해하다. ¶ 그가 말을 마치자 사람들은 모두 고개를 갸우뚱거렸다. / 논문을 읽다 보면, 고개를 갸우뚱거리게 하는 말이나 주장이 간혹 나온다. / 선생님의 설명에 학생들은 고개를 갸우뚱했다. ② (어떤 일이나 상황을) 미심쩍어하다. ¶ 그의 사진이 합성인 것으로 밝혀지자, 시청자들은 그에 대한 신뢰감에 고개를 갸우뚱거렸다. / 장사꾼의 설득에 고개를 갸우뚱하면서도 카드를 내밀었다. 반 **고개를 끄덕이다** [끄덕거리다]

고개를 갸웃거리다[갸웃하다] ① ⇒ **고개를 까우뚱거리다**[갸우뚱하다] ① ¶ 내가 행복해서 웃고 다닌다고 하면 사람들이 어디 아프냐고 하며 고개를 갸웃거려요. / 선생님이 그를 실력 좋은 가수라고 할 때마다 고개를 갸웃하게 되더군요. ② ⇒ **고개를 까우뚱거리다**[갸우뚱하다] ② ¶ 지금의 내 행동이 무슨 의미가 있을까 생각하며 혼자 고개를 갸웃거려 본다. / 자기만 믿으라는 그의 말에 그녀는 고개를 갸웃하며 대꾸를 하지 않았다.

골(을) **때리다** 상식적이지 않다. ▷ 비속어 ¶ 저놈 하는 짓이 아주 골 때리는군. / 배꼽 빠져 죽을 지경이다. 골 때리는 소리는 이제 그만 좀 해라.

귀신(이) **곡**(을) **하다** 어이없거나 기묘하다. 주로 '귀신이 곡할 노릇'과 같이 쓰인다. ¶ 내 이야기를 들으면 귀신도 곡을 할 것이다. / 트럭에 싣고 오던 물건이 감쪽같이 사라지고 없다니 귀신이 곡할 노릇 아닌가. ※ 곡(哭): 울다.

기(가) **막히다¹** 어이없다. 어떠한 일이 놀랍거나 언짢을 때 쓴다. ¶ 오래 살다 보니 별 기막힌 소리를 다 듣겠네. / 대리 시험을 봐 준 이유가 용돈이 궁해서 그랬다니 기가 막힐 노릇이다.

기(가) **차다¹** 어이없다. 어떠한 일이 놀랍거나 언짢을 때 쓴다. ¶ 기가 차서 말이 안 나오네. / 하루 술값이 회사원 한 달 월급이라니, 땀 흘려 열심히 일하는 보통 사람들에게는 기 찰 노릇이다.

말을 잃다 어이없다. 주로 '무엇에 말을 잃다'와 같이 쓰인다. ¶ 죽은 자의 넋이라도 달래는 위령제를 하기 위해 찾은 자리였지만 현장의 처참한 모습에 말을 잃었다. / 신하들은 아이의 무례함에 할 말을 잃고 서 있었지만, 왕의 목소리에는 기쁨이 역력했다.

말이 안 나오다 어이없다. 주로 '어떠해서 말이 안 나오다'와 같이 쓰인다. ¶ 이번 일은 너무 황당해서 말이 안 나온다. / 선거가 타락하다 보니, 돈을 못 받은 사람들이 후보자 사무실에 찾아가 항의하는 말도 안 나오는 일이 벌어졌다.

못 말리다 어이없는 행동을 통제할 수 없다. ¶ 우리 집 식구는 아무도 못 말려. / 내가 나서자 아이들은 우리 엄마는 못 말린다는 눈으로 나를 바라보며 웃었다.

배꼽이 웃다 어이없다. ¶ 그런 일로 시민 투표를 진행하겠다니 배꼽이 웃을 지경이다. / 어설픈 짓 그만해라. 배꼽이 다 웃겠다.

소가 웃다 어이없다. ¶ 소가 웃을 이야기지만 가끔 보면 자기 직원과 경쟁하는 사장이 있다. / 그런 사람이 성불(成佛)을 하겠다니 외양간에 있는 소가 웃을 일이다.

소가 짖다 ⇒ **소가 웃다** ¶ 절간에 와서 고깃국을 내놓으라니 소가 짖을 일입니다.

어처구니(가) 없다 어이없다. 즉, 어떤 일이 놀랍고 납득하기 어렵다. ¶ 살다 보면 가끔 어처구니가 없는 일을 당하기도 한다. / 세계 제일의 선수가 무명의 신인에게 어처구니없이 나가떨어졌다. ※ 어처구니: 상상 밖의 엄청나게 큰 사람이나 사물.

원 세상에 놀라움이나 어이없음을 나타낼 때 사용하는 말. ¶ 원 세상에. 살다 보니 참 별꼴 다 보겠다.

터무니(가) 없다 어이없다. 어떤 주장이나 요구가 아무런 근거가 없음을 나타낼 때 쓴다. ¶ 그의 터무니없는 요구에 모두 경악을 금치 못했다. / 그는 터무니가 없는 규칙도 맹목적으로 이행할 만큼 준법정신이 뛰어나다. ※ 터무니: 터를 잡은 자취.

할 말을 잊다 어이없다. 어떠한 일이 놀랍거나 언짢을 때 쓴다. ¶ 완장만 채워 주면 시도 때도 없이 칼을 휘둘러 대는 사람들에 대해서는 할 말을 잊었다. / 사람들은 쓰나미가 할퀴고 간 처참한 모습을 보며 할 말을 잊은 채 한숨만 내쉬었다.

【당황(唐惶)】 ≒ 【말을 못 함】

눈 둘 곳을 모르다 어색하거나 당황한 상태가 되다. ¶ 신입생 시절에는 여학생과 눈이라도 마주칠라치면 눈 둘 곳을 몰라 하며 얼굴이 벌겋게 되었다. / 오빠는 처음에는 어안이 벙벙해서 눈 둘 곳을 모르다가 뒤미처 사정을 알아차리고는 뜻을 바꾸는 것이 어떠냐고 타일렀다.

눈알(이) 돌다 (당황스럽고 놀라운 상황에) 평상심을 유지하기 어렵게 되다. ¶ 내 결혼 상대는 예뻐야 돼. 눈알이 돌 만큼 예쁘지 않으면, 결혼하지 않을 거야. / 눈알이 핑핑 돌 만큼 변화

하는 세상 속에서, 공부할 것이 많아 바쁘구나, 바빠. 참 **하늘이 돌다**

눈이 돌다[1] ⇒ 눈알(이) 돌다 ¶ 삼돌이는 점순이를 보자 눈이 핑핑 돌고 가슴이 뛰었다.

몸 둘 바를 모르다 (부끄럽거나 놀란 상황에서 또는 과분한 대우를 받는 상황에서) 어떻게 처신해야 할지 모르다. ¶ 새댁은 수줍어서 인사도 바로 못 하고 몸 둘 바를 몰라 했다. / 가정부가 얼굴이 파랗게 질려 벌벌 떨면서 몸 둘 바를 몰라 했다. / 선생님께서 과분한 칭찬을 해주시니, 몸 둘 바를 모르겠습니다.

식은땀을 흘리다 당황하여 안절부절못하다. 주로 '등(등골, 등줄기)에 식은땀을 흘리다'와 같이 쓰인다. ¶ 오랜 수배 생활 속에서 정신 건강은 극도로 나빠졌다. 제복을 입은 사람을 보기만 해도 등에 식은땀을 흘렸다. / 선생님의 질문에 대답을 못 하고 식은땀만 흘렸다. / 그러다가 죽을 수도 있다는 의사의 말에 식은땀을 흘렸다. / 실수한 사실을 몰래 덮어 버리고 나서, 나는 한동안 수치심으로 등에 식은땀을 흘렸다.

식은땀이 나다 당황하여 안절부절못하다. 주로 '등(등골, 등줄기)에 식은땀이 나다'와 같이 쓰인다. ¶ 발표가 끝나자마자 뒤가 켕기는 부분을 지적하며 달려드는 질문자들 때문에 식은땀이 났다. / 길을 물어보는 외국인을 만날 때면 등에 식은땀이 났다. / 가슴이 털썩 주저앉고 등골에 식은땀이 나는 걸 느끼면서 허겁지겁 달려가 보니 그는 호흡이 멈춰 있었다. / 나도 모르게 소름이 오싹 끼치고 등줄기에 식은땀이 부쩍 났다.

식은땀이 흐르다 ⇒ 식은땀이 나다 ¶ 순간적으로 졸다가 깜짝 놀라 깨어 보니 차가 중앙선을 넘고 있었다. 등골에 식은땀이 흘렀다.

공포감(恐怖感), 불안감(不安感)

【**공포**(恐怖)】

가슴이 서늘하다 ⇒ **가슴이 섬뜩하다** ¶ 혼자 갈 수 있노라고 다짐했지만 막상 길을 나서니 가슴이 서늘했다. 참 **가슴(이) 따뜻하다, 가슴이 뜨겁다**[1, 2]

가슴이 선뜩하다 ⇒ **가슴이 섬뜩하다** ¶ 공명이 벌써 모든 걸 알고 있는 것 같아 가슴이 선뜩하면서도 노숙은 짐짓 시치미를 떼며 되물었다. (이문열, 삼국지) / 그 칼날에 문득 보는 이의 가슴이 선뜩해지는데, 어느 결에 그 베이어 쓰라린 자리에 핏방울이 맺혔다.

가슴이 섬뜩하다 불안이나 위험을 느끼다. ¶ 불길한 예감에 가슴이 섬뜩했다. / 표독스러운 저 얼굴, 정말 가슴이 섬뜩하구나.

가위(를, 에) **눌리다**[1] 자다가 무서운 꿈에 질려 몸을 움직이지 못하다. ¶ 가위를 눌린 아이는 식은땀을 흘렸다. / 그는 눈을 뜨려 애썼다. 그러나 가위에 눌려 몸이 전혀 말을 듣지 않았다.

간담이 서늘하다 ⇒ **가슴이 섬뜩하다** ¶ 사장의 호통에 사원들은 간담이 서늘해졌다. / 술집에서 선생님과 마주친 순간 간담이 조금 서늘했으나 다시 태연하게 걸어 나갔다. 일이 이렇게 되었으니 될 대로 되라는 뜻이었다.

간(이) **떨리다** 두렵고 겁이 나다. ¶ 제 놈도 별수 없지. 판돈이 워낙 커 가니 담배만 찾고. 간이 좀 떨릴 것이야. / 사내가 그만한 일로 간이 떨려서야 되겠어? 좀 강하게 밀어붙이라고.

간이 오그라들다 ⇒ **간**(이) **떨리다** ¶ 막상 일이 닥치자 간이 오그라들어 제 실력을 발휘하지 못했다. / 그때, 천둥 번개가 치는 거야. 으스스한 분위기에 누가 옆에서 건드리기만 해도 간이 오그라들더라고.

간이 콩알만 해지다 ⇒ **간**(이) **떨리다** ¶ 평소에 말이 없던 시아버지 입에서 큰소리가 나오자 며느리는 간이 콩알만 해졌다. / 담당 검사가 쥐 잡듯이 모는 거야. 무기 징역을 살아야 한다나. 정말 그땐 간이 콩알만 해지더라고.

달팽이 눈이 되다 움찔하다. 핀잔을 받거나 겁이 날 때에 움찔하고 기운을 펴지 못하는 것을 형상화한 표현이다. ¶ 아이는 심한 꾸지람을 듣더니 달팽이 눈이 되어 슬금슬금 뒤로 물러서기 시작했다. 참 **가자미눈을 뜨다, 도끼눈을 뜨다**

닭살(이) 돋다[1] 섬뜩한 느낌이 들다. 자극적인 감정 따위를 표현할 때도 많이 쓴다. ¶ 무대 위에서 꽉 찬 관객석을 보니 온몸에 닭살이 돋았다. / 그의 노래는 듣는 순간 닭살이 돋을 정도로 거칠고 강렬하다. / 벌레라면 원래 질색하는 나인데 곱사등이는 보기만 해도 눈살이 찌푸려지고 닭살이 돋았다. 참 **두드러기(가) 나다**

뒤가 나다 자신의 잘못 때문에 좋지 못한 일이 있을 것 같아 겁이 나다. ¶ 물건을 빼앗기는 것도 아깝거니와 헌 옷가지라고 거짓말한 것이 뒤가 나서 속으로 조급하였다. (홍명희, 임꺽정[林巨正])

뒤가 땅기다[1] ⇒ **뒤가 나다** ¶ 뒤가 땅기는 일을 한 사람은 지금 자수하여 광명 찾기 바란다. 이건 마지막 경고다.

등(골)이 서늘하다 ⇒ **등골(이) 오싹하다** ¶ 독기를 품고 내뱉는 여자의 저주에 그는 등골이 서늘해졌다. / 등이 서늘해서 뒤돌아봤더니 피 묻은 옷을 입은 사람이 나를 보고 있는 거예요.

등(골)이 오싹하다 공포를 느끼다. ¶ 뱀이라는 말을 들었을 때 등골이 오싹해지며 찔끔 놀랐다. / 한여름 밤, 등골이 오싹한 이야기로 더위에 잠 못 든 시청자들의 눈을 사로잡았다.

등짝이 서늘하다 ⇒ **등골(이) 오싹하다** ¶ 게임 중에 등짝이 서늘하여 뒤를 돌아보니 어머니가 뒤에서 나를 쳐다보고 있었다.

등짝이 오싹하다 ⇒ **등골(이) 오싹하다** ¶ 밤길을 걸을 때 발소리가 들리면 등짝이 오싹해진다.

머리끝이 쭈뼛쭈뼛하다 ⇒ **머리(카락)(가[이]) 서다** ¶ 그 이야기만 들으면, 머리끝이 쭈뼛쭈뼛해요.

머리(카락)(가[이]) 서다 공포를 느끼다. ¶ 겨울밤 할머니의 귀신 이야기를 들을 때마다 머리가 서곤 했다. / 한밤중에 그런 모습을 한 사람과 마주치면 누구나 머리카락이 설 거예요.

머릿발이 서다 ⇒ **머리(카락)(가[이]) 서다** ¶ "네가 거기서 죽으면 어떻게 하느냐? 빨리 내려와." 하는 소리가 들렸을 때 머릿발이 쫙 서더라고요.

모골이 송연하다 ⇒ **머리(카락)(가[이]) 서다** ¶ 핵이 인류에게 미칠 악영향을 생각하면 모골이 송연함을 금치 못하겠다. / 이 사회에 전쟁이 일어나길 원하고 그 사태를 즐기는 사람들이 있다는 생각에 모골이 송연해진다. ※ 모골(毛骨): 터럭과 뼈.

목을 움츠리다 겁을 먹다. ¶ 아버지의 호통 소리에 가족들은 모두 목을 움츠리고 방바닥만 쳐다보고 있었다.

살을 떨다 격분하거나 무서워하다. ¶ 그는 참을 수 없는 배신감에 살을 떨었다. / 시민들은 시가지를 온통 피로 물들이고 철수하는 계엄군들의 모습을 살을 떨며 바라보고 있었다.

살(이) 떨리다 분하거나 무섭다. ¶ 살 떨리는 이야기는 이제 그만하세요. / 그의 눈빛 연기에 시청자들은 살이 떨렸다.

(새)**파랗게 질리다** 겁먹다. ¶ 골목길에서 갑자기 개가 나타나자, 아이는 파랗게 질려 엄마를 부르기 시작했다. / 아주머니는 형사의 위협적인 말에 새파랗게 질려 학생이 숨어 있는 곳을 가르쳐 주었다. 참 **얼굴이 파래지다**

소름(이) **끼치다** 섬뜩하다. ¶ 전쟁의 참혹함을 생각하면 온몸에 소름이 끼친다. / 우리에게 깔려 있는 숱한 욕 중에는 소름 끼치는 것이 많다. ※ 소름: 춥거나 무서움을 느낄 때, 피부에 좁쌀같이 돋아나는 것.

소름(이) **돋다** 섬뜩하다. ¶ 아무리 지어낸 이야기라고 생각해도 귀신 이야기에 소름이 돋는 것은 어쩔 수가 없었다. 참 **두드러기**(가) **나다**

인왕산 호랑이 무서운 사람. ¶ 까불면 죽이겠다고? 어허, 이거 인왕산 호랑이가 따로 없네. 무서워서 살겠나.

【걱정, 불안(不安), 초조(焦燥)】

가슴을 쓸어내리다[1] 걱정하거나 염려하다. ¶ 어젯밤 서울 예술의 전당 화재 사건으로 가슴을 쓸어내리신 분들이 많을 것 같네요. / 어머니는 운동장 한쪽에서 가슴을 쓸어내리면서 아픈 아들의 모습을 지켜보고 있었다.

가슴(을) **조이다** 조마조마하다. ¶ 공연히 나서서 망신을 당하는 것은 아닌가 하여 일이 마무리될 때까지 가슴을 조였다. / 병원에 간 사람들은 보통 불안으로 가슴 죄며 의사 앞에 서기 일쑤다.

가슴(을) **태우다** (걱정과 근심으로) 초조해하다. ¶ 가슴을 태우며 시험 결과를 기다렸다. / 너무 가슴 태우지 마세요. 세상일이 뜻대로만 될 수 있습니까?

가슴이 (두)**방망이질**(을) **치다** 조마조마하거나 몹시 흥분되다. ¶ 내 차례가 다가올수록 가슴이 세차게 두방망이질을 쳤다. / 박진감 넘치는 묘기가 계속되자 두방망이질 치는 가슴을 어찌할 도리가 없었다. / 그를 보자 오래전 묻어 버린 감정이 뭉게뭉게 피어나며 가슴이 방망이질 쳤다.

가슴이 (두)**방망이질**(을) **하다** ⇒ **가슴이** (두)**방망이질**(을) **치다** ¶ 별안간 가슴이 두방망이질을 했다. 혹시 잘못될 경우를 생각하니까 미칠 것 같았다. (박완서, 사람의 일기) / 내가 무심결에 내뱉은 욕설을 누가 들었을까 봐 오전 내내 가슴이 방망이질을 했다.

가슴(이) **떨리다** 조마조마하다. ¶ 여러 사람 앞에 서면서 가슴이 떨리지 않는 사람은 없을 것이다. / 노골적인 위협에 가슴 떨리긴 했지만 침착하게 행동하려고 노력했다.

가슴(이) **뛰다**[2] 조마조마하거나 흥분되다. ¶ 그 사람 앞에만 서면 가슴이 뛰어 말을 제대로 할 수 없다. / 산전수전 다 겪고 나니 웬만한 일로는 가슴 뛰는 법이 없다.

가슴(이) **타다** 걱정스럽고 초조하다. ¶ 전쟁터에 끌려간 남편 생각에 가슴이 타는 여자가 나뿐이겠어? / 열 시에 들어오겠다던 사람이 열한 시가 넘도록 들어오지 않자 나는 가슴이 탔다. 참 **복장이 타다**

가시방석에 앉다 ⇒ 바늘방석에 앉다 ¶ 다음 달 징계 위원회가 열릴 때까지 가시방석에 앉아 지내게 됐다. / 내가 잘못을 해도 마누라가 바가질 긁지 않으니 오히려 가시방석에 앉은 것 같다.

간(을) **졸이다** 걱정하며 초조해하다. ¶ 곡마단에서 줄 타는 노인을 간을 졸이며 쳐다보았다. / 간을 졸이고 기다리던 나에게 합격 통보가 전해졌다.

간(을) **태우다** 걱정하며 초조해하다. ¶ 이제 너까지 이 어미의 간을 태우려고 그러니? 제발 너만은 그 운동이라는 것 안 했으면 좋겠다. / 군에 간 아들로부터 소식이 오기를 간을 태우며 기다렸으나, 일 년이 지나도록 소식이 없었다.

간이 마르다 걱정스럽고 초조하다. ¶ 계획했던 일이 뜻대로 되지 않으니 간이 마른다. / 대학 입시 제도가 바뀐다는 발표에 학부모들은 간이 말랐지만, 정작 대학에 들어가야 할 당사자들은 여유가 있어 보였다.

간(장)**을 녹이다**[1] ① 몹시 초조해하거나 걱정하다. ¶ 그녀는 독립군 남편을 만나서 남이 겪지 못한 고생으로 간장을 녹이다가 세상을 떠났다. ② 초조하게 하거나 걱정하게 하다. ¶ 이제 가타부타 말을 해 주세요. 사람 간을 녹이는 것도 유분수지 이렇게 괴롭힐 수가 있는 거예요?

간(장)(을) **태우다** ① 몹시 초조해하거나 걱정하다. ¶ 이번 시험에 너무 간 태우지 마세요. 재수는 필수, 삼수는 선택이라는 사람도 있잖아요. ② 초조하게 하거나 걱정하게 하다. ¶ 이제 부모 간 태우는 일은 그만할 때도 되었잖아. / 재상 집안에 천한 출생이 너뿐이 아닌데, 어찌 마음을 좁게 먹어 어미 간장을 태우느냐?

간장이 녹다[1] 걱정스럽고 초조하다. ¶ 아들 녀석의 철없는 행동에 간장이 녹는다.

간(장)**이 타다** 걱정스럽고 초조하다. ¶ 아들이 그런 고생길을 가겠다고 하니 부모로서 간이 타지 않을 수 없었다. / 코앞에 닥친 시험 때문에 간장이 다 탄다. / 우리가 갑자기 없어져 버렸으니, 모르긴 몰라도 사람들 모두 우리 때문에 간장이 타고 있을 게다. 참 **간에 불**(이) **붙다**[2]

골머리(를) **썩이다** (해결하기 어려운 일로) 고민하거나 고민하게 만들다. ¶ 아들 문제로 골머리를 썩이고 있던 강 목수는 홍국을 만나자 아들 문제도 상의할 겸하여 대폿집에 들어갔다. / 골머리 썩이는 문제는 이제 그만 잊고 즐겁게 술이나 듭시다.

골머리(를) **앓다** (해결하기 어려운 일로) 고민하다. ¶ 무역상들이 수출 상품을 실어 나를 배가 없어 골머리를 앓고 있다. / 학부모들이 자녀 교육에서 가장 골머리 앓고 있는 게 학원비다.

참 골머리(를) 쓰다

골(을) 썩이다 ⇒ **골머리(를) 썩이다** ¶ 매년 골 썩이는 행사가 한두 건씩은 있다. / 우리 동네는 개인 주택이 밀집해 있어서 주차 문제로 골을 썩이지 않는 곳이 없다.

골치(가) 아프다 (일 따위가) 어렵고 성가시고 귀찮다. ¶ 골치가 아픈 일을 떠맡게 되었다. / 현장에서 사고가 나는 바람에 일이 골치 아프게 되었다.

골치(를) 썩이다 ⇒ **골머리(를) 썩이다** ¶ 자식 문제로 골치 썩여 보지 않은 부모는 없을 것이다. / 도대체 당신 골치를 썩이는 놈이 누구야?

골치(를) 앓다 ⇒ **골머리(를) 앓다** ¶ 모든 도시가 쓰레기 매립장 문제로 골치를 앓고 있다. / 좁은 땅에 날마다 늘어나는 차로 골치 앓고 있는 싱가포르로서는 특단의 대책을 마련할 수밖에 없었다.

구곡간장(을) 녹이다 몹시 걱정하게 하다. ¶ 그녀의 시에는 구곡간장을 다 녹이는 절절함이 있다. ※ 구곡간장(九曲肝腸): 굽이굽이 서린 창자.

구곡간장(이) 녹다 걱정스럽고 초조하다. ¶ 아이들이 전하는 애달픈 사연에 구곡간장이 녹는 듯했다. / 처자를 이별하고 문 밖에 나오니 구곡간장 다 녹으며 정신이 아득해졌다.

그늘(이) 지다 근심이 있거나 어려운 처지에 놓이다. ¶ 복지 사회라 하더라도 어느 한군데는 반드시 그늘이 진 곳이 있기 마련이지요. / 저는 그늘지고 소외된 계층과 아픔을 함께하고 그들의 얘기를 듣는 데 최선을 다하겠습니다.

냉가슴(을) 앓다 어찌하지 못하고 걱정만 하다. ¶ 냉가슴 앓지 말고 하고 싶은 말이 있으면 용기 있게 말해. / 사실 나는 혼자 냉가슴만 앓고 있었지 뚜렷하게 한 일은 없었다.

뒤가 땅기다² 고민으로 힘들다. ¶ 사십이 넘도록 장가를 못 간 아들 녀석 생각만 하면 뒤가 땅긴다.

똥끝(이) 타다 걱정스럽고 초조하다. 또는 뒤가 켕기어 겁을 내다. ¶ 등록 마감일이 다가오는데 입학금을 마련하지 못해 똥끝이 탔다. / "어떻게 될 겐가?" "무사치는 않을 거야." "그렇지? 돌이 놈은 은근히 똥끝이 타겠는걸?"

똥줄(이) 당기다 ⇒ **똥끝(이) 타다** ¶ 시험 날짜가 다가오니까 똥줄 당기는 모양이지. 밤늦게까지 공부하는 것을 보면 말이야. / 지난 정권 실세들이 하나둘 잡혀 가자 전직 대통령도 점점 똥줄이 당기기 시작한 것 같다.

똥줄(이) 타다 ⇒ **똥끝(이) 타다** ¶ 시험 시간은 끝나 가는데 문제를 반밖에 못 풀자 동수는 똥줄이 탔는지 연신 헛기침을 해 댔다.

마른침을 삼키다 긴장하거나 초조해하다. ¶ 참모들은 텔레비전 앞에서 마른침을 삼키며 개표 상황을 지켜보고 있었다. / 트랙에 선 그들은 애써 상대를 무시했지만 연신 마른침을 삼켰다.

머리가 복잡하다 고민으로 혼란스럽다. ¶ 요즘 시험 걱정, 취업 문제 등으로 무척 머리가 복잡하다. / 하루도 편할 날이 없이 머리가 복잡하니 무슨 재주로 여자를 사귀겠어요?

머리(가) **아프다** (일 따위가) 어렵고 성가시고 귀찮다. ¶ 밥을 먹다가도 논문 이야기만 나오면, 머리가 아프다. / 머리 아픈 이야기는 그만하고 그동안 살아온 이야기나 해 봅시다.

머리(를) **썩이다** ⇒ **골머리**(를) **썩이다** ¶ 한창 공부할 나이에 여자 문제로 머리를 썩이지 말라. / 자식이 생기니 머리 썩일 일이 한두 가지가 아니더군요.

머릿살(을) **앓다** ⇒ **골머리**(를) **앓다** ¶ 지금 조선 농촌에서는 문맹 퇴치니 생활 개선이니 합네 하고 손끝이 하얀 대학이나 전문학교 졸업생들이 몰켜오는 것을 그다지 반겨하기는커녕 머릿살을 앓을 것입니다. (채만식, 레디메이드 인생)

머릿살(이) **아프다** ⇒ **머리**(가) **아프다** ¶ 병화 생각도 나기는 하였지만 병화를 끌면 또 술을 먹게 되고 머릿살도 아파서 혼자 조용히 돌아다니는 편이 좋았다. (염상섭, 삼대)

몸(이) **달다**[1] 마음이 조급하여 초조해하다. ¶ 어머니는 오빠에게서 편지가 오지 않아 몸이 달았다. / 남편 걱정에 몸 단 여자라 내가 무슨 요구를 하든 받아들일 거야.

바늘방석에 앉다 마음이 편치 않다. ¶ 모든 일정이 계획보다 늦어지자, 날마다 바늘방석에 앉아 있는 기분이었고 속은 까맣게 타들어 갔다. / 그 여자를 의붓어미로 들여, 지금껏 어미 없이 자란 자식을 바늘방석에 앉혀 키우고 싶지는 않았다. 참 **돈방석에 앉다, 비단 방석에 앉다**

벙어리 냉가슴(을) **앓다** 자신의 감정이나 사정을 남에게 말하지 못하고 고민하다. ¶ 소심한 녀석이 벙어리 냉가슴을 앓는 모양이니 네가 해결해 줘라. / 그는 좋아하는 사람이 생겨도 벙어리 냉가슴만 앓았지 말 한번 붙여 보지 못했다.

생가슴(을) **뜯다** 어찌하지 못하고 걱정하며 안달하다. ¶ 혼자 생가슴 뜯지 말고 술 한 잔 쭉 들고 말해 보라고. / 알고 보니 별일도 아니었는데 공연히 생가슴만 뜯고 있었다.

생가슴(을) **앓다** 어찌하지 못하고 걱정만 하다. ¶ 생가슴 앓지 말고 한번 사람을 시켜 알아보게나. / 친구들 사이의 일로 생가슴을 앓는 사람들이 많은데, 서로가 솔직해진다면 그럴 일은 없을 것이다.

속으로[을] **앓다** 겉으로 드러내지 않고 마음으로만 괴로워하다. ¶ 당신 혼자 속으로 앓지만 말고 같이 해결해 봅시다. / 기업들은 정부 정책에 드러내 놓고 불만을 표시하진 못하지만 속으로 끙끙 앓는 분위기입니다. / 친구 문제로 속을 앓고 나서 그런지 며칠 새 얼굴이 해쓱해졌다. / 어머니는 직장을 얻지 못한 나 때문에 그간 속을 많이 앓으셨다.

속(을) **끓이다** 걱정하며 괴로워하다. ¶ 지난 몇 년 동안 집안일로 속을 끓였다. / 자식 교육 때문에 속 끓이는 어머니가 어디 저뿐이겠어요?

속(을) **썩이다** ① ⇒ **속**(을) **끓이다** ¶ 혼자서 속 썩이지 말고 고민이 있으면 말을 해 봐라. 혼자서 속을 썩이면, 병이 되는 법이야. ② (남에게) 걱정을 끼치다. ¶ 부모님 말씀은 듣지 않고 속을 썩이면 나중에 반드시 후회하는 법이다. / 선생님 속만 썩여 드리는 놈이지만 한여름 소나기 같은 선생님의 사랑이 그리워집니다.

속(을) 태우다 ① 걱정하며 초조해하다. ¶ 집을 나간 아이가 돌아오지 않아 부모가 속을 태우고 있다. / 그 당시 우리는 용기가 없어서 서로 그저 바라만 보면서 속만 태우고 있었지. ② 남을 초조하게 하여 걱정을 끼치다. ¶ 어지간히 어미 속을 태우고 이젠 사람이 좀 되어라.

속(이) 끓다 걱정되며 괴롭다. ¶ 집에서 놀고 있는 남편 생각만 하면 속이 끓는다. / 남의집살이를 하다 보면 혼자서 속 끓는 일이 많겠지요. 참 **속(이) 상하다**

속이 달다 마음이 초조하고 안타깝다. ¶ 공항에 내려 아무리 둘러봐도 남편의 얼굴이 보이지 않아 어지간히 속이 달았다. / 우홍지는 산동 형제들이 구원을 청하는 소식을 듣고 속이 달아 다급히 주인을 찾아갔다. (박덕규, 중국 역사 이야기)

속이 마르다[1] 초조해지고 걱정되다. ¶ 발표 날이 다가올수록 속이 말라 아무 일도 할 수가 없었다.

속(이) 시커멓다[1] (걱정, 질투, 분노 따위로) 괴롭다. ¶ 그의 위로에 답답하고 시커멓던 내 속이 한순간에 평온해졌다. / 친구에게 축하한다는 말을 건네며 웃지만 내 속은 시커멓다.

속(이) 썩다 ⇒ **속(이) 끓다** ¶ 아이들이 말을 듣지 않아 속이 폭폭 썩는다. / 선수 때문에 속 썩는 일이 있어도 선수들을 토닥여야 하는 게 지도자의 운명이라고 생각해요.

속이 저리다[1] 어떤 일을 저지르거나 잘못한 것이 있어서 마음이 편안하지 않다. ¶ 선생님의 말이 내 잘못된 행동을 두고 하는 말 같아서 은근히 속이 저렸다.

속(이) 타다 걱정스럽고 안타깝다. ¶ 가뭄이 오래 지속되자 농부들은 벼가 말라 죽을까 봐 속이 탔다. / 거래처에서 연락이 오지 않자 그는 속이 타서 줄담배를 피웠다.

손에 땀을 쥐다 조마조마하고 초조하다. ¶ 손에 땀을 쥐고 역전을 거듭하는 경기를 관람했다. / 아슬아슬한 묘기에 공연을 보는 내내 손에 땀을 쥐었다. 참 **손에 쥐다**

손에 땀(이) 나다 조마조마하고 초조하다. ¶ 차가 왜 그리도 늦게 가는지, 손에 땀이 나는 조바심 속에 마침내 버스가 고향에 도착했다. / 결승전 티켓이 걸린 경기니만큼 손에 땀나는 장면이 여럿 있었다. 참 **개 발에 땀(이) 나다**

손에 잡히지 않다 마음이 안정되지 않아 일을 제대로 할 수 없게 되다. '무엇이 손에 잡히지 않다'와 같이 쓰인다. ¶ 결혼을 앞두고는 도대체 일이 손에 잡히지 않는다. / 남편이 출장을 떠난 뒤 김 씨는 도무지 일이 손에 안 잡히고 잠도 잘 수 없었다. / 전시 상황이었기 때문에 책을 읽는다고 앉아 있기는 했지만 책이 손에 잡힐 리 만무했다.

손톱여물(을) 썰다 주저하면서 사정을 말하지 못하다. ¶ 벼룩도 낯짝은 있는지라, 그는 아버지에게 도와 달라는 말도 못 하고 손톱여물만 썰고 있었다. / 내가 치도곤이 무서워서 손톱여물을 썰 사람이 아닙니다. 나도 성깔깨나 있는 놈으로 기왕 내친 김에 끝장을 볼 것입니다.

심장이 뛰다[2] 불안으로 흥분하게 되다. ¶ 사채업자 목소리만 들어도 온몸에 소름이 돋고 전화기가 울릴 때마다 심장이 뛰었다.

애(가) 끓다 걱정스럽고 안타깝다. ¶ 나의 애끓는 심정을 그녀는 알고 있을까. / 나는 애가 끓어서 하는 이야기인데, 그 학생은 내 말을 무덤덤하게 듣고 있었다. 〖기원〗 '애'는 옛말로 사람의 창자를 가리키는 말이다. 한국인들은 심신(心身)이 창자에서 민감하게 접합한다고 믿었기 때문에 사람의 심리 상태를 표현하는 말에 '애'를 많이 사용하였다.

애(가) 나다 몹시 답답하고 초조하거나 안타깝다. ¶ 일이 뜻대로 되지 않아 애가 났다. / 그는 남편이 하는 일에 동정이 가다가도 고생살이에 너무나 애가 날 때에는 그만 자기도 모르는 사이에 화가 났다.

애(가) 마르다 몹시 초조하거나 걱정이 되다. ¶ 해 돋는 시간을 애 마르게 기다렸다. / 팽개는 힐끗힐끗 아사녀의 눈치를 엿보아 가며, 제 계집의 입을 막으려고 애가 말랐다. (현진건, 무영탑) / 그저 어깨를 토닥이는 것으로밖에는 도울 수 있는 일이 없어 애가 마르는 내 심정을 누가 알까.

애(가) 타다[1] 몹시 초조하거나 걱정이 되다. ¶ 집에 두고 온 아이들 생각에 어머니는 애가 탔다. / 구조대가 오지 않아 애가 탄 사람들은 나뭇가지를 모아 불을 피워 보기로 했다.

애(가) 터지다 몹시 답답하고 초조하거나 안타깝다. ¶ 시간이 되어도 그가 나타나지 않아 애가 터졌다. / 애 터져 죽을 지경이 와도 오빠의 입은 좀처럼 열리지 않았다.

애간장(을) 녹이다 초조하게 하거나 안타깝게 하다. ¶ 동녀는 자신을 향한 천둥의 마음을 알면서도 짐짓 모르는 척 냉랭한 태도를 내비치며 천둥의 애간장을 녹였다. / 딸을 잃고 정신이 나가 딸의 목소리를 흉내 내어 말을 붙이고 재롱을 부리는 아내의 모습이 더욱 애간장을 녹인다. / 얼마 전까지만 해도 그는 덥수룩한 머리에 늘 자잘한 사고를 치고 다녀 어머니의 애간장을 녹이는 시골 청년이었다.

애간장(을) 태우다 ① 몹시 초조해하거나 안타까워하다. ¶ 발굴은 했지만 이 유물의 용도를 알 수 없어 발굴단은 애간장을 태웠다. / 여름 내내 여자 친구 때문에 애간장 태웠던 그는 아직까지도 이러지도 저러지도 못하고 있다. ② 초조하게 하거나 안타깝게 하다. 주로 '누구의 애간장을 태우다'와 같이 쓰인다. ¶ 그가 어머니의 애간장을 태우기 시작한 것은 사춘기에 접어들면서부터다. / 주가가 폭락하며 투자자들의 애간장을 태웠다.

애간장(이) 녹다 몹시 초조하고 안타깝다. ¶ 뭔가를 참고 있는 듯 아무 말 없는 경은의 표정에 나는 애간장이 다 녹았다. / 그 뒤 풍문으로도 아들의 소식을 듣지 못했으니 애간장이 녹을 수밖에.

애간장(이) 마르다 몹시 초조하고 안타깝다. ¶ 소녀가 아는 체를 하지 않자 소년은 애간장이 말라 그날 저녁 꽃 한 송이를 들고 소녀 집 앞에서 기다리고 있었다.

애간장(이) **타다** 몹시 초조하고 안타깝다. ¶ 그는 근심 걱정에 애간장이 타 주위를 맴돌며 혼잣말을 중얼댔다. / 비가 오기를 기다리는 보름 동안 애간장이 탔다.

애(를) **삭이다** 몹시 초조해하거나 걱정하다. ¶ 시험 결과를 기다리며 애를 삭이던 어머니는 안 피우는 담배까지 피워 물었다.

애(를) **태우다** ① 몹시 초조해하거나 안타까워하다. ¶ 가만히 앉아서 애를 태워 봤자 해결책이 나오는 것도 아니지. / 아버지 소식을 몰라 온 가족이 애를 태웠다. ② 초조하게 하거나 걱정을 끼치다. ¶ 늦으면 늦는다고 이야기를 해야지 엄마를 이렇게 애태워도 되는 거니?

얼굴에 그늘(이) **지다** 걱정스러운 분위기가 되다. ¶ 경기가 나빠서 그런지 얼굴에 그늘진 사람이 많아졌다. / 창호는 큰 소리로 떠들며 분위기를 바꾸려고 노력하고 있었지만, 그의 얼굴에는 그늘이 져 있었다.

오금이 저리다 걱정으로 초조하다. 자기의 잘못이 탄로 날 것 같아 긴장하는 경우에 많이 쓴다. ¶ 중이 나를 쏘아볼 때, 늙고 천한 중이라고 업신여긴 속내를 들킨 것 같아 오금이 저렸다. / 우리 선생님은 호랑이 선생님으로 소문이 나서 그 앞에 서기만 해도 오금이 저려 못 견딘다. / 당장 그 청년이 자기를 향해 주먹을 내두르는 것 같은 착각에 철수는 오금이 저렸다.

왼새끼(를) **꼬다**[1] 걱정하며 초조해하다. ¶ 원수를 외나무다리에서 만난 셈이라 속으로 왼새끼를 꼬지 않을 수 없었다. / 순영이가 오게 되었으니 이젠 속으로 왼새끼 꼬지 마라. 사내가 뭘 그렇게 아녀자 생각으로 속을 태우고 있니? ※ 왼새끼: 왼쪽으로 꼰 새끼. 〖기원〗 새끼는 두 가닥의 볏짚을 오른손을 바깥쪽으로 왼손을 안쪽으로 끌어당겨서 꼬는 오른새끼가 일반적이다. 따라서 왼쪽으로 새끼를 꼬는 일은 쉽지 않은 일이라 부담스러울 수밖에 없고 새끼를 꼬는 일이 진척되지 않으면 초조해질 수밖에 없다. '**왼새끼**(를) **꼬다**'는 이런 맥락에서 사용된 것으로 보인다.

입이 타다 걱정으로 초조하다. ¶ 엉겁결에 거짓말을 해 위기를 넘겼지만, 선생님이 가까이 올 때마다 입이 탔다. / 여권을 잃어버린 그는 입이 바짝 타 대사관으로 전화를 걸었다.

제 발(이) **저리다** 지은 죄가 있어 들킬까 봐 조마조마해하다. ¶ 제 발이 저린지, 그는 말을 똑바로 하지 못하고 이 말 저 말 둘러댔다. / 별거 아닌 일에 화를 내는 것도 제 발 저려서 하는 짓이니 신경 쓰지 마라.

주름(살)**이 깊어지다** (어려운 상황에서) 걱정이 더 많이 생기다. ¶ 새해부터 물가가 크게 오른데다 집값마저 올라 서민 가계의 주름이 깊어졌다. / 그동안 숨어 있던 문제가 속속 드러나면서 감독의 주름살은 갈수록 깊어지고 있다.

주름(살)**이 늘**(어나)**다** (어려운 상황에서) 걱정이 더 많이 생기다. ¶ 인플레이션으로 가계에 주름살이 늘어나게 되었다. / 그 여자 때문에 우리 엄마는 악몽에 짓눌려 주름이 늘었다. 반 **주름**(살)**이 펴지다**

주름(살)(이) **지다** 걱정에 찌들다. ¶ 자식들 때문에 주름살이 진 부모님을 보면 가슴이 찡해진다. / 공공요금이 인상되면서 그렇지 않아도 주름진 서민들 생활은 더욱 암담해졌다.

주름(이) **잡히다** 걱정에 찌들다. ¶ 주름 잡힌 경제를 활성화할 수 있는 방안을 마련하라. / 건실한 기업이 부도가 나면서 지역 경제에 큰 주름이 잡혔다.

피가 마르다 걱정으로 몹시 초조하다. ¶ 합격자 발표를 기다리고 있자니 피가 말랐다. / 당신이 피가 마르는 고통 속에 있다는 것을 알면서도 위로의 말을 건넬 수 없었어요.

피(를) **말리다** 초조하게 만들다. ¶ 학생들의 피를 말리는 입시 지옥은 빨리 없어져야 한다. / 날마다 신문에 칼럼을 쓴다는 것은 정말 피 말리는 일인 것 같다.

혹(을) **붙이다** 부정적인 결과물이나 걱정거리를 만들다. ¶ 혼자 들어와도 문제일 텐데 거기에 혹까지 붙여 왔으니 누군들 반기겠어요. / 온정주의에 이끌려 법정에서 거짓말을 했다가는 혹 떼려다 혹 붙이는 처지에 놓일 수 있다. 반 **혹**(을) **떼다** 참 **혹**(을) **달다**

【평온(平穩), **안심**(安心)**】 ≒ 【무노동**(無勞動)**】**

가슴을 쓸어내리다[2] 안심하다. 진정하다. ¶ 큰 병이 아니라는 의사의 말에 나는 가슴을 쓸어내렸다. / 사고가 날 뻔했는지라 놀란 가슴을 쓸어내리고 잠시 후에 출발했다.

귀를 씻다 (들려오는 소리로) 마음을 평온하게 하다. ¶ 피곤한 육신을 달래고 귀를 씻어 주는 상쾌한 음악. / 가끔 전화로 듣는 그녀의 목소리는 언제나 내 귀를 씻어 주었다.

늘어진 개 팔자 근심 걱정이 없이 편안한 상태를 이르는 말. ¶ 사람들은 나를 보며 늘어진 개 팔자라 하지만 나도 스트레스 많이 받으며 산답니다.

(두) **다리**(를) **뻗고**[펴고] **자다** 마음 편히 지내다. ¶ 가해자가 오히려 큰소리치며 두 다리를 뻗고 자는 상황을 어떻게 이해해야 할지 모르겠다. / 잘되든 못되든 이 일이 끝나야 다리를 뻗고 잘 수가 있을 것 같아. / 증시의 방향을 알 수 없을 때, 주식을 갖고 가슴앓이하는 것보다 현금을 확보한 뒤 두 다리 쭉 펴고 자는 것이 낫다.

(두) **다리**(를) **뻗다**[펴다] 마음 편하다. ¶ 이렇게 다리 쭉 뻗고 있을 수 있는 것도 다 당신이 보살펴 준 덕분이지요. / 죽도록 성실하게 일을 했어도 두 다리 뻗고 생활할 수 있는 내 집 한 칸 마련하지 못했다. / 인간답게 살고 싶다는 외침은 단 한 번도 두 다리를 펼 수 없었던 노동자들의 현실을 고발하는 것이었다.

(두) **발**(을) **뻗고**[펴고] **자다** 마음 편히 지내다. ¶ 시험도 다 끝났으니 이제 발 뻗고 자게 생겼다. / 빚을 다 갚아 이제 두 발을 뻗고 잘 수 있게 되었다. / 모든 일이 해결되었으니 이젠 두 발 펴고 잘 수 있겠다.

(두) 발(을) 뻗다[펴다] 마음이 편하다. ¶ 아이를 버린 부모는 발을 뻗고 못 산다더라. / 이제 작으나마 집을 짓고 나니 두 발 펴고 지낼 만합니다.

머리가 가볍다 상쾌하다. ¶ 아까는 무척 피곤하여 견디기 힘들었는데, 한숨 자고 났더니 한결 머리가 가벼워졌다. 반 **머리가 무겁다**

바람(이) 자다[1] 사태가 진정되거나 편안한 상태가 되다. ¶ 내가 어떻게 하든 죽지 않고 살아 있다가 한 일 년 지나서 바람이 자거든 다시 찾아올 것이니 그때까지 기다려 주겠니? / 하루도 바람 자는 날이 없던 지난 오 년이었다. 이젠 좀 쉬고 싶다.

속이 가라앉다 마음이 안정되다. ¶ 명절이 지나야 속이 가라앉을 것 같아요. / 처음엔 화가 났지만 일의 자초지종을 생각하고 나니 속이 좀 가라앉는다.

숨통을 열어 주다 살길을 마련해 주다. ¶ 적은 돈이었지만 그 돈이 자금난에 허덕이던 우리의 숨통을 열어 주었다. / 우리의 앞길이 막막하기만 했을 때, 우리의 숨통을 열어 준 사람이 그였다. 반 **숨통을 막다**

숨(통)이 트이다 답답한 상태에서 벗어나다. ¶ 욕이라도 한바탕하고 나니 숨이 좀 트였다. / 아이들이 졸업하면서 숨통이 좀 트이니까 남편이 딴짓을 하지 뭐예요.

얼굴(이) 펴지다 근심 걱정이 없어지다. ¶ 계속 나쁜 일이 터져 얼굴 펴질 날이 없다. / 요즘 장사가 잘되는지, 누나 얼굴이 좀 펴졌다.

주름(살)을 펴다 걱정에서 벗어나게 하다. ¶ 억지로 일부 생필품값을 내렸지만 이걸로는 가계의 주름살을 펴기에 역부족이다.

주름(살)이 펴지다 걱정에서 벗어나다. ¶ 여러 악재가 겹치며 유럽 경제에 주름살이 펴지지 않고 있다. 반 **주름(살)이 늘(어나)다**

짐을 덜다 시름을 놓다. 부담을 없애다. ¶ 아이들 모두 대학을 졸업시켰으니 이제 한 짐을 던 셈이다. / 세탁기의 개발은 주부들의 짐을 덜어 문화 활동을 활성화하는 계기가 되었다. / 선생님께 제대로 보답을 한 적이 없어 마음에 걸렸었는데, 이번 자리를 통해 조금이나마 마음의 짐을 덜 수 있었다.

팔자(가) 늘어지다 근심 걱정이 없이 편안하다. ¶ 그 여자, 고생만 하고 살더니 요즘은 자식 덕에 팔자가 늘어졌다. / 교수로 사는 게 고고한 듯 보이지만, 이런 생활이 그렇게 팔자 늘어진 것만은 아닐 것이다. ※ 사주팔자(四柱八字): 사람이 태어난 연·월·일·시 따위가 사주가 되고 사주를 육십갑자로 나타내면 여덟 글자가 되는데, 이 속에 사람의 운명이 숙명적으로 정해졌다고 보고 간지에 의해서 신수를 점친다. 반 **팔자가 (드)세다, 팔자(가) 사납다**

팔자(가) 좋다 근심 걱정이 없이 편안하다. ¶ 어떤 놈은 팔자 좋게 놀면서도 호의호식하는데 우리 신세는 이게 뭐냐. / 누구는 팔자 좋게 공부만 하고 있어 좋겠네. 나는 아르바이트 때문에 공부할 시간이 없어. 반 **팔자가 (드)세다, 팔자(가) 사납다**

【긴장(緊張)**】 ≒ 【말을 못 함】**

공기가 팽팽하다 곧 터지거나 폭발할 것처럼 분위기가 긴장되어 있다. ¶ 아버지와 어머니의 갈등으로 집안의 공기가 팽팽할 때 집을 나왔다. / 두 사람의 대결이 있다는 말이 전해지자 장내의 공기가 팽팽해졌다.

몸이 굳다 긴장하여 행동이 자연스럽지 못하다. ¶ 저 사람 긴장했나 봐! 너무 몸이 굳은 것 같지 않아? / 여러 사람 앞에 서는 것이 처음이라 그런지 몸이 굳어지고 내 자신이 어색하게 느껴졌다.

무거운 공기가 감돌다 침통하여 긴장감이 흐르다. ¶ 반대가 심한 누나의 결혼 문제로 집안에 무거운 공기가 감돌았다. / 저희는 오늘도 무거운 공기가 감도는 영안실을 새우잠을 자 가며 지키고 있습니다.

안색이 굳어지다 ⇒ 얼굴빛이 굳어지다 ¶ 내가 나타나자 안색이 굳어진 그는 자리에서 일어섰다. / 사건 해결의 결정적 단서를 제공할 증인이 나타나자, 피고인은 안색이 굳어졌다. ※ 안색(顏色): 얼굴빛.

얼굴빛이 굳어지다 긴장하거나 불편해하다. ¶ 내 입에서 집을 나간 아버지 이야기가 나오자 할아버지의 얼굴빛이 굳어졌다.

흥분(興奮), 화(火)

【흥분(興奮)**하거나 화**(火)**를 냄】**

가슴(을) **치다**[1] (울분으로) 원통해하다. ¶ 원수를 갚을 수 없음을 알고 가슴을 쳤다. / 왜 이런 모욕을 당하고 있어야만 하는가. 나는 가슴을 치며 하늘을 올려다보았다.

가슴(이) **터지다**[1] (울분으로) 마음이 몹시 아프다. ¶ 왜놈들에게 세 아들을 빼앗긴 것을 생각하면 아직도 가슴이 터진다니까요. / 네놈만 생각하면 이 어미 가슴이 터진다 터져.

가자미눈을 뜨다 화내다. ¶ 왜 가자미눈을 뜨고 있어? 대체 무슨 일인데 그래? / 그 사람 이야기를 들어 보면 자네가 가자미눈을 뜰 일만은 아닌 것 같은데, 차분히 생각해 봐. 〖기원〗 화를 내며 상대를 흘겨볼 때의 눈을 가자미의 눈에 비유한 표현이다. 넙칫과인 가자미는 두 눈이 오른쪽에 몰려 붙어 있다. 참 **달팽이 눈이 되다**

간에 불(이) **붙다**[1] 화나다. ¶ 간에 불이 붙어 옆에서 말리는 소리가 귀에 들어오지 않았다.

거품(을) **내다** ⇒ **거품**(을) **물다** ¶ 친구는 아직도 사태의 심각성을 파악하지 못하고 태평한 소리만 하니, 내가 입에 거품을 내지 않을 수 없었다. / 그들은 입만 열면 거품 내며 헐뜯다가도 죽이 맞으면 서로 칭찬하느라 정신이 없다.

거품(을) **물다** (말을 하는 데 있어) 흥분하다. ¶ 당신 지금 내 말이 끝나기도 전에 거품 물고 난리인데, 그러지 말고 내 말을 끝까지 들어 보라고. / 그는 체면이고 뭐고 다 걷어치운 채 자기변명으로 입에 거품을 물었다. / 집권 후반기에 이르자 대통령을 비판하는 데 거품 무는 신문들이 점점 많아졌다. 〖기원〗 흥분하여 말을 할 때 입에서 거품 같은 침이 생긴다는 데에서 나온 표현이다.

거품(을) **품다** ⇒ **거품**(을) **물다** ¶ 남편의 멱살을 잡은 여자는 입에 거품을 품고 욕을 해 댔다. / 많은 언론과 전문가가 입에 거품을 품으며 금리를 올려야 한다고 했다. / 대폿집에서 젊은 샐러리맨들은 회사나 상사들의 있는 흉 없는 흉을 거품 품고 주고받는다.

게거품(을) **물다** ⇒ **거품**(을) **물다** ¶ 그는 나만 만나면 자기 동료들을 비난하느라 게거품을 문다. / 입에 게거품을 물면서 돈 내라고 할 때는 정말 정이 딱 떨어지더라고요. 〚기원〛 게거품은 게가 토하는 거품 같은 침인데, 흥분하여 말할 때 입에서 나오는 거품 같은 침이 그와 비슷한 데에서 나온 말이다.

게거품(을) **흘리다** ① ⇒ **거품**(을) **물다** ¶ 자기 잘못을 인정하지 않으면서 도리어 게거품을 흘리며 내게 삿대질을 했다. ② (비이성적인 행동을 하며) 흥분하다. ¶ 한때 그 여자를 게거품 흘리며 쫓아다녔었다.

게밥(을) **짓다** ⇒ **거품**(을) **물다** ¶ 그는 입가에 게밥을 지으면서 하늘이 얕다고 뛰다가, 나에게 분통 터지는 사연을 대강 말했다. / 동혁에게 절대 복종을 하는 정득이는 분을 못 참고, "우리는 회장이 일없다! 우리 선생님 하나면 고만이다!" 하고 입에 게밥을 짓는데……. (심훈, 상록수) ※ 게밥: 게거품.

결창(이) **터지다** 분하다. ¶ 그는 도망간 사람이 있다는 보고에 결창이 터진다며 가슴을 쳤다. ※ 결창: 내장을 속되게 이르는 말.

골(을) **내다** 화내다. ¶ 내 말에 형은 골을 내면서 밖으로 나가 버렸다. / 골 내지 말고 내 말을 자세히 들어 보세요.

골(이) **나다** 화나다. ¶ 골이 상투 끝까지 난 아버지는 아무 말도 하지 않고 벽만 쳐다보셨다. / 아내는 이번 일로 골이 났는지 아무 말도 하지 않았다. / 그런 일로 골나서 아무 일도 안 하면 이렇게 험한 사회생활을 어떻게 해 나가려고 그러십니까?

골(이) **오르다** 화나다. ¶ 아이들이 계속 놀리자 골이 올랐는지 녀석은 돌멩이를 집어 들고 우리를 노려보았다.

낯(을) **붉히다**[1] 화내다. ¶ 이제 나이도 먹을 만큼 먹었으니 자식들 생각해서라도 서로 헐뜯으면서 낯 붉히지 말고 화해합시다. / 좋게 이야기해도 될 문제인데 낯을 붉혀 가면서 언쟁할 필요는 없잖아?

눈알을 부라리다 겁을 주거나 화를 내다. ¶ 능청을 떠는 수혁을 향해 눈알을 부라리자 녀석은 마지못해 이야기를 꺼냈다.

눈에 불을 켜다[2] ⇒ (눈에) **쌍심지를 켜다**[2] ¶ 그는 내 말에 상처를 입었는지 눈에 불을 켜고 나를 노려보았다.

(눈에) **쌍심지**(를) **돋우다** ⇒ (눈에) **쌍심지를 켜다**[2] ¶ 시어머니는 며느리를 향해 쌍심지를 돋웠다. / 아내와 조금이라도 연관된 남자라면 무조건 눈에 쌍심지를 돋우는 그를 이해할 수 없었다. ※ 쌍심지(雙心–): 한 등잔에 있는 두 개의 심지.

(눈에) **쌍심지를 켜다**[2] 화를 내다. 독기를 품고 눈을 부릅뜬 것을 형상화한 표현이다. ¶ 그는 사업의 문제점을 조목조목 따지며 눈에 쌍심지를 켰다. / 성적표를 받아 든 어머니는 눈에

쌍심지를 켜고 나를 쳐다보았다. / 별말도 아니었는데 자존심이 상했는지 그는 쌍심지를 켜고 덤벼들었다.

눈에(서) 불이 나다 (화가 날 일을 당하여) 감정이 격렬해지다. ¶ 그의 욕설을 듣는 순간 눈에서 불이 났다. / 식민 지배를 정당화하는 그의 이야기에 눈에서 불이 났지만 감정을 누르고 끝까지 들었다.

눈을 곤두세우다 화가 나서 눈에 독기를 띠다. ¶ 그가 나를 향해 핏발 선 눈을 곤두세우며 욕을 해 댔다. / 왜 눈을 곤두세우고 난리야. 내가 뭐 잘못한 일이라도 있어?

눈을 부라리다 윽박지르며 화를 내다. ¶ 그가 눈을 부라리면 후배들은 고개를 숙이고 시선을 피했다. / 형이 혀를 차며 눈을 부라리자 동생은 손을 내저으며 했던 말을 취소했다.

눈(이) 돌아가다[1] 놀라면서 격분하다. ¶ 나이가 들면 눈이 돌아갈 만한 일이 줄어든다. 그만큼 세상일에 무덤덤해진다는 뜻이다. / 돈 많은 사람들이 사는 모습을 본 순간 눈이 돌아갔다. 소외감과 분노가 동시에 밀어닥쳤다.

눈(이) 뒤집히다 (충격적인 일을 당하거나 어떤 일에 집착하여) 이성을 잃다. ¶ 누님은 아우를 찾아다니기에 눈이 뒤집혔다. 그렇게 착실히 다니던 공장에도 며칠씩 빠지고, 혹은 밥도 굶었다. / 시간이 지난 뒤 생각해 보니 그 일이 눈이 뒤집힐 만한 일도 아니었는데 혼자 흥분해서 난리를 친 것 같았다. 참 **간이 뒤집히다**[1,2], **눈(을) 뒤집다**

도끼눈을 뜨다 (분한 마음으로) 남을 노려보다. ¶ 외할머니는 도끼눈을 뜬 엄마를 가로막으며 나를 등 뒤로 숨겨 주셨다. / 내 충고에 그 여자는 남이야 뭘 하든 참견 말라며 도끼눈을 떴다. 참 **달팽이 눈이 되다**

(두) 눈(을) 부릅뜨다[1] ⇒ **눈을 부라리다** ¶ 아버지가 눈을 부릅뜨자 떼를 쓰던 아이들이 조용해졌다. / 군사 정권 시절 정부에 눈 부릅뜨고 맞설 신문은 하나도 없었다. / 그는 윗사람들에게 무조건 허리를 굽히면서 부하 직원들 앞에서만 두 눈을 부릅뜬다.

두 주먹을 부르르 떨다 (어떤 일을 용납하지 못하고) 흥분하여 어쩔 줄을 모르다. ¶ 미군의 만행에 온 국민이 두 주먹을 부르르 떨었다. / 자기 욕심을 끝내 달성하기 위해 소리를 지르며 두 주먹을 부르르 떨던 지난날, 우리가 얻은 것은 스스로에 대한 냉소뿐이었다.

뒤로 넘어가다[1] (어떤 일을 용납하지 못하고) 흥분하여 졸도할 정도가 되다. ¶ 내가 그 여자와 결혼을 하겠다고 하자 아버지는 뒤로 넘어갔다.

(목에) 핏대를 돋우다 ⇒ **(목에) 핏대(를) 세우다** ¶ 그들은 핏대를 돋우며 말다툼을 했다.

(목에) 핏대(를) 세우다 (말을 하는 데 있어) 흥분하다. ¶ 목에 핏대를 세우고 이야기한들 요즘 아이들이 우리 말을 들어줄 것 같아요? 천만에요. / 별거 아닌 말이었는데, 그 사람이 핏대를 세우고 달려들어 무척 당황했다.

(목에) 핏대(를) 올리다 ⇒ **(목에) 핏대(를) 세우다** ¶ 핏대를 올리며 싸울 일도 아닌데 왜 그러

는지 모르겠어. / 신문들은 이번 세무 조사가 비판적 언론에 재갈을 물리는 일이라고 목에 핏대를 올렸다.

밤(을) 물다 (말을 하지 않는 상태로) 화가 나 있다. ¶ 학교에서 대체 무슨 일이 있었기에 그렇게 밤을 물고 있는 거야? / 무엇이 그렇게 맘에 안 드는지 아들 녀석은 하루 종일 잔뜩 밤을 물고 있었다. 『기원』 화가 난 얼굴의 모양이 입에 밤을 문 모양과 비슷한 데서 나온 말이다.

배알이 돋다 ⇒ 부아가 나다 ¶ 그나마도 병든 한 여성의 순정을 그렇게 값싸게 다루는 데는 슬며시 배알이 돋는다. (이무영, 삼년) 참 **배알도 없다, 배알(을) 부리다, 배알이 곤두서다**

복장(을) 치다 답답해하면서 화를 내다. ¶ 한마디로 복장을 칠 일이지. 아무리 이유를 물어도 입을 열지 않아. ※ 복장(腹臟): 가슴의 한복판.

복장이 타다 걱정이 되면서 화가 나다. ¶ 그년이 아들놈하고 다니는 것을 보면 복장이 탄다. / 어미 복장이 타도 자식 놈은 눈 하나 깜짝 안 하니, 내 팔자도 기구하지. 참 **가슴(이) 타다**

복장(이) 터지다 ⇒ 속(이) 터지다 ¶ 아버지! 속사정 모르면 가만히 계세요. 복장 터지는 소리 그만하시고요. / 일을 한번 시키면 어찌나 꾸물거리는지, 내가 그 녀석 일하는 것만 보면 복장이 터진다.

부아가 끓다 분한 감정으로 속이 뒤집히듯 상하다. ¶ 부아가 끓어도 가정의 평화를 위해서 참아야지. / 열 번째 자식마저 딸이라는 것을 확인한 순간 아버지는 부아가 끓어 견딜 수가 없었다. ※ 부아: 허파.

부아가 나다 분한 감정이 생기다. ¶ 집주인의 대접이 소홀한지라 은근히 부아가 났다. / 있는 티를 내며 말을 거는 노인에게 청년은 부아가 난 얼굴로 퉁명스럽게 대답했다.

부아가 오르다 분한 감정이 생기다. ¶ 부아가 오를 대로 오른 나는 아이에게 손을 대고 말았다. / 남편을 멸시하는 듯한 그의 말에 은근히 부아가 올랐다.

부아가 치밀다 분한 마음이 울컥 솟다. ¶ 애가 뭘 알아듣도록 말을 해 줘야지! 답답하다 못해 울컥 부아가 치밀어 그냥 지고 나오는 짐짝을 동댕이치고 싶다. / 부아가 치밀었으나 욕은 할 수 없고 해서 뜻 모를 소리만 질러 댔다.

부아통(이) 터지다 ⇒ 울화통(이) 터지다 ¶ 내가 그놈한테 당한 것을 생각하기만 하면 부아통 터져 견딜 수가 없다. / 무시당했다는 생각에 부아통이 터진 황 씨는 앉은자리에서 소주 한 병을 비웠다.

불집이 (일어)나다[1] 건드린 사람에 대하여 몹시 성이 나다. ¶ 무슨 일을 하는데 치근덕거리는 사람이 있으면 불집이 일어나서 견딜 수가 없다. / 그는 불집이 나서 물불을 가리지 않고 덤볐다. ※ 불집: (석등 따위의) 불을 켜 넣는 부분. 참 **동티(가) 나다, 벌집[벌통]을 건드리다**

뿔(이) 나다 화난 상태가 되다. ¶ 그것 좀 놀렸다고 속 좁게 뿔나서 갔단 말이야? / 제 옷을 사 주지 않는다고 동생은 뿔이 잔뜩 나 있다.

속에서 불덩이가 치밀다 분노가 북받쳐 오르다. ¶ 그 일만 생각하면 하루에도 열두 번씩 속에서 불덩이가 치민다.

속이 치밀다 분한 마음이 북받쳐 오르다. ¶ 그의 오만하고 사람을 무시하는 태도에 속이 치밀었다. / 주변에서 나에 대해 말하는 것을 들으면 속이 치밀 때가 있다.

속(이) **터지다** 화가 나고 답답하다. ¶ 너희 하고 사는 꼴을 보면 내 속이 다 터진다. / 허구한 날 이러는 나를 보면 어머니는 얼마나 속이 터지실까.

시악(을) **쓰다** 몹시 화를 내며 기운을 쓰다. ¶ 돌석이 엄마와 김 씨의 아내가 서로 시악을 써 가며 머리채를 마주 잡고 흔들었다. ※ 시악(恃惡): 악한 성미로 부리는 악.

안색이 변하다 ⇒ 얼굴빛이 변하다 ¶ 김 선생은 학부모가 내미는 하얀 봉투를 보자 안색이 변하며 당황하기 시작했다. / 정밀 조사를 받아야 한다는 의사 말에 안색이 변한 그는 쓸데없는 말을 한다며 언짢아했다. ※ 안색(顔色): 얼굴빛.

약(이) **오르다**[1] 비위가 상하여 은근히 화나다. ¶ 나보다 나중에 입사한 사람이 승진한다는 소리를 듣고 약이 올랐다. / 그냥 넘어가려고 했지만 생각할수록 약 올라 잠을 이루지 못했다. 참 **약**(을) **올리다**

얼굴빛이 변하다 (급작스런 상황에 부닺혀) 언짢아하다. ¶ 내가 나타나자 안에 모여 있던 사람들의 얼굴빛이 변했다. / 점수 차가 벌어지자 얼굴빛이 변한 감독이 작전 타임을 요청했다.

얼굴(을) **붉히다**[1] **⇒ 낯**(을) **붉히다**[1] ¶ 그들은 서로 말꼬리를 잡으며 얼굴을 붉혔다. / 내가 생각하기엔 얼굴 붉힐 일이 아닌 것 같은데, 자네가 좀 흥분한 것 같아. / 역사 왜곡 문제 등 과거의 일로 두 나라가 얼굴을 붉히는 일이 많아져서는 안 된다.

얼굴이 붉어지다[1] 화를 내다. ¶ 우리 선생님은 무척 호탕한 분이라 그 정도 말에 얼굴이 붉어지진 않을 거야. 참 **얼굴이 노래지다, 얼굴이 파래지다, 얼굴이 하얘지다**

얼굴이 붉으락푸르락해지다 모욕 따위로 몹시 화가 나 어쩔 줄을 모르다. ¶ 내가 이야기를 마치자 선생님은 얼굴이 붉으락푸르락해지셨다.

열에 들뜨다 (이성을 잃고) 몹시 흥분하다. ¶ 그는 벌떡 일어나 피아노 앞에 가더니 건반을 세차게 두드렸다. 연주라기보다는 열에 들뜬 행위였다. / 나는 마치 조금 전에 헤어진 사람을 찾듯이 열에 들떠 성 안을 돌아다녔다.

열에 받히다 몹시 흥분하거나 격분하다. ¶ 그 일 때문에 열에 받혀서 악을 쓰고 그 난리를 피웠니? / 그는 투수가 던진 공에 맞고 열에 받혀 투수 앞으로 달려 나갔다.

열(을) **내다**[2] 화를 내다. ¶ 그는 술만 먹으면 직장 상사 욕을 하며 열을 냈다. / 내가 듣기 싫은 소리를 한마디 할 텐데 너무 열 내지 마세요.

열(을) **받다** 흥분되다. 화가 나다. ¶ 철호의 말에 너무나 열을 받아서 나도 모르게 그런 일을 해 버렸어요. / 열 받는 일만 일어나는 세상인데, 열을 받는다고 그렇게 행동하면 세상이 제

대로 돌아가겠어요? 참 **머리(를) 식히다**

열(을) **올리다**[2] 화를 내다. ¶ 그렇게 열을 올리기만 할 일도 아닌 것 같은데 차분하게 이야기를 들어 보세요.

열(이) **나다**[2] 화나다. ¶ 그렇지 않아도 신경이 날카로운데, 사람을 열나게 하지 마라. / 철호는 선생님한테 야단을 맞고 열이 났는지 계속해서 투덜거렸다.

열이 뻗치다 몹시 흥분하여 화가 나다. ¶ 나는 기다리다가 열이 뻗쳐 있는 상태여서 그녀에게 인사도 하는 둥 마는 둥 하고 나와 버렸다. / 철수는 영희가 웬 남자와 시시덕거리는 걸 보고 열이 뻗쳤다.

열이 오르다 흥분하여 화가 나다. ¶ 이야기를 듣는 순간 열이 올랐지만 진정하려고 애썼다. / 정치 이야기만 나오면 모두 열이 올라 목소리가 커졌다.

오장이 뒤집히다 ⇒ 울화통(이) **터지다** ¶ 그의 엉뚱한 소리에 나는 오장이 뒤집혔다. / 그 녀석은 말끝마다 오장이 뒤집히는 소리를 한다. ※ 오장(五臟): 간장(肝臟), 심장(心臟), 비장(脾臟), 폐장(肺臟), 신장(腎臟).

울화통(이) **터지다** 화가 치밀어 올라 감정을 주체할 수 없는 지경이 되다. ¶ 내가 그런 녀석한테 푸대접을 받아야 한다고 생각하니 울화통이 터졌다.

치(가) **떨리다** 분노하다. ¶ 돈 몇 푼에 자기 동포를 팔아먹은 놈들을 생각하니 치가 떨렸다. / 그 사람에게 당한 일만 생각하면 지금도 치가 떨린다. 『기원』 사람이 몹시 흥분하였을 때 이빨이 떨린다는 데에서 나온 말이다.

치(를) **떨다**[1] 극도로 분한 상태가 되다. ¶ 진압군의 잔혹한 행위에 광주 시민들이 모두 치를 떨었다. 참 **독(을) 품다, 칼(을) 갈다**

팔팔[펄펄] **뛰다** (잘못된 일이나 터무니없는 일을 당하여) 흥분하거나 노여워하다. ¶ 선을 보라는 내 말에 딸아이는 이 나이에 무슨 선이냐며 팔팔 뛰었다. / 학교를 그만두겠다는 아들의 말에 아버지는 펄펄 뛰셨다.

피가 거꾸로 돌다 (하는 짓이나 상황이) 화가 치밀 정도로 거슬리다. ¶ 순간 나는 분노로 피가 거꾸로 돌아 욕이라도 한마디 하고 싶었지만 그럴 틈이 없었다.

피가 거꾸로 솟다 (하는 짓이나 상황이) 화가 치밀 정도로 거슬리다. ¶ 직장 생활을 하다 보면 피가 거꾸로 솟는 일이 많을 것이다. / 남의 것을 제 것인 양 빼앗는 강대국의 횡포를 보면 피가 거꾸로 솟는다.

혈압(이) **오르다** (잘못된 일이나 터무니없는 일을 당하여) 흥분하거나 노여워하다. ¶ 바보 같은 동료 때문에 아침부터 혈압이 올랐다. / 요즘에 유난히 혈압 오르는 일이 자주 생기는 것 같아요.

【화(火)나게 함】

골(을) 지르다 화나게 하다. ¶ 시어머니가 "아들을 못 낳으면 쫓아내는 수밖에 없다." 하며 며느리의 골을 지른 일이 한두 번이 아니었다.

복장(을) 긁다 분한 마음이 일어나게끔 자극을 주다. ¶ 자네는 조용히 하고 있어. 남의 복장 긁는 소리 하지 말고. / 오늘도 구시렁거리는 아내의 목소리가 복장을 긁는다. ※ 복장(腹臟): 가슴의 한복판.

복장(을) 뒤집다 화나게 하다. ¶ 이놈들이 사람 복장을 뒤집으려고 작정을 한 모양이야. / 나 지금 신경이 날카로우니, 복장 뒤집는 소리 하지 마.

부아(를) 돋우다 ⇒ **복장(을) 긁다** ¶ 시간이 지나면 자연스럽게 해결될 일을 일부러 해결한다고 애쓰다가 부아만 돋웠다. / 부아를 돋우지 말고 너는 잠자코 있어. ※ 부아: 허파.

속(을) 긁다 ⇒ **복장(을) 긁다** ¶ 그렇게 내 속을 긁어서 이로울 것이 하나도 없을 것이다. / 부모 속 긁어 놓은 놈치고 똑바로 되는 놈을 보지 못했다.

속(을) 뒤집다[1] 화나게 하다. ¶ 윗사람이 속을 뒤집는 소리를 해도 꾹 참아야 한다. / 무심코 나온 내 말을 꼬투리를 잡아 아침부터 속을 뒤집는 남편이 미웠다.

약(을) 올리다 분한 마음이 일어나게끔 자극을 주다. ¶ 아이는 밖에서 대문 안으로 얼굴만 빠끔히 들이밀고 제 어머니를 향해 용용을 해 대며 약을 올리고 있었다. / 그는 나만 보면 별명을 부르며 약을 올린다. ※ 약: 어떤 식물이 지닌 자극성 성분. 고추의 경우 약이 오르는 시기가 되면 매워진다. 참 **약(이) 오르다**[1, 2]

염장(을) 지르다 분한 마음이 일어나게끔 자극을 주다. ¶ 너 누구 염장 지를 일 있어? 왜 그렇게 사사건건 트집이야. / 내가 오늘 기분이 좋긴 좋은가 보다. 네가 그렇게 염장 지르는 소리를 해도 이렇게 웃고 있으니. 〖기원〗 이 말의 기원에 대한 설은 두 가지가 있다. 첫째는 염장을 '鹽藏'으로 보는 설이다. 이는 상처 나서 가뜩이나 아픈데 거기다 소금을 뿌리면 더 쓰라리다고 하는 데에서 화를 돋운다는 의미를 유추한 것이다. 둘째는 염장을 염통과 오장(五臟)을 줄여 쓴 말로 보는 설이다. 염장을 지르는 것은 염장을 힘껏 친다는 말이니 여기에서 화가 나게 만든다는 의미를 유추한 것이다. 유 **불난 집에 부채질하다**

오장육부를 긁다 ⇒ **복장(을) 긁다** ¶ 아이가 학교에 가지 않겠다고 떼를 부리며 아침부터 오장육부를 긁었다. ※ 오장(五臟): 간장(肝臟), 심장(心臟), 비장(脾臟), 폐장(肺臟), 신장(腎臟). 육부(六腑): 담(膽), 위(胃), 대장(大腸), 소장(小腸), 삼초(三焦), 방광(膀胱).

오장육부를 뒤집다 ⇒ **오장(을) 뒤집다** ¶ 정부 책임자의 망언이 농민들의 오장육부를 뒤집어 놓았다.

오장(을) 긁다 ⇒ **복장(을) 긁다** ¶ 하는 짓마다 오장을 긁어 놓는데 참을 재간이 없었습니다. /

알 만한 사람들이 남의 오장 긁어 놓는 소리만 지껄이고 있다.

오장(을) **뒤집다** 화나게 하다. ¶ 그의 말이 내 오장을 뒤집었다. / 나가서 사는 자식들이 뻔질나게 드나들며 오장 뒤집은 지가 오래다.

우울(憂鬱), 통쾌(痛快)

【**우울**(憂鬱), **부담**(負擔)】

가슴(이) **답답하다** 마음이 우울하고 괴롭다. ¶ 집안 문제만 생각하면 가슴이 답답하다. / 완고한 어른들과 같이 생활하다 보면 가슴 답답한 일이 많을 수밖에 없다. ㉥ **가슴이 트이다, 가슴이 후련하다**

동이 막히다 (어떤 감정이) 해소되지 못하다. 답답한 마음을 물이 둑에 막혀 빠져나가지 못하는 것에 비유한 말이다. ¶ 금실이는 가슴속에 동이 막혔던 억울하고 야속한 정을 비로소 터뜨렸다. / 엄청난 사실에 동이 막혀 한동안 말을 할 수 없었다. ※ 동(垌): 크게 쌓은 둑.

머리가 무겁다 (고민으로) 우울하다. ¶ 신경을 많이 썼더니 머리가 무겁구나. 이제 좀 쉬어야겠다. / 내년 초에는 공공요금이 한꺼번에 오른다고 하니 벌써부터 머리가 무거워진다. ㉥ **머리가 가볍다**

발걸음이 무겁다 (걱정이 있거나 우울해) 선뜻 가고 싶은 마음이 없다. ¶ 병실에 있는 친구를 면회하고 돌아오는 발걸음이 무척 무거웠다. / 그녀를 만나러 가는 발걸음이 오늘은 왠지 무겁기만 하다. 내가 변한 걸까? ㉥ **발걸음이 가볍다** ㉠ **발(길)이 떨어지지 않다**

발길이 내키지 않다 가고 싶은 마음이 선뜻 나지 않는다. ¶ 발길이 내키지 않으면 그냥 집에서 쉬어라. ㉠ **발(길)이 떨어지지 않다**

발길이 무겁다 ⇒ **발걸음이 무겁다** ¶ 할머니의 손을 놓고 돌아서 나오는 발길이 무거웠다. / 소를 끌고 우시장으로 가는 농부의 발길이 무거워 보인다.

복정(을) **씌우다** 남에게 억지로 부담을 지우다. ¶ 이제 애먼 사람에게 복정 씌우는 짓은 제발 그만하세요. ※ 복정(卜定): 조선 시대에 정규적으로 징수하던 공물(貢物) 이외에, 필요에 따라 각 지방에서 강제로 물품을 징수하던 일.

속이 답답하다 마음이 상쾌하지 못하고 괴롭다. ¶ 앞으로 할 일만 생각하면 속이 답답해진

다. 반 **속이 뚫리다, 속(이) 시원하다**

숨(이) 막히다 답답하다. ¶ 이젠 이런 숨 막히는 상황에서 벗어나고 싶어요. / 신문을 읽다 보면, 숨이 꽉 막히고 가슴을 찌르르 울리는 기사와 마주칠 때가 있다.

숨통(이) 막히다 ⇒ 숨(이) 막히다 ¶ 앞으로 전개될 일만 생각하면 숨통이 막힌다. / 어디를 둘러보나 숨통 막히는 일들뿐이다. 눈치 볼 일도 많아 불만을 풀 길이 없다.

【통쾌(痛快)】

가슴이 열리다 ⇒ 가슴이 트이다 ¶ 불안과 근심으로 답답했던 가슴이 확 열리고 온몸에서는 새로운 신념과 용기가 솟아올랐다. / 목을 빼고서 기다렸지만, 가슴이 열릴 만한 소식은 아직 들어오지 않았다.

가슴이 트이다 답답하였던 생각이 시원하게 풀리다. ¶ 동해 바다를 보면 가슴이 트이는 것을 느낀다. / 선생님의 말씀을 듣고 나니 가슴이 트이고 나의 나갈 길이 환히 보이는 것만 같았다. 반 **가슴(이) 답답하다**

가슴이 후련하다 마음이 편해지거나 통쾌하게 되다. ¶ 모든 비밀을 털어놓으니 가슴이 후련해지는군요. / 상대의 진영을 휘젓고 다니는 우리 선수들을 보니 가슴이 후련해진다. 반 **가슴(이) 답답하다**

깨소금 맛이다 통쾌하다. 얄밉게 생각하던 상대에게 곤란한 일이 발생하였을 때 느끼는 감정을 표현하는 말이다. ¶ 잘난 체하며 뛰다가 넘어지는 꼴을 보니 참으로 깨소금 맛이다. / 과장에게 야단맞고 있는 나를 보고 박 대리는 깨소금 맛이라고 여기며 내심 흡족해하겠지.

발걸음이 가볍다 (마음의 부담이 없어져) 거리낌이 없다. ¶ 일이 끝나서 그런지 모두 발걸음이 무척 가볍네요. / 원정 경기를 떠나는 우리 선수들의 발걸음이 가벼운 것은 먼저 1승을 챙겼기 때문이겠지요. 반 **발걸음이 무겁다**

발길이 가볍다 ⇒ 발걸음이 가볍다 ¶ 고민을 털어놓고 상담실 문을 나서는 그의 발길이 무척 가벼웠다.

속이 뚫리다 후련하고 통쾌하다 ¶ 부패 공직자들이 잡혀가는 것을 보니 막힌 속이 뚫린다. / 오랜 가뭄 끝에 속이 확 뚫릴 정도의 단비가 내렸다. 반 **속이 답답하다**

속(이) 시원하다 ⇒ 가슴이 후련하다 ¶ 이제 속 시원히 말해 봐. / 몇 년을 끈 일이 해결되고 나니 속이 시원했다. / 두 사람은 그간 마음고생이 심했는지, 오히려 열애설이 터져 속이 시원하다고 말했다. 반 **속이 답답하다**

속(이) 트이다[1] ⇒ 가슴이 트이다 ¶ 오랜만에 바다를 보니 속이 확 트였다. / 힘 있는 자들을 향해 내뱉는 그의 거침없는 독설에 속이 트이는 기분이었다.

체증이 내려가다 (오랫동안 품었던 근심과 분노가 사라지며) 후련하고 통쾌하다. ¶ 그의 연설을 듣고 체증이 내려가는 느낌을 받았다. / 그 원수가 죽었다는 소리를 들으니까 십 년 묵은 체증이 다 내려간다. / 눈엣가시 같던 영진이를 따돌리고 일등을 하고 나니 십 년 묵은 체증이 내려가는 느낌이 들었어요. 〖기원〗 어떤 일로 인하여 더할 나위 없이 속이 후련해진 경우를 비유적으로 이르는 속담인 '십 년 묵은 체증(滯症)이 내리다'에서 비롯한 표현이다.

체증이 뚫리다 ⇒ **체증이 내려가다** ¶ 30년 넘게 국민을 억눌러 온 독재자의 동상이 무너지는 모습을 보니 체증이 뚫렸다.

슬픔, 감동(感動), 고통(苦痛)

【감동(感動)**, 슬픔】**

가슴에 (와) **닿다** 감동을 일으키다. ¶ 지겹도록 듣는 말이었지만, 오늘따라 아버지의 말씀이 가슴에 와 닿았다. / 열심히 만든 영화라는 생각은 들었지만, 정말이지 가슴에 와 닿는 것이 하나도 없었다. / 선생님의 고별사 중 가장 가슴에 닿았던 것은 우리를 가르치면서 사랑이라는 것을 알았다는 말이었다. 참 **피부에 와 닿다**

가슴에[을] **파고들다** 감동을 일으키다. ¶ 그의 노래는 10대들의 가슴에 파고들며 선풍적인 인기를 끌었다. / 야당 후보는 이번 선거에서는 현 정권을 심판해야 한다며 지역 유권자들의 가슴을 파고들었다.

가슴을 뒤흔들다 감동을 일으키다. ¶ 우리 청년들만이 이 나라를 구할 수 있다는 그의 말이 나의 가슴을 뒤흔들었다. / 여느 때 없이 이 노래는 나의 가슴을 뒤흔들어 놓았다.

가슴을 울리다 감동을 일으키다. ¶ 영화의 내용만큼이나 그 배경 음악이 내 가슴을 울렸다. / 그의 글에는 절절히 가슴을 울리는 이야기들이 있다.

가슴을 적시다 슬프게 하다. ¶ 그의 고생담은 언제나 듣는 이의 가슴을 적신다. / 우리 모두의 가슴을 적시는 순애보는 이 시대에도 여전히 유효하다.

가슴이 뜨겁다[2] (감사나 존경의 마음에) 감정이 북받치며 감동하다. ¶ 절박한 상황에서 친구의 손을 잡는 순간 가슴이 뜨거워 눈물이 났다. / 선생님을 생각하면 존경심으로 가슴이 뜨거워진다. 참 **가슴**(이) **따뜻하다, 가슴이 서늘하다**

가슴이 뭉클하다 (슬픔, 감격, 안타까움 따위의) 감정이 북받치며 감동하다. ¶ 소녀 가장의 수기를 읽으면서, 가슴이 뭉클해짐을 느낀다. / 주름진 노인의 얼굴에서 작고한 어머니의 모습을 발견하고 가슴이 뭉클했다.

가슴(이) **벅차다** (흥분, 감격 따위의) 감정이 북받치며 감동하다. ¶ 크나큰 긍지와 영예감으로 가슴이 벅찼다. / 이 영화를 보고 나면 그때의 가슴 벅찬 감동을 다시금 느끼실 수 있을 겁니다.

가슴이 찡하다 (슬픔, 감격, 안타까움 따위의) 감정이 북받치며 감동하다. ¶ 나이를 먹었어도 가을날 이별의 노래를 들으면 가슴이 찡해 온다. / 어린이들이 깜찍한 모습으로 〈고향의 봄〉을 노래할 때 가슴 찡하지 않은 동포가 없었다고 한다.

가슴(이) 터지다[2] ⇒ **가슴(이) 벅차다** ¶ 어머니의 편지를 받고 한 줄 한 줄 읽어 가는데 가족들 생각에 왜 그리 눈물이 나던지. 가슴 터지는 줄 알았어요. / 그의 연설을 들으며 나는 몇 번이고 온몸이 조여 오고 가슴이 터질 것 같은 감동을 맛보았다.

눈물(이) 나다 슬퍼지다. 또는 눈물을 흘릴 만큼 감동하다. ¶ 그동안 보살펴 주신 은혜, 눈물 나게 고마웠습니다. / 어젯밤 그에게서 눈물 나는 이야기를 들었다.

눈물이 앞을 가리다 슬퍼지다. 또는 눈물을 흘릴 만큼 감동하다. 눈물이 나는 정도가 강함을 나타내는 표현이다. ¶ 자식을 위해 자신의 모든 걸 희생하신 어머님의 사랑을 생각하면 눈물이 앞을 가린다. / 선생님의 안타까운 모습을 볼 때마다 눈물이 앞을 가립니다.

눈물이 핑 돌다 ⇒ **눈물(이) 나다** ¶ 그 이야기를 들으니까 눈물이 핑 돌더라고. / 친구의 초췌한 모습이 안쓰러워 눈물이 핑 돌았다.

눈시울을 붉히다 슬퍼하다. 또는 눈물을 흘릴 만큼 감동하다. ¶ 아이들이 크면서 다 겪는 일이야. 아버지까지 눈시울을 붉힐 일은 아니라고. / 입장식이 진행되는 동안 남북한 응원단은 기쁨에 복받쳐 눈시울을 붉혔다.

눈시울이 뜨거워지다 ⇒ **눈물(이) 나다** ¶ 부모 없이 동생과 살아온 소녀 가장의 얘기에 나는 그만 눈시울이 뜨거워졌다. / 나이는 먹어 가고 게다가 가을이 되니까 사소한 일에도 눈시울이 뜨거워질 때가 많다.

물기(가) 어리다 울듯이 슬프다. ¶ 철이는 물기 어린 목소리로 당시의 상황을 이야기했다. / 반갑게 웃는 얼굴과 달리 그의 눈에는 물기가 어려 있었다.

심금을 울리다 감동을 일으키다. ¶ 피리 소리가 심금을 울린다. / 그의 살아온 이야기는 듣는 이의 심금을 울렸다. / 올해에는 수많은 사람의 심금을 울린 불후의 예술인들이 많이 타계해 많은 팬들을 슬픔에 젖게 했다. ※ 심금(心琴): 외부의 자극을 받아 움직이는 미묘한 마음.

코끝이 찡하다 ⇒ **가슴이 찡하다** ¶ 평양 공항에 발을 딛는 순간 코끝이 찡했다. / 고향 사람들의 환대에 코끝이 찡해 왔다.

코허리가 시다 ⇒ **가슴이 찡하다** ¶ 그는 아이들이 울음을 터트리자 코허리가 시어 못 보겠다는 듯 고개를 돌렸다.

코허리가 시큰거리다[시큰하다] ⇒ **가슴이 찡하다** ¶ 친구와 이야기를 나누다가 문득 고향 생각이 나며 코허리가 시큰거렸다. / 선생님에 대한 감사의 마음을 담은 편지가 코허리가 시큰한 감동을 선사했다. / 잊었던 계명을 더듬어 풍금을 치며 동요를 부르는데 코허리가 시큰해져 나도 모르게 눈을 감았다.

코허리가 아리다 ⇒ **가슴이 찡하다** ¶ 가족과 친구들과 고향의 산천이 떠오르며 코허리가 아렸다.

콧날이 시큰거리다(시큰하다) ⇒ **가슴이 찡하다** ¶ 시골에 홀로 계신 어머니를 생각하니 콧날이 시큰거렸다. / 사람들의 콧날을 시큰하게 할 영화를 만들겠다.

콧날이 찡하다 ⇒ **가슴이 찡하다** ¶ 이 시를 읽으면 누구나 콧날이 찡해지고 가슴이 훈훈해지게 되지요.

콧등이 시큰거리다(시큰하다) ⇒ **가슴이 찡하다** ¶ 그대로 재현된 고향의 모습을 보니, 그리움과 애잔함으로 콧등이 시큰거렸다. / 그 울음소리를 듣고 있자니 공연히 나도 콧등이 시큰했다. / 알콩달콩 사랑을 키워 가는 가난한 부부의 모습은 때로는 웃음을 때로는 콧등이 시큰한 감동을 준다.

콧마루가 찡하다 ⇒ **가슴이 찡하다** ¶ 멀리서 어머니의 모습을 보고 있자니 콧마루가 찡했다. / 시골에서 자란 나는 추수하는 모습을 생각만 해도 콧마루가 찡한 진한 향수를 느낀다.

【고통(苦痛), **괴로움, 슬픔】** ≒ **【한**(恨), **원한**(怨恨)**】【절망**(絶望)**】【불만**(不滿), **못마땅함】**

가슴을 도려내다 ⇒ **가슴(을) 저미다** ¶ 아이를 더 이상 키울 수 없다는 걸 안 부모는 가슴을 도려내는 아픔을 견디며 힘든 결심을 했다.

가슴을 앓다 (혼자 고민하며) 안타까워하거나 괴로워하다. ¶ 그는 아들에게 아무런 대책도 세워 주지 못하고 돌아온 것을 두고 오랫동안 가슴을 앓고 있었다. / 남편이 새 며느리를 너무 예뻐하는 것 때문에 가슴을 앓는다는 한 시어머니의 사연을 들었다.

가슴(을) 저미다 (슬픔과 안타까움에) 고통스럽고 괴롭다. 규범에는 벗어나지만 '가슴이 저미다'의 꼴로도 많이 쓰인다. ¶ 아픈 아들을 간호하며 가슴 저미는 슬픔이 무언지 깨달았다. / 추운 겨울의 나뭇가지처럼 앙상한 어머니의 모습이 내 가슴을 더욱 저몄다. / 근무 중 숨진 젊은 소방관의 이야기는 많은 사람의 가슴을 저몄다. / 고향을 가지 못하는 이들의 가슴 저미는 그리움을 내가 어찌 짐작인들 하겠는가?

가슴을 쥐어뜯다 안타까워하거나 괴로워하다. ¶ 가슴을 쥐어뜯으며 고민을 해도 아무것도 해결되는 것이 없었다. / 그는 사랑에 대한 두려움으로 스스로 가슴을 쥐어뜯고 있습니다.

가슴을 쥐어짜다 ① 안타까워하거나 괴로워하다. ¶ 아이를 보지 못하고 돌아서는 부모들은 가슴을 쥐어짰다. ② 안타깝게 하거나 괴롭게 하다. ¶ 아이는 천진난만한 모습을 보여 조문객들의 가슴을 쥐어짰다. / 내 가슴을 쥐어짠 것은 하얀 피부에 어울리지 않는 그녀의 흉터 자국이었다.

가슴을 찌르다 (슬픔과 안타까움이) 고통스럽고 괴롭게 하다. ¶ 그녀의 마지막 한마디가 나의 가슴을 아직도 찌르고 있어요. / 철이의 물기 어린 목소리가 사람들의 가슴을 찔렀다.

가슴(을) 치다 2 안타까워하거나 괴로워하다. ¶ 가슴을 치며 통곡한들 떠난 사람이 다시 돌아오겠는가.

가슴이 막히다 ⇒ 가슴(이) 미어지다 ¶ 그녀의 이야기에 가슴이 막혔지만 나는 선불리 눈물을 보일 수 없었다. / 괴로운 이 사바(娑婆) 먼저 간 네가 부럽다, 부러운 네 신세라 굳이 잊자 하건마는, 누웠던 네 자리 볼 때면, 가슴 먼저 막히누나. (김상용, 어린것을 잃고)

가슴(이) 미어지다 (슬픔, 격정, 안타까움 따위의) 감정이 북받치며 고통스럽다. ¶ 애타게 나를 찾아다닐 어머니를 생각하니 가슴이 미어졌다. / 모처럼 안정을 찾은 그에게 그의 연인이 죽었다는 가슴 미어지는 소식을 전해야만 했다. / 그는 밀어닥치는 격정으로 가슴이 미어지는 것 같았다.

가슴(이) 쓰리다 (슬픔과 안타까움에) 마음이 아프다. ¶ 과거를 돌이켜 보면 가슴 쓰린 추억이 많다. / 힘 한번 써 보지 못하고 이렇게 맥없이 물러나야 한다고 생각하니 무척 가슴이 쓰립니다.

가슴(이) 아프다 (슬픔과 안타까움에) 마음이 아프다. ¶ 네 불행을 들으니 가슴이 아프다. / 하루 종일 조심스럽게 일했으나, 한순간의 방심으로 가슴 아픈 손실을 내고 말았다.

가슴(이) 저리다 (슬픔과 안타까움에) 마음이 아프다. ¶ 부모를 생각하면 코끝이 찡하고, 자식을 생각하면 가슴이 저리다. / 전쟁으로 인한 고통을 생각하니 가슴이 저려 왔다.

가슴이 찢어지다 ⇒ 가슴(이) 미어지다 ¶ 자식의 죽음에 가슴이 찢어지지 않는 부모가 어디 있겠는가. / 그를 이제 다시 볼 수 없다는 생각에 가슴이 찢어졌다.

간장을 끊다 ⇒ 가슴(을) 저미다 ¶ 가을밤의 단소 소리가 간장을 끊는다. / 그가 남긴 한마디가 우리의 간장을 끊는 이유는 무엇일까?

땅을 치다 안타까워하거나 괴로워하다. ¶ 지금 와서 땅을 치고 후회한들 무슨 소용이 있습니까? / 박 씨의 사망 소식을 접한 유족들은 "왜 가지 말라는 곳을 갔느냐."며 땅을 쳤다.

목이 막히다 설움이 북받치다. ¶ 그의 사연을 읽다가 목이 막혔다. / 어머니는 살아오신 이야기를 하다가 목이 막혀 더 이상 말을 잇지 못하셨다.

목(이) 메다 설움이 북받치다. ¶ 격정에 목이 메어 한동안 말을 할 수 없었다. / 사랑하는 사람을 떠나보내며 목멘 이별가를 불렀다. 참 **목이 잠기다**

별이 보이다 충격을 받아서 정신이 혼미하다. ¶ 공에 머리를 맞는 순간, 별이 보였다. / 친구와 얼굴을 부딪쳤는데, 별이 보일 정도로 무지 아팠다.

뼈(가) 아프다 무척 후회하여 고통스럽다. ¶ 결정적인 순간에 뼈아픈 실수를 했다. / 산에 오르며 목마름이 배고픔보다 더 무서운 것이라는 사실을 뼈아프게 느꼈다. / 네가 고초 받을 것을 생각하고 뼈가 아픈 중에 남의 구설이 듣기 싫어서 속이 상해 죽을 뻔했다. (홍명희, 임꺽정[林巨正])

속(이) 상하다 (못마땅한 일로) 고통스럽고 괴롭다. ¶ 친구들이 잘 믿으려 하지 않고 장난처럼 웃어넘겨서 무척 속이 상했다. / 자식을 키우다 보면 속상하는 일이야 많지만 애들 커 가는 것을 보는 재미 때문에 힘든 줄 모르고 키운다. 참 **속(이) 끓다**

속이 저리다[2] ⇒ **가슴(이) 저리다** ¶ 어린것들이 부모 없이 자기들끼리 사는 것을 보니 속이 저렸다.

애간장을 저미다 ⇒ **가슴(을) 저미다** ¶ 그의 절통한 사연이 듣는 사람의 애간장을 저민다. / 오르페우스가 심금을 울리는 수금 반주에 맞추어 애간장 저미는 노래로 탄원했다.

애(를) 끊다 ⇒ **가슴(을) 저미다** ¶ 이 시는 첫 행부터 사람의 애를 끊는 표현으로 시작하고 있다. / 그의 주검이 도착하고부터 미망인의 애곡(哀哭)은 차마 듣지 못할 만큼 애를 끊었다.

열병을 앓다 (극단적인 감정에 휩싸여) 몹시 흥분하거나 괴로워하다. ¶ 사랑의 열병을 앓은 후 성숙해지는 거지요. / 나는 그때 지옥 같은 사춘기 열병을 앓았어요. / 한바탕 눈치작전의 열병을 앓은 수험생들이 내일은 논술 고사란 이름의 홍역을 치러야 했다.

창자가 끊어지다 ⇒ **가슴(을) 저미다** ¶ 나는 동료가 고문당하는 것을 그대로 지켜보며 창자가 끊어지는 오열을 억눌러야 했다. / 친구들은 창자가 끊어질 듯한 이별을 애석해했다. 관(棺)을 쳐다보고 우는 소리가 마치 부모를 잃은 것 같았다.

피(가) 맺히다 고난과 희생으로 점철되다. ¶ 피맺힌 투쟁의 역사 속에서 우리 민족은 단련되어 왔다. / 피가 맺힌 사연이 적힌 어머니의 일기장을 보는 순간 흐르는 눈물을 주체할 수 없었다.

피눈물(을) 뿌리다[1] ⇒ **피눈물(을) 흘리다**[1] ¶ 유족들은 피눈물을 뿌리며 고인의 유해를 맞았다.

피눈물(을) 흘리다[1] 원한, 분노, 슬픔 따위로 고통스러워하다. ¶ 기업의 구조 조정 때문에 피눈물 흘린 사람이 많다. / 반세기가 지났지만 이 사건의 피해자들은 아직까지도 피눈물을 흘린다.

피눈물(이) 나다[1] 원한, 분노, 슬픔 따위로 고통스럽다. ¶ 눈에서 피눈물 나는 일을 겪어 보지 않은 사람이면 나를 이해할 수 없을 것이요. / 심판의 편파적인 판정으로 졌으니 피눈물이 안 날 수가 없는 거지요. / 국민의 근심을 덜어 주지는 못하고 눈에서 피눈물만 나게 만드는 게 정치라면 그거 개가 물어 가야지요.

2

성격
性格

태도
態度

인격(人格), 품성(品性)

【내실(內實), 줏대】

간도 쓸개도 없다 (하는 짓과 태도가) 줏대가 없다. ¶ 그는 내 앞에서 간도 쓸개도 없는 비굴한 사람처럼 행동했다. / 나는 자기 줏대도 없이 이쪽저쪽 휩쓸려 다니는 간도 쓸개도 없는 사람은 아닙니다.

간에 바람(이) 들다[1] 하는 행동이 실없다. 또는 실성하다. ¶ 저 여편네가 간에 바람이 들었나. 매일 밤마다 화장을 진하게 하고 어디를 돌아다니는 거야.

건더기가 없다 내용이나 근거가 없다. ¶ 눈에 불을 켜고 조사해도 트집 잡을 만한 건더기가 없었다. / 경찰은 아직 공개할 건더기도 없기 때문에 입을 닫고 있는 것 같다. 〖기원〗 적은 재료로 많은 사람을 먹이기 위하여 고기나 채소 등을 적게 넣고 물을 많이 넣어 국을 끓이는 경우가 있는데, 이를 내실 없는 대상을 비유적으로 표현하는 데 사용하였다. 참 **국물도 없다**

겉만 번지르르하다 보이는 데만 그럴듯하고 내실이 없다. ¶ 겉만 번지르르하다고 신사가 되는 것은 아니다. / 겸손함을 익히고 겉만 번지르르한 화려함을 멀리하는 배우의 덕목은 지금껏 그녀를 지탱해 온 중요한 지침이었다. 참 **말만 번지르르하다, 입만 살다**

고드름 장아찌 말이나 하는 짓이 싱거운 사람. ¶ 하는 짓을 보면 싱겁기가 고드름장아찌야. 〖기원〗 장아찌는 오이나 무 등을 간장에 절이거나 된장에 담근 것인데, 오이나 무 대신 고드름을 간장에 절이고 된장에 담그면 맹물같이 되어 싱거워질 것이라는 데에 착안한 말이다. 참 **가르친 사위, 곤산의 옥, 떠오르는 별**

맺힌 구석이 없다[1] ⇒ 맺힌 데가 없다[1] ¶ 인간성이 좋은 사람은 대부분 맺힌 구석이 없어 아쉬울 때가 많지요.

맺힌 구석이 있다 ⇒ 맺힌 데가 있다[1] ¶ 실없는 농담만 하는 그가 맺힌 구석이 있을 거라 기대할 수는 없었다. / 남자가 맺힌 구석이 있었으면 좋겠어요. 통 크고 남자다운 남자가 좋아요.

맺힌 데가 없다[1] (사람의 됨됨이가) 꽉 짜여 있지 않다. ¶ 오냐오냐하면서 키웠더니, 말만 한 계집애가 철없고 수선스럽고 맺힌 데가 없었습지요. / 정에 약한 사람은 맺힌 데가 없고 계획대로 일을 추진하지 못하는 약점이 있다.

맺힌 데가 있다[1] (사람의 됨됨이가) 꽉 짜여 있다. ¶ 몸집은 작지만 맺힌 데가 있어 믿음직스럽다. / 그는 사람이 워낙 야무지고 맺힌 데가 있어 만만치 않았다.

머리만 크다 ① 생각만 앞서다. ¶ 요즘 학생들은 머리만 컸지 실천력이 부족하다. / 온전한 사람은 단순히 머리만 큰 사람이 아니라, 가슴과 몸도 큰 사람이다. 다시 말해 지덕체를 골고루 갖춘 사람이다. ② 시작만 그럴듯하다. 또는 겉으로만 그럴듯하다. ¶ 그가 하는 일은 머리만 크고 실속이 없는 경우가 많다.

명실 공히 알려진 바와 실제가 똑같이. ¶ 영어는 명실공히 세계 제일의 국제어다. / 이곳은 이제 명실공히 외국인을 위한 종합 지원 공간으로 자리매김했다. ※ 명실(名實): 겉에 드러난 이름과 속에 있는 실상.

물에 물 탄 듯(하다) 하는 짓과 태도가 줏대가 없고 분명치 않다. '물에 물 탄 듯 술에 술 탄 듯'과 같이 쓰이기도 한다. ¶ 그는 매사에 물에 물 탄 듯했다. / 아버지는 어머니의 하소연을 물에 물 탄 듯 술에 술 탄 듯 넘겨 버리고 밖으로 나갔다.

뼈대(가) **있다**[1] 심지가 있고 줏대가 있다. ¶ 뼈대가 있는 사람은 그런 일에 우왕좌왕하지 않는다. / 자세를 흐트러뜨리지 않으면서도 구수한 입담과 멋있는 몸짓으로 좌중을 안온하게 이끌어 가는 그의 풍모는 뼈대 있는 선비의 모습 그 자체다. 참 **뼈**(가) **있다**

속살을 찌우다 실속을 차리며 내실을 튼튼히 하다. ¶ 겨우내 속살을 찌운 고로쇠나무에서 고로쇠 수액이 넘쳐 난다. / 지난 십 년간 속살만 찌운 기업들은 올해를 인수 합병을 통해 덩치를 키울 수 있는 절호의 기회로 보고 있다.

속살(이) **없다** 내실이 없다. ¶ 대부분의 사람들은 자기가 회의 시간에 속살 없는 이야기만 지껄이다 나왔다고 생각한다. / 철호는 입만 살았지 속살이 없는 사람이다.

속살(이) **있다** 내실이 있다. ¶ 오랜만에 속살 있는 설교를 들었다.

속살(이) **찌다** ⇒ **속살**(이) **있다** ¶ 겉으로 보기엔 별거 아니면서도 속살이 찐 기업을 찾아 투자하는 게 진짜 능력이지.

속(을) **차리다** ① 자기의 실속을 꾸리다. ¶ 남 좋은 일만 하지 말고 네 속도 차려라. ② 지각 있게 처신하다. ¶ 속 차릴 나이가 되었건만 왜 그렇게 철이 없는지.

속(이) **들다** ⇒ **속**(이) **차다** ¶ 귀남이도 이제 속이 들 때가 되어서 그런지 말하는 것이 어른스러워졌다.

속(이) **비다** 겉보기와 달리 내실이 없다. '속 빈 강정'으로 쓰이기도 한다. ¶ 사람들이 특허라고 하면 대단하게 여기지만 사실 속이 빈 특허들이 많아요. / 속은 텅 비어 있으면서도 겉만 번지르르하면 된다고 여기는 사고방식이 문제예요. / 연예인이라는 직업을 가진 사람들 중엔 겉보기와 달리 속 빈 강정이 많지요. 참 **골(이) 비다, 머리가 비다, 빈 깡통이다**

속이 실하다[1] ⇒ **속(이) 차다** ¶ 우리 아이와 결혼하려면 무엇보다도 속이 실해야 해. / 겉은 화려해도 속이 빈 사람이 있고, 겉은 밋밋한 듯해도 속이 실한 사람이 있다.

속(이) 없다[1] (하는 짓과 태도에) 줏대나 자존심이 없다. ¶ 남이 하자는 대로 하는 것을 보면 자네도 여간 속이 없는 게 아니야. / 저런 속없는 년. 그런 모욕을 당하고도 그놈과 또 만나.

속이 여물다 ⇒ **속(이) 차다** ¶ 험한 환경에서 자란 애라 그만큼 속이 여문 것 같았다.

속(이) 차다 생각이나 행동이 믿음직스럽다. ¶ 겉보기에는 시원찮게 보여도 속이 꽉 찬 사람입니다. / 주가가 높고 재무 구조가 탄탄하기로 소문난 기업, 우리 그룹에서 속이 꽉 찬 젊은이를 찾습니다. 〖기원〗 배추 따위가 단단하거나 꽉 차게 되는 것을 '배추가 속이 들다' 또는 '배추가 속이 차다'라고 말하는데, 이를 사람의 생각이나 행동이 믿음직한 것에 비유한 데에서 비롯한 표현이다. '**속(이) 들다**', '**속이 실하다**', '**속이 여물다**' 등도 그 기원이 유사하다.

쓸개(가) 빠지다 (하는 짓과 태도에) 줏대나 자존심이 없다. 상대의 행동과 태도를 강하게 비난할 때 쓴다. ¶ 별 쓸개 빠진 소리 다 하네. / 상대의 사과도 없는데 우리가 나서서 화해하자는 것은 쓸개 빠진 짓이다. / 천하의 음녀 하희(夏姬) 앞에서 남자들은 임금이고 신하고 할 것 없이 모두 쓸개가 빠져 버렸다.

쓸개(가) 없다 ⇒ **쓸개(가) 빠지다** ¶ 내가 저런 쓸개도 없는 작자와 결혼을 해야겠어요? / 그런 말을 듣고도 웃음이 나오니? 쓸개 없는 놈.

씨알이 먹다 말이나 행동이 조리에 맞고 실속이 있다. ¶ 이제 제법 씨알이 먹은 소리도 할 줄 아는 나이가 되었다.

얼바람(을) 맞다 하는 행동이 실없다. ¶ 길에서 여학도를 보면 곁물로 침을 꿀떡꿀떡 삼키는 자도 있고 혹 얼바람 맞은 자는 물색없이 여학도 꽁무니를 슬슬 따라 다니는 인물도 있어……. (최찬식, 금강문) ※ 얼바람: 어중간하게 맞는 바람.

올(이) 곧다 옳고 그름을 제대로 판단하며 몸가짐과 행동이 바르다. ¶ 그처럼 올곧은 사람을 옆에 두고 있는 자네가 부럽네. / 네가 올곧게만 자라 준다면 더 바랄 게 없겠다. ※ 올: 실이나 줄 따위의 가닥.

【**선량**(善良), **불량**(不良)】

구김살(이) 없다 (성격이) 뒤틀리지 않고 밝다. ¶ 구김살 없는 그의 행동은 그녀의 마음을 사로잡았다. / 그는 성격이 천진난만하면서도 구김살이 없어 주위 사람과 잘 어울린다. ※ 구김

살: 구기어 생긴 금. 참 **때(가) 묻다**

바닥(을) **보다**[1] 본질이나 속셈을 알다. 사람의 생각이나 태도가 저열함을 가리키는 표현이다. ¶ 아무리 좋아했던 사람이라도 그 사람의 바닥을 보고 나면 다시 정이 들기 힘들다. / 나는 백색 테러의 현장에서 이 정권의 바닥을 봤다.

바닥(이) **드러나다**[1] 본질이나 속셈이 알려지다. 어떤 사람의 저열한 생각이나 태도가 나타남을 가리키는 표현이다. ¶ 그동안 잘난 체하며 사람들을 무시하더니 이제 슬슬 바닥이 드러나는군. 참 **마각을 드러내다, 마각이 드러나다**

바닥(이) **보이다**[1] 본질이나 속셈을 알 수 있다. 사람의 생각이나 태도가 저열함을 가리키는 표현이다. ¶ 바닥 보이는 짓일랑 그만해라. / 같이 있는 시간이 오래될수록 사랑하는 사람의 바닥이 보인다면, 당신은 어떻게 하겠습니까?

법(이) **없이도 살다** (마음이) 곧고 착하다. 법의 규제가 없어도 나쁜 짓을 하지 않을 정도임을 강조하는 말이다. ¶ 그 사람이 용의자라고요? 그럴 리가 없어요. 그는 법 없이도 살 사람이에요. / 그가 법이 없어도 살 수 있는 사람이긴 하지만 추진력이 없어 보여 싫어요.

사람 같지 않다 품성이 나쁘다. ¶ 얼굴은 사람이지만 사람 같지 않은 사람이 많다. / 사람 같지 않은 짓을 하고도 얼굴을 똑바로 들고 다닐 수 있다는 게 신기하기만 하다.

사람(을) **만들다** 인격을 갖추고 제구실을 하게 만들다. ¶ 사람을 만드는 일이 낳는 일보다 더 힘들다는 것을 자식 키우다 보면 알게 된다. / 망나니 같은 녀석, 사람 좀 만들어 보려고 했는데 영 가망 없는 녀석이라 포기했어.

사람(을) **버리다** 품성이 나쁘게 되다. ¶ 참 착한 사람이었는데, 전쟁이 사람을 버린 거야. / 어릴 적에 겪은 좋지 않은 경험이 사람을 버리는 수가 많다.

사람(이) **되다** 인격을 갖추고 제구실을 하게 되다. ¶ 어른에게 하는 걸 보면 철수가 참 사람이 됐어. / 사고 안 치고 지내기에 사람이 좀 된 줄 알았는데, 이제 보니 사람 되려면 아직 멀었어.

속(이) **없다**[2] 악의(惡意)가 없다. ¶ 그 사람, 말은 저렇게 험하게 해도 속이 없는 사람이야.

인간 같지 않다 ⇒ 사람 같지 않다 ¶ 그런 인간 같지 않은 놈 이야기는 꺼내지도 마라.

【교활(狡猾), 음흉(陰凶), 위선(僞善)】

겉 다르고 속 다르다 겉마음과 속마음이 같지 않다. ¶ 겉 다르고 속 다른 데다가 최소한의 원칙조차 없는 사람은 공직을 맡을 자격이 없다. / 우린 흔히 겉 다르고 속 다른 사람에 대한 경멸의 의미로 이중인격자라는 말을 쓴다.

겉과 속이 다르다 겉마음과 속마음이 같지 않다. ¶ 세상엔 겉과 속이 다른 사람이 많다. / 아무리 그럴듯한 이유를 대더라도 겉과 속이 다르니 위선자인 것만은 분명했다.

닳고 닳다 세상 풍파에 시달리며 약아지다. ¶ 그는 신입 사원인데도 십 년 넘게 회사 생활을 한 우리보다 더 닳고 닳았다. / 그 바닥에서 닳고 닳은 여자라 여간내기가 아니라고. 어설프게 행동하다가는 자네가 당해.

두 개의 얼굴 반대되는 성격을 동시에 가진 것. ¶ 그는 가정에서는 자상한 아빠지만 사회에서는 흉악한 살인범이라는 두 개의 얼굴을 가지고 있었다. / 저항적인 모습으로 비치는 정치학과는 사회에 가장 많은 지도급 인사를 배출하기도 한, 두 개의 얼굴을 보여 주고 있다. 참 **두 말(을) 하다**

뒤를 노리다 (약점이나 결함을 찾아내려고) 음흉하게 기회를 엿보다. ¶ 뒤를 노리는 놈들이 있을지도 모르니까 모든 일에 주의하기 바란다.

뱃속이 검다 음흉하다. ¶ 삼국지의 영향 때문에 사람들은 조조를 뱃속이 검은 악인으로 여긴다. / 이 세상에서 네 아버지를 빼고는 모든 남자가 다 뱃속이 검으니까 조심해.

속에 (능)구렁이가 들어 있다 음흉하다. ¶ 모두 속에 구렁이가 들어 있어 겉으로는 놀라는 척했지만 아무도 그의 말을 믿지 않았다.

속(이) 검다 음흉하다. ¶ 그는 속이 검은 정치가들의 책동으로 반역죄를 뒤집어썼다. / 속 검은 놈들이 착하고 친절한 척하며 여자들에게 접근하는 건 봐줄 수가 없다.

속(이) 시커멓다[2] 음흉하다. ¶ 그렇게 속 시커먼 녀석을 어떻게 믿겠어? / 그가 음흉하긴 하지만, 친구의 아내를 넘볼 정도로 속이 시커멓지는 않아.

천의 얼굴을 하다 여러 가지 성격을 동시에 가지다. ¶ 그녀는 천의 얼굴을 하고 있다. 어떤 때는 청순가련한 얼굴이었다가 어떤 때는 표독스러운 여자가 된다.

【뻔뻔함】

낯가죽(이) 두껍다 뻔뻔하여 부끄러움을 모르다. 후안무치(厚顔無恥)와 같은 말로, 주로 상대의 뻔뻔함을 비난할 때 쓴다. ¶ 그렇게 면박을 줘도 헤헤거리니, 너처럼 낯가죽 두꺼운 녀석은 처음 본다. / 낯가죽이 두꺼운 도원수는 우리가 패했다고 하던 그 입에 침이 마르기도 전에 우리가 크게 이긴 싸움이라고 호들갑을 떨었다.

낯가죽(이) 얇다 부끄러움을 잘 타서 뻔뻔한 행동을 하지 못하다. ¶ 낯가죽이 얇은 사람은 이런 사업에서 성공하지 못해. 진로를 바꾸는 게 좋을 거야. / 그런 상황에서 당당하게 말할 정도면 낯가죽이 얇은 편은 아닌 것 같다.

낯(이) 두껍다 뻔뻔하여 부끄러움을 모르다. ¶ 너처럼 낯 두꺼운 녀석은 처음 본다. / 남을 웃기려거든 일단 철면피처럼 낯이 두꺼워야 한다.

낯짝(이) **두껍다** ⇒ **낯**(이) **두껍다** ▷ 비속어 ¶ 그 남자는 어찌나 낯짝이 두꺼운지 아무리 타박을 줘도 계속 치근덕거려요.

떡심(이) **좋다** 끈덕지고 뻔뻔하다. ¶ 그 사람이 그렇게 쉽게 포기할 사람처럼 보였으면, 자네 잘못 본 거네. 그 사람 떡심 좋은 거야 세상이 다 알지 않나. / 돌쇠는 말이 난 김에 한 번 더 떡심 좋게 달라붙었다. ※ 떡심: 억세고 질긴 근육.

반죽(이) **좋다** 노여움이나 부끄럼을 타는 일이 없다. ¶ 웬만한 일에는 얼굴 붉힌 일이 없으니 반죽이 좋긴 좋은 모양이야. / 웬 의심이 그리 많수? 그럼 내가 없는 소릴 반죽 좋게 씨부렸단 말이오? (김주영, 객주) / 그때나 지금이나 반죽 좋기로는 자네를 당할 자 없지.

비위(가) **약하다** 마음에 들지 않는 것을 받아넘기지 못하다. ¶ 나는 비위가 약해 그런 꼴은 보고 있을 수가 없어. ※ 비위(脾胃): 비장(脾臟)과 위장(胃臟).

비위(가) **좋다** 마음 상할 일도 개의하지 않다. ¶ 그런 상황에서 창피한 줄도 모르고 비위 좋게 말할 수 있다니 대단히 뻔뻔한 사람이야. / 정 군의 입에서 자연스럽게 '자기'란 호칭이 튀어나왔어. 양의 탈을 쓴 마귀처럼 낯짝도 두껍고 비위도 좋더라니까.

쇠가죽을 무릅쓰다 부끄러움이나 체면을 돌보지 않다. ¶ 의무는 나 몰라라 하면서 제 잇속만은 쇠가죽을 무릅쓰고 찾아 먹는 일은 용서받기 어렵다. / 쇠가죽을 무릅쓰며 돈을 벌어 가르쳐도 자식이란 게 부모덕을 몰라요.

얼굴 가죽이 두껍다 ⇒ **낯가죽**(이) **두껍다** ¶ 그 사람은 얼굴 가죽이 두꺼워서 그 정도 구박에 물러설 사람이 아니다.

얼굴에 철판(을) **깔다** 염치나 체면도 없이 몹시 뻔뻔스럽다. ¶ 얼굴에 철판을 깔지 않고서야 어떻게 그런 짓을 할 수 있겠는가.

얼굴이 꽹과리 같다 뻔뻔하여 부끄러움을 모르다. 현재는 거의 쓰이지 않고 사전에만 그 용례가 남아 있다. ¶ 염치 좋기로 소문나고 얼굴이 꽹과리 같은 그가 어찌 이 정도의 모멸에 포기하겠는가?

얼굴(이) **두껍다** ⇒ **낯**(이) **두껍다** ¶ 그런 일은 얼굴 두꺼운 사람도 하기 힘들 정도로 자존심이 상하는 일이다.

염치(가) **없다**[1] 체면이나 부끄러움을 모르고 뻔뻔하다. ¶ 그는 욕심이 많고 비루하고 염치가 없었다. / 담장 다리를 놓을 것처럼 수다를 떠는 것은 모두 표를 낚아 가려는 염치없는 수작이에요. / 다른 사람들에게 또 양해를 구하는 건 염치가 없는 일 같아 내가 빠지기로 결심했다. ※ 염치(廉恥): 체면을 차릴 줄 알며 부끄러움을 아는 마음.

염치(가) **좋다** 체면이나 부끄러움이 없다. ¶ 그는 핀잔을 들으면서도 염치 좋게 웃음을 터트렸다. / 염치도 좋다. 아무 일도 하지 않고 밥 얻어먹을 생각이야?

【내성적(內省的)】

꾸어다 놓은 보릿자루 행동이나 말이 없는 사람. ¶ 왜 꿔다 놓은 보릿자루처럼 아무 말이 없는 거야? 무슨 좋지 않은 일이라도 있는 거야? / 학교에서는 꾸어다 놓은 보릿자루지만, 집에만 들어오면 온종일 떠들어 대는 통에 그를 방안 퉁소라고 한다.

꿀 먹은 벙어리 속에 있는 생각을 겉으로 나타내지 않는 사람. ¶ 용의자는 꿀 먹은 벙어리처럼 말을 하지 않았다. / 아버지는 형에게 어제 들어오지 않은 이유를 말하라고 다그쳤지만, 형은 꿀 먹은 벙어리였다.

방안(의) **퉁소** 밖에 나가서는 아무 소리도 못 하면서 집안에서만 큰소리를 치는 사람. ¶ 회사에서는 찍소리도 못 하는 사람이, 방안 퉁소인가, 자기 마누라한테만 난리야.

【진득함, 경박(輕薄)】

궁둥이가 가볍다 ⇒ **엉덩이가 가볍다** ¶ 그는 궁둥이가 가벼워 잠시도 가만히 있지 못한다. / 나 같이 궁둥이가 가벼운 사람은 장편 소설을 쓸 수가 없어.

궁둥이가 무겁다 ⇒ **엉덩이가 무겁다** ¶ 그는 어찌나 궁둥이가 무거운지 한번 자리에 앉으면 일어날 줄을 모른다. / 결국 공부는 머리로 하는 게 아닌 것 같아. 궁둥이가 무겁다고 소문난 그 친구가 항상 일등을 독차지했잖아.

궁둥이가 질기다 한자리에 진득하게 오랫동안 있다. ¶ 궁둥이가 너무 질기면 안 되지. 볼일 끝났으면 바로 일어서서 나와야지.

뒤가 늘어지다[1] 한번 앉으면 좀처럼 일어나지 않거나 일어나고 싶은 마음이 없어지다. ¶ 지금 자리에 앉으면 뒤가 늘어질 것 같으니까 아쉽지만 그냥 가겠소.

뒤가 무겁다 한번 앉으면 좀처럼 일어나지 않다. ¶ 우리 마누라는 뒤가 무거워 어딜 가기만 하면, 일찍 집에 들어오는 법이 없어.

똥집(이) **무겁다**[1] ⇒ **엉덩이가 무겁다** ▷ 비속어 ¶ 다들 똥집이 무거운지 일어날 생각을 안 하는구먼.

밑(이) **가볍다** 경박하다. 주로 한자리에 오래 있지 못하는 사람을 나타낼 때 쓰이는 말이다. ¶ 밑이 가벼운 사람은 공부를 하는 것보다 활동적인 일을 하는 것이 어울릴 것이다. / 입이 가벼운 남자와 밑이 가벼운 여자가 만났으니 잘들 해 보라지. 참 **입이 가볍다**

밑(이) **무겁다** 경박하지 않고 진득하다. ¶ 학문은 머리가 좋아야 잘할 수 있지만, 그것보다 더 중요한 것은 얼마나 밑이 무거운지다. 참 **입이 무겁다**

밑(이) **질기다** 경박하지 않고 진득하다. ¶ 아무쪼록 집에 늦게 가려고 맘을 먹은 까닭에 술집 뜨뜻한 방에 밑 질기게 앉아 있다가 한밤중이나 된 때에 비로소 일어섰네.

엉덩이가 가볍다 한자리에 오래 있지 못하다. ¶ 그는 엉덩이가 가벼워 뭘 하든 오래가지 않는다. 참 **입이 가볍다**

엉덩이가 무겁다 한자리에 참을성 있게 오랫동안 있다. ¶ 배우는 사람은 엉덩이가 무거워야 한다. / 대학에 들어와서 공부를 잘하느냐 못하느냐는 엉덩이가 무거운가 가벼운가에 달려 있다고 해도 과언이 아니다. 참 **입이 무겁다**

인정(人情), 도량(度量)

【인정(人情), **정**(情)**】**

가슴(이) **따뜻하다** 인정이 있다. ¶ 모두가 자기 실속 차리기에 바쁜 세상인데, 그렇게 가슴이 따뜻한 사람이 있을 수 있다니. 참 **가슴이 뜨겁다**[1, 2], **가슴이 서늘하다**

눈물(이) **없다** 동정심이 없다. ¶ 그에게 기대하지 마라. 그는 눈물도 없는 인간이다. / 나를 보고 눈물도 없는 인간이라고 말하는 사람도 있지만, 사실 나처럼 정이 많고 마음이 약한 사람도 없을 것이다.

눈에 넣어도 아프지 않다 매우 귀엽고 사랑스럽다. ¶ 늘그막에 얻은 아들이라 눈에 넣어도 아프지 않다.

다랑귀(를) **뛰다**[1] 정답게 대하다. ¶ 어째서 이 아가씨가 나를 언니라 부르며 다랑귀를 뛸 듯 반갑게 달라붙는 것일까. 나는 속으로 겁이 났다. ※ 다랑귀: 두 손으로 붙잡고 매달리는 짓. 매달려 간청하는 것을 형상화한 표현이다.

달게 굴다[1] 정답게 대하다. ¶ 그는 매사에 자상하고 제 어머니한테도 달게 굴어 집안 식구들의 사랑을 독차지한다. / 콩을 갖다 팥이래도 그저 오냐오냐할 만큼 달게 구는 어머니도 유독 누나에게는 엄격하셨다. 〖기원〗 '달다'에는 '입맛이 당기도록 맛이 좋다'는 뜻이 있는데, 이는 사람의 마음이 흡족한 상태를 비유할 때 쓴다.

앉은자리에 풀도 나지 않다 인정이 없이 야박하다. ¶ 그래서 그렇게 자린고비 노릇을 하는가? 이 사람, 어찌나 짠지 앉은자리에 풀도 안 나겠다. / 그 사람에게 부탁해서 돈을 얻어 보겠다고? 어림없는 소리. 그 사람, 앉은자리에 풀도 나지 않을 사람이야.

죽자 살자[사자] (하다)[1] 매우 친하게 굴다. ¶ 죽자 살자 하며 사귀던 사람도 헤어질 때는 너무 허망하고 냉정하게 헤어진다. / 죽자 사자 하다가도 한번 뒤틀리는 날엔 평생의 원수처럼 달라지는 게 정이란 것인가.

찔러도 피 한 방울 나지 않다 야무지면서도 냉혹하다. ¶ 그는 찔러도 피 한 방울 나지 않게 생긴 얼굴이었다. / 그는 지금까지 야박하다는 소리까지 들으면서, 찔러도 피 한 방울 나지 않을 만큼 야무지게 자신을 관리해 왔다. 『기원』 '바늘로 찔러도 피 한 방울 안 난다'라는 속담에서 비롯한 표현이다.

피가 통하다[1] 인간의 정이 있다. ¶ 이 영화에서는 애국자 안중근이 아니라 눈물도 많고 정신적으로 방황도 하는, 피가 통하는 한 인간을 그리고 있다.

피도 눈물도 없다 인정 없이 냉혹하다. ¶ 그 사람에게서 동정을 바라는 것은 어리석은 짓이다. 그는 정말 피도 눈물도 없는 장사꾼이다.

【소심(小心), 옹졸(壅拙), 유약(柔弱)】

가슴이 좁다 ⇒ 속(이) 좁다 ¶ 그런 정도의 말도 이해하지 못할 만큼 가슴이 좁은 남자는 아니니까 걱정하지 말아요. 반 **가슴이 넓다**

간(이) 작다 대범하지 못하다. ¶ 나는 간이 작아서 부정한 돈에 절대로 손을 댈 수가 없어요. / 간 작은 사람은 여기에 아예 발도 들여놓지 마세요. / 남자가 그렇게 간이 작아서야 어디 남자라고 할 수 있어요? 좀 대범하게 행동하세요. 반 **간(이) 크다**

그릇이 작다 일을 할 능력과 포용력이 변변치 못하다. ¶ 자기 장점을 자랑하는 자는 그릇이 작아 대성(大成)하기 힘들다. / 다른 사람에 비해 조금만 뒤떨어질 것 같으면 그릇이 작은 나로서는 조급해할 수밖에 없다. 반 **그릇이 크다**

끌려 다니다 남의 주장 또는 주도에 의하여 움직이다. ¶ 총리라는 사람이 임명된 후 지금까지 정치권에 질질 끌려만 다녔다. / 배신자라고 낙인찍히는 것이 두려워 그 사람들에게 평생을 끌려다녔다.

담(이) 작다 ⇒ 간(이) 작다 ¶ 사내가 그렇게 담이 작아서야 어디다 써먹겠어? 남자는 모름지기 씩씩해야 남자 구실을 하는 법이야. ※ 담(膽): 담낭(膽囊). 쓸개. 반 **담(이) 크다**

대가 약하다 (주장이나 뜻을 관철하는 데 있어) 용기가 부족하다. ¶ 그는 덩치에 비해 대가 약해 조금만 강하게 밀어붙이면 스스로 물러날 거다. 반 **대가 세다**

뒤끝(이) 있다 상대에 대한 좋지 않은 감정을 계속 지니다. ¶ 그는 겉으로는 호방한 척하지만 뒤끝이 있는 사람이니 같이 일할 때 조심해야 해요.

뒤끝(이) 흐리다 (성격이 단호하지 못하여) 일의 끝맺음을 확실하게 하지 못하다. ¶ 너희 형들처럼 계집 일로 뒤끝 흐리게 굴면 못쓴다. (박완서, 오만과 몽상) 참 **뒤끝을 흐리다**

맺힌 데가 있다[2] (성격이) 꽁한 구석이 있다. ¶ 고집 센 콧대와 심술 든 눈이 좀처럼 몸을 붙이기 어렵게시리 옹글지고 맺힌 데가 있어, 결국 그 두 가지의 상극된 품격을 조화를 시킨다. (채만식, 탁류) ＊옹글지다: 실속이 있게 속이 꽉 차 있다. '옹골지다'의 방언.

모(가) **나다** 원만하지 않다. ¶ 그는 성격이 너무 모가 나서 따르는 사람이 없다. / 한 마을에서 붙박이로 살아 내려온 농부들에게는 나름대로 모나지 않게 사는 것이 가장 큰 덕목이다.

선이 가늘다[1] 성격이 꼼꼼하고 잘다. ¶ 나처럼 선이 가는 사람은 웬만해선 큰일을 맡지 말아야 해. 반 **선**(이) **굵다**[1]

속(이) **좁다** 이해심이 없고 옹졸하다. ¶ 속 좁은 여자의 투정이라고 생각하고 이해해 주세요. / 우리 과장은 속이 얼마나 좁은지 조금만 서운한 일이 있어도 두고두고 뒷말을 하고 다녀. 반 **속**(이) **깊다, 속**(이) **넓다**

심장(이) **약하다** 겁이 많다. ¶ 내가 심장이 약했으면 그 앞에서 오기를 부릴 수 있었을까? / 실제 뚜껑을 열면 놀라운 반전이 있을 것이다. 심장 약한 사람은 각오하기 바란다. 반 **심장이 강하다**

아귀(가) **무르다** 마음이 굳세지 못하고 남에게 잘 굽히다. ¶ 사내아이가 아귀가 물러 걱정이에요. 이 험한 세상을 어떻게 살아 나갈지 걱정도 되고. ※ 아귀: 엄지손가락과 집게손가락의 사이. 반 **아귀**(가) **세다** ①

통이 작다 태도나 행동이 너그럽지 못하고 소심하다. ¶ 그는 통이 작아 회사 일을 맡기에는 역부족이었다. 반 **통**(이) **크다**

【예민(銳敏), 둔감(鈍感)】

날(이) **서다**[1] 신경이 날카롭다. ¶ 공식 회의 시작 전부터 서로 툭툭 던지는 말에 날이 섰다. / 며칠 밤을 새운 후 모두 날이 서 있어서 사소한 농담도 건넬 수 없는 분위기였다. ※ 날: 베거나 찍거나 깎도록 된 연장의 가장 날카로운 부분. 참 **날**(을) **세우다**

신경(을) **건드리다** 예민하게 만들다. ¶ 편안하게 잘 있는 사람 신경 건드리지 말고 떠나세요. / 이 일을 하려는 사람이 많다는 사장의 말이 내 신경을 건드렸다. 참 **신경**(을) **곤두세우다**

신경이 가늘다 예민하고 소심하다. ¶ 그는 사람 만나는 일에 서투르고 신경이 가늘다. / 집을 지키는 개는 예민할 필요가 있지만, 지나치게 신경이 가늘고 겁이 많은 개는 좋지 않다. 반 **신경이 굵다**

잠귀(가) **밝다** 잠결에 소리를 듣는 감각이 예민하다. ¶ 잠귀 밝은 아내가 밖에 인기척이 있다며 나를 흔들어 깨웠다. / 나이를 먹을수록 잠귀가 밝아져 바스락거리는 소리에도 잠이 깨곤 한다.

잠귀(가) **어둡다** 잠결에 소리를 듣는 감각이 둔하다. ¶ 나는 잠귀가 어두워 자명종 소리도 잘 듣지 못할 때가 많다. / 잠귀 어두운 오빠가 들었을 정도면 내가 꽤나 심하게 기침을 한 모양이다.

잠귀(가) **질기다** 잠결에 소리 듣는 감각이 둔하다. ¶ 머리맡이 뭔가 어수선하다는 느낌이 들어 언뜻 깼다. 원래 잠귀가 질긴 편은 아닌 데다가 깊이 잠이 들지 못한 탓이기도 했다.

【대범(大氾), 대담(大膽)】

간덩이가 붓다 분수 이상의 말이나 행동을 하다. '**간이 붓다**'보다 낮추는 말. ¶ 간덩이가 부어 날뛰는 놈인가 보구나. 이곳에 혼자 들어온 걸 보니.

간이 붓다 분수 이상의 말이나 행동을 하다. ¶ 백수 주제에 차를 한 대 뽑겠다니 간이 부어도 단단히 부었구먼.

간(이) **크다** 대범하다. ¶ 사장에게 대들다니 간이 크긴 크구나. / 그는 부모의 기질을 쏙 빼닮아 간이 크고 겁이 없었다. 반 **간**(이) **작다**

그릇이 크다 일을 할 능력과 포용력을 갖추다. ¶ 한 나라의 대통령이 되려면 무엇보다 그릇이 커야 하는데, 그렇게 옹졸한 사람이 어떻게 대통령 노릇을 할 수 있겠습니까? 반 **그릇이 작다**

담(이) **크다** ⇒ **간**(이) **크다** ¶ 그는 웬만한 일에는 눈 하나 깜짝하지 않을 만큼 담이 크다. / 그는 담이 무척 큰 사람이라 누구 앞에서도 위축되지는 않을 거야. 반 **담**(이) **작다**

배에 기름이 오르다[1] ⇒ **뱃심**(이) **좋다** ¶ 이제는 배에 기름이 올라 웬만한 일에는 눈도 깜빡 않는다.

뱃심(이) **좋다** 배짱이 있고 용감하다. ¶ 그 사람은 뱃심이 좋아 위험을 무릅쓰고서라도 일을 끝내고 마는 성미다.

보이는 것이 없다 거리낌이 없이 용감하다. ¶ 이 자식이 뵈는 게 없나? 왜 이리 설쳐. / 배짱 한 번 두둑하구먼. 그래, 여기가 어디라고 네 발로 기어들어 와? 어이, 너 뵈는 게 없어?

선(이) **굵다**[1] 태도나 행동이 분명하고 대범하다. ¶ 그는 합리적이면서 선이 굵게 부대를 지휘했다. / 그의 연기는 선이 굵어서 큰 인물을 연기하는 경우가 많다. / 아기자기한 일본 축구가 선 굵은 한국 축구 앞에 맥을 못 추었다. 반 **선이 가늘다**[1]

신경이 굵다 예민하지 않고 대범하다. ¶ 그는 아내가 잔소리를 심하게 해도 웬만큼은 듣고 있을 만큼 신경이 굵다. 반 **신경이 가늘다**

심장이 강하다 대범하다. ¶ 그 일은 심장이 강한 남자라 해도 주저할 일이지요. 그런 면에서 볼 때, 영심이는 대가 센 아이예요. 반 **심장**(이) **약하다**

재목이 크다 큰 인재이다. ¶ 김 회장 손자도 보통이 넘는구먼. 재목이 큰 아이야. / 큰 재목일수록 아껴야 한다. 너무 무리한 요구는 역효과만을 가져온다. ※ 재목(材木): 목조의 건축물 따위를 만드는 데 쓰는 나무.

큰 그릇 능력 있고 걸출한 사람. ¶ 그 정도 일에는 눈 하나 깜짝하지 않는 걸 보면, 그 사람이 큰 그릇인 것만은 확실해.

통(이) **크다** 태도와 행동이 너그럽고 대범하다. ¶ 그는 통이 커서 웬만한 일에는 별로 놀라지 않는다. / 그는 통 크기로 유명해서 팁을 줄 때도 돈을 세어서 주는 일이 없었다. 반 **통이 작다**

【호탕(豪宕), 관대(寬大)】

가슴이 넓다 ⇒ 속(이) 넓다 ¶ 아무리 가슴이 넓은 사람이라도 배우자의 외도만은 견디지 못하는 법이다. 반 **가슴이 좁다**

뒤가 깨끗하다[1] ⇒ 뒤끝(이) 깨끗하다 ¶ 그는 뒤가 깨끗한 사람이라, 일단 일이 끝나면 지난 일을 마음에 담아 두지 않는다.

뒤가 없다 (기분 나쁜 일이나 좋지 않은 감정 따위를) 마음속에 담아 두지 않다. ¶ 그는 성격이 괄괄하긴 하지만 뒤가 없는 사람이다.

뒤끝(이) **깨끗하다** 꺼림칙함을 남기지 않다. ¶ 맺고 끊은 듯이 뒤끝이 깨끗하기야 선생님을 따를 사람이 없다. / 경선 과정이 매끄럽지 못했지만 우려했던 것과 달리 뒤끝이 깨끗해 다행이에요.

뒤끝(이) **없다** (기분 나쁜 일, 좋지 않은 감정, 미련 따위를) 마음속에 담아 두지 않다. ¶ 갑작스레 이별을 통보받은 사람으로선 뒤끝이 없을 수가 없지요. / 그는 나를 뒤끝 없는 여자로만 생각하고 아무렇게나 대했던 거예요. / 그는 때로 지나치다 여겨질 만큼 선수들에게 폭언을 퍼붓지만 운동장을 벗어나면 뒤끝이 전혀 없다는 평을 듣는다. 반 **뒤(를) 두다**[1]

맺힌 구석이 없다[2] ⇒ 맺힌 데가 없다[2] ¶ 그는 솔직한 말투에다 맺힌 구석이 없어 보이는 쾌활한 성격의 소유자인 것 같았다.

맺힌 데가 없다[2] (성격이) 꽁하지 않다. ¶ 그는 익살스러우면서 맺힌 데가 없이 담백한 성품이었다. / 그 청년은 맺힌 데가 없이 싹싹한 청년이라 누구나 같이 생활하기를 좋아한다.

속(이) **깊다** 신중하고 이해심이 많다. ¶ 나이는 어리지만 속이 아주 깊어 부모님의 생각을 미리 헤아릴 줄 안다. / 어린 녀석이 속 깊은 소리만 하니 대견하기도 하지만 귀여운 맛은 없어요. 반 **속(이) 좁다**

속(이) **넓다** 이해심이 많고 너그럽다. ¶ 김 서방이 속이 넓으니까 네 꼴 보면서 살지, 누가 너같

이 덤벙대는 여자하고 살겠어. 반 **속(이) 좁다**

속(이) 좋다 고약하거나 까다롭지 않다. ¶ 박 선생이 속이 좋으니까 참았지 조금이라도 고약한 사람이었으면 너희 큰일 날 뻔했다.

속(이) 트이다[2] 이해심이 많고 너그럽다. ¶ 걔 말하는 걸 들으니, 어린아이 같지 않게 속이 트였더라. / 그는 속이 트인 사람이어서 다양한 사람과 친하게 지낸다.

각오(覺悟), 간절(懇切), 인내(忍耐)

【각오(覺悟), 결심(決心)】

너 죽고 나 죽자 죽음을 각오하는 태도를 나타내는 말. 사생결단(死生決斷)하다. ¶ 너 죽고 나 죽자고 덤비면 당해 낼 수가 없어요. / 그 사람이 그냥 물러날 것 같아요? 너 죽고 나 죽자고 할 거예요. 참 **죽기 살기로, 죽어라 하고**

독(을) 품다 앙갚음을 하려고 벼르거나 어떤 일을 하기 위하여 독한 마음을 먹다. ¶ 형제는 아버지의 원수를 갚겠다는 일념으로 독을 품고 배고픔과 서러움을 견뎠다. / 독 품고 노력하지 않는 이상 지금 실력으로는 대학 가기가 어렵다. 참 **치(를) 떨다**[1]

독이 오르다[1] (화가 나거나 절박한 상황에서) 독한 마음을 먹다. ¶ 그녀는 잔뜩 독이 오른 표정이었다. / 연약한 여자도 독이 올라 덤비니까 무섭더라고. / 맞다 보니 나도 독이 올랐다. 주먹을 불끈 쥐고 그놈의 면상을 후려쳤다.

(두) **눈 딱 감고** 더 이상 다른 것을 생각하지 않고. ¶ 눈 딱 감고 일 년만 고생해라. / 주머니 사정이 좋지 않았지만 두 눈 딱 감고 자동차를 한 대 샀다. / 김 사장이 이제라도 그 큰 짐을 벗으려면 두 눈 딱 감고 경영권을 아들에게 넘기는 게 제일 쉬운 길이다. 참 **눈(을) 딱 감다**

마지노선을 치다 물러날 수 없는 한계를 정하여 놓고 일할 결심을 하다. ¶ 선발 투수의 요건이라는 10승에 마지노선을 치고 시즌에 임했다. / 내 나이 삼십, 올해까지는 취직을 해야 한다. 이제 마지노선을 치고 공부할 때다. 〖기원〗 마지노선(Maginot線)은 제1차 세계 대전 후에 프랑스가 독일군의 공격을 저지하기 위하여 구축한 대규모의 근대적 요새선(要塞線)이었는데, 이후 최후의 저항선을 상징하게 되었다. 참 **마지노선을 넘다, 마지노선을 무너뜨리다**

목을 (내)걸다 ① 죽을 각오를 하다. ¶ 엄혹한 시기에 자신의 목을 내걸고 싸웠던 사람들이 있었기에 우리가 오늘날 민주주의를 누릴 수 있는 겁니다. ② 해고될 각오를 하다. ¶ 이번 임금 투쟁에서 목을 걸고 싸우겠습니다. 참 **목(을) 매(달)다**[1, 2], **목(이) 떨어지다**[1, 2]

못 먹어도 고 실패할 가능성이 있더라도 강행한다는 뜻으로 쓰는 말. ¶ 좋다. 죽기 아니면 까무러치기라고 그랬지. 이왕 시작한 일인데 못 먹어도 고다. 〖기원〗 화투 놀이의 하나인 고스톱의 규칙에서 나온 말. 고스톱에서는 승부가 결정된 상황에서도 이긴 쪽이 판돈을 더 키우고 싶을 때는 승부를 미루고 놀이를 계속 진행할 수 있는데, 그런 뜻을 밝힐 때 고(go)를 외친다.

배수진을 치다 물러날 수 없는 한계를 정해 놓고 일할 결심을 하다. ¶ 그들이 일단 배수진을 친 곳은 곡선으로 길게 뻗어 나간 산줄기의 고지들이었다. / 민수는 부모님으로부터 결혼 승낙을 얻어 내기 위해 단식이라는 배수진을 치고 초강경 투쟁에 나섰다. ※ 배수진(背水陣): 강, 호수, 바다 같은 것을 등지고 치는 진(陳).

성을 갈다 결코 그렇지 않다거나 반드시 그러하겠다고 장담할 때 쓰는 말. ¶ 내 말이 거짓말이면 성을 갈지. / 다시 화투장을 만지면 성을 갈겠다고 말한 지가 일주일도 못 돼서 이 씨는 마누라가 준 차비마저 노름판에서 날리고 말았다. ※ 성(姓): 혈족을 나타내기 위해서 붙인 칭호.

세상 없어도 어떤 일이 있어도 반드시. ¶ 오늘부터는 세상없어도 열두 시에는 자야겠다. / 나는 남자를 만날 때 세상없어도 두 가지는 물어본다. 참 **세상 없다**

(속에) **칼을 품다**[2] 어떤 일을 하기 위하여 독한 마음을 먹다. ¶ 속에 칼을 품고 공부를 했다. / 그는 이번 실패를 담담하게 받아들이는 듯이 웃고 있지만 다음 기회를 기다리며 칼을 품을 것이다.

손가락에 장을 지지다 결코 그렇지 않다거나 반드시 그러하겠다고 장담할 때 쓰는 말. ¶ 내가 그 일을 했으면 내 손가락에 장을 지진다. / 앞으로 내가 두 번 다시 술을 마시면 열 손가락에 장을 지진다.

주먹(을) **불끈 쥐다** 강하게 결심하다. ¶ 주먹을 불끈 쥐고 공부를 다시 시작했다. / 전쟁의 폐허에서 우리 민족은 두 주먹 불끈 쥐고 다시 일어섰습니다.

천하 없어도 ⇒ 세상 없어도 ¶ 이번 일은 천하없어도 오늘 내로 끝내야만 한다.

칼(을) **갈다** 독한 마음을 먹고 실력을 쌓다. ¶ 두 번 시험에 떨어지고 나니 남는 것은 악뿐이었다. 나는 다시 칼을 갈며 공부하기 시작했다. / 그가 물러나면 가장 가까이에서 칼 갈던 사람이 그 자리를 차지할 것이다. 참 **뼈를 갈다, 이(를) 갈다, 치(를) 떨다**[1]

큰마음(을) **먹다** 어려운 결심을 하다. 주로 어렵게 결심하여 크게 인심을 쓰는 경우를 가리킬 때 쓴다. ¶ 약간 무리지만 큰마음을 먹고 자동차를 구입했다. / 아이와 친구처럼 지내겠다고 큰맘 먹은 부모도 그 방법을 몰라 시행착오를 겪기 일쑤다.

하늘이 갈라져도 ⇒ 하늘이 무너져도 ¶ 그 영감은 한번 그렇다고 믿으면 하늘이 갈라져도 그런 줄 안다니까. / 하늘이 갈라져도 다시는 나쁜 짓을 하지 않겠어요.

하늘이 두 쪽(이) **나도** ⇒ **하늘이 무너져도** ¶ 하늘이 두 쪽이 나도 이번 일은 반드시 해야만 합니다. / 하늘이 두 쪽 나도 이 약속은 지켜야 합니다.

하늘이 무너져도 어떤 어려움이 있어도 반드시. ¶ 하늘이 무너져도 오늘까지 이 일을 끝내야만 합니다.

【**간절**(懇切), **절실**(切實)】

가슴으로 느끼다 절실하게 생각하다. ¶ 그들의 고통을 가슴으로 느꼈다면 그러한 행동을 하지 않았을 것입니다. / 젊은이의 외침을 가슴으로 느껴 보지 않고서는 그들의 행동을 이해할 수는 없을 겁니다.

가슴을 파고들다 (어떤 생각이나 느낌이) 마음속에 깊어지다. ¶ 그 말은 깊지만 결코 어렵지 않으며 간명하게 가슴을 파고든다. / 해마다 가을이면 고독감이 가슴을 파고들어 견딜 수가 없다.

고사(를) **지내다**[1] 간절히 바라다. 주로 부정적인 마음을 나타낼 때 쓴다. ¶ 정치인들 하는 짓을 보면 나라가 송두리째 무너지기를 고사 지내고 있는 것처럼 보인다. / 이번 시험에서 너 망하라고 고사를 지내는 애들이 얼마나 많은지 알아? ※ 고사(告祀): 액운(厄運)은 없어지고 풍요와 행운이 오도록 집안에서 섬기는 신(神)에게 음식을 차려 놓고 비는 제사.

굴뚝(과) **같다** ⇒ **꿀떡**(과) **같다** ¶ 고향에 가고 싶은 마음이 굴뚝과 같으나, 이 모양 이 꼴로 어떻게 간단 말이냐. / 그녀를 보고 싶은 마음은 굴뚝같지만 억지로 참았다. 내가 성공하지 못하면, 그녀를 본들 무슨 소용이 있겠는가. 〖기원〗 '**굴뚝**(과) **같다**'는 '**꿀떡**(과) **같다**'라는 표현이 변한 것으로 볼 수 있다. 두 표현의 의미가 비슷하고 발음이 유사한 데다가, '굴뚝'을 '무언가를 간절히 하고 싶다'는 의미와 직접적으로 관련짓기가 힘들기 때문이다. 반면 '꿀떡'은 '먹고 싶은'이라는 의미와 잘 어울리기 때문에 '**꿀떡**(과) **같다**'를 강한 욕망을 나타내는 표현의 원형이라고 해야 할 것이다.

꿀떡(과) **같다** 무엇을 하고 싶은 마음이 간절하다. ¶ 그 책을 사고 싶은 마음은 꿀떡과 같지만 돈이 없어. / 오늘은 술 생각이 꿀떡 같은 날이네요.

눈이 빠지도록[빠지게] 간절하게 기다리는 상황을 표현하는 말. '기다리다'를 수식한다. ¶ 시험을 본 후 합격자 발표를 눈이 빠지도록 기다렸다. / 눈이 빠지게 그 여자를 기다렸지만, 그 여자는 결국 나타나지 않았다.

목(을) (길게) **빼고** 간절하게 기다리는 상황을 표현하는 말. '기다리다'를 수식한다. ¶ 어머니는 동구 밖에서 목을 길게 빼고 아들을 기다리고 있었다. / 팀 타선의 회복을 목 빼고 기다리던 마운드도 드디어 한계에 다다른 느낌이었다. 〖기원〗 학수고대(鶴首苦待)라는 사자성어에서 비롯된 말이다.

목(이) **마르다** 간절하다. 또는 열망하다. ¶ 도탄에 빠진 백성들은 미륵이 나타나기를 목이 마르게 기다렸다. / 유권자들은 신선하고 깨끗한 정치에 목이 말라 있다. / 사람들은 구조적 권위 의식을 경멸하지만, 다른 한편으로 당당하고 신선한 권위에 목말라 한다.

목(이) **빠지게** 간절하게 기다리는 상황을 표현하는 말. '기다리다'를 수식한다. ¶ 월급날을 목 빠지게 기다렸다. / 남편은 아내가 오기만을 목이 빠지게 기다렸다.

목젖(이) **떨어지도록** 너무 먹고 싶어 하는 것을 나타내는 표현. ¶ 목젖이 떨어지도록 군침을 삼켜 대던 아이들은 음식이 나오기도 전에 곯아떨어졌다.

애(가) **타다**[2] 몹시 간절하다. ¶ 보고 싶은 마음에 애가 탔다. / 우리 모두가 애타게 바라고 기다린 것은 강한 지도자였다.

피부로 느끼다 실감하다. ¶ 말로만 듣던 경제 공황을 피부로 느끼게 되었다. / 이번 답사가 역사를 피부로 느끼는 기회가 될 수 있었으면 한다.

피부에 와 닿다 실제 경험한 일로 느껴지다. ¶ 선생님의 말씀은 언제나 피부에 와 닿는다. / 막연하고 장기적인 목표보다 피부에 와 닿는 단기적이고도 구체적인 목표를 세워라. 참 **가슴에** (와) **닿다**

【**인내**(忍耐)】

눈물을 머금다 (슬픔이나 억울함을) 참다. ¶ 한바탕하려고 했지만 동생 얼굴을 봐서 눈물을 머금고 포기했다.

눈물을 삼키다 (슬픔이나 억울함을) 참다. ¶ 우리는 다음을 기약하며 눈물을 삼키고 돌아섰다.

몸(을) **닦다** 수양하다. ¶ 올바른 너를 만들기 위해서라도 지금부터 몸을 닦으며 공부하도록 해라.

손이 울다 ⇒ **주먹이 울다** ¶ 그런 얄미운 녀석을 가만두어야 한다니 내 손이 운다.

어금니를 악물다 어려움을 참다. ¶ 어금니를 악물고 공부한다면 성공할 수 있어. / 고문이 갈수록 악랄해져 갔으나, 어금니를 악물고 견디었다.

이를 (악)**물다** 괴로움을 참고 견디다. ¶ 시련이 닥칠 때마다 나는 이를 물고 각오를 다졌다. / 일을 감당해 내기 힘들어 곧장 포기하고 말 것 같았다. 그러나 나는 이를 악물었다.

입술을 깨물다 원통함이나 고통을 참거나 결의를 다지다. ¶ 그는 그런 소문이야 얼마든지 감수할 수 있다며 입술을 깨물었다. / 부모를 모두 잃고 절망에 빠진 몽실이었지만 남은 동생들을 위해서라도 입술을 깨물고 일해야 했다.

주먹이 울다 치거나 때리고 싶은 감정을 억누르며 하는 말. ¶ 불공정한 사회에 살다 보니 주먹이 울 때가 많다. / 약한 사람을 괴롭히는 놈을 그냥 두자니 주먹이 운다.

지멸(이) **있다** 꾸준하고 참을성이 있다. ¶ 투자를 하려거든 지멸있게 해라. / 이제 그만 때려치우고 딴 얘기 하자. 글쎄, 지멸이 있게 앉아서 더 들어 봐. (김소진, 처용단장)

【참을 수 없음】

듣자듣자 하니까 이야기를 더 이상 들어줄 수 없음을 표현할 때 쓰는 말. ¶ 참으려고 했는데, 듣자듣자 하니까 점점 짜증이 나는 겁니다. / 지금 저를 협박하시는 겁니까? 듣자듣자 하니까 못 하시는 말씀이 없습니다.

보다 못하다 보거나 겪는 상황을 참을 수 없다. '보다 못해'나 '보다 못한' 따위의 형태로 쓴다. ¶ 시민들은 군사 정권의 폭력을 보다 못해 총을 들었다. / 인간은 갈수록 악에 물들었고, 보다 못한 신들은 하늘 위로 올라가 버렸다.

보자보자 하다 맘에 들지 않지만 자꾸 참다. ¶ 보자보자 했더니 못 하는 소리가 없어. / 보자보자 하니까 이제는 상투 끝까지 올라오는군. 참 **오냐 받자하다**

숨김, 드러냄

【**은폐**(隱蔽), **기만**(欺瞞)】

가면을 쓰다 본심이나 정체를 감추고 행동하다. ¶ 사람이 가면을 쓴 행위를 할 때는 어딘지 모르게 부자연스러운 거야.

가슴에 넣어 두다 (생각을) 밖으로 드러내지 않다. ¶ 그녀는 오늘 기어코 시어머니에게 그동안 가슴에 넣어 두고 있던 생각을 털어놓을 작정이었다.

꼬리를 감추다[1] ⇒ **꼬리를 숨기다**[1] ¶ 겉으로 보기에는 순박한 얼굴이지만, 하는 행동이 범상치 않은 것으로 보아 뭔가 꼬리를 감추고 있는 것 같았다.

꼬리를 숨기다[1] 정체를 드러내지 않다. ¶ 내가 추궁하자 그는 꼬리를 숨기며 딴청을 부렸다. / 애써 꼬리를 숨기는 여자에게 그의 행방을 물었다.

너울을 쓰다 본심이나 실제와는 다른 그럴듯한 명분과 모습을 내세우다. ¶ 인간이 문명이란 너울을 쓰고 산을 파괴하는 죄를 지었다. / 암세포의 특징 가운데 하나는 그것이 단백질의 너울을 쓰고 있다는 점이다. ※ 너울: 예전에 여자들이 나들이할 때 얼굴을 가리기 위하여 쓰던 물건. 얇은 검정 깁으로 만든다.

눈가림(을) 하다 얄팍한 방법으로 속이다. ¶ 당장 눈가림만 하면 된다는 식의 임시방편 말고 근본적인 대책을 세워라. / 수지 균형이 맞는 것은 장부 조작으로 눈가림을 해 놓은 결과였다.

물(을) 타다[1] 사태의 본질이나 초점을 흐리다. ¶ 갑자기 회담을 하자는 게, 이번 사건에 대한 국민적 관심에 물을 타려는 수작인 것 같아. / 곤경에서 벗어나기 위해 그는 언론을 이용한 물 타기를 시도했다.

발톱을 숨기다 상대를 해치고자 하는 의도를 감추다. ¶ 그는 이제껏 발톱을 숨기고 있다가 사장이 죽고 나자 행동에 나섰다. / 일촉즉발의 긴장 속에 아직까지는 서로 자신의 발톱을 숨기고 있었다.

안개(를) 피우다 속을 알지 못하도록 하다. 또는 사물이나 사태의 본질을 흐리다. ¶ 남들이 눈치챌까 봐 그동안 안개 피우고 있었던 거야. / 네놈이 얼추 안개를 피우고 기어든다마는 내가 네놈의 머리 위에 앉았다는 건 왜 모르느냐.

야바위(를) 치다 부정한 방법으로 남의 눈을 속이다. ▷비속어 ¶ 투기꾼들이 야바위를 치면서 분위기를 띄우는 것 같으니 조심해요. ※ 야바위: 속임수로 돈을 따는 중국 노름의 하나.

양의 탈(을) 쓰다 겉으로만 착한 체하다. ¶ 대기업이 중소 상인들이 만든 상권을 뺏기 위해 양의 탈을 쓰고 재래시장에 들어오려 한다. / 강대국의 무역 정책은 대개 양의 탈을 쓴 늑대의 행동과 다름없다.

연막(을) 뿌리다 ⇒ **연막(을) 치다** ¶ 남편이 쫓아올 줄 알고 미리 연막을 뿌려 놓고 왔지. / 마치 유임이 확정적인 것처럼 연막을 뿌리고 나서 상대가 방심한 순간 해임시켰다.

연막(을) 치다 상대를 혼란시키려고 다른 말이나 행동을 하다. ¶ 실제로는 도피성 외유였지만, 나는 가족끼리 휴가를 떠난다고 연막을 쳤다. ※ 연막(煙幕): 자기편의 군사 행동이나 적의 목표물이 될 만한 것을 적으로부터 숨기기 위하여 피워 놓는 짙은 연기.

연막(을) 피우다 ⇒ **연막(을) 치다** ¶ 그들은 부부로 살면서도 주변 사람들에게는 남매간이라고 연막을 피웠다.

탈(을) 쓰다 속과는 다른 태도나 행동을 취하다. '무엇의 탈을 쓰다'와 같이 쓰인다. ¶ 개인의 막대한 자본은 학교라는 울타리 안에서 교육을 빌미로 공공의 탈을 썼다. / 그들은 인간의 탈을 쓰고는 차마 못할 짓을 서슴없이 했다. / 노동자 정당의 탈을 쓰고 자본가를 대변하는 것은 용납할 수 없다. 반 **탈(을) 벗다**

【은밀(隱密), 슬그머니】≒【잠적(潛跡), 은둔(隱遁), 알려지지 않음】

귀신도 모르게 다른 사람이 알지 못하게 몰래. ¶ 그는 여기에서 있었던 일들을 폭로하면 귀신도 모르게 없애 버리겠다고 위협했다. / 몰락한 집구석에 더 이상 눌러앉았다가는 이나마 귀신도 모르게 모아 놓은 패물마저 날아갈지 모른다. 참 **귀신도 모르다**

소리 소문도 없이 다른 사람이 알지 못하게 슬그머니. ¶ 그는 소리 소문도 없이 진행 중인 일을 마무리하고 다른 일에 착수했다. / 스타플레이어보다는 후보를 전전하다 소리 소문도 없이 사라지는 선수가 더 많다.

소매 속에서 놀다 손으로 하는 동작이 남의 눈에 띄지 않게 몰래 움직이다. ¶ 그 사람은 일을 해도 소매 속에서 노니 내가 무슨 일을 하는지 알 수가 없어.

온다 간다 말없이 다른 사람이 알지 못하게 슬그머니. ¶ 사람이 예의가 있어야지. 온다 간다 말없이 가 버리면, 어떻게 하란 말이야.

【**노출**(露出)】≒【**등장**(登場), **부각**(浮刻), **주목**(注目)】

가면을 벗다 ⇒ 탈(을) 벗다 ¶ 처음 보았을 때에는 상냥한 척했으나 얼마 지나지 않아 그는 서서히 가면을 벗기 시작했다. / 이젠 독재자의 가면을 벗을 때도 되지 않았을까? 국민을 영원히 속일 수는 없을 거야.

가슴을 열다 속마음을 드러내다. ¶ 내 주위에는 가슴을 열어 놓고 이야기할 사람이 없어요. / 이번 회담은 어떤 성과를 얻는 것보다는 서로의 가슴을 열자는 만남이었다.

가슴(을) 터놓다 ⇒ 속(을) 터놓다 ¶ 나이가 들수록 가슴 터놓고 이야기할 상대가 없어진다. / 직장에서 동료들과의 가슴을 터놓는 대화는 불안을 예방하는 지름길이다.

냄새(를) 풍기다 티를 내다. ¶ 돈 많은 냄새를 풍기는 사람처럼 치졸한 사람도 없다. / 나름대로는 조심하고 있다지만, 그들은 어디서든 조금씩 관료 냄새를 풍겼다.

냄새(를) 피우다 티를 내다. ¶ 겉으로만 종교인 냄새를 피우는 것처럼 역겨운 것도 없을 겁니다.

마각을 드러내다 숨겼던 본심이나 정체를 보이다. ¶ 사람들은 마각을 드러낸 테러리스트의 배후에 경악했다. / 만석꾼 집에 데릴사위로 들어간 그는 재산을 관리하기 시작하면서부터 마각을 드러내기 시작했다. 『기원』 원곡(元曲) 〈진주조미(陳州糶米)〉에 나온 말이다. 마각(馬脚), 즉 말의 다리로 분장한 사람이 아무리 자기 모습을 감추려고 해도 결국은 자기 모습을 드러낸다는 데에서 연유하였다. 참 **바닥(이) 드러나다**[1]

마각이 드러나다 숨겼던 본심이나 정체가 나타나다. ¶ 수사가 진행되면서 이들의 마각이 점차 드러나고 있다. / 이번 사태로 공공성 확대를 명분으로 사유 재산권을 허물어뜨리려는 좌파의 마각이 드러났다. 참 **바닥(이) 드러나다**[1]

밑천이 드러나다[1] 숨기고 있던 수준이 밝혀지다. ¶ 확실히 사극을 하면 연기의 밑천이 드러나는 것 같아요. / 몇 시간 얘기해 보면 밑천이 다 드러나니까 한번 불러 발표를 시켜 봅시다.

베일을 벗다 정체가 드러나다. ¶ 세상 사람들을 궁금하게 만들었던 '얼굴 없는 시인'은 베일을 벗고 실체로서 드러나게 되었다. ※ 베일(veil): 여자들이 얼굴을 가리거나 장식하기 위하여 쓰는 얇은 망사. 참 **베일에 가려지다[감추어지다]**

본색을 드러내다 감추고 있던 속셈이나 원래의 성격을 나타내다. ¶ 처음에는 상냥한 척하다가 여자가 넘어갔다 싶으면 본색을 드러내는 것이 제비족들의 수법이다. / 술이 들어가자 그는 야비한 본색을 드러내기 시작했다.

본색이 드러나다 감추고 있던 속셈이나 원래의 성격이 나타나다. ¶ 왕이 죽자 왕후의 본색이 드러났다. / 폭력배라고 하더라도 외모에서는 이들의 본색이 잘 드러나지 않는다.

속살이 드러나다 속셈이나 실제가 보이다. ¶ 모두가 한목소리로 엄정한 수사를 촉구하지만, 각 당의 사정을 자세히 들여다보면 각기 다른 속살이 드러난다.

속을 (내)보이다 엉큼한 생각이나 속셈을 드러내다. ¶ 내가 그렇게 쉽사리 속을 내보였다는 건 비참한 일인데요. / 내 좁은 속을 내보인 것 같아 은근히 부끄러울 지경이었다. / 이런저런 변명을 했지만 이미 속을 보인 뒤라 얼굴만 깎이고 만 셈이었다.

속(을) 뽑히다 자기 마음이나 속셈이 드러나 보이게 되다. ¶ 갑자기 찾아가는 게 속 뽑힐 짓이라는 건 알지만 다급한 상황이라 어쩔 수 없었다. / 초봉이는 그새 여러 달 앓던 짓이라 갑자기 속을 뽑히는 것 같아 귀밑이 붉어 올랐다. (채만식, 탁류) 참 **속(을) 뽑다**

속을 주다 ⇒ **속(을) 터놓다** ¶ 상대가 속을 줄 때는 내 속도 터놓아야지. / 중국인은 마음의 문을 쉽게 열지 않지만 일단 속을 주었다 하면 그 우정이 3대까지 간다.

속(을) 터놓다 마음속에 있는 것을 드러내 보이다. ¶ 속 터놓고 한번 시원스럽게 이야기해 보아라. / 아버지와 나는 지금까지 속을 터놓고 이야기한 적이 없다.

속을 털어놓다 자기 마음속 깊은 곳의 생각을 이야기하다. ¶ 나는 속을 털어놓았으나 철수는 자기 마음속 이야기를 하지 않은 것 같아 언짢았다. / 자기 속을 털어놓을 수 있는 친구가 있다는 것은 크나큰 행복이다.

속(이) (들여다)보이다 엉큼한 생각이나 속셈이 드러나다. ¶ 속이 들여다보이는 거짓말. / 그들이 추진한 환자 방기 계획은 너무나 속이 빤히 들여다보였다. / 속 보이는 짓 하지 마. / 입에 발린 소리를 하자니 속이 보이는 것 같아서 얼굴이 화끈거렸다. 참 **뱃속을 들여다보다**

속(이) 뻔하다 엉큼한 생각이나 속셈이 드러나다. ¶ 속 뻔한 행동 이제 그만 집어치워라. / 나름대로는 은밀하게 한다고 하지만, 내가 보면 속이 뻔했다.

탈(을) 벗다 감추고 있던 속셈이나 원래의 성격을 나타내다. ¶ 이제 고상한 성직자의 탈은 벗고 순순히 범행을 자백하시지. / 그동안 착한 체하며 살더니 드디어 탈을 벗은 모양이야. 하기야 그 성질이 어디 갔겠어? 반 **탈(을) 쓰다**

한 꺼풀 벗겨 내다 감추는 것 없이 드러내 놓다. ¶ 연예계는 겉으로는 화려해 보일지 몰라도 한 꺼풀 벗겨 내 놓고 보면 생각보다 추하다.

평가(評價)

【존경(尊敬), 본(本)보기】

거울(로) 삼다 (남의 일이나 지나간 일을 보아) 본받거나 교정의 계기를 만들다. ¶ 나는 아이를 교육하는 데 있어서 항상 친구들의 경험을 거울로 삼는다. / 지난번 실수를 거울 삼아 이번에는 반드시 성공하도록 해라.

고개가 수그러지다 ⇒ 고개가 숙여지다 ¶ 훌륭한 사람을 보면 저절로 고개가 수그러지는 거야 당연할지도 모르지만 지나친 우상화는 문제라고 봐.

고개가 숙여지다 존경하는 마음이 일어나다. 대부분 '저절로, 절로' 따위와 같은 부사의 수식을 받는다. ¶ 그의 고결한 마음에 저절로 고개가 숙여진다. / 그 이름만 들어도 고개가 절로 숙여지는 춤꾼 조갑녀, 이매방, 하용부의 공연 사진은 정지된 그 모습만으로도 충분히 감동적이다. (송준, 바람의 노래)

고개를 수그리다[1] ⇒ 고개(를) 숙이다[1] ¶ 뒤늦게 선행이 알려지자 그에게 손가락질했던 이들도 고개를 수그렸다.

고개(를) 숙이다[1] 경의를 표하다. ¶ 우리 모두 열사들의 숭고한 정신에 고개를 숙였다.

머리가 수그러지다 ⇒ 고개가 숙여지다 ¶ 어머니의 자식 사랑에 머리가 저절로 수그러진다. 참 **머리(를) 숙이다[2]**

머리가 숙여지다 ⇒ 고개가 숙여지다 ¶ 조상님들이 우리 조국을 지키기 위해 흘린 피를 생각하면, 저절로 머리가 숙여진다.

머리(를) 수그리다[1] ⇒ 고개(를) 숙이다[1] ¶ 형의 실력을 몰라보고 까불었던 동생은 시합이 끝나자 곧바로 머리를 수그렸다.

머리(를) 숙이다[1] ⇒ 고개(를) 숙이다[1] ¶ 선생님의 거룩한 뜻에 모두 머리를 숙였다.

본때(가) 있다[1] 본보기로 할 만한 데가 있다. ¶ 새해부터는 소신대로 똑바로 걸어가 우리 당을 본때가 있는 야당으로 만들자. / 힘든 일을 한번 본때 있게 해치우면 주위의 평가가 달라질 거다. / 참외 서리나 하고 다니는 피난민 아이한테 어머니가 이제 곧 본때 있게 손찌검을 하려나 보다고 나는 지레짐작을 하였다. (윤흥길, 기억 속의 들꽃) 참 **본때를 보이다**

【칭찬(稱讚), 격려(激勵), 인정(認定)】

높이 사다 특별하게 평가해 격려하다. ¶ 정부는 그의 희생정신을 높이 사 훈장을 수여했다. / 당신에게 막중한 임무를 부여한 것을 보면 아무래도 사장님이 당신의 성실성을 높이 사신 것 같습니다.

머리(를) 쓰다듬다 칭찬하다. ¶ 그런 일을 하면 누가 머리 쓰다듬어 줄 거라고 생각했니? 천만에, 여기가 그렇게 만만한 곳은 아니야.

박수를 보내다 ⇒ 박수를 치다 ¶ 현재 일고 있는 개혁 바람에 마냥 박수를 보내기에는 뭔가 꺼림칙하다.

박수를 치다 칭찬하며 찬사를 보내다. ¶ 어려움을 무릅쓰고 성공했다면, 박수를 쳐야 할 일입니다. / 동네 노인들이 왜 이장의 허무맹랑한 제안에 박수를 쳤는지는 알다가도 모를 일이었다.

비행기(를) 태우다 칭찬하며 추켜세우다. ¶ 대단치도 않은 일인데 너무 비행기 태우지 마세요. 떨어질까 무서워요. / 아이가 자신감을 잃었을 때에는 적당히 비행기를 태울 필요가 있다. 참 **머리가 어지럽다**

손(을) 들어 주다 어떤 사람을 인정해 주거나 그의 편을 들다. ¶ 그 사람의 생각이 썩 마음에 들지는 않았지만 그동안의 정리를 생각해서라도 손을 들어 줄 수밖에 없었다. / 이웃의 고통에 눈을 감다 보면, 정의롭지 못한 박해자의 손을 들어 주는 날이 올지도 모른다. 참 **손(을) 들다**

어깨(를) 두들기다 격려하거나 위로하다. ¶ 내가 의기소침해졌을 때 내 어깨를 두들기던 선생님을 잊을 수가 없다.

엄지손가락을 치켜세우다 최고로 인정하며 칭찬하다. ¶ 그 정도 영화에는 엄지손가락을 치켜세우기 망설여진다. / 우리 팀에는 엄지손가락을 치켜세울 만한 선수가 없다.

(입에) 침이 마르다 (칭찬이나 자랑을) 아주 열심히 하다. ¶ 자식 자랑을 입에 침이 마르게 늘어놓았다. / 어머니를 만난 선생님은 평소와 다르게 내 칭찬으로 입에 침이 말랐다. / 정권 칭송으로 입에 침이 마른 언론은 서민들의 생존권 투쟁을 외면했다. / 그는 침이 마르도록 칭찬해도 모자랄 정도로 책임감이 있는 사람이다.

【경멸(輕蔑), **비난**(非難), **질책**(叱責)**】≒【죄**(罪), **처벌**(處罰)**】**

꼬투리(를) 잡다 상대의 결점을 문제 삼다. ¶ 그 일을 꼬투리 잡아 아내는 이혼을 요구했다. / 문제가 있다는 건 알지만 결정적인 꼬투리를 잡지 못해 자르질 못하는 거지요. ※ 꼬투리: 콩과 식물의 열매를 싸고 있는 껍질. 익으면 벌어져 씨를 쏟아 냄.

날벼락(을) 맞다[1] 예상치 못한 상태에서 호된 질책을 받다. ¶ 상사에게 부탁받은 서류 복사를 깜빡했다가 날벼락을 맞았다.

날벼락(이) 떨어지다[내리다][1] 호된 질책을 받는 돌발적 상황이 발생하다. ¶ 그녀에게 전화한답시고 서툴게 행동하다가는 어떤 날벼락이 떨어질지도 모르는 일이었다.

냉수 먹고 속 차려라 정신 차려라. ¶ 당신 처지에 그 여자를 차지할 수 있을 것 같아? 오르지 못할 나무는 그만 쳐다보고, 이젠 냉수 먹고 속 차리라고. / 아직도 글 쓴다고 싸돌아다녀? 냉수 먹고 속 차려라. 아무나 글을 쓰니?

눈이 없냐 귀가 없냐 어떤 상황을 인지하지 못함을 질책하는 말. ¶ 눈이 없냐 귀가 없냐? 네가 부족한 게 뭐니? / 넌 눈이 없냐 귀가 없냐? 지금이 네가 나설 때냐?

닦아 대다 꾸짖다. ¶ 작은 일로 너무 심하게 닦아대지 마라. 크는 아이 기죽이면 큰 인물이 되지 못해. / 아이가 큰 소리로 울자 기차 안에 있던 사람들이 아이 엄마를 닦아댔다.

닦아 세우다 꾸짖다. ¶ 돈을 갚으라고 어찌나 닦아세우는지 혼이 났다. 다시는 그 사람과 금전 거래를 하지 않을 거야. / 당신이 뿌옇게 닦아세우는데 내가 어떻게 딴생각을 할 수 있겠어요?

돌(을) 던지다[1] 경멸하거나 비난하다. ¶ 이 여자에게 돌을 던질 수 있을 만큼 깨끗한 사람이 있으면 이 앞으로 나오시오.

말꼬리(를) 물다 ⇒ 말꼬리(를) 잡다 ¶ "정말 아무 일도 없었어?" "작은 일이 하나 있긴 했네만 신경 쓸 것 없어." "작은 일이라니?" 그가 진돗개처럼 말꼬리를 물고 늘어졌다. / 정훈이가 무슨 말만 하면 툭툭 쏘고 어떤 때는 계속 말꼬리를 물고 늘어집니다.

말꼬리(를) 잡다 남의 말의 결점을 문제 삼다. ¶ 상대방 말꼬리를 잡거나 비방이나 험담을 하며 진행되는 토론은 정말 싫다. / "민요섭이 학교를 그만둔 이유는 뭡니까?" 말꼬리를 잡고 늘어지듯 묻는 남 경사를 그가 잠깐 훑어보았다. (이문열, 사람의 아들) 참 **꼬리를 (붙)잡다**

말끝을 잡다 남이 한 말을 고리로 이야기를 이어 가다. 남의 말의 결점을 문제 삼는 것을 뜻하는 '**말꼬리(를) 잡다**'에 비하여 일반적으로 화제를 확장하는 상황에서 많이 쓰는 표현이다. ¶ 지도자의 덕목에 대한 큰스님의 말씀이 끝나자, 말끝을 잡은 기자는 대통령 선거와 관련한 스님의 생각을 물었다.

말마디나 듣다 꾸지람을 듣거나 시비의 대상이 되다. ¶ 다른 직장도 아니고 아버지 회사에 들어갔으니 앞으로 말마디나 듣게 생겼군.

말마디나 하다[1] 남의 잘못 따위를 비판하거나 지적하다. ¶ 그때는 말마디나 하는 사람들 모두 감옥에 갔었다. / 말마디나 하는 사람이 한둘은 있어야 관리자들이 긴장하며 일할 것 아닌가.

말(을) 듣다[1] 꾸지람을 듣거나 시비의 대상이 되다. ¶ 내가 그런 일로 선생님께 말을 들어야겠니? / 한 곳에 신경 쓰면 다른 곳에 소홀할 수밖에 없으니, 남의 말 한마디도 듣지 않고 살 수는 없을 거야.

뭇매를 맞다 여러 사람에게 질책을 듣다. ¶ 의욕적으로 추진했던 일인데, 여론의 뭇매를 맞은 후 유야무야되어 버렸다. / 그는 이번 경기의 패배로 언론과 축구 팬으로부터 뭇매를 맞고 사퇴했다.

벼락(을) 맞다 호된 질책이나 벌을 받다. ¶ 내 말이 거짓말이면 내가 벼락을 맞을 거요. / 벼락 맞을 짓을 했다고 생각한 동준은 그날 저녁 내내 잠을 못 이루고 걱정했다. / 내가 착한 며느리를 그렇게 모질게 대했다니. 벼락 맞을 일이지.

벼락(이) 떨어지다[내리다][1] ⇒ **벼락(을) 맞다** ¶ 벼락 떨어지기 전에 교장실에서 나가는 게 상책인 것 같다. / 어서 빨리 돌아가거라. 너희 아버지 알면, 벼락이 떨어질 거야. / 아버지에게 내 생각을 이야기하면 아마 벼락이 내릴 거야.

본때를 보이다 (잘못을 깨닫거나 교훈을 얻도록) 따끔한 맛을 보이다. ¶ 조사 후 잘못이 드러나면 지위 고하를 막론하고 본때를 보일 것이다. / 신병들이 군기가 빠졌다고 생각한 김 상병은 단단히 본때를 보여야겠다고 벼르고 있었다. / 그는 데뷔전에서 첫 골을 기록하면서 한국 축구를 무시했던 영국인들에게 본때를 보였다. 참 **본때(가) 있다**[1]

살을 에고 소금 치는 소리 따끔하고 신랄한 말. ¶ 아이들 교육을 위해 좀 심하다 싶었지만 살을 에고 소금 치는 소리를 몇 마디 했다. / 영자는 한입에 잡아먹을 듯이 눈을 흘기고 정애를 보며, "둔사(遁辭)로만 암만 둘러댄들 누가 옳은 말로 알아야지?" 하며 살을 에고 소금 치는 소리를 한다. (최찬식, 안의성) ＊둔사(遁辭): 회피하는 말.

손가락질(을) 받다 비난이나 비웃음을 당하다. ¶ 그는 부모를 버린 불효자라고 동네 사람들의 손가락질을 받았다. / 지금까지 살아오면서 남의 손가락질받을 만한 짓은 안 했어요.

손가락질(을) 하다 다른 사람을 비웃거나 비난하다. ¶ 모두 그 여자에게 손가락질을 한다. / 다른 사람을 손가락질하기 전에 자기 자신을 되돌아보라.

아픈 곳을 건드리다 ⇒ **아픈 데를 건드리다** ¶ 그는 골 결정력 부재라는 한국 축구의 아픈 곳을 건드렸다. / 그는 인종 차별을 주제로 노래 가사를 쓰면서 미국 사회의 아픈 곳을 건드리는 사람이다 보니 안티가 많다.

아픈 곳을 찌르다 ⇒ **아픈 데를 찌르다** ¶ 외신은 '한국이 경제 성장 과정에서 안전을 무시했다.'

라며 우리 사회의 아픈 곳을 찔렀다.

아픈 데를 건드리다 약점을 들춰 지적하다. ¶ 말싸움에서 밀리자 그는 비겁하게 남의 아픈 데를 건드렸다. / 무심코 한 말인데 본의 아니게 아픈 데를 건드린 모양이다.

아픈 데를 찌르다 약점을 들춰 날카롭게 지적하다. ¶ 아이의 질문은 내 아픈 데를 찔렀다. / 그는 두 여자의 아픈 데를 찌르는 뼈 있는 농담을 던진 뒤 자리를 떴다.

악다구니(를) 놀리다 기를 써서 욕하다. ¶ 제 분을 이기지 못해 악다구니를 놀려 댔지만 분을 삭이지 못했다. / 그 사람은 처음부터 나에게 악다구니 놀리며 다가왔어요.

악다구니(를) 퍼붓다 기를 써서 몹시 욕하다. ¶ 형수는 그간 있었던 온갖 일을 트집 잡으면서 형에게 악다구니를 퍼부었다. / 그가 마구잡이로 악다구니 퍼부어도 선생은 미동도 하지 않았다.

어르고 뺨치다 잘해 주는 척하다가 뒤에 가서는 혼내다. ¶ 정치의 술수는 어르고 뺨치는 것이다. / 당신 말이야. 요령부득인 줄 알았더니 어르고 뺨치는 솜씨가 보통이 아니더라고.

엿(이나) 먹어라 상대방을 골려 주거나 속여 넘기며 경멸적으로 하는 말. ▷ 비속어 ¶ 돈만 밝히는 놈들 모두 엿이나 먹어라. /우리는 너를 핫바지로 본 적이 없으며 '엿 먹어라' 식으로 대한 적도 없다. 〖기원〗 엿이란 남사당패에서 여자의 성기를 뜻하는 은어였다. 이 때문에 "엿 먹어라"와 같은 말이 상대방에게 모욕을 주는 의미로 쓰이게 된 것이다. 참 **엿(을) 먹다**[1, 2], **엿(을) 먹이다**

웃음을 사다 남에게 조롱을 받거나 핀잔을 듣다. ¶ 그런 짓을 했다가는 남의 웃음을 사게 된다. / 남의 웃음을 사는 짓을 굳이 할 필요는 없잖아요. 참 **웃음을 팔다**

집중 사격을 받다 많은 사람으로부터 문제를 지적당하다. ¶ 과거 경력이 문제되어 경쟁자들에게 집중 사격을 받았다. / 이번 세미나에 주제 발표자로 나갔다가 지정 토론자들로부터 집중 사격을 받고 정신이 없는 상태에서 연단을 내려왔다.

침(을) 뱉다 경멸하다. ¶ 모두 내 덕에 사는 사람들이니 내가 하는 일에 침 뱉을 수는 없을 것이다. / 일본의 지도자라고 하는 인사들이 가끔씩 망언을 하여 우리의 민족적 자존심에 침을 뱉곤 했다.

코를 걸다 (다른 사람이 한 일을) 문제를 삼다. ¶ 남의 작은 실수에 코를 걸려 하면 남자답지 못하다. / 김 부장에 대한 열등감이 더 심해진 사장은 어떻게 해서든지 코를 걸어 그를 괴롭히려고 안달을 했다. ※ 코: '올가미'의 방언.

탈을 잡다 ⇒ **트집(을) 잡다** ¶ 그 녀석이 아득바득 탈을 잡아 여러 차례 사람들을 부추겨 우리를 해치려고 들었다. / 고객이 제품의 탈을 잡아 까탈을 부려도 신속하고 성의 있게 처리해야 한다. / 새삼스럽게 과거지사를 탈을 잡아 가지고 어떡하겠다는 말입니까?

트집(을) 걸다 ⇒ **트집(을) 잡다** ¶ 사사건건 트집을 거는 데야 당해 낼 재간이 없었어요.

트집(을) **놓다** ⇒ **트집**(을) **잡다** ¶ 그는 술만 먹고 나면 트집을 놓고, 그것도 성에 차지 않으면 주먹질까지 해 대었다.

트집(을) **잡다** 조그마한 흠집을 꼬집어 내어 공연히 괴롭게 굴다. ¶ 그는 내가 하는 일마다 사사건건 트집을 잡았다. ※ 트집: 한 덩이가 되어야 할 물건이나 일이 벌어진 틈. 참 **건수**(를) **잡다**

티(를) **뜯다** 공연한 결점을 찾아내어 자꾸 시비하다. ¶ 내가 못하는 일을 남이 하면 으레 탈을 잡아 보고 싶고 티를 뜯어 보고 싶은 것이 세정(世情)입니다.

폐부를 찌르다 (지적하거나 비판하여) 강한 자극을 주다. ¶ 미국 사회의 폐부를 찌른 다큐멘터리 영화를 한 편 봤다. / 그가 던지는 말이 아프게 폐부를 찔렀다. 그의 말은 인생을 이해하지 못하면 할 수 없는 말이었다. ※폐부(肺腑): 허파

혀를 내밀다 뒷전에서 남을 비웃거나 비방하다. ¶ 남에게 혀를 내밀지 말고 자신이 한 일에 대해 생각해 보세요.

화살을 돌리다 힐책이나 공격의 방향을 갑자기 다른 쪽으로 바꾸다. ¶ 그는 정부의 잘못을 비판하며 여당에 비난의 화살을 돌렸다. / 나를 나무라던 사장이 이번에는 김 과장에게 화살을 돌려 생산 실적의 부진을 꾸짖었다.

【비꼼, 핀잔】

꼴값(을) **하다**[떨다] 보기 싫게 굴다. 사람의 말이나 행동을 비꼬는 말. ▷비속어 ¶ 철웅이는 자신이 수재라고 떠벌리며, 주제도 모르고 꼴값을 떨었다. / 그 나이에 총각 행세라니. 꼴값 떨지 말고 정신 차려라. / 억지웃음 짓는 관객도 괴롭다. 그만 꼴값하고 무대에서 내려와라. / 보아하니 어지간히 시누이 꼴값을 하는 모양인데, 요즘 올케들이 그 꼴을 보고 있겠어? ※ 꼴값: 얼굴값을 속되게 이르는 말.

꼴(이) **좋다** 잘못된 것을 반대로 비꼬는 말. ¶ 그렇게 내 말을 듣지 않고 자기 마음대로 하더니 꼴좋다. / 꼴좋다! 내가 그러길래 뭐라고 했어. 빨리 손 빼라고 했을 때 말을 들었어야지.

꿈도 야무지다 희망이 너무 큼을 비꼬는 말. ¶ 대통령이 되겠다고? 그 사람 꿈도 야무지군. / 얘가 정말 꿈도 야무지네. 네 주제에 무슨 파리 유학이야, 유학은.

놀고 앉았네 옳지 못한 행동을 비꼬는 말. ¶ 박수 쳐 주니까 자기들이 잘난 줄 알아. 정말 놀고 앉았네.

놀고 있다 옳지 못한 행동을 비꼬는 말. ¶ 하라고 하는 공부는 안 하고 화투나 치고 잘 놀고 있구나. 참 **가지고**[**갖고**] **놀다, 같이 놀다**

병신(이) 육갑하다 되지 못한 자가 엉뚱한 짓을 하다. ▷비속어 ¶ 병신 육갑하는 짓은 그만하고 이제 네 주제를 알고 조용하게 지내라. ※ 육갑(六甲): 육십갑자(六十甲子)의 준말. 〖기원〗 보통 육갑을 셀 때는 '갑자, 을축, 병인……' 식으로 낭송하는데, 이렇게 낭송하는 것이 마치 주문을 외는 것처럼 들린다고 하여, '육갑 한다'나 '육갑 떤다'가 '알 수 없는 소리를 지껄이다'라는 의미를 띠게 되었다.

보기 좋게 낭패 본 것을 비꼬는 말. ¶ 뚜껑을 열어 보니, 우리의 예상은 보기 좋게 빗나가 버렸다. / 수재라 소문이 났던 그는 이번 시험에서 보기 좋게 떨어졌다.

생긴 대로 놀다 타고난 대로 행동하다. 주로 부정적인 평가를 내릴 때 쓴다. ¶ 그 사람 못되게 생겼다고 생각했는데, 정말 생긴 대로 놀아요. / 사람은 생긴 대로 노는 것이 아니라 노는 대로 생긴다는 말도 있는데, 이는 사람은 나이 들면서 자기 얼굴에 책임을 져야 한다는 말이다. 참 **얼굴값(을) 하다, 이름값(을) 하다**

염통이 비뚜로 앉다 마음이 비꼬이다. ¶ 그는 이번 일 때문에 염통이 비뚜로 앉았는지 내게 사사건건 시비를 걸었다.

왼새끼(를) 꼬다[2] 비비 꼬아서 말하거나 비아냥거리다. ¶ 왼새끼 꼬듯 은근히 걱정해 주는 체하는 야유에 비위가 역했던 일이 한두 번이 아닙니다. / 모두들 이번 일을 중요하게 생각하여 노력하고 있는데 유독 철수만 왼새끼를 꼬고 있다. ※ 왼새끼: 왼쪽으로 꼰 새끼. 일반적으로 쓰이는 새끼는 오른쪽으로 꼰 오른새끼다. 참 **왼고개를 틀다**

육갑(을) 하다[떨다] 시답잖은 말을 하거나 바보 같은 짓을 하다. ▷비속어 ¶ 미련한 놈들이 자기들도 사람이라고 육갑을 하고 있더라고요. / 육갑 떨지 말고 가만히 앉아 있어라. / 요즘 제 분수도 모른 채 앞에 나서서 육갑을 떠는 꼴통 언론들이 너무 많아졌다.

잘 나다 아니꼬워서 비꼬는 말. ¶ 잘났어 정말! / 여러 이야기를 하다 보니 맘이 상하고, 결국 결론은 "그래! 너 잘났다."로 끝난다.

잘 논다 옳지 못한 행동을 비꼬는 말. ¶ 근무 중에 술이나 처먹고 잘들 논다. 참 **같이 놀다**

잘 되다 일이 아주 나쁘게 된 것을 비꼬아서 하는 말. ¶ 부모님 말씀 안 듣고 제멋대로 하더니 잘됐다.

잘 하다 옳지 못한 행동을 비꼬는 말. ¶ 나잇살이나 먹은 녀석이 어린아이들하고 싸우기나 하고, 참 잘하는 짓이다. / 버슬아치들의 행태를 보면 잘들 한다는 말이 절로 나온다.

퉁을 놓다 엉뚱하거나 뜬금없는 행동이나 말에 핀잔을 주다. ¶ 급한 행군 길에 자못 엉뚱한 소리가 아닐 수 없다. 장임이 그런 유괴의 말에 퉁을 놓았다. / 내가 권유를 해도 아내는 내 말을 듣지 않고 돈이나 더 벌어 오라며 퉁을 놓기 일쑤랍니다.

판단(判斷)

【시시함, 보잘것없음】≒【무시(無視)】

개가 짖는 소리 하찮거나 대수롭지 않게 여기는 말. ¶ 그는 내가 하는 말은 개가 짖는 소리로 알고 무시하기 일쑤였다. / 내 말이 개가 짖는 소리로 들려? 말을 했으면 대꾸를 해야 할 것 아냐? 참 **개 소리**

개똥도 모르다 아는 게 없다. ¶ 알지 못하면 조용히 하고 있어. 개똥도 모르는 주제에 어디서 아는 척해.

개뿔도 모르다 ⇒ 쥐뿔도 모르다 ¶ 가만히 있으면 중간이라도 가지. 개뿔도 모르는 게 나서기는 왜 나서냐? 창피만 당하고. 〖기원〗 '개뿔'은 '개ㅅ불'이 변한 말이다. 이때 '개ㅅ불'은 '개[犬(견)]+ㅅ+불[睾丸(고환)]', 즉 '개의 불알'인데, 하찮은 것을 비유적으로 이르는 데 쓰이게 되었다.

개뿔도 아니다 있으나 마나 하다. ¶ 모두 조용히 있는데 개뿔도 아닌 것이 큰소리만 친다.

개뿔도 없다 ⇒ 쥐뿔도 없다 ¶ 개뿔도 없는 주제에 겉모양만 번지르르하게 꾸며 부자 흉내를 내면 뭐합니까?

거지 밥주머니 너절한 것들을 되는 대로 뒤섞어 넣어 둔 것. ¶ 그게 가방이니, 거지 밥주머니니? 네 책가방만 보면 정신이 없어져.

걱정도 팔자다 쓸데없는 걱정을 하다. 하지 않아도 될 걱정을 자꾸 하거나 관계없는 남의 일에 참견하는 사람을 비웃을 때 쓴다. ¶ 걱정도 팔자인 사람들은 온 세상의 걱정을 끝도 없이 끌어안고 살아야 직성이 풀린다.

고드름 초장 보기에는 그럴듯하나 먹을 것이 없는 음식. ¶ 그게 무슨 일류 요리야. 고드름 초장이지. 보기만 그럴듯했지 먹잘 것은 없더라고.

그렇고 그렇다[1] 대단하지도 특별하지도 않다. ¶ 그 영화 선전은 요란했는데, 막상 보니 그렇고 그렇더라. / 저는 정치에 관심 없어요. 정치인들 다 그렇고 그런 사람들이 아닙니까?

딸 없는 사위 쓸모없는 것. ¶ 농업을 육성한다는 말이 나올 때마다 농민들은 또 그저 불 없는 화로에 딸 없는 사위 꼴이려니 하면서도 일말의 희망을 걸곤 한다.

똥 친 막대기 천하게 되어 아무짝에도 못 쓰게 된 물건. 또는 버림받은 사람. ¶ 세상이 뒤집히니 나는 새를 떨어뜨린다는 세도가도 똥 친 막대기 신세가 되어 버렸다.

별 볼 일 없다 하찮다. 주로 특징이나 매력이 없음을 나타낼 때 쓴다. ¶ 별 볼 일 없는 대학을 나오고 가진 것도 없는 남자인데 괜찮겠어요? / 그가 너한테는 별 볼 일 없는 사람일지 몰라도 자기 집에서는 귀한 아들이야.

별 볼 일 있다 궁극적으로는 특별한 것이 없다는 말을 하고자 할 때 쓰는 표현이다. 주로 의문문의 형식으로 쓴다. ¶ 선수들이 그 모양인데, 다른 감독이 온다고 별 볼 일 있겠어? / 그 사람하고 고향이 같아서 뭐 별 볼 일 있어?

빈 깡통이다 속이 텅 비어 아무런 값어치가 없다. ¶ 뭔가 속이 있는 사람인 줄 알았는데 알고 보니 빈 깡통이었다. / 매입하고자 하는 회사가 빈 깡통인 걸 알고 매입 계획을 취소했다. 참 **골(이) 비다, 머리가 비다, 속(이) 비다**

씨알머리(가) 없다 실속이 없거나 하찮다. ¶ 그건 씨알머리가 없어서 이야깃거리도 되지 않습니다. / 네 이야기는 들어주겠지만, 씨알머리 없는 충고는 안 하겠다. / 씨알머리 없는 선거였지만 출마한 당사자들은 사생(死生)을 건 대사건인 양 설쳐 댔다. (이병주, 그를 버린 여인) ※ 씨알머리: 남의 혈통을 속되게 이르는 말. 참 **되지도 않는 소리**

애 이름 하찮게 여길 만한 것. ¶ 백만 원이 애 이름인 줄 아니? 그 돈 모으려면 허리띠 졸라매고 두어 달은 저축해야 해. / 그는 입이 딱딱 벌어질 수준의 돈을 뉘 집 애 이름 부르듯 들먹인다.

얼굴 마담[1] 명분상 대표지만 실권이 없는 사람. ¶ 내가 회장을 맡고 있기는 하지만 실제는 얼굴마담일 뿐이야. / 그가 얼굴마담 이상의 역할을 하려 들거나 전권을 장악하려 들 때는 핵심 권력층 내부에 사단이 벌어질 것이다.

쥐뿔도 모르다 아는 게 없다. ¶ 쥐뿔도 모르면서 아는 척을 하다. 『기원』 '쥐뿔'은 '쥐ㅅ불'이 변한 말이다. 이때 '쥐ㅅ불'은 '쥐[鼠(서)]+ㅅ+불[睾丸(고환)]', 즉 '쥐의 불알'인데, 하찮은 것을 비유적으로 이르는 데 쓰이게 되었다.

쥐뿔도 없다 가진 게 보잘것없다. ¶ 쥐뿔도 없으면서 자존심만 강해 가지고. / 사람들은 나를 보고 쥐뿔도 없는 놈이 잘난 체를 하려고 쓸데없는 일을 한다고 핀잔을 한다. 참 **중뿔(이) 나다, 쥐뿔(이) 나게**

차 (떼고) 포 떼고 중요한 것을 다 빼고. ¶ 주전 선수 둘이 출전을 못 하니, 차포 떼고 싸우는 거나 다름이 없지. / 월급을 받아 봤자, 차 떼고 포 떼면 남는 게 없다. 남는 거라곤 아내와의 입씨름뿐이다. 〖기원〗 장기(將棋)의 짝인 차와 포가 나머지 짝에 비하여 공격력과 수비력이 강하기 때문에 이를 떼이면 장기에서 이기기 힘들다는 데에 착안한 표현이다. 참 **졸로 보다, 장군 멍군 하다, 차 치고 포 치다**

하품(이) 나(오)다[2] 보잘것없다. ¶ 큰딸 보름이가 품팔이를 나선다고는 했지만, 장정 힘에 비하면 새 다리 놀리기이니 품삯도 하품 나오는 것이었다. (조정래, 아리랑)

한주먹 감이다 싸움의 상대가 안 되다. ¶ 자식, 한주먹 감도 안 되는 것이 까불고 있어.

【특별(特別), 중요(重要)】

간판으로 내세우다 대표로 하다. ¶ 우리 팀에는 간판으로 내세울 만한 스타급 선수가 없다. ※ 간판(看板): 상점, 영업소 등에서 그 이름이나 판매 상품 따위를 써서 사람들의 눈에 잘 띄도록 걸거나 붙이는 표지.

그렇고 그렇다[2] 특별하다. '그렇고 그런 사이다'와 같이 쓰인다. ¶ "걔들 보통 사이는 아닌가 봐." "순영이가 그러는데 걔들 그렇고 그런 사이래요."

무게를 싣다[1] (한쪽에) 비중을 두다. '무엇에 무게를 싣다'와 같이 쓰인다. ¶ 그의 작품은 문학의 사회적 기능에 무게를 싣는 리얼리즘 계열의 비평가에게 비판을 받아 왔다. / 이젠 상승 쪽에 무게를 싣고 증시(證市) 상황을 지켜봐야 할 때입니다.

방점을 찍다[1] (어떤 것을) 특별히 강조하다. 주로 '무엇에 방점을 찍다'와 같이 쓰인다. ¶ 기업들은 올해 경영 방향으로 '변화와 공격 경영'에 방점을 찍었다. / 그가 지금까지 내놓은 모든 영화가 탁월한 영상과 스토리에 방점을 찍은 이른바 예술 영화들이다. 〖기원〗 방점(傍點)은 보는 사람의 주의를 끌기 위하여 글자의 옆이나 위에 찍는 점을 말한다. 글을 쓰는 사람들이 특별히 강조하는 단어나 구에 방점을 찍는 행위를 무엇을 특별히 강조하는 행위 일반을 가리키는 것으로 확장하여 사용하면서 이 표현이 만들어졌다.

방점이 있다 (어떤 것에) 특별한 강조점을 두다. 주로 '무엇에 방점이 있다'와 같이 쓰인다. ¶ 이번 상임위 개최는 사실상 국회 정상화에 그 방점이 있었다. / 제 말은 생각이 다를 수 있다는 데 방점이 있는 것이 아니라, 다를 수 있는 생각들을 좁혀 가기 위해 노력하겠다는 것에 방점이 있는 것입니다.

방점이 찍히다 (어떤 것이) 특별히 강조되다. 주로 '무엇에 방점이 찍히다'와 같이 쓰인다. ¶ 정부 정책은 성장보다는 분배에 더 방점이 찍혔다. / 그의 말은 참여하지 않겠다는 쪽에 방점이 찍힌 듯하지만, 상황이 좋아질 기미를 보이면 말을 바꿀 여지는 충분이 있다.

빼면 쓰러지다 (어떤 것이) 가장 중요한 위치를 차지하다. 주로 '무엇을 빼면 쓰러지다'와 같이 쓰인다. ¶ 우리 모임은 자네 빼면 쓰러진다고 봐야 해. 그만큼 자네가 할 일이 많다는 말이야. / 자존심 빼면 쓰러진다는 우리 동네 설렁탕집은 그 맛이 3대째 변함없다고 한다.

세상 없다 세상에 다시없다. 비할 데가 없을 만큼 중요하거나 특별하다. ¶ 세상없는 일이라도 부모를 속이면서 할 수는 없다. / 세상없이 착한 사람을 누가 저렇게 만들었을까? 참 **세상 없어도**

앞에 내세우다 두드러지게 중요시하다. ¶ 자기 기관의 것만 앞에 내세워서는 일이 제대로 되지 않는다. / 한국에서는 전통을 앞에 내세우지만, 우리 같은 사람에게 전통이란 것은 별 의미가 없어요.

약방의 감초 없어서는 안 될 것. ¶ 그는 항상 술자리에서 약방의 감초다. / 분위기를 살리는 데는 약방의 감초처럼 꼭 필요한 사람이다. 〖기원〗 감초(甘草)가 비위(脾胃)를 돕고 다른 약의 작용을 부드럽게 하므로 모든 처방에 널리 쓰이는 데에서 연유한 말이다.

얼굴 마담[2] 어떤 분야나 집단을 대표할 만한 사람. ¶ 외국어 학원에서는 명문대 출신의 원어민 강사를 얼굴마담으로 내세워 홍보를 한다. / 그는 모든 국제 영화제에서 초청을 받는 한국 영화계의 얼굴마담이다.

【**난이도**(難易度), **가능성**(可能性)】 ≒ 【**과장**(誇張), **거짓말**】

기름떡 먹기 쉽고도 즐거운 일. ¶ 언뜻 보기에는 어렵게 보이지만 그건 완전히 기름떡 먹기야. ※ 기름떡: 기름에 지지거나 기름을 바른 떡.

낙타(가) 바늘구멍(에) 들어가다 (어떤 일을 이루기가) 매우 어렵다. 보통 '낙타가 바늘구멍 들어가기'와 같이 쓰인다. ¶ 부모의 도움 없이 혼자 저축하여 집을 장만한다는 것은 낙타가 바늘구멍 들어가기다. / 자기 혼자 공부해서 대학에 들어가는 것은 낙타가 바늘구멍에 들어가기보다 어렵다. / 무직자가 신용 대출을 받는 것은 낙타가 바늘구멍에 들어가는 일보다 힘들다. 〖기원〗 "낙타가 바늘구멍을 통과하는 것이 부자가 하늘나라에 들어가는 것보다 쉽다(마태복음 19장 24절, 마가복음 10장 25절)"에서 비롯한 표현이다. 그런데 이 유명한 성경 구절은 사실 잘못 번역된 것이라 한다. 번역자가 아랍어의 원어 'gamta(밧줄)'를 'gamla(낙타)'와 혼동하였기 때문이다. 혼동이 없었다면 이 표현은 "밧줄이 바늘구멍을 통과하는 것이……"와 같이 되었을 것이다.

누운 소 타기 쉬운 일. ¶ 첩사로서 자기 휘하에 거느린 비녀의 정이나 몸을 빼앗는 것쯤은 누운 소 타기였다. (이규태, 한국여성의 의식구조)

누워서 떡(을) 먹다 쉽고 편하다. 주로 '누워서 떡 먹기'와 같이 쓰인다. ¶ 그 정도 뛰어넘는 것은 누워서 떡 먹기다. / 일부 대학은 아무런 시설 투자도 없이 그야말로 누워서 떡 먹는 장사를 하고 있다. 참 **떡(을) 먹듯(이)**

되지도 않을 소리 전혀 실현 가능성이 없는 말. ¶ 되지도 않을 소리는 하지 말고 보다 실현성이 있는 의견을 제시하세요. 참 **되지도 않는 소리**

땅 짚고 헤엄치다 쉽고 편하다. 주로 '땅 짚고 헤엄치기'와 같이 쓰인다. ¶ 그런 일은 땅 짚고 헤엄치기다. 부담 갖지 말고 한번 해 보아라. / 그는 무책임한 은행장들을 겨냥해 땅 짚고 헤엄치는 것만 좋아하는 사람들이라며 섭섭했던 마음을 드러냈다.

백일몽에 지나지 않다 비현실적이다. ¶ 대기업에 자기 기술로 대항한다는 것은 백일몽에 지나지 않는다는 사실을 사업 실패 후에 깨달았다. / 이 지역에서는 그가 '손'을 들어 주지 않는 한, 국회 의원 당선은 백일몽에 지나지 않는다. ※ 백일몽(白日夢): 대낮에 꾸는 꿈.

식은 죽(을) 먹다 쉽고 편하다. 보통 '식은 죽 먹기'와 같이 쓰인다. ¶ 그 정도 문제를 푸는 것은 식은 죽 먹기지. / 정치 개혁을 식은 죽을 먹는 일인 듯 나불대는 사람들이 많다.

앉은 말[소] 타기 쉬운 일. ¶ 어린아이 가르치는 일이야 앉은 소 타기라 생각했는데, 어른 가르치기보다 힘든 것이 아이 가르치는 것이었다. / 엎어진 놈에게 절구질하기야 앉은 말 타기가 아닌가 하고 생각을 도사리는데, 그가 나를 불렀다.

어느 세월에 (불가능함을 나타내며) 언제. ¶ 놀 것 다 놀고 쉴 것 다 쉬면, 어느 세월에 돈을 모아 집을 사니?

어느 천년에 (불가능함을 강조하며) 언제. ¶ 그렇게 게을리 가지고 어느 천년에 책을 쓰겠어?

어림 반 푼어치도 없다 도저히 될 수 없거나 당할 수 없다. 어떤 말이나 일이 몹시 부당하거나 터무니없음을 강조할 때 쓰인다. ¶ 내게 돈을 달라고? 어림 반 푼어치도 없는 소리. / 내가 하는 일에 모두가 어림 반 푼어치도 없다며 혀를 찼지만 결국 나는 큰돈을 벌었지 않았느냐. ※ 어림: 대강 짐작으로 헤아리는 것.

어림(도) 없다 도저히 될 수 없거나 당할 수 없다. ¶ 나를 속이겠다니 어림없는 수작이야. / 우리 실력으로는 어림도 없는 상대이니 일찍 피하는 게 상책이다.

죽었다 깨어나도 무슨 일이 있어도. 주로 불가능함을 강조할 때 쓴다. ¶ 여자의 마음은 죽었다 깨어나도 알 수 없을 것 같다. / 그 문제는 죽었다 깨어나도 풀 수 없다.

턱(이) 없다 ① 수준이나 사정에 맞지 않아 불가능하다. ¶ 요즘 아이들은 운동할 시간이 턱없이 부족하지요. / 턱도 없는 짓 하지 말고 네 분수에 맞는 일을 해라. ② 절대 그렇게 하지 않는다. '무엇을 할 턱이 없다'와 같이 쓰인다. ¶ 그가 나를 도와줄 턱이 없다.

턱(이) 있다 절대 그렇게 하지 않는다. '무엇을 할 턱이 있겠어?'와 같이 반어적 의문형으로 쓰인다. ¶ 그가 나를 도와줄 턱이 있겠어?

하늘의[에서] 별(을) 따다 (어떤 일을 이루기가) 매우 어렵다. 보통 '하늘의[에서] 별 따기'와 같이 쓰인다. ¶ 올해 취업은 하늘의 별 따기만큼 어려울 전망이다. / 이 시간에 거리에서 택시를 잡기란 하늘에서 별 따기다. / 그는 밑바닥부터 올라가 성공했지만 그건 하늘에서 별을 딴 경우에 속한다.

능숙성(能熟性)

【익숙, 습관(習慣)**, 체득**(體得)**】**

골이 배기다 (어떤 행동이나 말이) 버릇처럼 되어 익숙해지다. ¶ 김 서방은 적부터 두둔하기에 골이 배겼구려. (홍명희, 임꺽정[林巨正]) 참 **골수에 맺히다**

귀에 익다 (많이 들어) 익숙하다. ¶ 그러고 보니 이름이 귀에 익네요. / 문 밖에서 "삼촌!" 하는 귀에 익은 목소리가 들려왔다. / 동네의 골목길에서 귀에 익은 동요의 노랫가락이 들렸다. 나는 나도 모르게 그 가락에 따라 노래를 흥얼거리며 길을 걸었다. 반 **귀(가, 에) 설다**

길(을) 들이다 ① 서투르던 솜씨를 익숙하게 하다. ¶ 아무리 어려운 일도 길들이기 나름이다. ② (짐승이나 물건을) 부리기 좋게 만들다. ¶ 야생 매를 길들여서 사냥에 이용할 수 있을 때까지는 상당한 시간이 필요하다. / 길을 잘 들인 연장을 썼다.

길(이) 나다 ① (어떤 일이나 행동을) 자주 하여 익숙해지다. ¶ 거지 생활도 오래 하다 보니 구걸하는 데 길이 났다. ② (물건이나 짐승을 오래 쓰게 되어서) 부리기 좋게 되다. ¶ 차가 이젠 제법 길이 나서 운전하기가 수월하다. / 처음엔 어색해도 길나면 쓰기 편할 거야.

길(이) 들다 ① (어떤 일이나 행동을) 자주 하여 익숙해지다. ¶ 이제는 일에 길이 들어 별 어려움이 없다. / 어느덧 그는 자동차 운전에 길들었다. ② (물건이나 짐승을 오래 쓰게 되어서) 부리기 좋게 되다. 사람과 함께 쓰일 때는 경멸하는 뜻이 있다. ¶ 자동차를 한 삼 년 굴렸더니 이젠 제법 길이 들었다. / 이완용은 일본 앞잡이로 길든 매국노다.

낯(이) 익다 여러 번 본 사람이어서 알아볼 만하다. ¶ 낯익은 얼굴이어서 자세히 살펴봤더니 대학 동창이었다. / 이 사건에는 스크린과 브라운관에서 낯이 익은 인기 연예인들이 관련되어 있어 대중의 호기심을 자극하기에 충분했다. 반 **낯(이) 설다** ①

눈에 익다 (여러 번 보아서) 익숙하다. ¶ 처음 만나는 것이지만 그의 모습이 눈에 익었다. / 눈에 익은 길이라 헤매지 않고 바로 올 수 있었어요. 반 **낯(이) 설다** ②

단골이 배기다 ⇒ **골이 배기다** ¶ 소설 보는 데는 아주 단골이 배긴 친구야. / 굶는 데는 단골이 배기다시피 된 철호였지만, 하루 종일 굶고 나자 걸음이 나가지 않았다.

면목이 익다 ⇒ **낯(이) 익다** ¶ 저 사람을 어디서 봤더라. 면목이 익은 듯한데. / 이 회장을 비롯해 면목이 익은 친구들뿐 아니라 새로운 친구들과도 친목을 다질 수 있어 매우 기뻤습니다.

면목(이) 있다[1] 알고 지내다. ¶ 길에서 옛날 면목이 있는 사람을 만났으나 나는 그의 눈에 띄는 것이 싫어서 슬슬 피해 갔습니다.

몸에 배다 ① (일이나 생활에) 익숙해지다. ¶ 농사일이 몸에 배고 나니 힘든 줄도 모르겠어요. / 처음에는 서툴기만 하던 일도 시간이 흐르고 나면 몸에 배어 쉽게 할 수 있다. ② (어떤 감정이나 생각이) 마음속에 깊이 깃들다. ¶ 수해 현장에서 보인 그의 희생적인 행동은 인간에 대한 사랑이 몸에 배지 않고서는 할 수 없는 것이었다. / 지금부터 네 몸에 밴 노예근성을 철저히 뿌리 뽑을 것이다. ③ (자신이 연마한 학문이나 기술이) 완전히 자기 것으로 되다. ¶ 독서의 효력은 눈에 보이지 않게 서서히 몸에 배어든다. / 새로 개발한 투구 방법이 몸에 밸 수 있도록 겨울 훈련에 최선을 다할 생각입니다.

몸에 붙다 (일이나 생활에) 익숙해지다. ¶ 어학 공부는 실생활의 어휘들을 몸에 붙도록 하는 데 주력해야 한다. / 이 책에서는 주제마다 네 장면의 만화를 통해 실제 회화에 가까운 경험을 쌓도록 되어 있어 어느새 회화의 요령이 몸에 붙는다.

발씨[발새] **익다** ⇒ **발(이) 익다** ¶ 문 밖에서 보면 사랑채가 보이지 않으니 여간 발씨 익은 과객이 아니면 그 집에 사랑이 있는지 모르고 지나간다. / 발새 익은 길이라 오주와 유복이는 거침없이 걸어서 초경이 지나기 전에 청석골에 들어왔다. (홍명희, 임꺽정[林巨正]) ※ 발씨: 길을 걸을 때 발걸음을 옮겨 놓는 모습.

발(이) 익다 여러 번 다녀서 길이 익숙하다. ¶ 이젠 발이 익어 이 지역의 유적지들을 쉽게 찾을 수 있다. / 말은 기생 천관의 집으로 가는 길에 발이 익은지라 졸고 있는 주인을 태운 채 그 집 문 앞에 이르렀다. 반 **발(이) 서투르다[설다]**

뼈와 살로 만들다 ⇒ **피와 살로 만들다** ¶ 너희가 배운 지식을 너희의 뼈와 살로 만들어야 한다.

뿌리(가) 깊다 생각이나 문화 따위가 오래되다. ¶ 뿌리 깊은 관행은 고치기가 매우 어렵다. / 우리의 뿌리 깊은 전통문화가 사라져 가고 있다. / 우리의 사대 의식은 상당히 뿌리가 깊다. 이는 해방 후 미국을 중심으로 한 서구 문물이 들어오면서 더욱 가속화되어 왔다.

손때(가) 먹다 (물건이) 오래 사용하여 쓰기 좋게 되다. ¶ 제법 손때가 먹은 칼인가 본데 한번 구경할 수 있나요?

손때(가) 묻다 (물건이) 오래 사용하여 익숙하거나 정이 들다. ¶ 손때 묻은 책을 후배들에게 물려주고 졸업하던 풍습은 사라진 지 오래다. / 조상들의 손때가 묻어 있는 이 그릇은 무엇과도 바꿀 수 없는 우리 집 보물이다.

손때(가) **오르다** (물건이나 짐승이) 오래 사용하거나 키워서 쓰기 좋거나 익숙하게 되다. ¶ 한창 손때가 오른 자전거를 잃어버린 아이는 며칠째 울기만 했다. / 벌써 이 년 가까이 내 손으로 길러온 손때 오른 정든 짐승들이었다.

손때(를) **먹이다**[1] (물건을) 길들여 써서 광이 나게 하다. ¶ 십여 년을 손때 먹인 쟁기가 이젠 필요 없는 물건이 되고 말았다.

손때(를) **묻히다**[1] ⇒ 손때(를) 먹이다[1] ¶ 시간과 공을 들이며 손때를 묻힌 악기라 유난히 더 정이 간다.

손에 익다 (오래 쓴 물건이거나 오래 한 일에) 익숙하다. ¶ 컴퓨터도 손에 익어 이젠 자판을 안 보고도 두들길 수 있어. / 처음엔 생소하겠지만, 어느 정도 시간이 흐르면 그 일도 손에 익을 거야. 유 **손에 붙다, 손에 오르다** 반 **손에 설다**

이골이 나다 (어떤 행동이나 말이) 버릇처럼 되어 익숙해지다. ¶ 닳고 닳은 말투. 그것은 구독자들의 항의 전화에 하도 여러 번 이런 식으로 대답해서 이미 이골이 난 말투였다. / 막사 안에서 그토록 추운 밤을 많이 보냈으니 이제 추위에는 어느 정도 이골이 났다.

입에 익다 (어떤 말이) 버릇처럼 되어 익숙해지다. ¶ 읽고 보니 입에 익은 문구다. / 군대에 갔다 오면 욕이 입에 익어, 제대 후 몇 개월 동안은 불량한 사람으로 오해받기도 한다.

자기도 모르게 무의식중에 저절로. 주로 습관적인 행동을 나타낼 때 쓰인다. ¶ 열심히 변명을 하다가 자기도 모르게 거짓말을 한 경험은 누구나 있을 것이다. / 음악을 들을 때, 우리는 자기도 모르게 음악의 박자를 맞춘다.

자리(가) **잡히다**[1] (서투르던 것이) 익숙해지다. ¶ 경력이 좀 쌓이고 나니 일솜씨가 제법 자리가 잡혔다.

즙(이) **나다** (일에) 익숙해지다. ¶ 이젠 그 일에 즙이 나서 웬만한 일을 시켜도 전혀 당황하지 않게 되었다. ※ 즙(汁): 수분이 들어 있는 물체에서 짜낸 액체.

피와 살로 만들다 완전히 이해하여 자기 것으로 만들다. ¶ 배운 것을 피와 살로 만들어야만 나중에 자연스럽게 써먹을 수 있다.

피와 살이 되다 완전히 이해하여 자기 것이 되다. ¶ 이게 다 피와 살이 되는 말이니까 잘 들어. / 아버지 말씀은 내 어린 시절의 피와 살이 되었다.

【**미숙**(未熟), **생경**(生硬)】

귀(가, 에) **설다** 들어 본 일이 거의 없다. ¶ 그 이름은 아무리 생각해도 귀에 설다. / 새로 만든 말은 처음에 귀 설게 들릴 수 있다. 반 **귀에 익다**

낯(이) 설다 ① 서로 알지 못하여 친숙한 맛이 없어 서먹하다. 어색하다. ¶ 초면인데도 낯이 설지 않아요. 어디서 본 사람 같기도 하고요. 반 **낯(이) 익다** ② 몇 차례 보지 않아 익숙하지 않다. ¶ 먼 이국땅에 도착하니 모든 것이 낯이 설기만 하다. 반 **눈에 익다**

덜 익다 안정되지 않고 서툴다. ¶ 새 정부가 의욕이 앞서, 너무 덜 익은 정책을 남발하지 않을까 걱정이 된다. / 하고 싶은 게 많을수록 작품이 복잡하고 모호해진다. 대가의 작품과 덜 익은 작가의 작품을 비교해 보면 이를 분명히 알 수 있다.

발씨(가) 설다[서투르다] ⇒ **발(이) 서투르다[설다]** ¶ 아무리 발씨가 선 사람이라도 문 찾아 나가기는 어려울 것이 없는지라. (이인직, 귀의 성)

발(이) 서투르다[설다] 자주 다녀보지 않아 길에 익숙하지 않다. ¶ 발이 익은 사람은 눈길에도 쉽게 길을 찾을 수 있지만 발이 서투른 사람은 여간 고생을 하지 않을 수 없다. (남영신, 한국어 용법 핸드북) 반 **발(이) 익다**

산 설고 물 선 (어떤 곳이) 매우 낯선. ¶ 산 설고 물 선 곳으로 배치를 받았지만 주위 사람들의 따뜻한 배려로 크나큰 외로움은 느끼지 않았다. / 그들은 산 설고 물 선 부산항으로 피란을 떠나지 않으면 안 되게 생겼다.

설 익다 미숙하다. ¶ 설익은 생각으로 일을 추진했으니, 결과가 그 모양이지. / 그의 견해는 언뜻 보기에는 논리가 타당한 것처럼 보이나 자세히 살펴보면 설익은 주장들이 많다.

손에 설다 익숙하지 않다. ¶ 처음 하는 일이라 손에 많이 설 거야. 반 **손에 붙다, 손에 오르다, 손에 익다**

일치(一致), 조화(調和)

【일치(一致), 동조(同調)】

가락이 맞다 (행동, 소리, 뜻 따위가) 서로 잘 들어맞다. ¶ 손이 닿거나, 어깨가 움직이거나, 발로 밟거나, 무릎을 굽힐 때마다 쓱쓱 싹싹 칼질하는 소리가 모두 가락이 맞았다. / 그와 나의 시선이 맞고 정서의 가락이 맞고 우리의 화제가 원심을 향해 모여들 때, 우리가 마시는 한잔의 차는 얼마나 아름다운 뜻을 지니랴. ※ 가락: 소리의 높낮이가 길이나 리듬과 어울려 나타나는 음의 흐름.

같이 놀다 (동등한 입장에서) 한패가 되다. ¶ 언론과 권력이 같이 놀다 보니까 신문이 정부에 불리한 기사를 안 쓰는 거예요. / 네가 지금 몇 살인데 우리랑 같이 놀려고 하는 거야? 네가 우리랑 같이 놀 나이야? 참 **놀고 있다, 잘 논다**

딱 맞아떨어지다 일치하다. ¶ 처음 계산하고 딱 맞아떨어집니다. / 자네가 생각하고 있던 것과 내 생각이 딱 맞아떨어지니 일을 같이해도 아무 문제가 없을 것 같다.

똥창(이) 맞다 뜻이 맞다. ▷ 비속어 ¶ 몇 번 만나고 나서 똥창이 맞아 일을 꾸미기 시작했다. / 잘들 논다. 서로 똥창이 맞는구나. 그래, 그때가 가장 좋을 때다. ※ 똥창: 큰창자.

말(이) 통하다[1] 수준이 맞거나 뜻이 맞다. ¶ 말이 통해야 같이 이야기를 하지. 세상에 무식해도 그렇게 무식한 사람이 있을 수 있을까? / 서로 비슷한 세대라 말이 통하니 같이 지낼 만하겠네.

맞장구(를) 치다 동조하다. 어떤 의견에 찬성하거나 보조를 맞추다. ¶ 모두 그의 말에 맞장구 쳤지만, 나는 결코 그럴 수 없었다. / 외국인과의 대화를 매끄럽게 하는 방법 중 하나는 짤막하게나마 상대방의 이야기에 맞장구를 치는 것이다.

박자를 맞추다 ⇒ 장단(을) 맞추다 ¶ 그의 말에 긍정적으로 박자를 맞춘 사람은 발이 넓기로 유명한 김 선생이었다. / 요즘처럼 행정부에 대한 국민의 지지가 높을 때는 당이 대통령의 정책에 박자를 맞추어 나갈 수밖에 없다. / 미국 의회까지 나서서 대일(對日) 압력에 박자를 맞추고 있다.

발(을) 맞추다 (여러 사람의 말이나 행동을 같은 방향으로) 일치시키다. ¶ 우리도 역사의 흐름에 발을 맞춰 나갈 것이다. / 대부분 장사꾼들은 그때그때의 유행에 발맞추어 물건을 찍어 낸다.

발(이) 맞다 여러 사람의 말이나 행동이 같은 방향으로 일치되다. ¶ 서로 발이 맞아야 일의 성과를 낼 수 있다. / 맘이 맞고 발이 맞는 사람끼리 배역이 결정되면 그 드라마는 성공하는 것이다. 반 **발이 어긋나다** 참 **눈이 맞다**

배(가) 맞다[1] (어떤 일을 하는 데서) 마음이 서로 통하여 뜻이 맞다. ▷ 비속어 ¶ 담당 공무원과 배가 맞아 한통속이 되어 일을 꾸몄다. / 죽는 게 원통타는 게 아냐. 기위 죽는 바에야 민가 놈들을 모조리 죽이구 그 외에 두 민가 놈들허구 배가 맞은 놈들을 다 죽이구 나서 죽는 게 옳지 않은가. (윤백남, 태풍)

보조를 맞추다 여럿이 일을 할 때 서로 조화를 이루다. ¶ 동료들과 보조를 맞추어 일해야 한다. / 타 부서와 일의 보조를 맞추라지만, 뭐가 맞아야 맞추든 말든 하지. ※ 보조(步調): 여러 사람의 걸음걸이의 정도.

손발(을) 맞추다 ① ⇒ **호흡을 맞추다** ¶ 그들은 고교 시절부터 손발을 맞춰 왔다. ② (일을 할 때) 생각이나 행동을 일치시키다. ¶ 학교와 가정이 손발을 맞춰 학생을 지도해야지요.

손발(이) 맞다 (일을 할 때) 생각이나 행동이 일치하다. ¶ 손발이 맞아야 뭐라도 하지. / 모처럼 손발이 착착 맞자 두 선수는 신바람을 내며 훈련하고 있다.

손(이) 맞다 (일을 할 때) 생각이나 행동이 일치하다. ¶ 그들은 손이 잘 맞았는지 남들보다 빨리 목표를 달성했다.

입(을) 맞추다 의도적으로 의견을 같게 하다. ¶ 고민 끝에 모르는 일로 하기로 명수와 입 맞추고 서둘러 학교를 나왔다. / 그들은 입을 맞추기라도 한 것처럼 똑같은 내용을 말하고 나갔다.

입(을) 모으다 여러 사람이 같은 의견을 말하다. 같은 의견을 말하게 된 것이 우연일 경우에 쓰는 표현이다. ¶ 그에 대한 이야기만 나오면 동네 사람들은 입 모아 칭찬한다. / 친구들은 내가 기왕에 해 오던 일을 그만두고 새로운 일에 도전하기에 너무 늦은 나이라고 입을 모은다.

장단(을) 맞추다 동조하다. ¶ 철없는 학생들 주장에 장단 맞추지 말고 그들을 올바른 방향으로 이끌 생각을 하세요. / 정부 발표에 멍청하게 장단이나 맞추는 언론은 필요가 없습니다.

장단이 맞다 (같이 일하는 데 있어서) 생각과 행동이 일치하다. ¶ 같이 일을 시켰더니, 서로 장단이 맞아 일을 잘 처리한다. / 장단이 맞아야 뭘 해도 하지요. 사사건건 충돌이 생기니 같이 일 못 하겠어요.

죽과 장이 맞다 서로 조화를 이루다. ¶ 여러 사람이 함께 하는 일은 서로 죽과 장이 잘 맞아야 성공적으로 마칠 수 있다. ※ 죽(粥): 곡물을 물에 끓여 묽게 만든 음식. 장(醬): 음식의 간을 맞추는 데 쓰는 짠맛이 나는 검은 액체.

죽이 맞다 서로 조화를 이루다. ¶ 죽이 맞아야 일을 하지. / 그 두 사람은 죽이 맞아 별 희한한 일을 다 저지르고 다닌다. 그렇게 죽이 잘 맞는 사람들은 처음 보았다. ※ 죽: 옷, 그릇 따위의 열 벌을 묶어 이르는 말.

한 목소리로 같은 견해나 같은 입장으로. ¶ 정부의 개혁 정책에 여야가 한목소리로 환영했다.

한 배에[를] 타다 같은 입장이 되다. ¶ 밉든 곱든 이제 한 배에 타게 되었으니 한번 잘해 봅시다. / 그것이 어찌 당신만의 일이에요? 당신 혼자 어떻게 해 보려는 그 생각은 버려요. 우리는 이미 모두 한 배를 타고 있잖아요.

한목소리를 내다 같은 견해를 표방하다. ¶ 다양한 사람들이 모인 집단이니만큼 한목소리를 내는 것이 쉽지는 않았다. / 군부 독재 타도를 위해 민주 세력들이 한목소리를 내며 투쟁했다. / 아무리 결속력이 강한 집단이라도 세월이 지나다 보면 한목소리를 내기가 힘들다. 반 **다른 목소리를 내다**

호흡을 같이하다 어떤 일을 함께하거나 공감대를 이루다. ¶ 나는 그들과 함께 울고 웃으며 오랜 시간 호흡을 같이했다. / 우리는 무대의 연기자와 호흡을 같이하며 감명 깊게 연극을 보았다.

호흡을 맞추다 어떤 일을 함께하다. ¶ 개그계의 원조 명콤비인 그들은 십 년 만에 함께 호흡을 맞췄다.

호흡이 맞다 조화를 이루다. ¶ 두 사람이 호흡이 잘 맞아 명콤비가 되었다. / 모든 단원이 호흡이 맞아야 비로소 훌륭한 음악이 나온다.

【불일치(不一致), 부조화(不調和)】

격(이) 나다 서로 사이가 나빠지다. ¶ 제사 문제로 형제간에 격이 난 것으로 보인다.

격(이) 지다 ⇒ **격(이) 나다** ¶ 둘은 친한 사이였는데 돈 문제로 격이 지면서부터 서로 마주치는 것조차 꺼린다.

공중에 뜨다[1] (물건 수량이나 돈을 점검한 결과) 생각보다 모자라거나 없어지다. ¶ 장부와 통장을 비교해 보니 2억 원이 공중에 떴다. / 인수인계 과정에서 두 트럭분의 물건이 공중에 뜬 것을 확인했다.

귀(가) 나다 의논이 서로 빗나가 틀어지다. ¶ 내가 어제 이 사장에게 가 미리 의논해 두었으니까, 남들 듣기엔 말이 귀날 리 없지요. / 조합 농사라는 건 개인 농사와 달라 그렇게 무턱대고 할 순 없단 말이야. 세밀한 계획을 짜 가지구 해도 이 귀가 나고 저 귀가 나고 해서 잘 안 되는데. (신고송, 선구자들) ※ 귀: 넓은 바닥의 구석진 모퉁이나 모가 난 물건의 모서리.

규각(이) 나다 뜻이 서로 맞지 않다. ¶ 사람이 둘만 모여도 규각이 나는 판이니 대동이라고 아무리 외쳐 본들 무슨 소용이 있겠는가. ※ 규각: 모나 귀퉁이의 서로 잘 맞지 않는 곳.

다른 목소리가 나오다 주장이나 의견이 일치되지 않다. ¶ 다른 목소리가 나올 때 이를 슬기롭게 수렴할 수 있는 인물이 유능한 지도자이다. / 개헌 문제에 있어서는 계파별로 서로 다른 목소리가 나오고 있다.

다른 목소리를 내다 일치되지 않은 주장이나 의견을 제시한다. ¶ 교육 현안에 다른 목소리를 내 왔던 교원 단체들이 이 문제에 대해서는 모두 반대 입장을 분명히 했다. / 친정부적이라고 알려진 그가 이번 문제에 대해서만큼은 정부와 다른 목소리를 내 화제가 되었다. 반 **한목소리를 내다**

말이 다르다[1] 주장, 의견, 설명 따위가 일치되지 않다. ¶ 신고 절차에 대해 물어봤는데, 동사무소마다 말이 달랐다. / 두 사람의 입씨름은 한양까지 이어졌고, 국왕 앞에 나아가서도 말이 달랐다.

물 위의 기름 다른 것과 어울리지 못하여 겉도는 것. ¶ 나를 물 위의 기름이 되지 않게 하려면 그들 위에 군림하지 않고 그들과 같은 처지로 살아야 한다. / 내가 그를 만난 건 학교생활이 불안정하여 물 위의 기름처럼 지내고 있을 무렵이었다.

물과 기름이다 이질적이어서 융화하지 못하다. ¶ 평소엔 물과 기름인 사람들도 이권을 나눌 때는 아삼륙이다. / 그들은 남들이 보기에 썩 잘 어울리는 것 같지만 가정에 돌아가면 물과 기름이었다. * 아삼륙[二三六]: 마작에서 쓰는 골패의 쌍진아, 쌍장삼, 쌍준륙의 세 쌍. 서로 꼭 맞는 짝을 나타내는 말로 쓰인다. 참 **물과 불이다**

박자가 어긋나다 일이 일사불란하게 진행되지 않다. ¶ 시작부터 뭔가 박자가 어긋나 버렸다는 느낌이 들었다. / 부서 간에 박자가 어긋나면 일을 어떻게 할 수 있겠어요?

발이 어긋나다 서로 지향하는 바가 다르다. ¶ 단일화 가능성이 낮은 이유는 정치적 배경과 성향이 전혀 다른 두 후보가 선거 운동을 시작하기 전 이미 발이 어긋나 있었기 때문이다. 반 **발(이) 맞다**

쌍알(을) 지르다 두 가지 일을 겹치게 하여 어긋나게 만들다. ¶ 괜히 자네가 나서서 쌍알을 지르지 말고 이번 일에서 손 떼게. ※ 쌍알(雙-): 노른자가 둘 들어 있는 알.

쌍알(이) 지다 두 가지 일이 겹쳐 어긋나게 되다. ¶ 재수가 없으니까 일이 또 쌍알이 지는군. / 회의 날짜가 쌍알 지는 걸 피하려면 우리 쪽에서 날짜를 변경해야지.

이(가) 빠지다 일부가 훼손되어 완전히 갖추지 못하다. ¶ 잘 보존했어야 했는데 제 불찰로 이가 빠져 보기가 흉합니다. / 이 빠진 접시에 음식을 담아 주는 것은 예의가 아니다.

사람을 대하는 태도(態度)

【**거만**(倨慢)】≒【**고집**(固執), **자존심**(自尊心)】

고개를 빳빳이 들다[1] 거만하게 굴다. ¶ 어느 앞이라고 고개를 빳빳이 들고 말대꾸를 하는 거야. 버릇없게.

고자세로 나가다 아쉬울 것 없이 행동하다. ¶ 마누라가 돈 잘 버는 사람이야 고자세로 나갈 수 있지만, 나같이 마누라가 집에서 살림하는 사람은 그럴 수 없지. / 독일의 발언권이 강화된 지금 영국이 이전처럼 고자세로 나갈 수 있을까? 반 **저자세로 나가다** 참 **자세(가) 나오다**

목에 힘(을) 주다 거만하고 권위적인 태도를 취하다. ¶ 목에 너무 힘주지 말고 후배들을 대해라. / 그는 자기보다 못한 사람을 밑에 두고 목에 힘을 주며 살고 싶어 한다.

목을 뻣뻣이 세우다 ⇒ **목에 힘(을) 주다** ¶ 잘난 것도 없으면서 목을 뻣뻣이 세우는 사람들을 보면 한심하다는 생각만 든다. / 용서할 마음이 생겼다가도 상대가 되레 목을 뻣뻣이 세워 나를 노려볼 때는 용서할 마음이 천리만리 달아난다.

목이 빳빳[뻣뻣]하다 거만하다. ¶ 조금 더 배웠다고 목이 빳빳해져 있는 모습이 제 눈에는 안쓰럽게 보입니다. / 그야말로 자만에 빠져 목이 뻣뻣한 선수들을 지도할 수 있는 유일한 감독이다.

무게(를) 잡다 엄숙한 모습을 보이다. 또는 거만하게 굴다. ¶ 나름대로는 무게를 잡는다고 잡고 있지만, 내가 보기에는 어린애들이다. / 그는 시를 앞에 놓고 심각한 척 무게 잡는 법이 없다. 오히려 무게를 잡는 일이 우습다는 듯 야유나 조소를 보낸다. 참 **폼(을) 잡다**[1]

배때(가) 벗다 말이나 행동이 거만하고 건방지다. ¶ 백동수는 조금이라도 배때 벗고 나번득이는 사람을 만나면 두 눈을 쏘아보며 물었다. (김탁환, 열하광인) / 팔을 뒤로 짚고 비스듬히 앉은 꼴이 꽤 배때가 벗었다. ※ 배때: '배'를 속되게 이르는 말. 배때기. 참 **때(를) 벗다**

아랫배에 힘(을) 주다 거만하고 뻐기는 태도를 취하다. ¶ 자기가 얼마나 대단한 배경이 있기에 아랫배에 힘을 주고 다니는지 모르겠다.

어깨에 힘(을) 주다 거만한 태도를 취하다. ¶ 일류대 다닌다고 너무 어깨에 힘주는 거 아냐? / 그는 어깨에 힘을 주며 나에게 은빛 찬란한 대표 이사 명함을 건넸다.

있는 티를 내다 말이나 태도로 부자라는 걸 표현하다. ¶ 있는 티를 내며 말을 거는 노인에게 청년은 부아가 난 얼굴로 퉁명스럽게 대답했다.

조를 빼다 ① 거만스레 어떤 티를 나타내며 행동하다. ¶ 돈 있는 사람이 조를 빼는 꼴은 눈 뜨고 볼 수 없다. / 도량이 넓어서 아쉬운 소리를 한다고 조를 뺄 사람은 아니네. ② 난잡히 굴지 않고 짐짓 의젓한 태도를 나타내다. ¶ 이 년이 두고 보자 하니 꽤나 조를 빼고 있네그려. 네 년이 몸을 사려 정절문을 세울 것이냐? ※ 조(操): 깨끗이 가지는 몸과 굳게 잡은 마음.

코가 높다 ⇒ 콧대가 높다 ¶ 그 여자는 어찌나 코가 높은지 비위 맞추기가 무척 힘들다. / 그 사람, 노총각이라도 코가 높아서 웬만한 여자는 거들떠보지도 않아. 참 **눈(이) 높다**

코가 우뚝해지다 잘난 체하며 거만해지다. ¶ 정부 내에서 친일파가 득세하면서 일본 세력 또한 코가 우뚝해졌다. / 그는 왕의 인정을 받으면서부터 코가 우뚝해져 안하무인(眼下無人)으로 행동하기 시작했다.

콧대가 높다 잘난 체하며 거만하다 ¶ 난 머리에 든 것 없이 콧대만 높은 여자는 딱 질색이에요. / 그는 최고 명문 대학을 나온 인재라고 콧대가 높았다. 참 **콧대가 세다, 콧대(를) 세우다**

턱으로 부리다 (거만함을 풍기며) 지시대로 움직이게 하다. ¶ 그의 말투에는 여전히 사람을 턱으로 부리는 사람 특유의 오만함이 깃들어 있었다. / 나도 아랫사람을 턱으로 부리는 위치에 오르고 싶었습니다.

틀을 빼다 얄밉게 격식을 차리다. ¶ 그는 틀을 빼는 사람이라 '서울 사네.' 하고 거드름을 피우며 대답했다.

틀(을) 짓다[1] 위엄을 보이려는 태도를 갖다. ¶ 그는 틀을 지으며 말했지만 아무도 그의 말을 듣지 않았다.

【건방짐, 버릇없음】

되지 못하다 언행이 바르지 않다. ¶ 되지 못하게 어디다가 반말이야. / 되지 못한 놈 같으니라고. 누구 앞에서 큰소리를 치고 있어.

막 가다 예의 없이 아무렇게나 행동하다. ¶ 아무리 화가 나도 그렇지. 윗사람 앞에서 그렇게 막가서야 되니?

병자년 방죽이다 건방지다. ¶ 오냐오냐했더니 이젠 병자년 방죽이다. 〖기원〗 조선 시대 고종

13년 병자년에 몹시 가물어서 방죽이 모두 말라붙은 것을 '건(乾)방죽'이라 하였는데, 이 발음이 '건방지다'와 비슷한 데서 유래한 말이다.

상투 위에 올라앉다 버릇이 없다. ¶ 오냐오냐하니까 상투 위에 올라앉는다. / 손자 녀석을 너무 귀여워해 주면, 아예 상투 위에 올라앉으려고 한다. ※ 상투: 예전에 장가든 사내가 머리털을 끌어 올려서 정수리 위에 틀어 감아 매던 것.

엉덩이에 뿔 나다 버릇이 없다. ¶ 가뜩이나 엉덩이에 뿔 난 학생들에게는 자유가 곧 방종이 될 수 있지요. / 조금만 잘해 주면 같이 놀려고 하는 엉덩이에 뿔 난 녀석들이 간혹 있다.

위아래가 없다 기강이 잡히지 않다. ¶ 요즘 군대는 위아래가 없어졌어. / 위아래가 없으니 일이 제대로 굴러가지를 않아.

하늘 높은 줄 모르다[1] 행동이 시건방지고 분수를 모르다. ¶ 능력 있다고 위에서 인정해 주니까 하늘 높은 줄 모르고 날뛴다.

【기세등등(氣勢騰騰)】≒【통제(統制), 주도(主導)】

기가 나다 (자신감이 넘쳐) 활기차다. ¶ 칭찬 한 번에 기가 나서 목소리를 높이는 아이를 멀거니 쳐다보았다. 반 **기(가) 죽다**

기가 살다 (자신감이 넘쳐) 활기차다. ¶ 큰 아이들 틈바구니에서 기가 진뜩 죽어 있던 아이는 어머니 모습이 보이자 기가 살아 큰 소리로 떠들어 댔다. / 선생님이 부드러운 목소리로 칭찬하시자 병팔이는 금방 기가 살아났다. 반 **기(가) 죽다** 참 **속이 살다**

기가 세다 활동력이 강하고 거침이 없다. 주로 사람에 대한 표현으로 쓰지만, 동물이나 땅에 대한 표현에서도 쓴다. ¶ 우리 반 여자들 왜 이렇게 기가 세고 설쳐 대나요? 그리고 남자들은 왜 가만히 있어요? / 한눈에 봐도 기가 세 보이는 얼굴이었다. / 이곳은 기가 세서 옛날에는 기우제를 지내던 곳이래.

기(를) 펴다 억눌리는 기분을 받지 않고 마음을 자유롭게 가지다. ¶ 웬만한 양반들은 김씨 세도 밑에서 기를 펴지 못했다. / 내 집도 마련했으니 이제 기 펴고 살 수 있을 것 같다. / 공처가는 마누라 앞에서 기를 펴지 못하는 사람이다.

깃발(을) (휘)날리다 무언가를 내세우며 보란 듯이 행세하다. ¶ 수출 제일주의 시대에는 무역 전공자가 깃발을 날렸다. / 그는 정치적 고향이라 할 수 있는 부산에서도 자신 있게 깃발 날릴 수 있는 처지가 못 된다. / 많은 사람이 이 일을 시도하지만 사실 소수의 사람들만 성공의 깃발을 휘날릴 수 있다. 『기원』 위치나 소속 등을 알릴 때 또는 무엇을 상징하는 수단으로 기(旗)를 사용하는 관습에서 비롯한 표현이다. 참 **주름(을) 잡다** ①

끗발(을) **날리다** 세도를 부리거나 기세 있게 활동하다. ¶ 그는 서울 종로 일대에서 끗발을 날리며 주먹 하나로 세상을 평정했다. / 서울에서 한창 끗발 날리는 가수가 내려온다고 소문이 나서 그런지 공연장은 발 디딜 틈도 없었다. ※ 끗발: 노름 따위에서, 좋은 끗수가 잇달아 나오는 기세.

끗발(이) **세다** 세도나 기세가 당당하다. ¶ 끗발 센 집안은 뭐가 달라도 달라. 자기들 사는 집만이 아니라 조상들의 묘도 그렇게 잘해 놓을 수가 없어. 『기원』 노름판에서 좋은 끗수가 잇따라 나오는 것을 '끗발이 세다' 또는 '끗발이 좋다'라고 한 데에서 비롯한 표현이다.

끗발(이) **좋다** ⇒ **끗발**(이) **세다** ¶ 끗발이 좋아 예산이 많은 부서는 의자부터 다르다.

날(을) **세우다** 기세 있게 대응하다. ¶ 나 역시 날을 세우고 그에게 따가운 충고를 했다. / 그는 이번 문제에 대해서는 그냥 넘어가지 않고 민사상 손해 배상 책임까지 묻겠다고 날을 세웠다. 참 **날**(이) **서다** [1, 3]

날(이) **서다** [2] 기세가 세차고 매섭다. ¶ 거리가 을씨년스럽다. 차가운 도심의 불빛, 어둠 뒤에 오는 바람엔 날이 섰다.

네 활개를 펴다 걱정을 덜고 활기차게 되다. ¶ 돈줄만 잡아 주면 그늘에서 기를 펴지 못하고 빌빌거리고 있는 주영이도 네 활개를 쭉 펼 것이 아닌가!

서릿발(을) **곤두세우다** 매섭고 준엄하게 굴다. ¶ 유신 정권의 대를 이어 권좌에 오른 장성들의 서슬이 사회 곳곳에서 서릿발을 곤두세우던 때였다. (김소진, 두 장의 사진으로 남은 아버지)

서릿발(이) **서다** 매섭고 준엄한 기운이 있다. ¶ 평소에 온화하던 그의 목소리에 서릿발이 섰다. / 서릿발 선 그의 눈동자를 똑바로 쳐다볼 수 없었다.

서릿발(이) **치다** 기세가 매우 당당하고 준엄하다. ¶ 장군의 서릿발 치는 명령에 어느 누구도 되물어 보지 않았다. / 서릿발 치는 그의 말에 기가 죽어 모두 냉가슴만 앓고 있다.

서슬이 (시)**퍼렇다** 매섭고 준엄한 기운이 있다. ¶ 서슬 퍼런 검사의 말에 그는 금세 주눅이 들었다. / 시간이 지나면서 서슬이 시퍼렇던 부동산 규제책도 슬그머니 꼬리를 감추었다. ※ 서슬: 칼날이나 다른 물건의 날카로운 곳.

서슬(이) **푸르다** ⇒ **서슬이** (시)**퍼렇다** ¶ 그런 비굴한 언론인에게 정권에 대한 서슬 푸른 비판 정신을 기대할 수 있겠는가. / 경비원은 삿대질을 하며 야단을 쳤다. 당장 어머니의 뺨이라도 후려칠 듯 서슬이 푸르렀다.

시퍼렇게 살아 있다 기세등등하게 활동하다. ¶ 마누라가 시퍼렇게 살아 있는데 바람을 피울 수가 있어? / 아직까지도 국가보안법은 시퍼렇게 살아 있다.

어깨가[를] **으쓱거리다** (자신감이 생겨) 기세 좋게 행동하다. 또는 뽐내다. ¶ 철수는 시험에 합격하더니 어깨를 으쓱거리며 돌아다닌다. / 아버지가 종종 내게 가게 보는 일을 맡겼는데, 그때마다 나는 작은 상점의 사장님이라도 된 양 어깨가 으쓱거렸다.

자리를 박차고 일어나다 (거부의 뜻을 밝히며) 기세 좋게 행동하다. ¶ 여러분이야말로 자리를 박차고 일어나 진정한 자유를 찾아 나선 여성들입니다. / 불의를 보면 자리를 박차고 일어날 수 있는 사람이 많을 때 정의가 실현될 수 있다. / 시장의 발언에 시민 단체가 강력히 반발하며 더 이상의 면담을 거부하고 자리를 박차고 일어난 것으로 알려졌다.

제 세상(을) 만나다 기세 좋게 활동하다. 주로 '제 세상을 만난 듯', '제 세상을 만난 양'과 같이 쓰인다. ¶ 날씨가 추워지자 바이러스가 제 세상을 만났다. / 모처럼 풀린 날씨에 아이들은 제 세상을 만난 듯 신이 났습니다. / 조정의 대응이 신통치 않자 왜구들은 제 세상 만난 양 더욱 기승을 부리며 날뛰었다.

춤(을) 추다[1] 크게 성행하거나 세력을 떨치다. ¶ 그 영화는 흉악한 범죄가 춤을 추는 도시의 뒷골목을 배경으로 하고 있다.

코 큰 소리 자신감 있고 기세 있는 말. ¶ 여자도 저만큼이나 났어야 사내들한테 코 큰 소리를 해 보지.

코에 걸다 무엇을 자랑삼아 내세우다. ¶ 그들은 자신들의 과거를 부끄러워하기는커녕 도도히 그들의 행적을 코에 걸고 다녔다. / 학력도 그렇고 집안도 그렇고 정말 나는 코에 걸고 다닐 것이 없는 그런 사람이다.

큰기침을 하다 기세 좋게 행동하거나 위엄을 보이려 하다. ¶ 국어사전인데도 외국어들만이 나타나 큰기침을 하고 있는 곳이 있다. ㄹ 항목이 그렇다. / 그는 아이의 말에 흠칫 정신을 차리고 자신을 살피니 부끄러운지라 자세를 바로잡고 큰기침을 했다.

큰소리(를) 치다[1] 기세를 떨치다. ¶ 몇 년 전만 해도 큰소리치며 살던 사람이 갑자기 망해 쪽박 차는 신세가 되어 버렸다. / 큰소리를 치며 정의를 말하는 사람들의 진정성은 위기가 닥쳤을 때 드러나기 마련이다.

판(을) 치다 세력을 떨치다. ¶ 돈과 권력이 판치는 세상이 미워 이렇게 산에 들어와 살고 있습니다. / 불법 음반이 판을 치면서 음악인들의 생계가 위협받을 지경에까지 왔다.

팔을 (휘)젓고 다니다 의기양양하게 행동하다. ¶ 출세했다고 팔을 휘젓고 다니는 꼴이라니 눈꼴사나워서 못 봐 주겠다. / 종로 바닥을 팔을 젓고 다닐 수 있게 된 것도 다 형님 덕이지요.

폼(을) 잡다[1] 으쓱거리고 뽐을 내다. ¶ 그는 폼만 잡았지, 실속이 없는 사람이다. / 나는 남학생들 앞에서 더욱 새침한 척 폼을 잡았다. ※ 폼(form): 모습. 참 **무게(를) 잡다**

폼(을) 재다 ⇒ 폼(을) 잡다[1] ¶ 지금은 저 잘난 맛에 폼을 재면서 날뛰지만 곧 후회하게 될 것이다.

하늘을 찌르다 (기세가) 무서울 만큼 높고 세차다. ¶ 빨리 전쟁을 끝내고 나라와 가족을 구하겠다는 사명감으로 프랑스 군대의 사기는 하늘을 찔렀다. / 가뭄으로 백성들의 원성이 하늘을 찌르자 조정은 민심을 수습하기 위해 쌀을 풀었다.

활개(를) 치다 의기양양하게 행동하다. 또는 크게 성행하다. ¶ 폭력배들이 활개 치고 다니게 내버려 둔 책임을 누가 질 것입니까? / 온갖 불안한 상상들이 내 머릿속을 헤집고 활개를 쳤다. / 그런 불량 식품이 활개를 치게 된 데는 정부의 책임이 크다. ※ 활개: 사람의 어깨에서 양쪽 팔까지 또는 궁둥이에서 양쪽 다리까지의 부분.

활개(를) 펴다 ⇒ **활개(를) 치다** ¶ 선거철이 되면 밑바닥 인생들도 사람대접을 받고 활개를 펴게 마련이다. / 황금만능 사상이 활개 펴면서 사람들 사이의 불신감이 높아졌다.

휘젓고 다니다 기세등등하게 설치다. '어디를 휘젓고 다니다'와 같이 쓰인다. ¶ 경기장을 휘젓고 다니는 저 선수가 누구야? / 학생들은 승리를 자축하며 교정을 휘젓고 다녔다. / 그 아이는 참외 서리, 수박 서리로 온 동네를 휘젓고 다니는 말괄량이다.

【겸손(謙遜)】

고개(를) 숙이다[2] 겸손하게 행동하다. 또는 나서지 않고 얌전히 있다. ¶ 정세가 어떻게 변할지 예측하기 힘드니 한동안은 고개를 숙이고 살아야 할 것이다. / 시류에 영합하지 않고 묵묵히 고개 숙이고 일하는 분들이야말로 우리 사회의 밀알이다.

머리(를) 굽히다[1] 겸손하게 행동하다. ¶ 사람은 지위가 높아질수록 머리를 굽히며 살아야 하는 법이다.

머리(를) 숙이다[2] 겸손하게 행동하다. 주로 감사의 인사를 하는 것을 나타낸다. ¶ 그는 자신의 영광이 지금까지 자신을 도와준 모든 이들의 덕분이라며 머리를 숙였다. 참 **머리가 수그러지다**

어깨(를) 낮추다 겸손하게 행동하다. ¶ 사람이 높은 위치에 올라갈수록 그리고 일이 잘 풀릴수록 어깨를 낮추고 다녀야 한다. / 엊그제 장에 가는 만원 버스 속의 어깨 낮춘 대화. 힘겹게 이 시대를 건너가는 우리들의 모습이 언뜻언뜻 보입니다.

옷깃을 여미다 삼가고 조심하며 숙연해하다. ¶ 옷깃을 여미고 선생님의 영전에 분향을 했다. / 지난 시간을 돌이켜 볼 때 역사와 국민 앞에 새삼 옷깃을 여미게 됩니다.

허리(를) 굽히다[1] 겸손하게 행동하다. ¶ 사고가 나자 사장이 직접 나서 허리 굽히며 변명했다. / 강한 자일수록 허리를 굽혀야만 세상 사람들의 마음을 얻어 더 큰일을 도모할 수가 있다. 〖기원〗 허리를 굽히는 행동을 통하여 상대에 대한 존경을 표하는 관습에서 비롯한 표현이다.

【억압(抑壓), 위축(萎縮), 억눌림】

가위(를, 에) 눌리다[2] 감당할 수 없는 일이나 힘에 억눌려 위축되다. ¶ 미국 시민권이 있는 교포들도 반공이데올로기의 가위에 눌려 북한을 쉬쉬하며 다녀왔다고 한다. / 입시 지옥에 가위 눌린 학생들이 가엾게 느껴졌다. / 나는 억눌린 목소리로 소리쳤다. "누구요?" 그러나 그 목소리는 가위 눌려 크지도 못했다. (조선작, 퇴계로의 숲)

고양이 앞의 쥐 꼼짝 못하는 처지. ¶ 철의 재상으로 불리는 그도 마누라 앞에선 고양이 앞의 쥐나 다름없어. / 그러고 보면 창수 그 사람 대단한 사람이야. 사장이고 부장이고 그 사람 앞에서는 고양이 앞의 쥐야.

기(가) 꺾이다 기세가 수그러들다. ¶ 붙어 보기도 전에 기가 꺾여 꽁무니를 뺐다. ※ 기(氣): 숨 쉴 때에 나오는 기운.

기(가) 죽다 (자신감이 없어져) 주눅이 들다. ¶ 시골에서 올라왔다고 기가 죽을 필요는 없어. 도시 사람이라고 뭐 특별할 게 있나. / 너무 야단을 쳐서 아이를 기죽게 하지 마라. 아이를 올바르게 키운다고 하는 것이 아이를 기죽이는 원인이 되기도 한다. 반 **기가 나다, 기가 살다** 참 **코가 납작해지다, 큰코(를) 다치다**

기가 질리다 겁이 나서 용기가 없어지다. ¶ 적의 대군을 보고 기가 질렸는지 병사들은 앞으로 나가려고 하지 않았다. / 진수의 말에 두 사람은 기가 질렸는지 한동안 아무 대꾸도 못 하고 마주 바라보고만 있었다.

기(를) 죽이다 (자신감을 없애) 주눅이 들게 하다. ¶ 크는 아이 기죽이지 말고 잘 보살펴 주어라. 참 **코를 납작하게 하다**

껌뻑[깜빡] 죽다[1] 기세에 눌려 약해지다. ¶ 아직까지는 검찰에서 나왔다고 하면 대부분 껌뻑 죽는다. / 돈줄을 쥐고 있는 회장 앞이니 모두 깜빡 죽을 수밖에.

꼭뒤(를) 누르다 (어떠한 세력이나 힘이) 기운을 펴지 못하게 압박하다. ¶ 위에서 꼭뒤를 누르는 판인데 아랫사람들이 뭘 어떻게 하란 말이오? ※ 꼭뒤: 뒤통수의 한복판.

꼭뒤(를) 눌리다 (어떠한 세력이나 힘 때문에) 기운을 펴지 못하게 되다. ¶ 그 또한 입 다물도록 꼭뒤를 눌렸다. / 그는 집에선 아내에게 꼭뒤 눌려 할 말도 제대로 못 하고 산다.

꼭뒤(를) 지르다[1] ⇒ **꼭뒤(를) 누르다** ¶ 민홍은 언제부턴지는 모르지만 꼭뒤를 지르듯 자신을 압박해 오는 벽시계의 초침 소리에 신경이 몹시 쓰이는 터였다. (김소진, 쥐잡기)

꼭뒤(를) 질리다 ⇒ **꼭뒤(를) 눌리다** ¶ 협박도 통하지 않고 꾀로도 지자, 이젠 오히려 그가 꼭뒤 질려 대폭 양보하지 않을 수 없는 지경에 몰렸다.

꼼짝 못하다 억눌려 기운을 펴지 못하다. ¶ 그는 선생님 앞에서만은 꼼짝 못한다. / 옛날엔 여자가 남자한테 꼼짝 못했다고 하지만 지금은 완전히 달라졌지요.

끽소리(도) 못하다 ⇒ **찍소리(도) 못하다** ¶ 나가서는 끽소리도 못하는 녀석이 집에만 들어오면 길길이 날뛴다.

눈칫밥(을) 먹다 다른 집에 얹혀살다. 또는 기를 펴지 못하고 살다. ¶ 계모 아래서 눈칫밥을 먹고 살아서인지 그는 항상 기가 죽어 있다. / 집에서 몇 년 빈둥거리면서 마누라 눈칫밥 좀 먹었지요. / 눈칫밥을 먹으면서 미운 오리 새끼로 지내다가 현재 팀으로 이적하면서 그의 숨은 실력이 나타나기 시작했다. 참 **남의 집(을) 살다**[2]

불길을 잡다 기세를 억누르다. ¶ 공안 정국을 조성하는 것만으로는 반정부 시위의 불길을 잡을 수 없어요. / 우선 불길을 잡아 큰 사태로 번지지는 않았지만, 난동으로 인해 흉흉해진 인심을 수습할 일이 남게 되었다.

불길이 잡히다 기세가 꺾이다. ¶ 새해 들어 간신히 불길이 잡힌 프랑스 폭동이 우리 한국에는 그저 강 건너 불구경거리일까? / 당국의 규제 조치에도 불구하고 부동산 투기의 불길은 잡힐 기미가 보이지 않는다.

설설 기다 억눌려 기운을 펴지 못하다. ¶ 아랫사람에게 호랑이 같은 사람이 자기보다 높은 사람 앞에서는 설설 긴다. / 그는 마누라한테 설설 기는 공처가다.

숨도 크게 못 쉬다 자기를 내세우지 못하다. 또는 억압적인 분위기에서 아무 말도 못 하다. 주로 긴장과 두려움을 강조할 때 쓰는 표현이다. ¶ 결혼하고 몇 년 동안은 숨도 크게 못 쉬고 살았다. / 군인들이 거리의 곳곳을 순찰하며 눈을 부라리고 있어 주민들은 숨도 크게 못 쉴 지경이다.

숨소리(를) 죽이다[1] 억압적인 분위기에서 아무 말도 못 하다. ¶ 그가 등장하자 장군들은 숨소리를 죽이고 서로 눈치만 살폈다.

숨(을) 죽이다[1] 자기를 내세우지 못하다. 또는 억압적인 분위기에서 아무 말도 못 하다. ¶ 그동안 숨죽이며 살아왔지만 이젠 내 말도 하면서 살아야겠어요. / 수사가 본격적으로 시작되자 이 사건에 연루된 관리들은 두려움에 숨을 죽였다.

숨통을 막다 억압하다. ¶ 고질적인 자금 부족이 중소기업의 숨통을 막고 있다. / 이제 우리나라에서만큼은 민주주의의 숨통을 막으려는 어떤 시도도 성공하지 못할 것이다. 반 **숨통을 열어 주다**

숨통을 죄다 억압하다. ¶ 국가보안법이 통일 운동의 숨통을 죄고 있다. / 교육적 뒷받침이 없는 지나친 관심이 어린 천재들의 숨통을 죄었다.

싹을 꺾다 더 이상 성장하지 못하게 만들다. ¶ 일제의 강점은 자주적 근대화의 싹을 꺾은 것이라 볼 수 있다. / 동생의 글에 나타난 그 어색한 표현이 그의 유일한 표현 도구임을 알지 못하고 빨간 펜으로 가차 없이 싹을 꺾었다. / 자기에게 대들었다고 해서 자라는 싹을 꺾은 것은 소위 대가(大家)라는 사람으로서 할 짓이 아니었다. ※ 싹: 씨앗에서 처음으로 터져 나오는 어린잎이나 줄기.

싹을 밟다 더 이상 성장하지 못하게 하다. ¶ 기성세대의 권위로 이제 한창 자라는 싹을 밟으려 들면 안 되지요.

싹을 자르다 ⇒ **싹을 꺾다** ¶ 그들은 자신들을 위협할 여지가 있는 것들은 사전에 철저히 싹을 잘랐다. 참 **뿌리를 자르다, 싹도 없다**

야코(가) **죽다** ⇒ **기**(가) **죽다** ▷비속어 ¶ 우리 쪽에서 먼저 성질 더럽게 나가면 그놈 야코가 죽겠지? / 청와대 백 들먹이면 내가 야코죽을 줄 알았나? 어림없는 소리야. ※ 야코: '콧대'를 속되게 이르는 말.

야코(를) **죽이다** ⇒ **기**(를) **죽이다** ▷비속어 ¶ 그는 어려운 한시를 읊으며 나를 야코죽였다. / 어디서 그런 놈을 구해다가 일부러 우리 학생들 야코를 죽이려고 데려온 게 틀림없다니깐. (김소진, 장석조네 사람들)

어깨가 늘어지다 기세가 꺾여 활기가 없다. ¶ 중년 남자는 가장으로서의 부담감과 중견 사회인으로서의 부담감 때문에 항상 어깨가 늘어져 있다. / 가슴에 파고드는 이러한 생각에 억바위 같은 사나이도 어깨가 늘어졌다. / 그는 사업에 실패한 후로 어깨가 축 늘어졌다. ＊억바위: 덩치가 매우 큰 바위. 반 **어깨**(를) **펴다**

어깨가 움츠러들다 의기소침해지다. ¶ 그런 사소한 일로 어깨가 움츠러들면 어떻게 해요. / 시험에 떨어진 후 그의 어깨가 잔뜩 움츠러들었다.

어깨가 처지다 ⇒ **어깨가 늘어지다** ¶ 어깨가 처진 채로 불평불만만 늘어놓아서는 성공할 수 없다. / 퇴직한 후 아버지는 예전의 기세를 찾아볼 수 없을 정도로 어깨가 처졌다.

오갈(이) **들다** 억눌려 기운을 펴지 못하다. ¶ 우선 장기튀김인 선돌을 달래 앉히고 오갈이 든 사내를 돌아보며 물었다. (김주영, 객주) / 층층시하에서 그러잖아도 주눅이 들고 오갈이 들어 줄방귀 참는 새댁처럼 영 얼굴색이 노래지는 판국이었다. (윤흥길, 타임 레코더) ※ 오갈: 식물의 잎이 병이나 열 때문에 말라서 오글쪼글한 모양. ＊장기튀김(將棋−): 한 줄로 세워 놓은 장기짝을 밀면 차차 밀리어 다 쓰러지듯 한 곳에서 생긴 일이 차차 다른 곳으로 영향을 미치는 것.

오금(을) **못 쓰다** 몹시 두렵거나 마음이 끌리어 어쩔 줄을 모르거나 꼼짝도 하지 못하다. ¶ 그는 축구 경기라면 오금을 못 쓰는 사람이다. / 부인 앞에서는 오금을 못 쓰는 것이 술자리에서는 큰소리만 쾅쾅 치고 있네. 저러다 큰코다치지. 〖기원〗 오금은 무릎이 구부러지는 안쪽의 오목한 부분인데, 정신을 놓고 서 있는 사람의 오금을 몰래 치면 주저앉을 수 있다. 그래서 남이 하는 말의 허점을 찍는 것을 '오금을 박다'라고 한다. 또 오금을 펴야 일어설 수 있기 때문에, 누구 앞에서 절절 매면 '오금을 못 쓰다'나 '오금을 못 펴다'라고 한다.

오금(을) **못 펴다** ⇒ **오금**(을) **못 쓰다** ¶ 모든 일에 자신감이 넘치는 박 대리도 아내 앞에서는 오금을 못 편다. / 나는 골초 중의 골초라 담배라면 아무 담배건 오금을 못 폅니다.

자라목이 되다 사물이 움츠러들다. 또는 기개가 꺾이다. ¶ 선생님이 소리를 꽥 지르자, 떠들던 아이들이 금방 자라목이 되고 말았다.

저자세로 나가다 굽실거리는 태도를 취하다. ¶ 그 앞에서 더 이상 저자세로 나갈 필요는 없어요. / 오늘은 사과하러 왔기 때문에 나는 처음부터 저자세로 나갔다. 반 **고자세로 나가다**

졸혀 지내다 남에게 눌려 기를 펴지 못하고 살다. ¶ 졸혀 지내지 말고 당당하게 행동해라. / 사내가 졸혀 지내면 사내답지 못하다는 말을 듣는다. 기죽지 말고 언제나 자신감을 가져.

쥐 죽은 듯하다[1] 두려움이나 위압을 느껴 꼼짝도 못하다. ¶ 그의 무서운 기세에 눌려 모두 쥐 죽은 듯했다. / 아버지가 호통을 치자 아이가 쥐 죽은 듯 얌전해졌다.

쥐여 살다 기를 펴지 못하고 지내다. ¶ 아내에게 쥐여 사는 공처가처럼 한심한 사람도 없을 것이다.

쥐여 지내다 ⇒ **쥐여 살다** ¶ 나도 남잔데 이제 더 이상 쥐여 지낼 수 없어. / 약점이 잡혀 한동안 동생에게 쥐여 지냈다.

쪽을 못 쓰다 (너무 좋거나 기가 죽어) 제대로 활동하지 못하다. ¶ 밖에서 난다 긴다 하는 남자도 마누라 앞에서는 쪽을 못 쓴다. / 이번 시합에서 쪽도 못 쓰고 무릎을 꿇었다.

찍소리(도) 못하다 (겁을 먹어) 아무 말도 못 하다. ¶ 부인 앞에서는 찍소리도 못하는 사람이 다른 사람들 앞에서는 큰소리를 친다. / 대통령에게 직언하겠다며 청와대로 간 당대표도 결국 찍소리 못하고 밥만 먹었다고 한다.

코(가) 빠지다 기세가 꺾여 활기가 없다. ¶ 시험에서 떨어진 철수는 코가 빠져 방에서 나오질 않는다. / 극장은 텅 비었고, 영화가 흥행할 거라고 장담하던 비평가들은 코가 쑥 빠졌다. / 승재는 십상 되겠거니 믿었던 것이 낭패가 되고 보니 달리는 아무 변통수도 없고 해서 코가 석 자나 빠졌다. (채만식, 탁류)

풀(이) 꺾이다 기세가 수그러들다. ¶ 쾌활하던 사람이었는데, 지난번 주정 부린 걸로 얼굴이 깎이고 나서 풀이 많이 꺾였다.

풀(이) 죽다 기세가 꺾여 활기가 없다. ¶ 그는 선배들의 지적을 받고 풀이 많이 죽은 것 같았다. / 자신감 넘치던 사람이었는데 시험에 떨어져서 그런지 요즘은 풀이 죽어 지낸다.

한풀(이) 꺾이다 한창 오르던 기세가 수그러들다. ¶ 9월이 되니 더위가 한풀이 꺾였다. / 집값이 한풀 꺾이니 다른 물가가 오르기 시작하네요. / 일등병이 워낙 거세게 대들자, 여자는 한풀 꺾이는 것 같았다. (송하춘, 청량리역)

한풀(이) 죽다 한창 오르던 기세가 수그러들어 활기가 없다. ¶ 그 사람 사업에 한 번 실패한 후로는 한풀 죽었더구먼. / 덮어놓고 좋은 일이라고 수선을 떨던 순보 마누라는 영애의 조리 있는 말을 듣고 나서는 한풀이 죽었다. (한용운, 흑풍)

허리를 못 펴다 쩔쩔매다. ¶ 내 앞에서 허리도 못 펴던 놈들이 이제 나를 조롱하고 있다.

【무시(無視)】≒【시시함, 보잘것없음】

개 콧구멍으로 알다 대수롭지 않게 여기다. ¶ 나한테 일언반구 없이 자기 마음대로 결정을 해? 나를 개 콧구멍으로 알았나.

그래 봤자 아무리 해도 어느 수준을 넘지 못함을 나타내는 말. 주로 어떤 사실이나 대상을 대수롭지 않게 여길 때 쓴다. ¶ 너희는 세상을 바꾸겠다고 목숨까지 걸지만 그래 봤자 크게 달라지는 것은 없다. / 이번 공연이 매진이었다지만 그래 봤자 삼백 분에게밖에 내 노래를 못 들려 드린 거잖아요.

깔아 뭉개다 얕잡아 무시하다. ¶ 내 말에 대꾸도 않는 것은 내 인격을 아주 깔아뭉개는 행동이다. 참 **코를 납작하게 하다**

눈을 내리깔다 얕잡아 무시하다. ¶ 다른 것은 다 참을 수 있어도, 유색 인종이라고 눈을 내리깔고 대하는 것은 정말 참을 수 없었어요. / 눈을 내리깔고 종업원들을 대하는 사장이 있는 가게라면 장사가 잘될 리 없지요.

물로 보다 하찮게 여기다. ▷ 비속어 ¶ 나를 물로 봤다가는 큰코다칠 것이다. / 당신들이 그렇게 어수룩하게 행동하니까 그쪽에서 우리를 물로 보는 거잖아.

발길에 차이다[1] 천대받다. ¶ 여기저기서 발길에 차여 사는 인생이다. / 이 사람 저 사람 발길에 차이다가 여기까지 굴러 왔지요.

봉으로 알다 만만하게 여기다. ¶ 나를 봉으로 알고 대했다가는 큰코다칠 수가 있어. / 우리를 봉으로 아나? 허구한 날 나와서 일하라고 성화니. 〖기원〗 김선달이 닭을 시세보다 높게 쳐서 산 후 자신이 봉황을 샀다고 소문을 내 어리석은 부자에게 비싼 값에 되팔았던 일에서, 횡재를 하였다는 뜻의 '봉을 잡다'라는 말이 나왔다고 한다. 이로 인하여 어수룩해서 당하는 사람을 '봉'으로 지칭하기도 했는데, 여기에서 사람을 만만하게 여긴다는 뜻의 '봉으로 알다'가 나왔다고 한다. 참 **봉(을) 잡다**

삼팔 따라지 별 볼 일 없는 사람, 특히 월남(越南)하여 의지할 데 없는 사람을 속되게 이르는 말. ¶ 삼팔따라지 신세에 무엇을 가리겠느냐. 죽어라 돈이나 벌자. 〖기원〗 노름에서 나온 말로, 세 끗과 여덟 끗을 합하여 된 한 끗을 가리킨다. 이는 매우 낮은 끗수에 해당되어 별 볼 일 없는 패를 잡은 셈이 된다. 이 때문에 별 볼 일 없는 신세를 이렇게 표현하였다. 한국 전쟁 이후에는 이를 삼팔선과 연관 지어 월남하여 빈궁하게 사는 사람을 가리키게 되었다.

쉽게 여기다 깔보다. ¶ 요즘 아이들은 어른을 너무 쉽게 여기는 경향이 있는 것 같다. / 그게 어떻게 친근해서 한 행동이야, 날 쉽게 여겨서 그랬겠지.

안중에 두지 않다 무시하고 신경을 쓰지 않다. '무엇을 안중에 두지 않다'와 같이 쓰인다. ¶ 국민을 안중에 두지 않는 정치인이야말로 저질 정치인이다. / 그는 일만 열심히 했을 뿐 돈 같은 것은 안중에 두지 않았다. ※ 안중(眼中): 눈 속.

안중에 없다 무시하고 신경을 쓰지 않다. ¶ 그 여자는 눈이 높아 나 같은 봉급쟁이 따위는 안중에도 없었다. / 대왕도 안중에 없는 태자인데 대장군 말을 듣겠어요?

엉덩이 밑에 깔다 아내가 남편을 얕잡아 쥐고 흔들다. ▷ 비속어 ¶ 남편이 무슨 말을 하면 엉덩이 밑에 깔아 버리니 남편 위신이 서겠어? / 그 여자 대가 얼마나 센지 알아? 남편을 엉덩이 밑에 깔고 살아.

옆으로 제쳐 놓다 무시하여 거들떠보지 않다. ¶ 나이 먹었다고 무시하는 거야! 왜 나만 옆으로 제쳐 놓고 자기들끼리만 이야기하는 거야? / 그 문제는 우선 옆으로 제쳐 놓고 다른 문제를 먼저 해결하도록 합시다.

웃어[고] 넘기다 없었던 일로 생각하고 지나가다. ¶ 장난이라고 생각하고 웃어넘기기에는 찜찜한 일이다. / 지난 일은 아무리 나쁜 기억이라도 웃어넘기고 잊어라. / 엉뚱한 대답이 재미있었는지 선생님이 그냥 웃고 넘겼다.

잠꼬대로 듣다 대수롭지 않게 생각하다. ¶ 내 이야기를 잠꼬대로 듣지 말고 심각하게 생각해 주세요. / 황희 정승의 인품과 청빈에 관한 이야기는 명리(名利)에 눈이 어두운 사람들에게는 하찮은 잠꼬대로 들릴 것이다.

졸로 보다 깔보다. ▷ 비속어 ¶ 이 양반이 누구를 졸로 보는 거야? / 우리를 졸로 보고 한 행동이 분명하다. 그렇지 않고서야 어떻게 그리 무례할 수 있어? ※ 졸(卒): 장기에서 각각 앞에 놓는 다섯 개의 작은 말. 다른 편은 '병(兵)' 자를 새기며, 앞과 옆으로만 한 발씩 갈 수 있음. 참 **차 (떼고) 포 떼고**

코웃음(을) 치다 깔보고 비웃다. ¶ 내가 하는 일에 코웃음 치다가는 큰코다치는 수가 있다. / 나의 말에 엄마는 별거 아니라는 듯 코웃음을 쳤다.

콧방귀도 안 나오다 대꾸를 할 가치도 없을 만큼 가소롭다. ¶ 그가 하는 일을 보면 콧방귀도 안 나온다.

콧방귀(를) 뀌다 가소롭게 여기다. 또는 어떤 말에 냉소적으로 반응하다. ¶ 내가 처음 농사를 짓는다고 나섰을 때 마을 사람들은 콧방귀를 뀌었다. / 자네가 그런 애원을 한다고 그 사람이 콧방귀나 뀔 것 같은가?

콧방귀(를) 날리다 ⇒ **콧방귀(를) 뀌다** ¶ 그의 이야기를 듣고 있긴 했지만 나는 속으로 콧방귀를 날렸다. / 사건 현장을 취재한 기자들은 모두 살인을 의심하지만 담당 형사는 콧방귀를 날릴 뿐이었다.

한 귀로 흘리다 무시하여 잘 듣지 않다. ¶ 어른 말씀을 한 귀로 듣고 한 귀로 흘리다니. 이런 버릇없는 녀석 같으니라고. / 일찍 들어오라는 아내의 끌탕을 한 귀로 흘리며 집을 나섰다.

홑벌로 보다 ⇒ **홑(으로) 보다** ¶ 이 계집애도 나이가 차 가고 영글 대로 영글었으니까 그렇겠지만 홑벌로 볼 내기가 아닌데! (염상섭, 대를 물려서) ※ 홑벌: 한 겹으로만 된 물건.

홑으로 듣다 (남의 말을) 대수롭지 않게 여기다. ¶ 아무리 건성인 사람도 그가 말을 할 때는 홑으로 듣지 않는다. ※ 홑: 짝을 이루지 아니하거나 겹으로 되지 아니한 것.

홑(으로) 보다 대수롭지 않게 여기다. ¶ 그 여자는 비록 늙었지만 기생퇴물이라고 결코 홑으로 볼 수만은 없었다. / 작고 얇은 책이었지만 단 한 문장도 홑으로 볼 수 없었다. / 자네 그놈을 부리는 명월이를 홑 보다가는 큰코다치네. (홍석중, 황진이)

【외면(外面), 배척(排斥)】≒【배신(背信), 배반(背反)】

고개(를) 돌리다 외면하다. ¶ 우리의 호소에 고개 돌리지 말고 관심을 가져 주세요. / 저자의 이름만 보고 그 소리가 그 소리라고 예단하며 고개를 돌리면 안 되지요.

낯(을) 돌리다[1] 외면하다. ¶ 아내에게서 낯을 돌리고 바람이나 피우고 다니는 남편치고 잘되는 사람 보지 못했다. / 그는 내가 들어왔다는 것을 알면서도 낯을 돌리고 글만 쓰고 있었다.

눈(을) 감다[1] (어떤 사실에 대하여) 알려고 하지 않다. ¶ 이웃의 어려움에는 눈을 감으면서 인류를 사랑하자는 말을 할 수 있어요?

돌아 앉다[1] 반대하거나 외면하다. ¶ 할아버지가 한번 돌아앉으시면, 어느 누구도 그 뜻을 돌리지 못한다. / 그 사람들의 오만 방자함에는 부처님도 돌아앉았을 것이다.

등(을) 돌리다[1] 배척하거나 외면하다. ¶ 전망이 없어 보이는 사람이라고 그 사람한테서 등을 돌리면 벌을 받는다. 사람 팔자 어떻게 될지 모르니까. / 자네는 딴 건 다 좋은데 남 간섭하는 버릇은 안 좋아. 그게 다 자네에게 등 돌리게 하는 거야. / 의욕적으로 진행한 경선이 오히려 당의 이미지에 먹칠하고 유권자들로 하여금 등을 돌리게 하는 결과를 낳았다.

등(을) 맞대다 배척하거나 외면하다. ¶ 남과 북이 서로 등을 맞댄 지가 벌써 반세기가 다 되었다. / 꺾이거나 부서지지 않으면서 세상과 등을 맞대고 살아갈 수 있을까? 참 **얼굴을 맞대다**

등(을) 지다[1] 배척하거나 외면하다. ¶ 오랫동안 고향을 등지고 살아왔다. / 민족을 등지고 외세에 추종하여 동족끼리 대결해서야 되겠는가. / 입바른 소리만 하던 그는 다른 대신들과 등을 지고 오랫동안 승진도 못했다. 참 **세상을 등지다**[1]

발(길)(을) 돌리다[1] 외면하다. ¶ 단골들까지 발을 돌린 이유는 우리가 가격을 갑자기 높였기 때문이다. / 어느 정도 성공했다고 교만해지는 연예인들에게서 대중들은 쉽게 발길을 돌려 버린다.

안면(을) 몰수하다 대하는 태도를 완전히 바꾸다. ¶ 내가 회사를 옮겼다고 그렇게 안면을 몰수하면 안 되지. / 제자란 사람이 선생에게 안면 몰수하고 덤벼들었다는 게 말이 됩니까?

※ 안면(顔面): 얼굴. 참 **시치미(를)[시침(을)] 떼다, 오리발(을) 내밀다**

안면(을) 바꾸다 대하는 태도가 바뀌다. ¶ 내 앞에서 늘 싹싹하게 굴던 녀석이 돈 좀 벌게 되니까 금세 안면을 바꿨다. / 세상 인심이란 그런 게 아니어서 그들은 금세 안면을 바꾸어 남편을 우습게 보기 십상이었다. (박완서, 저문 날의 삽화 3) 참 **시치미(를)[시침(을)] 떼다, 오리발(을) 내밀다**

얼굴(을) 돌리다 냉대하다. 외면하다. ¶ 나에게 무슨 불만이 있는 건지, 아내는 아침부터 얼굴을 돌리고만 있다. / 그때는 말똥 머리를 한 여학도라고 하면 조소하며 얼굴 돌리던 때였다.

왼고개를 틀다 못마땅하여 외면하다. ¶ 정희는 모른 척하고 왼고개를 튼 채 그가 비켜 가기를 기다렸다. / 그는 자기는 나를 용서할 수 있을지라도 자식들이 용납하지 않을 것이라며 왼고개를 틀었다. / 사람들이 철학 서적에 왼고개를 트는 것은 독자의 책임이라기보다는 쓴 사람의 책임이 아닐까 한다. 참 **왼새끼(를) 꼬다[2]**

【모르는 척, 아닌 척】≒【주의(注意), 산만(散漫)】

귀 밖으로 듣다[1] 듣고도 못 들은 척하다. ¶ 할아버지가 부르는 소리를 귀 밖으로 듣고 밖으로 나와 버렸다. / 그는 바닥 민심의 현황을 전하며 각성을 촉구했지만, 지도부는 그의 경고를 귀 밖으로 들었다.

눈(을) 감아 주다 (남의 허물이나 잘못을) 알고도 모르는 체하다. ¶ 남들이 다 알아 버렸으니 눈을 감아 주고 말고 할 것도 없어요. / 이번 일만 눈감아 주면, 다시는 이와 같은 일을 하지 않을 것입니다. 약속합니다.

눈(을) 돌리다[1] (남의 허물이나 잘못을) 알고도 모르는 체하다. ¶ 심판이라도 자기 나라를 응원하고 싶겠지. 그러나 형편없는 반칙을 보고도 눈을 돌리는 것은 문제가 있지요.

눈(을) 딱 감다 (남의 허물이나 잘못을) 알고도 모르는 체하다. ¶ 이번 일을 눈 딱 감아 주면, 당신이 원하는 것은 무엇이든 다 들어주겠소. / 젊은 사람들이 맘에 안 드는 짓을 해도, 눈을 딱 감고 모르는 척하는 것이 상책이야. 참 **(두) 눈 딱 감고**

딴전(을) 벌이다[1] ⇒ **딴전[딴청](을) 피우다[1]** ¶ 용모가 속에 쌓이고 뭉쳐 있던 것을 어서 하소연하고픈 마음에 열띤 눈치를 거듭 보이는데도 용모 처삼촌은 의자 등받이를 거우듬하게 버티며 점퍼 밑으로 혁대를 내놓고 앉아 고개만 연방 제껴 가며 딴전을 벌였다. (이문구, 관촌수필)

딴전[딴청](을) 부리다[1] ⇒ **딴전[딴청](을) 피우다[1]** ¶ 대답이 궁해지자 그는 귀가 나쁜 척하면서 딴전을 부렸다. / 뻔히 알고 불러다 야단을 치는데도 녀석은 아니라고 잡아떼거나 딴전 부려 선생님을 피곤하게 했습니다. / 내가 말을 걸었으나 그는 못 들은 척을 하며 딴청을 부렸다.

딴전[딴청](을) **피우다**[1] 모르는 체하다. ¶ 나는 영화에 대해 불쾌감을 많이 표현했지만 남자들은 영화를 재미있게 보는 척하며 딴전을 피웠다. / 아이가 방 정리를 하라는 나의 말을 열 번쯤 꿀떡 삼키고 딴전을 피워 댔다. / 내내 시큰둥한 얼굴로 딴청 피우던 선미는 내 제안에 눈을 반짝이며 나를 쳐다보았다.

똥[뒷]**구멍으로 호박씨**(를) **까다** ⇒ **호박씨**(를) **까다** ▷ 비속어 ¶ 입으로는 통일이니 동족이니 하면서 똥구멍으로는 호박씨를 몇 가마니씩 까고 앉았으니 가소롭다. / 뒷구멍으로 호박씨 까는 주제에 웬 설교가 그리 길어? 누가 열녀비라도 세워 줄 줄 아나 봐?

손바닥(을) **뒤집다** 이전 상황을 모르는 척하면서 태도를 정반대로 바꾸다. ¶ 대통령은 자신의 공약을 스스로 뒤집었다. 손바닥 뒤집는 건 한 번이 어렵지, 두세 번은 쉬운 법이다. / 얼마 전까지만 해도 찬성을 하던 사람이 상황이 변하자 금세 손바닥을 뒤집는다.

시치미(를)[시침(을)] **떼다** 모르는 체하거나 딴청 부리다. ¶ 시치미 뗀다고 누가 모를 줄 알아? 네가 한 짓이지? / 영수는 돈을 자기가 감추고도 시치미를 떼었다. / 동생을 죽인 카인은 그의 죄를 묻는 하나님의 엄중한 질문 앞에 시치미를 떼고 모른 체를 했다. / 그렇게 시침 떼고 있으면 내가 그냥 넘어갈 줄 알았지? 〖기원〗 시치미는 매의 주인이 주소를 적어 매 꼬리 위의 털 속에다 매어 둔 네모진 뿔인데, 매를 훔친 사람이 이 시치미를 떼어 내고 자기 매인 것처럼 행세하였다는 데에서 나온 말이다. '시치미'의 준말이 '시침'이다. 참 **말이 다르다**[2], **안면**(을) **몰수하다**, **안면**(을) **바꾸다**, **이야기가 다르다**[1]

아닌 보살(을) **하다**[치리다] 모르는 체하거나 딴청 부리다. ¶ 두 사람은 저마다의 처지와 사정을 속속들이 꿰고 있었지만 겉으로는 서로 아닌 보살 하며 지냈다. / 그는 무슨 음사(陰事)나 들킨 것같이 가슴이 섬뜩했으나 아닌 보살을 하고 천연하게 대답했다. / 수군수군 무엇을 공론하다가도 맏아들의 신발 소리나 기침 소리가 들리면 "저리들 가거라." 하고 말하여 아닌 보살을 차리었다. (홍명희, 임꺽정[林巨正])

오리발(을) **내놓다** ⇒ **오리발**(을) **내밀다** ¶ 검찰의 추궁에도 직원들은 사장으로부터 그런 지시를 받은 적이 없었다며 오리발을 내놓고 있다.

오리발(을) **내밀다** 모르는 체하거나 딴청 부리다. ¶ 함께 이야기를 해 놓고서는 자기는 아는 바가 없다고 오리발을 내밀었다. / 내가 해 줄 수 있는 것은 다 해 주었다. 그런데 다 받아 놓고도 마지막에 오리발 내밀 줄은 꿈에도 몰랐다. 참 **말이 다르다**[2], **안면**(을) **몰수하다**, **안면**(을) **바꾸다**, **이야기가 다르다**[1]

입(을) **닦다** 이익을 혼자 가로채고 모르는 척하다. ¶ 같이 한 일인데 혼자 다 먹고 입을 닦을 수는 없지요. / 그는 처음에는 모든 소원을 다 들어줄 것처럼 매달리더니, 일이 끝난 뒤에는 다 자기가 잘한 탓이라며 은근슬쩍 입을 싹 닦았다.

입(을) **씻다** ① 이익을 혼자 가로채고 모르는 척하다. ¶ 죽도록 고생한 게 누군데, 그렇게 입

싹 씻고 모른 체하면 사람이 아니지. / 사람들이 먹을 때뿐이지 돌아서면 입을 씻어 버리니 누굴 믿겠어요? ② (어떤 일에 대하여) 모르는 척하고 말을 하지 않다. ¶ 어머니는 아이가 어떻게 된 것이냐고 다그쳤지만 의사는 입을 씻었다. / 듣기는 누가 듣습니까? 지사 어른께서는 입 싹 씻고 모른 척하고 계세요. / 철수는 내가 그를 만나기만 하면 가만두지 않겠다고 으르렁거린 것에 대해서는 싹 입을 씻었다. 참 **발(을) 씻다, 손(을) 씻다**

호박씨(를) 까다 겉으로는 얌전한 체하면서 뒷전에서 온갖 짓을 다하다. 주로 '뒤로, 뒤에서, 속으로' 따위와 더불어 쓰인다. ¶ 그는 항상 새침하고 내숭을 떠는 게 뒤에서 호박씨 잘 깔 것 같아. / 그는 겉으론 서민을 위한다고 했지만 속으로 호박씨를 까며 엄청난 재산을 모았다. / 저는 호박씨를 까는 스타일이 아니라 싫으면 싫다고 확실히 말합니다.

【태연(泰然)】

눈 하나 깜짝[까딱]하지 않다 ⇒ 눈도 깜짝[까딱] 안 하다 ¶ 그는 자신의 앞길에 방해가 되면 눈 하나 까딱하지 않고 사람을 쳐낸다. / 요즘 벼슬아치들은 돈을 받아먹고도 눈 하나 까딱하지 않고 대가성이 없었다고 변명한다. / 요즘 아이들은 선생님이 뭐라고 해도 눈 하나 깜짝하지 않아요. / 그 사람들은 눈 하나 깜짝하지 않고 사람을 죽일 정도로 잔인한 사람들이다.

눈도 깜짝[까딱] 안 하다 감정의 동요 없이 태연하다. ¶ 사람이 어떻게 눈도 깜짝 안 하고 그런 일을 할 수 있을까? / 모두 함께 달려들었지만 청년은 눈도 까딱 안 하고 빙글빙글 웃고 있었다.

눈썹 하나 까딱[깜짝] 안 하다 ⇒ 눈도 깜짝[까딱] 안 하다 ¶ 무사는 눈썹 하나 까딱 안 하고 호랑이를 때려잡았단다.

눈썹도 까딱[깜짝] 안 하다 ⇒ 눈도 깜짝[까딱] 안 하다 ¶ 담이 커서 웬만한 공갈 협박에는 눈썹도 까딱 안 하던 장군도 자식이 인질로 잡혔다는 소리에는 얼굴이 하얗게 되었다. / 그들은 사장이 아무리 해고한다고 해도 눈썹도 깜짝 안 할 사람들이다. / 나이를 어느 정도 먹으니, 제가 웬만한 일로는 눈썹도 깜짝 안 합니다.

외눈 하나 깜짝[까딱]하지 않다 ⇒ 눈도 깜짝[까딱] 안 하다 ¶ 아무리 애원해도 그 사람은 외눈 하나 깜짝하지 않을 거야. / 여기 사는 사람들은 어지간한 일에는 외눈 하나 깜짝하지 않는다.

【아첨(阿諂), 배려(配慮)】

가려운 곳을[데를] 긁어 주다 꼭 필요한 것을 알아서 욕구를 만족시키다. ¶ 우리는 서민들의 가려운 곳을 긁어 줄 수 있는 대통령을 원합니다. / 선생님의 말씀 한 마디 한 마디가 우리의 가려운 데를 긁어 주었다. 참 **꼬집어 말하다**

간을 빼 주다 아첨하다. ¶ 간을 빼 줄듯이 행동하는 사람들을 그대로 믿으면 안 된다. / 간을 빼 주는 체하던 주위 사람들도 그가 망했다는 소문이 퍼지자 하나둘 그의 주위를 떠났다.

눈에 잘 보이다 인정받다. 주로 '누구의 눈에 잘 보이다'와 같이 쓰인다. ¶ 자기 일도 제대로 못하는 그런 선배 눈에 잘 보여 본들 무슨 소용이 있겠어요? / 그는 싹싹한 처신으로 윗사람의 눈에 잘 보였기 때문에 빨리 승진할 수 있었다.

똥구멍(을) (살살) **긁다** 비위를 맞추다. ▷ 비속어 ¶ 권력을 가진 사람에게 똥구멍을 살살 긁으면서 아부하는 사람이 가난하고 힘없는 사람에게는 무자비하다.

발바닥(을) **핥다** 비굴하게 아부하다. '누구의 발바닥을 핥다'와 같이 쓰인다. ¶ 아무리 출세가 좋아도 상사의 발바닥을 핥으면서까지 상사의 눈에 들고 싶지는 않다. / 일제의 발바닥을 핥으면서 동족을 팔아먹던 친일파들을 이제는 심판해야 합니다.

불알을 (살살) **긁다** ⇒ **똥구멍**(을) (살살) **긁다** ▷ 비속어 ¶ 그놈 불알을 살살 긁어 주었더니 만사가 다 오케이더라니까.

비위(를) **맞추다** 만족스럽게 하다. ¶ 노인들의 비위를 맞추는 것처럼 어려운 일도 없다. / 분위기가 어색해지자 곁에 있던 심복이 그의 눈치를 살피며 비위를 맞췄다. ※ 비위(脾胃): 비장(脾臟)과 위장(胃臟). 반 **비위를 거스르다**

손(을) **비비다**[1] 아부하다. ¶ 그는 출세를 위해서라면 자존심도 내팽개치고 손을 비빌 자세가 되어 있다.

쇤네를 내붙이다 비굴하게 아부하다. ¶ 아무리 아쉽더라도 쇤네를 내붙이면서까지 얻을 생각은 추호도 없다. 『기원』 자기 스스로를 쇤네(소인네)라 이르며 비굴하게 아첨하는 것을 가리키는 표현이다.

알랑방귀(를) **뀌다** 교묘한 말로 아부하다. ▷ 비속어 ¶ 내가 아는 사람이 다른 사람 앞에서 알랑방귀 뀌는 모습은 절대 볼 수 없어요. / 방에는 우리 선생이 아랫목 쪽에 방석을 깔고 앉아 있고 엄마가 우리 선생에게 알랑방귀를 뀌고 있었어요.

입맛(에, 을) **맞추다** 상대의 취향에 따르거나 마음에 들도록 하다. ¶ 대중의 입맛을 맞추기 위해 내 소신을 꺾지는 않겠다. / 폭군의 입맛을 맞추는 활동만 했던 예술가에게 천재라는 칭호를 붙일 수는 없다. / 신세대 고객들의 입맛에 맞춰 제품의 디자인을 새롭게 바꿔 봤습니다. 참 **입(맛)에 맞다**

입(안)**의 혀** 일을 시키는 사람의 뜻을 간파하여 그대로 움직이는 사람. '입안의 혀와 같다', 입안의 혀처럼' 따위와 같이 쓴다. ¶ 그 애들이 입안의 혀처럼 구니까 아직은 기분이 좋겠지. / 여러 사람이 입의 혀와 같이 일을 도와주니 더 이상 바랄 것이 없다. 참 **손발이 되다**

책임성(責任性)

【희생(犧牲)】

몸(을) 바치다[1] 희생적으로 일하다. ¶ 민족 해방을 위해 몸을 바치신 순국선열에 대한 묵념이 있겠습니다. / 회사를 위해 몸 바쳐 일했지만, 나에게 돌아온 것은 권고사직(勸告辭職)이었다. 참 **몸[온몸]을 던지다**

십자가(를) 메다 ⇒ **십자가(를) 지다** ¶ 네가 힘들어하는 것은 볼 수 없어. 차라리 내가 십자가를 메는 게 낫지. 〖기원〗 기독교에서 십자가(十字架)를 희생과 속죄의 표상으로 삼은 데에서 비롯한 표현이다.

십자가(를) 지다 어려운 일을 맡거나 희생을 감수하다. 일반적으로 심각하고 엄숙한 상황에서 쓰이는 표현이다. ¶ 내가 십자가를 지겠으니, 여러분은 나만 믿고 따라오시오. / 그는 자신이 희생되어 여러 사람을 구할 수만 있다면 십자가를 지겠다는 각오로 사장의 제안을 수락했다.

총대(를) 메다 어려운 일을 맡거나 희생을 감수하다. ¶ 이번 일은 자네가 총대를 메게. / 제가 총대를 멜 테니 아무 염려 마시고 모두 편히 쉬세요.

피(를) 흘리다 희생하다. ¶ 나라를 지키기 위해 피를 흘리신 분들을 위해 기도합시다. / 우리 중대 용사들은 피 흘려 빼앗은 돌출 고지를 끝까지 고수했다. 참 **피(를) 보다**

【책임(責任)】

뒤를 맡기다 뒷일을 책임지도록 하다. ¶ 나서는 사람이야 많지만, 너 말고는 뒤를 맡길 만한 사람을 찾을 수가 없었다. / 허성은 선조가 세상을 떠나면서 아들 영창 대군의 뒤를 맡길 정도로 선조의 신임이 두터웠다.

뒤집어 쓰다[1] (남의 허물이나 책임을) 넘겨 맡다. ¶ 혼자 뒤집어쓰지 말고 사실대로 실토해라.

뒤집어 씌우다 책임을 온통 넘기다. ¶ 이 영화는 자신에게 살인죄를 뒤집어씌운 사람을 응징하는 과정을 흥미롭게 보여 준다. / 사람들은 누군가에 대한 질투를 인정하고 싶지 않으면 뒤집어씌우는 방식으로 자신을 합리화한다.

똥바가지(를) 쓰다 남의 책임을 떠맡게 되다. ▷비속어 ¶ 순희가 잘못했는데 왜 내가 똥바가지를 써야 해요? / 똥바가지 쓰는 것도 유분수지 내가 그런 일까지 책임을 져야 하나? 참 **바가지(를) 쓰다**

어깨가 가벼워지다 무거운 책임에서 벗어나 마음이 홀가분해지다. ¶ 나는 아이들을 모두 집에 보내고 난 순간 어깨가 가벼워짐을 느끼곤 한다.

어깨가 가볍다 무거운 책임에서 벗어나 마음이 홀가분하다. ¶ 결혼하지 않은 사람은 어깨가 가벼워 어떤 분야에라도 과감하게 도전할 수 있다.

어깨가 무겁다 책임이 무겁다. ¶ 분에 넘치는 직책을 맡고 보니 어깨가 무겁습니다. / 사회적으로 논란이 많은 사건을 맡게 된 재판부의 어깨가 무거울 수밖에 없다.

어깨에 짊어지다 책임지다. ¶ 이 나라의 미래를 어깨에 짊어질 젊은 학생들. / 너무 일찍 자신을 드러내서는 큰 임무를 어깨에 짊어질 역량을 키울 수 없다.

짐(을) 벗다 책임에서 벗어나다. ¶ 모든 인수인계가 끝나 짐을 벗고 나니 홀가분하기만 하다. / 아이를 부모에게 넘기고 짐을 벗으니 마음이 한결 가벼워졌다.

짐(을) 지다 책임을 맡다. ¶ 보호자로서의 무거운 짐을 지다. / 그는 대통령이라는 엄청난 짐을 지게 된 게 갑자기 무서워졌다.

【**모면**(謀免), **회피**(回避)】≒【**도주**(逃走), **축출**(逐出)】

겉으로 돌다 본질이나 핵심을 보여 주지 않다. ¶ 겉으로 빙빙 돌지 말고 본심을 털어놔. / 교수는 수업 시간마다 항상 겉으로 돌 뿐 한 가지라도 체계적으로 설명한 적이 없었다.

게걸음(을) 치다[1] (두렵거나 마음이 내키지 않아) 마주치지 않고 피해 가다. ¶ 그 여자는 민망했던지 게걸음을 쳐서 옆문으로 빠져나갔다. / 사장만 보면 게걸음 치던 노동자들이 이젠 자신의 권리를 당당하게 주장했다. ※ 게걸음: 게처럼 옆으로 걷는 걸음.

꼬리(를) 사리다 만일을 생각하여 피하거나 달아나려 하다. ¶ 제 몸 하나 때문에 불의를 보고도 꼬리 사리는 옹졸한 사람들이 많다. / 광림은 슬쩍 이렇게 말하고 꼬리를 사리며 뒷줄에 쑤시고 들어앉았다.

꽁무니(를) 사리다 만일을 생각하여 피하거나 달아나려 하다. ¶ 정작 나서야 하는 사람들이 꽁무니를 사리고서, 비 오는 날의 공사판 일꾼처럼 틀어박혀 화투판에 대가리를 들이밀고 있을 뿐이다. / 결정적인 대목에 가서 최 가가 슬며시 꽁무니를 사리자 그는 뭔가 심상찮은 낌새를 느꼈다.

(뒤)**꽁무니(를) 빼다**[1] 피하거나 달아나려 하다. ¶ 그는 내 제안에 "좀 더 생각해 보고……."라며 꽁무니를 뺐다. / 어차피 해야 할 일이면 뒤꽁무니 빼지 말고 최선을 다해라.

뒤로 빠지다[1] (어떤 상황을 모면하기 위하여) 물러나 있다. ¶ 형우가 술병을 들고 나타나자 모두 슬금슬금 뒤로 빠지기 시작했다.

변죽(을) 울리다 핵심을 건드리지 않고 어떤 말을 하거나 조치를 취하다. ¶ 그의 이야기가 너무 장황하게 변죽만 울리고 있는 것 같아 말허리를 잘랐다. / 그는 부임하자마자 조직을 다 바꿀 것처럼 큰소리치더니 변죽만 울리다 말았다. ※ 변죽(邊-): 그릇이나 세간, 과녁 따위의 가장자리.

변죽(을) 치다 ⇒ **변죽(을) 울리다** ¶ 전직 대통령의 비자금설이 변죽만 치다가 사그라졌다. / 변죽을 치면 복판이 울리겠지 싶어 슬그머니 내 생일 이야기를 했다.

비비 꼬다 직접적으로 말하지 않고 돌려 말하다. ¶ 왜 말을 비비 꼬느냐? 나에게 불만이 많은 모양이야. / 김 형, 비비 꼬지 말고 허심탄회하게 얘기해 봅시다. / 그 책은 요상한 수사나 은유를 동원하여 비비 꼬지 않아 읽기 편하다.

빠져나갈 구멍 모면할 방도 또는 허점. ¶ 아무리 상황이 좋지 않아도 빠져나갈 구멍은 많을 것이다. / 이 법에는 예외 조항 등 군데군데 빠져나갈 구멍이 많아 실효가 의심스럽다. / 수사가 본격화되자 범인들은 이제 더 이상 빠져나갈 구멍이 없음을 알고 자수했다.

수박 겉 핥기 깊이 있게 보지 않음. ¶ 중국을 한 달 동안 여행한다고 해도, 수박 겉 핥기식으로밖에 볼 수가 없을 것이다. / 사회의 양극화 현상에 대해 수박 겉 핥기로 다룬 책은 많지만 심도 있는 분석을 한 책은 드물다.

염치(廉恥), 죄의식(罪意識)

【떳떳함, 떳떳하지 못함】

가슴(을) 펴다 당당해지거나 자신감을 가지다. ¶ 어려운 일이 닥쳤을 때 좌절하지 말고 오히려 기회라는 생각을 갖고 가슴을 펴 보자. / 지금 같은 통제 속에서는 어느 누구도 가슴 펴고 살 수 없습니다.

고개(를) 들다[1] 당당하고 떳떳한 마음을 가지다. ¶ 망나니 동생 때문에 창피해서 이젠 고개 들고 다닐 수가 없다. / 일제 강점기에 관리를 했던 사람 중에 고개를 들 수 있는 사람이 몇이나 될까? / 열등감에 시달리는 청년들은 이러한 열등감 때문에 고개를 못 들고 생활하는 경우가 많다.

고개를 빳빳이 들다[2] (자존심을 세우며) 당당하고 떳떳한 마음을 가지다. ¶ 그에게는 살벌한 분위기에서도 고개를 빳빳이 들고 이야기할 수 있는 배짱이 있었다. / 암흑 같던 시절, 그래도 돈과 힘 앞에서 고개를 빳빳이 든 이들은 역시 양심적인 언론인들이었다.

구린 데가 있다 행실이 깨끗하지 못하다. ¶ 그는 구린 데가 있는지 요즘 들어 부쩍 기자들의 비위를 맞추려 한다. / 뭔가 구린 데가 있으니까 자기 이름을 숨기는 것 아니겠어요? 참 **구린내(가) 나다, 냄새(가) 나다**

낯(을) 들다 ⇒ 얼굴을 들다 ¶ 그날 저녁 술 취해 한 일 때문에 낯 들고 다닐 수 없었다. / 대대로 내려오던 유물을 이리저리 끌고 다닌 셈이니 조상님께도 낯을 못 들 일이었습니다. / 그동안 바쁘다는 핑계로 적당히 넘겨 온 강의 시간을 생각하면 학생들에게 낯을 들지 못하겠다.

낯이 없다 ⇒ 면목(이) 없다 주로 '볼 낯이 없다'나 '대할 낯이 없다'와 같이 쓰인다. ¶ 지난번 주정을 부린 일로 선생님을 대할 낯이 없다. / 명색이 대학을 나왔다고 주변의 기대가 큰데 취직을 못 하고 있으니 어머니 볼 낯이 없다. / 시아버지는 끊일 줄을 모르고 쫑쫑거려 대는 아내를 낯이 없게 통 쏘아 주고는 쓴 혀를 두어 번 쩍쩍 차더니 곰방대를 툭툭툭 턴다. (김정한,

옥심이)

뒤가 구리다 떳떳하지 못한 면이 있다. ¶ 자기 뒤가 구려서 그런지 김 의원은 이번 뇌물 사건에 대해서는 말이 없었다. / 뒤가 구린 계약 아닌 계약으로 교직이 매매된다는 충격적인 사실이 밝혀졌다.

뒤가 깨끗하다[2] 약점을 찾을 수 없을 만큼 떳떳하다. ¶ 사람이 뒤가 깨끗하면 언제나 당당하다. / 뒤가 깨끗하지 못한 지방 원님들은 언제 암행어사가 들이닥칠지 몰라 늘 전전긍긍했다.

뒤가 꿀리다 (자신의 잘못 때문에) 마음이 불편하거나 겁이 나다. ▷ 비속어 ¶ 그에게 뒤가 꿀릴 일이라도 했습니까? 왜 그만 보면 피하시는 거죠? / 공직 생활 30년 동안 남에게 뒤가 꿀릴 일은 하지 않았다.

뒤가 저리다 ⇒ 뒤가 켕기다 ¶ 괜한 말을 해 놓고 뒤가 저려 여러 날 잠을 제대로 자지 못했다.

뒤가 켕기다 (자신의 잘못 때문에) 마음이 불편하거나 겁이 나다. ¶ 거짓말을 하고 나니 뒤가 켕겨 괴롭다. / 뒤가 켕기는 일을 저지르고 나면 항상 마음이 편치 못하다. / 부유한 상인들은 이들이 공갈범이라는 걸 알면서도 뒤가 켕겨 어쩔 수 없이 돈을 건넸다.

뒤통수(가) 땅기다 ⇒ 뒤가 켕기다 ¶ 몇 걸음 걷다 자선냄비와 마주쳤다. 아, 연말이 왔긴 왔구나 하고 지나치는데 왠지 뒤통수가 땅겼다.

뒤통수(가) 켕기다 ⇒ 뒤가 켕기다 ¶ 철수는 자신의 잘못 때문에 항상 뒤통수가 켕겨 무심한 말 한마디에도 가슴이 내려앉곤 했다. / 그들은 자신들에게 저항하는 사람들을 반체제 인사라고 몰아붙이면서 뒤통수 켕기는 정통성 시비도 잠재우려 했다.

뒷골이 켕기다 ⇒ 뒤가 켕기다 ¶ 대낮에 술을 마시고 뒷골이 켕겨 뒷문으로 몰래 들어갔다. / 비디오 가게 하면 반사적으로 음란물이나 저질 영화를 떠올리던 터라 가게 문을 들어서면서도 왠지 뒷골이 켕겼다.

뒷머리가 켕기다 ⇒ 뒤가 켕기다 ¶ 남들은 아무 신경도 쓰지 않고 있는데, 자기 혼자 생각으로 뒷머리가 켕기는 경우가 많다. / 밖에다 대고 민주주의를 외치는 사람들도 자기들이 몸담고 있는 조직을 돌아다보면 뒷머리가 켕길 수 있다.

머리(를) 세우다 당당하고 떳떳한 마음을 가지다. ¶ 사람들 말엔 신경 쓰지 마. 머리를 세우고 외면해 버려. 희망과 꿈을 가지고 믿어 봐.

면목(이) 없다 떳떳하지 못해 부끄럽다. ¶ 도움이 되지는 못할망정 걸림돌이 되다니 면목 없습니다. / 선비는 하인을 고향으로 돌려보내고, 고향으로 돌아갈 면목이 없는 자신은 말을 팔아 그 돈으로 산천을 두루 돌아다녔다. ※ 면목(面目): 얼굴의 생김새. 참 **면목이 서다**

면목(이) 있다[2] 누군가를 떳떳하게 대할 만하다. 이 표현은 주로 면목이 없음을 나타내는 상황에서 쓴다. ¶ 그렇게 일을 처리해 놓고 내 얼굴을 볼 면목이 있어? 참 뻔뻔하군. / 죽은 젊은이들의 가족이 설령 나를 반겨 준다고 하더라도 무슨 면목이 있어 그들을 대할 것인가?

참 **면목이 서다**

밑(이) 구리다 ⇒ 뒤가 구리다 ¶ 제 밑 구린 줄 모르고서 남더러 어쩌고저쩌고 하는 꼴이라니. / 은밀하게 일을 하는 자들은 제 밑이 구린 만큼 다른 사람들 소식이 궁금할 수밖에 없다.

발(이) 저리다 (자신의 잘못 때문에) 마음이 불편하거나 겁이 나다. ¶ 지금껏 우습게 생각했던 그 아이가 정 씨를 곤경에 빠뜨렸다. 정 씨와 같이했던 일을 생각하니 용수는 발이 저렸다. / 누가 묻지도 않았는데 자진해서 그 이유를 밝히는 건 필시 제 발이 저려서임이 분명하다. 〖기원〗 '도둑이 제 발 저리다'라는 속담에서 비롯한 표현이다.

보란 듯이 남들이 부러움을 느끼도록. 또는 떳떳하게. ¶ 내 자식들만은 기필코 보란 듯이 잘 살게 만들고야 말리라. / 이제는 보란 듯이 취업해서 선생님을 찾아뵙고 싶다.

앞자락이 뻣뻣하다 떳떳하고 당당하다. ¶ 잘못한 일이 없어 앞자락이 뻣뻣한 것 같으면 천병만마가 뒤끓어 온대도 겁낼 것 없지마는. (김용준, 황금탑)

어깨(를) 펴다 당당해지거나 자신감을 가지다. ¶ 당신이 다른 사람보다 못한 게 뭐가 있어요? 그러니 이젠 어깨 좀 활짝 펴고 다니세요. / 취직한 후부터 마누라 앞에서 제대로 어깨를 펴고 살게 되었지요. 반 **어깨가 늘어지다**

얼굴을 들다 당당하고 떳떳한 마음을 가지다. 대부분 '얼굴을 들지 못하다'나 '얼굴을 못 들다'의 꼴로 쓰여 창피하고 떳떳하지 못하다는 뜻으로 쓰인다. ¶ 여러분, 하늘땅 사이에 버젓이 버티고 서서 얼굴을 들 만큼 할 것을 하고 있습니까? (함석헌, 생각하는 백성이라야 산다) / 내 말이 거짓말이었음이 만천하에 드러난 이상 이제 얼굴을 들고 다닐 수 없게 됐다. / 얼굴을 못 들 만큼 잘못한 것 같지는 않다. / 그는 눈앞에 있는 사람의 약점을 꼬집어 비웃어서 얼굴을 못 들게 만들었다.

【민망(憫惘), 부끄러움】

귀밑이 빨개지다 부끄러워하다. ¶ 그 정도 소리에 귀밑이 빨개지면, 어떻게 남은 대학 생활을 할 거야? / 사람들은 그녀를 놀리려고 온갖 음담패설을 했지만, 그 정도에 귀밑이 빨개질 헤숙이 아니었다.

낯(을) 붉히다[2] 창피해하다. ¶ 돈을 받은 것은 떳떳한 일은 아니지만 그렇다고 낯을 붉힐 일도 아니라는 그의 말에 어이가 없었다.

낯(이) 간지럽다 어색하여 부끄럽다. ¶ 낯간지럽게 이걸 어디다 내놓니? / 그 사람들은 낯이 간지럽지도 않은지 방송에서 자기들 잠자리 이야기를 스스럼없이 했다.

낯(이) 뜨겁다 부끄럽고 민망하다. ¶ 남자 친구와 낯 뜨거운 장면이 나오는 영화를 볼 수 없어서 만화 영화를 보러 갔다. / 늘그막에 부끄러운 짓을 하는 게 아닌가 하는 생각이 들어 몇 번을 망설이다가 낯 뜨거움을 무릅쓰고 시집을 냈다.

낯짝(이) **뜨겁다** ⇒ **낯**(이) **뜨겁다** ▷ 비속어 ¶ 어쭙잖은 글쟁이 노릇을 하며 써 놓았던 글들이 하나같이 유치하기만 합니다. 이러고도 낯짝 뜨겁게 세상에 발표할 생각을 했다니.

닭살(이) **돋다**[2] (자신 또는 다른 사람의 말이나 행동에) 스스로 민망하고 창피함을 느끼다. ¶ 너는 전화만 받으면 왜 그렇게 목소리가 달라지는 거야? 듣고 있자니 정말 닭살 돋더라. / 우여곡절 끝에 비로소 행복한 연인이 된 두 사람은 늦게 이뤄진 만큼이나 닭살이 돋는 애정 행각을 펼치며 부러움을 자아냈다. 참 **두드러기**(가) **나다**

뒤통수(를) **긁다** 부끄러워하거나 민망해하다. 부끄러워하거나 민망해할 때의 습관적인 행동을 표현한 말. ¶ 그는 도전에 실패하자 뒤통수를 긁고 물러났다. / 술주정으로 온 동네를 시끄럽게 하고서 이튿날 뒤통수만 긁으면 다 끝나는 건가?

머리(를) **긁**(적이)**다** 부끄러워하거나 민망해하다. 부끄러워하거나 민망해할 때의 습관적인 행동을 표현한 말. ¶ 이게 워낙 복잡한 구조의 퍼즐이라 퍼즐의 달인이란 사람들도 머리를 긁적일 때가 많다. / 사람들이 핀잔을 준다고 기가 죽어 머리 긁고 나오면 안 돼. / 머리 긁을 일을 왜 했어요?

몸을 꼬다[2] 부끄러워하다. 부끄러워할 때의 습관적인 행동을 표현한 말. ¶ 아이가 몸을 꼬면서 내게 편지를 전하더니 쏜살같이 문 쪽으로 뛰어갔다. / 내가 다가서자 그녀는 어쩔 줄 몰라 하며 몸을 배배 꼬았다.

손발이 오그라들다[오글거리다] (자신 또는 다른 사람의 말이나 행동에) 스스로 민망하고 창피함을 느끼다. ¶ 느끼한 미소를 지어 보이는 그의 모습을 보고 나도 모르게 손발이 오그라들었다. / 사극에서 이렇게 손발이 오그라드는 키스 신을 본 기억이 없다. / 그의 연기는 국어책 읽는 듯 어색해서 보는 내내 손발이 오글거렸다.

손이 뜨겁다 ⇒ **손이 부끄럽다** ¶ 이것마저 받지 않으시면 제 손이 뜨겁습니다. / 얼떨결에 받은 돈 봉투를 주머니에 넣는 손이 뜨거웠다.

손이 부끄럽다 (건네주거나 받는 일로) 민망하다. ¶ 기부금의 액수가 너무 적어 내 손이 부끄러웠다. / 이렇게 준비해 왔는데 받지 않으시면 어떻게 해요? 제 손이 부끄럽잖아요.

얼굴(을) **붉히다**[2] ⇒ **낯**(을) **붉히다**[2] ¶ 그는 선생님의 갑작스러운 방문에 놀라며 얼굴을 붉혔다. / 얼굴 붉히며 수줍게 말하는 그의 눈을 보니 냉정을 유지할 수가 없었다.

얼굴이 간지럽다 ⇒ **낯**(이) **간지럽다** ¶ 요즘 젊은이들이 길거리에서 하는 행동을 보면 얼굴이 간지럽고 어색해지기까지 한다.

얼굴이 달아오르다 ⇒ **얼굴이 뜨겁다** ¶ 그 일을 생각하면 얼굴이 달아올라 어찌할 바를 모르겠다. / 한국인의 질서 의식에 대해 외국인들과 이야기하다 보면 얼굴이 달아오를 때가 많다.

얼굴이 뜨겁다 부끄럽고 민망하다. ¶ 어제 내가 주정 부린 이야기를 듣고 얼굴이 뜨거웠다. / 우리나라 사람들이 이런 타국에서 눈살을 찌푸리게 하는 추태를 부리면, 같은 동포로서 얼굴이 뜨거워진다.

얼굴이 붉어지다 2 ⇒ **얼굴이 빨개지다** ¶ 결혼하자는 말에 여자는 얼굴이 붉어졌다. 참 **얼굴이 파래지다**

얼굴이 빨개지다 부끄러워하다. 또는 부끄럽고 민망한 상태가 되다. ¶ 내가 손을 잡자 그는 얼굴이 빨개졌다. / 혼자 야릇한 상상을 하다가 얼굴이 빨개졌다. / 자리가 자리인 만큼 얼굴이 빨개질 만한 이야기는 하지 말자. 참 **얼굴이 파래지다**

(얼굴이) **홍당무가 되다** ⇒ **얼굴이 빨개지다** ¶ 속마음을 들키자 그는 얼굴이 홍당무가 된 채 고개를 떨구었다. / 사랑한다는 말에 영희는 홍당무가 되어 어쩔 줄을 몰라 했다.

얼굴이 화끈거리다 ⇒ **얼굴이 뜨겁다** ¶ 못난 짓만 하는 자식 때문에 얼굴이 화끈거려 나다닐 수가 없다. / 그가 여러 사람 앞에서 내 치부를 들추는 바람에 얼굴이 화끈거려 혼났다.

염치 불구하고 부끄럽고 민망하지만. ¶ 비빔밥이 정말 맛있어서, 염치 불구하고 끼어들어 몇 숟가락 더 얻어먹었지. ※ 염치(廉恥): 체면을 생각하거나 부끄러움을 아는 마음.

염치(가) **없다** 2 부끄럽고 민망하다. ¶ 웃자고 한 말에 그 사람이 화를 내니 내가 얼마나 염치없었겠어? / 이젠 국민에게 염치가 없어 감히 국정 감사를 하자고 할 용기를 잃게 되었다.

쥐구멍에 들어가다 부끄러워 그 자리에 있기가 민망하다. '쥐구멍이라도 들어가고 싶다'와 같이 쓰인다. ¶ 아들 앞에서 그 꼴로 서 있을 수가 없더라고. 정말 쥐구멍이라도 들어가고 싶었어.

쥐구멍(을) **찾다** 부끄러워 그 자리에 있기가 민망하다. '쥐구멍이라도 찾고 싶다'와 같이 쓰인다. ¶ 내 과거가 들통 나자 쥐구멍이라도 찾고 싶은 심정이었다.

쪽 팔리다 ('여러 사람에게 알려지다'라는 의미로 사용되어) 부끄럽다. ▷ 비속어 ¶ 쪽팔리게 만들지 마세요. / 겁 없이 나서다가 쪽팔리는 수가 있으니까 조심스럽게 해라.

【사죄(謝罪)】

고개(를) **숙이다** 3 ⇒ **머리**(를) **숙이다** 3 ¶ 대형 사고가 연이어 터지면서 대통령이 벌써 세 번째 국민 앞에 고개를 숙였다.

머리(를) **수그리다** 2 ⇒ **머리**(를) **숙이다** 3 ¶ 아이는 죄도 없이 머리를 수그리고 있었다. / 만금이는 다시는 그런 일을 하지 않겠다고 하고 부끄러움에 머리를 수그렸다. (계용묵, 오리알)

머리(를) **숙이다** 3 사죄하는 태도를 취하다. ¶ 이 나라의 모든 권력 기관은 국민 앞에 머리 숙여 용서를 빌고, 내일을 위해 스스로 개혁해야 한다.

발이 손이 되게[되도록] ⇒ **손이 발이 되게**[되도록] ¶ 발이 손이 되게 빌어도 안 되는 판에 그렇게 고자세로 나오면 나도 딴생각이 있지. / 발이 손이 되도록 빌더라도 이 일은 어떻게 할 수가 없어요.

손(을) **비비다**[2] 용서를 구하다. ¶ 아무리 손을 비벼도 이젠 소용없다. 모든 일이 내 손을 떠나 버렸어.

손이 발이 되게[되도록] 잘못을 비는 행동을 간절하게 함을 나타내는 말. ¶ 손이 발이 되게 싹싹 빌어도 그는 표정 하나 변하지 않았다. 참 **손발이 되다**

코가 땅에 닿다 (잘못을 빌면서) 아주 공손한 모습을 하다. ¶ 코가 땅에 닿도록 빌었건만 아무 응답이 없다.

파리 발(을) **드리다** 애걸하거나 빌다. ¶ 그런 사람에게 파리 발 드리면서까지 돈을 빌리고 싶지 않다. / 어떤 남자가 우리 아버지를 향해 두 손바닥을 싹싹 비벼 열심히 파리 발을 드리면서 한껏 애처로운 눈빛을 보내고 있었다. 『기원』 파리의 발짓을 사람이 손을 싹싹 비비며 애걸하는 모습과 비슷하다고 본 데에서 나온 표현이다.

진실성(眞實性), 진정성(眞情性)

【거짓 태도(態度)】

소설(을) 쓰다 거짓을 사실처럼 그럴싸하게 말하다. ¶ 그는 여러 사람이 모인 자리에서 군대 이야기를 하면서 그야말로 소설을 썼다. / 소설 쓰지 말고 똑바로 이야기하세요. 지금 우린 장난하고 있는 게 아니라는 것을 명심하세요. 참 **각본에 따르다**

쇼(를) 벌이다 ⇒ **쇼(를) 하다** ¶ 네가 아무리 그럴듯하게 쇼를 벌여도 나는 속지 않는다. ※ 쇼(show): 구경거리. 춤과 노래로 엮어진 오락.

쇼(를) 부리다 ⇒ **쇼(를) 하다** ¶ 정말 배가 아픈 것 같아요. 쇼를 부리는 것 같지는 않은데요.

쇼(를) 하다 거짓 행동을 하다. ¶ 이제부터는 국민의 뜻을 받들겠다고? 정말 쇼하고 있네. 참 **각본에 따르다**

연극(을) 하다 거짓을 사실처럼 그럴싸하게 행동하다. ¶ 이제 그만 연극하고 사실대로 말해. / 저 사람들이 연극을 하고 있다고 생각하지 않아요? 어떻게 저런 일이 일어날 수 있는지 상식적으로 접근이 되질 않아요. 참 **각본에 따르다**

【과장(誇張), 거짓말】 ≒ **【난이도(難易度), 가능성(可能性)】**

공수표(를) 날리다 거짓 약속을 하다. ¶ 공수표 날릴 거면 아예 이야기도 꺼내지 말아요. / 김 사장은 항상 공수표만 날리고 정작 필요할 때는 뒷전으로 물러앉고 만다. ※ 공수표(空手票): 은행에 거래가 없거나 거래가 정지된 사람이 발행한 수표. 참 **공염불에[로] 그치다[끝나다], 애드벌룬(을) 띄우다**

공수표(를) 띄우다 ⇒ **공수표(를) 날리다** ¶ 금리를 낮춘다고 했지만 결과적으로는 오히려 금리가 높아졌으니 허공에 공수표를 띄운 셈이지.

광(을) 치다[1] 사실보다 크게 떠벌리어 자랑하다. 뽐내다. ¶ 그 녀석은 도대체 믿을 수가 없어, 어지간히 광을 쳐야지. / 사람을 만나다 보면 속은 강정과 같이 빈 주제에 광을 치는 층과 충분한 역량을 가지고도 도무지 그것을 드러내려 하지 않는 이를 모두 접하게 된다.

대포(를) 놓다 과장하여 말하다. ¶ 그가 대포를 텅텅 놓아서 금방 무슨 수가 생길 것 같지만, 실상은 한 달 전이나 지금이나 늘 마찬가지다. / 박 대리는 자기가 사장의 친척이라고 대포를 놓았지만, 그 사실을 믿는 사원은 아무도 없었다.

(허)풍(을) 떨다 과장하여 말하다. ¶ 세상에 믿을 수 없는 사람이 쓸데없이 허풍 떨며 거드름 피우는 사람이다. / 그는 신이 나서 예전의 서기 시절을 떠올려 허풍을 떤 적이 있었다. / 그는 사람들이 많은 곳에서는 유난히 풍을 떨며 말한다. ※ 풍(風): 바람. 허풍(虛風): 거짓 바람.

(허)풍(을) 치다 ⇒ (허)풍(을) 떨다 ¶ 허풍 치지 말고 있었던 사실을 그대로 말해 보아라. / 적군들은 출정하기 전에 자신들의 병력이 50만이니 30만이니 하면서 허풍을 쳤다. / 그놈이 풍을 치는 바람에 주식에 뛰어들어 애꿎은 집 한 채만 결딴을 냈다.

(허)풍(이) 세다 과장이 심하다. ¶ 그는 허풍이 세기로 소문이 나 있다. / 대동강 물을 팔아먹었다니 김삿갓이 얼마나 허풍 센 사람인지는 가히 짐작이 가고도 남을 것이다. / 그는 어찌나 풍이 센지 도무지 믿을 수 없는 말만 한다.

【허언(虛言)】

개 소리 당찮은 말. '개소리를 하다', '개소리를 치다'와 같이 쓰인다. ▷ 비속어 ¶ 개소리하지 말고 입 다물고 있어. / "여기가 어딘지는 알지? 개소리 치다가는 쥐도 새도 모르게 죽는 수가 있어." 가죽점퍼를 입은 사내는 나를 노려보며 말했다. 참 **개가 짖는 소리**

개나발을 불다 헛된 소리를 하다. ▷ 비속어 ¶ 아무리 개나발을 불어 봐라. 누가 눈 하나 깜짝할 줄 아나. 참 **나발[나팔](을) 불다**[2]

말로 때우다 실천은 하지 않고 말로 대신하다. ¶ 말로 때우는 것도 한두 번이지. 이번에는 꼭 한턱 내셔야 해요. 참 **몸으로 때우다, 몸으로 뛰다, 발로 뛰다**

말만 번지르르하다 말만 그럴듯하게 하고 실속이 없다. ¶ 말만 번지르르한 사람은 믿을 수가 없다. 그런 사람은 항상 뒤끝이 좋지 않은 법이다. 참 **겉만 번지르르하다**

말만 앞세우다 실천은 하지 않고 말로만 하다. ¶ 그놈은 입은 살아 가지고 말만 앞세우지. / 말만 앞세우지 말고 한 번이라도 실천을 해 보아라.

입만 살다 실속이 없으면서 그럴듯하게 말하다. ¶ 아무 능력도 없는 사람이 입만 살아서 큰소리친다. / 남에게 역한 말이나 하라고 하면 잘할 사람이지만, 입만 살았지 속살이 없는 사람일세. 참 **겉만 번지르르하다**

입만 성하다 ⇒ **입만 살다** ¶ 내놓고 자랑할 만한 무엇도 없으면서 입만 성해 주절대는 그들의 목줄은 가녀리고 애처롭다.

입에 꿀을 바르다 듣기에 달콤한 말만 하다. ¶ 입에 꿀을 바른 말에는 언제나 함정이 있기 마련이다. / 영국 속담에 "나쁜 친구는 입에 꿀을 바르고 가슴에 칼을 품는다."라는 말이 있다.

입(에) **발린** 듣기에만 그럴듯하고 진정성이 없는. ¶ 늦게 도착해서 미안했는지 그는 입에 발린 변명을 늘어놓았다. / 선생님은 친구들의 말을 입에 발린 소리가 아니라 사실 그대로라고 믿고 싶으셨을 것이다. / 눈곱만큼의 성찰과 반성도 보이지 않고 입 발린 사과와 화해를 말하는 사람을 어떻게 받아들입니까?

흰 소리 터무니없는 소리. '흰소리를 내다', '흰소리를 치다', '흰소리를 하다' 따위와 같이 쓰인다. ¶ 평소에는 진지하던 사람이 술을 한잔 걸치고 나니까 흰소리를 낸다. / 무당은 지금 굿을 하면 바로 나을 수 있다고 흰소리를 했다. / 상선은 자신이 비록 인력 시장을 떠도는 신세지만 막일꾼들하고는 차원이 다른 예술인이라고 흰소리를 쳐 댔다. (김소진, 열린 사회와 그 적들)

【허황(虛荒), 들뜸】

꿈 깨라 허황된 생각을 버려라. ¶ 쓸데없는 짓 하지 말고, 어서 꿈 깨라. / 너는 네가 대단한 일을 할 수 있을 거라고 생각하겠지만 꿈 깨라. 참 **꿈이 깨지다**

(뜬)**구름**(을) **잡다** 뚜렷하지 않고 막연하여 걷잡을 수 없다. 또는 허황된 일을 하다. ¶ 그는 인생의 의미는 무엇인가라는 뜬구름을 잡는 질문에 얽매여 머리 싸매고 살았다. / 이번 정부의 발표는 뜬구름만 잡았지 실속은 없어 보였다. / 새로운 사업에 대해 설명하는 그의 말이 어쩐지 구름 잡는 이야기로만 들린다.

바람(을) **잡다**[1] 허황한 짓을 꾀하다. ¶ 옛날에는 사람이 달에 간다고 하면 바람 잡는 소리로만 들렸을 것이다. / 치기배나 야바위꾼들과 한통속으로 옆에서 바람 잡으면서 남의 얼을 빼는 사람을 바람잡이라고 한다.

바람(이) **끼다** ⇒ **바람**(이) **들다**[1] ¶ 봄이 되어 바람이 끼었는지 다들 밖으로 싸돌아다니느라 정신이 없는 것 같다. / 벌써부터 소풍 갈 생각에 바람이 끼어 공부가 손에 잡히질 않는다.

바람(이) **나다**[1] ⇒ **바람**(이) **들다**[1] ¶ 바람이 나서 산으로 들로 놀러 다니는 사람들 눈엔 세상이 아름답게만 보일 거야.

바람(이) **들다**[1] 허황한 생각이 마음에 차 들뜨다. ¶ 잔뜩 바람이 든 아이는 내 말을 전혀 듣지 않았다. / 아이들이 여행을 다녀온 후부터 바람이 단단히 들었다. 참 **바람**(을) **내다**[2]

오금(이) **뜨다** 마음이 허황하고 방탕하다. ¶ 그 녀석 괜히 오금이 떠서 빈둥거리고만 있으니 잘 권해서 공장에나 들어가게 해 달라고요.

참여 태도(參與態度)

【소극적(消極的)】

뒤를 사리다 (뒷일이 잘못될까 봐 미리) 물러서거나 조심하다. ¶ 그렇게 뒤를 사릴 사람이 일은 왜 벌려 놓았어. / 그는 "그건 내 뜻이 아니라 어쩔 수 없이 그리 된 것이니 다른 사람들이 오해하지 않게 잘 좀 말해 주세요." 하고 뒤를 사리는 것을 잊지 않았다.

뒷전(을) 맴돌다 앞에 나서지 못하고 뒤에 머물다. ¶ 청호가 우리 집안에 입양된 지 20년이 넘었지만 아직까지도 할아버지 제사상 앞에는 나서지 못하고 뒷전을 맴돌곤 한다. ※ 뒷전: 뒤쪽이 되는 부근.

몸(을) 사리다 조심하다. 적극적으로 행동하지 않다. ¶ 어느 정도 지위에 오르면 대개 몸을 사리게 된다. / 앞으로 상당 기간 부동산 투기는 다시 살아나기 어려울 것이다. 지금 장안의 큰손들이 저렇게 몸을 사리고 있으니.

몸(을) 아끼다 소극적이다. 힘써 일하지 않다. ¶ 예전에는 그렇게 용맹스럽던 선수가 유명해지더니 매 경기마다 몸 아낀다. / 몸을 아끼지 않고 열심히 일하고 나면 칭찬보다는 시기와 질투가 나를 기다린다.

몸(을) 움츠리다 소극적이 되다. ¶ 장기 불황으로 몸을 움츠리는 기업들이 늘고 있다. / 담당자들은 '빅딜'의 '빅' 자만 들어도 몸을 움츠렸다.

입만 쳐다보다 (주도적으로 하려는 의지가 없이) 상대의 지시 또는 처분을 기다리다. ¶ 대통령이 모든 일을 직접 챙기니까 장관들이 일할 엄두를 내지 못하고 대통령 입만 쳐다보는 겁니다. / 검찰이 증거를 수집할 생각도 하지 않고 피의자 입만 쳐다봐서야 제대로 된 수사를 할 수 있겠어요?

【방관(傍觀)**】** ≒ **【관심**(關心)**, 무관심**(無關心)**】**

가만히 앉아 ① 특별한 일을 하지 않고. ¶ 은행은 가만히 앉아 수천억대의 마진을 챙기고 있다. / 그는 부모덕에 가만히 앉아 막대한 돈을 벌 수 있었다. / 가만히 앉아 있으면 아무것도 바꾸지 못합니다. 뭔가 일을 해야지요. ② 대응하지 않고. ¶ 어차피 죽을 목숨, 가만히 앉아 당할 수만은 없지요. 나가 싸웁시다. / 현지 분위기는 이제 우리도 더 이상 가만히 앉아 있어서는 안 된다는 쪽으로 돌아가고 있다.

강 건너 불 보듯 하다 ⇒ **강 건너 불구경**(하다) ¶ 지금은 한 국가의 위기를 전 세계 국가에서 강 건너 불 보듯 하지 못한다.

강 건너 불구경(하다) 자기와 관계없는 일이라고 하여 무심하게 방관하다. ¶ 너희도 강 건너 불구경할 것이 아니라 나름대로 대안을 제시하고 같이 고민하자. / 책임을 져야 할 정부가 오히려 강 건너 불구경을 하고 있다.

구경 속(이) **좋다** 구경을 매우 즐기다. ¶ 살인 죄인 잡는 구경까지 하려고 남아 있던 구경 속 좋은 사람들까지 모두 쥐구멍을 찾았다. (홍명희, 임꺽정[林巨正])

굿(을) **보다** 남의 일에 참견하지 않고 구경만 하다. ¶ 이런 경우 내가 어떻게 해야 옳은가? 일이야 되든 말든 굿이나 보고 앉아 있어야 하나? 〖기원〗 '굿이나 보고 떡이나 먹으면 된다'라는 속담에서 비롯한 표현이다. 참 **굿 보고 떡 먹기**

꼼짝 (하지) **않다** ① 일이나 활동을 전혀 하지 않다. ¶ 며칠이라도 휴식을 취하든가 주말에 꼼짝 않고 집에서 지내는 것도 좋다. ② 대응하지 않거나 조치를 취하지 않다. ¶ 내가 길길이 뛰는 와중에도 그는 꼼짝 않고 책만 봤다. / 내가 매일 전화해서 도와 달라고 매달렸지만 그는 꼼짝도 하지 않았다.

낮잠(을) **자다**[1] 아무런 일도 하지 않다. ¶ 탈주범들이 서울 시내에서 난동을 부리는 동안 경찰은 낮잠만 자고 있었다.

너는 너고 나는 나다 서로 간섭하지 않고 각자 알아서 산다는 뜻의 말. 간섭하지 말라는 경고나 이기적인 태도를 나타내는 말이다. ¶ 너는 너고 나는 나야! 날 좀 내버려 두라고. / 인간과 인간 사이에 애정이 없이 너는 너고 나는 나다 식으로 산다면 이 세상엔 긴장과 권태만이 있을 것이다.

두 손 맞잡고 앉아 있다 ⇒ **팔짱**(을) **끼고 있다** ¶ 두 손 맞잡고 앉아 있지만 말고 이리 와서 일 좀 거들어 주렴.

뒤로 물러서다[1] ⇒ **뒤로 빠지다**[2] ¶ 나는 이쯤에서 그만 뒤로 물러설 테니 서로 협조해서 잘 이끌어 가세요.

뒤로 빠지다[2] 어떤 일에 직접 관여하지 않다. ¶ 나는 뒤로 빠질 테니까, 자네가 중심이 되어 일을 잘 처리하게. / 늙은 사람이 뒤로 빠지고 젊은 사람들이 앞에 나서야 조직이 젊어 보일 것 아니겠어요?

뒤에서 헛기침만 하다 ⇒ **뒤로 빠지다[2]** ¶ 뒤에서 헛기침만 하지 말고 나서서 문제를 해결해 주십시오.

뒷짐(을) 지다 ⇒ **팔짱(을) 끼고 있다** ¶ 학교 폭력이 발생해도 학교는 나 몰라라 하며 구경꾼처럼 뒷짐을 지는 경우가 대부분이었다. / 어떤 일이 생겼을 때 뒷짐 지고 불의를 모른 척하는 사람들의 모습을 보고, 참으로 안타까움을 느꼈습니다. / 이렇게 뒷짐만 지고 지낼 겁니까? 더 이상 어리석은 자들의 손에 나라를 맡길 수 없습니다.

먼 산(을) 보다 어떤 일에 끼어들지 않고 모른 체하다. ¶ 우리가 건의할 때는 먼 산만 보더니, 총장이 한마디 하니까 그제야 대책을 세우느라 난리가 났군. / 당에서는 그 사람을 잘라야 한다고 했지만 그때마다 청와대는 먼 산만 봤다.

손 하나 까딱하지 않다 아무런 일도 하지 않다. ¶ 남편은 집에 들어오면 손 하나 까딱하지 않고 텔레비전만 봐요.

손(끝)(을) 맺다 할 일이 있는데도 아무 일도 안 하고 그냥 있다. ¶ 급한 일에 손을 맺고 있으면 어떻게 하란 말이야? / 남의 일이라고 너는 손 맺고 구경만 하는구나. / 아이를 찾아야지요. 그래, 찾을 도리가 없다고 손끝 맺고 가만히 앉아 있어요? 참말로 딱하십니다.

손(을) 놓다[1] 대책을 세우지 않고 그냥 있다. ¶ 청소년 게임 중독, 언제까지 손 놓고 있을 건가. / 이 사태에 대해 정부가 손을 놓고 있다는 인상을 줄 경우 걷잡을 수 없는 민심 이반 사태가 발생할 수 있다.

손톱 하나 까딱하지 않다 ⇒ **손 하나 까딱하지 않다** ¶ 손톱 하나 까딱하지 않고 남의 일 보듯 하고 있다. / 자기는 손톱 하나 까딱 안 하면서 남만 턱으로 지시해서 성과를 낼 수 있겠어요?

손톱(을) 튀기다 일을 하지 않고 놀다. ¶ 남들은 죽어라 일을 하는데 혁재는 손톱만 튀기고 있었다. / 자기는 손톱을 튀기면서 남 걱정하는 것을 보면 한심하기만 하다.

앉아서 보고만 있다 ⇒ **팔짱(을) 끼고 있다** ¶ 우리나라 사람이 당하는 것을 앉아서 보고만 있을 수 없었습니다. / 그가 안하무인(眼下無人)으로 날뛰는 걸 우리가 앉아서 보고만 있을 수는 없지. 반 **팔(을) 걷(어붙이)다**

열중쉬어 하고 있다 ⇒ **팔짱(을) 끼고 있다** ¶ 사장이 제 성을 못 이겨 혼자 일을 다 하니, 다른 사람들은 열중쉬어 하고 있을 수밖에 별 도리가 없었다.

주머니에 손만 넣고 있다 ⇒ **팔짱(을) 끼고 있다** ¶ 정작 우리가 어려울 때 주머니에 손만 넣고 있었던 정부를 어떻게 믿을 수 있습니까?

팔짱(을) 끼고 있다 어떤 일에도 상관하지 않고 가만히 있다. 수수방관(袖手傍觀)에 상응하는 표현이다. ¶ 적극적으로 나서야 할 공무원이 팔짱만 끼고 있으며 나 몰라라 하면 어떡합니까? / 나는 팔짱만 끼고 있는 지휘관보다 적극적으로 부하와 함께하는 지휘관이 좋다. / 자식이 지금 죽게 될 판인데 아버지란 사람이 팔짱을 끼고 앉아 있으면 어떻게 해요?

하늘만 쳐다보다 아무런 대책을 세우지 않고 도움만 바라며 멍하니 있다. ¶ 전쟁이 터졌을 때 양반이라는 사람들은 하늘만 쳐다본 것 말고 무슨 일을 했습니까? / 이대로는 죽을 수 없습니다. 하늘만 쳐다보지 말고 있는 힘을 다해서 둑을 막아 봅시다.

하품만 하고 있다 할 일도 없고 의욕도 없어 그냥 있다. ¶ 장사가 시들해서 하품만 하고 있어요. / 그는 범인을 잡을 생각은 하지 않고 태평하게 하품만 하고 있는 경찰들에게 화를 냈다. 참 **파리(를) 날리다**

【신중(愼重), 망설임】

가만 있자 생각이 얼른 떠오르지 않을 때 쓰는 말. ¶ 가만 있자, 우리가 어디서 처음 봤더라. / 가만 있자, 오늘이 무슨 요일이더라. 수요일인가, 목요일인가?

두 동(을) 싸다 이럴까 저럴까 하고 망설여 확고한 결심이 없다. ¶ "옮겨도 좋고 안 옮겨도 좋소." 유 도사가 두 동 싸게 대답한즉 군수는 옮기라고 더 권하지 않고……. (홍명희, 임꺽정[林巨正]) ※ 동: 사물과 사물을 잇는 마디. 참 **동(을) 달다, 두 동(이) 지다**

뜸(을) 들이다 (분위기를) 충분히 무르익게 하다. 말이나 행동을 곧바로 하지 않고 시간을 지체할 때 쓰는 표현이다. ¶ 그는 잠시 뜸을 들이다가 심각한 표정으로 진지하게 입을 열었어. / 별것도 아닌 일에 뜸을 들이는 사람이 가장 답답하다. / 뜸 들이지 말고 할 말 있으면 빨리 하라고. 사람 속 터지게 하지 말고. ※ 뜸: 음식물을 찌거나 삶아서 익힐 적에, 흠씬 열을 가한 뒤 그대로 얼마 동안을 두어서 푹 익게 하는 일. 참 **뜸(이) 들다**

앞뒤 걸음을 재다 행동을 이모저모로 신중히 따져 보다. ¶ 눈치놀음으로 앞뒤 걸음을 재자니 오금이 저렸고 숨이 막혔다. / 그렇게 앞뒤 걸음만 재다가는 우리 모두 몰살당하겠다.

앞뒤(를) 가리다 신중하게 헤아려 행동하다. ¶ 나이도 먹을 만큼 먹었으니 이제 앞뒤를 가려서 처신하거라. / 겁에 질린 전령은 다급한 나머지 앞뒤 가릴 새도 없이 칼을 뽑아 들어 내리쳤다.

앞뒤(를) 재다 신중히 따지고 계산하다. ¶ 앞뒤를 재 보니 그다지 득이 되지 않는 일인 것 같아 그만두었다. / 그렇게 앞뒤 재다가 언제 일을 하겠어? 일은 무모하다 싶게 하는 것이 젊은 사람에게는 더 어울려.

운이 길다 말을 꺼내기까지 오래 주저하다. ¶ 대체 무슨 이야기를 하려고 이렇게 운이 긴 거야?

짚고 넘어가다 (어떤 일이나 사실에 대하여) 따져 보다. ¶ 이번 일은 한번 짚고 넘어가야지 어물쩍 그냥 넘어가면 안 돼. / 분명하게 짚고 넘어가야 할 점은 시스템 통합이 위험을 초래할 수 있다는 사실이다. / 강의를 시작하기 전에 짚고 넘어가야 할 용어들이 있습니다.

【적극적(積極的)】

공세를 펴다 공격적으로 활동을 하다. 주로 '무슨 공세를 펴다'와 같이 쓰인다. ¶ 적극적인 구애 공세를 폈지만 그의 마음은 꿈쩍도 하지 않았다. / 학생들이 질문 공세를 펴자 선생님은 무척 당황했다. / 그는 입학 철이나 연말이면 교수들에게 엄청난 선물 공세를 폈다.

물고 늘어지다 어떤 대상에 악착같이 달라붙어 떨어지지 않다. ¶ 아무리 물고 늘어져도 난 한 푼도 내놓을 수 없어. 그러니 딴 데 가서 알아보게. / 의문이 생기면 끝까지 물고 늘어지는 습관을 길러야 합니다. / 대충 넘어가도 될 일을 계속 물고 늘어지다니 해도 너무하는 게 아니냐?

물불을 가리지 않다 위험이나 곤란을 생각하지 않고 행동하다. ¶ 그는 사랑하는 사람의 일이라면 물불을 가리지 않고 덤벼든다. / 자기의 이익에 관계된 일이라면 남에게 큰 해를 줄지라도 물불을 가리지 않는 것이 요즘 세상의 풍조인 것 같다. 참 **물과 불이다**

발(을) 벗고 나서다 (어떤 일에) 적극적으로 임하다. ¶ 친구의 치료비를 마련하기 위해 모두 발을 벗고 나섰다. / 형제가 많아도 집안일에 발 벗고 나서는 사람이 없다. / 같이 발 벗고 나서서 돈을 버는 건 좋으나, 남편을 팔아 자기를 내세우려는 것은 할 짓이 못 돼요.

소매를 걷(어붙이)다 ⇒ 팔(을) 걷(어붙이)다 ¶ 남의 일이라면 소매를 걷고 나서는 사람이 집안일에는 무관심하다. / 일꾼들이 일하는 게 마뜩잖아 주인이 직접 소매를 걷어붙였다.

쌍지팡이를 짚고 나서다[1] 환영의 뜻을 나타내며 적극적으로 개입하다. ¶ 시니 그림이니, 말만 들어도 쌍지팡이를 짚고 나서는 임금이다. 초장부터 멀쓱해서 돌아왔다면 무어라고 할까. (김성한, 칠년전쟁) * 멀쓱하다: '머쓱하다'의 방언.

앞뒤(를) 가리지 않다 위험이나 곤란을 생각하지 않고 행동하다. ¶ 워낙 다혈질인 아버지는 화가 나면 앞뒤를 가리지 않았다. / 일제의 살벌한 무단 통치하에서도 피가 끓는 젊은이들은 앞뒤 가리지 않고 독립운동에 뛰어들었다.

앞장(을) 서다 적극적으로 참여하다. ¶ 집안에 어려운 일이 닥칠 때마다 항상 장남인 제가 앞장을 서 왔잖아요. / 청년들이 앞장서지 않으면, 누가 그 일을 하겠습니까?

치맛바람 여자가 극성스럽게 활동하는 것을 가리키는 말. 특히 어머니가 학교에서 극성스럽게 구는 경우를 가리킨다. 주로 '나다', '불다', '세다', '일으키다' 따위의 서술어와 함께 어울려 쓰인다. ¶ 군사 정권이 들어서자 장군 부인들 모임 쪽으로 치맛바람이 나서 국정이 더욱 혼란스러워졌다. / 치맛바람이 불면 학교 교육이 정상적으로 될 수 없다. / 우리 동네는 돈 좀 있는 사람들이 많이 살아서 그런지 치맛바람이 무척 세요. / 여자가 치맛바람을 일으키며 돌아다니는 것을 곱게 봐줄 수는 없어요. 참 **바람(을) 잡다**[2], **바람(을) 피우다**, **치맛바람(이) 나다**

팔(을) **걷**(어붙이)**다** 적극적인 태도를 취하다. ¶ 그는 처갓집 일이라면 팔 걷고 나선다. / 학교 폭력이 문제가 되자, 정부가 학교 폭력 근절을 위해 팔을 걷었다. / 학교 일에는 팔을 걷어붙이고 나서는 사람이 집안일에는 도무지 신경을 쓰질 않는다. / 우리 회사는 소비자의 신뢰를 회복하기 위해 사장부터 팔을 걷어붙였어. 반 **앉아서 보고만 있다**

하면 하고 말면 말다[1] 각오를 다지며 어떤 일에 적극적으로 임하는 태도를 보이다. ¶ 저는 성격상 거침없이 도전해서 하면 하고 말면 마는 식으로 살아왔습니다. / 무엇이든지 다 있고 다 잘한다니 할 말이 없다. 그러나 하면 하고 말면 말아야 할 것이다.

【관여(關與), 참견(參見)】

곁다리(를) **끼다** 참견하다. ¶ 당사자도 아닌 자네가 왜 남의 일에 곁다리를 끼고 나서나? 남의 일에 곁다리 끼고 나서는 사람치고 자기 일 잘하는 사람 없어. / 그녀는 곁다리 끼고 나서는 사람을 가자미눈을 뜨고 보았다.

곁다리(를) **들다** ⇒ **곁다리**(를) **끼다** ¶ 남의 일에 곁다리 들어 봤자 좋은 소리 못 듣네. 이제 그 일에서 손 빼게. / "집에 안 갈 거야? 누가 그런 것을 시키는 거야?" 누군가 곁다리를 들고 나섰다.

손(을) **거치다** 관여하다. 어떤 사람을 경유하여 일이 처리된다는 뜻으로 '누구의 손을 거치다'와 같이 쓰인다. ¶ 이런 사소한 일까지 내 손을 거쳐야 하는 거야? / 오늘 발표된 성명서는 내 손을 거친 것이다. / 사무처의 감사 내용은 사무총장의 손을 거쳐야만 감사 위원회에 회부될 수 있다.

손(을) **내밀다**[1] 간섭하다. ¶ 학생들 일에 눈치 없이 손을 내밀었다가 핀잔만 들었다.

손(을) **대다**[1] 관여하거나 시도하다. ¶ 이 일에 손을 댄 이상 아무 성과도 없이 물러날 수는 없지 않겠어요? / 다른 사람은 손 하나 대지 못하게 했다는 건 혼자 책임지겠다는 뜻이 아닌가요? / 섣불리 주식에 손을 댔다가 가산을 탕진하는 경우가 많다. 참 **손**(을) **떼다**

손(을) **적시다** 관여하다. ¶ 이왕 손을 적셨으니 끝까지 해 봐야겠지요.

앞자락이 넓다 관심 갖거나 관여하는 분야가 많다. ¶ 그는 앞자락이 넓어 안 해 본 일이 없을 정도였다. / 언제부터 그렇게 앞자락이 넓어졌어? 남이야 밥을 먹든 라면을 먹든 무슨 상관이야. 참 **오지랖**(이) **넓다**[2]

오지랖(이) **넓다**[1] ① 쓸데없는 참견을 하는 경향이 심하다. ¶ 오지랖이 넓어 다른 사람들 일에 참견하다 아직까지 결혼도 못 했다. / 헐벗은 사람을 보면 옷을 벗어 줘야 직성이 풀리는 남편은 좋게 말하면 배려심이 많고 나쁘게 말하면 오지랖이 넓은 거지요. ② 관심 갖거나 관여하는 분야가 많다. ¶ 딸은 오지랖이 넓어 무슨 일을 하다가도 또 다른 일에 신경 쓴다. / 어떠한 소재의 만화를 그리더라도 그 방면에 아는 바가 있어야 한다. 어쨌든 만화가는 오지랖이 넓어야 한다. ※ 오지랖: 웃옷이나 윗도리에 입는 겉옷의 앞자락.

자리를 같이하다 (모임 따위에) 함께 참석하다. ¶ 모처럼 동창생들끼리 자리를 같이했다.

치마폭(이) **넓다** 여자가 참견하고 간섭하는 경향이 심하다. 대부분 부정적인 표현에 쓰이지만, 널리 관여하여 도움을 준다는 의미로도 쓰인다. ¶ 치마폭이 너무 넓은 윗사람을 만나면 회사 생활이 피곤해. / 아주머니는 왜 그렇게 치마폭 넓게 참견을 했을까. 설사 눈에 좀 거슬리는 점이 있었다 해도 그냥 넘어갈 수는 없었을까. / 그는 아직 20대지만 남의 말에 귀 기울이고 마음을 다독여 줄 때는 영락없이 치마폭 넓은 아줌마의 마음이기도 하다. 참 **오지랖**(이) **넓다**[2]

치마폭이 열두 폭이다 ⇒ **치마폭**(이) **넓다** 치마폭이 넓다는 것을 강조하기 위하여 '치마폭이 스물네 폭이다'라는 표현도 쓰인다. ¶ 쓰잘데기 없는 일에 신경을 끊어야 되는데, 치마폭이 열두 폭이라 온갖 일에 다 신경을 쓰고 사니 집중력이 떨어지지. * 쓰잘데기: 사람이나 사물의 쓸모 있는 면모나 유용한 구석. '쓰잘머리'의 방언.

한 다리(를) **걸치다** 어떤 일에 참가하여 관여하다. ¶ 그 사람은 아무 일에나 한 다리 걸치기를 좋아한다. 참 **양다리**(를) **걸**(치)**다**

한 다리(를) **끼다** ⇒ **한 다리**(를) **걸치다** ¶ 그 일에 한 다리 끼어서 좋을 게 뭐가 있다고 기를 쓰고 덤벼드니?

(한) **발**(을) **걸치다** 관여하다. ¶ 현직 장교가 관광 사업에 발을 걸치고 있는 모습은 바람직하지 않았다. / 여기저기 발을 걸치는 방식으로는 전문가가 될 수 없을 것 같다. / 지역 문화에 관심을 가지고 일을 하다가 마을 만들기 운동에 한 발을 걸쳤다.

한몫 끼다 마땅한 자격을 가지고 함께 참가하다. ¶ 회원을 찾고 있던 참이야. 네가 꼭 한몫 껴야겠어. / 집안일에 나도 한몫 끼어 거들었다.

작업 태도(作業態度)

【**능률적**(能率的)】

가락이 나다[2] 일의 능률이 오르다. ¶ 손발이 잘 맞아 가락이 절로 난다. / 가락이 날 정도로 뜨개질이 손에 익어서 하루에 장갑 한 켤레는 충분히 뜬다. ※ 가락: 소리의 높낮이가 길이나 리듬과 어울려 나타나는 음의 흐름.

늦바람(이) **나다**[1] 뒤늦게 일의 능률이 오르다. ¶ 이번 시즌 들어 노장들의 방망이에 늦바람이 났다. 이 추세로 나가면 타격 부문은 노장들의 독무대가 될 것 같다.

바람(을) **내다**[1] 하는 일에 한창 능률을 내다. ¶ 일이 마음에 들고 신이 나는지 처음에는 시큰둥하던 녀석이 이제는 손에 바람을 내어 일을 하고 있다.

바람(이) **나다**[2] 하는 일에 재미가 들어 능률이 나다. ¶ 처음에는 일하기를 거부하던 사람이 시간이 갈수록 손에 바람나게 일을 하고 있어요. / 밤엔 그렇게 앓는 소리를 하다가도 부엌에만 내려서면 힝힝 일손에 바람이 났다. 참 **신바람**(이) **나다**

용춤(을) **추다** 남이 추어올리는 바람에 신이 나서 하라는 대로 하다. ¶ 그런 사람들 틈에 끼어서 용춤을 춰 봐야 나만 싱거운 사람이 되기 쉽다.

【**열중**(熱中), **몰두**(沒頭)】

눈(을) **뒤집다** 열중하여 정신이 없다. ¶ 눈을 뒤집고 찾아보아도 어제 봤던 책이 보이지 않았다. / 노름판이라면 눈 뒤집고 찾아다니던 사람이 이젠 속 차리고 새사람이 되었다. 참 **눈**(이) **뒤집히다**

눈을 번뜩[번쩍]**이다** 신경을 집중하다. ¶ 휴전선을 사이에 두고 남북의 병사들이 눈을 번뜩이고 있었다. / 두 사람은 나의 작은 실수라도 발견하려는 듯 눈을 번뜩이고 있었다. / 언론인은 세상의 의견과 환경과 사건에 눈을 번쩍이고 귀를 기웃거리지 않으면 안 된다. / 그는 자기를 비난하는 무수한 사람이 감시의 눈을 번쩍이고 있다고 망상했다.

목을 달아매다 ⇒ **목(을) 매(달)다**[1] ¶ 고시 공부에 목을 달아맨 지 삼 년이 되었다.

목(을) 매(달)다[1] (어떤 일에) 운명을 걸고 몰두하다. ¶ 경제 성장률에 목 매달다 보니 금리 인상 시기를 놓쳤다. / 지난 몇 년 동안은 아무 일도 못 하고 축구장 잔디를 심고 관리하는 데 목을 맸다. 참 **목을 (내)걸다**

몸[온몸]을 던지다 (온갖 정열을 다하여) 일에 열중하다. ¶ 그는 출세를 위해 그야말로 몸을 던져 공부했다. / 우리는 권력 앞에 온몸을 던져서 권력의 부당한 간섭에 대해 싸웠고 결국 승리했습니다. 참 **몸(을) 바치다**[1]

앞만 보고 가다 다른 일은 생각하지 않고 목표를 이루는 일에만 몰두하다. ¶ 일 욕심에 앞만 보고 가다 보면 언젠가 몸에 탈이 나게 된다. / 힘들었지만 저를 지지해 주는 시민들을 믿고 묵묵히 앞만 보고 갔습니다.

앞만 보고 달리다 다른 일은 생각하지 않고 목표를 이루는 일에 전력투구하다. ¶ 성공을 위해 앞만 보고 달리는 인생에는 사랑이 안착할 수 없다. / 윤민주는 자신의 꿈을 이루기 위해, 그리고 이 바닥에서 살아남기 위해 앞만 보고 달렸다.

코(를) 박다 다른 일은 생각하지 않고 어떤 일에 열중하다. ¶ 다른 데 눈 돌리지 않고 코를 박고 공부하다 보면 좋은 날도 있을 거야. / 삭자의 일에만 코 박고 살아도 되는 사람들이 부럽다.

한 우물(을) 파다 한 가지 일에만 몰두하다. ¶ 배우로 데뷔한 지 20년. 난 단 하루도 한눈팔지 않고 오로지 한 우물만 팠다. / 죽기 살기로 한 우물을 판 사람은 반드시 뭔가를 이룰 수 있다. 반 **한눈(을) 팔다**[1,2]

【정성(精誠)】

숨결이 배다 혼이 들어가다. ¶ 나는 조상의 숨결이 밴 옛 건물을 둘러보며 수백 년 전 조상들과 대화를 하곤 한다.

숨결이 스미다 혼이 들어가다. ¶ 우리의 숨결이 스며 있는 우리 음악을 공부할 수 있게 되어 기뻐요.

입김이 어리다 소중히 다루던 정이 담겨 있다. '누구의 입김이 어리다'와 같이 쓰인다. ¶ 할머니의 입김이 어린 장롱을 바라보면 돌아가신 할머니 생각이 난다.

혼을 담다 정성을 쏟다. ¶ 혼을 담은 시공을 하여 후회가 없도록 하자.

【노력(努力)**】 ≒ 【고난**(苦難)**, 고생**(苦生)**】**

개 발에 땀(이) **나다** 열심히 노력하다. 또는 열심히 노력해서 어려운 일을 해내다. ¶ 경쟁이 치열하니 개 발에 땀나도록 공부해야 대학에 갈 수 있을 거야. / 그를 이길 수가 없어. 개 발에 땀이 나서 기술이 잘 먹힐 수도 있겠지만 그게 쉽겠어? 참 **손에 땀**(이) **나다**

구슬땀을 흘리다 열심히 일하다. ¶ 그는 마을을 발전시키기 위해 밤낮으로 구슬땀을 흘리고 있다. / 많은 사람이 봉사 활동에 참여해 구슬땀을 흘리는 모습을 보며, 우리 사회에는 따뜻한 사람이 많다는 것을 느꼈다.

기(를) **쓰다** 있는 힘을 다하다. ¶ 내가 서울로 올라가겠다고 말했을 때 어머니는 기를 쓰고 말리셨다. / 왜 사람들이 높은 자리에 오르려고 기를 쓰는데? 그게 다 돈과 연결되게 마련이어서 그런 것 아닌가요?

땀(을) **쏟다** 열심히 일하다. ¶ 한 톨의 쌀을 수확하기 위해 일 년 내내 땀을 쏟는 농부처럼 한 권의 책을 세상에 내놓기 위해 편집자는 끊임없이 질문하고 고민한다.

땀(을) **흘리다** 일하다. ¶ 땀 흘리는 사람이 대우받는 나라를 만들겠습니다. / 땀을 흘려 번 돈은 헤프게 쓰지 못합니다. / 땀 흘린 만큼 보람으로 가득 찬 함박웃음을 지을 농부가 과연 얼마나 될지.

몸부림(을) **치다** 온갖 노력을 다하며 애쓰다. ¶ 네가 아무리 몸부림을 쳐 봐도 소용없어. 너는 이미 독 안에 든 쥐야. / 우리는 지금 이같이 산적한 문제들을 해결해 나가기 위해 나름대로 몸부림치고 있습니다.

발버둥(질)(을) **치다** 온갖 노력을 다하며 애쓰다. ¶ 살아 보겠다고 발버둥을 치는 사람의 희망을 그렇게 무참히 꺾어 버릴 수 있는 것입니까? / 그들은 어린이들과 선생님을 떼어 놓으려고 발버둥질 치고 있어요. ※ 발버둥질: 불평불만이 있어 앉거나 누워서 다리를 내뻗었다 오므렸다 하며 몸부림을 치는 짓.

비지땀(을) **흘리다**[쏟다] 무척 힘을 들이다. ¶ 비지땀 흘리며 일을 했어도 돌아온 것은 쥐꼬리만 한 월급봉투다. / 우리는 그때 연기 기술을 터득하느라 연극 연습을 하며 비지땀을 흘리곤 했네. / 연말이 되면서 한 해를 정리하느라 마지막 비지땀을 쏟았다. / 대학에 합격하기 위해 비지땀을 쏟을 때가 새삼 그리워진다.

뼈를 갈다 고통을 참으며 몹시 정성을 들이다. ¶ 뼈를 갈아 쓴 시들인데 이를 발표할 지면이 없는 현실이 참담했다. 참 **이**(를) **갈다, 칼**(을) **갈다**

뼈를 깎다 (어떤 과정이) 견디기 어려울 정도로 고통스럽고 힘들다. 주로 '노력', '훈련', '고통' 따위의 말을 꾸미며, '뼈를 깎는'의 꼴로 쓰인다. ¶ 올림픽을 앞두고 뼈를 깎는 훈련을 시작해야 했다. / 뼈를 깎는 반성을 통해 새사람으로 태어나겠습니다.

뽕(이) 빠지다[1] 어떤 일을 죽을힘을 다하여 하다. ▷ 비속어 ¶ 경찰이 나타나자 그는 뽕이 빠지게 줄행랑을 쳤다. / 오늘 벌써 장은 파장이고 품삯 벌기는 글렀웅께 데모나 한바탕 뽕빠지게 혀보드라고. (조정래, 한강) 참 **똥줄(이) 빠지게, 뽕[봉](이) 나다**

살을 깎고 뼈를 갈다 ⇒ 뼈를 깎다 ¶ 살을 깎고 뼈를 가는 고통 속에서 이 일을 이루어 냈다. / 이 일은 보통 공력으로는 아무런 효과도 거둘 수 없다. 살을 깎고 뼈를 가는 노력을 해야만 한다.

살을 깎다 ⇒ 뼈를 깎다 ¶ 살을 깎는 강훈련을 했다. / 살을 깎는 노력으로 조직을 혁신할 것입니다.

손(을) 붙이다[1] 힘써 일하다. ¶ 다른 작업반원들이 손 붙여 줘야만 예정된 시간까지 이 일을 끝낼 수 있어요. / 홈페이지라는 게 손을 붙이면 한이 없지만, 손이 안 가기 시작하면 계정 끝나도록 들여다보지도 않지요.

심혈을 기울이다 (목적을 달성하기 위해서) 애써 노력하다. ¶ 내가 심혈을 기울인 작품인 만큼 조심해서 다루라고. / 이 저작은 세계적인 석학이 십 년 동안 심혈을 기울여서 만든 책이다. ※ 심혈(心血): 심장의 피.

심혈을 쏟다 ⇒ 심혈을 기울이다 ¶ 훈민정음 창제는 세종이 가장 심혈을 쏟은 사업이었다.

안간힘(을) 쓰다 (고통 따위를 참으면서) 노력하다. ¶ 그는 눈물을 참으려고 안간힘 썼다. / 기울어 가는 기업을 일으키려고 노동자들이 안간힘을 쓰고 버티고 있다. ※ 안간힘: 어떤 일을 이루려고 몹시 애쓰는 힘.

애(를) 쓰다 힘을 들이다. ¶ 애쓴 보람이 이제야 나타나기 시작했다. / 그 시절 나는 아무도 없는 방에서 외로움을 달래느라 무척 애를 썼었다.

용(을) 빼다 큰 힘을 쓰거나 큰 재주를 부리다. ¶ 용빼는 재간이 있나, 변상해야지. 남의 떡이 커 보인다지만 너무 과욕을 부렸지. / 제아무리 용을 빼는 재주가 있어도 그 일만은 못할걸. 『기원』 국어사전에는 특별한 기원 설명 없이 '용'을 '한꺼번에 내는 무척 센 힘'으로 풀이하고 있다. 그런데 이때의 '용'을 사슴의 새로 돋은 연한 뿔을 이르는 '녹용'의 준말로 보는 견해도 있다. '녹용'을 뺄 만큼의 힘을 쓰거나 재주를 부린다는 말이다.

용(을) 쓰다 큰 힘을 내다. ¶ 아무리 용 써도 될 일이 있고 안 될 일이 있는 거야. / 시동을 걸자 수십 미터나 되는 열차가 경적 소리를 내며 용을 쓰기 시작한다.

죽기 살기로 아주 열심히. ¶ 죽기 살기로 노력한다면 못할 일이 없을 것이다. / 자신의 소질과 적성에 맞는 분야를 찾으면 한눈팔지 않고 죽기 살기로 한 우물을 파야 한다. 참 **너 죽고 나 죽자**

죽어라 하고 아주 열심히. ¶ 자본주의 사회에서는 죽어라 하고 일해도 돈 없는 사람이 부자가 되기는 어렵다. / 죽어라 하고 해도 안 되는 놈은 안 된다. 참 **너 죽고 나 죽자**

죽자 살자[사자] (하다)[2] 매우 열심히 (하다). ¶ 시험 기간에 나는 죽자 살자 공부만 했다. / 죽자 살자 했는데도 결과가 그리 좋지 않았다. / 비정규직이라서 온갖 잡일 갖다 붙여도 못한다고 하지 않고 죽자 사자 일했다.

피(가) **나는** 힘든. 주로 '노력', '훈련' 따위의 말을 꾸민다. ¶ 취직하기 위해 피나는 노력을 했다. / 사업은 어떤 의미에서, 사업을 둘러싼 환경과의 피나는 싸움이다.

피(가) **터지다**[1] 치열하게 노력하다. 주로 '피 터지게'의 꼴로 쓰인다. ¶ 프로라면 그 분야에서 목숨을 걸고 피 터지게 노력한 경험이 있을 것이다.

피땀(을) **흘리다** 노력하고 희생하며 일하다. ¶ 피땀을 흘려서 모은 재산을 한순간의 화재로 다 날려 보냈다. / 내가 너희 주자고 이렇게 피땀 흘려 농사를 지은 줄 알아? / 그는 피땀 흘려 모은 돈을 몽땅 바쳐 학교를 세웠다.

피땀(이) **흐르다** 힘든 노동으로 몹시 고생하다. ¶ 근로자들의 피땀이 흐르는 현장에 가 보면 그런 말이 나오지 않을 거야.

피(와) **땀** 희생과 노력. ¶ 조상들의 피와 땀으로 세운 나라를 이대로 망하게 할 순 없다.

【**나태**(懶怠), **무사안일**(無事安逸)】

땡땡이[농땡이](를) **부리다** ⇒ **땡땡이**[농땡이](를) **치다** ▷비속어 ¶ 일할 시간인데, 오늘은 기분도 좋지 않아 땡땡이 부리고 있어요.

땡땡이[농땡이](를) **치다** 수업이나 업무를 하지 않다. ▷비속어 ¶ 땡땡이 그만 치고 열심히 일합시다. / 학교에 다닐 적에는 농땡이를 치고 밖에 싸돌아다니는 것이 가장 큰 즐거움이었다.

하면 하고 말면 말다[2] 어떤 일에 적극적으로 임하지 않는 무사안일한 태도를 보이다. 주로 '하면 하고 말면 마는 식'과 같이 쓰인다. ¶ 하면 하고 말면 마는 식으로 일해서는 안 된다. / 동호회 활동이라는 것도 하면 하고 말면 마는 식으로 하다 보니까 얻는 게 없다.

【**신속**(迅速), **성급**(性急)】

뒤가 늘어지다[2] 끝맺는 것이 느리다. ¶ 아버지는 한번 이야기를 시작하면 뒤가 늘어져 끝날 줄 모른다.

발이 늦다 대처가 빠르지 못하다. ¶ 시정(市政)과 관련해 발이 늦다는 지적이 많았는데, 앞으로는 규정에 얽매어 업무를 늦추는 일이 없도록 할 것이다.

발(이) **빠르다** 대처가 빠르다. ¶ 선진 기술을 발이 빠르게 받아들여 경쟁에서 살아남을 수 있었다. / 이번 사태에 발 빠른 대응을 하지 못해 피해가 컸다.

벼락(과) **같다** 아주 빠르다. ¶ 숙제를 벼락같이 끝내고 밖에 나가 놀았다.

앉은 자리에서 어떤 일을 벌이고 있는 바로 그곳에서 곧바로. ¶ 그 사람은 앉은자리에서 빵 열 개 정도는 금방 해치운다. / 앉은자리에서 해 버리지 않고 무얼 그리 우물거려? / 일은 앉은자리에서 처리한다는 게 내 원칙이다. / 글이란 앉은자리에서 단번에 훌륭하게 써지는 것이 아니다.

털(도) **안 뽑고 먹다**[1] 절차를 무시하고 성급히 행동하다. ¶ 일이 아무리 바쁘더라도 털도 안 뽑고 먹을 수야 없지.

한발 늦다 뒤처지다. 또는 대처가 빠르지 못하다. ¶ 판매 부진이 이어지면서 신제품 개발도 한발 늦어 버렸다. / 다문화 가정의 이혼이 늘어 가지만 이에 대한 제도적 지원은 여전히 한발 늦는다.

생활 태도(生活態度)

【여유(餘裕), **휴식**(休息)**】**

고삐를 늦추다[1] (일을) 느슨하게 하다. ¶ 시험 날짜가 며칠 남지 않은 상태에서 고삐를 늦추면 모든 것이 수포로 돌아가니까 최선을 다해라. / 그 선수는 대회가 끝난 이후에도 고삐를 늦추지 않고 남들이 쉴 때 노력한다는 일념으로 개인 훈련에 더욱 주력해 왔다. ※ 고삐: 한 끝을 말이나 소의 재갈에 잡아매어 몰거나 부릴 때에 끄는 줄.

궁둥이(를) **붙이다**[1] 앉아서 여유를 갖거나 쉬다. ¶ 우선 궁둥이 좀 붙이고 나서 이야기하세. / 그는 여기저기 수금하러 다니느라 잠시도 궁둥이를 붙이고 있을 틈이 없었다.

땀(을) **들이다** 휴식을 취하다. ¶ 땀 들이기가 무섭게 새로운 작업 지시가 내려왔다. / 저희 집에 들러 땀을 들이고 가시면 어떠실는지요?

머리(를) **식히다** 휴식을 취하다. ¶ 머리도 식힐 겸 차나 한잔할까요? / 머리를 식히려고 산에 올라갔는데, 시끄러운 노랫소리에 신경만 곤두섰다. 참 **열**(을) **받다**

몸(을) **빼다**[1] 바쁜 가운데 시간을 따로 내다. ¶ 당분간은 입시 지도 때문에 몸 뺄 여유가 없을 것 같다. / 어찌나 바쁜지 단 한 시간도 몸을 뺄 수가 없네요.

몸(을) **뽑다** ⇒ **몸**(을) **빼다**[1] ¶ 해가 한나절이나 되어서 겨우 몸을 뽑았소. 지금 여기 온 지 얼마 안 되우. (홍명희, 임꺽정[林巨正])

바람(을) **쐬다**[1] 기분 전환하다. 기분 전환을 위하여 바깥이나 먼 곳을 거닐거나 다니다. ¶ 바람도 쐴 겸 서울에 한번 다녀와야겠어. / 집안에만 있어서 머리가 아픈 거야. 가끔은 바람을 쐴 필요가 있어.

세월아 네월아 한가히 시간을 보내는 것을 나타내는 말. ¶ 지금 우리 형편이 팔자 좋게 세월아 네월아 부르고 앉았을 형편이 아니니다. / 그는 세월아 네월아 술만 마시면서 하루하루를 보내고 있다.

세월을 낚다 때를 기다리며 느긋하게 지내다. ¶ 임오군란 이후 한동안 대원군은 난초를 치면서 세월을 낚고 있었다. / 소리꾼 김양미 씨는 "세상과 차단하고 목이 뜯겨 가면서 소리를 해야 득음(得音)할 수 있다. 소리는 인내심을 가지고 세월을 낚아야 한다."고 말했다. / 이름 모를 꽃들이 봄볕에 졸고 있는 강변에는 세월을 낚는 강태공의 모습이 한가롭다. 〖기원〗 강태공이 때를 기다리며 낚싯바늘 없는 낚싯대로 낚시질을 하였다는 일화에서 나온 말이다.

손을 늦추다 일을 더디게 하거나 느슨하게 하다. ¶ 적당히 손을 늦출 줄 모르는 사람들이 과로하기 쉽다. / 그는 자신이 쥐고 있는 재정 관리의 손을 늦출 생각은 없었다.

손(이) 나다 어떤 일에서 조금 쉬거나 다른 것을 할 틈이 생기다. ¶ 지금은 바빠서 안 되지만 조만간 손이 나면 찾아뵙겠습니다.

손(이) 비다[1] 할 일이 없어 그냥 있다. ¶ 손 비었으면 우리 일 좀 도와주세요. / 채소 기르는 데 재미를 느끼면서 요사인 잠시라도 손이 비면 채마밭에 나가는 게 습관처럼 되었다.

숨(을) 돌리다 일이나 행동을 멈추고 여유를 가지다. ¶ 차 한잔 마시면서 숨 좀 돌렸다가 다시 시작하자. / 누가 쫓아오니? 숨이나 돌리고 이야기하자.

시간을 벌다 시간의 여유를 얻다. ¶ 시합이 연기되었으니 시간을 번 셈이다. / 지금 당장은 아무런 일도 할 수 없는 처지라, 시간을 벌 생각으로 이리저리 피해 다녔다.

틈(을) 내다 여유를 가지다. ¶ 어렵고 바쁜 가운데도 틈을 내어 책을 읽어야 한다.

틈(이) 나다[1] 여유가 생기다. ¶ 틈이 나면 한번 놀러 오세요.

한 손(을) 놓다 ① 일의 어려운 고비를 치르고 나서 여유가 생기다. ¶ 아들 대학 보내고 나니 한 손 놓게 되었다. / 그 문제는 이제 한 손을 놓았다. ② 상대하기가 쉬워 여유가 있다. ¶ 너 정도는 한 손 놓고 상대할 수 있다.

한 손(을) 늦추다 여유를 주다 ¶ 하루 이틀에 끝날 일은 아닌 것 같은데 한 손 늦춰 일하고 사원들은 휴가라도 보냅시다.

한숨 쉬어 가다 일의 진행 중 잠깐 여유를 가지다. ¶ 앞만 보고 숨 가쁘게 달려왔으니 이젠 한숨 쉬어 가는 여유가 필요했다. / 시즌 중반에 접어들면서 양 팀 모두 한숨 쉬어 가려는 것 같았다. 참 **한숨(을) 쉬다**

한숨(을) 돌리다 잠깐 여유를 가지다. ¶ 집에 들어오자마자 한숨 돌릴 시간도 없이 책상 앞에 앉았다. / 이번 승리로 한숨을 돌린 그는 최종 목표는 우승이라며 자신감을 드러냈다. 참 **한숨(을) 짓다**

【재촉, 독려(督勵), 안달】

건몸(을) 달다 이유 없이 혼자서만 애쓰며 안달하다. ¶ 숫기 없는 나는 선배에게 술을 달라는 말을 꺼내지도 못하고 건몸 달아 선배의 주변만 맴돌았다. / 그의 모친은 아들의 심정을 잘 알면서도 공연히 건몸을 다는 것 같다. (이기영, 봄)

고삐를 당기다 (일을) 힘껏 행하게 하다. ¶ 추석 연휴가 끝난 후라 밀린 일을 하려면 한번 고삐를 당겨 일해야 한다. / 그는 두 번째 타석에서 추격의 고삐를 당기는 2점 홈런을 쏘아 올렸다. / 경영진은 커피 시장을 주력 타깃으로 정하고 투자에 고삐를 당기고 있다. ※ 고삐: 한끝을 말이나 소의 재갈에 잡아매어 몰거나 부릴 때에 끄는 줄.

덜미(를) 짚다 재촉하다. ¶ 덜미를 짚는다고 늦을 일이 빨라지겠어? 느긋하게 기다리라고. 언젠가는 결과가 나타날 거야. ※ 덜미: 목덜미(목의 뒤쪽 부분과 그 아래 근처). 참 **덜미(를) 넘겨짚다**

덜미(를) 치다[1] 재촉하다. ¶ 게으른 놈들은 덜미를 쳐서라도 일을 제때에 끝낼 수 있도록 해 주시오.

등(이) 달다 (어떤 일을 하고 싶어) 안달하다. ¶ 엄마는 빨리 집에 가려는 생각에 등이 달아서 남은 야채를 밑지고 팔아넘겼다.

몸살(이) 나다 ⇒ **몸(이) 달다**[2] ¶ 나이가 차니까 결혼하고 싶어 몸살이 난 모양이다.

몸이 근질근질하다 어떤 일이나 활동을 하고 싶어 하다. ¶ 며칠 쉬었더니 몸이 근질근질해서 못 견디겠어요. / 몸이 근질근질한데, 우리 공이나 한번 찰까?

몸(이) 달다[2] (어떤 일을 하고 싶어) 안달하다. ¶ 결혼하고 싶어 몸이 단 모양이야. 빨리 날이나 잡아 주라고.

박차를 가하다 진행을 더욱 빠르게 하다. 주로 '어떤 일에 박차를 가하다'와 같이 쓰인다. ¶ 온 국민이 적극적으로 참여하여 개혁 운동에 박차를 가하고 있다. / 대통령은 의회의 협조를 얻어 내려는 노력에 박차를 가하고 있다. 〖기원〗 박차(拍車)는 말을 탈 때 신는 신의 뒤축에 댄 쇠로 만든 물건이다. 이 기구로 말의 배를 차서 말을 빨리 달리게 한 데서 이러한 표현이 만들어졌다.

발(을) 구르다 (초조하여) 안달하다. ¶ 발을 구르며 소리를 쳤지만, 아무도 우리를 구해 주지 않았다. / 비행기 이륙 시간은 다가오는데 한 사람이 도착하지 않아 발만 동동 굴렀다.

손(이) 근질거리다 ⇒ **손(이) 근질근질하다** ¶ 몇 년을 놀았더니 손이 근질거려 참을 수가 없다.

손(이) 근질근질하다 어떤 일이나 활동을 하고 싶어 하다. ¶ 손이 근질근질한 게 뭐라도 일을 해야 할 것 같아요.

엉덩이가 근질근질하다 활동을 하고 싶어 하다. ¶ 종일 방에만 앉아 있었더니 엉덩이가 근질근질해서 못 견디겠다. / 엉덩이가 근질근질하면 이리 와서 내 일 좀 거들어 줘라.

오금이 쑤시다 ⇒ 좀이 쑤시다 ¶ 공부를 시작하기만 하면 밖으로 나가고 싶어 오금이 쑤신다. / 매일 야구장에서 살던 녀석이 야구를 하지 못하고 있으니 오금이 쑤실 거다.

입이 근질근질하다 (참을 수 없을 정도로) 어떤 사실을 말하고 싶어 하다. ¶ 나는 오늘 겪었던 이 놀라운 경험담을 모두에게 이야기하고 싶어 입이 근질근질했다. / 그 사실을 알고 나니까 입이 근질근질하여 견딜 수가 없었다.

좀이 쑤시다 (활동을 하고 싶어) 가만히 있지 못하다. ¶ 한나절 방에만 있었더니 밖으로 나가고 싶어서 좀이 쑤셨다. / 좀이 쑤셔서 더 이상 그 자리에 앉아 있을 수가 없었다. ※ 좀: 옷이나 나무, 곡식, 종이 따위를 못쓰게 만드는 조그마한 벌레.

채찍을 가하다 ⇒ 채찍질(을) 하다 ¶ 자식에게 따끔한 질책과 채찍을 가하는 일을 주저해서는 안 된다.

채찍질(을) 하다 독려하다. ¶ 제자들에게 채찍질을 해 줄 만한 참된 스승이 드물다. / 선생님은 우리가 느슨해질 때면 매번 어김없이 분발하도록 채찍질을 해 주셨다.

피치를 올리다 일의 속도를 높이다. ¶ 좀 더 피치를 올려서 오늘 저녁까지 이 일을 마무리 짓자. / 그는 마지막 순간에 피치를 올려 일등을 했다. ※ 피치(pitch): 보트의 노를 저을 때 일 분간에 당기는 노의 횟수 또는 그 완급의 정도.

【분주(奔走), 바쁨】

갈 길이 바쁘다 ① 일정이 빠듯해 시간이 없다. ¶ 당장 찾아가 잘못을 지적해 주고 싶었지만 갈 길이 바빠 그대로 지나쳤다. / 출근 시간이라 그런지 다들 갈 길이 바쁜 듯 사고에 아랑곳하지 않았다. ② 해야 할 일이 많다. ¶ 저는 갈 길이 바빠 나이 먹는 것에 스트레스를 받을 틈이 없어요. / 나는 그간 공부를 등한시했기 때문에 졸업을 앞두고 갈 길이 바빴다. / 게임 산업에 뛰어들어 십 년 만에 대박을 터뜨렸지만 그는 아직도 갈 길이 바쁘다.

넘어야 할 산이 많다 할 일이 많다. ¶ 전쟁이 종식되기까진 아직도 넘어야 할 산이 많아 보입니다. / 친환경 차량의 상용화까지는 넘어야 할 산이 많아 아직 성공 여부를 판단하기 어렵다. 참 **산 넘어 산이다**

눈이 돌다² 바쁘다. ¶ 가게에 어찌나 손님이 많은지 눈이 핑핑 돌 지경이야.

눈코 뜰 사이[새](가) 없다 바쁘다. ¶ 어찌나 일이 많은지 눈코 뜰 사이가 없다. / 새 학기가 시작되자 모두 눈코 뜰 새 없이 바쁘게 생활했다. / 마지막 학기에 우리는 논문이다 뭐다 졸업 준비로 눈코 뜰 새가 없었다.

발에 불이 나다 이리저리 다니느라 바쁘다. 동분서주(東奔西走)하다. ¶ 발에 불이 나게 뛰어도 시간이 부족할 지경이다. / 대통령의 재촉에 경호원들은 발에 불이 났다.

손이 열 개라도 모자라다 매우 바쁘다. ¶ 모내기 철에는 손이 열 개라도 모자랄 지경이다. 참 **입이 열 개라도**

손톱 자랄 틈이 없다 쉴 새 없이 바쁘다. 주로 몸으로 하는 일로 바쁨을 나타낼 때 쓰는 표현이다. ¶ 그의 어머니는 삯바느질, 수산 시장에서 생선의 배를 따는 일 등으로 손톱 자랄 틈이 없다.

숨(을) **돌릴 겨를**(이)[틈(이), 사이(가)] **없다** ⇒ **숨**(을) **쉴 겨를**(이)[틈(이), 사이(가)] **없다** ¶ 어머니는 말이 쏟아져 나오기 시작하면 숨 돌릴 겨를이 없었다. / 항상 시간에 쫓기는 그는 숨 돌릴 겨를조차 없는 듯이 보였다. / 일 하나 마치면 바로 다른 일이 생기는 바람에 숨을 돌릴 틈이 없었다. / 아들은 어젯밤 헐레벌떡 와서는 숨 돌릴 사이도 없이 옷만 갈아입고 나가 버렸다.

숨(을) **쉴 겨를**(이)[틈(이), 사이(가)] **없다** 여유가 없다. ¶ 그는 숨 쉴 겨를도 없이 말을 이어 나갔다. / 그는 지방 출장에서 돌아오자마자 숨 쉴 겨를도 없이 회사에 불려 나갔다. / 숨 쉴 틈도 없이 살아온 인생이었다. 정말 뒤돌아볼 여유조차 없었다. / 원고 마감이 내일이라 숨 쉴 사이도 없다.

이리 뛰고 저리 뛰다 분주하게 움직이며 일하다. ¶ 이리 뛰고 저리 뛰어도 열매 맺는 일이 하나도 없다. / 일할 사람이 없으니, 아침부터 밤늦게까지 나 혼자 이리 뛰고 저리 뛰네.

(하루가) **새롭다** 몹시 바쁘다. '하루' 대신에 '한 시간', '일 분' 따위의 어휘를 사용할 수 있다. ¶ 요즘은 연말 결산을 해야 하는 때라 하루가 새롭다. / 시험이 코앞에 닥치니까 일 분이 새롭다.

【의존성(依存性)】

등 진 가재 남의 세력에 의존하고 있는 사람. ¶ 독재자의 그늘 아래 등 진 가재로 살면서 권력을 누렸던 이들을 심판하자. 『기원』 가재가 등에 돌을 지고 있는 형상을 표현한 말이다. 의지할 만한 막강한 세력이 있음을 '산 진 거북이며 돌 진 가재라'라는 속담으로 표현하는데, 이 속담에 나온 '돌 진 가재'가 곧 '등 진 가재'라 할 수 있다.

등(을) **대다**[1] 어떤 세력이나 힘에 의지하거나 그것으로부터 뒷받침을 받다. ¶ 한쪽은 미국에 등을 대고 다른 한쪽은 소련에 기대어 힘겨루기를 하다가 분단이 된 거야. / 오직 대통령의 권위와 권력에 등을 대고 지탱되는 당이 대통령의 의사를 정면으로 거역할 수는 없을 거다.

목(을) **매**(달)**다**[2] (일이나 사람에) 전적으로 의존하다. ¶ 내가 너에게만 목을 매고 있다고 생각하면 오해야. / 관광 수입에 목을 매달고 있는 제주로서는 뭔가 제주다운 제주 문화를 창출해야만 살길이 생길 것이다. 참 **목을 (내)걸다**

몸(을) 붙이다 일정한 곳에 의지하다. ¶ 어디 한군데 몸 붙이고 살 곳이 없는 처량한 이 내 신세. / 아무리 친하더라도 오랫동안 친구 집에 몸을 붙이고 산다는 것이 여간 힘든 일이 아니더라고.

빈대(를) 붙다 한몫 끼어 불로 소득을 얻다. 남에게 경제적으로 기대어 살다. ▷비속어 ¶ 오늘은 누구한테 빈대를 붙어 얻어먹을까 하는 것이 요즘 철호의 머릿속을 지배하는 생각이다. / 선배한테 빈대 붙어 사는 것도 하루 이틀이지 이젠 눈치 보여서 살 수가 없다. ※ 빈대: 빈댓과에 속하는 흡혈 곤충.

손(을) 주다 (덩굴 같은 것이 잘 올라가도록 막대기 따위로) 의지할 데를 만들어 주다. ¶ 오이에 손을 주어 잘 자라게 했다. / 솔가지를 엮어서 박 덩굴이 초가지붕으로 올라갈 수 있도록 손을 주었다.

(자기[제]) 앞가림(을) 하다 제 앞에 닥친 일을 제 힘으로 처리하다. ¶ 자식들이 스스로 앞가림을 할 때까지는 내가 돈을 벌어야 한다. / 대학까지 졸업한 이상 얼른 독립해서 자기 앞가림은 해야지. / 제 앞가림도 못 하는 주제에 남의 일에 웬 참견이야, 참견은. 참 **자기[제] 밥그릇, 자기[제] 식구**

(자기[제]) 앞(을) 가리다 ⇒ **(자기[제]) 앞가림(을) 하다** ¶ 왕은 자기 앞도 가리지 못할 만큼 입지가 약했다. / 이제 앞을 가릴 나이는 되었는데 아직도 하는 짓은 갓난아기예요. / 남 상관하지 말고 당신 앞이나 가리세요.

(자기[제]) 앞(을) 닦다 자기의 할 일을 잘하고 바르게 행동하다. ¶ 네 앞이나 잘 닦으면 되지 남의 허물을 들추며 다닐 필요는 없잖아? / 언제까지 황창하가 한자리하기만을 기다릴 수 없는 것은 너무나 당연했다. 자기 앞을 닦는 도리밖에 없었다. (신상웅, 배회)

홀로 서다 자립하다. ¶ 나는 대학을 졸업하면서 가족들에게 홀로서기를 선언했다. / 작년까지 팀에서 활동하다가 올해 팀을 나와 홀로 섰다. 참 **세상에 서다**

홀몸으로 남편도 없이. ¶ 홀몸으로 육 남매를 대학에 보낸 장한 어머니. 참 **홀몸이 아니다**

【씀씀이】

돈을 뿌리다 아낌없이 쓰며 낭비하다. ¶ 매주 서울을 다니면서 길에다 돈을 뿌립니다. / 만나는 사람 술대접에는 돈을 뿌리는 사람이 책 사는 데는 인색하다.

손이 걸다[1] ⇒ **손(이) 크다** ¶ 우리 집사람은 젊었을 때부터 누구에게나 손이 걸었다. / 주인이 손이 걸어 이 식당은 항상 반찬이 푸짐했다.

손(이) 맑다[1] 인색하다. ¶ 할아버지는 부자면서도 워낙 손이 맑아 남에게 무엇을 푼푼히 내주지 않는다.

손(이) 작다 씀씀이가 깐깐하고 옹졸하다. ¶ 사장이 그렇게 손이 작으면 직원들에게 인심을 잃기 쉽지. / 그렇게 손이 작아서야 어디 큰 자리 하나 해 먹을 수 있겠어?

손(이) 크다 씀씀이가 넉넉하다. ¶ 돈은 없는데 손 큰 사람만 많아 걱정이다. / 사람의 마음이 넉넉해지면 자기도 모르게 손이 커지기 마련이다. / 가끔 M의 할머니가 기웃이 들여다보고 갈 때는 키티는, 꽤 손이 크게 호콩을 바치는 것이 예사였다. (최인훈, GREY 구락부 전말기) 참 **큰 손**

아귀(가) 크다 ⇒ 손(이) 크다 ¶ 여자가 너무 아귀가 크게 놀면 문제인데. ※ 아귀: 손아귀.

잡아 먹다[1] 낭비하다. ¶ 그 일은 시간을 많이 잡아먹는 일이다. / 돈만 잡아먹고 별 득이 되지 않는 일을 부득불 하겠다는 게 이해가 되지 않아요.

주머니 끈을 조르다 절약하다. ¶ 이 돈으로 이달 말까지 버티려면 주머니 끈을 졸라야 한다.

치(를) 떨다[2] 베푸는 데 인색하다. ¶ 우리 아버지는 구두쇠라 돈 몇만 원에도 치를 떨어요.

허리(띠)를 졸라매다 검소한 생활을 하다. ¶ 나라 경제가 어려우면 공무원들이 먼저 허리띠를 졸라매야 한다. / 이 집은 내가 반찬값 아껴 가며 허리를 졸라매고 마련한 집이야.

말하는 태도(態度)

【과묵(寡默), 다언(多言), 잔소리】

말이 가볍다 (말을 하는 데 있어서) 경솔하다. ¶ 말이 가벼운 사람과 일을 같이하면 여간 힘든 게 아니다. / 그는 공직자로서 너무 무책임하게 자기가 한 말을 자꾸 뒤집곤 해서 언론으로부터 말이 너무 가볍다는 지적을 받는다.

말(이) 많다 ① 수다스럽다. ¶ 우리 집사람은 처녀 때부터 말이 많은 여자였어. ② (일 또는 사람에 대하여) 의견이 분분하다. ¶ 이번 일을 놓고 세간에 말이 많은 모양이더라. / 말 많은 집에 먹을 것 없다더니, 이건 콩가루 집안이네.

말이 적다 과묵하고 수다스럽지 않다. ¶ 나는 말이 적은 남자가 좋더라. 사실 남자가 말이 좀 적고 묵직해야지 수다스러우면 그게 남자니?

바가지(를) 긁다 잔소리를 하다. 주로 아내가 남편에게 잔소리하는 것을 표현할 때 쓰인다. ¶ 술 마시는 횟수가 점점 늘더니 무던히 속이 너른 아내마저 바가지를 긁을 지경이 되었다. / 매일 새벽 세 시가 넘어서야 겨우 들어오는 남편에게 바가지 긁는 건 당연하지. / 아이들은 밥을 달라고 아우성을 치고, 아내는 아내대로 빤히 아는 바가지를 박박 긁었다. (안수길, 제삼인간형第三人間型) 〖기원〗 이 말은 옛날에 쥐통(콜레라)이 돌아다닐 때 귀신을 쫓는다 하여 바가지를 득득 문지르던 데서 비롯하였다는 설이 유력하다. 듣기 싫다는 공통점 때문에 흔히 아내가 남편에게 경제적 불평 따위를 말하는 것을 비유하는 데 쓰인 것이다.

바가지(를) 긁히다 잔소리를 듣다. ¶ 그는 밖에서는 유능한 정치인이지만 집에 들어오면 돈도 못 벌어 온다고 바가지 긁히는 초라한 남편이다. / 남편은 내가 좋아하지도 않는 전복을 한 상자나 사 가지고 와서 내게 바가지를 긁혔다.

입이 가볍다 ① 실없이 말이 많다. ¶ 그렇게 입이 가벼운 사람은 처음 봐. / 하루도 채 지나지 않아서 내가 한 말을 스스로 뒤집어 버렸으니, 입이 가볍다는 핀잔을 들을 만했다. ② 자신이 알고 있는 사실을 다른 사람에게 함부로 말하다. ¶ 그는 입이 가벼우니, 그에겐 우리 계획을 말하지 말게. 참 **밑(이) 가볍다, 엉덩이가 가볍다**

입이 뜨다 과묵하고 수다스럽지 않다. ¶ 동석이는 워낙 입이 뜬 애라 전에도 말이 없었지만 요새 더 심해진 것 같다.

입이 무겁다 ① 과묵하고 수다스럽지 않다. ¶ 그는 매사에 신중하고 입이 무거웠다. / 그는 여학생은 고사하고 남학생과도 말을 튼 적이 없을 정도로 입이 무거웠다. ② 자신이 알고 있는 사실을 다른 사람에게 함부로 말하지 않다. ¶ 정보기관에 오래 몸담았던 그는 자물쇠라고 불릴 만큼 입이 무거웠다. / 당신이 입이 무거운 사람이라는 걸 알면, 더 많은 정보가 계속 들어온다. 참 **밑(이) 무겁다, 엉덩이가 무겁다**

입(이) 빠르다 남에게 들은 말을 참지 못하고 옮기다. ¶ 누가 입 빠른 사람인지 몰라도 그런 식의 경거망동은 신상에 좋지 않아. / 여자들은 입이 빠르기 때문에 속에 있는 이야기를 하려고 해도 할 수가 없어.

입(이) 싸다 말수가 많거나 해서는 안 될 말을 잘 하다. ¶ 배고파서 말하기 싫다던 자식이 말대답은 입 싸게 하는구나. / 그를 못 믿는 건 아니었지만, 워낙 입이 싼 친구라 어디 가서 떠들지 모르는 일이었다.

입이 재다 ⇒ 입(이) 싸다 ¶ 그의 모친도 젊어서는 입이 잰 편이었는데 집안에 우환이 생긴 후부터는 말이 없어졌다.

입이 헤프다 ⇒ 입(이) 싸다 ¶ 그와 같이 있는 모습을 하필이면 입이 헤픈 경숙이에게 들킬 게 뭐람. / 남자들이란 게 입이 헤픈 것 같아도 여자 얘기만은 꼭꼭 감추는 성향이 있다.

조동이[주둥이](가) 싸다 말수가 많거나 해서는 안 될 말을 잘 하다. ▷ 비속어 ¶ 사내자식이 그렇게 조동이가 싸서 어디다 쓰겠니? / 우리는 아무 데서나 조동아리를 함부로 놀리는 사람을 보고 조동이가 싸다고 말한다. / 그 사람은 다 좋은데 그 주둥이가 싸서 설화(舌禍)가 많다. ※ 조동이: 입을 비속하게 이르는 말로 조동아리의 준말이다. 주둥이는 조동이의 큰말이다.

【변명(辨明)】

두말(을) 하다 상황에 따라 자신의 의견을 바꾸다. ¶ 세상에서 가장 경계해야 할 사람이 한 입으로 두말을 하는 사람이다. 참 **두 개의 얼굴**

앓는 소리 구실을 대며 어려움을 호소함을 나타내는 말. ¶ 시합을 앞두고 오히려 우승 후보로 꼽히는 선수들이 앓는 소리를 하고 있다. / 우리만 어려움을 겪고 있는 것은 아니니 굳이 앓는 소리로 하소연할 마음은 없다.

입이 열 개라도 변명을 할 수 없음을 나타내는 말. ¶ 이번 일의 결과에 대해서는 입이 열 개라도 할 말이 없습니다. 참 **손이 열 개라도 모자라다**

【말의 격(格), 반말】

말(을) 놓다 반말하다. ¶ 그는 아랫사람에게도 말을 잘 놓지 못한다. / 내가 어려 보였는지 그는 초면임에도 불구하고 자연스럽게 말을 놓았다.

말을 잘라먹다 ① ⇒ **말이 짧다[1]** ¶ 아무리 선배라도 초면에 말을 잘라먹으면 안 되지. / 야, 이 놈아. 조장한테는 존대를 해야지 왜 만날 말을 잘라먹는 거야? (풍백, 패왕전설) ② 말을 하는 데 있어서 무례하다. 상대가 말하는 중 무모하게 끼어들거나 해야 할 말을 제대로 하지 않는 것을 가리킨다. ¶ 선배가 말을 하는데 툭툭 말을 잘라먹는 것은 굉장히 실례되는 행동이지. / 자료 찾아 달라고 해서 열심히 찾아 주면 그는 미안하다거나 고맙다는 등의 말을 잘라먹곤 했다.

말이 짧다[1] 반말하다. ¶ 대화할 때 말이 짧은 사람은 카톡을 할 때도 그러던데, 좀 거슬리지 않으세요? ＊카톡: 카카오톡(Kakao Talk)의 준말. 주식회사 카카오가 2010년 3월 18일 서비스를 시작한 모바일 메신저다. 참 **혀(가) 짧다**

목소리(를) 깔다 엄숙하게 말하다. ¶ 어쭈, 이게 목소리를 깔아? 야, 그럼 누가 겁날 줄 아니? / 전화받을 때 목소리 깔지 마. 아버지인 줄 알고 깜짝 놀랐잖아. 참 **목소리(를) 낮추다**

못하는 소리가 없다 말을 가려서 하지 않는다. ¶ 어린아이한테 못하는 소리가 없네. / 결혼하고 아이를 낳더니 큰누나도 이젠 못하는 소리가 없었다.

뼈(가) 있다 예사롭게 하는 말 가운데 다른 속뜻이 들어 있다. 주로 비판적인 생각을 에둘러 이야기하는 것을 가리킨다. ¶ 그녀의 뼈 있는 말을 들으니 가슴이 뜨끔하다. / 삼촌은 엉뚱한 말을 잘하곤 하는데, 듣고 나서 생각해 보면 그 농담에는 항상 뼈가 있었다. 〖기원〗 '언중유골(言中有骨)'이라는 한자 성어를 그대로 옮겨 쓴 말이다. 참 **뼈대(가) 있다[1]**

입이 거칠다 말을 하는 것이 거칠고 우악스럽다. ¶ 열이 오르자 모두들 점점 입이 거칠어졌다. / 그렇게 착하던 철호도 군대에 갔다 오더니 입이 많이 거칠어졌다.

입이 걸다 욕이나 음담패설을 함부로 말하다. ¶ 소년은 출신이 거지라 그런지 입이 무척 걸었다. / 그 여자는 여자치고는 입이 걸었고 우스갯소리도 잘했다. / 입이 걸어서 욕을 함부로 한다.

입이 더럽다 말하는 내용이 고약하거나 격이 떨어지다. ¶ 그는 입이 더러워 아무 말이나 막 하는 경향이 있다. / 자식을 돈 몇 푼에 갈보로 내어놓기, 이런 행위를 볼라치면 말하는 내 입이 다 더러워지오.

입(이) 바르다 옳은 말을 하다. 듣는 사람이 꺼릴 만큼 옳은 말을 곧이곧대로 하다. ¶ 저 사람은 고지식해서 입 바른 소리를 잘한다. / 입 바른 소리를 했다는 이유로 탄압을 받는 사람이 생기면 안 되지. / 그는 자기 앞도 잘 닦거니와 입이 발라서 남의 허물을 용서 않고 면박을 잘하는 까닭에 친구들 사이에 포도대장으로 통한다.

입이 여물다 의견이 분명하고 실속이 있다. ¶ 나이는 어릴망정 입이 여물어 어른 몇은 족히 당해 낼 것 같다.

입이 험하다 ⇒ **입이 거칠다** ¶ 입은 험한 사람이지만 마음은 그렇게 나쁘지 않은 사람이니, 잘 대해 주면 해는 없을 거야.

혓바닥이 짧다 ⇒ **말이 짧다**[1] ▷ 비속어 ¶ 듣자 듣자 하니까 이젠 혓바닥까지 짧아지네. 누구 앞이라고 반말이야 반말이.

【주장(主張), 장담(壯談)】

달다 쓰다 말이 없다 (어떤 일이나 상황에 대한) 자신의 입장이나 기분 따위를 나타내지 않다. '쓰다 달다 말이 없다'와 같이도 쓰인다. ¶ 여간해서는 달다 쓰다 말이 없는 사람이 그렇게라도 표현을 하니 반갑다. / 형부는 친정에서 애기를 낳으라며 언니를 데려다 놓고 쓰다 달다 말 한마디 없이 홀쩍 가 버렸다.

목소리(가) 낮다 주장을 강하게 말하지 못하다. ¶ 요즘 같은 개성 시대에 목소리가 낮으면 주목받지 못한다. / 아무래도 실적이 부진한 사람이 목소리가 낮을 수밖에 없다.

목소리(가) 높다 어떤 주장이 강하게 제기되다. '어떠한 목소리가 높다'와 같이 쓰인다. ¶ 작금의 영토 분쟁에 대해 평화적 해결을 바라는 목소리가 높다. / 우리의 뜻이 왜곡될 가능성에 대해 우려하는 목소리가 높은 것도 사실이다.

목소리(가) 크다 주장을 강하게 말하다. ¶ 그는 모든 것을 허물어 버리는 목소리 큰 실력자가 아니라 조용하고 사려 깊은 개혁가다. / 한 집안의 처지를 예로 들더라도 옛날과는 비교할 수 없을 만큼 여자들의 목소리가 커져 가고 있습니다.

목소리(를) 낮추다 자기의 주장을 약하게 말하다. ¶ 가정이 평안해지려면 부부가 함께 목소리 낮추는 연습을 해야 한다. / 국민 모두는 자신의 목소리를 조금씩 낮추어야 한다. 개인도, 정치인도, 기업인도, 근로자도 자신의 목소리를 낮추고 상대방과 순리로 타협하는 태도가 절대 필요하다. 참 **목소리(를) 깔다**

목소리(를) 높이다 주장을 강하게 말하다. 주로 대립적인 상황에서 쓴다. ¶ 학력 차별은 우리가 목소리 높여 시급히 해결해야 할 문제입니다. / 미국은 국제 사회의 문제에 대해 목소리를 높이고 있는 중국을 경계할 수밖에 없을 것이다.

목청(을) **높이다** ⇒ **목소리**(를) **높이다** ¶ 김 감독은 편파 판정으로 패했다고 목청 높였지만 이를 대하는 축구 팬들의 반응은 싸늘했다. / 여성 운동가로 명망을 쌓아 온 그녀는 요즘 환경, 반전 등과 같은 이슈에도 목청을 높이고 있다.

목청(이) **크다** ⇒ **목소리**(가) **크다** ¶ 목청이 컸던 사람이 정작 일이 닥쳤을 땐 뒤로 빠지는 경우가 많다. / 목청 큰 사람이 민주주의의 선도자 역할을 다하는 것으로 치부하는 것도 문제다.

언성(을) **높이다** ⇒ **목소리**(를) **높이다** ¶ 요즘은 소비자 단체를 통해서 언성을 높여야만 피해 보상을 받을 수가 있다. / 야당 의원들은 정부가 아무 소득 없이 시간만 낭비했다고 언성을 높였다.

자기[제] **목소리를 내다** 주장을 하다. ¶ 철종은 왕위에 오른 이후 그야말로 처음으로 자기 목소리를 냈다. / 자기 목소리 한번 내지 못하고 일평생을 살아온 여자들이 많다. / 회사에서 제 목소리를 내려면 상당한 연륜이 쌓여야 한다.

큰소리(를) **치다**[2] 장담하여 말하다. ¶ 신임 경찰청장은 1년 이내에 전국의 모든 폭력배를 소탕하겠다고 큰소리를 쳤다.

【불명료(不明瞭)】

말꼬리(를) **흐리다** 확실하게 말하지 않다. ¶ 다그쳐 묻자, 아이는 겁이 났는지 말꼬리를 흐렸다. / 그에게 무슨 나쁜 일이라도 있느냐고 물었더니, 그는 "별일 아닌데……."라면서 말꼬리를 흐렸다.

말끝을 흐리다 확실하게 말하지 않다. ¶ 점쟁이는 이번에도 확연한 대답을 회피한 채, 짐짓 말끝을 흐려 두는 식이었다. / 그가 화가 난 듯 보이자 나는 괜히 그에게 위축되어 말끝을 흐렸다.

말이 굳다 말을 더듬거리거나 말의 표현이 정제되지 못하고 거칠다. ¶ 처음 강의를 하다 보니 말이 굳어 무척 힘이 들었습니다.

입 안의 소리 남이 알아듣지 못하게 웅얼거리는 말. ¶ 몇몇 아이들이 입 안의 소리로 잠시 웅성거리긴 했으나, 대다수가 그냥 내 뒤를 따랐다. / 자다가 불려 나온 아들은 잠을 더 못 잔 게 억울한지 흙더미를 발로 차며 입 안의 소리를 했었다.

혀(가) **꼬부라지다** ① (술을 너무 많이 먹어) 발음이 이상하게 나오다. ¶ 그는 술이 취하자 팔을 멋대로 휘두르며 혀 꼬부라진 소리로 지나가는 사람들에게 말을 걸었다. ② 영어로 말하는 것을 비꼬아 하는 말. ¶ 네가 혀가 꼬부라진 소리를 하면서 미국에서 살다 온 티를 내는 건 정말 못 봐주겠어.

혀(가) **짧다** 말을 더듬거나 발음이 불명료하다. ¶ 수박 한 덩이가 얼마냐는 질문에 아이는 "삼 떤 원이요." 하고 혀 짧은 소리로 대답했다. / 나는 혀가 짧은 탓에 그 빠른 랩을 소화하기 힘들었다. 참 **말이 짧다**[1]

수용 태도(受容態度)

【찬성(贊成), **납득**(納得), **환영**(歡迎)**】**

고개를 끄덕이다[끄덕거리다] 납득하고 동의하다. ¶ 대부분의 사람은 사람이 직업을 만든다는 말보다는 직업이 사람을 만든다는 말에 고개를 끄덕일 것이다. / 아버지는 알겠다는 듯이 고개를 끄덕거리더니 다시 힘겹게 입을 열었다. 반 **고개를 갸우뚱거리다[갸우뚱하다]**

그렇고 말고 옳다는 뜻. 상대의 말을 긍정할 때 쓰는 표현. 주로 '암', '아무렴' 따위와 함께 쓰인다. ¶ 아무렴, 그렇고말고. 너는 재능이 있어.

두 손(을) **들다**[1] ⇒ **쌍수**(를) **들다** ¶ 선생님은 나를 두 손 들고 반겼다. / 평소에도 내기라면 두 손을 들고 환영하는 형은 내 제안을 흔쾌히 받아들였다.

두말 말고 무조건. 주로 상대의 동의를 강요할 때 쓰인다. ¶ 자네 탓이니 두말 말고 잠자코 있게. / 책임은 그 사람이 질 테니까, 두말 말고 시키는 대로만 하라고.

두말 없이 이유 등을 구차하게 묻지 않고 바로. ¶ 선생님께 딱한 사정을 말했더니, 내 부탁을 두말없이 들어주시더라. / 아버님께 돈을 부탁하자 두말없이 금고에서 돈을 꺼내 주셨다.

말(을) **듣다**[2] 시키는 대로 움직이다. ¶ 모르는 사람 말은 듣지 말고 곧바로 집으로 와라. / 제발 내 말을 들어라. 내 말 들어서 너에게 손해날 것 하나도 없다.

머리를 끄덕이다 ⇒ **고개를 끄덕이다**[끄덕거리다] ¶ 내 앞에서는 머리를 끄덕였지만 속으로 딴생각을 할 수도 있어. 반 **머리를 흔들다**

손뼉(을) **치다** 찬성하다. ¶ 그와 같은 황당한 의견에 손뼉 쳐 줄 사람이 몇이나 될까? / 그 사람의 말에 손뼉만 친다고 해서 점수 따는 것은 아니야.

쌍수(를) **들다** 찬성하며 환영의 뜻을 나타내다. ¶ 쌍수 들고 환영할 일은 못 되지만 그래도 내놓고 반대할 입장도 아니다. / 우리가 가기만 하면 쌍수를 들고 맞을 줄 알았는데 반응이 냉랭하여 순간 당황했지. / 내가 그와 결혼한다고 했을 때 아버지는 반대했지만, 할머니는 남자

는 돈보다 인간성이라며 쌍수를 들었다. 참 **두 손(을) 들다** [2, 3]

씨가 먹히다 납득되다. 이해하고 수용하게 되다. 주로 '누구에게 씨도 안 먹히다'와 같이 부정적인 상황을 나타내는 데 쓰인다. ¶ 내 말이 그에게는 씨가 먹히지 않는다. / 그 정도 말로는 그 사람에게 씨도 안 먹힐 거야.

씨알이 먹히다 ⇒ 씨가 먹히다 ¶ 길동이 항변했으나 사장에게는 씨알도 안 먹혔다.

아닌 게 아니라 과연 그렇다는 뜻. ¶ 아닌 게 아니라 네 말이 옳구나.

표를 던지다 (투표에서) 지지 의사를 표하다. ¶ 이번 총선에서는 야당에 표를 던졌습니다. / 반대쪽에 표를 던지더라도 기권은 하지 마세요.

표를 찍다 ⇒ 표를 던지다 ¶ 나는 공화당에 표를 찍었습니다. / 뿌리는 돈 봉투를 받고 표를 찍는 행위는 범죄입니다.

한 표(를) **던지다** 찬성하다. ¶ 나는 공든 탑도 무너질 수 있다는 철수의 말에 한 표 던진다. / 내 도움이 그렇게 필요하다면 내가 그까짓 한 표를 던지지 못하겠어요?

【당연(當然), 의외(意外)】

귀를 의심하다 선뜻 믿을 수 없다. ¶ 그가 그런 일을 했을 리 없어. 나는 내 귀를 의심할 수밖에 없었다.

꿈 밖이다 전혀 예상하지 못한 일이다. ¶ 너를 만난 것은 정말 꿈밖이었다.

꿈도 못 꾸다 예상이나 기대를 전혀 하지 못하다. ¶ 내가 일등을 하는 것은 꿈도 못 꾸었다. / 사실 정권 교체까지는 꿈도 못 꾸지요. 다만 저희가 정권의 견제 세력이 되는 것만으로도 만족해야지요.

꿈도 안 꾸다 생각조차 해 본 일이 없다. ¶ 도련님과의 혼인은 맹세코 꿈도 안 꿨습니다. / 나는 꿈도 안 꾼 자리였는데 주위에서 억지로 벼락감투를 씌운 거지요.

꿈에도 생각(하지) **못하다** 전혀 예상하지 못하다. ¶ 그가 전과자라고는 꿈에도 생각하지 못했다. / 그가 그렇게 옹졸한 사람이라고는 꿈에도 생각 못했다.

꿈에도 없었다 ⇒ 꿈도 안 꾸다 ¶ 나는 그럴 생각은 꿈에도 없었다.

(두)**말할 것도 없다** 당연하여 더 이야기할 필요가 없다. ¶ 임나일본부설(任那日本府說)은 두말할 것도 없이 허구입니다. / 헌법은 말할 것도 없이 국가의 기본법이다. / 근무 여건이 이러한데 급여나 복리 후생의 열악함은 말할 것도 없다.

두말할 나위[필요](가) **없다 ⇒** (두)**말할 것도 없다** ¶ 우리 산업에 있어서 첨단 기술의 개발이 시급하다는 것은 두말할 나위 없는 사실이다. / 그 사람이 성실하다는 것은 두말할 필요 없다. /

부모가 싸우는 모습에 아이가 충격을 받는다는 것은 두말할 필요가 없다.

떼어 놓은 당상 당연히 될 것. ¶ 내가 출전만 하면 이번 대회 우승은 떼어 놓은 당상이다. / 품팔이는 배불리 얻어먹고 천 원 벌이는 떼어 놓은 당상인데 장사는 우선 배가 곯아 싫고, 남기도 하지만 밑질 때도 있어 종잡을 수가 없어서 싫다는 거였다. (박완서, 흑과부) ※ 당상(堂上): 조선 시대의 정삼품 이상인 명선대부, 봉순대부, 통정대부, 절충장군 이상의 벼슬의 계제(階梯).

무슨 바람이 불어서[불었는지] 상대가 평소에 하지 않던 행동을 할 때 하는 말. ¶ 한 번도 들르지 않던 사람이 대체 무슨 바람이 불어서 여기까지 행차했는가? / 오늘은 무슨 바람이 불었는지 외식을 하자고 남편이 전화를 했다. 참 **바람(이) 불다**[1]

받아 놓은 밥상 당연히 될 것. ¶ 삼등 안에는 들 것이니 장학금은 받아 놓은 밥상이었다. / 너는 왜 다 받아 놓은 밥상을 마다하고 이 고생을 사서 하니?

아닌 밤중에 뜻밖에. ¶ 아닌 밤중에 이 무슨 날벼락인가?

알다가도 모르다 이해할 수 없다. ¶ 동네 노인들이 왜 이장의 허무맹랑한 제안에 박수를 쳐주었는지는 알다가도 모를 일이었다.

약(을) 먹다 상대가 평소에 하지 않던 행동을 할 때 쓰는 말. ▷비속어 ¶ 퉁명스럽기로 유명한 그가 오늘따라 약 먹었나 싶게 친절하다. / 약을 먹었는지 의심스러울 정도로 사장은 파격적인 지시를 내렸다. 참 **더위(를) 먹다, 약(을) 쓰다**

어디 아프냐 상대가 평소에 하지 않던 행동을 할 때 하는 말. ¶ 너 어디 아프냐? 그게 어떤 돈인데 몽땅 날렸다는 거야? 완전히 정신이 돌았구나?

올 것이 오다 당연한 일이 일어나다. 평소의 문제가 커져 나쁜 일이 일어났을 때 쓰는 말이다. ¶ 이번 파업은 놀랄 만한 게 아니야. 그렇게 노동자 복지에 무관심하더니 드디어 올 것이 온 거야. / 방송국 프로듀서들이 비리로 구속된 사건을 두고 방송가에서는 올 것이 왔다고 말한다.

이래 봬도 겉으로 보는 것과는 다른 의외의 사실을 말할 때 쓰는 말. ¶ 이래 봬도 저 유부녀예요. / 이래 봬도 제가 한때 드라마 주인공도 했어요.

해가 서쪽에서 뜨(겠)다 상대가 평소에 하지 않던 행동을 할 때 하는 말. ¶ 어쩐 일로 빨리 왔네? 해가 서쪽에서 뜨겠구먼. / 밥 한번 사지 않던 네가 술을 산다고? 서쪽에서 해가 뜰 일이구나.

【반대(反對), 부인(否認), 거절(拒絶)】

고개(를) 젓다 ⇒ 머리를 젓다 ¶ 돈을 받았느냐는 질문에 그는 고개를 저었다. / 같이 사업을 해 보자는 친구의 말에 그는 고개를 저었다. / 상대의 면전에서 바로 고개를 휘휘 젓는 건 결코 상책이 아니다. "좀 더 생각해 보고……"라며 꽁무니를 빼는 게 훨씬 모양이 좋을 것이다.

고개를 흔들다[1] ⇒ **머리를 젓다** ¶ 처음에는 고개를 흔들던 사람들도 그와 이야기하고 나면 금세 설득당하여 일에 가담하게 된다. / 검사가 증거품을 내놓으며 윽박질렀지만 그는 눈 하나 깜짝하지 않고 고개를 흔들었다.

도리머리를 흔들다 ⇒ **머리를 젓다** ¶ 그는 끝끝내 싫다고 도리머리를 흔들었다. / 청년은 상금을 바라고 한 일이 아니라며 도리머리를 흔들더니 밖으로 뛰어나갔다.

도리질(을) 치다 ⇒ **머리를 젓다** ¶ 김 씨는 내 부탁이 끝나기도 전에 도리질을 치며 밖으로 나가 버렸다. / 내가 너무 과장했는지는 모르겠으나 그렇다고 한마디로 아니라고 도리질 칠 수는 없을 것이야.

도리질(을) 하다 ⇒ **머리를 젓다** ¶ 우리 같은 무지렁이들이 무슨 정치냐고 도리질을 하던 사람들도 이번 사태에는 깊은 관심을 보였다.

딱 잡아떼다 강하게 부인하다. 부인하다는 의미의 '잡아떼다'를 강조하는 말이다. ¶ 내가 추궁하자 그는 그런 말을 한 적이 없다고 딱 잡아뗐었다.

딱지(를) 놓다 ⇒ **퇴짜(를) 놓다** ¶ 중매가 들어왔지만 시원치 않아 일언지하에 딱지를 놓았다. / 물론 내 쪽에서 딱지 놓은 것만은 아닐 것이다. 선을 본 남자가 결혼해 달라고 대문 앞에서 기다리지는 않았으니.

딱지(를) 맞다 ⇒ **퇴짜(를) 맞다** ¶ 선보고 나서 딱지 맞으니까 기분이 영 좋지 않다. / 그를 만난 건, 이력서 보내고 면접에서 딱지를 맞는 것이 거듭될 즈음이었다.

떡 떼어 먹듯 (거절하는 태도가) 분명하고 단호하게. ¶ 성민이에게 청소 좀 도와 달랬더니 떡 떼어 먹듯 안 된다고 하더라. 유 **딱 잘라**

머리를 젓다 거절하거나 부인하다. ¶ 그들은 미소를 지으며 내가 승낙만 한다면 지금이라도 당장 서류를 작성하자고 덤볐다. 나는 머리를 저었다. / 사내는 다시 머리를 저었다. 한이란 누구에게 받아 지니는 것이 아니다. 살아가면서 먼지처럼 쌓여 생기는 것이다. (이청준, 서편제)

머리를 흔들다 (다시 생각하기 싫은 일이나 사람에 대하여) 거부의 뜻을 나타내다. ¶ 그는 노름으로 재산을 날린 후로 화투 소리만 들어도 머리를 흔들었다. / 죄를 부정하는 그를 보며 수도사들은 머리를 흔들고 탄식하며 물러났고, 율법사와 서기관들은 분통을 터트렸다. 반 **머리를 끄덕이다** 참 **체머리(를) 흔들다**

발뺌(을) 하다 부인하다. ¶ 계속 발뺌이나 하려 들면, 저 이만 갈 거예요. 좀 솔직해질 수 없어요? 참 **발(을) 빼다**

손을 (내)젓다 거절하거나 부인하다. ¶ 그게 손을 내저을 만한 일인가. / 처음에는 반대쪽에 서서 극구 손을 내저었던 윤 과장이 이젠 가장 열렬한 지지자가 되었다. / 그는 돈 문제라면 말도 꺼내지 말라는 듯 손을 휘휘 저었다.

손(을) 흔들다 ⇒ **손을 (내)젓다** ¶ 그는 내 말이 끝나기도 전에 손 흔들며 꽁무니를 뺐다. / 기자들의 질문 공세에 대변인은 대통령의 건강엔 아무 이상이 없다며 손을 흔들었다.

손톱도 들어가지 않다 ⇒ **이도 안 들어가다** ¶ 아무리 딱한 사정을 이야기해도 그에게는 손톱도 들어가지 않았다. / 그런 손톱도 들어가지 않을 말은 아예 꺼내지 않는 게 좋을걸요.

쌍지팡이를 들고 나서다 적극적으로 반대나 거부의 뜻을 나타내다. '쌍지팡이를 들고 반대하다'와 같이 쓰이기도 한다. ¶ 충격적이었던 것은 내 말이 끝나자마자 쌍지팡이를 들고 나선 사람들이 고향 친구들이었다는 사실이다. / 발전소가 세워지면 습지 보호 지역이 훼손된다며 시장까지 쌍지팡이를 들고 나섰다.

쌍지팡이를 짚고 나서다 [2] ⇒ **쌍지팡이를 들고 나서다** ¶ 내 말이라면 쌍지팡이를 짚고 나서는 최 선생 외에 다른 사람들은 다 좋다고 찬동했다. / 개옥이가 어째서 쌍지팡이를 짚고 나서는지 그 흉회를 꿰뚫어 보기에는 쉽지가 않았다. (김주영, 야정) / 국민들은 국회 의원 세비 인상 얘기만 나오면 쌍지팡이를 짚고 나서기 일쑤다. 정치가 제 할 일을 못 한다고 생각하기 때문이다.

왼고개를 젓다 부정적인 의견을 표시하다. ¶ 말을 꺼내기가 무섭게 이사진들은 모두 왼고개를 저었다.

이도 안 들어가다 어떤 말이나 요구가 전혀 받아들여지지 않다. ¶ 시골 선비 주제에 정승 딸을 만나겠다니 그건 이도 안 들어갈 소리야. / 다섯 번 찍어 봤는데 이도 안 들어갔다면 다른 사람을 알아봐야지.

체머리를 젓다 [2] 부정적인 의견을 표시하다. ¶ 마지막이다 생각하며 찾아간 의사조차 체머리를 젓자, 마지막 기대마저 무너졌다.

퇴박(을) 놓다 ⇒ **퇴짜(를) 놓다** ¶ 그는 내가 만나자고 해도 그럴 일 없다며 퇴박을 놓았다.

퇴박(을) 맞다 ⇒ **퇴짜(를) 맞다** ¶ 천신만고하여 그를 찾아갔으나 거기서도 퇴박을 맞아 결국 길거리에 나앉게 되었다.

퇴짜(를) 놓다 (사람, 물건, 의견 따위가 마음에 들지 않아) 물리치거나 거절하다. ¶ 어떤 상사는 내 보고서가 왠지 마음에 안 든다며 특별한 이유 없이 계속 퇴짜를 놓았다. 【기원】 '퇴짜'는 '퇴자(退字)'가 변한 말이다. 조선 시대에는 왕실에 진상한 포목의 품질이 낮은 경우에 물리치는 뜻으로 포목의 귀퉁이에 '退' 자를 찍었다고 한다. 이로부터 마음에 들지 않는 물건이나 제안을 받아들이지 않고 물리치는 것을 '퇴짜를 놓다'라고 말하게 되었다.

퇴짜(를) 맞다 (사람, 물건, 의견 따위가 상대로부터) 거절을 당하다. ¶ 공들여 쓴 책이었지만 주제가 무겁다는 이유로 번번이 퇴짜를 맞았다. / 맞선 본 여자에게 보기 좋게 퇴짜를 맞고 나서 나는 며칠 동안 술만 마셨다.

팔짝[펄쩍] 뛰다 부인하거나 거절하는 의견을 표하다. ¶ 그는 그 사람을 만난 일조차 없다면서 팔짝 뛰었다. / 그는 그 돈을 본 적도 없다며 펄쩍 뛰었다. / 목간통에 들어가 여리에게 등을 밀라고 시켰더니 펄쩍 뛰면서 거절했다. (이수광, 조선 명탐정 정약용)

【반항(反抗)】

눈(을) 똑바로 뜨다[1] 부정하거나 반항하는 태도를 보이다. ¶ 요즘 젊은이들은 어른이 뭐라 하면 눈을 똑바로 뜨고 말대꾸부터 하더라고.

눈을 치켜뜨다 불만이나 아니꼬움을 표시하다. ¶ 나이도 어린 녀석이 어른이 일을 시키는데 눈을 치켜뜨다니. 막돼먹은 녀석이나 그런 짓을 하는 거야.

들고 일어서다 궐기하다. ¶ 우리가 한번 들고 일어서면 얼마나 무서운지 보여 주자고. / 부당한 해고 조치에 노동자들이 한꺼번에 들고 일어섰다.

속이 살다 (겉으로 수그러지는 듯하지만) 마음에는 반항하는 뜻이 있다. ¶ 저래 봬도 속이 살아서 곧잘 바른 소리를 한다. / 철호는 그래도 속이 살았다고 눈을 흘기며 잠자코 있으라고 호령했다. 참 **기가 살다**

【억지】

말 살에 쇠 살 억지스럽고 합당하지 않은 것. ¶ 그는 견강부회하여 황당한 주장을 펼친다. 왜 배울 만큼 배운 사람이 말 살에 쇠 살일까? / 굳이 말 살에 쇠 살인 사설들을 짧게나마 인용한 까닭은 간명하다. 한국 저널리즘의 수준을 함께 직시하고 싶어서다. 【기원】 어떤 사람이 푸줏간에 쇠고기를 사러 갔는데 주인이 말고기를 쇠고기라고 내놓았다. 손님이 왜 말고기를 주느냐고 따졌더니 주인이 끝까지 쇠고기라고 우겼다고 한다. 이로부터 사실이 아닌 것을 사실이라고 우기거나 논리적으로 맞지 않는 말을 할 때 이 말을 쓰게 되었다고 한다.

배(를) 내밀다 남의 요구에 버티고 응하지 않다. ¶ 아쉬운 게 없는 쪽에서 배를 내미는 것은 당연한 일이야. / 배 내밀면 그만이라고 생각하는 것인지, 그들은 검찰의 출두 요구조차 거부하고 있다.

배(를) 퉁기다 ⇒ **배(를) 내밀다** ¶ 아쉬운 게 없는 처지라고 배를 퉁기고만 있다.

【고집(固執), 자존심(自尊心)】≒【거만(倨慢)】

귀(가) 질기다[1] 남의 말을 잘 따르지 않고 고집스럽게 굴다. ¶ 우리 형은 외골수에다가 귀까지 질겨 말이 통하지 않는다. / 나이가 들면 아무리 귀가 질긴 사람이라도 건강에 관한 얘기엔 귀를 쫑긋 세우기 마련이다. 반 **귀가 얇다** 참 **쇠귀에 경 읽기**

대가 세다 (주장이나 뜻을 관철하는 데 있어) 굽힘이 없다. ¶ 여자가 대가 세면 집안이 위태한 법이야. 여자가 남자를 하늘처럼 받들고 사는 집안이 평온해. / 너무 대가 세면 꺾이기도 쉬운 거야. 외유내강(外柔內剛)이라는 말도 있듯이 겉보다는 속을 강하게 하는 것이 더 중요해. ※ 대: 가늘고 긴 막대나 줄기. 반 **대가 약하다**

배알도 없다 오기가 없다. ¶ 너는 어찌된 애가 배알도 없니? 그렇게 맞고도 그냥 들어오고 싶었니? / 난 뭐 배알도 없는 줄 알아. 나도 한다면 하는 놈이야. ※ 배알: 창자. 준말은 '밸'이다. 참 **배알이 곤두서다, 배알이 돋다**

배알(을) 부리다 오기를 부리며 성질을 내다. ¶ 배알도 부릴 데 가서 부려야지 여기가 어디라고 성질을 부려. / 배알을 부려 봤자 네년만 손해지 어디 겁나는 사람 있는 줄 알아? 참 **배알이 곤두서다, 배알이 돋다**

뿔(을) 세우다 고집을 부리다. ¶ 아무리 설득을 해도 그는 끝까지 뿔을 세우고 내 말을 듣지 않았다. / 그녀가 이렇게까지 뿔 세우고 일어날 줄은 몰랐다.

코(가) 세다 ⇒ **콧대가 세다** ¶ 그렇게 코가 센 여자가 우리 집 며느리로 들어오면 싸울 일 많아 좋겠다!

코를 세우다 ⇒ **콧대(를) 세우다** ¶ 아랫사람들이 코를 세우고 버티며 말을 잘 듣지 않아 일하기가 힘들다. / 아무것도 없는 처지에 코를 세운다고 누가 알아주기나 하겠어요?

콧대가 세다 자존심이 있고 자기주장이 강하다. ¶ 그곳 여자들은 매우 콧대가 세었다. / 그 사람, 사장 아들이라고 콧대가 센 모양이지요? 참 **콧대가 높다**

콧대(를) 세우다 자존심을 높이다. ¶ 그녀라면 거절을 하며 콧대를 세워 볼 만했다. / 올림픽을 잘 치러 나라의 위신을 드높이고 국민들의 콧대를 세우자는 데에 반대할 사람은 없을 것이다. 참 **콧대가 높다**

콧등이 세다 ⇒ **콧대가 세다** ¶ 동네에서 제일 콧등이 센 녀석들이 밤이 되자 야학당으로 모여들었다.

【융통성(融通性)】

늘고 줄고 하다 융통성이 있다. ¶ 경우에 따라 늘고 줄고 하는 자세가 치열한 경쟁 사회에서 살아남는 방법이다.

배포(가) 유하다 조급하게 굴지 않고 유들유들하다. ¶ 배포가 유해서 남과 충돌하지 않는다. / 박 서방이 배포가 유하니까 그냥 넘어갔지, 다른 사람 같았으면 넌 그 자리에서 죽었을 거야.
※ 배포(排布): 머리를 써서 이리저리 조리 있게 계획하는 것. 또는 그 속마음.

속이 마르다 [2] 마음 씀씀이가 답답하고 너그럽지 못하거나 꼬장꼬장하다. ¶ 그는 속이 말라서 융통성이 없는 사람으로 통한다. / 부를 누리면서 속이 말라 버린 부자보다는 가난하더라도 여유로운 사람으로 살고 싶다.

앞뒤가 막히다 융통성이 없다. ¶ 정치하는 사람이 그렇게 앞뒤가 꽉 막혀 가지고 무슨 일을 하겠어? / 원칙을 강조하는 사람 중에는 앞뒤가 꽉 막힌 사람이 많다.

【경향(傾向), 편견(偏見)】

색안경(을) 쓰다[끼다] 있는 그대로 보지 아니하고, 선입견이나 편견을 가지다. ¶ 아직까지도 학생회에서 하는 일을 색안경 쓰고 보는 교수들이 있다. / 네가 평범한 여염집 색시가 아니라서 사람들이 으레 색안경들을 쓰고 볼 거야. / 현지인들은 우리 군의 봉사 활동을 있는 그대로 받아들이지 않고 색안경을 끼고 봤다. / 네가 과거 있는 여자라고 색안경을 끼고 보는 사람이 많기 때문에 조심해서 행동해야 한다.

색채가 짙다 특정한 성질이나 경향이 강하다. ¶ 이름은 진보적이지만 강령 등을 보았을 때 보수적인 색채가 짙은 정당임을 알 수 있다. / 내가 판단하기로, 지금 노동자들의 행동은 사보타주의 색채가 짙다.

안경(을) 쓰다[끼다] ⇒ **색안경(을) 쓰다[끼다]** ¶ 모든 일을 그렇게 안경 쓰고 보면 좋은 것도 나쁘게 보이는 법이야. / 미움의 안경을 쓰고 보면 똑똑한 사람은 잘난 체하는 사람으로 보이고 착한 사람은 어수룩한 사람으로 보인다. / 사람은 누구나 자기 나름의 안경을 끼고 세상을 본다.

흰 눈으로 보다 (편견을 가지고) 업신여기거나 차갑게 대하다. ¶ 누가 그를 몸 파는 여자라고 흰 눈으로 볼 것인가. / 시민 단체라고 해서 정부가 하는 일을 무조건 흰 눈으로 보는 건 아니다. 〖기원〗 '백안시(白眼視)하다'를 직역한 표현에서 나왔다.

【사리 분별(事理分別)】

껌뻑[깜빡] 죽다[2] 어떤 사람이나 물건을 너무 좋아하여 사리 분별을 못 하다. '무엇이라면 껌뻑[깜빡] 죽다'와 같이 쓰인다. ¶ 우락부락하게 생긴 사내지만 사랑하는 여자 말이라면 껌뻑 죽는다. / 정신없는 녀석. 돈이라면 내가 껌뻑 죽을 줄 알았나 보지. / 그는 어머니라면 깜빡 죽는 아들이지만 지난해엔 좀처럼 집에 전화하기 어려웠다.

날(이) 서다[3] 표현이나 판단력이 흐트러짐 없이 날카롭다. ¶ 그는 한 치의 오차도 없는 스파이크로 상대의 허를 찌르며 오랜만에 날이 선 감각을 보여 주었다. / 그의 말은 언제나 날이 서고 조리가 있어 쉽게 반박할 수가 없다. 참 **날(을) 세우다**

눈꺼풀이 씌우다 (선입견이나 욕심으로) 사리 분별을 못 하다. ¶ 단단히 눈꺼풀이 씌웠으니 그 여자 단점이 하나나 보이겠어?

눈(앞)에 보이는 것이 없다 이성을 잃다. ¶ 그간 내 딸이 너무 귀여워 눈앞에 보이는 것이 없었다는 건 인정하겠습니다. / 서울 거리를 헤매며 남편을 찾아 돌아다닐 때, 그때는 정말 눈앞에 보이는 게 없었다. / 돈 좀 벌더니 눈에 보이는 게 없는지 기고만장하여 돌아다닌다. / 살아야겠다고 맘을 먹으니 눈에 보이는 것이 없더라고요. 앞에 있는 건 뭐든지 먹어 치웠어요. 참 **눈앞에 없다**

눈에 꼬투리가 씌우다 ⇒ 눈꺼풀이 씌우다 ¶ 어휴! 대낮부터 술을 그리 욱여넣더니 애먼 계집만 잡는구나. 여편네에 잎혀사니 눈에 꼬투리가 톡 씌울 수밖에.

눈에 뭐가 씌우다 ⇒ 눈꺼풀이 씌우다 ¶ 그런 여자가 좋다고 쫓아다니는 것을 보면 눈에 뭐가 씌워도 단단히 씌운 게야.

눈에 헛거미가 잡히다 (정신이 혼란스러워) 사물을 제대로 보지 못하다. ¶ 그는 권력만 믿고 눈에 헛거미가 잡혀 제 주제도 모르고 날뛰었다. / 이 모두가 내 눈에 잡힌 헛거미, 환상일 뿐이다. / 춘향은 끼니를 거르며 눈이 꺼지고 눈에 헛거미가 잡힐 때까지 버티었다.

눈(이) 멀다 (어떤 것에 욕심이 생기거나 매혹되어) 판단력을 잃다. '무엇에 눈이 멀다'와 같이 쓰인다. ¶ 그는 출세에 눈이 멀어 사랑을 버렸다. / 나는 향기로운 님의 말소리에 귀먹고 꽃다운 님의 얼굴에 눈멀었습니다. (한용운, 님의 침묵) 참 **눈먼 돈, 눈이 벌[뻘]겋다**

눈이 삐다 제대로 판단을 못 하는 상태가 되다. ¶ 눈이 삐었니? 그런 남자를 남편감으로 고르게? / 눈이 삐어도 한참 삐었지. 그런 사람인지도 모르고 죽자 살자 했으니.

눈이 씌우다 (어떤 것에 욕심이 생기거나 매혹되어) 판단력을 잃다. '무엇에 눈이 씌우다'와 같이 쓰인다. ¶ 네가 좋아했다는 여자가 고작 그런 거에 눈이 씌워 정신 못 차릴 사람이었니? / 세상에 이런 너하고 밤을 보냈다니, 그날 내가 뭐에 눈이 씌웠지.

눈이 어둡다 (욕심 때문에) 판단력이 흐려지다. ¶ 돈에 눈이 어두워 친구를 배신했단 말이냐?

/ 파벌이나 명리(名利)에 눈이 어두워 큰일 그르치지 말아야 할 것이다.

동서를 모르다 일의 앞뒤 사정을 헤아리지 못하다. ¶ 학문을 시작하는 학생들이 동서를 모르고 날뛰는 것을 보면 한심한 생각이 든다. / 일의 동서를 모르고 덤비면 실수하기 쉽다.

똥오줌(을) 못 가리다 사리 분별을 못 하다. ▷ 비속어 ¶ 이놈이 똥오줌을 못 가리고 까불고 있네. / 군대에선 아무리 똑똑한 사람도 처음에는 똥오줌 못 가리고 헤매기 마련이다.

세상(을) 모르다[1] 일의 앞뒤 사정을 헤아리지 못하다. ¶ 세상모르고 떠들어 대다가는 죽을 줄 알아.

제 눈에 안경 남이 보아서 우스운 것도 제 마음에 들면 좋아 보인다는 뜻으로 하는 말. ¶ 제 눈에 안경인지 모르지만, 그 사람처럼 멋진 남자는 못 봤다. / 영희는 꿔다 논 보릿자루 같은 철수가 뭐가 좋다고 결혼하려고 할까? 하긴 다 제 눈에 안경이지만.

【믿음】

귀(가) 넓다 남이 하는 말을 그대로 잘 믿다. ¶ 실성한 놈의 거짓말을 곧이듣고 다니다니, 당신도 어지간히 귀가 넓습니다.

귀가 무르다 ⇒ 귀가 얇다 ¶ 아내가 귀가 무르다고 타박하는 것도 이해 못 할 일은 아니다. 지하철에서 행상을 만날 때마다 내 손에는 쓸모도 없는 물건 하나가 쥐어져 있으니 말이다.

귀가 얇다 남이 하는 말을 그대로 잘 믿다. 또는 남의 말을 쉽게 따르다. ¶ 그는 어리석고 순진하고 귀가 얇고 비밀이 없고 남을 잘 믿는다. 그래서 항상 밑지고 산다. / 대인은 누가 뭐란다고 움직이지 않는다. 소인은 그렇지 못하다. 귀가 얇고 줏대가 없고 가볍다. 반 **귀(가) 질기다**[1]

귀(가) 여리다 ⇒ 귀가 얇다 ¶ 약간 멍한 데다가 귀까지 여려 하는 일마다 손해만 본다. / 그 사람은 귀가 여려서 남의 말에 혹하는 경향이 있다.

귓구멍(이) 넓다 남이 하는 말을 그대로 잘 믿다. '**귀(가) 넓다**'보다 낮추는 말. ¶ 그래 그놈 말이 그럴듯하게 들립디까? 그 귓구멍 어지간히도 넓네.

귓문이 넓다 남이 하는 말을 그대로 잘 믿다. ¶ 그는 아는 건 많은데, 귓문이 넓어서인지 이 사람 저 사람의 말에 휩쓸려 생각의 갈피를 잡지 못한다.

콩으로 메주를 쑤어도 어떤 일을 해도 믿을 수 없다는 것을 강조할 때 쓰는 말. ¶ 콩으로 메주를 쑤어도 네 말은 믿을 수가 없다.

관심(關心)

【**관심**(關心), **무관심**(無關心)】
≒【**등장**(登場), **부각**(浮刻), **주목**(注目)】【**방관**(傍觀)】【**듣기, 청취**(聽取)】

거들떠 보다 아는 체하거나 관심을 가지다. ¶ 젊은 사람들이 저렇게 득실대는데, 늙은 나를 거들떠나 보겠어? / "여기 소주 한 병에 장어 한 마리 구워 주세요." 아가씨들은 포장마차 안에 있는 사내들은 거들떠보지도 않고 주인을 향해 말했다.

군눈(을) 돌리다 ⇒ **군눈(을) 주다** ¶ 희수는 그런 그녀에게 군눈조차 돌리지 않고 말을 내리엮었다. (정의권, 스쿠티카)

군눈(을) 주다 (어떤 대상에) 불필요하게 시선을 돌리거나 관심을 보이다. ¶ 흘끗 남편의 뒤통수를 노려보거나 내게 군눈을 주던 흑괭이와 먼 길을 오갈 일이 내키지 않았다. (박영애, 조개탈의 미소) ※ 군눈: 보지 않아도 좋을 것을 보는 눈. 쓸데없는 짓. 참 **군눈(을) 팔다**

귀(가) (번쩍) 뜨이다 (들리는 소리에) 선뜻 마음이 끌려 관심을 갖게 되다. ¶ 잃었던 재산을 찾을 수 있다는 말에 귀가 번쩍 뜨였다. / 이 교리는 서울 손님이란 말에 귀가 번쩍 뜨이어 두 걸음에 한걸음으로 걸어 들어와서 닫힌 방문을 열고……. (홍명희, 임꺽정[林巨正]) / 그는 강연을 하기 전 우선 청중의 귀가 뜰 만한 얘기부터 꺼낸다.

귀가 솔깃하다 (들리는 소리에) 선뜻 마음이 끌려 관심을 갖게 되다. ¶ 공짜라는 말에 귀가 솔깃했다. / 남들의 하잘것없는 평가에 귀가 솔깃하여 마음의 평정을 잃으면 큰 인물이 되지 못하는 법이다.

귀가 쏠리다 ⇒ **귀가 솔깃하다** ¶ 모두 김 선배의 말에 귀가 쏠려 지원서에 도장을 찍었다.

귀에 들어오다 (어떤 소리에) 관심이 가다. ¶ 자리에 앉고 나서 한참이 지난 후에야 선생님 말씀이 귀에 들어오기 시작했다. / 학생들이 부르는 노래 중에서 그래도 귀에 들어오는 것은 트로트였다. / 추상적인 말은 더 이상 귀에 들어오지 않는다. 참 **귀에 들어가다**

그러거나 말거나 상관하지 않고. ¶ 친구들은 주식 투자를 한다고 난리였지만, 그러거나 말거나 나는 한눈팔지 않고 글만 썼다. / 가족들은 내가 앞치마만 찾아도 불안한 눈초리로 쳐다보곤 했다. 그러거나 말거나 열심히 도전한 끝에 전 부치기에 성공했다.

나 몰라라 하다 무관심한 태도로 상관하지 않다. ¶ 판을 벌여 놓고 나 몰라라 하면 누가 그 일을 마무리할 수 있겠어요? / 학교 폭력이 발생해도 학교는 나 몰라라 하며 구경꾼처럼 뒷짐만 지는 경우가 대부분이었다.

낯(을) 돌리다[2] 관심을 가지다. '무엇에 낯을 돌리다'와 같이 쓰인다. ¶ 비록 늦긴 했지만 정부에서 민주화 운동을 했던 분들의 명예 회복에 낯을 돌리는 것은 다행스런 일이다. / 아이들의 인성 교육에 더욱 낯을 돌리며 지도해 나갈 것입니다.

눈과 귀를 한데 모으다 관심을 불러일으키다. ¶ 전 세계인의 눈과 귀를 한데 모은 엑스포가 어제 막을 내렸다. / 남북 경제 협력에 대한 기대감이 높아지는 상황에서 열린 이번 남북 고위급 회담은 온 국민의 눈과 귀를 한데 모았다.

눈길을 거두다 보고 있던 것을 보지 않다. 또는 관심을 기울이던 곳에 관심을 주지 않다. ¶ 남편은 아내가 다시 일을 시작하자 눈길을 거두면서 얼핏 사립문 쪽을 보았다. / 풍경이 너무 아름다워 차창 밖으로 향한 눈길을 거두기가 힘들다.

눈(길)을 끌다 관심을 모으다. ¶ 그들은 하나같이 눈길을 끌 만큼 매혹적이고 예뻤다. / 도토리 키 재기인 응모 작품 중에 독특한 구성으로 눈길을 끄는 작품이 한 편 있었다. / 그는 무대 위의 배우처럼 사람들의 눈을 끌었다. / 이야기가 밋밋하더라도 독자들의 눈을 끌 만한 정보나 지식이 있다면 독자로부터 호감을 얻을 수 있다.

눈길을 모으다 ⇒ 눈(길)을 끌다 ¶ 평소에 말이 없던 그의 질문이라 그런지 모든 사람의 눈길을 모았다. / 그의 작품은 심사 위원들의 눈길을 모으기에 충분했다.

눈(길)(을) 주다 (어떤 대상에) 시선을 돌리거나 관심을 보이다. ¶ 그는 맞은편에 앉아 시나리오에 눈길을 주고 있는 장 감독을 보다가 유리창 너머로 시선을 옮겼다. / 같이 근무한 지가 일 년이 넘었는데도, 그는 지금까지 나에게 눈길 한번 주지 않았어. / 그는 찾아간 내게 한 번도 눈을 주지 않고 자기 일만 했다. / 모두 제가끔 자기가 맡고 있는 기계의 움직임에 눈을 주고 있다.

눈길이 미치다 ⇒ 눈에 들어오다[1] ¶ 당시에는 나라가 가난하여 첨단 분야에는 아직 눈길이 미치지 않았다. / 군사 정권 시절에는 군이 하는 모든 일에 보안사의 눈길이 미치지 않는 곳이 없었습니다.

눈앞에 없다 (다른 데 정신이 팔려) 어떤 것에 관심이 없다. ¶ 흥부가 부자가 된 비밀을 들은 놀부는 이제 선물이고 돈 상자고 다 눈앞에 없었다. 참 **눈(앞)에 보이는 것이 없다**

눈에 들어오다[1] 관심이 가다. ¶ 다 그만그만해서 아무리 봐도 눈에 들어오는 사람이 없다. /

그 자리에 여러 사람이 있었지만 그 여자만 눈에 들어오더라고요.

눈을 굴리다 관심을 가지다. ¶ 한편 실의 문학적 교양에 준보는 차차 눈을 굴리기 시작했다. (이효석, 풀잎)

눈(을) 돌리다[2] 관심을 옮기다. ¶ 지금은 너무 바빠 다른 일에 눈을 돌릴 여력이 없습니다. / 국내 시장이 확대된다 하더라도 한계가 있기 때문에 하루라도 빨리 해외로 눈을 돌려야 한다.

눈을 떼다 보고 있던 것을 보지 않다. 또는 관심을 기울이던 곳에 관심을 주지 않다. ¶ 아이한테서는 잠시도 눈을 뗄 수가 없다. / 사람들은 자녀 교육에서 웬만큼 손을 놓고 눈을 떼도 좋을 무렵, '나는 무엇인가?' 하는 공허감을 맛본다.

눈을 멈추다 관심을 가지고 보다. ¶ 위병소 위병들은 눈을 멈추고 사람들의 행동을 유심히 관찰했다. / 주위 사람들이 모두 눈을 멈추고 아이가 노는 모습을 쳐다보았다.

눈을 반짝거리다 관심을 가지다. ¶ 우리의 이야기가 흥미롭고 신기했는지 선생님은 눈을 반짝거렸다.

눈(이) 돌아가다[2] 관심을 보이다. ¶ 예쁜 여자를 보면 눈 돌아가는 게 당연한 것 아닌가요? / 학생들은 학교 밖에서 벌어지는 세상만사에 더 눈이 돌아가기 마련이다.

눈이 많다 보는 사람이 여럿이다. 다른 사람의 이목을 신경 씀을 이르는 말. ¶ 눈이 이렇게 많은 곳에서 어떻게 그런 일을 할 수 있었을까? / 눈이 많은 곳에서 공연을 하거나 말을 하는 것에는 대단한 용기와 체력이 필요하다. 남의 시선을 이긴다는 것이 그렇게 쉬운 일은 아니다. 참 **입이 많다, 입이 무섭다**

눈이 반짝이다 관심이나 욕심이 생기다. '누구의 눈이 반짝이다'와 같이 쓰인다. ¶ 제가 보기만 하면 눈이 반짝이는 게 바로 새우예요. / 막내를 대학에 보낼 수 있는 비결을 알아냈다는 내 이야기에 어머니의 눈이 반짝였다.

눈이 번쩍 뜨이다 (어떤 일이나 대상에 대하여) 선뜻 마음이 끌려 관심을 갖게 되다. ¶ 한꺼번에 수천만 원을 벌 수 있다는 친구의 말에 눈이 번쩍 뜨였다. / 미술관에 전시된 그림 중 내 눈이 번쩍 뜨이는 그림이 있었습니다. 참 **눈이 뜨이다**

눈이 빛나다 ⇒ **눈이 반짝이다** ¶ 수업 시간에 눈이 빛나는 학생들을 보면 교사로서 뿌듯함을 느낀다. / 일하기를 꺼리는 게으른 놈들, 음식만 보면 눈이 빛나네.

눈이 팔리다 (정도가 심하게) 관심을 가지다. ¶ 여자에 눈이 팔려 친구를 배반하는 녀석들이 있다니 남자 망신은 그런 녀석들이 다 시킨다. / 사람은 덕을 닦고 인륜을 지키며 도를 터득하는 데에 힘을 기울여야지, 물질에 눈이 팔려서는 안 된다.

담(을) 쌓다[1] (관심이 전혀 없어) 관계하지 않다. '무엇하고는 담을 쌓다'와 같이 쓰인다. ¶ 그는 어릴 때부터 운동하고는 담 쌓고 공부만 했다. / 가정적인 이미지와는 담을 쌓은 그가 과연 부엌에서 무얼 할 수 있을지 궁금했다.

돌아 앉다 [2] 관심을 가지다. ¶ 그렇게 귀가 닳도록 이야기했으면 돌부처라도 돌아앉았을 텐데. / 그동안 그렇게 정성을 들였건만, 이미 정이 떨어졌는지 남편은 돌아앉을 기미도 보이지 않았다.

뒤로 돌리다 우선적인 문제로 생각하지 않다. ¶ 선생이 의리에 입각하여 남을 우선하고 자신을 뒤로 돌리는 것이 대부분 이와 같았다. / 인권 문제를 뒤로 돌리면서 어떻게 선진국이 되겠다는 목표를 세울 수 있습니까?

머리(를) 돌리다 [1] 관심을 가지다. '무엇에 머리를 돌리다'와 같이 쓰인다. ¶ 그는 자기 공부에 정신이 팔려 자녀 교육에는 머리를 돌릴 여유가 없었다.

먹고 싶은 것도 많겠다 무엇을 알려고 나서는 사람에게 핀잔주는 말. ¶ 넌 궁금한 게 많아서 먹고 싶은 것도 많겠다. / 너는 하고 싶은 게 많아서 먹고 싶은 것도 많겠다. / 알고 싶은 게 많아서 먹고 싶은 것도 많겠다. 남이 얼마를 벌었든 그게 왜 궁금해?

보는 눈이 있다 [1] 보는 사람이 여럿이다. 다른 사람의 이목을 신경 씀을 이르는 말. ¶ 조심해요. 보는 눈이 있지 않아요. 잘못 소문이 나면 우리는 끝장이에요. 참 **입이 무섭다**

스포트라이트(를) 받다 관심의 대상이 되다. ¶ 지금이야 별 볼 일 없지만 등단할 적만 해도 그는 문단에서 스포트라이트를 받던 신진 작가였다. / 이 지역은 우리 역사에서 단 한 번도 무대의 전면에 부상하여 스포트라이트를 받아 본 일이 없었다. ※ 스포트라이트(spotlight): 한 부분, 한 인물을 밝혀 주는 조명.

신경(을) 끊다 관심을 두지 않다. ¶ 잠시 동안 일에 신경을 끊고 시골에 내려가 살고 싶다. / 난 우리 반 남자들에게 일절 신경을 끊었어. 내 마음에 드는 남자가 한 명도 없으니까.

신경(을) 쓰다 관심을 두고 생각하다. ¶ 그런 대수롭지 않은 일에 신경을 쓸 필요 없어요. / 지금 있는 아이 하나 신경 쓰는 것도 힘이 벅찬데, 또 아이를 데려오자고요?

아랑곳 여기다 ⇒ **신경(을) 쓰다** ¶ 선생님이 그전처럼 나를 아랑곳 여겨 주지 않아 서운했다. / 수년간 탈법을 일삼은 사업주에 대해 아랑곳 여기지 않은 관리 당국의 무책임이 도마 위에 올랐다.

아랑곳(이) 없다 상관없다. ¶ 처음은 아침 까치 소리에 시작되었으나 나중은 때의 아랑곳이 없어졌다. (김동리, 까치 소리) / 내가 자라고 크고 살아온 인생과 피서니 바캉스니 하는 것과는 실상 아랑곳 없었다.

알게 뭐야 어떻게 되든 상관없다는 말. ¶ 어차피 그만둘 거, 알게 뭐야. / 전생에 무슨 일이 있었는지 제가 알게 뭡니까? 저는 그저 어머님 원하시던 대로 해 드릴 뿐입니다.

어느 바람이 부느냐 (하다) 남의 말이나 부탁을 들어도 들은 체 만 체하다. ¶ 어머니가 사정을 하고 내가 이치를 따져서 말해도 그 작자는 어느 바람이 부느냐는 듯이 들은 척 안 하고 있어.

이목을 끌다 남의 관심을 모으다. ¶ 지금은 남의 이목을 끄는 행동을 하지 않는 것이 좋다. /

그는 어려서부터 지략이 뛰어나 세상 사람들의 이목을 끌었다. ※ 이목(耳目): 귀와 눈.

죽이 되든 밥이 되든 어떻게 되든 상관없다는 말. ¶ 죽이 되든 밥이 되든 일이 빨리 끝났으면 좋겠다. / 조금 지켜보기 어렵더라도 죽이 되든 밥이 되든 아이 일에 상관하지 마라.

【주의(注意), 산만(散漫)】 ≒ 【모르는 척, 아닌 척】【듣기, 청취(聽取)】

곁눈(을) 뜨다 ⇒ **곁눈(을) 팔다**[1] ¶ 곁눈 뜨지 말고 열심히 공부해라. / 일생을 문학에 바쳐 곁눈을 뜨지 않은 이 세 분의 원로를 제대로 모셔야 하지 않겠나? / 나 돌아가리다, 그리운 그대 곁으로, 곁눈 뜨지 않고 뒤도 보지 않고, 나 돌아가리다. (송명호, 바다새의 귀향)

곁눈(을) 팔다[1] (주의를 집중하지 않고) 다른 일에 신경을 쓰거나 딴짓을 하다. ¶ 그는 자신이 세운 목표를 위해서는 곁눈을 파는 일이 없이 똑바로 돌진하는 무서운 노력가였다. / 그는 행사가 진행되는 도중 홀 한쪽으로 곁눈을 팔았다. 거기에 한 여자가 서 있었다.

곁눈질(을) (하다) ⇒ **곁눈(을) 팔다**[1] ¶ 자신의 선택에 확신이 없는 사람들은 입학 후에도 다른 학과는 어떨는지 곁눈질을 했다. / 그는 곁눈질 한번 하지 않고 자신이 하고 싶은 일에 일로 매진해 성공을 거두었다.

군눈(을) 팔다 쓸데없는 일에 신경을 쓰다. ¶ 벌어먹고 살기도 바쁜데 군눈을 팔 시간이 어디 있어. / 여러 곳에 군눈 팔지 않고 네가 맡은 일을 열심히 하는 게 사회에 기여하고 너 자신을 위하는 길이다. ※ 군눈: 보지 않아도 좋을 것을 보는 눈. 쓸데없는 짓. 참 **군눈(을) 주다**

귀 밖으로 듣다[2] ⇒ **귓등으로 듣다** ¶ 그녀가 처음 사업 계획을 설명했을 때만 해도 유지들은 대개 그녀의 이야기를 귀 밖으로 들었다. / 귀 밖으로만 듣지 말고 남이 말하면 좀 성의 있게 들어라.

귀(를) 기울이다 어떤 소리를 주의 깊게 듣다. ¶ 대중의 목소리에 귀 기울일 수 있는 정치인이 되어야 한다. / 젊은이들은 나이 든 세대의 경험에 귀를 기울이는 여유와 겸허함을 가져야 한다.

귀를 도사리다 신경을 모아 긴장해서 듣다. ¶ 인기척을 느꼈는지 그는 눈이 둥그레지면서 귀를 도사렸다.

귀(를) 밝히다 어떤 소리를 주의 깊게 듣다. ¶ 이제 귀를 밝히면 들려오는 것은 솔바람 소리와 산새 소리뿐. (이태준, 성)

귀를 세우다 주의를 기울여 듣다. ¶ 일찍 일어난 사람들이나 경기 결과를 듣지 못한 채 잠을 설친 사람들이 라디오 방송에 귀를 세웠다. / 그는 하나라도 더 배우려고 귀를 세우고 선생님의 말씀을 들었다.

귀를 열다 잘 듣다. ¶ 그 사람만이 내 말에 귀를 열고 있는 것 같았다. / 토론에서 중요한 것은 내 말을 많이 하기보다는 상대방의 말을 더 많이 듣기 위해 귀를 활짝 열어 놓는 일이다.

귀를 팔다 주의나 정신을 딴 데 두다. ¶ 내가 설명할 때는 대체 어디다 귀를 팔았기에 내 말을 못 들었다는 거니?

귀에 담다 주의 깊게 듣다. ¶ 그저 기분 좋은 바람 소리만을 귀에 담고 있던 나는 고개를 푹 숙이고 있었다. / 노동자들은 숨이 가쁜 듯이 나중에는 작업반장의 말을 귀에 담을 여유조차 없었다.

귓결로 듣다 ① 잠깐 슬쩍 듣다. ¶ 상배는 귓결로 들은 말 한마디로 하늘 한 모서리가 무너져 내리는 충격을 받았다. (이문구, 장한몽) ② ⇒ **귓등으로 듣다** ¶ 나는 그의 인품을 신뢰했기 때문에 그의 생김새를 평하는 말은 귓결로 들었다.

귓결에 듣다 잠깐 슬쩍 듣다. ¶ 동생이 돈벌이 나가야겠다고 중얼거리는 말을 귓결에 듣고 내심 기뻤다. / 당시의 일이 신문에 크게 보도되었었다는 말을 어디서 귓결에 들었다. 종배는 며칠을 두고 도서관에 다니며 옛날 신문들을 뒤졌다. (손창섭, 잉여인간)

귓등으로 듣다 관심을 기울이지 않고 대강 듣다. 또는 듣고도 들은 체 만 체한다. ¶ 남의 충고를 귓등으로 들어도 괜찮은 거야? / 그는 내 말을 귓등으로 듣는 것처럼 행동했지만 실은 주의 깊게 듣고 있었다.

귓전으로 듣다 ⇒ **귀등으로 듣다** ¶ 선생님 말씀은 귓전으로 듣고 노는 데 정신을 파니 만날 꼴찌지.

눈(을) 팔다 ⇒ **한눈(을) 팔다**[1] ¶ 경기 도중에 눈을 팔다가 쉬운 공도 처리를 못 했다. / 일본이 유럽과 미국에다 눈을 팔 동안 우리는 아시아 대륙을 우리의 시장으로 만들자.

(두) **눈(을) 부릅뜨다**[2] 주의를 집중하다. ¶ 양심적인 시민들이 두 눈 부릅뜨고 있는 한 부패 세력들이 이 나라를 함부로 끌고 갈 수는 없을 것이다. / 선수들은 흘린 땀만큼 보람을 찾겠다고 눈을 부릅떴다. / 자동차 속에서 펼친 신문에 '북한 소련 유학생 서독으로 탈출'이란 기사에 눈을 부릅떴다. 아들을 모스크바로 유학시킨 것은 자신의 억지에서였던 것만 같았다. (전광용, 꺼삐딴 리)

딴전(을) 벌이다[2] ⇒ **딴전[딴청](을) 피우다**[2] ¶ 지난 설에는 다녀가지도 않았고, 두 차례나 보낸 편지에 답장마저 없는 걸 보면, 길남이 딴전을 벌이고 있는지 모를 일이다. (김춘복, 쌈짓골) 〚기원〛 '전(廛)'이 물건을 벌여 놓고 파는 가게를 뜻하므로, 딴전은 '다른 가게'라는 뜻이다. '딴전을 벌이다'는 자기 가게를 두고 다른 가게를 벌이는 짓을 한다는 것인데, 이는 자기 가게에서는 장사를 하지 않고 다른 가게를 봐 주는 엉뚱하고 실없는 행동을 가리키는 말이었다.

딴전[딴청](을) 부리다[2] ⇒ **딴전[딴청](을) 피우다**[2] ¶ 선불리 속을 뽑자고 들었다가는 낚시에 걸릴 수도 있다고 생각한 그는 그런 이야기는 들을 재미도 없다는 듯 딴전을 부렸다.

딴전[딴청](을) 피우다[2] 어떤 일을 하다 그 일과 관계없는 행동을 하다. ¶ 내가 편지를 읽는 동안 기철이는 문자를 보내며 딴전을 피웠다. / 상대방이 명함을 내밀 때 딴청 피우며 얼른 받아 들지 않는 것은 금물이다. / 부시는 상대 발언 때 딴전을 피운 반면에 케리는 뭔가 메모하는 모습을 보였다.

먼눈(을) **팔다** 집중하지 않다. ¶ 먼눈을 팔고 있는 학생들을 집중시키고, 떠들고 장난치는 학생을 조용히 시키는 게 초등학교 교사의 가장 큰 일이다.

신경(을) **곤두세우다** 긴장하며 주의를 기울이다. ¶ 신경을 곤두세우고 방 안의 이야기를 들었다. / 많은 사람이 이번 사건의 판결에 신경을 곤두세우고 있다. 참 **신경**(을) **건드리다**

옆(을) **보다** ⇒ **한눈**(을) **팔다**[1] ¶ 옆 한 번 보지 않고 30년을 학생들 가르치는 데 보냈다.

촉각(을) **곤두세우다** ⇒ **신경**(을) **곤두세우다** ¶ 촉각을 곤두세우고 적의 동향을 살펴봤다. / 그들은 하루하루 집값 동향에 촉각을 곤두세웠다.

한눈(을) **팔다**[1] 주의나 정신을 딴 데 두다. ¶ 당분간은 한눈팔지 말고 공부만 해. / 그는 한눈팔지 않고 후진 양성에만 몰두하다가 오늘 정년을 맞게 되었다. 참 **한 우물**(을) **파다**

한계(限界), 확인(確認)

【**제한**(制限), **한계**(限界)】

갈 데까지 가다[1] 허용할 수 있는 정도를 지나치다. ¶ 이젠 갈 데까지 가서, 내가 지금 나선다고 별로 나아질 게 없겠네.

골(을) 박다 제한된 범위 밖으로 나가지 못하게 하다. ¶ 미리 골을 박아 놓고 시작하니, 일이 별 탈 없이 잘 진행될 거야. ※ 골: 만들고자 하는 물건의 일정한 모양을 잡거나 비뚤어진 물건의 모양을 바로잡는 데 쓰이는 틀.

금(을) 긋다 ⇒ 선(을) 긋다 ¶ 우리가 왜 만나는지 분명히 금 그을 필요가 있어요. / 미리부터 너의 능력에 금을 긋거나 사람과의 관계에 금을 긋지는 마.

금을 넘다 ⇒ 선을 넘다[1] ¶ 친하게 지내는 건 좋은데, 너와 그분은 신분이 다르니 절대 금을 넘으면 안 돼.

마지노선을 넘다 허용할 수 있는 한계를 지나치다. ¶ 시위대가 마지노선을 넘으면 강경 진압을 할 수밖에 없다. / 내가 정한 마지노선만 넘지 않는다면 어떤 요구라도 수용할 수 있다. 참 **마지노선을 치다**

마지노선을 무너뜨리다 ⇒ 마지노선을 넘다 ¶ 심리적 마지노선인 10%를 무너뜨리며 금리가 치솟았다. / 생명체 복제가 인간의 도덕적 마지노선을 무너뜨린다고 생각하는 사람들이 많다. / 그의 버릇없는 말은 내가 가질 수 있는 인내심의 마지노선을 무너뜨렸다. 참 **마지노선을 치다**

맺고 끊다 사리가 분명하고 빈틈없다. ¶ 그는 일 처리를 하는 데 있어서 확실하게 맺고 끊는다. / 형제간에 맺고 끊는 것이 불분명한 나의 태도 때문에 집사람에게게 몇 차례 바가지를 긁혔다.

선(을) 긋다 (일이나 인간관계 따위에서) 허용할 수 있는 한계를 정하다. ¶ 아무리 친한 친구 사이라도 어느 정도 선을 그어야 한다. / 법률적으로 명확하지 않은 부분에 대해서는 법을 개정해서라도 분명한 선을 그어야 한다.

선을 넘다[1] 허용할 수 있는 정도를 지나치다. ¶ 그 정도 노출은 한국 사회에서 지켜야 할 정도의 선을 넘은 것이다. / 자네가 너무 경솔했어. 이젠 내가 용서할 선을 넘어 버렸어.

선을 지키다[1] 허용할 수 있는 정도를 지나치지 않게 하다. ¶ 분위기가 들떴지만 동네 어른들 생각을 해서 일정 정도 선을 지켜야 할 필요가 있었다.

울타리(를) 벗어나다 제한된 범위 밖으로 나가다. ¶ 혼자서 이 어려움을 극복해야 한다고 생각하니, 가족이라는 따뜻한 울타리를 벗어났다는 사실이 뼈저리게 실감되었다. / 오늘날 교육은 이미 학교 울타리를 벗어났다. 기업이 교육을 주도하기 시작한 것이다.

【확정(確定), 확고(確固)】

그루(를) 박다[1] 확고하게 말하다. ¶ 아내는 그 친구에게 절대 돈을 빌려 줘선 안 된다고 그루를 박았다. ※ 그루: 나무나 곡식 줄기의 아랫부분.

날(을) 받다 ⇒ 날(을) 잡다 ¶ 혼약은 했지만 아직 날을 받아 놓지는 않았다. / 이것저것 따지다 보면 날 받는 게 쉬운 일이 아니다.

날(을) 잡다 (결혼이나 행사 따위의) 날짜를 정하다. ¶ 날 잡으면 선생님께 청첩장 보내 드릴게요. / 도시의 삶에 익숙한 사람이라면 날을 잡아 한적한 시골로 떠나 보자.

머릿속에 자리(를) 잡다 생각이 확고해지다. '무엇으로 누구의 머릿속에 자리를 잡다'와 같이 쓰인다. ¶ 그는 이미 실력 있는 학자로 사람들의 머릿속에 자리를 잡았다. / 철수는 돈 잘 쓰는 선배로 후배들의 머릿속에 자리 잡은 것 같다.

명토(가) 박히다 (누구 또는 무엇이라고) 구체적으로 지적되다. ¶ 술을 마시는 것을 두고 종교계의 교리와 견해는 분분하지만, 죄 지을 만큼 마시지 말라는 것은 명토 박혀 있다. ※ 명토(名-): 누구 또는 무엇이라고 구체적으로 하는 지적.

명토(를) 박다 (누구 또는 무엇이라고) 구체적으로 지적하거나 지명하다. ¶ 인생의 희로애락을 노래한 시를 어떻게 명토 박아 설명할 수 있겠는가. / 나중에 빠져나갈 구멍을 만들 요량이었는지 그는 정부의 경제 정책을 낙제라고 명토를 박지는 않았다. / 세종은 사군(四郡)과 육진(六鎭)을 개척해 평안도와 함경도를 조선 영토로 확실히 명토 박았다.

못(을) 박다 ① 확고하게 말하다. ¶ 남편은 담배만은 절대 끊을 수 없다고 미리 못을 박아 놓았다. / 그는 내 작업을 방해하지는 않겠지만 돕지도 않겠다고 못 박았다. ② 규정(規定)하다. ¶ 미리 나쁜 학생으로 못을 박아 놓고 학생을 선도하려고 하면 어떻게 합니까? / 그는 자기가 일단 좌경이라고 못 박았으면 좌경이지 웬 잔소리가 그리 많으냐며 눈을 부라렸습니다. ③ 바꿀 수 없게 고정시키다. ¶ 모이는 날을 매주 토요일 세 시로 못을 박자. ※ 못: 물건을 걸쳐 박거나 벽 같은 데 박아서 물건을 거는 데에 쓰는 물건. 참 **(가슴에) 못(을) 박다, 귀에 못이 박히다**

방점을 찍다² (어떤 일이나 분야에서) 강한 인상을 남기거나 절정에 이르다. ¶ 그는 워낙 연기파 배우로 소문났지만 이번 영화로 연기의 방점을 찍었다는 찬사를 들었다. / 그는 1970년대 중후반 〈너〉라는 곡으로 스타덤에 올라 후속곡 〈겨울 아이〉로 방점을 찍었다.

뿌리(가) 박히다 생각이나 문화 따위가 확고히 정착되다. ¶ 치료가 쉽게 되지 않고 치료 기간이 오래 걸려, 아토피는 치료가 힘들다는 인식이 깊이 뿌리 박혔다. 참 **뿌리(를) 박다**

쐐기(를) 박다 ① 뒤탈이 없도록 확정 짓다. ¶ 그는 내일까지만 여유를 주겠다면서 쐐기를 박았다. / 그가 종료 오 분 전 골을 터트리며 승부에 쐐기를 박았다. ② (어떤 일이나 이야기가) 더 이상 진행될 수 없도록 하다. ¶ 대통령이 직접 나서 국방비를 삭감하려는 움직임에 쐐기를 박았다. / 일본 지식인들의 성명은 일본의 독도 침탈 야욕에 쐐기를 박는 것이었다. ※ 쐐기: 각도가 작은 끝을 갖추고 단면이 'V' 자형이 되게 나무나 쇠붙이로 깎아 만든 물건. 물건 사이나 틈새에 박아 사개가 물러나지 못하게 함. 참 **(가슴에) 못(을) 박다**

쐐기(를) 지르다 ① ⇒ **쐐기(를) 박다** ① ¶ 그녀는 남편을 보자 암상을 떨며, 장 서방네 결혼식은 애초에 단념하도록 지레 쐐기를 질렀다. ② ⇒ **쐐기(를) 박다** ② ¶ 배를 젓던 사공은 불퉁하게 내뱉는 소리로 말허리를 잘라 쐐기를 질렀다.

쐐기(를) 치다 ① ⇒ **쐐기(를) 박다** ① ¶ 아버지는 내가 아직도 그림에 대한 미련을 버리지 못하고 있나 싶어 미대는 포기하라고 쐐기를 쳤다. ② ⇒ **쐐기(를) 박다** ② ¶ 나는 황 실장의 이야기에 쐐기를 쳐야겠다고 생각했다.

틀(을) 짓다² 규정하거나 제한하다. ¶ 우리나라 방송 산업을 틀 지은 사회적 요인을 살펴보자. / 나에 대해 아무것도 모르는 사람이 그렇게 틀을 지어 놓고 나를 바라보는 건 문제가 있지. / 아저씨는 자신의 일을 '돈벌이'나 '거리 청소'가 아니라 '세상을 가꾸는 일'로 틀 짓고 있었다.

【확실(確實), 확인(確認)】

그러면 그렇지 자신의 생각이 옳았음을 확인하는 말. ¶ 남편이 체념한 듯 말했다. "그러면 그렇지, 천국에 내 마누라가 있을 리가 없지." / 개표 초반부터 앞서 나가고 있는 것으로 나타나자 모두 '그러면 그렇지'라고 회심의 미소를 흘렸다.

눈을 씻고 보아도 여러 차례 확인해도. 또는 아무리 찾으려 해도. ¶ 아무리 두 눈을 씻고 보아도 시계는 틀림없는 두 시 이십 분이었다. / 후배들은 많아도 쓸 만한 후배는 눈을 씻고 보아도 없다.

다름이 아니다 바로 그렇다. '다름이 아니라', '다름이 아닌'과 같이 쓰인다. ¶ 이렇게 편지를 쓰게 된 이유는 다름이 아니라 급식 문제 때문입니다. / 나의 스트레스 해소법은 다름 아닌 곱창 안주에 소주를 곁들이는 것이다.

딱 꼬집어서 정확하게. ¶ 내가 그녀를 왜 좋아하는지 딱 꼬집어서 이야기할 수 없다. / 그 글에서 무엇을 말하려고 하는지 딱 꼬집어서 이야기할 수는 없었다.

딱 부러지게 확실하게. ¶ 그 사건의 원인을 딱 부러지게 이야기할 수 없습니다. / 여러 병원을 다녔지만, 제 병에 대해서는 어느 병원에서도 딱 부러지게 이야길 못 하는군요.

딱 잘라 확실하거나 단호하게. ¶ 이 지역의 이미지를 한마디로 딱 잘라 말하기는 어렵다. / 그 사람이 진짜 싫다면 딱 잘라 싫다고 말하세요. 㽒 **떡 떼어 먹듯**

모르긴 몰라도 꼭 그렇다고 말할 수는 없지만 십중팔구는. ¶ 모르긴 몰라도 두 사람이 조만간 결혼을 발표할 것 같아요. / 모르긴 몰라도 이번 선거에서는 신당에서 대통령이 나올 것 같다.

뭐니 뭐니 해도 이것저것 말해도 결국은. ¶ 이문을 남기는 걸로 해서는 뭐니 뭐니 해도 음식 장사가 최고다. / 술장사는 뭐니 뭐니 해도 봄가을 사람들이 밖으로 나다닐 때가 제일이다.

아니할 말로 ⇒ 아닌 말로 ¶ 진정 그런다면 아니할 말로 인간이 동물보다 결코 더 나을 수는 없습니다. / 우리의 경우는 어떤가. 아니할 말로 몇 년 전까지만 해도 국가의 장애인 정책 자체가 전무했다.

아닌 말로 조금 지나치게 표현하면. ¶ 우리 집은, 아닌 말로 사돈의 팔촌까지 식객으로 들끓었다. / 이 시기에 다치면 아이도 엄마도 너무 힘듭니다. 아닌 말로 정말 다치면 끝장입니다.

자로 재다[1] 한 치도 틀림없이 따지다. ¶ 기대를 가지고 성경 연구 모임에 나갔는데, 나는 너무나 자로 잰 성경 해석에 도리어 떨떠름해졌다. / 나이 든 경찰은 비교적 너그럽지만 젊은 경찰들은 자로 잰 듯 엄격하게 법을 적용하는 경향이 있다.

3

동작 動作 행위 行爲

일상적 행동(日常的 行動), 몸동작

【이동(移動), 방문(訪問), 기다림】
≒ **【관계(關係), 소통(疏通)】【접근성(接近性), 경쟁력(競爭力)】**

걸음(을) 하다 (윗사람이) 방문하다. ¶ 바쁘실 텐데 어려운 걸음 하셨습니다. / 내가 아프고 보니 그때 어머니께서 힘든 걸음을 하셨다는 것을 알게 되었다.

고양이 걸음 발자국 소리가 나지 않게 걷는 것. ¶ 김 상궁이 고양이 걸음으로 소리 없이 섬돌 위에 올라가서 방안 동정을 엿보았다.

길품(을) 팔다 ① ⇒ **다리품(을) 팔다** ① ¶ 안내 표시가 잘 되어 있어 길품을 많이 팔지 않고도 목적지에 갈 수 있었다. / 나는 선생님 댁이 아직도 학교 근처에 있는 걸로 착각하여 괜한 길품을 팔았다. / 정 씨는 약장수와 한 궁합인 차력사로 구경꾼을 모으며 길품 팔아 여덟 식구의 생계를 꾸렸다. ＊궁합(宮合): 혼인할 남녀의 사주를 오행에 맞추어 보아 부부로서의 좋고 나쁨을 알아보는 점. 서로 뜻과 호흡이 잘 맞는 경우를 비유하는 데 쓰이기도 한다. ② ⇒ **다리품(을) 팔다** ② ¶ 택배 기사라는 게 결국 길품 팔아 먹고사는 직업이잖아.

네굽을 (걷어)안다 빠르게 달리다. 말이 빠르게 달리는 모양을 나타내는 말. 주로 '네굽을 안고'와 같이 쓰인다. ¶ 모두 네굽을 걷어안고 달리는 말 위에서 상반신을 앞으로 기울인 채 까딱도 하지 않았다. / 말은 두 앞발을 높이 들고 소리 지르더니 네굽을 안고 뛰기 시작한다. / 병수와 윤계월이가 싸웠다는 소식은 네굽을 안고 온 마을에 쫙 퍼졌다. (오태호, 사돈싸움) ※ 네굽: 네발짐승의 네 발굽. 사람의 손과 발을 속되게 이르는 말로도 쓰인다.

네굽을 놓다 ① 말이 빠르게 내달리다. ¶ 천리마는 새벽 기운에 정신을 차렸는지 기세 좋게 네굽을 놓는다. / 말이 초원 위에 네굽을 놓으며 질풍같이 달리기 시작했다. ② (손과 발을 모두 움직여 뛰는 것처럼) 부리나케 달리다. ¶ 무슨 잘못을 저질렀는지, 내가 다가가자 그는 금방 네굽을 놓았다.

네굽(을) 치다[2] ① 말이 빠르게 내달리다. 또는 내달리려고 발을 구르다. ¶ 말은 가자 네굽을 치는데 임은 꼭 붙들고 아니 놓네. ② (손과 발을 모두 움직여 뛰는 것처럼) 부리나케 달리다. ¶ 김 대리 저 사람, 네굽 치며 오는 걸 보니 오늘도 지각했나 보군.

다리품(을) 팔다 ① 길을 걷느라 힘을 들이다. 어떤 목적으로 여기저기 돌아다니거나 길을 많이 걷게 되는 상황을 가리킨다. ¶ 값이 싸면서 괜찮은 물건을 사려면 다리품을 팔아야 한다. / 미리 길을 알아 놓지. 하나밖에 없는 당신 아내 다리품 팔게 해야 직성이 풀리시오? ② (남의 심부름으로) 돈을 받고 먼 길을 다녀오다. ¶ 내가 다리품이나 팔러 서울에 다녀온 줄 아세요? 천만에요. 난 정말로 당신을 도와주고 싶어요. 참 **손품(을) 팔다**

발걸음(을) 하다 방문하다. '어디에 발걸음을 하다'와 같이 쓰인다. ¶ 그날 이후로 그는 우리 집에 발걸음을 하지 않았다. / 이 동아리에는 처음 발걸음 했는데, 따뜻한 분위기가 너무 좋았습니다.

발(을) 들여놓다[1] 어디에 들어서다. ¶ 이곳에 어른들은 발을 들여놓을 수 없습니다. / 그가 이 마을에 발을 들여놓은 지 벌써 십 년이 넘었다.

발(을) 타다 (강아지 따위가) 걸음을 걷기 시작하다. ¶ 강아지는 발을 타기 시작할 무렵이 가장 예쁘다.

발품(을) 팔다 ⇒ 다리품(을) 팔다 ① ¶ 그 돈으로 집을 구할 수 있을까 걱정도 들지만 부지런히 발품 팔다 보면 좋은 집을 만날 수 있겠지. / 이 마을은 유적이 많아 하루 종일 발품을 팔아도 다 구경할 수 없다.

보따리(를) 꾸리다 ⇒ 보따리(를) 싸다[1] ¶ 딸 뒷바라지를 위해 서울에 있는 학교의 교사직을 포기하고 딸과 함께 보따리를 꾸렸다. / 그는 안주하는 법이 없다. 무언가 일을 벌여 놓고 안정감이 생기면 보따리를 새로 꾸렸다.

보따리(를) 싸다[1] 있던 곳을 떠날 준비를 하다. ¶ 부부간에 보따리를 쌌다 풀었다 하면 결국은 별거다. / 일회전에서 패한 그는 일찌감치 한국행 보따리를 쌌다. / 그는 가수가 되려고 무작정 상경했지만 방배동 카페를 맴돌다가 일 년 만에 보따리를 쌌다. 참 **보따리(를) 풀다**[1,2]

엿가락(을) 늘이다[1] 오래 기다리다. ▷ 비속어 ¶ 엿가락을 늘이고 앉아 있었는데도 그녀는 나타나지 않았다. / 배곯고 엿가락 늘이고 앉았어야 누가 불쌍하다는 사람 있던가.

자리(를) 걷다[1] 있던 곳을 떠날 준비를 하다. ¶ 잡은 고기의 양이 어느 정도 되자 아이들은 미련 없이 자리를 걷고 일어났다. / 긴긴 여름 해가 명월산 너머로 뉘엿뉘엿 넘어갈 즈음 우리도 자리를 걷었다. ※ 자리: 앉거나 누울 수 있도록 바닥에 까는 물건.

자리(를) 뜨다 (있던 곳에서 다른 곳으로) 옮기다. 떠나다. ¶ 무슨 일인지 그는 회의 중에 자주 자리를 떴다. / 경기가 종반에 접어들었고 점수 차가 나자 관객들은 하나둘 자리를 뜨기 시작했다. ※ 자리: 사람이나 물체가 차지하고 있는 공간.

종짓굽이 떨어지다 젖먹이가 처음으로 걷게 되다. ¶ 그는 종짓굽이 떨어지면서부터 산으로 들로 쏘다니기를 좋아했다. / 종짓굽도 떨어지기 전에 아버지가 돌아가셔 나는 홀어머니 무릎 아래에서 어린 시절을 보내야 했다. ※ 종짓굽: 종지뼈가 있는 그 언저리. 참 **(첫)걸음마를 떼다**

【식사(食事)】

게 눈 감추듯 (하다) 음식을 빨리 먹어 치우다. ¶ 젊은 군인은 닭 한 마리를 게 눈 감추듯 하더니 방에 들어가 코를 골며 잤다.

나발[나팔](을) **불다**[1] 술이나 음료수를 병째로 마시다. ¶ 매일 소주 두 병씩 나발을 불었으니 속이 견디겠어요? / 콜라 한 병 나팔을 부는 것이 소주 한 병 나팔을 부는 것보다 어렵다. ※ 나발: 옛날 관악기의 하나. 놋쇠로 긴 대롱같이 만들었는데, 위는 가늘고 끝이 퍼졌다.

두레(를) **먹다** 여러 사람이 둘러앉아 먹다. 음식을 장만하고 농군들이 모여 놀다. 지금은 잘 쓰이지 않는 표현이다. ¶ 이번 칠월 칠석에 모두 모여 한바탕 두레를 잘 먹자고 약속했다. ※ 두레: 농촌에서 농사일을 공동으로 하기 위하여 마을·부락 단위로 둔 조직.

목구멍(의) **때**(를) **벗기다** 포식하다. ¶ 오늘 회식이 있다고 했지? 오랜만에 목구멍 때를 벗기겠구나. / 고기가 너무 질기다고 아이들은 모두 젓가락도 대지 않고 그 덕에 나만 목구멍의 때를 벗겼다. 참 **목구멍에 풀칠**(을) **하다**

목구멍이 크다[1] 많이 먹다. ¶ 그는 목구멍이 커서 한 그릇으로는 모자란다. / 목구멍이 큰 사람이 많아서 그런지 밥을 많이 했는데도 모자라네.

발이 길다 음식 먹는 자리에 때마침 나타나 먹을 복이 있다. ¶ 내가 여기 들를 때마다 사람들이 뭘 먹고 있는 걸 보면 내가 발이 길기는 긴 모양이다. / 형님, 전 원래 식복이 있는 놈이어서 말예요……. 마침 발이 길어 좋은 자리에 나타날 수 있었습니다. (홍성유, 장군의 아들)

발이 짧다 남들이 다 먹은 뒤에 나타나 먹을 복이 없다. ¶ 우리 가족 중에 나만 항상 발이 짧아서 제대로 얻어먹지도 못한다. / 입이 짧아 잘 먹지도 못하는 녀석이 발까지 짧으니 몸이 부실할 수밖에.

밥상(을) **물리다** 식사를 마치다. ¶ 아버지는 입맛이 없으셨는지 몇 숟갈 뜨는 시늉만 하고 밥상을 물리셨다.

밥알(을) **세다** 식욕이 없어 밥을 깨지락거리면서 먹다. ¶ 아내가 차려 주는 밥상 앞에서 밥알이나 세고 있으니 어떤 여자가 좋아하겠어? / 여기가 네 집 식당인 줄 알아? 그렇게 밥알을 세고 있다가는 해가 중천에 뜨겠다.

배(를) **채우다**[2] 음식을 먹어 시장기를 면하다. ¶ 찐 감자로 대충 배만 채우고 다시 길을 나섰다.

부리를 따다[1] 막 먹기 시작하다. ¶ 영감은 숟가락을 탕 내던지고 부리만 딴 밥그릇 앞에서 물러나 앉았다. (염상섭, 절곡) ※ 부리: 새나 짐승의 주둥이.

부리를 헐다[1] ⇒ 부리를 따다[1] ¶ 아이는 제 밥을 다 먹고도 부족했는지 부리를 헐다 만 어미의 밥까지 마저 다 먹었다.

상(을) 물리다 밥 먹는 것을 그만두다. ¶ 할아버지는 일일 연속극이 시작될 때 저녁상을 받으시면, 아홉 시 뉴스가 시작한 다음에야 상을 물리셨다.

선반(을) 놓다 (공사장이나 부역장에서) 일꾼에게 식사 시간을 주다. 현재는 거의 쓰이지 않는다. ¶ 그 공사장에서는 하루에 세 번 선반을 놓았다. ※ 선반(宣飯): 관아에서 관원에게 끼니때 제공하던 식사.

숟가락(을) 놓다[1] 식사를 마치다. ¶ 내가 반도 비우기 전에 아이는 벌써 숟가락을 놓았다. / 그는 가장 먼저 숟가락 놓고 일터로 갔다.

입에 달고 다니다[1] 어떤 것을 계속 먹다. ¶ 과자를 입에 달고 다니니까 그렇게 살이 찌는 거야. / 덥다고 아이스크림을 입에 달고 다니다가는 배탈 나기 쉽다.

입에 대다[1] 먹거나 마시다. '무엇을 입에 대다'와 같이 쓰인다. ¶ 김 감독은 경기를 앞둔 선수들에게 술과 담배를 일절 입에 대지 못하게 한다. / 돌아가신 나의 선친께서는 평생토록 고기를 입에 대지 않으셨다.

입(을) 대다[1] 먹거나 마시다. '무엇에 입을 대다'와 같이 쓰인다. ¶ 혹시나 싶어 개집 안을 들여다보니 밥그릇에는 사료가 가득하지만 입 댄 흔적이 없다. / 내가 처음 술에 입을 댄 건 대학 입학시험이 끝난 후였던 것으로 기억한다.

입이 궁금하다 군것질을 하고 싶다. ¶ 방 안에만 온종일 있다 보니까 입이 궁금했다. / 밖에 나가 놀다가 입이 궁금하면 드나들며 항아리에 가득 담겨 있는 과자를 먹었다니 듣기만 해도 배가 불렀다.

입이 심심하다 ⇒ 입이 궁금하다 ¶ 입이 심심할 땐 오징어가 최고지요. / 입이 심심하니 커피라도 한잔 마시자고 했다.

입이 짧다 식성이 까다롭다. 또는 한 가지 음식에 쉽게 물리는 습성이 있다. ¶ 집안 식구들이 입이 짧으면 주부들이 고생한다. / 나는 먹는 걸 아주 좋아하는데, 입이 짧아 한꺼번에 많이 먹지는 못한다.

한술(을) 뜨다 밥을 먹다. ¶ 나는 식은 밥에 어제 남은 된장찌개로 대충 한술 떴다. / 집에서 기별이 있자 그는 한술을 뜨다 말고 허둥지둥 울면서 달려갔어요. 참 **한술 더 뜨다**

【음주(飮酒), 흡연(吸煙)】

고사(를) 지내다[2] 따라 놓은 술을 오랫동안 마시지 않고 있다. ¶ 넌 언제까지 고사만 지내고 있을 거니? 한 잔 쭉 들이켜. ※ 고사(告祀): 액운(厄運)은 없어지고 풍요와 행운이 오도록 집안에서 섬기는 신(神)에게 음식을 차려 놓고 비는 제사.

너구리(를) 잡다 닫힌 공간에서 불을 피우거나 담배를 피우다. ¶ 사내 넷이 골방에 들어앉아 재떨이가 가득할 때까지 너구리를 잡고 있었다.

뒤가 깨끗하다[3] (술을 마신 후) 머리가 맑고 속이 편안하다. ¶ 맥주보다는 위스키가 뒤가 깨끗해 좋다. / 좋은 술을 마셔야 뒤가 깨끗하다.

떡(이) 되다[1] (술을 너무 마셔) 엉망진창이 되다. ¶ 그는 술에 떡 된 채 길에 쓰러져 있었다. / 술을 떡이 되도록 마셔 대니 어느 누가 좋다고 하겠어? / 방에 들어가 보니 친구는 술에 떡이 되어 있었다.

술독에 빠지다 술을 많이 마시다. 또는 항상 술에 취해 지내다. ¶ 술고래로 소문난 그는 언제나 술독에 빠져 산다. / 그는 나라를 뺏긴 데 격분한 나머지 책을 모조리 불태워 버리고 술독에 빠졌다.

잔을 기울이다 술을 마시다. ¶ 슬픈 표정으로 혼자 잔을 기울이는 내 모습을 뚫어지게 쳐다보고 있는 여자가 있었다.

주토 광대를 그리다 술을 마셔서 얼굴이 붉어진 사람을 놀림조로 이르는 말. ¶ 그녀는 대낮에 주토 광대를 그리고서 학교에 나타났다. ※ 주토(朱土): 붉은 흙.

코가 삐뚤어지다 술을 너무 많이 마셔서 몹시 취하다. ¶ 어제는 고교 동창들과 함께 코가 삐뚤어지도록 술을 마셨다.

필름(이) 끊기다 (술을 마시고) 정신을 잃다. ▷ 비속어 ¶ 그때 완전히 필름 끊겨 아무 기억도 나지 않는다. / 어제 도대체 내가 얼마를 마신 것일까? 필름이 끊어져도 한참은 끊어졌다.

한잔 걸치다 술을 마시다. ¶ 빈속에 한잔 걸치자 금방 취기가 돌았다. / 그들은 걸쭉하게 한잔 걸친 터라 어깨동무를 하고 길을 건넜다.

한잔 내다 술대접을 하다. ¶ 오늘은 내가 한잔 낼 테니까 저녁 시간은 비워 두라고.

한잔 하다 술을 마시다. ¶ 막걸리 한잔하고 가세요. / 어제는 오랜만에 친구들을 만나 한잔했다.

【치료(治療), 관리(管理), 제작(製作)】

고래(를) 잡다 포경 수술을 하다. ▷ 비속어 ¶ 겨울 방학이 되면 동네 비뇨기과에서 고래를 잡으러 온 학생들을 심심치 않게 만날 수 있다. 〖기원〗 고래를 잡는다는 뜻의 포경(捕鯨)과 비뇨기과 용어인 포경(包莖)의 음이 같은 데에서 착안한 속어다.

뒷손(을) **보다** 추가적으로 손질을 하다. ¶ 뒷손을 조금 보면 쓸 만한 물건이 될 것도 같다. / 네 솜씨가 그렇지 뭐. 나중에 언니한테 뒷손 봐 달라고 해.

뒷손(이) **가다** 추가적으로 손질이 필요하다. ¶ 어설프게 하면 나중에 뒷손이 가야 한단 말이야. / 요즘처럼 인건비가 비쌀 때, 뒷손 가는 일은 아무리 해도 남는 게 없다.

메스(를) **들다**[1] (의사로서) 수술을 하다. ¶ 그는 최고의 외과 의사였지만 아내에게만은 메스를 들 수가 없었다. ※ 메스(mes): 수술이나 해부를 할 적에 쓰는 작은 칼.

메스(를) **잡다**[1] ⇒ **메스**(를) **들다**[1] ¶ 내가 메스를 잡은 지 30년이 넘었지만 지금도 첫 수술 때의 긴장과 두려움을 잊지 못한다.

물을 맞다 병을 고치려고 약수터에 가서 약물을 먹거나 몸을 씻다. 현재는 거의 쓰이지 않는 표현이다. ¶ 물을 맞는 것이 어떤 효과가 있을지 모르겠지만, 물에 빠지면 지푸라기라도 잡는다는데 죽을병에 걸리면 뭔들 못 하겠나.

밥(을) **주다** (시계의) 태엽을 감아 주다. ¶ 시계가 죽었나 보다. 시간도 맞출 겸 시계 밥 좀 줘라.

손(을) **대다**[2] 고치다. 또는 성형 수술을 하다. ¶ 내 얼굴은 정말 손댄 데 없어. / 근본적인 대책을 세우지 않고 문제가 생길 때마다 그때그때 손을 대다 보니 돈은 돈대로 들고 꼴은 더 우스워졌다. / 신의 작품으로서 우리 인간이 손을 대지 않으면 안 될 만한 그러한 졸작, 그러한 미완품이 있을까? (이태준, 화단)

손(을) **보다**[1] 고치다. ¶ 아직 새 거라서 손볼 데가 없어요. / 조립을 끝낸 차 다섯 대 중 한 대를 다시 손을 봐야 한다면, 생산성에서 큰 문제가 아닐 수 없다.

손(을) **타다**[1] 손으로 직접 만들거나 고치다. ¶ 박정희 집권 초기에 광화문에 들어섰던 수많은 동상 중 여러 개가 그의 손을 탔다. / 수공예는 빨리 편하게 하는 게 목표가 아니라 하나하나 손 타는 것 자체가 목표입니다. / 이 정자는 1633년 지어진 이후 1980년에 대대적으로 손을 타 지금에 이르고 있다.

손(이) **가다** 손질하거나 보살피다. ¶ 헌 집이라 손이 가야 할 곳이 많은 편이다. / 이제는 아이에게 손이 덜 가게 된 것은 사실이지만, 어린아이라 아직은 내가 옆에 있어 줘야 해요.

신주(단지) **모시듯** 정성스럽게 다루거나 간직함을 나타내는 말. ¶ 김 씨는 청자 조각들을 신주 모시듯 주머니에 넣고 다니며, 가마에서 기물을 꺼낼 때마다 발색을 비교한다. / 그 딸은 죽기 전 어머니에게서 받은 목걸이를 신주 단지 모시듯 목에 걸었다. ※ 신주(神主): 죽은 사람의 위패. 대개 밤나무로 만드는데, 길이는 여덟 치, 폭은 두 치가량이고, 위는 둥글고 아래는 모지게 생겼다.

잔손이 가다 (세세한 부분까지) 손질하거나 보살피다. ¶ 굴뚝 세우고 불을 지피기까지 여간 잔손이 가는 게 아니었다. / 몇 평 안 되는 농장이지만 제대로 하려면 끝없이 잔손이 간다. / 생선 요리는 대부분 잔손이 많이 가기 때문에 시간이 걸린다.

【몸동작】

그루(를) 박다[2] 물건을 거꾸로 탁 놓다. ¶ 그 상자를 그렇게 그루 박아 놓으면 안에 있는 내용물이 상할 수도 있으니 잘 놓으세요.

도지개를 틀다 (얌전히 앉아 있지 못하고) 몸을 이리저리 꼬며 움직이다. ¶ 잠을 자던 아기가 별안간 조그만 팔로 도지개를 트는 듯하더니 이내 응아 소리를 치며 울었다. / 원체 색이 센 여자라 놔서 밤마다 등허리를 활등처럼 휘어뜨리고는 도지개를 트는데 미치겠더라구. (김소진, 열린 사회와 그 적들) ※ 도지개: 트집 난 활을 바로잡는 틀.

몸(을) 가지다[1] 일상적으로 몸을 움직이다. 지금은 거의 쓰이지 않고 '몸가짐'이란 명사형으로만 쓰인다. ¶ 긴치마 입은 채 땅이 꺼질 듯이 조용조용히 몸을 가지던 당시 여자들에게 무엇보다 필요한 것이 체조였다. 참 **몸(을) 하다**

몸을 싣다[1] (운송 수단에) 타다. ¶ 바다를 본 것도 처음이었고 그처럼 큰 배에 몸을 실어 본 것은 더구나 처음이었다. / 그는 영국 생활을 접고 한국으로 가는 비행기에 몸을 실었다.

무동(을) 서다 남의 어깨 위에 올라서다. ¶ 무동 서서 빨랫줄에 걸린 손수건을 잡았다. ※ 무동(舞童): 나라 잔치 때 노래를 부르며 춤을 추던 사내아이. 걸립패에서 남의 어깨 위에 서서 춤을 추던 아이.

무동(을) 태우다 사람을 어깨 위에 올라서게 하다. ¶ 할아버지는 나를 번쩍 들어 올려 어깨에 무동을 태우셨다.

바닥(을) 짚다 (광산에서) 땅의 아래쪽으로 향하여 파 가다. ¶ 계속해서 바닥을 짚어 나가다 보면 불안한 생각이 든다. 이 탄막이 무너지면 어떻게 하나.

손에 걸리다 잡히다. ¶ 이놈, 손에 걸리기만 해 보아라. 요절을 내 놓을 것이다.

알(을) 까다 잡았던 공을 놓치다. ¶ 유격수가 세 번이나 알을 까는 바람에 점수를 많이 내준 모양이다.

체중을 싣다 몸이 한쪽으로 쏠리다. '어디에 체중을 싣다'와 같이 쓰인다. ¶ 왼쪽 다리를 살짝 들어 어깨 넓이만큼 벌린 후 왼쪽에 체중을 실었다가 중심을 잡는다. / 발가락에 힘을 주어 앞부분에 체중을 싣고 내려오세요.

표현 행위(表現行爲)

【신호(信號), 요구(要求)】

곁눈(을) 주다 ① 남이 모르게 상대방에게 어떤 뜻을 알리다. ¶ 노름판에서 그는 한패에게 슬금슬금 곁눈을 주었다. / 그는 밖에 있는 아내에게 곁눈을 주어 문을 열게 했다. ② 남이 모르게 은근히 정을 나타내다. ¶ 그는 적극적으로 여자에게 접근할 용기가 없었다. 단지 이따금 곁눈을 주면서 그 여자가 자기의 마음을 알아주기만 바랄 뿐이었다.

곁눈질(을 보내다) 특정한 뜻을 담은 신호를 보내다. ¶ 그녀가 보내는 곁눈질에 이번에는 속아서는 안 돼, 절대로 안 돼.

귀띔(을) 하다 눈치로 알아차릴 수 있도록 미리 일깨워 주다. ¶ 그런 일이 있었으면 귀띔이라도 해 주지. 난 아무것도 모르고 있었잖아. / 나는 어머니에게 미리 귀띔하려다가 확신이 서지 않아서 그만두었다. / 방송 관계자가 귀띔을 하기로는, 그가 이 드라마의 주인공으로 뽑히는 데는 방송사 간부의 입김이 작용했다고 한다.

귀(를) 주다[1] 남에게 살그머니 알려 조심하게 하다. ¶ 그 사람은 아직 자기 자신의 위험에 대해 잘 모르는 모양이니까, 귀를 주는 게 좋을 것 같다.

노문(을) 놓다 미리 알리다. 주로 역사물에서 고풍스럽게 말할 때 쓰인다. ¶ 그는 흉측한 생각이 났던지 즉시 전라남도로 노문을 놓고 길을 떠났다. / 행차를 하시려면 노문을 놓고 오시지 이렇게 불쑥 찾아오시면 어떻게 합니까? ※ 노문(路文): 조선 시대에 관원이 공무로 지방을 여행할 때 관원이 이를 곳에 일정표와 규모 등을 미리 알리던 문서.

눈도장(을) 찍다[1] 자신의 존재를 확실하게 알리다. ¶ 그는 주말 드라마에서 인상적인 연기를 선보여 시청자들에게 확실하게 눈도장을 찍었다. / 사내 농성 중엔 출퇴근하는 경영진과 눈도장 찍어 가며 기 싸움을 펼쳤다. / 반기는 사람이 없더라도 정기적으로 사무실을 찾아가 담당자들에게 눈도장을 찍어 두는 게 좋을 거야.

눈으로 말하다 표정으로 뜻을 전달하다. ¶ 두 남녀는 아무도 모르게 눈으로 말하고 있었다.

눈(을) 주다 (가만히 약속의 뜻을 보이기 위하여) 눈짓하다. ¶ 맞은편에 있는 사람에게 눈을 주어 밖으로 불러냈다.

다리 아랫소리 구구한 말로 하는 청(請). '각하성(脚下聲)'과 같은 말. ¶ 다리아랫소리를 내며 비굴하게 사느니, 차라리 부족한 채로 떳떳하게 살고 싶다. / 손품도 팔아 보고 다리품도 팔아 보고 그것도 없을 때에는 다리아랫소리로 구걸도 해 보았네만, 잘사는 놈들치고 나를 동정해 주는 놈은 하나도 보질 못했네.

발 도장을 찍다 직접 찾아가서 자신의 존재를 알리다. ¶ 사장은 고객 만족을 위해 발로 뛰겠다는 의지를 보여 주겠다며 직접 행사에 참여해 발 도장을 찍었다. 〖기원〗 '눈도장을 찍다'에서 나온 표현이다.

선문(을) 놓다 미리 알리다. 주로 역사물에서 고풍스럽게 말할 때 쓰인다. ¶ 해가 낮이 기울어서 승시 때가 될 때쯤 하여서 전배가 달려와서 원님 일행이 온다는 선문을 놓았다. (이광수, 꿈)
※ 선문(先文): 중앙의 벼슬아치가 지방에 출장할 때 그곳에 도착 날짜를 미리 알리던 공문.

손(을) 내밀다[2] ⇒ **손(을) 벌리다** ¶ 굶어 죽을망정 남에게 손을 내밀지는 않겠다.

손(을) 벌리다 (금전적으로) 도움을 청하거나 요구하다. ¶ 아무리 동생이지만 계속해서 손을 벌리는 데 두 손 들었다. / 노력도 안 하고 손부터 벌리는 사람에게 도움을 줄 수는 없다.

손(을) 뻗(치)다[1] 적극적으로 도움을 청하거나 요구하다. ¶ 가난한 친척 중에 손 뻗치는 사람이 너무 많아 죽을 지경이다. / 전에는 읽으라는 책만 마지못해 읽더니 어제부터는 학생들이 먼저 책을 달라고 손을 뻗쳤다. / 신변의 위협을 느꼈지만 어느 누구에게도 손을 뻗어 구원을 요청할 수 없는 상황이었다.

손(이) 나가다 도움을 청하거나 요구하게 되다. ¶ 지난번에 몹시 다툰 일이 있어 아쉬운 일이 생겨도 그에게만은 손이 나가지 않았다.

옆구리(를) 찌르다 눈치를 주다. ¶ 아내가 계속해서 옆구리를 찌르는 통에 할 말도 다 못 하고 자리를 떴다. / 옆구리를 찔러도 눈치를 채지 못한다.

입(을) 벌리다[2] 먹을 것을 달라고 사정하거나 요구하다. ¶ 먹을 것이 없어 도시락을 못 싸 가지고 와서도 남 앞에 입 벌리는 법이 없고, 그렇다고 자기 먹을 것을 남 주는 법도 없었다. (송하춘, 거기 오래 손길)

칼만 안 들다 무력으로 협박하지는 않지만 그와 같은 태도로 요구하는 사람에게 쓰는 말. ¶ 아들 하나 있는 게 칼만 안 들었지 강도야. / 칼만 안 들었군. 시장에서 싸게 살 수 있는데, 백화점 진열대에만 놓이면 두 배, 세 배로 받으려 하니. 참 **주머니(를) 털다[2]**

헛기침(을) 하다 사람이 왔음을 알리는 소리를 내다. ¶ 신랑이 세 번 헛기침을 하고 신방에 들어섰다.

【표정(表情)】

안색을 고치다 표정을 바꾸다. ¶ "놀래지 마십거이. 어찌헐 쉬 있음둥?" 오몽녀는 얼른 안색을 고치고 생긋 웃어 준다. (이태준, 오몽녀) ※ 안색(顔色): 얼굴빛.

얼굴에 씌어 있다 표정에 그대로 나타나다. ¶ 네가 무슨 생각을 하고 있는지 다 얼굴에 씌어 있어. 나를 속일 생각을 말라고. / 이쯤에서 단념하고 돌아가는 게 어떠냐는 뜻이 그의 얼굴에 씌어 있었다.

얼굴(을) 하다 표정을 짓다. '어떤 얼굴을 하다'와 같이 쓰인다. ¶ 화난 얼굴 하지 마세요. 무서워요. / 아무리 기분이 나쁘더라도 싫은 얼굴을 하지 않는 것이 판매원의 철칙이다.

【울음, 웃음】

간에 바람(이) 들다[2] ⇒ **허파에 바람이 들다** ¶ 간에 바람이 들었나? 왜 그렇게 웃어 대는 거니?

간이 뒤집히다[1] 까닭 없이 자꾸 웃는 행동을 나무라다. ¶ 간이 뒤집혔나, 허파에 바람이 들었나. 왜 그렇게 웃고 야단이야? 참 **눈(이) 뒤집히다**

뒤로 넘어가다[2] (재미있는 행동이나 말에) 매우 웃다. ¶ 우스꽝스러운 내 모습에 가족들은 모두 뒤로 넘어갔다.

목(을) 놓다 큰 소리로 슬피 울다. ¶ 할머니가 돌아가셨다는 소식에 나는 밤새도록 목 놓아 울었다. / 해직의 슬픔에 목을 놓는 사람이 줄어들 수 있게 정부와 기업이 힘을 써 주시기 바랍니다.

배꼽(을) 빼다 재미있는 행동이나 말에 웃거나 그런 말로 사람을 웃기다. ¶ 앞에 나와 익살을 부리는 그의 모습에 모두 배꼽을 뺐다. / 그는 현란한 애드리브로 관객들의 배꼽을 뺐다. / 그 사람이 해 준 배꼽 빼는 이야기에 눈물이 나도록 웃었다.

배꼽(을) 잡다 (재미있는 행동이나 말에) 매우 웃다. ¶ 그가 내뱉은 한 마디 한 마디가 사람 배꼽 잡을 소리다. / 아이의 엉뚱한 소리에 어른들 모두 배꼽을 잡았다.

배꼽(을) 쥐다 ⇒ **배꼽(을) 잡다** ¶ 입담이 어찌나 좋던지 그의 이야기를 듣는 내내 배꼽 쥐고 웃었다. / 한 사이트에서 해괴한 글을 발견하고 한밤중 컴퓨터 앞에서 혼자 배꼽을 쥐었다.

배꼽(이) 빠지다 (재미있는 행동이나 말에) 매우 웃게 되다. ¶ 그 사람 이야기에 모두 배꼽이 빠졌다. / 그 장면은 언제 봐도 배꼽 빠지는 익살과 기지로 가득하다.

어깨를 들먹이다 흐느껴 울다. ¶ 그의 장례식을 지켜보던 많은 사람이 어깨를 들먹이며 고인을 추모했다. 참 **고개를 들먹이다**

코를 훌쩍거리다 흐느껴 울다. ¶ 그는 그간 속상한 일이 많았는지 말을 꺼내기가 무섭게 코를 훌쩍거렸다. / 여자들은 사소한 일에도 코를 훌쩍거리는 통에 같이 있기가 민망할 때가 많다.

허리가 끊어지다 너무 웃겨 몹시 웃는 모습을 나타내는 말. ¶ 그의 이야기를 듣다가 허리가 끊어지는 줄 알았다.

허리(를) 잡다 너무 웃겨 크게 웃다. ¶ 너무 웃겨 허리를 잡고 웃었다. / 그의 우스갯소리에 둘러앉은 아이들은 허리를 잡았다.

허파에 바람이 들다 까닭 없이 자꾸 웃는 행동을 나무랄 때 쓰는 말. ¶ 허파에 바람이 들었나, 그 웃는 꼴이 뭐냐? / 허파에 바람이 들어갔는지 그는 나를 보고 실실 웃다가는 실없는 말만 했다.

통제(統制), 주도(主導)

【**통제**(統制), **주도**(主導)】 ≒ 【**기세등등**(氣勢騰騰)】【**소유**(所有), **지배**(支配)】

고삐를 잡다 통제하거나 주도하다. 주로 '누구 또는 무엇의 고삐를 잡다'와 같이 쓰인다. ¶ 상대편 스트라이커의 고삐를 잡을 만한 선수가 없다. / 승리의 고삐를 잡은 한국은 추가 골로 대세를 결정지었다. / 당내 보수 세력들은 젊고 개혁 지향적인 세력의 고삐를 잡기 위한 대책을 논의했다. ※ 고삐: 한 끝을 말이나 소의 재갈에 잡아매어 몰거나 부릴 때에 끄는 줄.

고삐를 잡아채다 긴장을 유지하도록 통제하며 다그치다. ¶ 나태해진 자신을 되돌아보며 은주는 자기 마음의 고삐를 잡아챘다.

고삐를 조이다[죄다] 사태를 긴장시켜 통제를 강화하다. ¶ 정신 차리게 하려면 지금쯤 한번 고삐를 조일 필요가 있어. / 미국은 카다피 정권에 대한 외교적 고립과 무력화의 고삐를 바짝 죄고 있다. 참 **나사를 조이다**[죄다][2]

고삐를 틀어쥐다 ⇒ **고삐를 잡다** ¶ 이리저리 끌려다니지 않고 내가 내 인생의 고삐를 틀어쥐고 살 것이다. / 상대의 혼란을 틈타 우리는 공세의 고삐를 더 바짝 틀어쥐었다.

꽉 잡고 있다 주도하다. ¶ 이 바닥은 제가 꽉 잡고 있습니다. / 박 씨는 텔레비전 드라마 쪽은 자신이 꽉 잡고 있으니 언젠가는 화려하게 밀어 주겠다고 약속했습니다.

나사를 조이다[죄다][1] 규율이나 질서를 더욱 정연하게 하다. ¶ 정권이 바뀔 때마다 정부 기관의 나사를 죄기 위해 특별 감사가 실시되곤 한다. ※ 나사(螺絲): '나사못'의 준말.

들었다 놨다 하다 주도권을 잡아 자기 마음대로 다루다. 또는 다른 사람을 압도하여 분위기를 주도하다. ¶ 한 출연자가 심사 위원들과 청중을 들었다 놨다 하는 노래 실력을 선보여 화제가 되고 있다. / 그 사람이 제게 말도 못 걸었었는데, 지금은 저를 들었다 놨다 합니다. 유 **들었다 놓다**[2]

떡 주무르듯 하다 저 하고 싶은 대로 다루다. ¶ 우리 반 반장은 애들을 떡 주무르듯이 한다. /

그 많은 예산을 떡 주무르듯 하니 그의 주위에 사람이 꼬이지 않을 수 없다.

주름(을) 잡다 ① 주도권을 잡아 자기 마음대로 다루다. 주로 '어디를 주름을 잡다'와 같이 쓰인다. ¶ 세계적으로 수많은 여성이 경제와 정치를 주름잡고 있다. / 하늘을 주름잡으며 우리의 영공을 지키는 공군 전투기. / 그는 충청도 일대의 씨름판에서 주름을 잡던 아버지의 영향으로 어릴 적부터 씨름과 유도를 접하게 되었다. 참 **깃발(을) (휘)날리다** ② 시간이나 공간의 길이를 앞당기거나 짧게 하다. ¶ 세월을 주름잡아 달린다.

쥐고 흔들다 주도권을 잡아 자기 마음대로 다루다. ¶ 그는 남편을 쥐고 흔들며 살고 있다. / 한국 정치계를 쥐고 흔든 사람은 따로 있었다.

쥐었다 폈다 하다 주도권을 잡아 자기 마음대로 다루다. ¶ 그 여자는 남자를 쥐었다 폈다 할 정도로 대가 센 여자다. / 사람을 쥐었다 폈다 할 만큼 배포가 큰 사람은 아니다.

칼을 빼(들)다 강력히 제재할 태세를 갖추다. ¶ 그런 식으로 수사할 거라면, 검찰은 당장 빼든 칼을 거둬야 할 것이다. / 정부는 부동산 투기를 막기 위해 마침내 금리 인상이란 칼을 뺐다.

칼을 뽑(아들)다 ⇒ **칼을 빼(들)다** ¶ 공정거래위원회가 기업 간 담합을 일소하기 위해 칼을 뽑아 들었다. / 일단 개혁의 칼을 뽑은 이상 주저하는 모습을 보이면 안 됩니다.

한 손아귀에 쥐고 주무르다 주도권을 잡아 자기 마음대로 다루다. ¶ 저 사람은 얼마 전까지만 해도 서울 시내 뒷골목을 한 손아귀에 쥐고 주무르던 폭력계의 거물이다. / 일본은 조선의 조정을 한 손아귀에 쥐고 멋대로 주물렀다.

【농락(籠絡), 마음대로 다룸】

가지고[갖고] 놀다 마음대로 다루며 농락하다. ¶ "남편을 가지고 놀아! 못된 것 같으니라고." 시아버님의 불호령이 떨어지자, 철없는 며느리는 눈을 흘겼다. / 당신이 그 잔소리 다 들어 주고 맞춰 주면 그는 당신을 인형처럼 갖고 놀다가 이내 싫증을 낼 것이다. 참 **놀고 있다**

공기(를)[공깃돌(을)] 놀리다 (어떤 일, 사람, 사물을) 제멋대로 농락하거나 수월하게 다루다. ¶ 며칠 만에 무사는 쇳덩어리를 공기 놀리듯 다룰 정도로 힘이 세졌다. / 우리와 경쟁하는 상대는 내로라하는 권력가고, 돈으로 관청을 공기 놀리고 있는 호부자들이야. / 파도는 순식간에 산더미 같은 큰 풍랑으로 바뀌면서, 우리 일행이 탄 배를 마치 공깃돌 놀리듯 했습니다. ※ 공기: 밤톨만 한 돌 다섯 개 또는 여러 개를 땅바닥에 놓고 일정한 규칙에 따라 집고 받는 아이들의 놀이. 또는 그 돌들.

노리개로 삼다 하찮은 것으로 취급하다. 주로 성적(性的)인 표현에 많이 쓰인다. ¶ 그는 나를 사랑하지 않았어. 단지 노리개로 삼았을 뿐이야. / 놈들은 여인을 잡아다가 노리개로 삼을 작정이었다. / 백년지대계인 교육을 이념의 노리개로 삼을 수는 없습니다. ※ 노리개: 금, 은, 주옥 따위로 만든 여자의 패물.

손에 녹다 다른 이의 조작에 무력하게 되다. '누구의 손에 녹다'와 같이 쓰인다. ¶ 아무리 뻣뻣한 사내라도 내 손엔 녹을 수밖에 없지.

손에 놀아나다 다른 이의 조작에 무력하게 되다. '누구의 손에 놀아나다'와 같이 쓰인다. ¶ 독립이 되었다고 하지만 그 당시 우리나라는 강대국의 손에 놀아나고 있었다. / 영웅호걸이란 사람들은 대부분 여자의 손에 놀아났었다.

혀끝에 놀아나다 남의 말에 농락당하다. ¶ 여자 혀끝에 놀아나는 사내처럼 한심한 사람도 없을 것이다.

【방임(放任), 제멋대로 행동(行動)함】

고삐(가) 풀리다 통제할 수 없는, 또는 자유로운 상태가 되다. ¶ 고삐 풀린 물가, 벌벌 떠는 서민들. / 지금은 고삐 풀린 자본주의의 폐해를 줄이는 노력이 필요한 시점이다. / 그동안 음식 조절을 잘해 왔는데, 한번 고삐가 풀리니까 빵도 먹고 싶고 단것도 먹고 싶어 견딜 수가 없어요. / 일단 즐거워야 좋은 작품을 쓸 수 있다. 즐거워야 창조력이 고삐가 풀리는 것이다. ※ 고삐: 한 끝을 말이나 소의 재갈에 잡아매어 몰거나 부릴 때에 끄는 줄.

고삐(가) 풀린 말[망아지] 제멋대로 거칠게 행동하는 것. 주로 뒤에 '같이'나 '처럼'을 붙여 쓴다. ¶ 올해 들어 집값이 고삐 풀린 망아지처럼 천정부지로 올랐다. / 아버지가 세상을 떠나자 왕은 고삐 풀린 말이 되어 무자비한 복수를 자행했다.

고삐(를) 놓다 통제하지 않고 자유롭게 하다. ¶ 정부가 긴축의 고삐를 놓은 것은 아니다.

고삐(를) 놓은 말[망아지] ⇒ **고삐(가) 풀린 말**[망아지] ¶ 그의 생각은 고삐를 놓은 말같이 그칠 줄을 몰랐다.

고삐를 늦추다[2] 통제를 누그러뜨리다. ¶ 경찰이 단속의 고삐를 늦춘 사이 폭력배들의 세력이 커졌다. / 불이 꺼진 것으로 착각하여 진화 작업의 고삐를 늦췄다가 큰 피해를 입었다.

굴레 벗은 말[망아지] ⇒ **고삐(가) 풀린 말**[망아지] ¶ 여기 아이들은 굴레 벗은 말처럼 제멋대로 자라 학교생활에 적응하지 못하는 경우가 많다. / 지금 하는 행동을 보면 굴레 벗은 망아지라는 느낌이 들겠지만 갈고 다듬으면 쓸 만한 재목이 될 거야. ※ 굴레: 마소의 목에서 고삐에 걸쳐 얽어매는 줄.

놓아먹인 망아지[말] (배움이 없이 제멋대로 자라서) 마구 행동하거나 가르치기 어려운 사람. ¶ 계집애가 답답한 걸 알아서 뭘 하는? 쯧쯧. 그래 샛골에선 놓아먹인 망아지처럼 멋대로

싸다녔다 이 말이지. 망측한 일이로다. (박완서, 미망)

(변덕이) **죽 끓듯 하다** 갈피를 잡을 수 없을 정도로 태도가 자주 변하다. ¶ 우리 사장은 변덕이 죽 끓듯 해 종잡을 수가 없어. / 죽 끓듯 하는 소비자의 욕구를 빠르게 파악해 상품에 반영하는 회사만이 살아남을 수 있다. 참 **죽 끓듯 하다**

북 치고 장구 치다 혼자 다 하다. ¶ 수비에서 공격까지 그야말로 철수 혼자서 북 치고 장구 치며 승리를 이끌어 냈다. / 혼자 북 치고 장구 치는 것보다 협의해서 하는 것이 모양도 좋지요.

엿장수 마음대로 제멋대로. 매우 쉽게. ¶ 엿장수 마음대로 될 일이면 내가 했겠다. / 감독 기관도 없으니까 상인들끼리 담합해서 엿장수 마음대로 가격을 올리는 것이지요.

오냐 받자하다 ⇒ **오냐 오냐 하다** ¶ 어머니가 워낙 오냐 받자하는지라 오히려 할머니가 대신 악역을 자처했다. 참 **보자보자 하다**

오냐 오냐 하다 다 좋다고 하다. ¶ 할머니가 너무 오냐오냐하니까 아이 버릇이 그렇게 나빠지는 거예요.

입맛대로 하다 저 좋은 대로 하다. ¶ 직장 생활을 제 입맛대로만 하려니 일 년을 못 채우고 쫓겨나지.

차 치고 포 치다 이리저리 제멋대로 행동하면서 일을 처리하다. ¶ 차 치고 포 치고 자기 혼자서 잘 한다. 참 **차 (떼고) 포 떼고**

승부(勝負), 싸움

【경쟁(競爭), 다툼】

두꺼비 씨름 끝내 승부가 나지 않는 다툼이나 겨룸. ¶ 좌충우돌 갑론을박이 길게 이어지며 밀치락달치락 두꺼비씨름이 계속되었다. / 할머니 걸음걸이가 벼랑 끝에 서 있었다. 걸음걸음마다 삶과 죽음이 두꺼비씨름을 하고 있었다.

머리(가) **터지다**[1] 이기기 위하여 치열하게 경쟁하다. 주로 '머리 터지게'의 꼴로 쓰인다. ¶ 여야가 권력을 잡기 위해 머리 터지게 싸웠다. / 그들은 머리를 맞댄 토론 대신 머리가 터지도록 싸움질만 했다.

먹느냐 먹히느냐 죽느냐 사느냐. ¶ 기업 간 경쟁은 누가 잘하고 못하느냐가 아니라 먹느냐 먹히느냐의 싸움이다.

박(이) **터지다**[1] 이기기 위하여 치열하게 경쟁하다. 주로 '박 터지게'의 꼴로 쓰인다. ▷ 비속어 ¶ 콘서트 티켓 구하느라 박이 터졌다. / 대학에 들어가기 위해서는 박 터지게 공부해야 한다. / 그는 가족들을 위해 생활 전선에서 늘 박 터지게 살아간다.

불꽃(을) **튀기다** (경쟁의 양상이) 치열하고 격렬하다. ¶ 불꽃 튀기는 접전을 벌인 선수들은 경기가 끝난 후 어깨동무를 하고 운동장을 돌았다. / 우리 동아리의 진로 문제가 쟁점으로 떠오르며 토론이 불꽃을 튀겼다.

불꽃(이) **튀다**[1] (경쟁의 양상이) 치열하고 격렬하다. ¶ 두 사람은 토론회 내내 불꽃 튀는 설전을 벌였다. / 경기는 시작부터 불꽃이 튀었다. 참 **불똥**(이) **튀다**

승강을 벌이다 ⇒ 승강이를 벌이다 ¶ 학생들은 다섯 시간 정도 경찰들과 승강을 벌이다가 해산했다. ※ 승강(昇降): 오르고 내림.

승강이를 벌이다 옳고 그름을 놓고 다투다. ¶ 사소한 일로 승강이를 벌이지 마라. / 엄마는 서비스 센터에 전화를 해서 상담원과 한동안 승강이를 벌였다.

실랑이(를) **벌이다** ⇒ **승강이를 벌이다** ¶ 그들은 계속 전진하자는 쪽과 돌아가자는 쪽으로 나뉘어 서로 실랑이를 벌였다.

씨름(을) **하다** 대결하다. '무엇과 씨름을 하다'와 같이 쓰인다. ¶ 혼수 문제로 그녀와 온종일 씨름을 했다. / 수학 문제와 씨름하다 지친 머리를 달래는 데는 음악이 가장 효과적이다.

앞(을) **다투다** 서로 앞서려고 경쟁하다. ¶ 항공기 사고 소식을 알게 된 마을 사람들이 앞다퉈 사고 현장에 달려 나갔다. / 종소리가 나자 느티나무에 앉아 있던 참새들이 후르르 앞을 다투어 노을 속으로 날아갔다.

자루(를) **찢다** 대수롭지 않은 일이나 물건을 두고 서로 다투다. ¶ 큰손들이 한바탕 휩쓸고 가면 우리 같은 사람들은 나머지 물량으로 자루 찢는 싸움을 벌여야 한다. / 두 사람이 서로 싸우는 모습이 꼭 비렁뱅이끼리 자루를 찢는 것 같다. 〖기원〗 거지들끼리 하찮은 자루를 두고 다투다가 자루를 찢었다는 데에서 나온 말로, 대수롭지 아니한 일이나 물건을 두고 서로 다툼을 비유적으로 이를 때 쓰인다.

줄다리기(를) **벌이다**[하다] 서로 눈치를 보며 경쟁하다. ¶ 사랑의 줄다리기를 벌이는 것도 이젠 피곤하다. / 형제는 유산 배분 문제로 한 치 양보 없는 팽팽한 줄다리기를 했다.

피(가) **터지다**[2] 이기기 위하여 치열하게 경쟁하다. 주로 '피 터지게'의 꼴로 쓰인다. ¶ 기업들은 시장에서 주도적인 위치에 서기 위해 피 터지게 싸웠다. / 그들은 시기와 질투로 피가 터지게 싸우다가도 공동의 적이 나타나면 언제 그랬냐는 듯이 단결한다.

【맞고 때림】 ≒ 【망가뜨림, 일을 망침】

개 잡듯 (하다) 함부로 치고 때리다. ¶ 그는 별 욕을 다하고 개 잡듯 막 두드려도 조금 있으면 웃으며 옆에 앉았다.

곤장을 내다 때려 부수다. 곤장을 치는 것처럼 사정없이 부수는 것을 나타내는 말. ¶ 아무리 화가 나더라도 그렇지. 남의 물건을 그렇게 곤장을 내면 어떻게 하나. ※ 곤장(棍杖): 옛날에 죄인의 볼기를 치던 몽둥이.

곤죽을[으로] **만들다**[1] 형체를 알 수 없을 정도로 때리다. ¶ 오늘은 이대로 가지만 언제고 다시 와서 곤죽을 만들 테야. / 기세를 잡은 선수의 무자비한 소나기 주먹이 적을 곤죽으로 만들었다. ※ 곤죽(-粥): 몹시 질어서 질퍽질퍽한 밥. 참 **곤죽이 되다**

납청장(이) **되다** 사람이나 물건이 몹시 얻어맞거나 눌려 납작해지다. 또는 기세에 제압당하다. ¶ 멀쩡한 사람이었는데 어찌나 얻어맞았는지 얼굴이 납청장이 다 되어 버렸다. / 저편이 위압을 하려는 태도로 나오면 이편은 꿈틀하여 납청장이 되거나, 그러지 않으면 반항적 태도로 나오는 것이다. 〖기원〗 평안북도 정주군에 있는 시장인 납청장(納淸場)에서 만든 국수는 잘 쳐서 질기다는 데에서 나온 말이다.

떡을 만들다[1] 형체를 알아볼 수 없게 만들다. 주로 심하게 때리는 상황을 표현할 때 쓰인다. ¶ 그는 명령을 제대로 수행하지 못하는 부하들은 즉시 불러들여 떡을 만들었다. / 무장한 군인들이 사람들을 몰아댔다. 그들을 깔아뭉개 떡을 만들고, 담으로 몰아붙였다.

떡(이) 되다[2] (매를 너무 많이 맞아) 엉망진창이 되다. ¶ 그는 그날 저녁 사채업자에게 끌려가 떡이 되도록 얻어터졌다.

묵사발(을) 내다 ① ⇒ **묵사발(을) 만들다** ① ¶ 너는 내가 묵사발을 내 주겠어. ② ⇒ **묵사발(을) 만들다** ② ¶ 내가 사무실을 묵사발 내는 동안 너는 집에 들어가서 서류를 빼 와.

묵사발(을) 만들다 ① 때려서 얼굴을 흉하게 만들다. ¶ 아니, 어쩜 애를 이렇게 묵사발을 만들어 놓았어. 어느 놈인지 내가 가만두나 보자. / 버릇없는 녀석들은 묵사발을 만들어서라도 버릇을 고쳐 놓아야 해. ② 완전히 제압하다. ¶ 토론 시간에 발표자를 묵사발 만들었다. / 미국은 단 한 번의 공격으로 이라크를 묵사발 만들려고 했겠지만, 그렇게 쉽게 물러설 후세인이 아니었다. ※ 묵사발(-沙鉢): 묵을 담는 사발.

묵사발(이) 나다 ① ⇒ **묵사발(이) 되다** ① ¶ 명색이 조폭이라는 사람이 동네 양아치들에게 묵사발이 나서 병원에 입원하다니. ② ⇒ **묵사발(이) 되다** ② ¶ 적들의 기습에 세포 조직들이 모두 묵사발 났으니 이제 어찌해야 하나.

묵사발(이) 되다 ① 맞아서 얼굴이 흉하게 되다. ¶ 선배들에게 대들다가 묵사발이 되도록 얻어터졌다. ② 완전히 제압당하다. ¶ 토론자의 질문에 반론 한 번 펴지 못하고 묵사발이 되었다. / 그 일이 만만한 게 아니야. 멋모르고 덤비다가는 묵사발 되는 수가 있어.

박살(을) 내다 (상대를) 회복하기 힘들 정도로 완전히 거꾸러뜨리다. 또는 (물건을) 완전히 때려 부수다. ¶ 아들 녀석은 유리창을 박살 내고서 놀랐던지 엉엉 울기 시작했다. / 올겨울 열심히 훈련하면 그 녀석 정도는 박살을 내고도 남아.

박살(이) 나다 회복하기 힘들 정도로 완전히 패배하다. 또는 (물건이) 산산이 부서지다. ¶ 어찌나 폭발음이 컸던지 시 외곽에 있는 유리창까지 박살 나고 건물이 심하게 흔들렸다. / 형에게 덤볐다가 아주 박살이 나 버렸다. / 이번 올림픽에서도 일본 유도는 한국에 박살이 났다. 금메달 하나를 못 거둔 것이다.

반 죽여 놓다 거의 힘을 쓰지 못하게 하다. ¶ 그 녀석이 하도 건방지게 행동하기에 반 죽여 놓았더니 조용해졌어. / 내가 당했던 일을 생각하면 녀석을 반쯤 죽여 놓고 싶었다.

보리 타작 매를 때리는 행위. ¶ 옆집은 애를 심하게 때리나 봐. 보리타작하는 소리가 그칠 날이 없다니까.

보리(를) 타다 매를 맞다. ¶ 아이들이 얼마나 말썽꾸러기들인지 그 집에서는 매일 보리 타는 소리가 들린다. / 볶아 대는 매 소리 사이사이로 신음 소리가 들린다. 지금 돌이가 한창 보리를 타는 판이었다.

손때(가) 맵다 슬쩍 건드려도 아플 만큼 때리는 힘이 세다. ¶ 도대체 무슨 놈의 여자가 손때는 왜 저리도 매워. / 아직 애숭이였지만 손때 매운 돌질꾼으로 이름난 차돌이는 또 한 가지 재간이 늘었다. (최명익, 서산대사)

손(을) 대다[3] 때리다. ¶ 애들에게는 절대 손을 대지 않겠다는 결심을 했지만 이를 지키는 게 쉽진 않았다.

손(을) 보다[2] 버릇을 고친다는 뜻으로 때리다. ¶ 내가 죽어도 몇 사람만은 손 좀 봐야겠다. / 아이들이 갈수록 버릇이 없어져 큰일이에요. 언제 한번 손을 봐 줘야겠어요.

손(이) 맵다[1] ⇒ **손때(가) 맵다** ¶ 당시 악역을 맡아 상대 배우를 때리는 장면이 많았는데, 내 손이 매워 뺨을 맞은 배우들이 힘들어했다.

알밤(을) 먹이다 주먹으로 머리를 쥐어박다. ¶ 알밤을 먹여야 정신을 차릴 모양이야. / 누나는 장난스럽게 수경의 이마에 알밤을 먹였다.

작살(을) 내다 ⇒ **박살(을) 내다** ¶ 멧돼지는 울부짖으며 대드는 개의 옆구리를 송곳니로 들이받아 작살을 냈다. / 늦게 오면 작살을 낸다더군. 그러니 빨리 가 봐.

작살(이) 나다 ⇒ **박살(이) 나다** ¶ 문틈으로 보니 모두 사장에게 작살이 난 분위기더군요. / 그의 화살을 피해 도망가던 놈들까지도 모두 작살이 났다.

주먹이 오고 가다[오가다] 서로 주먹질을 하며 싸우다. ¶ 몇 차례 주먹이 오고 가더니 금세 조용해졌다. / 내가 두 사람을 아는데, 그 정도 일에 주먹이 오갈 사이는 아니다.

주물러 주다 (버릇을 고친다는 의도로) 폭행하다. ¶ 그 녀석들 버릇이 없어진 걸 보니 조만간 한번 주물러 줘야겠어. / 잠깐 주물러 준 것뿐인데, 그렇게 많이 다치리라고는 생각도 못 했어요.

죽사발(로, 을) 만들다 ① 때려서 얼굴을 흉하게 만들다. ¶ 홧김에 애들을 죽사발로 만들었던 깡패는 바로 철창신세를 졌다. ② 완전히 제압하다. ¶ 그는 한 방으로 상대를 죽사발 만들려고 했지만 상대는 의외로 강했다.

죽사발(을) 내다 ① ⇒ **죽사발(로, 을) 만들다** ① ¶ 그는 상대를 죽사발 낼 기세로 덤벼들었다. ② ⇒ **죽사발(로, 을) 만들다** ② ¶ 그쪽 아이들은 내가 이미 죽사발을 냈다.

죽사발(이) 나다 ① ⇒ **죽사발(이) 되다** ① ¶ 여기서 물러나면 난 죽사발 나게 터질 게 분명했다. ② ⇒ **죽사발(이) 되다** ② ¶ 아빠에게 죽사발이 난 나는 말 한 마디도 못 하고 안방에서 나왔다.

죽사발(이) 되다 ① 맞아서 얼굴이 흉하게 되다. ¶ 선배들에게 대들다가 죽사발이 되도록 얻어 터졌다. ② 완전히 제압당하다. ¶ 그는 자신 있게 대답했지만 곧 이어진 김 교수의 재반박에 죽사발이 되었다.

【승부(勝負), 승리(勝利)】

결정타를 날리다 승부를 가를 만한 치명적인 타격을 가하다. ¶ 수학적 진리는 증명 가능하다는 믿음에 결정타를 날린 것이 괴델의 불완전성 정리였다.

결정타를 맞다 승부를 가를 만한 치명적인 일을 당하다. ¶ 항공업계는 중동 사태라는 결정타를 맞고 근래 보기 드문 어려운 시절을 맞고 있다.

결정타를 먹이다 ⇒ **결정타를 날리다** ¶ 세균이나 바이러스와 싸울 요량이면 단순한 잽 수준이 아니라 결정타를 먹여야 한다.

단 칼에 (망설이거나 거리낌 없이) 한번에. ¶ 그 정도 적들은 단칼에 물리칠 수 있다. / 깡패들을 만나 꼼짝 못하는 연인보다는, 그들을 단칼에 요절내는 약혼자가 더 우러러보이는 것은 정한 이치지요.

덜미(가, 를) **잡히다**[1] 앞서 나가다 패배하다. ¶ 어이없이 무명 선수에게 덜미가 잡힌 그는 충격에 휩싸였다. / 미국은 우승을 장담했지만 막판에 독일에게 덜미를 잡히고 말았다.

덜미(를) **넘겨짚다** (유도 심문 따위로 허를 찔러) 약점을 공격하다. ¶ 가끔 덜미를 넘겨짚어 보았으나 별다른 단서를 얻어 내지 못했다. 참 **덜미(를) 짚다**

덜미(를) **잡다**[1] 앞선 상대를 물리치다. 주로 '누구의 덜미를 잡다'와 같이 쓰인다. ¶ 최하위 팀이 후기 리그 우승을 눈앞에 둔 선두 팀의 덜미를 잡는 파란을 일으켰다. / 지난해 결승전에서 우리를 덜미 잡았던 팀과 다시 맞붙을 수도 있다.

덜미(를) **치다**[2] 약점을 공격하다. ¶ 그놈이 옴짝달싹 못하게 무슨 근거를 가지고 덜미를 쳐야지 그저 족친다고 되겠소?

뒷덜미(가, 를) **잡히다**[1] ⇒ **덜미**(가, 를) **잡히다**[1] ¶ 그는 무명 선수에게 뒷덜미가 잡혀 예선 탈락의 고배를 마셨다. / 중간고사에서는 일 등을 했지만 기말고사를 망치는 바람에 영호에게 뒷덜미를 잡혔다.

뒷덜미(를) **잡다**[1] ⇒ **덜미**(를) **잡다**[1] ¶ 한국이 우승을 노리던 중국의 뒷덜미를 잡았다. / 예선에서 선두 팀의 뒷덜미를 잡은 우리는 파죽지세로 결승까지 진출했다.

먹고 들어가다 어떤 부분을 미리 차지하고 시작하다. ¶ 어떻게 하면 어른들에게 잘 보이느냐고? 인사만 잘해도 절반은 먹고 들어가. / 1, 2점 먹고 들어간다고 결과가 달라질까요? 제 생각에는 실력 차가 너무 나서 따라잡을 수 없을 것 같아요. 참 **먹고 떨어지다**

아성을 깨뜨리다 가장 강한 세력이나 사람과 경쟁하여 이기다. 주로 '누구의 아성을 깨뜨리다'와 같이 쓰인다. ¶ 아시아권에서 체조 분야는 당분간 중국의 아성을 깨뜨리기가 어려울 듯하다. / 전자 제품 시장에서 삼성이 소니의 아성을 깨뜨렸다. / 김수철이 〈나도야 간다〉와 〈젊은 그대〉를 연달아 히트시키면서 조용필의 아성을 무너뜨렸다. ※ 아성(牙城): 지휘부가 있는 내성(內城).

월계관을 쓰다 승리하다. 우승하다. ¶ 손기정 선수는 일장기를 달고 월계관을 썼다. / 모든 스포츠맨의 소원은 올림픽에서 월계관을 써 보는 것이다. ※ 월계관(月桂冠): 고대 희랍에서, 아폴로 신의 영수(靈樹)로 치던 월계수의 가지와 잎사귀로 만들어, 경기의 우승자에게 씌우던 관.

임자(를) 만나다[1] 대적할 수 없는 상대를 만나다. ¶ 너, 오늘 제대로 임자 만났다. 바로 오늘이 네놈 제삿날인 줄 알면 된다. / 그들의 무예 실력을 본 병졸들은 임자를 만났다는 두려움에 그만 기가 꺾였다. 참 **된서방(을) 만나다**

자웅을 가리다 승부를 보다. ¶ 마지막 남은 두 사람이 자웅을 가리게 되었다. / 이번 경기는 두 팀의 실력이 엇비슷해서 자웅을 가리기가 힘들다. ※ 자웅(雌雄): 암컷과 수컷.

자웅을 겨루다 ⇒ 자웅을 가리다 ¶ 월드컵에서 브라질은 세계 최강 자리를 놓고 독일과 자웅을 겨뤘다.

장군 멍군 하다 승부를 가리기 어렵게 대결하다. ¶ 발표자와 질문자가 장군 멍군 하며 논쟁을 벌이고 있다. 〖기원〗 장기에서는 상대편의 궁을 잡으려고 놓는 수를 장군이라고 말하고, 장군을 받아 막는 일을 멍군이라고 한다. 장군 멍군이 반복되면 승부를 가리기 어렵다는 데에서 유래하였다. 참 **차 (떼고) 포 떼고**

장이야 멍이야 하다 ⇒ 장군 멍군 하다 ¶ 두 팀의 실력은 막상막하였다. 장이야 멍이야 하면서 일진일퇴를 거듭하다 가까스로 한국 팀이 이겼다.

포문을 열다 공격을 시작하다. ¶ 검사가 먼저 공격의 포문을 열기 시작했다. / 양 팀의 사활이 걸린 이번 경기에서 먼저 포문을 연 쪽은 한국이었다. / 여론의 집중 포화 속에서도 며칠간 침묵으로 일관하더니 그가 드디어 반격의 포문을 열었다.

【굴복(屈伏), 항복(降伏)】

고개를 수그리다[2] ⇒ 고개(를) 숙이다[4] ¶ 더위가 한풀 고개를 수그리고 나니 아침저녁으로 서늘한 바람이 불기 시작했다.

고개(를) 숙이다[4] 기세가 꺾이다. 또는 굴복하다. ¶ 9월이 되자 더위가 한풀 고개를 숙였다. / 금리가 오르고 시중에 돈이 부족하게 되자 집값이 고개를 숙이기 시작했다.

고개를 조아리다 승복하다. ¶ 오랑캐들의 부당한 요구에 고개를 조아릴 수는 없습니다. 그건 한민족의 수치입니다. / 그런 정도의 답변에 '아, 그렇군요.' 식으로, 고개를 끄덕거리거나 조아리며 순순히 물러날 리가 있겠어요?

고패(를) 빼다 잘못을 인정하고 굴복하다. ¶ 힘도 제대로 겨뤄 보지 못하고 고패를 뺐다. / 형님이 잘못했다고 한 번 고패만 빼면 우리들은 말할 것도 없고 아주머니도 부득부득 싸움하러 덤비지 않을 거요. (홍명희, 임꺽정[林巨正]) ※ 고패: 깃대의 높은 곳에 기나 물건을 달아 올리고 내리기 위한 줄을 걸치는 작은 바퀴나 고리.

기 들고 북 치다 항복하다. ¶ 죽을힘을 다하여 싸웠으나 역부족으로 기 들고 북 칠 수밖에 없었다.

꼬리를 내리다 복종하겠다는 뜻을 나타내다. ¶ 내가 정색을 하고 따지자 그는 답변도 못하고 꼬리를 내리더군요. / 오빠가 진짜로 화나면 물불을 가리지 않는다는 것을 잘 알고 있는 나는 이쯤에서 살그머니 꼬리를 내리기로 했다.

돌(을) 던지다[2] 경쟁을 포기하고 항복하다. ¶ 이번 판에 집착하지 말고 이제 돌을 던지세요. / 그는 김 장관이 시장 출마를 선언하자 경선 참여 여부를 놓고 고심하다가 끝내 돌을 던졌다. 『기원』 바둑에서 패배를 인정하고 경기를 포기할 때 바둑돌을 던지는 데에서 나온 말이다.

동곳(을) 빼다 굴복하다. ¶ 네가 나를 골탕 먹여 보자는 심보인 모양인데 내가 그 정도 일에 동곳 뺄 줄 아나? 어림없지. / 왜놈들 앞에서 동곳을 빼느니 차라리 이 자리에서 배를 가르고 죽겠다. 『기원』 동곳은 상투가 풀어지지 않게 꽂은 물건으로, 동곳을 빼면 상투가 흐트러지게 된다. 상투를 틀던 시절 상투를 풀어 헤친 것을 혼이 빠졌거나 상대에 굴복한 것으로 여겼던 데에서 나온 말이다.

두 손(을) 들다[2] 항복하다. ¶ 너희 성화에 내가 두 손 들었다. / 기존의 상식으로는 도저히 따라잡을 수 없는 젊은 학생들의 파격에 나는 두 손을 들 수밖에 없다. / 우리 같은 늙은이들이야 실력 있는 젊은 학자들에게 두 손 바짝 들 수밖에. 참 **쌍수(를) 들다**

머리(를) 굽히다[2] 적이나 난관에 굴복하다. ¶ 싸우다 죽을지언정 적에게 머리 굽힐 수는 없다. / 오랑캐에게 머리를 굽히며 구걸한 강화 조약을 인정할 수는 없다.

머리(를) 수그리다[3] ⇒ **머리(를) 굽히다**[2] ¶ 천하의 삼성도 결국 여론의 역풍에 밀려 머리를 수그렸다. / 창칼이 무서워 머리를 수그린 백성들도 속으로는 저마다 패왕과 초군에 이를 갈았다.

머리(를) 숙이다[4] ⇒ **머리(를) 굽히다**[2] ¶ 별수 있나, 없는 놈이 머리 숙이고 들어가야지. / 국제 상황이 급전환되면서 적들은 우리에게 머리를 숙이지 않을 수 없었다.

머리를 조아리다 복종하는 태도를 취하다. ¶ 내 앞에서 경쟁하듯 머리를 조아리는 사람들은 믿을 수가 없다. / 김 대표의 대권 구상에 냉소를 보내는 사람이 많지만, 그에게 머리를 조아리는 사람이 늘어나고 있는 것도 사실이다.

무릎(을) 꿇다 굴복하다. ¶ 승산이 없다고 판단했는지 그는 순순히 무릎을 꿇었다. / 민주주의 국가에서 가장 큰 힘은 여론이며, 대통령도 국민의 여론 앞에는 무릎 꿇어야 한다.

백기(를) 들다 항복하다. ¶ 사방으로 포위된 적들은 결국 백기를 들었다. / 두 차례의 사화(士

禍)를 겪은 사림(士林)은 세력이 약해지긴 했지만 백기를 든 것은 아니었다. 〖기원〗 전투에서 항복할 때 백기(白旗), 즉 흰 깃발을 흔든 데에서 나온 말이다.

손(을) 들다 항복하다. ¶ 그들은 주민들의 반대에도 버티기로 일관하다 결국 손을 들었다. / 막무가내로 나오는 녀석에게는 손들 수밖에 없다. 참 **손(을) 들어 주다**

수건(을) 던지다 항복하다. ¶ 그 정도 했으면 최선을 다한 거야. 이제 수건 던져. 다음에도 기회는 있어. 〖기원〗 권투 시합에서 시합을 포기할 때 선수의 땀을 닦는 수건을 던진 데에서 나온 말이다.

타월을 던지다 ⇒ **수건(을) 던지다** ¶ 이제 그만 타월을 던져요. 승부도 좋지만 우선 선수를 보호해야지요. ※ 타월(towel): 수건.

허리(를) 굽히다[2] 굴복하다. ¶ 그런 인간에게 허리를 굽히느니 차라리 죽을 것이다.

【도주(逃走), 축출(逐出)】 ≒ 【모면(謀免), 회피(回避)】

걸음아 날 살려라 (쫓기는 상황에서) 있는 힘을 다하여. ¶ 경찰을 보자마자 걸음아 날 살려라 도망치기 시작했지요.

기러기 불렀다 사람이 도망갔다. ¶ 그 사람이 방금 여기서 나갔다는 소리를 듣고 곧바로 뛰어나갔으나, 기러기 불렀다. 〖기원〗 '기러기 펄펄 날아갔다'라는 노래를 불렀다는 뜻으로, 사람이 멀리 도망가 버렸음을 빗대어 이르는 말이다.

꼬리(를) 빼다 ⇒ **(뒤)꽁무니(를) 빼다**[2] ¶ 일이 이제 궤도에 올랐는데 지금 꼬리를 빼는 이유가 뭡니까?

(뒤)꽁무니(를) 빼다[2] 도망치다. ¶ 어차피 해야 할 일이면 뒤꽁무니 빼지 말고 최선을 다해라. / 이들은 안 되겠다 싶었는지 슬금슬금 눈치를 보며 뒤꽁무니를 빼고 달아났다. / 승부를 내려고 끙끙대느니 차라리 적당한 시점에서 꽁무니를 빼는 게 나을 것 같다.

등을 밀다[1] 내쫓다. ¶ 내 등을 민 것은 대통령이 아니라 따가운 여론이었다. / 사글세를 내란다든지 하는 게 옳지, 등을 밀어 내쫓는 경우가 어디 있단 말이오? (김유정, 따라지) 참 **등(을) 떠밀다**

등을 보이다 뒤돌아서서 도망치다. ¶ 반군들은 정부군의 파상적 공세에 등을 보이기 시작했다.

몸(을) 빼다[2] 자리를 피해 도망치다. ¶ 친구들이 잡혀갔다는 소식을 듣고 황급히 몸을 뺐다. / 지금이 여기에서 몸 뺄 수 있는 절호의 기회입니다. 참 **발(을) 빼다, 손(을) 빼다**

배송(을) 내다 쫓아내다. 난처한 입장에서 벗어나기 위하여 사람을 내보내는 상황을 가리킬 때 쓰인다. ¶ 노자나 만들어서 소리 없이 배송을 내고 젊고 예쁘고 돈 있는 제이 부인과 수부

귀다남자(壽富貴多男子)하고 검은 머리가 파뿌리 되도록 잘 살라고 축복도 하고 싶으나. (염상섭, 질투와 밥) 〖기원〗 천연두를 앓은 후 13일 만에 두신(痘神)을 전송하던 일이었던 배송(拜送)에서 유래한 말이다.

삼십육계(를) **놓다** 도망치다. ¶ 기회를 잘 보아서 재빨리 삼십육계를 놓아야 한다. 네가 잡히면, 우리 모두 죽는 거야. / 떠날 수만 있었다면 그 사람이 가르쳐 주지 않았어도 어제 삼십육계 놓았을 것이다. 〖기원〗 삼십육계주위상책(三十六計走爲上策), 즉 형편이 불리할 때는 달아나는 것이 상책이라는 말에서 유래하였다.

삼십육계(를) **치다** ⇒ **삼십육계**(를) **놓다** ¶ 그 여자가 마을 사람들에게 빌린 돈을 갚지 않고 삼십육계를 쳤다고 하네.

종짓굽아 날 살려라 ⇒ **걸음아 날 살려라** ¶ 나는 급한 대로 이불로 아랫도리를 도르르 말고서 종짓굽아 날 살려라, 박미자를 툭 밀어내고 측간을 향해 도깨비 대동강 건너듯 건너뛰었다. (박범신, 개뿔) ※ 종짓굽: 종지뼈가 있는 그 언저리.

줄행랑(을) **놓다** ⇒ **줄행랑**(을) **치다** ¶ 이 진사는 홍당무가 되어 소피보러 나가는 척 밖으로 나가더니 그 길로 줄행랑을 놓았다.

줄행랑(을) **치다** 도망치다. ¶ 경찰이 온다는 말을 듣고 범인들은 줄행랑을 쳤다. ※ 줄행랑(-行廊): 대문 좌우 쪽으로 죽 벌여 있는 행랑.

【**포기**(抛棄)】

두 손 두 발 다 들다 포기하다. '**두 손**(을) **들다**[3]'를 강조한 표현이다. ¶ 아이의 막무가내에 두 손 두 발 다 든 저는 별수 없이 집을 나섰어요. / 저는 공허하고 울림 없는 테크닉이 난무하는 작금의 가요계에 두 손 두 발 다 들었어요.

두 손(을) **들다**[3] 포기하다. ¶ 처음엔 끝까지 가 보려 했지만 아내의 끈질긴 설득에 두 손을 들었다. / 애원도 하고 간청도 하다가 결국 두 손 들고 말았어요. 참 **쌍수**(를) **들다**

뒤로 나가떨어지다 포기하다. ¶ 이대로 한 달만 더 지나면 지원자 대부분이 뒤로 나가떨어질 것이다.

뒤로 나자빠지다 포기하다. ¶ 내가 과제물을 제시하자 학생은 기겁을 하며 뒤로 나자빠졌다. / 시작하자마자 모두 뒤로 나자빠지면 누가 이 일을 마무리한답니까?

앓느니 죽다 차라리 하지 않는 것이 더 좋다. ¶ 나 보고 그 사람을 달래 보라고? 앓느니 죽지요. / 너를 도와준다는 그 총각은 이 달이 다 기울어야 온다고 하니, 앓느니 죽는 게 낫다.

듣기와 말하기

【듣기, 청취(聽取)**】≒【주의**(注意), **산만**(散漫)**】【관심**(關心), **무관심**(無關心)**】**

귀가 뚫리다[1] 외국어에 익숙해지다. 특히 듣기 능력이 좋아지는 것을 가리킨다. ¶ 일 년 정도 외국에 나갔다 오면 귀가 뚫릴 거야. / 귀가 뚫리는 영어 학습법, 지금 시작하십시오.

귀(가) **먹다** 잘 들리지 않는다. 또는 외부 상황의 파악에 둔감하다. ¶ 환갑이 지나서 귀가 꽉 먹어 버렸다. / 귀먹었는지 꿀 먹은 벙어리처럼 앉아만 있으니 답답해서 못 살겠더라고.

귀(가) **멀다** 잘 들리지 않는다. 또는 (어떤 말에 혹하여) 판단력이 나빠지다. ¶ 등 뒤에서 귀가 멀 듯한 기차의 굉음이 들려왔다. / 우리 민족이 세계에서 가장 우수하다는 식의 말에 귀가 멀어 다른 민족의 문화를 무시하는 것은 어리석은 태도다.

귀(가) **밝다[1]** 아주 조그만 소리도 잘 듣다. ¶ 한국에서는 정월 대보름에는 귀를 밝게 하기 위해 술을 한잔 마시는 관습이 있습니다.

귀가 어둡다 ① 남의 말을 잘 듣지 못하다. ¶ 나이가 먹으니 귀가 어두워진다. ② 세상의 변화나 소식 또는 여론에 둔감하다. ¶ 국민의 소리를 듣지 못하는 귀가 어두운 대통령을 누가 존경하겠습니까? / 여태 그것도 모르고 있었다니, 참 그렇게 귀가 어두워 어떡해.

귀가 열리다[1] ⇒ **귀가 뚫리다[1]** ¶ 귀가 열리려면 많이 듣고 많이 읽는 수밖에 없는 것 같아요.

귀가 절벽이다 ① 귀가 들리지 않다. ¶ 할머니는 나이가 들어서 이젠 귀가 절벽이다. / 귀가 절벽이 아니고서야 그렇게 큰 소릴 못 들었을 리 있나. ② 세상의 변화나 소식 또는 여론에 둔감하다. ¶ 이곳 사람들은 귀가 절벽이야. 그런 소식도 알지 못하고 있으니. / 아직까지 국민들은 귀가 절벽이다. 그러나 이번 시위가 국민들을 각성시킬 게 분명하다.

귀동냥(을) **하다** 다른 사람들이 주고받는 이야기를 듣다. ¶ 내가 정식으로 한학을 배운 적은 없고 서당에 다니면서 귀동냥한 것이 좀 있어. / 그는 주식으로 잃어버린 돈이 아까워 요즘도 가끔 객장에 들러 귀동냥을 한다고 말했다.

귀(를) 뜨다 (동물이나 사람이) 세상에 태어나 처음으로 소리를 알아듣게 되다. ¶ 이 아이가 벌써 귀를 뜬 모양이오. 우리가 무슨 말을 할 때마다 움찔움찔하는 것이 신기하기만 하오.

귀(를) 주다² 말을 엿듣다. ¶ 소년은 공부를 하는 체하면서 안방에서 들려오는 말소리에 귀를 주고 있었다.

귓전을 울리다 가까이에서 나는 소리처럼 생생하게 들리다. ¶ 봉화산 기슭에 울려 퍼졌던 낭랑한 나팔 소리는 오늘도 이곳을 찾는 사람들의 귓전을 울린다.

【반복적(反復的) 듣기】

귀가 닳다 같은 말을 여러 번 들어 지겹다. 주로 '귀가 닳도록'의 꼴로 쓰인다. ¶ 나는 그 이야기를 귀가 닳도록 들어 외우다시피 해요. / 귀가 닳도록 말해 줘도 못 알아들으니 두 손을 들 수밖에.

귀(가) 따갑다 같은 말을 여러 번 들어 듣기 싫다. ¶ 부모님으로부터 공부 열심히 하라는 말을 귀가 따갑도록 들었을 것이다. / 훈계할 생각은 마세요. 그런 이야기는 이미 귀 따갑게 들었으니까요.

귀(가) 아프다 ⇒ 귀(가) 따갑다 ¶ 우리 아버지 군대 갔다 온 이야기는 정말 귀가 아프도록 들었다. / 나는 어릴 적부터 어머니로부터 여자는 이래야 한다는 말을 귀 아프게 들어 왔다.

귀에 딱지가 앉다 ⇒ 귀에 못이 박히다 ¶ 재테크라는 단어는 귀에 딱지가 앉도록 들었지만 여태껏 이를 실천하지는 못했다. / 황새 쫓아가려다 가랑이 찢어지는 뱁새가 되면 안 된다는 어른들 이야기에 귀에 딱지가 앉았다.

귀에 못이 박히다 같은 말을 지겨울 정도로 여러 번 듣다. ¶ 귀에 못이 박히도록 얘기를 해도 소용없는 사람이다. / 우리 어머님은 우리 가문이 얼마나 훌륭한지를 귀에 못이 박히게 이야기하셨다. 참 **못(을) 박다**

귀에[가] 젖다 같은 말을 여러 번 들어 익숙해지다. ¶ 자네는 귀에 젖도록 들은 이야기라 별 재미가 없을 거야. / 그가 천재라는 이야기는 귀가 젖게 들었지만, 미쳤다는 말은 금시초문입니다. / 그때는 무슨 운동이란 게 많았다. 대부분 열매 맺지 못한 운동이었지만 귀에 젖어 있는 것이 분식 운동, 혼식 운동 따위다.

【말하기】 ≒ **【발설**(發說), **폭로**(暴露)**】【소문**(所聞), **이야깃거리】**

꼬집어 말하다 정확하게 이유를 밝히다. ¶ 그 사람이 싫은 이유를 꼭 무어라고 꼬집어 말할 수는 없지만, 그 사람을 만나면 느낌이 좋지 않아요. / 남의 가슴 아픈 일을 꼭 그렇게 꼬집어 말해야겠니? / 이 책에서는 꼬집어 말하지는 않았지만, 한국 사회의 부정부패에 대해 간접적으로 비판하고 있다. 참 **가려운 곳을[데를] 긁어 주다**

꼭지(를) 따다[1] (이야기를) 처음으로 시작하다. ¶ "너희에게 할 말이 있어." 상철은 이렇게 꼭지를 딴 후 이야기를 계속했다. ※ 꼭지: 잎이나 열매가 가지에 달려 있게 하는 짧은 줄기.

나발[나팔](을) 불다[2] 어떤 사실을 떠들썩하게 공개하여 말하다. ¶ 여기저기 나발 불고 다니지 말고 잠자코 있어. / 이렇게 사람 함부로 잡아가면서, 인권 국가라고 나발을 불 텐가. / 새 치료법이 나왔다고 나발 불 때 얼씨구나 하고 달려가 봤자 의사 손 푸는 것 도와주는 꼴이 되지 않을까? / 성공하려면 때로 자기 나팔을 불 기회를 잡아야 한다. / 그는 전 재산을 사회에 환원한다고 나팔 불어 대면서 진실을 호도하고 있다. ※ 나발: 옛날 관악기의 하나. 놋쇠로 긴 대롱같이 만들었는데, 위는 가늘고 끝이 퍼졌다. 참 **개나발을 불다**

말(끝)을 꺼내다 이야기를 시작하다. ¶ 집안 분위기가 너무 무거워 나는 차마 말을 꺼내지 못했다. / 주객이 자리를 잡아 정돈해 앉은 뒤에 방어사 조경이 다시 말끝을 꺼낸다. (박종화, 임진왜란)

말마디나 하다[2] 말을 조리 있게 잘하다. ¶ 그가 말마디나 하니까 그를 앞에 내세우면 좋을 것 같아요. / 요즘 말마디나 하는 지식인들이 다투어 언급했던 화두가 빈곤과 양극화 문제였다.

말문을 떼다 ⇒ 말문을 열다 ¶ 그 사람은 한번 말문을 떼면 그칠 줄을 모른다. / 선생님이 말문을 떼자 학생들은 누가 먼저랄 것도 없이 침묵하며 선생님의 목소리를 경청했다.

말문을 열다 이야기를 시작하다. ¶ 선생님은 한참이나 생각에 잠겨 있다가 고개를 들며 말문을 열기 시작했다. / 감정이 복받친 아버지는 울음을 터뜨리며 한동안 말문을 열지 못하다가 띄엄띄엄 한마디씩 말을 이었다.

말문이 떨어지다 ⇒ 말문을 열다 ¶ 한동안 말을 안 하던 아이는 한참 달래고 구슬리고 난 후에야 말문이 떨어졌다.

말문이 트이다 ① 아이가 말을 배우기 시작하다. ¶ 말문이 트인 아이는 궁금한 것도 많고 신기한 것도 많아 같이 다니는 어른들을 무척 피곤하게 한다. ② 외국어를 말하기 시작하다. ¶ 말문이 트이기가 어렵지 일단 트이면 그다음부턴 외국인과 자연스럽게 이야기할 수 있을 거야.

말부리를 따다 ⇒ 말문을 열다 ¶ 첫 만남이었지만 건강 이야기로 말부리를 따 놓으니 자연스럽게 이야기를 이어 갈 수 있었다. / 두 번째까지는 얼굴만 익혔고, 세 번째 방문 때 비로소 말

부리를 땄다. 인터뷰를 요청했더니 그는 의외로 쉽게 응했다. / "아저씨, 저어……." 초봉이가 겨우 쥐어짜듯이 기운을 내서 이렇게 말부리를 따 놓고, 눈치를 보느라고 고개를 쳐드니까, 제호는 없는 담뱃갑을 찾느라고 이 포켓 저 포켓 부산하게 뒤지다가 마주 얼굴을 든다. (채만식, 탁류) ※ 말부리: '말문'을 낮잡아 이르는 말.

말부리를 헐다 ⇒ **말문을 열다** ¶ 그는 좌중을 둘러보고 나서 "우리를 구해 줄 사람은 이제 없을 것입니다." 하고 말부리를 헐었다.

말(을) 내다[1] 의견을 제시하여 말하다. ¶ 이런 일은 말을 낸 사람이 책임지고 마무리해야지. / 말을 내기가 무섭게 질문이 쏟아졌다.

말을 옮기다 ① 남의 이야기를 대신 말하다. ¶ 그가 한 말을 옮기자면, 다음과 같다. / 이런 촌극이 벌어진 데에는 아무 생각 없이 그저 남이 하는 말을 옮겨 적기에 바쁜 언론에 그 책임이 있다. ② 남의 이야기를 다른 사람에게 말하여 전하다 ¶ 그는 조직 개편 정보를 미리 알게 되었고, 곧바로 동료들에게 말을 옮겼다. / 나는 앞뒤 정황은 잘 몰랐고, 선배에게 들은 말을 옮겼을 뿐이에요. 참 **말(을) 내다**[2]

부리를 따다[2] ⇒ **말문을 열다** ¶ 덕기는 말을 꺼내기가 거북한 것을 억지로 부리를 땄다. (염상섭, 삼대) ※ 부리: 새나 짐승의 주둥이.

부리를 헐다[2] ⇒ **말문을 열다** ¶ 인제 겨우 부리만 헌 셈인데, 그만 입 다물고 있으라고요?

아가리(를) 놀리다 말하다. ▷ 비속어 ¶ 네 이놈! 누구 안전이라고 함부로 아가리를 놀리느냐.

아가리(를) 벌리다 말하다. ▷ 비속어 ¶ 너, 선생님 앞에서 아가리를 벌렸다가는 죽는 줄 알아라. 이건 우리 비밀이야.

앞 짧은 소리 장래의 불행을 뜻하게 된 말. ¶ 그는 선생님을 다시 뵐 수 있을지 모르겠다며 앞 짧은 소리를 했다. / 우리가 이제 헤어져야 한다니, 그런 앞 짧은 소리가 웬일입니까?

앞에서 말하다 공개적으로 직접 말하다. ¶ 앞에서 말하기에는 좀 쑥스러운 일이다. / 큰일이나 작은 일이나 앞에서 말해야지 뒤에서 말하는 것은 좋지 않은 습관이다.

운(을) 떼다 이야기를 시작하다. ¶ 운을 뗀 김에, 다 말해 버리겠네. / 항의하러 갔다가 운도 떼어 보지 못하고 돌아왔다. / 오랜 경제 불황으로 임금 인상은 이제는 운을 떼기조차 힘들게 되어 버렸다. ※ 운(韻): 시행의 첫머리 또는 가운데와 끝에서 같은 어음을 규칙적으로 반복하여 시의 운율을 이루는 것. 참 **운(을) 달다**

이빨(을) 까다 이야기를 하다. ▷ 비속어 ¶ 이빨 까는 재미에 시간 가는 줄 모르고 있었다. 참 **우물 공사**

이빨(이) 세다 말재주가 좋다. ▷ 비속어 ¶ 그 사람 이빨이 어찌나 센지 나는 아무 말도 하지 못하고 듣기만 하고 있었어.

입 밖에 내다 어떤 생각이나 아는 사실을 말하다. ¶ 이 일은 절대로 입 밖에 내지 마. / 아마 내가 그 자리에 없었다면, 그들은 그런 울분을 결코 입 밖에 내지 않았을는지도 모른다. 유 **말(을) 내다**[2]

입만 뻥긋[뻥끗]하면 이야기를 하기만 하면. ¶ 입만 뻥끗하면, 항상 그 소리다. / 내가 입만 뻥긋하면, 여러 사람 다칠 것이다.

입에 담다 말하다. ¶ 그런 상스러운 소리를 입에 담다니. / 그는 온갖 입에 담지 못할 욕지거리를 퍼부으며 나를 위협했다. 참 **입에 달고 다니다**[2]

입에 대다[2] 어떤 말을 하다. 언급하다. ¶ 부자지간으로 함께 산 세월이 꽤나 되었지만 그는 아버지라는 호칭을 입에 대지 않았다.

입을 나불대다 아무 말이나 가리지 않고 함부로 말하다. ▷ 비속어 ¶ 입을 나불대다가는 큰코다치는 수가 있으니 조심하라고. / 온갖 일에 끼어들고 트집 잡고 심지어 남의 사생활에까지 입을 나불대는 것은 품위 있는 행동이 아니다.

입(을) 놀리다 말을 함부로 하다. ¶ 그는 매사에 조심성이 있어 함부로 입 놀릴 사람이 아니다. / 잘못 입을 놀렸다가 무슨 변을 당할지 모르기 때문에 세상이 어두울 때 거리의 사람들은 입을 다문다.

입(을) 대다[2] 어떤 사안에 대하여 의견을 말하다. ¶ 지금 개헌(改憲)에 입 댈 필요가 있나? 무시하면 될 것 같다. 우리까지 나서서 뭐라고 안 해도 저절로 저러다 말 일 같다.

입(을) 떼다 말을 시작하다. ¶ 어머니를 본 순간 울컥 눈물이 솟구쳐 입을 떼기가 어려웠다. / 그는 입을 떼기만 하면 욕이 튀어나온다.

입(을) 벌리다[3] ⇒ **입(을) 열다** ¶ 한동안 침묵을 지키던 노인이 우리를 향해 돌아앉으면서 드디어 입을 벌렸다. / 입 벌린 사람이 누군지 빨리 알아내 없애야 희생을 최소화할 수 있어. 반 **입(을) 다물다**

입(을) 열다 말을 시작하다. 또는 비밀 따위를 털어놓다. ¶ 드디어 그가 그 사건에 대해 입을 열기 시작했다. / 그는 입을 열면 '열심히'라는 말을 자주 꺼냈는데, 그 자신은 별로 열심히 사는 것 같지는 않았다. 유 **말(을) 내다**[2]

조동이[조동아리](를) 놀리다 ⇒ **입을 나불대다** ¶ 너 무슨 조동이를 그렇게 함부로 놀리니?

주둥이[주둥아리](를) 놀리다 ⇒ **입을 나불대다** ¶ 지금 뭐라고 했어! 어디서 주둥이를 함부로 놀려. / 그 녀석이 주둥아리를 놀려 나를 해코지를 할 수도 있는 것이다. 그 사실을 퍼뜨리면 일이 틀어질 수도 있다.

콩이니 팥이니 이러쿵저러쿵. 왈가왈부(曰可曰否). ¶ 내 일에 대해서 콩이니 팥이니 말하지 마라. / 얼버무리는 말로 피하려 했지만, 그는 집요하게 콩이니 팥이니 따지며 물어 왔다.

피리(를) 불다 앞에 나서서 떠들다. 선전하다. ¶ 정부가 시키는 대로 피리를 불어 대는 일이 언론이 할 일입니까?

혀가 돌아가다 ① 말을 잘하다. 또는 거침없이 지껄이다. ¶ 오늘따라 혀가 잘 돌아간다. / 장의에게는 부드럽게 잘 돌아가는 혀가 있었기 때문에, 혜문왕의 마음을 사로잡는 것쯤은 식은 죽 먹기였다. ② 외국어(주로 영어) 발음이 좋아지다. ¶ 영어 공부를 한 달 정도 하면 혀가 돌아가기 시작한다.

혀를 굴리다 ① 말하다. ¶ 아무렇게나 혀를 굴렸다가는 혼날 줄 알아. / 병상에서 아버지는 나의 손을 잡고 아주 힘겹게 혀를 굴렸다. ② 외국어(주로 영어) 발음을 능숙하게 하다. ¶ 어느 앞이라고 혀를 굴리고 있어. 이래 봬도 내가 미국 박사야. / 그는 마이크를 잡자 "브뤠이크 뉴씁니다."라고 혀를 굴렸다.

혀를 놀리다 말하다. 주로 '아무렇게'나 '함부로' 따위와 함께 쓰여 거침없이 지껄이는 경우를 가리킨다. ¶ 함부로 혀를 놀렸다가는 경을 칠 줄 알아라. / 윗자리에 있는 사람은 함부로 혀를 놀리는 게 아니다.

혓바닥에 기름(을) 치다 능수능란하게 말을 하다. ¶ 외판원은 혓바닥에 기름을 친 말재간을 자랑하면서 접근했다.

【말을 못 함】≒【당황(唐惶)】【긴장(緊張)】

두말 못하다 대응하여 말하지 못하다. ¶ 검사의 추궁에 피고는 두말 못하고 죄를 고백했다.

말(문)이 막히다 당황하여 말을 못하다. ¶ 그는 말이 막히자 설교를 중단하고 단을 내려와 눈물을 흘렸다. / "아빠 배엔 도대체 뭐가 들었어요?" 다섯 살배기 아들 녀석의 난데없는 질문에 나는 갑자기 말문이 막혀 버렸다.

말이 모자라다 ① 제대로 표현하지 못하다. ¶ 어떤 일이 일어났는지 자초지종을 설명하려고 하면 말이 모자랐다. / 그것이 벌써 몇 해 만에 처음 만나는 몸짓이었다고 하니, 우리네의 표현의 빈약성이라는 것으로는 좀 말이 모자라는 것이었다. (최인훈, 우상의 집) ② 충분히 말하지 못하다. ¶ 김 감독은 뭔가 말이 모자란 듯, 준비해 간 녹취 디스크가 바닥난 바로 그 시간에도 더 할 얘기가 있어 보였다.

목에 걸리다 (꺼림칙하거나 불편한 상황에서) 하려는 말을 내뱉지 못하고 속으로 되뇌다. 주로 '말이 목에 걸리다'와 같이 쓰인다. ¶ 그의 살벌한 눈빛에 효리의 말이 목에 걸렸다. / 맘에도 없는 존댓말을 하다 보면 말이 목에 걸릴 때가 있다. / "기다렸다 현이 보고 가지……." 아이의 방을 나서는 그를 보고 아내가 말을 흐렸다. "그럴까?" 하는 대답이 목에 걸렸다. (조신영, 경청)

입안에서 돌다 하고 싶은 말이 있어도 하지 않거나 못하게 되다. ¶ 그의 말을 듣고 있는 동안

'거짓말 그만해.'라는 소리가 입안에서 뱅뱅 돌았다. / 따끔한 충고 한마디 하고 싶었지만, 입안에 도는 말을 차마 내뱉지 못하고 돌아섰다.

입이 떨어지지 않다 (놀라거나 긴장하여) 말을 하지 못하다. ¶ 나는 가까이 다가오면 안 된다고 소리치고 싶었지만 입이 떨어지지 않았다. / 말 잘한다는 나도 그 여자 앞에만 가면 입이 떨어지지 않는다. / 합격 통지를 눈 빠지게 기다리는 친구에게 떨어졌다는 말을 하려니 입이 안 떨어졌다. 참 **입이 벌어지다 2**

입이 붙다 할 말이나 대답을 하지 못하다. ¶ 왜 대답을 못 하니? 입이 붙은 게로구나. / 논리적으로 따지고 들어가자, 상대는 입이 붙어 버렸다.

입이 얼어붙다 할 말을 하지 못하다. ¶ 선생님의 호령에 재잘거리던 아이들은 모두 입이 얼어붙어 버렸다.

혀가 굳다 ① 말을 유창하게 하지 못하다. ¶ 속으로만 책을 읽으면 나중에 혀가 굳어요. 큰 소리로 이야기하고 큰 소리로 책을 읽어야 외국어 실력이 늘어요. ② 긴장되어 말을 하지 못하다. ¶ 사람들이 윽박지르자 그는 겁에 질려 혀가 굳었다.

【말을 안 함, 비밀 유지(秘密維持)】

입에 곰팡이가 피다[슬다] 말을 거의 하지 않게 되다. ¶ 하루 종일 꿔다 놓은 보릿자루로 앉아 있으려니 입에 곰팡이가 피었다. / 무뚝뚝한 친구와 같이 지내다 보니 입에 곰팡이가 슬었다.

입에 반창고를 붙이다 입을 다물고 아무 말도 하지 않다. ¶ 물어도 대답을 슬슬 피하더니 지금은 아예 입에 반창고를 붙이고 있다. / 이렇게 위급한 때, 우리가 어찌 입에 반창고를 붙이고 지낼 수 있겠습니까.

입에 자물쇠를 채우다 입을 다물고 아무 말도 하지 않다. 주로 비밀 따위를 지키는 상황을 가리키는 데 쓰인다. ¶ 입에 자물쇠를 채운 사람처럼 전혀 말이 없다. / 나는 입에 자물쇠를 굳게 채웠고, 엄마는 내 입을 열려고 모든 수단을 다 동원했다.

입(을) 다물다 (어떤 일에 대하여) 말을 하지 않다. 주로 비밀 따위를 지키는 상황을 가리키는 데 쓰인다. ¶ 내가 입을 열면, 우리 동지들이 모두 죽는다. 나는 끝까지 입을 다물었다. / 듣는 사람이 거북해하면 얼른 입을 다물어야지. 이 눈치 없는 사람아. 반 **입(을) 벌리다 3**

입(을) 닫다 (어떤 일에 대하여) 말을 하지 않다. ¶ 네가 어떠한 설명도 없이 입 닫고 있으니까 자꾸 이상한 소문이 나잖아. / 대통령 친인척의 뇌물 수수 사건이 불거지자 청와대는 이 문제에 대해 입을 닫았다.

입(을) 막다 비밀을 유지시키다. 말을 내지 못하게 하다. ¶ 사람의 입을 막을 수는 있어도 생각하는 것까지 막을 수는 없어요. / 기자들 입 막으려면 돈을 좀 써야 될 거예요. / 수만 명이 목격한 사건이니 도저히 입을 막을 수 없게 된 것이지요. 참 **말문을 막다**

입을 봉하다 ⇒ **입(을) 다물다** ¶ 말만 하면 발길질이 날아오기 때문에 입을 봉하고 있는 게 낫겠다는 생각이 들었다. / 처음에는 입을 봉하고 있던 그도 상황이 불리하다고 느꼈는지 마침내 입을 열었다.

【발설(發說), 폭로(暴露)】 ≒ **【말하기】【소문(所聞), 이야깃거리】**

말(을) 내다[2] 비밀로 한 일을 다른 사람이 알게 하다. ¶ 말을 냈다가는 목이 달아나는 수가 있으니 각별히 조심하라고. 유 **입 밖에 내다, 입(을) 열다** 참 **말을 옮기다**

말(이) 나다 비밀로 한 일이 이야깃거리가 되다. ¶ 일을 시작하기도 전에 말부터 나면 어떻게 해. / 그 사실은 이미 말이 나 버렸어. 이제 감출 필요가 없어. / 이왕 말이 났으니 자초지종을 좀 자세하게 말하지.

말이 새다 비밀이 알려지다. ¶ 말이 샜는데도 당사자만 모르고 있었다. / 이 말이 새면, 우리 모두 끝장이야. 항상 말조심하면서 살아야 돼. 참 **김(이) 새다**

보따리(를) 풀다[1] 숨은 사실을 폭로하다. ¶ 빨리 보따리를 풀어 놓지 그래. 버틴다고 누가 알아줘? / 공범 한 명 잡아 놓고 그 사람이 보따리 풀어 놓기만을 기다리고 있는 판국이라 수사에 진척이 있을 수 없었다. / 술김에 속을 털어놓았으나, 술이 깨고 나니 그 친구가 보따리를 풀고 다닐까 봐 조바심이 났다. 참 **보따리(를) 싸다**[1, 2]

속(을) 뒤집다[2] 비밀을 밝히다. ¶ 속을 뒤집어 안에 있는 추악한 모든 것을 만천하에 공개하고 싶다.

솔발(을) 놓다 남의 비밀을 발설하여 소문을 내다. ¶ 철수는 내가 영희를 좋아한다고 여기저기 솔발을 놓으며 다녔다. 〖기원〗 '솔발'은 군령이나 경고에 쓰이는 놋쇠로 만든 종 모양의 큰 방울인데, 이 방울을 쳐 군령이나 특별한 사실을 알렸던 데에서 비롯한 표현이다.

털어 놓다 (비밀이나 사실을) 솔직하게 말하다. ¶ 네가 알고 있는 모든 사실을 털어놓지 않으면 이곳을 나갈 수 없어. / 그는 자신의 경험을 털어놓으며 눈물을 흘렸다.

【중단(中斷), 전환(轉換)】

그건 그렇고 화제를 바꿀 때 쓰는 말. ¶ 그런 사람을 사장으로 앉히다니 사람 보는 눈이 그렇게 없을까. 그건 그렇고 사장 연봉이 얼마나 된대?

말머리를 자르다 이야기를 중지시키다. ¶ 어른이 말씀하시는데 말머리를 자르는 행동을 하면 안 돼. / 그가 철수에 대해 나쁜 이야기를 하려 했지만, 나는 그의 말머리를 잘라 버렸다. 참 **토(를) 달다**

말문을 막다 이야기를 못 하게 하다. ¶ 어린아이의 질문이 가끔 어른들의 말문을 막을 때가 있다. / 그사이에 예수께서는 사두개인들과 논쟁하고 있다. 예수께서 그들의 말문을 막자, 바리새인들이 곧바로 그들을 돕는다. 참 **입(을) 막다**

말(을) 삼키다 하려던 말을 그만두다. ¶ 그 말을 했을 때 어떻게 될지는 뻔했기 때문에 조용히 그 말을 삼켰다. / 하려던 말이 있으면 허심탄회하게 이야기해. 괜히 말 삼키지 말고.

잘라 먹다 이야기의 일부를 빠뜨리거나 삭제하다. ¶ 검열이 심해 영화의 많은 부분을 잘라먹었다. / 네 마음대로 잘라먹지 말고, 본 대로 말해.

【덧붙임】

귀(를) 달다 불충분한 말이나 글에 내용을 약간 보태거나 붙이다. ¶ 나는 한 시에 만나기로 한 친구가 있다고 귀를 달면서 자리에서 일어났다.

그도 그럴 것이 덧보태어 말하며 앞선 이야기의 이유를 밝힐 때 쓰는 말. ¶ 상대 선수들은 적잖이 당황한 것 같았다. 그도 그럴 것이 골이나 다름없는 슈팅을 우리 골키퍼가 모두 막아 냈기 때문이다.

꼬리(를) 달다[1] 끝난 말에 덧붙여 말하다. ¶ 그는 앞서 한 말에 꼬리를 달아서 몇 마디 더 보태었다. / 그는 영화가 감명 깊었다고 말하면서도, "영화가 역사적 사실에 부합했으면 더 좋았을 것"이라고 꼬리를 달았다.

동(을) 달다 앞서 한 말에 보태어 말하여 조리가 맞게 하다. ¶ 소대장은 경비병의 말에 동을 달면서 나에게 철책의 상태에 대해서 설명했다. ※ 동: 사물과 사물을 잇는 마디. 참 **두 동(을) 싸다, 두 동(이) 지다**

뒤를 달다 끝난 말에 덧붙여 말하다. ¶ 사회자가 뒤를 달아 이야기하는 통에 지루해서 혼났다. / "우리 대장을 뽑을 공론이나 시작해 보세." 하고 말을 꺼내더니 곧 다시 "공론할 것이 무엇 있나? 임 두령을 우리 대장으로 받들지." 하고 뒤를 달았다. (홍명희, 임꺽정[林巨正]) 참 **혹(을) 달다**

(말)깃을 달다 남의 말에 덧붙여 말하다. ¶ "여느 때는 창피하지 않소?" 하고 유복이가 말깃을 다니 "여느 때보다도 더 창피하단 말이지." 하고 애기 어머니가 대꾸했다. (홍명희, 임꺽정[林

巨正]) / 홍이가 걱정스러운 듯 말하자 춘섭이도 깃을 달았다. "그보다 형수님이 걱정입니다. 구출이 늦어지면 늦어질수록 고생이 막심할 텐데요." (유현종, 달은 지다) ※ 깃: 저고리나 옷 따위의 목에 둘러대어 앞에서 여밀 수 있도록 된 부분.

말끝을 달다 끝난 말에 덧붙여 말하다. ¶ 젊어 보인다는 말에 흐뭇해하는 기색을 놓치지 않고 나는 노인 옆으로 바짝 다가가 말끝을 달았다. / 삭불이가 번번이 그 사람의 말을 한마디씩 죄고 말끝을 달아 묻더니 "삼월?" 하고 뇌고서는 낯이 간지럽게 그 사람의 얼굴을 들여다보고 있다. (홍명희, 임꺽정[林巨正])

발을 달다 끝난 말에 덧붙여 말하다. ¶ 이것은 비단 남의 자식에게만 한한 일이 아니고 제 자식이라도 그런 일만 있으면 절대 용서 없다고 발을 달았다. (한설야, 탑)

살(을) **붙이다** 덧붙여 보태다. ¶ 좀 더 재미있게 하기 위해 이야기에 살을 붙였다. / 구성과 내용은 그 정도면 됐고, 이제 거기에 살을 좀 붙여서 신춘문예에 한번 제출해 보지.

양념 삼아 심심풀이로 덧붙여. ¶ 보통 사람들은 술집에서 높으신 분들 이야기를 양념 삼아 많이 한다. / 말이 많은 곳이니만큼 항상 입을 무겁게 하고, 절대로 남의 약점을 양념 삼아 이야기하지 마라.

양념으로 곁들이다 덧붙여 포함하다. ¶ 전쟁 영화에 추장 딸과 기병대장 간의 사랑도 양념으로 곁들였다. / 재미있는 이야기를 양념으로 곁들이면서 수업을 하니까 학생들 반응이 좋았다.

운(을) **달다** 앞선 말을 강조하거나 긍정하며 말을 덧붙이다. 현재는 잘 쓰이지 않는 표현이다. ¶ 한 사람이 불만을 한 가지 말하자 여기저기서 운을 달기 시작했다. ※ 운(韻): 시행의 첫머리 또는 가운데와 끝에서 같은 어음을 규칙적으로 반복하여 시의 운율을 이루는 것. 참 **운**(을) **떼다**

토(를) **달다** 어떤 말에 덧보태어 말하다. 부정적인 의미로 많이 쓴다. ¶ 어른 말에 토를 달면 버릇없다는 소리를 듣는다. / 아들 녀석은 내가 하는 말에 꼬박꼬박 토를 달면서 나를 설득하려 들었다. 『기원』 토는 한문의 구절 끝에 붙여 읽는 우리말 부분(조사나 어미에 해당)인데, 우리는 한문 문장에 토를 달아 읽음으로써 문장의 의미를 쉽고 정확하게 이해할 수 있다. 이처럼 부가적으로 사용되는 토의 기능 때문에 부연 설명을 하는 것을 토를 단다고 말하게 되었다. 참 **말머리를 자르다**

【**반복적**(反復的) **말하기**】

노래(를) **하다**[부르다] (어떤 것을) 계속 주장하거나 요구하다. ¶ 아이들은 장난감을 사 달라고 노래를 하고, 아내는 쇼핑 같이 가자고 노래를 한다. / 아이들에게만 공부하라고 노래 부르

지 말고 당신부터 책을 읽으며 모범을 보이세요. 참 **공염불을 외다**

엿가락(을) 늘이다[2] 길게 말을 늘어놓다. ▷ 비속어 ¶ 누구 하나 관심을 보이지 않는데, 혼자 엿가락 늘이고 앉아 있어 봐야 뭐해.

입에 달고 다니다[2] 어떤 말이나 이야기를 버릇처럼 하다. ¶ 욕을 입에 달고 다니는 아이들과 어울리다 보니 내 입도 거칠어졌다. / 우리 형은 한동안 군대 시절 고생했다는 말을 입에 달고 다녔다. 참 **입에 담다**

입에 붙다 어떤 말에 익숙해지다. 또는 어떤 말을 버릇처럼 하다. ¶ 제트라는 말이 입에 붙지 않는다면 DMZ는 비무장 지대라고 하면 될 일이다. / 영어가 어느 정도 입에 붙었다 싶으면 영어 토론을 해 보는 게 좋을 겁니다. / 비석에 새겨진 노랫말을 읽다가 나도 모르게 가락이 입에 붙었다.

입에 붙이다[1] 어떤 말을 버릇처럼 하다. ¶ 그는 미안하다는 말을 입에 붙이고 산다. / 영어 방송은 그냥 듣고 보지만 말고, 방송에 나온 말들을 내 입으로 말하고 또 말해서 입에 붙여야 합니다.

입이 닳다 여러 번 반복해서 말하다. 주로 '입이 닳도록'의 꼴로 쓰인다. ¶ 입이 닳도록 공부하라고 해도 아이들은 말을 듣지 않았다.

전략적 행위(戰略的 行爲)

【가로채기, 앞지르기】

꼭뒤(를) 지르다[2] 남이 하려던 일이나 말을 앞질러 하다. ¶ 그는 경쟁자를 꼭뒤 질러 현재의 지위를 차지했다. / 내가 말하려 할 때마다 꼭뒤를 지르는 사람이 있으니 입 한번 떼어 볼 수도 없었다.

덜미(를) 디디다[딛다] 남을 앞질러 무슨 일을 하다. ¶ 어리석은 한국 민족이 쓸데없는 삯전쟁을 하고 있는 동안, 그들은 옛날의 기술을 살려 우리 덜미를 딛고 일어서게 됐다. (함석헌, 생각하는 백성이라야 산다)

발등(을) 디디다[딛다] ⇒ **발등(을) 밟다** ¶ 무명 말직인 범수가 자기의 발등을 딛고 올라서게 될는지도 모른다는 데 생각이 미치자 수가는 안절부절못했다. (송건호, 역사에서 배운다)

발등(을) 밟다 남을 앞질러 무슨 일을 하다. ¶ 그는 우리에게 힘든 일만 시켰지 기술을 가르치지는 않았다. 기술 배우면 나중엔 제 발등을 밟고 일어설 것을 모를 리가 없었다.

발등(을) 밟히다 제가 하려던 일을 남에게 앞지름을 당하다. ¶ 한눈팔다가는 남에게 뒤처지기 십상이야. 발등 밟히기 전에 정신 차려, 이 사람아!

빼줄(을) 맞다 중간에서 가로채이다. ▷ 비속어 ¶ 어리숙하면 일껏 준비한 일도 남에게 빼줄 맞기 십상이다. ※ 빼줄: 남이 날리는 연줄을 긴 장대나 돌멩이를 맨 실로 걸어 당겨 빼앗는 짓.

빼줄(을) 치다 중간에서 가로채다. ▷ 비속어 ¶ 경쟁이 치열해지다 보니 경쟁사들끼리 거래선을 빼줄 치는 일도 비일비재하다.

선손(을) 걸다 먼저 행동하여 나서다. ¶ 저 사람이 내게 와 선손을 거니까 싸움이 시작된 거예요. / 옥희도 고등 3년이지마는 남자에게 선손을 걸어 편지를 한다는 것이 여간 마음먹고 한 짓이 아닐 터인데. (염상섭, 십대를 넘는 전후)

선손(을) 쓰다 먼저 손을 대어 시작하다. ¶ 경쟁자를 물리치려면 빨리 선손을 써야 해요. / 피할 수 없는 것을 직감한 순간 맞대매를 하기로 작정을 하고 선손을 썼다. ＊맞대매: 단 두 사람이 마지막으로 우열이나 승부를 겨룸. 참 **뒷손(을) 쓰다**

선수(를) 걸다 ⇒ **선수(를) 치다** ¶ 씨름은 자칫하면 지루하게 될 수가 있어, 선수를 걸고 덤비는 선수가 관중들에게 인기를 얻는 것은 당연하다.

선수(를) 쓰다 ⇒ **선수(를) 치다** ¶ 반격이 있을 것을 알고 선수를 썼다. / 삼일 운동은 민족주의 진영에서 추진했으므로 이번에는 우리 공산당에서 선수를 써 기염을 토해 보자.

선수(를) 치다 상대방보다 먼저 수를 쓰다. ¶ 그때 선수 쳤어야 하는데 때를 놓치고 나니 반격할 길이 없다. / 그에게서 아무런 반응이 없자 영희는 같이 산책이나 하자며 먼저 선수를 쳤다. ※ 선수(先手): 바둑, 장기에서 상대편이 어떤 수를 쓰기 전에 그 판국에 먼저 놓는 일. 참 **뒷손(을) 쓰다**

선편(을) 잡다 상대방보다 먼저 행동하다. ¶ 선편을 잡는 사람이 아무래도 경쟁에서 유리하다. / 이번 일로 우리는 선편을 잡게 되지만 앞으로도 꾸준히 노력해야 할 것이다. 〚기원〛 남보다 먼저 말에 매질을 한다는 선착편(先着鞭)에서 나온 말이다. 참 **봉화(를) 들다**

윗손(을) 쓰다 남보다 먼저 행동하다. ¶ 그는 소작을 바꿀 거라는 걸 알고, 이웃들에게 등을 돌리고 윗손을 써서 남의 소작을 빼앗았다. 참 **뒷손(을) 쓰다**

【편승(便乘)】

몸을 싣다[2] 어떤 흐름에 따르다. ¶ 화해 분위기가 조성되면서 강경론에 몸을 실었던 사람들이 어정쩡해졌다. / 크나큰 시대의 흐름에는 남보다 한발 앞서 몸을 실어야 한다. / 이 시대가 바로 자신의 이상과 가치를 스스로 버리고 탁류에 몸을 실어 허우적거리는 유다적인 인물들의 시대다.

물결을 타다 고조된 분위기에 편승하다. ¶ 민주화의 물결을 타고 이익 집단들이 너도나도 아우성이다. / 이 작품은 갑오경장 뒤의 개화의 물결을 탄 시대 의식을 반영하고 있다.

바람(을) 타다[1] 고조된 분위기에 편승하다. ¶ 개혁의 바람을 타고 일을 모색하다. / 바람을 타기 시작한 추리물 붐은 그 열기가 하루아침의 반짝 열기로 그치지 않을 것이다.

숟가락(을) 올려놓다 편승하다. ¶ 작은 기업들이 어렵게 새로운 길을 개척해 놓으면 대형사들이 슬그머니 숟가락을 올려놓는 일이 많다. / 그는 남우주연상을 수상하고 난 뒤, 다 차려진 밥상에 숟가락만 올려놓았을 뿐이라며 부끄러워했다.

【약속(約束), 위약(違約)】

도장을 누르다 ⇒ **도장(을) 찍다**[1] ¶ 피해자들 대부분은 폭력배들의 협박 때문에 도장을 눌렀다고 했다.

도장(을) 받다 다짐을 받다. ¶ 네 취업 문제는 걱정하지 마라. 내가 사장님에게 도장 받아 놓았다.

도장(을) 찍다[1] 약속하거나 계약하다. ¶ 한번 도장 찍은 일을 번복하는 것은 책임 있는 사람이 할 짓이 아니다. / 그를 영입하는 일에 내가 도장을 찍은 결정적인 이유는 그의 성실성을 높이 샀기 때문이었다.

말이 다르다[2] ⇒ **이야기가 다르다**[1] ¶ 이거 말이 다르잖아요! 어제까지는 문제없다고 하셨으면서……. / 최종 결정을 하려고 책임자를 만난즉 갑자기 말이 달랐다. ㊟ **시치미(를)[시침(을)] 떼다, 오리발(을) 내밀다**

말(이) 되다[1] ⇒ **이야기(가) 되다** ¶ 우리가 태어나기 전부터 그 사람과 나는 결혼하기로 말이 되어 있었다.

바람(을) 맞다[1] 만나기로 한 상대가 약속 장소에 나오지 않다. '누구에게 바람을 맞다'와 같이 쓰인다. ¶ 미애에게 바람을 맞은 철수는 찬바람 부는 길가에 넋을 놓고 서 있었다. / 예전에 써클에서 같이 있었던 애가 미국에서 어제 귀국했는데 동창들한테 바람맞았다나 봐. 어떻게 하겠어, 내가 나가 봐야지. (공지영, 착한 여자) * 써클(circle): 규범에 맞는 외래어 표기는 '서클'이다.

바람(을) 맞히다 만나기로 한 약속을 지키지 않다. ¶ 모처럼 아내와 데이트를 하기로 했는데, 회사에 일이 터져 아내를 바람맞히고 말았다.

부도 수표를 남발하다 지킬 수 없는 약속을 하다. ¶ 선거 기간이 되면 후보자들은 하지도 못할 일을 한다고 하면서 부도 수표를 남발하곤 한다. / 이 약속 저 약속 다 해 놓다가 어떻게 지키려고 그러니? 부도 수표 그렇게 남발하다가는 나중에 큰코다친다. ㊟ **백지 수표(를) 쓰다**

손가락(을) 걸다 서로 약속하다. ¶ 아무리 손가락 걸었어도 믿을 수 없는 게 여자야. / 이젠 싸우지 않기로 손가락을 걸었다.

이야기가 다르다[1] 처음에 약속하거나 공언했던 내용이 아니다. ¶ 당신 상황이 어려운 건 이해하겠는데, 그렇다고 이야기가 달라지면 안 되지요. / 월수입이 대기업 수준이라 했는데 얘기가 다르잖아요? / 하루아침에 이렇게 이야기가 달라져서야 어떻게 함께 일을 하겠습니까? ㊟ **시치미(를)[시침(을)] 떼다, 오리발(을) 내밀다**

이야기(가) 되다 어떤 일을 하기로 사전에 협의가 되다. ¶ 그때 김 선생님은 우리 학교에서 역사 강좌를 담당하기로 이야기가 되어 있었다. / 그렇게 하기로 다 이야기가 되었는데 갑자기 딴소리를 하면 안 되지요.

입에 침도 마르기 전에 말한 뒤 금방. 약속했거나 공언한 바를 번복하는 것을 가리킬 때 쓰는 말이다. ¶ 다신 싸우지 않겠다고 말하고 나간 아이들은 입에 침도 마르기 전에 또 티격태격했다. / 그는 자신의 거짓말이 들통 나자 사과하는 시늉만 낸 후 그 입에 침이 마르기도 전에 남 탓을 했다.

잉크가 마르기도 전에 어떤 약조를 한 후 금방. 약속했거나 공언한 바를 번복하는 것을 가리킬 때 쓰는 말이다. ¶ 합의서의 잉크가 마르기도 전에 갈등이 불거졌다. / 잉크가 채 마르기도 전에 약속을 저버리는 사람을 우리 대표로 삼을 수는 없다.

【배신(背信), 배반(背反)】 ≒ 【외면(外面), 배척(排斥)】

고무신(을) 거꾸로 신다 변심하다. 남녀 사이에서 여자 쪽이 배신함을 이르는 말이다. ¶ 군대 간 동안 여자 친구가 고무신 거꾸로 신을까 봐 얼마나 신경 쓴 줄 알아? / 그는 자신이 전쟁터에 나간 사이 고무신을 거꾸로 신고 왕의 여자가 된 미실을 원망하지 않았다. 〖기원〗 원래 상대를 떠나 다른 사람에게 가는 상황을 '고무신을 신고 가는 것'으로 비유하였고, 그렇게 떠나는 게 정상적이 아니라는 점에서 '고무신을 거꾸로 신다'라는 표현이 만들어졌다. 이때 많은 신발 중 '고무신'이 선택된 것은 이 표현이 만들어지던 시절 대부분의 사람이 고무신을 신었기 때문이다. 이 표현에 빗대어 군대 간 남자가 변하여 여자를 떠난 경우를 '군화를 거꾸로 신다'라고 하는 경우도 있지만 잘 쓰이지는 않는다.

뒤통수(를) 때리다[1] ⇒ **뒤통수(를) 치다**[2] ¶ 내가 그렇게 잘해 줬는데, 그 은혜를 저버리고 내 뒤통수를 때려?

뒤통수(를) (얻어)맞다[1] 배신을 당하다. ¶ 그는 하늘처럼 믿었던 남편에게 뒤통수를 맞고 이혼을 당하는 여자를 실감 나게 연기했다. / 그는 얌전하고 순종적인 얼굴을 하고 있었기 때문에, 내가 그에게 뒤통수를 얻어맞을 거라곤 꿈에도 생각하지 못했다.

뒤통수(를) 치다[2] 배신하다. ¶ 공공 개발의 아파트 분양가가 높게 책정된 것은 정부가 나서서 집 없는 서민들의 뒤통수를 친 꼴이다.

등(을) 돌리다[2] 배반하다. ¶ 과거 그에게 많은 은덕을 입었던 정치인들도 상황이 변하자 모두 그에게서 등을 돌렸다.

발꿈치(를) 물리다 배신을 당하다. ¶ 세상 살다 보면, 어부지리로 얻는 것도 있고 발꿈치 물리는 일도 있다. 참 **소한테 물리다**

발뒤축을 물다 남을 뒤에서 해치다. ¶ 착한 사람으로 봤기 때문에, 그가 발뒤축을 물리라고는 꿈에도 생각을 못 했다.

발등(을) 찍히다 배신을 당하다. ¶ 이 세상이 하도 험악하여 도처에 발등 찍힐 일이 도사리고 있다. / 믿는 도끼에 발등 찍힌다는 말도 있는데 가까운 사람일수록 조심해야 한다.

【강권(强勸), 강제(强制)】

등(을) 떠밀다 억지로 권하다. ¶ 아무리 등을 떠밀더라도 내가 하기 싫은 일을 할 수는 없다. / 엄마들은 도무지 아이에게 마음껏 실패해 볼 기회를 주지 않는다. 그저 남들 가는 대로 안전한 길만 가라고 아이 등을 떠밀 뿐이다. 참 **등을 밀다[1]**

머리(를) 깎이다 (남에게) 강제적으로 어떤 일을 당하다. ¶ 남에게 머리를 깎이기 전에 미리 대책을 세워 둬야지.

밀어 붙이다 (일의 진행이 순조롭지 않을 때) 완력으로 일을 하다. ¶ 아무리 어렵더라도 물러서지 말고 밀어붙여! / 사장이 밀어붙이면 된다는 생각을 가지고 있으니 사원들만 힘들지요.

압력을 가하다 ⇒ 압력(을) 넣다 ¶ 청와대가 검찰 수사에 압력을 가할 수는 없다. / 그들이 우리에게 문호를 개방하라고 압력을 가하는 건 우리나라의 풍부한 자원 때문이지요.

압력(을) 넣다 (어떤 일을 하도록) 강제하다. ¶ 위에서 압력을 넣는다고 판사가 판결을 바꾼다는 게 말이 된다고 생각해? / 먼저 윗사람을 만나 밑으로 압력을 넣어야 일이 쉽게 풀린다. 유 **입김을 (불어)넣다**

전지를 물리다 억지로 하게 하다. ¶ 전지 물려서 일을 시킨다고 안 할 놈이 하고 할 놈이 안 하겠어요? ※ 전지: 어린아이에게 억지로 약을 먹일 때 위아래 턱을 벌려 입에 물리는 두 갈래진 막대기 따위의 물건. 참 **재갈(을) 물리다**

【위협(威脅), 다짐, 경고(警告)】

경종을 울리다 주의를 환기시키다. ¶ 친일파를 제거하는 것은 왜놈의 손발을 끊는 것임과 동시에 많은 조선 사람에게 경종을 울리는 것입니다. / 최근 에이즈의 전 세계적 확산은 문란한 성도덕에 크나큰 경종을 울려 주고 있다. ※ 경종(警鐘): 위급한 일이나 비상사태를 알리는 종이나 사이렌.

뒤를 누르다 뒷일을 걱정하여 미리 다짐하다. ¶ 동생이 이 일을 혹시 엄마에게 말할까 봐 단단히 뒤를 눌러 놓았다.

뒤를 다지다[1] 뒷일을 걱정하여 미리 다짐하다. ¶ 이번에 지면 마지막이니까 선수들 모아 놓고 단단히 뒤를 다져 놓으라고. / "나 하는 대로 꼭 해야 하네. 나중에 두말 못하느니." 하고 동혁은 두 번 세 번 뒤를 다졌다. (심훈, 상록수) / 하위지도 수양 대군의 횡포에 불안을 느껴 "영상은 문종의 자자손손에 마음을 다하여 도우소서." 하고 뒤를 다진 일도 있었다.

뒤를 조지다 뒷일을 걱정하여 미리 다짐하다. ¶ 나중에 딴소리하지 않게 단단히 뒤를 조져 놓으라고.

목에 칼이 들어오다 위협을 받다. ¶ 내 목에 칼이 들어와 봐라, 그런다고 내가 물러서나. / 아, 재산 든든하겠다, 목에 칼이 들어와도 꿈쩍 않는 배짱 있겠다, 그러니 김 씨야말로 그 사업을 하기에 안성맞춤이죠.

목(을) 조르다 궁지에 몰아 생명을 위협하다. ¶ 미국은 무역로 봉쇄를 통해 이란의 목을 조르기 시작했다. / 페스트는 특히 피렌체 지방에서 극성을 부려 그 지역 주민 전체의 목을 졸랐다.

목(을) 조이다 궁지에 몰아 고통스럽게 하다. ¶ 기업 간의 담합을 통해 소비자의 목을 조이는 행태를 고발합니다.

오금(을) 박다 단단히 일러 다짐하거나 으르다. ¶ "너는 죽어도 그런 일은 하지 않겠다고 하지 않았니?" 하고 내가 오금을 박자, 그는 그만 입을 다물어 버렸다. / 다음에는 그런 소리를 두 번 다시 않게끔 단단히 오금을 박아 주고 왔으니 너무 걱정하지 말아요.

일침(을) 가하다 (따끔한) 충고나 경고를 하다. ¶ 그는 날카로운 칼럼으로 집권 세력에 일침을 가했다. / 현대 예술의 신화성이나 화제 중심의 영웅 만들기에 대해 백남준은 이미 일침을 가한 적이 있다.

일침(을) 놓다 ⇒ **일침(을) 가하다** ¶ 중대장이 그의 무분별한 행동에 일침을 놓았다. / 우리 마음속의 이기주의에 일침을 놓은 그의 수필은 국어 교과서에도 실렸다.

재갈(을) 물리다 힘으로 위협하여 말을 못 하게 하다. ¶ 재갈을 물린다고 할 말을 안 할 사람들이 아니다. / 정부는 전기통신법을 적용해 정부 정책에 비판적인 네티즌의 입에 재갈을 물렸다. ※ 재갈: 말을 통제하기 위하여 입에 가로 물리는 쇠토막. 굴레에 달렸으며 한 끝에 고삐를 매게 되어 있음. [참] **전지를 물리다**

【**계략**(計略), **함정**(陷穽)】

구슬려 삶다 그럴듯한 말 따위로 남을 꾀어 자기를 따르게 만들다. ¶ 저 친구 잘 구슬려 삶아 우리 편으로 만들자.

구워 삶다 여러 가지 수단과 방법으로 남을 꾀어 자기를 따르게 만들다. ¶ 김 과장을 어떻게 구워삶았기에 그렇게 게거품을 물고 네 편을 드는 거야? / 안녹산은 때마침 장안에서 현지 시찰을 하러 온 관리를 금은보화로 구워삶았다. 참 **찜(을) 쪄 먹다**

그물에 걸리다[걸려들다] ⇒ **덫에 걸리다** ¶ 차세대 주자로 촉망받던 그도 무기상들의 그물에 걸려 옴짝달싹 못하고 그들의 꼭두각시가 되어야 했다. / 비파 열매에 손을 댄 병사는 조조가 쳐 놓은 그물에 걸려들어 범행을 실토했다.

그물(을) 던지다 (꾀거나 해할 목적으로) 함정을 만들다. ¶ 이제 그 사람은 단념하는 게 좋아. 그물을 던졌는데도 걸려들지 않잖아. 참 **낚싯밥을 던지다**

덫에 걸리다 계략이나 유혹에 말려들다. ¶ 나는 암흑가의 덫에 걸려 꼼짝없이 그들의 하수인이 되었다. / 이 작품은 성공과 야망이라는 덫에 걸린 젊은 변호사의 고뇌를 잘 그리고 있다.

덫에 빠지다 계략이나 유혹에 말려들어 벗어나질 못하다. ¶ 한국 사회는 지금 학력 과잉의 덫에 빠져 있다. / 욕망의 덫에 빠진 사람은 갈증을 바닷물로 풀려는 사람에 비유됩니다. / 미란의 덫에 빠진 나는 그때부터 눈먼 봉사처럼 그녀의 뒤만을 좇아다녔지요. 참 **수렁에[으로] 빠지다**

덫을 놓다 (궁지에 몰아넣을) 계략을 꾸미다. ¶ 약은 적들은 놓은 덫에 걸리지 않는다. 그놈들을 잡기 위해서는 정공법이 더 효과적일 때가 많다. / 스탈린은 나치가 소련을 공격하리라는 것을 알았지만 모른 체했답니다. 히틀러에게 덫을 놓은 것이지요. 참 **낚싯밥을 던지다, 미끼를 던지다**

연밥(을) 먹이다 구슬려 꼬드기다. ¶ 이놈아, 지난밤에 내게 살꽃을 삽시라고 연밥을 먹이고 매휴(賣休)한 놈은 바로 네놈이 아니었더냐? (김주영, 객주) ※ 연밥: 연꽃의 열매. ＊살꽃: 몸을 파는 계집의 몸뚱이. 매휴: 계집을 남에게 팔고 권리를 포기함. 『기원』 이 표현의 기원은 불확실하지만, 옛날 중국 강남에 아가씨들이 마음에 둔 남자에게 연밥을 따서 던지며 구애하는 관습이 있었고 이와 관련한 옛 시들이 남아 있는 데에서 그 기원을 유추해 볼 수는 있을 것이다. 그러나 이 표현에는 '구애'의 의미가 사라지고 '구슬려 꼬드긴다'라는 부정적인 의미만 남아 있다.

올가미(를) (뒤집어)쓰다 남의 꾀에 걸려들다. ¶ 왕의 의심이 없어지지 않는 한, 그는 결국 역모라는 올가미를 뒤집어쓰고 죽을 것이다. ※ 올가미: 새끼나 노 같은 것으로 옭아서 고를 내어 짐승을 잡는 장치.

올가미(를) 씌우다 남을 계략에 걸려들게 하다. ¶ 여러 사람이 음모를 꾸며 우리에게 올가미를 씌우려 하고 있다는 것을 눈치챘다. / 주유는 공명에게 올가미를 씌운 후에 그 죄를 물어 공명을 해칠 생각이었다.

【매혹(魅惑), 유혹(誘惑)】

간(장)을 녹이다[2] 사람의 마음을 매혹되게 하다. ¶ 긴 소매로 땅을 휩쓸며 곡선미 곱게 넘어가는 그녀의 모습은 북방 사나이의 간장을 녹였다. / 간을 살살 녹이는 파주댁의 본심은 딴 데 있었다. 이 영감쟁이를 녹여서 한밑천 잡아 볼 심산이었다.

간장이 녹다[2] 매혹되다. ¶ 멋들어지게 넘어가는 민요 가락에 간장이 다 녹는 것 같다.

꼬리(를) 치다 사람을 유혹하거나 그 사람에게 잘 보이려고 말이나 행동을 하다. 주로 여자가 남자에게 하는 행동을 가리킬 때 쓴다. ¶ 저 여자가 먼저 꼬리를 치지 않았다면 제가 끼어들지 않았을 겁니다. / 나를 임자 있는 남자에게도 꼬리 칠 것 같은 여자로 보시는 겁니까? / 미국 앞에서 꼬리를 치는 친미사대주의자들의 모습이 그렇게 역겨울 수가 없었다. 〖기원〗 원숭이나 개 따위와 같은 동물들이 꼬리를 흔드는 행위를 인간의 행동에 비유한 말이다.

꼬리를 흔들다 ⇒ 꼬리(를) 치다 ¶ 여자들이 꼬리를 흔든다고 바로 빠져 버리는 어리석은 남자는 되지 마라.

낚시(를) 던지다 ⇒ 낚싯밥을 던지다 ¶ 그는 돈이 있는 척하며 낚시를 던졌지만, 그 정도에 넘어갈 내가 아니었다. / 이 과장은 상희의 생각이 똑똑한 데 내심으로 탐을 내고 음흉하게 낚시를 던졌다.

낚시를 물다 유혹에 넘어가다. ¶ 조금 더 생각해 보고 연락하겠다는 말이 나온 건 이미 낚시를 반쯤 물었다는 뜻이다.

낚시에 걸리다 유혹에 넘어가다. ¶ 불법 대부 업체의 낚시에 걸려 돈을 빌렸다가 신세를 망친 사람들이 많다. / 나 혼자 섣불리 나섰다가 낚시에 걸릴 수도 있기 때문에 친구와 함께 이것저것 따져 보았다.

낚싯밥에 걸리다 ⇒ 낚시에 걸리다 ¶ 오늘은 일단 사무적인 이야기만 하고 나오자. 앞으로 낚싯밥에 걸리나 안 걸리나 어디 두고 보자. / 돈을 탐하는 자는 결국 마귀의 낚싯밥에 걸리게 되어 있습니다.

낚싯밥을 던지다 (사람을 끌어들이거나 꾀기 위하여) 유혹하는 수단을 쓰다. ¶ 한차례 속이는 기술로 낚싯밥을 던져 상대의 중심을 무너뜨렸다. / 네티즌들의 눈길을 사로잡기 위해 인터넷 신문들은 선정적인 제목으로 낚싯밥을 던졌다. 참 **그물(을) 던지다, 덫을 놓다**

미끼를 던지다 ⇒ 낚싯밥을 던지다 ¶ 여러 번 미끼를 던졌지만 상대가 너무 완강하여 성공하지 못했다. / 유명 선수를 스카우트하기 위해 규정에서 벗어난 웃돈으로 미끼를 던지는 구단이 있다. ※ 미끼: 낚시 끝에 꿰는 물고기의 밥. 지렁이, 거미, 밥풀 같은 것을 사용함. 참 **덫을 놓다**

미끼를 뿌리다 (사람을 끌어들이거나 꾀기 위하여) 유혹하는 수단을 여기저기 쓰다. ¶ 판매 경쟁이 치열하다 보니 경쟁 회사는 십 년 무상 서비스라는 미끼까지 뿌렸다. / 상상도 못할 반전이 있다고 했지만, 극 초반에 여기저기 미끼를 너무 뿌려 놔서 영화가 끝날 즈음에는 긴장감이 떨어졌다.

뼈다귀(를) 녹이다 마음을 황홀하게 만들다. 또는 몸이나 마음을 가눌 수 없게 만들다. ▷ 비속어 ¶ 그 여자는 얼굴은 보통이지만 뼈다귀를 녹일 만큼 아름다운 목소리를 가졌다. / 그가 얼마나 담당관들의 뼈다귀를 녹여 놓았는지 우리가 관공서에 도착했을 때는 이미 일 처리가 끝나 있었다.

살살 녹이다 애교를 떨어 정신없게 만들다. ¶ 김 마담은 눈웃음과 간드러진 목소리로 남자 손님들을 살살 녹인다. / 우리 집사람은 살살 녹이는 맛이 없고 무뚝뚝하여 영 매력이 없어. 참 **사람(을) 죽이다**[1], **색(을) 쓰다** ①

여우(를) 떨다 (교활하고 간사스러운 아양으로) 남을 홀리다. ¶ 남자들은 나이를 먹을수록 여우 떠는 여자를 좋아하는 것 같다. / 여자는 차분하고 얌전해야지 돼요. 저는 여우를 떠는 여자는 딱 질색이에요.

오줌(을) 싸다 (매혹이 되어 자신을 가눌 수 없을 정도로) 황홀해지다. ¶ 인기 스타를 보면 오줌 싸며 정신 못 차리는 젊은이들이 많다.

추파를 던지다 유혹하다. ¶ 추파를 던지는 여자는 많았지만, 나는 한눈팔지 않고 공부만 했다. / 드라마를 통해 만들어진 이미지 때문인지 선거 때만 되면 정치권에서 추파를 던집니다.

혼(을) 빼다[뽑다][1] 홀리다. ¶ 과연 소문대로 그녀는 혼을 뽑을 만한 미모를 지녔다. / 그녀의 우아한 춤사위는 홀을 가득 메운 관중들의 혼을 뺐다.

【결정(決定), 선택(選擇), 답습(踏襲)】

가닥(을) 잡다[1] (어떤 방향으로) 결정을 하다. 주로 '무엇으로 가닥을 잡다'와 같이 쓰인다. ¶ 정부의 주택 정책은 무주택자에게 혜택을 더 주는 쪽으로 가닥을 잡을 것 같다. / 경쟁이 심하다 보니 어느 쪽으로 가닥을 잡아도 반발은 불가피해 보인다. / 투수 출신 감독으로 가닥을 잡다 보니 그를 차기 감독으로 내정하게 되었다. ※ 가닥: 한 곳에서 갈려 나간 낱낱의 줄.

가닥이 잡히다[1] (일이) 어떤 방향으로 결정되다. 주로 '무엇으로 가닥이 잡히다'와 같이 쓰인다. ¶ 존폐 논란이 있었던 사형 제도는 사실상 폐지 쪽으로 가닥이 잡혔다. / 이번 인사는 회장단 회의에서 비공개로 논의한 뒤 가닥이 잡힌 것이다.

갈림길에 서다 양자택일을 해야 할 상황이 되다. ¶ 두 사람 중에 한 사람을 선택해야 하는 갈림길에 서게 되면 당신은 누구를 선택하겠습니까?

두 마리 토끼를 잡다 두 가지 일을 동시에 도모하다. ¶ 돈과 명예 중에 하나만 선택하라고. 두 마리 토끼를 다 잡으려다가 신세 망칠 수도 있어. / 그는 선거에 출마하며 성장과 복지라는 두 마리 토끼를 잡겠다고 공약했다. 참 **두 손에 떡을 들다**

두 마리 토끼를 쫓다 ⇒ 두 마리 토끼를 잡다 ¶ 가수와 배우 두 마리 토끼를 쫓는 그가 어떻게 성장할지 계속 지켜볼 것이다.

전철을 밟다 과거의 잘못된 점을 또다시 행하다. ¶ 너는 실패를 거듭했던 네 형의 전철을 다시 밟아서는 안 된다. / 그는 집권 후 독재와 부패로 얼룩진 전임자의 전철을 밟았다. ※ 전철(前轍): 앞에 지나간 수레의 바퀴 자국.

점(을) 찍다 마음속으로 선택하여 두다. ¶ 점을 찍어 둔 여자가 있으면 말을 좀 해 봐. 내가 다리가 될지도 모르잖아. / 수많은 회사 중에서 그 회사를 사업 대상으로 점찍은 이유를 대 보세요. 참 **낙인(을) 찍다, 눈도장(을) 찍다 2**

【**계획**(計劃), **준비**(準備), **대비**(對備)】

각본에 따르다 정해진 계획대로 하다. ¶ 일이 각본에 따라 잘되어 가고 있었다. / 일부 대신들이 일제의 각본에 따라 을사늑약을 체결하더니 급기야는 나라를 일제에 팔아넘겼다. ※ 각본(脚本): 연극의 꾸밈새, 무대의 모양, 배우의 동작이나 대사 따위를 적은 글. 참 **소설(을) 쓰다, 쇼(를) 하다, 연극(을) 하다**

각본에 의하다 정해진 계획대로 하다. ¶ 각본에 의해 승부가 결정되는 것은 스포츠가 아니라 하나의 공연일 뿐이다.

길을 닦다 어떤 일을 본격적으로 하기 위한 준비를 하다. ¶ 선배들이 길을 잘 닦아 놓아서 우리가 쉽게 취직을 할 수 있는 거야. / 그녀는 정치에 깊이 관여하면서 퍼스트레이디의 길을 닦았다.

두 길마(를) 보다 두 군데 중에서 상황에 따라 제게 유리한 쪽을 좇으려고 살피다. ¶ 이런 상황에서 두 길마를 보는 사람은 믿을 수 없는 기회주의자야. / 어지간히 곧은 사람이 아니고는 이쪽저쪽 다림 보아 두 길마 보자고 지주 쪽에 속 다리 걸치고 나오는 사람이 없으란 법도 없거든. (한무숙, 돌) ※ 길마: 짐을 싣거나 수레를 끌기 위하여 소나 말 따위의 등에 얹는 안장. 참 **양다리(를) 걸(치)다**

두 길(을) 보다 ⇒ 두 길마(를) 보다 ¶ 대표를 뽑을 때가 되면 두 길을 보면서 여기저기 기웃거리는 사람은 얄밉게 보인다.

두 주머니(를) 차다 다른 목적에 사용할 재물을 준비하다. ¶ 안사람이 두 주머니를 차고 있으니 살림이 늘 리가 있겠나. 〚기원〛 계모나 안노인이 살림용과 사천(私錢)의 두 가지 주머니를 찬다는 데에서 나온 말이다. 계모는 자기 소생이나 노후를 위해서, 안노인은 딸자식을 위해서라고 한다.

딴 주머니(를) 차다 ① 상대 모르게 따로 돈을 모으다. ¶ 요즘은 가정주부 대부분이 딴 주머니를 차고 있다고 한다. / 그 정도 혼수가 과하다고요? 결혼해서 딴 주머니를 찰 것도 아닌데 그 정도 요구한 것이 뭐가 잘못이에요? ② 다른 속셈으로 대비를 하다. ¶ 서로 한 달 가까이 입씨름이다. 도대체 한 가지라도 성사시킬 의향은 있는 건지. 피차 딴 주머니를 차고 있는 것이 아닌지 수상쩍을 정도다.

딴 주머니(를) 챙기다 ① 상대 모르게 따로 돈을 모으다. ¶ 생활비를 잘 주지 않으면서 딴 주머니를 챙기는 남편을 어떻게 해야 할까요? ② 다른 속셈을 갖다. ¶ 신임을 받으면 슬슬 딴 주머니를 챙기는 부하들을 수없이 보아 온 회장은 답답할 정도로 우직한 그가 더욱더 마음에 들었다.

몸(을) 풀다[1] 어떤 일을 본격적으로 하기 위하여 준비하다. ¶ 시합이 몇 시간 남지 않았으니까, 이제는 몸을 풀면서 게임 구상을 해 보자. / 슬슬 몸 좀 풀면서 편안하게 쉬고 있으라고. 기다리고 있으면 일이 내려올 거야.

물 샐 틈(이) 없다 ① 감시와 경비가 치밀하다. ¶ 열 사람이 한 사람을 막을 수 없다더니, 아무리 물 샐 틈 없이 보초를 세웠어도 쥐새끼같이 뚫고 들어오는 데야 어쩔 도리가 없더라고. / 물 샐 틈 없는 감시망 속에서 무기를 확보하는 것은 쉬운 일이 아니었다. ② 계획이나 체계 따위가 치밀하고 주도면밀하다. ¶ 계획이야 물 샐 틈이 없게 짤 수 있지만, 과연 행동이 따라와 줄까? / 왕실의 법도는 매우 엄정해서 물 샐 틈조차 없어 보인다.

바람 부는 대로 계획 없이, 그때그때 외부 조건의 변화에 맞추어. ¶ 바람 부는 대로 자유롭게 살겠다던 그의 꿈은 현실의 벽에 부딪히고 말았다. / 젊었을 때 바람 부는 대로 살다가는 늙어서 후회하게 될 것이다. 참 **바람(이) 불다**[1]

벼락 치기 미리 준비하지 않고 갑자기 하기. ¶ 그는 시험 때만 되면 벼락치기로 공부를 한다. / 벼락치기로 일을 하고 나면, 반드시 모자란 구석이 생기기 마련이다.

빈틈(이) 없다 완벽하다. 용의주도하다. ¶ 그는 입을 놀리면서도 손은 빈틈없이 화약을 따라 촛물을 흘리고 있었다. / 사람이 너무 빈틈이 없어도 인정머리 없다는 소리를 듣게 된다.

속셈이 있다 제 마음속에서 따로 생각하는 바가 있다. ¶ 그런 불리한 조건을 승낙한 이면에는 다른 속셈이 있었던 거지요. / 무슨 속셈이 있어 나에게 그런 호의를 베푸는 거요?

판을 짜다 일정한 구도를 잡고 집단, 조직, 사람 따위를 배치하다. ¶ 지금 새로 판을 짜자는 주장이 있는데, 그건 국제 관계에서 있을 수 없는 일입니다. / 그가 천하의 인재들을 차지할 수 있었던 것은 그때그때의 정세를 잘 읽으며 판을 짰기 때문이다.

판을 차리다 어떤 일을 시작하려고 준비하다. ¶ 우리는 공연을 하려고 사람들로 북적대는 시내 한복판에 판을 차렸다. / 주거니 받거니 두 술장수가 내기를 하는지 판을 차리고 먹었다. / 누나가 판을 차리고 서서 자기 지휘로 학생들을 양편으로 갈라놓고 경기를 시작했습니다. 참 **판(을) 벌이다**

【**조치**(措置), **해결**(解決), **수습**(收拾)】 ≒ 【**혼란**(混亂), **악화**(惡化), **호전**(好轉)】

골을 메우다 어떤 문제를 해결하여 갈등을 없애다. ¶ 지금 상황에서 빈부의 골을 메운다는 것은 거의 불가능한 일이다. / 아내가 둘째를 낳고 나서야 결혼 문제로 생긴 부모님과 나와의 골을 메울 수 있었다. ※ 골: 골짜기.

길(을) 뚫다 적극적으로 방도를 찾아내다. ¶ 길은 내가 뚫어 볼 테니까 당신은 집안사람들이나 잘 보살펴요. / 제 살길을 빨리 뚫어야지 앉아서 굶어 죽을 수는 없는 노릇이 아니냐? / 온갖 어려움을 무릅쓰고 남미 수출 길을 뚫었다.

길을 열다 방도를 찾아내다. ¶ 후학들에게 길을 열어 주기 위해 자리를 내놓기로 마음먹었습니다. / 내 나름대로 노력하여 길을 열어 놓았는데, 이를 살리지 못한 동료들이 원망스럽다.

끈(을) 붙이다 (어떤 상황을 유지할) 방도를 마련하여 주다. ¶ 내가 끈은 붙여 볼 테니, 제발 속 차리고 네 아내에게 잘해라.

끈(이) 떨어지다 (어떤 상황을 유지할) 방도가 없어지다. ¶ 그는 친구의 죽음이 세상에 정을 붙이게 했던 마지막 끈이 떨어져 나간 것으로 생각되었다. / 아버지가 돌아가시고 먹고 살 끈이 떨어지자 비참한 생활이 우리를 기다리고 있었다. 참 **밥줄이 끊기다[끊어지다]**

끈(이) 붙다 (어떤 상황을 유지할) 방도가 생기다. ¶ 밥줄이 끊어지고 살길이 막막할 때는 그렇게 안 되어 보이던 녀석이 끈 붙고 나더니 이젠 큰소리까지 치면서 살더라고.

답이 나오다 해결 방안이 생기다. ¶ 노동자 운동의 위기 극복, 민주노총을 비판해야 답이 나온다. / 준비를 어떻게 하는 게 좋을지는 지난해 우승을 한 팀을 보면 답이 나올 것이다. / 아이들이 커 가면서 돈 들어갈 데는 많은데 남편 월급으로는 답이 안 나온다. / 지금 여당을 보면 답이 안 나오니 야당을 찍을 수밖에 없지요.

돌파구를 마련하다 해결의 계기를 만들다. ¶ 정부는 이번 무역 협상의 타결로 올 수출 목표 달성을 위한 돌파구를 마련했다. / 신소재 옷감을 개발하여 답보 상태에 빠져 있는 국내 의류 산업에 돌파구를 마련했다. ※ 돌파구(突破口): 가로막은 것을 깨뜨려 통과할 수 있도록 뚫은 통로.

돌파구를 열다 해결의 계기를 만들다. ¶ 한국은 서울 올림픽을 개최하면서 북방 외교의 돌파구를 열 수 있었다.

돌파구를 찾다 해결의 계기를 만들다. ¶ 루스벨트 대통령은 뉴딜 정책에서 불황 타개의 돌파구를 찾았다. / 대개의 아이들은 학교에서 받는 스트레스에 짓눌리지 않고 나름대로 돌파구를 찾아 학교생활에 적응한다.

두 수(가) 없다 다른 방도가 없다. ¶ 그곳에 가기는 싫지만, 그가 잡아끄는 통에 두 수 없이 갈 수밖에 별 도리가 없다. 〖기원〗 장기나 바둑에서 한 번 말을 쓸 때 두 번 써서 얻는 수를 마련하지 못함을 이르는 말로, 뾰족한 해결책이 없음을 나타낸다.

뒤를 거두다 수습하다. ¶ 나 혼자서는 뒤를 거둘 수 없을 만큼 일이 크게 벌어졌다. / 망나니 아들을 둔 덕분에 그놈이 일을 저지를 때마다 뒤를 거두느라 죽을 지경이다.

뒤(를) 두다[2] 뒷일을 생각하여 결말을 짓지 않고 여유를 남겨 두다. ¶ 통신사에서는 이번 할인 행사가 기본요금 인하와는 별개 조치라고 뒤를 두었다. / 내일 가서 봐 가며 뒤를 두고 오리라.

뒤를 맑히다 깨끗하게 처리하다. ¶ 아무리 바빠도 자기가 벌여 놓은 일은 뒤를 맑혀 놓고 놀아야 하지 않겠니?

뒷길(을) 두다 빠져 나갈 수 있는 방도를 마련하다. ¶ 아무리 잘나가는 때라도 항상 뒷길을 두는 것이 세상을 사는 이치란다. / 그래도 네가 한번 찾아가서 고맙다고 인사는 해 두어라. 우리같이 천한 사람은 무슨 일에든지 뒷길을 두어야 하는 법이다.

뒷손(을) 쓰다 은밀히 필요한 조치를 취하다. 청탁하는 것을 나타내는 표현. ¶ 이번 일은 내가 뒷손을 써 놓았으니까 안심해라. / 이젠 일이 걷잡을 수 없을 정도로 나빠져 뒷손을 써도 안 될 것 같다. / 그는 논을 사들이기 전에 도청에까지 은밀하게 선을 대서 염전 허가가 나올 수 있도록 뒷손을 썼다. 참 **선손(을) 쓰다, 선수(를) 치다, 윗손(을) 쓰다**

매듭(을) 풀다 해결하다. ¶ 이번 일의 매듭을 제대로 풀지 못하면 오랫동안 고생할 거야. / 이처럼 심리전에서는 자신의 페이스로 상대를 유도하는 것이야말로 모든 일의 매듭을 푸는 고리다. ※ 매듭: 노, 실, 끈 따위를 잡아매어 마디를 이룬 자리. 반 **매듭(을) 짓다**

메스(를) 가하다 문제점을 고치기 위한 조치를 취하다. ¶ 새 정부가 들어서면서 공무원의 부정부패에 메스를 가했다. / 그는 민중의 편에 서서 사회에 대해 비판의 메스를 가하고 싶어 했다. ※ 메스(mes): 수술이나 해부를 할 적에 쓰는 작은 칼.

메스(를) 들다[2] 문제점을 고치기 위하여 나서다. ¶ 교육감들이 교육 비리에 메스를 들었다. / 구조 조정을 본격적으로 할 때는 아니었지만, 일부 계열사는 더 이상 버티기 어렵다고 판단해 먼저 메스를 든 것으로 보인다.

메스(를) 잡다[2] ⇒ **메스(를) 들다**[2] ¶ 검찰의 치부를 가장 잘 아는 이들이 검찰 개혁의 메스를 잡았다. / 메스를 잡은 기획처가 불공정 시비에 휘말린다면 구조 조정의 효과를 기대하긴 어려울 것이다.

불(을) 끄다 급한 일을 해결하다. ¶ 우선 아쉬운 대로 닥친 불부터 끄고 보자. / 급한 불은 껐지만, 아직도 해결해야 할 문제가 산더미 같다. / 네 사정은 딱하지만, 우선 내 급한 불부터 먼저 꺼야 하지 않겠니? 참 **발등의 불**

손(을) 쓰다[1] 대책을 세워 행하다. 조치를 취하다. ¶ 우리가 손쓸 시간도 없이 대부분의 상점이 그의 손아귀에 넘어갔다. / 어서 빨리 손을 써야 목숨이라도 건질 수가 있어요. / 면 서기에 불과한 나에게 당숙은 다짜고짜 어떻게 좀 손을 써 건축 허가를 받게 해 달라고 떼를 썼다.

솟아날 구멍이 없다 대책이 없다. ¶ 아무리 상황이 어렵더라도 솟아날 구멍이야 없겠어요? / 이름 없는 작가들은 원고지 칸을 아무리 부지런히 메워도 경제적으로는 도저히 솟아날 구멍이 없습니다.

솟아날 구멍이 있다 대책이 있다. ¶ 긍정적인 사고를 가지면 그야말로 하늘이 무너져도 솟아날 구멍이 있는 법이다. / 시험에는 실패했지만 그래도 솟아날 구멍은 있었다. 〖기원〗 '하늘이 무너져도 솟아날 구멍이 있다'는 속담에서 비롯한 표현이다.

실마리가 보이다 문제에 대한 해결책이 생기다. ¶ 그동안 난관에 부딪쳤던 제철소 건설에 희망의 실마리가 보였다. / 사건이 발생한 지 일 년이 넘었지만, 아직까지 해결의 실마리가 보이지 않는다. ※ 실마리: 실의 첫머리.

실마리가 잡히다 문제에 대한 해결책이 생기다. ¶ 워낙 생소한 문제인지라, 다산 같은 큰 학자도 처음에는 실마리가 잡히지 않아 애를 먹었다고 한다. 유 **가닥이 잡히다[2], 갈피가 잡히다**

실마리를 찾다 문제에 대한 해결책을 마련하다 ¶ 북한에 다녀온 이후 나는 남북 문제 해결의 실마리를 찾았다. / 우리 고유의 산줄기 개념에 대한 실마리를 찾기 위해 고지리서(古地理書)를 들춰 보았다.

실마리를 풀다 문제에 대한 해결책을 마련하다 ¶ 사건이 발생한 지 보름이 지났지만, 사건 해결의 실마리가 좀처럼 풀리지 않는다. / 요즘 일부 직장에서 분규가 일고 있다. 노사 양측 모두 작은 데서부터 실마리를 풀어 가는 자세가 필요할 것 같다.

외양간(을) 고치다 잘못을 수정하여 수습하다. ¶ 문제가 불거지자 정부는 부랴부랴 지난달에 전문 인력을 뽑아 사태 해결에 나섰지만 너무 늦게 외양간을 고친 꼴이 되었다. / 디도스 공격으로 심각한 피해를 입게 되자, 기관과 기업들은 사이버 대피소를 마련하고 분산 장비를 구비하며 외양간을 열심히 고쳤다. * 디도스(DDos): 분산 서비스 공격(Distributed Denial of Service)의 약자다. 서버가 처리할 수 있는 용량을 초과하는 정보를 한꺼번에 보내 과부하로 서버를 다운시키는 공격 방식이다. 〖기원〗 '소 잃고 외양간을 고치다'라는 속담에서 기원한 표현이다.

포석을 깔다 (앞으로의 일에 대비하여) 미리 조치를 취하다. ¶ 그는 정권 탈취를 위해 오랜 기간 치밀하게 포석을 깔았다. / 회사의 협상안은 파업을 사전에 차단하겠다는 포석을 깔고 있었다. / 그가 주변국 정상들과 잇따라 회담을 열며 평화 회담의 포석을 깐 것은 높이 평가합니다. ※ 포석(布石): 바둑에서 처음 바둑돌을 벌여 놓는 일.

포석을 놓다 ⇒ 포석을 깔다 ¶ 그들은 통신사를 설립하여 정보 전쟁에 새로운 포석을 놓았다. / 이번 인사는 불만 세력의 이탈을 막기 위해 사전 포석을 놓은 것으로 볼 수 있다.

혹(을) 떼다 부정적인 것이나 걱정을 없애다. ¶ 이윤은 적은데 기업에 부담이 큰 사업이라 서둘러서 혹 떼려는 것 아니냐? / 당에서는 대통령에게 정치적인 부담을 주고 있는 혹을 뗀다는 의미에서 그를 사퇴시켰다. 반 **혹(을) 붙이다** 참 **혹(을) 달다**

【조정(調整)】

거품을 빼다 실속 없고 분수에 맞지 않는 것들을 없애다. ¶ 어려운 때일수록 가정에서부터 거품을 빼야 합니다. / 우리 식당은 철저한 식재료 관리로 음식값의 거품을 쫙 뺐다.

거품이 빠지다 실제보다 높이 평가된 것들이 정상적인 상태로 돌아오다. ¶ 부동산 경기의 거품이 빠지면서 서울의 아파트값이 가파르게 내렸다.

교통정리(를) 하다 ① 조정하다. ¶ 서로 잘났다고 나서는 통에 합의가 되지 않고 있으니, 당신이 교통정리 좀 하셔야겠어요. ② 갈래를 지어 정리하다. ¶ 공부는 복잡한 것을 갈래지어 단순하게 만드는 일이다. 교통정리를 잘하는 사람이 공부를 잘하는 사람이다.

군살(을) 빼다 쓸데없는 것을 없애다. ¶ 공무원 조직의 군살을 빼 작고 효율적인 정부를 만들어야 한다. / 우리 항공사는 짧은 노선의 기내식을 없애는 등 군살을 뺀 가격으로 고객을 확보할 계획이다. / 기업 환경이 빠르게 변화하는 요즘 거대 기업의 군살 빼기는 회사의 사활이 걸린 문제다.

묵주머니(를) 만들다[1] (사건이나 분쟁 따위를) 적당히 무마하다. ¶ 큰 싸움으로 번지면 어떡하나 걱정했는데, 능글맞은 박 사장이 험악한 분위기를 묵주머니를 만들어 놓았다. / 학교는 이 사건을 흐지부지 묵주머니 만들어 문제가 된 교사를 전출하는 것으로 마무리하려고 했다. / 덕기가 시원스럽게 말을 안 하는 것이 조부가 보기에는 모두 속임수로 얼쯤얼쯤 묵주머니를 만들려는 것 같아야 또 화가 나나 멀리 온 귀여운 손자라 참는 수밖에 없었다. (염상섭, 삼대) ※ 묵주머니: 묵물을 짜는 데 쓰는 큰 주머니.

수위를 조절하다 정도를 정하거나 적절한 수준에 맞추다. ¶ 15세 관람가인 영화라 노출의 수위를 조절해야 했다. / 기자 회견에서 어느 정도까지 공개할 것인지 두 사람이 사전에 수위를 조절한 듯하다.

【협동(協同)】

손에 손(을) 잡다 서로 힘을 합하여 돕다. ¶ 남녀노소 할 것 없이 모두 손에 손 잡고 마을 복구 작업에 발 벗고 나섰다. / 우리가 힘이 약하더라도 손에 손을 잡으면 못 할 일이 없다.

손(을) 나누다[1] 한 가지 일을 여럿이서 나누어 하다. ¶ 혼자서 하느라고 애쓰지 말고 손을 나누어 하면 쉽지 않겠소?

손(을) (맞)잡다 서로 도와 가며 일하다. 제휴하다. ¶ 서로의 발전을 위해 대학과 기업체가 손을 맞잡았다. / 여러 사람과 손을 잡고 일을 해야만 성공할 수 있다. / 과거의 나쁜 감정을 모두 버리고 다시 손을 잡게 되어 무척 기쁩니다.

【협의(協議)】

말(을) 붙이다 말을 걸거나 거래 등을 위한 협상을 하다. ¶ 선생님은 감히 말을 붙일 수 없을 정도로 흥분해 있었다. / 중매를 선다고 나섰지만 신랑감이 오십을 바라보는 노총각이라 어떻게 말을 붙여 볼 수도 없었다.

머리를 맞대다 어떤 문제를 의논하며 함께하다. ¶ 이 한심한 사람들아! 그래 기껏 머리를 맞대고 고민해서 내린 결론이 그거였어? / 검사가 유괴범에 대해 무기 징역을 구형하자 배심원단은 머리를 맞댄 지 십 분도 안 돼 가석방 없는 종신형을 선고했다.

머리(를) 모으다 (어떤 문제를 해결하기 위하여) 함께 생각하다. ¶ 우리 함께 머리를 모읍시다. 그래서 이 경제 난국을 타개해 나갑시다. / 우리가 머리를 모은다면 해결하지 못할 문제가 없을 것이다. / 머리를 모으고 숙의(熟議)에 숙의를 거듭해도 아무런 결론을 낼 수 없었다.

무릎을 맞대다 ⇒ **머리를 맞대다** ¶ 오랜 시간 동안 무릎을 맞대고 있었으나 뚜렷하게 합의를 본 것은 하나도 없었다. / 일을 순리대로 해결하고 꼬인 매듭을 풀려면, 무릎을 맞대는 진솔한 대화의 시간을 가져야 합니다. 참 **무릎 맞춤**

얼굴을 맞대다 ⇒ **머리를 맞대다** ¶ 우리 둘은 얼굴을 맞대고 다음 대책을 논의했다. / 얼굴을 맞댔지만 뚜렷한 해결책은 나오지 않았다. 참 **등(을) 맞대다**

이마를 맞대다 ⇒ **머리를 맞대다** ¶ 시장과 주민들이 지역 현안을 놓고 이마를 맞댔다. / 둘은 각별한 친구처럼 이마를 맞대고 조정의 대소사를 상론했다.

테이블에 올리다 협의하기 위하여 안건으로 삼다. ¶ 그 정도 안건은 테이블에 올릴 만한 것이 되지 못한다. / 일단 지금까지 나온 사항들을 두 가지 정도로 정리해서 협상 테이블에 올려 봅시다.

테이블을 마련하다 협의할 준비를 하다. ¶ 나머지 소소한 문제는 나중에 노조 측과 테이블을 마련해 결정할 계획입니다. / 휴전 분위기가 조성되면서 명나라와 일본은 지금의 창원 부근에 협상 테이블을 마련했다.

정신적 행위(精神的 行爲)

【생각, 궁리(窮理)】

골머리(를) 쓰다 어떤 문제에 대하여 이리저리 생각하거나 근심하다. ¶ 이사 한번 하려면 골머리 쓸 일이 한두 가지가 아니다. / 김 형사는 조 씨가 범인임을 확신하고 그를 잡기 위해 골머리를 썼다. 참 **골머리(를) 앓다**

골(을) 싸매다 ⇒ **머리(를) 싸(매)다** ¶ 김 감독은 용병들의 활용 방안을 놓고 골을 싸맸다. / 박사 여럿이 며칠째 골 싸매고 있지만, 해결 방안을 찾지 못하고 있다.

골(을) 쓰다 어떤 문제에 대하여 이리저리 생각하거나 근심하다. ¶ 논문이라는 게 골 쓴다고 해서 제대로 되는 것만도 아니다. / 겉으로는 자녀 교육에 무관심한 사람처럼 보이지만 그도 아들 녀석 때문에 은근히 골을 쓰는 사람이었다.

머리(가) 빠지다 복잡한 일을 몹시 골똘히 생각하여 머리카락이 빠질 만큼 힘들다. ¶ 머리 빠지게 논문을 써도 알아주는 사람이 없다. / 세상에 편한 일도 많은데 이렇게 머리가 빠지는 일을 선택하게 된 동기가 무엇입니까?

머리가 세다 복잡한 일을 몹시 골똘히 생각하여 머리가 하얗게 셀 만큼 힘들다. ¶ 오랫동안 정치 문제와 머리가 세도록 씨름하다 보니 왕이 아닌 인간 이방원으로서는 지칠 만도 했을 것이다. / 감독의 자리에 오르니 축구는 운동이라기보다 머리를 하얗게 세게 하는 일거리가 되었다.

머리(가) 터지다2 어려운 일을 해결하기 위하여 무척 신경을 쓰다. 주로 '머리 터지게' 꼴로 쓰인다. ¶ 지난 한 주 동안 진짜 머리 터지게 나를 괴롭히며 고민했다.

머리(를) 굴리다 묘안을 생각하다. ¶ 젊었을 때는 머리 굴리면서 일을 하기보다는 우직하게 일하는 것이 보기 좋다. / 그는 남이 일껏 머리를 굴려서 만든 제안서를 모조리 트집 잡아 퇴짜를 놓았다.

머리(를) 돌리다[2] ⇒ 머리(를) 굴리다 ¶ 머리를 돌린다고 돌렸는데도 별다른 해결책을 찾지 못했다.

머리를 스치다 생각이 떠오르다. ¶ 방금 아주 기발한 생각이 머리를 스치고 지나갔다. / 어느 날 십 년 전 즈음 중학생이던 아들이 식탁 위에서 불쑥 던진 말이 불현듯 머리를 스쳤다.

머리(를) 싸(매)다 (생각하는 일에) 애써 노력하다. ¶ 아이들의 예상 못한 질문에 노벨상 수상자들은 머리를 싸맸다. / 아둔한 이웃끼리 머리 싸매고 궁리해도 도무지 풀리지 않는 몇 가지 의문들을 감히 여쭤 보겠습니다. / 머리를 싸고 공부를 해도 대학에 떨어지는 마당에 여행이나 다니고 영화나 보러 다니면 어떡하니?

머리(를) 쓰다 (체계적으로) 생각하다. ¶ 이건 머리를 쓰는 게임이에요. / 수면 부족으로 머리 쓰는 일이 괴로워지면서 학습 효율도 떨어졌다. / 토지 개혁에 정성을 기울이느니 차라리 상업의 발전 쪽에 머리를 쓰는 게 낫다.

머리를 쥐어뜯다 생각나지 않는 것을 생각하려고 애쓰다. ¶ 더 이상 생각나는 것이 없어 머리를 쥐어뜯고 있었지요. / 시험에는 머리를 쥐어뜯고 싶은 문제들만 나왔다.

머리를 쥐어짜다 묘안을 생각해 내려고 몹시 애쓰다. ¶ 이제는 아무리 머리를 쥐어짜도 해결책이 보이지 않는다. / 그는 무슨 일을 하는지, 요즘은 퇴근도 안 하고 책상머리에 앉아 머리를 쥐어짜고 있을 때가 많아요.

머리를 짜(내)다 묘안을 생각해 내려고 애쓰다. ¶ 공격을 앞두고 제갈량은 군영(軍營)에서 참모들과 머리를 짜고 있었다. / 그는 혹시 묘한 구멍수라도 발견하지 않을까 하여 눈을 깜빡거리며 머리를 짜내고 있었다. / 아무리 머리를 짜내도 왜 갑자기 그녀가 만나자는 것인지 짚이는 바가 없었다.

무릎(을) 치다 문득 좋은 생각이 떠올라 감탄하다. ¶ 학생의 명쾌한 설명에 교수는 무릎을 치며 학생을 쳐다보았다. / 그는 회교 사원 건설 공사에서 말로만 듣던 특수 시멘트를 발견하는 순간 "바로 이것이다."며 무릎을 쳤다.

박(이) 터지다[2] 어려운 일을 해결하기 위하여 무척 신경을 쓰다. 주로 '박 터지게' 꼴로 쓰인다. ▷ 비속어 ¶ 스스로 박 터지게 고민해서 뭔가 해냈을 때의 즐거움은 이루 말할 수가 없다. / 영화의 방향에 대해서는 프리 프로덕션 단계 때 정말 박 터지게 논의했어야죠.

【**이해**(理解), **파악**(把握), **짐작**(斟酌)】

가늠(을) 보다 ① 형편을 살피다. ¶ 지금 일을 시작해야 할지 말아야 할지 가늠을 보았다. ② 짐작하다. ¶ 초기에는 일의 가늠을 보지 못해 낭패를 보곤 했다. ※ 가늠: 목표에 맞고 안 맞음을 헤아리는 표준.

가늠(을) 잡다 짐작하다. ¶ 선생님이 어떤 생각을 가지고 계신지 가늠 잡기가 힘들다. / 지금 상황으로는 그들이 어떻게 나올지 가늠을 잡을 수 없어.

가늠(이) 가다 짐작할 수 있다. ¶ 그가 왜 지금 나타났는지 가늠이 가지 않아 답답하기만 했다.

가닥(을) 잡다[2] (일이나 상황을) 일목요연(一目瞭然)하게 파악하다. ¶ 산책을 하면서 생각의 가닥을 잡은 그는 그 자리에 멈춰 서서 무릎을 탁 쳤어요. / 일을 시작한 지 일 년이 다 되어 가는데 아직도 가닥을 못 잡고 헤매다니. 한심한 녀석. ※ 가닥: 한 곳에서 갈려 나간 낱낱의 줄.

가닥이 잡히다[2] (일이나 상황이) 일목요연(一目瞭然)하게 파악되다. ¶ 지금은 일이 한도 끝도 없어 보이지만, 하다 보면 가닥이 잡히겠지요. / 수사를 시작한 지 한 달이 다 되어 가는데도 단순 실종인지 납치인지 가닥이 잡히지 않았다. 유 **실마리가 잡히다**

간도 모르다 일의 내막을 짐작도 못하다. ¶ 간도 모르면서 웬 참견입니까? / 의욕만 앞선 채 간도 모르고 덤벼들었다가는 당하기 십상이네. 세상이 그렇게 호락호락하지 않아. ※ 간: 음식물의 짠 정도.

간(을) 보다 일이나 상대의 형편을 살피다. ▷비속어 ¶ 술자리에 모인 사람들은 처음에는 서로 한 마디씩 던지면서 간을 봤다. / 결정을 해야 하는 시점인데도 아직까지 간만 보면서 요리조리 피해 다니니까 그 사람이 얄미워 보인다. 〖기원〗 요리를 할 때 음식의 짠 정도를 알아보는 것을 가리키는 말이었는데, 일이나 상대의 형편을 살피는 것을 가리키는 말로 의미가 확대되었다.

갈피가 잡히다 (일의 앞뒤를 잘 분별하여) 질서가 세워지다. ¶ 새 부서로 발령을 받은 후 한동안은 일이 갈피가 잡히지 않아 무척 고생을 했다. ※ 갈피: 일이나 물건의 부분과 부분이 구별되는 어름. 유 **실마리가 잡히다**

갈피(를) 잡다 (일의 앞뒤를 잘 분별하여) 질서를 세우다. ¶ 일의 갈피를 잡고 나니 일 처리 시간이 갈수록 줄어들었다. / 그는 축사를 부탁받고 일어섰지만, 어떻게 이야기해야 할지 영 갈피를 잡을 수 없어 다시 자리에 앉았다.

감(을) 잡다 상황을 파악하다. ¶ 상대가 어떻게 나올지 감을 잡고 있어서 그리 당황하진 않았어요. / 취업 특강을 듣고 나니 면접에 어떻게 응해야 할지 이제야 감 좀 잡은 것 같다. ※ 감(感): 어떤 대상에 대한 반응으로 나타나는 기분.

감이 오다 상황이 파악되다. 또는 어떤 느낌이 들다. ¶ 당신 설명을 들으니 감이 오네요. / 그만큼 말했는데도 감이 오지 않으면 일찌감치 포기하는 게 좋을 것 같다. / 첫 번째 곡을 듣는 순간 히트할 것 같은 감이 왔다.

감이 잡히다 상황이 파악되다. ¶ 시험지를 받아 든 후 한참 동안은 출제자가 무엇을 의도했는지 감이 잡히지 않았다. / 당신 설명을 들으니까 이제 좀 감이 잡히는군요.

구린내(가) 나다 수상쩍어 의심스러운 느낌이 들다. ¶ 공식적으로 밝혀진 바는 없지만 이번 사건은 어딘가 구린내가 난다. / 아무런 말도 하지 않았는데 공연히 변명을 늘어놓는 것을 보면, 그 녀석한테서 뭔가 구린내가 난다. 참 **구린 데가 있다**

귀가 뚫리다[2] (어떤 소리의 의미를) 이해하다. ¶ 내가 말한 것 백 번쯤 들으면 귀가 뚫리고 행동으로 옮겨질 것이다.

귀가 열리다[2] (어떤 소리의 의미를) 이해하다. ¶ 아가야! 너의 작은 움직임에도 작은 울음소리에도 눈을 뜨게 되는 걸 보면, 나도 엄마로서 귀가 열린 것 같다. / 귀가 열려야 듣는 법. 아름다운 노래를 듣지 못하는 걸로 미루어 보면 나의 귀는 아직 열리지 않은 모양이다.

냄새(가) **나다** 직업적 특징이 드러나다. ▷ 비속어 ¶ 그 사람은 어딘지 모르게 정보원 냄새가 난다. / 하는 말이나 말하는 모습을 보니 선생님 냄새가 나네요. 참 **구린 데가 있다**

냄새(를) **맡다** 알아채다. ¶ 경찰들은 무슨 냄새를 맡았는지 거리에 쫙 깔려서 오가는 사람들을 검문하기 시작했다. / 대답 없는 나에게 두 번씩 꼬집어 묻는 것이 필시 냄새를 맡고 사실대로 자백하라고 명령하는 것 같았다.

눈도장(을) **찍다**[2] 눈에 익을 정도로 보아 두다. ¶ 나는 시험 볼 때 첫 문제부터 부리나케 푸는 대신에 문제지를 넘겨 가며 대충 눈도장을 찍어 둔다. / 책을 오랫동안 붙들고 있었던 것은 실려 있는 사진 한 장 한 장을 눈도장 찍어 가며 읽었기 때문이다. 참 **점**(을) **찍다**

눈에 들어오다[2] 이해가 되다. ¶ 머리가 멍해서 책을 봐도 내용이 눈에 잘 들어오지 않았다. / 정리가 잘된 논문은 한번에 눈에 들어온다.

눈(을) **뜬 장님이다**[1] 보면서도 알지 못하다. ¶ 세상의 진실을 보지 못하는 우리는 눈뜬 장님일 뿐이다.

눈치(가) **빠르다** 남의 속마음을 빨리 알아채는 능력이 있다. ¶ 그 녀석 눈치 하나는 빨라 어디 가서 굶어 죽지는 않을 것이다.

다림(을) **보다** 이해관계를 살피다. ¶ 투자를 하려면 다림을 보아서 해야지, 덤벙대다가는 손해 보기 십상이야. / 어지간히 곧은 사람이 아니고는 이쪽저쪽 다림 보아 두 길마 보자고 지주쪽에 속 다리 걸치고 나오는 사람이 없으란 법도 없거든. (한무숙, 돌) ※ 다림: 수평이나 수직을 헤아려 보는 일.

듣도 보도 못하다 전혀 모르다. ¶ 내가 이 지방에서 30년을 넘게 살았어도 그런 사람은 듣도 보도 못했다. / 듣도 보도 못한 일을 말하라고 하니 답답할 노릇이다.

말(이) **통하다**[2] 의사소통이 가능하다. ¶ 처음 한국에 왔을 땐 말이 통하지 않아 힘들었는데, 이제 말이 통하게 되니 일자리를 구할 때도 한결 폭이 넓어졌다.

맥(도) **모르다** 일의 속내나 까닭을 알지 못하다. 또는 일의 핵심을 파악하지 못하다. ¶ 맥도 모르고 지껄이는 사람을 보면 속이 터질 것만 같다. / 맥 모르고 덤벼들었다가 된통 당하고 물러났다. ※ 맥(脈): 정기가 흐르는 줄기.

맥(을) 보다 남의 눈치나 뜻을 살펴보다. ¶ 나는 점순네 수탉이 노는 밭으로 가서 닭을 내려놓고 가만히 맥을 보았다. (김유정, 동백꽃) / 담배만 뻑뻑 피우고 있는 남편 앞에 바가지를 내려놓으며 가만히 맥을 보니, 남편은 뭔가에 단단히 화가 나 있는 것 같았다.

맥(을) 짚다 남의 마음속을 알아보다. ¶ 이미 맥을 짚고 있었던 바라 철수의 행동이 그렇게 당혹스러운 것만은 아니었다.

머리 (속)에 들어오다 이해되다. '속'이 생략되지 않을 때는 '머릿속'이 된다. ¶ 강연자의 말이 너무 어렵고 지루해서 강연 내용이 통 머리에 들어오지 않는다. / 마음은 딴 데 가 있는데 지금 당신 말이 머릿속에 들어오겠어?

밑도 끝도 모르다 어찌된 영문인지 속내를 전혀 알지 못하다. ¶ 밑도 끝도 모르면서 남의 일에 참견한다. / 그가 쫓긴다고 하면서 도움을 요청하자 밑도 끝도 모르고 엉겁결에 그를 도와주고 빠져나왔다.

뱃속을 들여다보다 남의 마음을 꿰뚫어 보다. ¶ 내가 나이를 헛먹은 것은 아니야. 네 말 한마디만 들어 보아도 네 뱃속까지 들여다볼 수 있어. 참 **속(이) (들여다)보이다**

뿌리를 캐다 무엇으로부터 비롯되었는지 그 기원을 밝히다. ¶ 나는 우리말의 뿌리를 캐는 데에 청춘을 다 바쳤습니다. / 고집불통인 사람들의 뿌리를 캐 보면 대부분 독선적인 아버지의 영향을 받으며 자랐다. / 지금 두 집안 갈등의 뿌리를 캐어 내려가 보면 조선 시대의 당쟁에까지 이른다.

속에 들어가 보다 상대의 마음을 훤히 알다. ¶ 소설을 읽다 보면 소설 속 인물들의 마음속에 들어가 본 느낌이 들 때가 있다. / 철민이는 영희와 깊은 관계는 아닌 것 같아. 하기야 그 속에 들어가 보지 않았으니, 함부로 말할 건 못 되지만.

손금(을) 보듯 하다 낱낱이 다 알다. ¶ 그쪽 지리는 제가 손금 보듯 하죠. / 남의 집 일이지만 그 집안 사정은 손금을 보듯 하고 있어요.

이름도 성도 모르다 (어떤 사람에 대하여) 전혀 모르다. ¶ 이름도 성도 모르는 남자하고 사랑에 빠졌다. / 난 정말 그 사람 이름도 성도 몰라요.

이마를 (탁) 치다 갑자기 깨닫게 됨을 나타내는 말. ¶ 내 제안에 그 자리에 있던 모든 사람이 이마를 쳤지요. / 그는 이번에 낸 책에서도 이마를 탁 칠 만한 갖가지 기술을 소개하고 있다.

정곡을 찌르다 핵심을 파악하다. ¶ 정곡을 찌르는 질문에 발표자는 순간 당황한 기색이 역력했다. / 의원들은 수박 겉핥기식의 질문만을 할 뿐 정곡을 찌르는 질문을 하는 사람이 없었다. ※ 정곡(正鵠): 과녁의 한가운데 되는 점.

족보를 캐다 ⇒ 뿌리를 캐다 ¶ 족보를 캐 보면 우리도 한집안 자손일지 모른다. / 미술이 무엇인지 그 족보부터 한번 캐 보기로 합시다. ※ 족보(族譜): 한 족속의 계통과 혈통에 관하여 기록한 책.

중 염불하다 참뜻도 모르면서 외우기만 하다. ¶ 중 염불하듯이 공부하지 말고 정신 차려 공부해라. 참 **공염불을 외다**

짚이는 데가 있다 짐작되는 바가 있다. ¶ 그 여자가 어디 있는지 짚이는 데가 있다. / 무슨 영문인지 짚이는 데가 있으면 말씀 좀 해 주세요. 아무리 생각해도 나는 알 수가 없어요.

척하면 삼천리 눈치가 빠름. 또는 충분히 짐작할 수 있음. 무슨 일을 알아보거나 할 때 막 바로 삼천리 방방곡곡의 일을 훤하게 꿰뚫고 있다는 말이다. ¶ 척하면 삼천리인 세상에서 어떻게 꼼수를 부릴 수 있겠어? / 그와 팔 년째 한솥밥을 먹고 있으니 이젠 척하면 삼천리죠. / 신입 사원이 얼굴을 붉혀 가며 털어놓는 무용담은 고참의 입장에서 보면 대개 척하면 삼천리 같은 얘기다.

【예측(豫測), **상상**(想像)**】≒【식견**(識見)**】**

가슴에 그리다 ⇒ 머릿속에 그리다 ¶ 가슴에 그려 온 고향의 모습을 이제야 보게 되었구나.

계산에 넣다 예측하여 생각하다. ¶ 선생님께서 말씀하신 그 일도 다 계산에 넣고 있었습니다. / 두세 가지 가능성을 계산에 넣고 일을 시작했지만, 일은 생각보다 더 복잡해져 전혀 엉뚱한 결과가 나올 수도 있을 것 같았다.

귀신도 모르다 상식적으로는 예측할 수도 알 수도 없다. ¶ 어떤 주식이 오르고 어떤 주식이 떨어질지는 귀신도 모른다. / 그동안 재정을 공개하지 않았으니 그 수입 규모는 귀신도 몰랐다. 참 **귀신도 모르게**

눈에 선하다 전개될 상황이 분명히 그려지다. ¶ 이런 말을 했을 때 네가 지을 표정이 눈에 선해서 속으로 웃었다. / 동생이 오죽 바지런을 떨며 구석구석 쓸고 닦고 엽엽하게 투숙객들 시중을 들 것인가 보지 않아도 눈에 선했다. (박완서, 그리움을 위하여) *엽엽(曄曄)하다: (성질이나 생김이) 환하고 서글서글하다.

머리에 두다 미리 생각하고 있다. ¶ 내가 막무가내로 일을 시작한 것 같아 보여? 그런 사태 정도는 머리에 두고 이 사업을 시작했단 말이야. / 아내의 구박을 머리에 두고 있었다면 보너스를 몰래 감추는 짓은 하지 않았을 것이다.

머릿속에 그리다 상상하다. ¶ 그는 변해 있을 고향의 모습을 머릿속에 그리면서 차창 밖을 쳐다보았다. / 동양이라는 말을 듣고 서양 사람들이 머릿속에 그리는 이미지는 무엇을 근거로 한 것일까?

몇 수 앞을 보다 전개될 상황을 상당히 앞서 파악하다. ¶ 그는 일을 시작하면 몇 수 앞을 보고 그에 따른 정보를 수집한다. / 기업은 정부보다 몇 수 앞을 보면서 시장의 변화에 대비해 왔다.

상(을) **보다** 예상하다. ¶ 상을 보니, 이 일은 잘될 것 같은 생각이 든다. ※ 상(相): 관상학에서 얼굴이나 체격의 됨됨이.

수(가, 를) **읽히다** 상대에게 의도를 간파당하다. ¶ 승부차기에서 골키퍼에게 수를 읽힌 것이 안타깝기만 했다. / 그 전술은 이미 수가 읽혀 무용지물이 된 지 오래다.

수(를) **읽다** 상대가 어떻게 나올지 알다. ¶ 그들은 이미 내 수를 읽은 것 같았다. / 수를 읽고 덤벼드는 강한 적 앞에 그는 속수무책일 수밖에 없었다. 〖기원〗 수(手)는 바둑이나 장기를 두는 기술 수준을 가리키는 말인데, 의미가 확대되어 일을 계획하거나 수행하는 수준을 표현하는 데 사용되었다. 참 **수가 깊다, 수가 낮다, 수가 높다, 수가 달리다**

아니나 다를까 예측한 바와 똑같은 경우를 나타내는 말. ¶ 아니나 다를까, 또 허탕을 치고 말았다. / 방에 들어가 보니 어제 데려온 아이가 보이지 않아 가슴이 섬뜩해졌다. 아니나 다를까, 그 아이는 편지 한 장만 남기고 사라져 버렸다.

앞을 (내다)**보다** 전망하다. ¶ 청년들이 앞을 내다보지 않고 현재만을 생각한다면 나라 꼴이 어떻게 되겠어요? / 너무 앞을 내다보고 계획을 세워도 현실성이 떨어진다는 이야기를 듣는다. / 과거에 얽매이지 말고 앞을 보면서 살아라. / 앞을 보지 못하고 당장의 이익에 급급한 기업은 살아남기 힘들다.

점(을) **치다** 추측하다. ¶ 우리가 우승할 거라고 점을 친 전문가들이 많다. / 김 감독은 영화 개봉 전 불나는 꿈을 꾸고 나서 미리 흥행을 점쳤다고 한다. ※ 점(占): 팔괘(八卦), 육효(六爻), 오행(五行), 기타 특정한 방법으로 사람의 길흉화복을 판단하는 것.

청사진을 그리다 미래를 설계하다. ¶ 그는 앞으로 할 일에 대한 청사진을 그려 보았다. / 통일 운동이 활성화되면서 통일 조국의 청사진을 그릴 수 있게 되었다. ※ 청사진(靑寫眞): 건축이나 기계 따위의 도면(圖面)을 복사하는 데 쓰는 사진. 참 **꿈**(을) **꾸다**

코앞도 보지 못하다 ⇒ **한 치 앞을 못** (내다)**보다** ¶ 젊은 혈기로 코앞도 보지 못하고 성급하게 판단해 버리는 수가 있다. / 코앞도 보지 못하는 사람들이 백 년 후 미래를 이야기한다는 것 자체가 우습다.

한 치 앞을 못 (내다)**보다** 바로 앞에 닥친 미래도 예측하지 못하다. 주로 식견(識見)이 얕음을 나타낼 때 쓰는 말이다. ¶ 한 치 앞을 못 보고 판단을 하니 하루만 지나도 일에 차질이 생긴다. / 정부의 물가 정책이 한 치 앞을 못 내다볼 뿐 아니라 각 부처의 행정이 일관된 정책 기조 위에 놓여 있지도 않다. 참 **안개 속에[으로] 빠져들다, 안개 속이다**

헛다리(를) **짚다** 예측, 판단을 잘못하다. ¶ 경찰은 그동안 엉뚱한 사람들을 용의 선상에 올려놓고 헛다리를 짚은 것이었다. / 헛다리를 짚어도 유분수지, 그런 놈을 털썩 믿고 담보도 없이 돈을 빌려 주었으니.

헛발(을) **짚다** ⇒ **헛다리**(를) **짚다** ¶ 아직까지 보물이 보이지 않는 걸 보니 헛발을 짚은 게 확실해.

【시험(試驗), 계산(計算), 평가(評價)】

귀를 맞추다 부족한 액수를 채우다. ¶ 사장이 오기 전에 귀를 맞춰 놓아야 하는데 어떡하지요?

금을 놓다[1] ⇒ **금(을) 치다**[1] ¶ 이번까지 약속을 어기면 그는 나를 허망한 청년이라고 금을 놓을지도 모른다.

금(을) 치다[1] 정도나 수준을 평가하여 판단하다. ¶ 어느 모로 보든 그가 그런 사람이 아니라고 단정했다. 이렇게 금을 치고 나니까 마음이 한결 가벼워졌다. / 충숙왕의 아들이자 충혜왕의 아우인 그를 그대로 백성이 되게 하기에는 틀린 노릇이었다. 금 쳐 놓고 공자 아니면 왕이었다. ※ 금: 물건의 값.

끊어 주다 셈을 치르다. ¶ 우리 가게 매상이 신통치 않아. 그래서 이번엔 두 달 치만 끊어 줄게. 이해해 줘. 〖기원〗 어음으로 대금을 지불하는 것을 가리키는 말이었는데, 셈을 치르는 것을 가리키는 말로 의미가 확대되었다.

달아 보다 (인격이나 능력 등을) 시험해 보다. ¶ 몇 마디 말로 사람됨을 달아 볼 수가 있나? / 사람의 능력을 달아 보는 일을 정육점에서 쇠고기를 달아 보는 것으로 생각하지 마라.

도매금으로 넘기다 한데 뭉쳐 같은 것으로 취급하다. 또는 값싸게 평가하다. ¶ 한 사람의 잘못을 가지고 한국 사람 전체를 도매금으로 넘기는 것은 잘못된 일이다. / 투자자와 투기꾼을 도매금으로 넘겨 몽땅 투기꾼으로 몰아붙이는 것은 문제가 있다.

도매금으로 넘어가다 한데 뭉쳐 같은 것으로 취급되다. 또는 값싸게 평가되다. ¶ 그 사람과 동문이라는 이유로 우리까지 도매금으로 넘어가는 것 같아 기분이 상했다. / 근자에 이슈가 되고 있는 모 조합의 비리 사건으로 이번 일이 자칫 도매금으로 넘어갈 수도 있겠다.

말(을) 비치다 넌지시 의향을 떠보다. ¶ 창호를 그 자리에 앉히면 어떻겠느냐고 사장에게 말을 비쳐 보았지만 대꾸가 없었다.

속(을) 떠보다 남의 마음을 알려고 넘겨짚다. ¶ 네 속을 떠보려 한 말이야. / 내가 아내의 속을 떠보느라고 "이런 일을 해 본들 무슨 소용이 있어?" 하고 말했다.

속(을) 뜨다 ⇒ **속(을) 떠보다** ¶ 나는 이런저런 말을 해 가면서 남의 속을 뜨는 사람은 딱 질색입니다.

속(을) 뽑다 남의 마음을 떠보고 그 속내가 드러나게 하다. ¶ 그가 나를 추켜세우는 것은 분명히 내 속을 뽑아 보려는 속셈이 있기 때문이다. / 선불리 속 뽑자고 들었다가는 낭패를 볼 수도 있으니 조심해라. / "이러한 편지이니까 부탁을 맡을 때에 물론 그 속에 있는 사연을 알았겠지?" 하고 교묘히 속을 뽑아 본다. (이상협, 해왕성) 참 **속(을) 뽑히다**

손(을) 꼽다[1] 수를 세다. ¶ 손꼽아 헤아려 보니 고향 떠난 지 십 년이 다 되어 간다.

손(을) 넘기다[1] 물건을 셀 때 잘못 계산하여 넘어가다. ¶ 지폐 뭉치를 세면서 손을 넘겨 금액을 속이려는 것을 눈치 빠른 삼돌이가 발견했다.

수판(을) **놓다** ⇒ **주판알**(을) **튕기다** ¶ '상황이 바뀌었으니 어떻게 해야 하지?' 철수는 다시 수판을 놓았다. / 젊은 나이에는 수판을 놓으면서 일을 선택하지 말고 사명감으로 일을 선택해야 한다.

입질(을) **하다** 어떤 일을 시작할지 어떨지를 가늠해 보다. ¶ 내년에 본격적인 투자가 이뤄질 것이고, 올해는 입질을 하는 수준으로 투자가 이뤄질 것이다. ※ 입질: 낚시를 할 때 물고기가 낚싯밥을 건드리는 일.

자로 재다[2] 기준을 가지고 평가하다. 주로 '무엇의 자로 재다'와 같이 쓰인다. ¶ 그는 어떤 자로 재 보아도 훌륭한 사람이다. / 정권의 자로 재어 좋은 신문을 선별하려 한다면 진정한 민주주의를 기대할 수 없다.

점수(를) **따다** 좋게 평가를 받다. ¶ 여자에게 점수 따기 위해서는 항상 옷차림을 단정히 하고 매너 있는 행동을 해야 한다. / 해수욕장이라도 데리고 가야 아이들에게 점수 딸 수 있겠어.

주판(알)(을) **놓다** ⇒ **주판알**(을) **튕기다** ¶ 최소한 몇십 억은 거뜬히 떨어질 것으로 주판을 놓고 기다렸는데 끝난 후 보니 예상에 못 미쳤다. / 그가 사장으로 부임한다는 말이 돌자 벌써부터 여기저기에서 주판알 놓는 소리가 들린다.

주판알(을) **튕기다** 계산하다. 또는 이해득실을 따지다. ¶ 영국이 중국을 발견했을 때도 영악한 상인들은 바로 주판알을 튕겼다. / 정부 발표가 나오자 기업들은 이리저리 주판알을 튕기기에 바빴다.

찬밥 더운밥(을) **가리다** 비교하며 사정을 살피다. ¶ 내 주제에 지금 찬밥 더운밥을 가릴 때야? 이렇게 취업하기 어려운 때 취직한 것만 해도 어딘데. / 그 나이에 찬밥 더운밥 가릴 처지야? 여자 나이 삼십이면 늙은이 축에 끼인단 말이야.

괴롭힘

【괴롭힘, 졸라 댐, 박해(迫害)**】**

기름(을) **짜다**[1] (몹시 조르거나 강박하며) 못살게 굴다. ¶ 이제 오며 보니 모래재에도 포교 놈들이 나앉아서 쌀자루 걸머진 촌뜨기까지 열나절씩 세워 놓고 기름을 짭디다.

다랑귀(를) **뛰다**[2] 몹시 조르다. ¶ 과자 사 달라고 다랑귀를 뛰는 아이에게 100원짜리 동전 하나를 쥐어 주었다. / 어머니는 시장 공터에 서커스가 들어왔다고 다랑귀 뛰는 아이들을 데리고 구경을 나갔다. 『기원』 두 손으로 붙잡고 매달리는 짓이 매달려 간청하는 것으로 보인다는 데에서 나온 말이다.

달게 굴다[2] 몹시 조르다. ¶ 그 사람 급하기는 급한 모양이야. 이렇게 달게 구는 걸 보니. / 닭똥 같은 눈물을 떨어뜨리며 다랑귀를 뛰고 달게 굴 판이었다. 그러나 그는 아무 말도 하지 않았다. 『기원』 '달다'에는 '열로 몹시 뜨거워지다'는 뜻이 있는데, 이는 사람의 마음이 초조하거나 조급한 상태를 비유한다.

달달[들들] **볶다** 몹시 괴롭히다. 또는 다그치며 괴롭히다. ¶ 어머니만 달달 볶지 말고 네가 직접 그 일을 해결해라. 네가 시작한 일이니 네가 책임을 져야지. / 썩어 빠진 일부 양반 놈들은 왜놈들과 한 짝이 되어 우리 백성들을 못살게 달달 볶아 대었다. / 공부하라고 나를 들들 볶는 사람이 많아 너무 피곤하다. / 조금만 자기 눈에 안 차도 들들 볶으니 일하던 사람들이 견디지 못하고 나갈 수밖에.

들싼(을) **놓다** (사람을) 못살게 굴거나 귀찮게 하다. ¶ 탐관오리들이 도처에 들싼을 놓아서 애매한 백성들만 부대낌을 받았다. / 여편네가 식전부터 들싼을 놓아서 집안 식구들이 다 나가 버렸다. / 장날이면 외지의 장사꾼들이 몰려들어 들싼 놓던 시장 풍경을 떠올리니 감회가 새롭다.

들싼(을) **대다** ⇒ **들싼**(을) **놓다** ¶ 우리 동네 사람들 감당하기도 힘든데 다른 동네 사람들까지 들싼들을 대어서 견디기가 힘들다. / 거지가 되어 나와서 밥술 먹는 집에 들싼 대기도 하지마는 북망산에는 굶어 죽는 송장이 늘비하였었다. (홍명희, 임꺽정[林巨正])

등쌀(을) 놓다 (사람을) 몹시 귀찮게 하다. ¶ 그는 아이들이 등쌀 놓는 것을 성가시게 여겨 안방에 있다가도 아이들의 기척이 나면 상을 찡그리며 나가 버린다. ※ 등쌀: 몹시 귀찮게 구는 짓.

등쌀(을) 대다 ⇒ **등쌀(을) 놓다** ¶ 매일 술 사 달라 밥 사 달라 등쌀 대는 후배들을 피해 일찍 집에 들어갔다.

사람(을) 잡다 극심한 지경으로 몰아넣다. ¶ 트집 하나 잡으면 사람 잡으려고만 들지 말고 잘못된 것을 차분하게 지적해 주시면 고맙겠습니다. / 선생님! 세상에 이럴 수가 있어요! 아니 사람을 잡아도 분수가 있지. 이렇게 시퍼렇게 종아리가 멍들도록 때리는 법이 어디 있어요!

생사람(을) 잡다 애먼 사람에게 피해를 입히다. ¶ 내가 그 반지를 훔쳤다고요? 생사람을 잡지 말아요. / 공연히 생사람 잡지 말고 다시 한 번 잘 살펴봐.

잡아 먹다[2] 남을 몹시 괴롭히다. ¶ 저 녀석은 나만 보면 잡아먹으려 든다.

주리(를) 틀다[1] (몹시 강박하며) 못살게 굴다. ¶ 주리를 틀어서라도 공부를 하게 만들어라. / 빚쟁이는 빚을 못 받을까 봐서 바싹 달라붙어 주리를 틀었다. 〖기원〗 죄인을 심문할 때 그 두 발목을 한데 묶고 다리 사이에 주릿대를 끼워서 엇비슷이 트는 형벌을 한 데에서 나온 말이다. 㫹 **주리(가, 를) 틀리다**

지지고 볶다[1] ⇒ **달달[들들] 볶다** ¶ 공부하라고 아무리 지지고 볶아도 본인이 하기 싫어하면 아무 소용없어.

【착취(搾取)】

고혈을 짜내다 착취하다. 어려운 사람에게서 재물 따위를 빼앗는 상황을 나타낸다. ¶ 고혈을 짜내도 유분수지. 당장 먹을 쌀까지 빼앗아 가는 경우가 어디 있어. / 백성의 고혈을 짜내는 탐관오리를 그대로 두어서는 안 됩니다. ※ 고혈(膏血): 사람의 기름과 피.

기름(을) 짜다[2] 착취하다. ¶ 국민들의 기름을 짜 제 뱃속을 채우는 고위 공직자를 엄벌에 처해야 합니다.

깝대기[껍데기](를) 벗기다 모조리 빼앗다. ¶ 오늘 그 친구 깝대기를 벗겨 먹어야겠어. / 깝대기를 모두 벗기면 난 뭘 먹고 살라고 그러는지 정말 야속하군요. / 그 사람들 눈에는 내가 돈으로 보였나 봐. 아예 껍데기를 벗겨 먹을 듯이 달려들더라니까. ※ 깝대기: 달걀·조개·밤 같은 것들의 겉을 싼 단단한 물질.

등(가죽)**을 벗기다** 착취하다. 온갖 수단을 써서 모두 빼앗다. ¶ 세도 정치가 극성을 부리던 조선 후기 사회는 백성들의 등가죽을 벗겨 대는 사람만 있었던 암흑 사회였다. / 정치하는 사람들이 잔칫집 돌아다니며 등을 벗겨 먹는 불한당도 아닐 텐데 왜들 이 지경인지 알 수가 없다.

등골(을) **빨아먹다** 착취하다. 또는 다른 사람에게 기대어 생활하다. ¶ 부모 등골 빨아먹는 것에도 정도가 있지. 네 나이가 지금 몇이야? / 사내가 자기 밥벌이도 하나 못 하고 마누라 등골이나 빨아먹고 있다니 한심하기만 하다. ※ 등골: 등 한가운데로 길게 고랑이 진 곳.

등골(을) **빼다** 착취하다. ¶ 대농장을 소유한 귀족들은 백성들의 등골을 빼먹고 국사를 농단했다.

등골(을) **뽑다** ⇒ **등골**(을) **빼다** ¶ 그들은 서민들의 등골을 뽑아 자신들만 호의호식하면 그만이라고 생각하는 철면피들이다. / 아무리 남의 등골 뽑아 먹기로 유명한 평양 기생이기로소니, 전도유망한 청년의 장래를 그렇게 망칠 수 있느냐.

등(을) **치다** 착취하다. 또는 교활한 방법으로 재물을 빼앗다. ¶ 지주들은 소작인들의 등을 쳐 먹고 살던 기생충 같은 존재였다. / 매당이란 위인이 나는 보진 못했지만, 은군자의 주름을 잡고 앉아서 남의 등 쳐 먹기로 장안에 유명 짜한 년이라니까. (염상섭, 삼대) / 직업 없이 마누라 등쳐 먹고 살아 '등처가'로 불리는 게 지금 내 신세입니다.

생가죽(을) **벗기다** ⇒ **등**(가죽)**을 벗기다** ¶ 악독한 지주는 소작농들의 생가죽을 벗기었다.

피를 빨다[빨아먹다] 착취하다. ¶ 노동자들의 피를 빠는 자본가 계급은 역사에서 사라져야 합니다. / 백성의 피를 빨아먹는 이 양반 계급을 두들겨 부셔야겠사옵니다.

후원(後援), 보조(補助)

【후원(後援)】 ≒ 【관계(關係), 소통(疏通)】

뒤가 든든하다 자신이 의지하는 사람의 힘이 세거나 밑천이 많다. ¶ 나는 형이 옆에 있으니까 항상 뒤가 든든해요. / 뒤가 든든한 사람들은 이번 인사(人事)에도 끄떡없겠지만, 나같이 아무것도 없는 사람은 어떻게 버틸지.

뒤를 대다 후원하다. 보통 경제적인 지원을 나타내는 데 쓰인다. ¶ 자식 대학 보내서 뒤를 대는 일이 보통 일이 아닙니다. / 그저 저놈 하나만을 보고 살지만 뒤를 대기가 여간 어려워야지.

뒤를 밀다 후원하다. ¶ 충분히 뒤를 밀어주지 못한 게 자식이 성공한 후에도 후회로 남는다. / 당신의 뒤를 밀어주는 몬테크리스토 백작이 이런 일에 어째서 같이 와 주질 않았을까요?

뒤를 받들다 지지하거나 돕다. 주로 윗사람을 지지하거나 돕는 상황을 가리키는 데 쓰인다. ¶ 큰아들 회는 아버지의 신상을 염려하여 지난 봄 이래 꺾음섬에 와 있으면서 장군의 뒤를 받들고 있었다.

뒤를 받치다 지지하거나 돕다. ¶ 동문들이 뒤를 받치는 한 우리가 지지는 않을 것이다. / 백제군 선봉은 김악의 3천 병력이었다. 부달과 애식이 각각 2천 병력으로 뒤를 받쳤다.

뒤(를) 보아주다 후원하거나 보살펴 주다. ¶ 뒤 보아주던 사람이 죽고 난 후로 그 학생은 학업을 계속할 수 없었다. / 해방 전에 저 사람은 거리에서 빈대떡을 팔며 내 뒤를 봐주던 사람입니다. / 동료가 구속됐을 경우 남은 동료들은 철저하게 뒤를 봐준다. 이것이 마피아의 조직 관리 방법이다.

뒷배(를) 봐주다 일이 드러나지 않게 후원하거나 보살펴 주다. ¶ 장차 주상이 될 세자가 내 뒷배를 봐준다 하니 이 세상에 두려울 게 뭐가 있겠나. / 누가 뒷배 봐주지 않고는 이 정도로 사업을 확장할 수 없지. / 그는 내가 회사에서 자리를 잡을 때까지 뒷배를 봐주었다.

등에 업다 배후 세력으로 삼다. 주로 '누구 또는 무엇을 등에 업다'와 같이 쓰인다. ¶ 권력을 등에 업고 그런 엄청난 일을 계획했다고 하니 놀랍기만 하다. / 주민 자치가 제대로 되려면 국가를 등에 업은 관청이 매사를 끌고 나가는 관습이 없어져야 한다.

등(에) **지다** ⇒ **등에 업다** ¶ 외세를 등에 진 매국노들이 우리나라를 일제에 팔아넘긴 것이다.

등(을) **대다**[2] 후원을 받다. '누구에게 등을 대다'와 같이 쓰인다. ¶ 사업을 잘하려면 먼저 정계의 사람에게 등을 대야 하는 것이 이 사회의 현실이다. / 서울에 올라가면 김 사장에게 등을 대는 것이 상책일 것 같네. 참 **줄(을) 대다**

등을 밀다[2] 후원하다. 또는 어떤 일을 하도록 지지하고 독려하다. ¶ 상황이 바뀌자 등을 밀며 분위기를 띄우던 사람이 갑자기 뒤로 물러섰다. / 지난해 나로 하여금 총리직에 오르도록 앞장서 등을 민 사람이 김 총재였다. / 누군가 내 등을 밀었다면 무대로 올라가 내 실력을 마음껏 뽐냈을 텐데.

백[빽](이) **없다** 자신을 후원하는 힘센 사람이 없다. 규범 표기는 '백'이지만 일반적으로 '빽'으로 쓰인다. ▷ 비속어 ¶ 낙하산이 많아 백 없는 놈들은 언론사에 들어갈 수도 없다. / 언제 정부가 빽 없고 힘 없는 자들 편에 서 본 적이 있었어요? ※ 백(back): 뒤.

백[빽](이) **있다** 자신을 후원하는 힘센 사람이 있다. ▷ 비속어 ¶ 그는 큰 백이 있는 것처럼 거들먹거린다. / 너야 빽이 있어 쉽게 들어갔지만, 나는 빽이라고는 뒷골목 빽도 없으니 어떻게 취직할 수 있겠니? 참 **낙하산(을) 타다**

손(을) **빌리다** 다른 사람의 도움을 받다. ¶ 그까짓 일이라면 목수의 손을 빌릴 필요도 없어요. 이리 줘 보세요. / 남의 손을 빌릴 생각은 아예 하지 말고 혼자 해 봐라.

수혈을 받다 외부의 도움을 받다. ¶ 우리 당이 승리하기 위해서는 참신한 외부 인사를 수혈받아 선거에 내보내야 할 것이다. ※ 수혈(輸血): 건강한 사람으로부터 채취한 혈액 성분을 환자의 정맥 내에 주입하는 것.

옆에 끼다 보조나 후원을 받다. ¶ 영화는 초창기부터 은행을 옆에 끼고 성장해 왔다. / 그 당시엔 술집을 운영하려면 조직폭력배를 옆에 끼고 있었어야 해.

음으로 양으로 직간접적으로. 주로 후원하거나 도움을 주는 것을 나타낼 때 쓴다. ¶ 이 선생님은 우리를 음으로 양으로 도와주신 분이다.

줄이 없다 도움을 줄 수 있는 사람이 없다. ¶ 제가 꿈꾸는 사회는 줄이 없어 출세하지 못했다는 소리가 나오지 않는 사회입니다. 참 **줄(이) 닿다**

줄(이) **있다** 도움을 줄 수 있는 사람이 있다. ¶ 능력이 없어도 줄이 있으면 성공할 수 있다. / 회사 쪽에 줄이 있으면 서너 계단쯤 한꺼번에 건너뛰어 승진하기도 한다. 참 **줄(이) 닿다**

후광을 업다 배경의 덕을 보다. ¶ 그는 독립 투사였던 할아버지의 후광을 업고 국회 의원이 되었다. 참 **백[빽](을) 쓰다**

【베풂, 선처(善處)】

누이 좋고 매부 좋다 서로에게 다 이롭고 좋다. ¶ 누이 좋고 매부 좋은 일을 왜 안 하겠다는 건지 정말 모를 일이야.

뒤를 싸 주다 감싸 보호하거나 두둔하다. ¶ 내가 "당신이 내 뒤를 싸 주셨소?"라고 묻자, 그는 "뒤를 싸 드리지 않을 거였으면 애초에 거짓 말씀을 할 까닭이 있나요."라며 웃었다.

무게를 싣다[2] 지지하거나 도움이 되다. '무엇에 무게를 실어 주다'와 같이 쓰인다. ¶ 선생님은 반장의 말에 무게를 실어 주셨다. / 그의 화려한 관직 경력은 이 회고록의 신뢰도에 크게 무게를 실어 준다.

손(을) 쓰다[2] 제 것으로 인심을 쓰거나 한턱을 내다. ¶ 할머니는 상목 몇 필 손쓰시고 싶은 걸 못 썼습니다.

잘 봐주다 입장을 고려하여 선처하다. ¶ 그 정도로 대우했으면, 잘 봐준 셈이다. / 공무원들이 잘 봐준다는 명목으로 돈을 받아 잡음을 일으켰다.

【보조(補助)】

곁을 들다 가까이에서 보조하다. ¶ 작은아들 신(信)이가 26세가 되어서 미국으로부터 돌아와 아직 홀몸으로 내 곁을 들고 있다. (김구, 백범일지)

들러리(를) 서다 남의 곁다리 노릇을 하다. ¶ 네가 선보러 가는데 왜 내가 따라가야 하는 거니? 나 보고 들러리나 서란 말이야? / 지금은 국회에 등원하는 것 자체가 여당에 들러리를 서는 것이다. ※ 들러리: 결혼식에서 신랑이나 신부를 식장으로 인도할 때 곁에 서는 사람.

베이스(를) 넣다 남의 말을 거들어 주다. ¶ 네가 간섭할 일이 아니니까 괜히 베이스를 넣으며 참견하지 마. ※ 베이스(bass): 가장 낮은 음의 부분. 또는 저음 부분을 맡는 악기들이나 그 음역의 가수.

손발이 되다 지시하는 이의 뜻대로 하다. ¶ 나는 평생 그의 손발이 되어 일했다. / 우리가 필요로 하는 사람은 머리가 좋은 사람이 아니라, 회장님 손발이 되어 줄 수 있는 성실한 사람이에요. 참 **손이 발이 되게[되도록], 입(안)의 혀**

소유(所有), 지배(支配), 이용(利用)

【**소유**(所有), **지배**(支配)】≒【**영향**(影響)**을 미침**】【**통제**(統制), **주도**(主導)】

깃발을 꽂다 점령하다. ¶ 깃발을 꽂는다고 다 우리 땅이 되고 우리 국민이 되는 것은 아니다. 토착민의 인심을 얻을 때만이 진정한 승리를 구가할 수 있는 것이다.

꿀꺽 삼키다 혼자 다 차지하다. ¶ 사장이 갑자기 죽자 교활한 오 전무가 회사를 꿀꺽 삼켜 버렸다. / 애 이름도 아니고 그 많은 돈을 혼자 꿀꺽 삼키고도 죽는 시늉만 하고 있으니 기가 찰 노릇이다.

날로 먹다 별다른 노력 없이 어떤 것을 이루거나 차지하다. ¶ 투자 없이 날로 먹겠다는 마음뿐인데 어떻게 발전을 하겠어요? / 다른 배우들보다 액션 장면이 많지 않아 촬영 내내 날로 먹는다는 생각이 들어 쑥스러웠어요.

눈먼 돈 주인이 없는 돈. 또는 거저 얻은 돈. ¶ 국가에서 시민 단체에 지급하는 보조금이 눈먼 돈이 된 건 어제오늘의 일이 아니다. / 그는 종중 재산을 눈먼 돈이라고 생각하고 마음대로 사용하다 감옥 신세를 졌다. 참 **눈(이) 멀다**

손아귀에 넘어가다 (누구의) 소유로 되다. 부정적인 의미가 있다. ¶ 1905년, 우리나라가 사실상 일본의 손아귀에 넘어간 을사늑약이 체결되었다. / 손쓸 시간도 없이 대부분의 상점이 그의 손아귀에 넘어갔다.

손아귀에 넣다 차지하여 자기 마음대로 할 수 있게 되다. 부정적인 의미가 있다. ¶ 일본은 독일이 차지했던 산동반도와 남양 군도를 손아귀에 넣었다. / 서부 개척으로 북미 전 지역을 손아귀에 넣은 미국은 인디언들을 도시로 강제 이주시켜 백인의 옷을 입혔다.

손아귀에 있다 (누구의) 차지가 되다. 부정적인 의미가 있다. ¶ 이 지역은 내 손아귀에 있는 것이나 다름없다. / 욕심을 부리면 내 손아귀에 있는 것만 내 것이 되지만, 욕심을 버리면 세상의 모든 것이 내 것이 됩니다.

손아귀에 쥐다 차지하여 자기 마음대로 할 수 있게 만들다. 부정적인 의미가 있다. ¶ 왕의 외척들이 왕실을 손아귀에 쥐고 있다. / 지금까지 정부는 기회만 있으면 교육을 손아귀에 꽉 쥐어 잡으려 해 왔다.

손(안)에 넣다 차지하여 자기 마음대로 할 수 있게 되다. ¶ 목사는 천국의 열쇠를 이미 손안에 넣은 사람처럼 행동했다. / 우리는 짜릿한 역전승으로 결승행 티켓을 손안에 넣었다. / 돈을 주고 사기 전에는 한 평의 땅이나마 손에 넣을 수 없었다. / 어린애들은 장난감을 사 달라고 조르다가 일단 그것을 손에 넣기만 하면 이내 내동댕이쳐 버리곤 한다.

손안에 (놓여) 있다 (누구의) 영향권에 있다. ¶ 국가의 모든 일이 다 내 손안에 있다고 보아도 과언은 아니다. / 아직 시중 은행의 은행장 인사는 정부의 손안에 놓여 있다. 참 **손에 달리다**

손(안)에 들다 차지하여 자기 마음대로 할 수 있게 되다. ¶ 우린 손에 든 보물을 귀한 줄 모르고 홀대했다. / 그의 죄가 만천하에 드러났지만, 그는 제 손안에 든 고위 관리들을 조종해 법망을 빠져나갔다.

손에[으로] 넘어가다 소유권이 바뀌다. ¶ 집이 다른 사람 손으로 넘어갔다. / 우량 회사가 외국인 손에 넘어간 것에 대해 자성하는 소리가 높다.

손에 들어가다 누군가의 차지가 되다. 주로 '누구의 손에 들어가다'와 같이 쓰인다. ¶ 이 지역 유흥가는 전국 최대의 폭력 조직의 손에 들어갔다. / 항우가 이 사실을 알게 되었을 때는, 이미 관중과 한중이 모두 유방의 손에 들어간 뒤였다. / 잘되던 일도 일단 그 사람 손에 들어가고 나면 뒤죽박죽이 되곤 한다.

손에 들어오다 소유하게 되다. ¶ 바라던 것도 일단 손에 들어오면 금세 싫증이 난다. / 막상 큰돈이 손에 들어오자 학수는 어떻게 그 돈을 써야 할지 몰라 당황했다.

손에 떨어지다 누군가의 차지가 되다. 주로 '누구의 손에 떨어지다'와 같이 쓰인다. ¶ 몇 년에 걸친 소송 끝에 그 땅은 결국 그 사람 손에 떨어졌다. / 이번 일을 잘 해내면 내 손에 얼마가 떨어지는 거야?

손에 쥐다 차지하여 자기 마음대로 할 수 있게 만들다. ¶ 온 재산을 혼자서 손에 쥐고 자식들까지도 멀리한다. / 손에 쥔 것이 없어 값비싼 선물은 못 드리지만 달걀 한 꾸러미라도 드리고 싶습니다. / 식민지의 이권을 한 손에 쥐고 있었으니 엄청난 자본을 축적할 수 있었던 것이다. 참 **손에 땀을 쥐다**

수중에 넣다 ⇒ **손(안)에 넣다** ¶ 한반도를 수중에 넣은 일제는 만주를 침략할 준비를 했다. ※ 수중(手中): 손의 안.

수중에 떨어지다 ⇒ **손에 떨어지다** ¶ 성은 이미 적의 수중에 떨어졌다. / 일이 끝나고 나면 적지 않은 배당금이 우리 수중에 떨어질 것이다.

잡아 먹다[3] 차지하다. ¶ 가구가 방을 다 잡아먹는다.

줌 안에 넣다 차지하거나 장악하여 자기 마음대로 할 수 있게 만들다. ¶ 뒤에 서관대로를 줌 안에 넣고 싸움을 벌이는 것이 득책이라고 주장한 사람이 서림이었다. (홍명희, 임꺽정[林巨正]) ※ 줌: 주먹의 준말.

줌 안에 들다[1] 차지하거나 장악하여 자기 마음대로 할 수 있게 되다. ¶ 이제는 남은 일거리가 확실히 줌 안에 들었다. (최명익, 서산대사)

진(을) 치다 여러 사람이 자리를 차지하고 있다. ¶ 그는 심호흡을 한 번 하고 빚쟁이들이 진 치고 있는 회사로 들어갔다. / 우리 회사에는 기라성 같은 엘리트들이 진을 치고 있어 웬만해서는 두각을 나타낼 수 없다. ※ 진(陣): 병사의 대열.

침 발라 놓다 자기 것임을 표시하다. ▷ 비속어 ¶ 그러게 남이 먼저 침 발라 놓은 밥에 왜 숟가락 들고 덤벼드느냔 말이지. / 이곳은 내가 옛날부터 침 발라 놓았으니까 얼씬거리지 말라고.

털(도) 안 뽑고 먹다[2] 사리를 가리지 않고 남의 것을 몽땅 차지하다. ¶ 내 참, 더러워서. 완전히 털 안 뽑고 먹을 심산이구먼. 재주는 곰이 부리고 돈은 누가 먹는다더니 꼭 그 꼴이네.

통째로 먹다 사리를 가리지 않고 남의 것을 몽땅 차지하다. '털도 안 뽑고 통째로 먹다'와 같이 쓰이기도 한다. ¶ 일제는 칼과 돈을 앞세워 조선 반도를 통째로 먹으려 했다. / 털도 안 뽑고 통째로 먹으려 드는 사람들이 그런 말도 안 되는 짓을 하는군요.

【이용(利用)】

단맛(을) 빼먹다 ⇒ **단물(을) 빼먹다** ¶ 단맛 다 빼먹고 책임은 지지 않겠다니 말이 되느냐? / 단맛을 다 빼먹은 후에 인심 쓰는 척하는 사장의 얼굴에 침이라도 뱉어 주고 싶은 심정이었다.

단물(을) 빼먹다 (자기 이익을 위하여 상대를) 철저하게 활용하다. ¶ 저 사람 참 뻔뻔합니다. 우리 당에서 단물 다 빼먹더니, 이젠 탈당을 한다고 합니다. / 투자자들은 회사의 단물을 빼먹을 생각만 하지 회사를 키울 생각을 하지 않는다.

두고두고 우려먹다 같은 것을 계속하여 이용하면서 이익을 얻다. ¶ 2탄을 준비한다는 걸 보니, 어쩌다 한번 인기를 얻은 영화를 두고두고 우려먹을 생각을 하고 있는 것 같다. / 강의 평가가 강화되면서 십 년이 된 강의 노트를 두고두고 우려먹는 교수는 이미 전설이 되었다.

알(을) 빼먹다 좋은 것을 차지하여 이용하다. ¶ 선심 쓰는 척하더니, 알은 빼먹고 빈껍데기만 우리에게 넘겼다. / 지금 그만두는 건 알만 빼먹고 빠지겠다는 거지요.

4

상태
狀態

가치
價値

모양(模樣), 신체 상태(身體狀態)

【모양새】

걸때(가) **있다** 체격이 좋다. ¶ 마누라 때문에 오쟁이를 탄 작자치고는 제법 걸때가 있어 뵈는 친군데. (김소진, 처용단장) ※ 걸때: 사람의 몸집이나 체격을 뜻하는 걸대(傑大)가 변한 말.

광(을) **내다** 모양을 부리다. ¶ 그 얼굴에 아무리 광을 낸들 여자가 따르겠니? / 오늘 무슨 날이야? 번쩍번쩍 광을 내고 어딜 가시나. ※ 광(光): 빛.

광(을) **치다**[2] 윤기를 내다. ¶ 오래된 물건도 광을 치니 새것처럼 보였다.

그림(이) **좋다** ① 함께 있는 남녀가 잘 어울림을 이르는 말. 함께 있는 남녀를 비꼬아 이를 때도 쓰인다. ¶ 두 분 참 그림이 좋습니다. / 한 사내가 건들거리며 우리에게 다가와 "그림 좋은데!" 하며 시비를 걸었다. ② 일이 되어 가는 꼴이 보기 좋다. 주로 '그림이 안 좋다'나 '그림이 좋지 않다'와 같이 부정적인 상황을 나타내는 데 쓰인다. ¶ 동생이 볼 때도 내가 그 사람과 같이 일하는 게 그림이 안 좋았던 것 같다. / 국민에 의해 선출된 의원들이 거수기 노릇을 하는 것은 아무래도 그림이 좋지 않다.

남북(이) **나다** ① 앞뒤가 툭 나오다. ¶ 남북 난 머리통. ② 균형이 맞지 않게 한 부분이 툭 나오다. ¶ 모서리에 부딪혀 왼쪽 이마에 벌겋게 남북이 났다. / 정성스럽게 만든다고 만들었는데 남북이 나 버려 보기가 흉하니 어쩌면 좋겠습니까?

당채련 바지저고리 지저분하고 더러운 옷. ¶ 비록 입고 있는 옷이 당채련 바지저고리라 할지라도 눈의 광채를 보니 보통 사람은 아닌 듯하다. ※ 당채련(唐-): 중국에서 다루어 만든 나귀의 가죽. 검고 윤기가 있음.

대문이 열리다[1] 바지 앞이 열리다. ¶ 화장실에 가서 일을 보려고 하는 순간 대문이 열려 있다는 것을 알았다. 순간 내가 지나온 장소들이 하나둘 떠오르며 쥐구멍에라도 들어가고 싶었다.

등(을) **지다**[2] 무엇이 등 뒤에 있는 모양이 되다. ¶ 나와 그는 서로 등지고 앉았다. / 출입구와 등을 지고 있는 상가는 사람들의 발길이 잘 닿지 않으므로 좋은 상가가 아닙니다.

때깔(이) **나다** ⇒ **태깔**(이) **나다** ¶ 그는 몸이 좋아서 아무 옷이나 입어도 때깔이 난다. / 아나운서가 보기 좋고 때깔 나는 프로그램만 기웃거려서야 되겠니? ※ 때깔: 눈에 선뜻 드러나 비치는 맵시나 빛깔.

때(를) **벗다** 세련되다. ¶ 이제 아주 몰라보겠구나. 서울에 가서 살더니 촌놈 때를 벗어 말끔해졌어. / 그동안 철호는 몰라보게 때를 벗어서 말쑥하고 의젓해 보였다. 참 **때**(가) **묻다**, **배때**(가) **벗다**

말씀이 아니다[1] ⇒ **말이 아니다**[1] ¶ 네 서방 몰골이 말씀이 아니구나.

말이 아니다[1] 모습이 보기에 딱하다. '무엇이 말이 아니다'와 같이 쓰인다. ¶ 며칠 노숙을 했는지 차림새가 말이 아니었다. / 얼굴이 말이 아니게 온통 터지고 부어 알아보지 못할 정도였다. 참 **이만저만이 아니다**

메기(를) **잡다**[1] ① 물에 빠져 흠뻑 젖다. ¶ 시냇물을 건너다가 발을 헛디뎌 그만 메기를 잡고 말았다. ② 비를 맞아 흠뻑 젖다. ¶ 장마철에 우산도 없이 외출했다가는 메기 잡기 십상이지. ※ 메기: 민물고기의 일종.

모양(이) **사납다**[1] 보기에 흉하다. ¶ 산 중턱에 큰 건물들이 모양 사납게 있다. / 가지치기를 한 플라타너스가 모양 사납게 보이지만 여름을 지나면서 잔가지를 키우면 괜찮을 겁니다.

모양(이) **아니다** ⇒ **말이 아니다**[1] ¶ 며칠 동안 앓아누웠는지 얼굴이 모양이 아니다.

모양(이) **있다** 보기가 좋다. ¶ 음식을 접시에 모양 있게 담았다. / 무릇 모양이 있는 것은 모두 허망하다는 말도 있잖아요.

물 찬 제비 몸매가 매끈하거나 동작이 날렵한 사람. ¶ 그라운드를 누비는 그의 모습은 물 찬 제비와 같았다. / 아기가 먹고 남을 만치 풍요하게 부풀은 가슴 때문에 앞섶이 조금 들리는 것 외엔 물 찬 제비처럼 태가 나는 옷맵시는 여전했다. (박완서, 미망) 〖기원〗 물을 차고 공중으로 가볍게 날아오르는 제비의 모습과 속도를 사람의 모습과 행동에 비유하여 만들어진 표현이다.

물에 빠진 생쥐 물에 흠뻑 젖어 몰골이 초췌해진 모양. ¶ 물에 빠진 생쥐 모양을 하고 대문에 들어선 남편을 보고 그녀는 웃음을 참을 수 없었다.

배코(를) **치다** 머리를 면도 따위로 밀다. ¶ 날씨도 더운데 아예 배코 쳐? / 그 덩치 좋은 중은 머리를 반들반들 배코를 쳤다. ※ 배코: 상투 앉히는 자리 또는 머리의 꼭대기.

본때(가) **있다**[2] 멋있다. 또는 멋있어 보이다. ¶ 일을 본때 있게 해치웠다. / 본때 있게 살아 보려고 했는데 그만 전 재산을 계집질로 날려 버리고 이 꼴이 되었구려.

선이 가늘다[2] 생김새가 작고 연약해 보이다. ¶ 남자들은 어깨가 좁고 선이 가는 여자를 좋아하나요? / 그는 운동선수치고는 너무 선이 가늘어 위태로워 보이기까지 했다.

선(이) **굵다**[2] 생김새가 크고 투박하다. ¶ 그는 키가 크고 선이 굵은 얼굴을 가지고 있었다. / 선이 굵고 시원시원하게 생긴 그는 마음도 크고 너그러웠다. / 신임 검사는 선 굵은 외모에 강직한 성품의 소유자다.

양 귀비 외딴치다 매우 아름답다. ¶ 내가 직접 쫓아가 봤는데 그 여자 정말 양 귀비 외딴칩디다. / 그녀의 얼굴은 양 귀비 외딴칠 정도의 예쁜 얼굴이지만 복이 없게 보인다. 〖기원〗 중국 당나라 때의 절세미인이었던 양 귀비를 능가한다는 뜻으로, 여자가 매우 아름다운 것을 표현할 때 쓰는 말이다.

얼굴(을) **고치다** 화장을 새로 하다. ¶ 쉬는 시간에 그녀는 핸드백에서 콤팩트를 꺼내 얼굴을 고쳤다.

옷걸이(가) **좋다** 몸매가 좋다. ▷ 비속어 ¶ 옷걸이가 좋으면 웬만한 옷은 다 멋스럽게 보인다. / 모델은 패션에 시선을 집중시켜야 하는 만큼 얼굴보다는 옷걸이가 좋아야 한다.

자세(가) **나오다** 격에 맞는 모습이 되다. ¶ 제복을 입으니까 자세가 바로 나온다. / 일을 시작한 지 얼마 안 되어서 자세가 잘 나오지 않는다. 참 **고자세로 나가다**

잘 빠지다 맵시 있다. 몸매가 좋다. ¶ 강남에는 한국에서 가장 잘빠진 사람들만 모아다 놓은 듯하다.

지지고 볶다[2] 파마하다. ▷ 비속어 ¶ 제 딴에는 멋을 낸다고 머리를 지지고 볶았지만 촌티가 나기는 마찬가지다.

짝이 기울다[1] 균형이 맞지 않다. ¶ 여섯 사람인 까닭에 아무래도 한꺼번에 일제히 일어설 수는 없었고 번번이 짝이 기울었다. (이효석, 여수)

쪽 빼다 차림새나 용모를 아름답게 하다. ¶ 어딜 가는데 그렇게 쪽 빼 입고 나가십니까?

태깔(이) **나다** 모양이나 태도가 맵시 있고 그럴듯하게 보이다. ¶ 그렇게 신경 써서 입으니까 태깔이 나기는 난다. / 오늘 무슨 날이에요? 태깔 나게 옷을 입고 어디를 갑니까? ※ 태깔(態-): 모양과 빛깔.

폼(을) **잡다**[2] 어떤 자세를 취하다. ¶ 굴러 온 공을 차려고 폼을 잡는데, 누가 뒤에서 나를 밀었다. / 그는 오른쪽 어깨를 살짝 들어 올리며 멋진 폼을 잡았다. ※ 폼(form): 모습.

폼(이) **나다** 멋있다. 또는 멋있어 보이다. ¶ 이렇게 입으니까 폼이 좀 나는 것 같니? / 집은 생각보다 훨씬 돈 들인 폼이 났다.

【몸의 모습】

가죽만 남다 ⇒ **뼈와 가죽뿐이다** ¶ 병이 든 아이는 어린 나이에 다 늙은 노인처럼 가죽만 남았다.

똥집(이) **무겁다**[2] 체중이 많이 나가다. ▷ 비속어 ¶ 드디어 이 도령이 춘향이를 업었것다. "아따 똥집이 굉장히 무겁구나. 하여튼 내 등에 업힌 것이 마음에 어떠하냐?"

몸(이) **나다** 살이 찌다. ¶ 먹고 자기만 하니 몸이 날 수밖에 없다. / 총각 때는 말랐더니 결혼하고 나니까 몸이 나기 시작하는구나.

뼈만 남다[1] ⇒ **뼈와 가죽뿐이다** ¶ 고생을 많이 하더니 이젠 뼈만 남았다.

뼈와 가죽뿐이다 지나치게 여위다. ¶ 어찌나 고생이 심했는지 뼈와 가죽뿐이다.

【건강(健康), 질병(疾病)】

고황에 들다 (병이) 심해지다. 병을 고치기 어렵게 되었다는 의미의 옛말. ¶ 이제 병이 고황에 들어 고치기 힘들게 되었으니, 날을 기다리며 세상 떠날 준비나 해야겠소. ※ 고황(膏肓): 심장의 아래와 횡격막 위의 사이.

구들장(을) **지다**[1] 병들어 거동을 못 하다. ¶ 늙고 병들면 구들장 지기 마련이야. ※ 구들장: 방고래 위에 놓아 방바닥을 만드는 넓고 얇은 돌.

몸(을) **버리다**[1] 건강을 해치다. ¶ 그는 술 때문에 몸을 버렸다. / 몸을 돌보지 않고 무리를 하더니 결국 몸을 버리고 말았다.

몸져 눕다 병이 나다. ¶ 어머님이 몸져누운 지 벌써 삼 년이 다 되어 가는데, 병에 차도가 없다. / 여자 때문에 몸져누운 꼴이라니 기가 찰 노릇이군.

물(이) **새다** 성병(임질)에 걸리다. ▷ 비속어 ¶ 화류계 여자를 잘못 건드리면 물 새서 고생하는 수가 있다. / 물이 새기 때문에 병원에 다닌다는 말을 이해할 수 없었던 친구는 한참이나 고개를 갸우뚱거렸다.

물(이) **잡히다** 살갗에 물집이 생기다. ¶ 손바닥에 물이 잡히면 곤란하니까 장갑을 끼고 하세요. / 철봉을 했더니 손바닥에 물이 잡혔다.

바람(을) **맞다**[2] ⇒ **풍**(을) **맞다** ¶ 젊었을 때 밖으로만 돌던 그는 바람을 맞아 반신불수가 되어서야 집에 돌아왔다.

병줄(에서, 이) **놓이다** 오래 앓던 병이 다 낫게 되다. ¶ 이십 가까이 된 뒤 완구히 병줄이 놓여서 사람이 될 만하니까 원수의 앉은뱅이병이 생겼습니다. (홍명희, 임꺽정[林巨正]) / 조금씩 병줄에서 놓여난 영희가 미음을 마시고 있을 때 넋 나간 사람처럼 돌아온 어머니는 혼자였다. (이문열, 변경)

사지(가) **멀쩡하다** 일을 할 수 있을 정도로 신체가 정상적이다. ¶ 사지 멀쩡한 사람이 백주에 동냥질이나 하고 다녀서야 되겠어요? / 전쟁에 나간 남자들이 사지가 멀쩡해 돌아오는 경우는 극히 드물었다.

속이 실하다[2] 건강하다. ¶ 속이 실하지 못해 잔병치레가 많다. / 그렇게 뛰어다녀도 끄떡없는 걸 보면 참 속이 실한 아이예요.

수족이 멀쩡하다 ⇒ **사지(가) 멀쩡하다** ¶ 수족이 멀쩡하면 스스로 벌어서 당당하게 쓸 일이지 빌어먹을 생각이나 하고 있어?

얼음(이) 박히다 동상에 걸리다. ¶ 동계 훈련이 끝나고 나면 발에 얼음이 박힌 병사들이 고통을 호소하곤 한다.

자귀[짜구](가) 나다 너무 먹어 탈이 나다. 규범 표기는 '자귀'이지만 일반적으로 '짜구'가 쓰인다. ¶ 수박에다 참외에다 그렇게 먹었으니 자귀가 날 법도 하지. / 너무 많이 먹지 마라. 그렇게 먹다가 짜구 난다. ※ 자귀: 개나 돼지가 걸리는 병의 하나. 배가 붓고 발목이 굽는데, 너무 먹어서 생기는 병이다.

자리(를) 걷다[2] ⇒ **자리(를) 털다** ¶ 그 냄새를 맡고 중병에 걸려 누워 있던 환자가 자리를 걷고 일어났다고 합니다.

자리(를) 털다 병이 낫다. ¶ 다행히 세 식구가 다 자리를 털고 일어나 새 옷을 입고 새해를 맞이하는 날 아침 우리 집의 기쁨은 신생(新生) 그것의 기쁨이었다. (이태준, 소띠 해[牛歲])

자리에 눕다 병이 나다. ¶ 할아버지가 자리에 누운 지 삼 년이 되어 간다. / 어머니는 그동안 무리를 하셨던 탓인지 자리에 눕고 말았다.

풍(을) 맞다 중풍에 걸리다. ¶ 어머니는 풍을 맞아 자리에 누운 할아버지를 십 년 동안 수발하셨다.

하늘이 노랗다[2] 기력이 쇠하다. ¶ 며칠 밥을 먹지 않았더니 하늘이 노랗다. 참 **얼굴이 노래지다**

허리가 꼿꼿하다 나이에 비하여 건강하다. ¶ 그는 여든이 다 되었지만 복장이 단정하고 허리가 꼿꼿했다.

【피로(疲勞), 힘겨움】

곤죽이 되다 ⇒ **녹초(가) 되다** ¶ 이 사람 어디서 이렇게 곤죽이 되도록 마신 거야? 술자리에 누구랑 있었대? ※ 곤죽(-粥): 몹시 질어서 질퍽질퍽한 밥. 참 **곤죽을[으로] 만들다**[1,2]

녹초(가) 되다 (몸이) 지치고 늘어지다. ¶ 운동장을 계속 돌더니 모두가 녹초가 되어 버렸다. / 이튿날 새벽 두 시까지 도합 네 군데로 자리를 옮기면서 녹초가 되도록 술을 마셨다. 〖기원〗 '녹초'는 본래 '녹은 초'를 뜻한다. 따라서 '녹초가 되다'는 녹은 초처럼 보잘것없이 된 상태를 이르는 말이 되었다.

녹초(를) 만들다 지쳐 늘어지게 하다. ¶ 상대 선수를 두들겨 녹초를 만들었다. / 일을 많이 시키기로 악명 높은 김 상사는 장병들을 녹초를 만들어야만 직성이 풀리는지 쉴 틈을 주지 않고 닦달을 해 댔다.

다릿골(이) 빠지다 (길을 많이 걸어서) 다리가 몹시 피로해지다. ¶ 두 시간을 쉬지 않고 다릿골이 빠지도록 걸었다. / 한창때는 다릿골이 빠지는지 모르고 돌아다녔던 것 같아.

몸이 무겁다[1] 피곤하다. ¶ 어제 무리했더니, 몸이 너무 무거운데. / 피로가 겹겹이 쌓여 몸이 무거워지면 그저 누워 쉬고 싶은 생각만 간절해집니다.

몸이 천근만근이다 ⇒ 몸이 무겁다[1] ¶ 아유, 피곤해! 계속되는 야근에 몸이 천근만근이야.

숨(이) 차다 힘겹다. ¶ 아이들 뒷바라지하는 것도 이젠 숨이 차서 못 하겠다. / 자연의 파괴로 지구는 숨이 차다.

숨이 턱에 닿다 숨쉬기가 힘겹다. ¶ 숨이 턱에 닿도록 달음박질하여 와 보니 사람들은 이미 사라졌다.

주리(가, 를) 틀리다 견디기 힘들 정도까지 앉아 있게 되다. ¶ 그의 엄격하고 외골수 같은 성격으로는 대학에서 받는 수업이 너무 갑갑해서 주리가 틀릴 뿐이었다. / 무릎을 꿇고 용서를 빌고 있던 나는 삼촌이 입을 열 때까지 주리를 틀리지 않으면 안 되었다. 참 **주리(를) 틀다[1]**

진기(가) 빠지다 ⇒ 진(이) 빠지다 ¶ 진기가 빠지신 것 같아요. 마른 무처럼 얼굴이 푸석푸석해 보입니다. / 그는 토하느라 진기가 다 빠져서 새벽에 숨이 질 때는 거품 잦듯 했다.

진(을) 빼다 온 힘을 다 써 버리다. ¶ 아이들이 울고불고하는 거 달래느라 진을 뺐다. / 내부 사람들을 설득하는 데 진을 뺀 탓에 정작 외부 경쟁자와의 전투에서 힘을 못 썼다.

진(이) 떨어지다 ⇒ 진(이) 빠지다 ¶ 식욕이 떨어지고 화가 잘 난다는 걸 보니, 진이 떨어진 거 같아.

진(이) 빠지다 더 이상 움직일 수 없을 만큼 지치고 힘이 없다. 또는 어떤 일을 할 의욕을 완전히 잃다. ¶ 꽃구경은커녕 수많은 인파에 치여서 진이 다 빠져 버렸어. / 너무 힘들게 일을 하다 보니까 이젠 진이 빠져 아무 일도 하지 못하겠다. / 진 빠진 사람처럼 왜 그렇게 축 늘어져 있어? 〖기원〗 진(津)은 풀이나 나무의 껍질에서 분비되는 끈끈한 물질이다. 이 진이 빠져나가면 식물이나 나무는 말라서 죽게 되는데, '기력이나 힘이 없어 죽을 것 같은 상태'를 '식물에서 진이 빠져나가는 상황'에 비유하게 되었다. 일반적으로 한의학에서 사람의 신체 상태를 표현할 때 많이 쓴다.

파김치가 되다 ⇒ 녹초(가) 되다 ¶ 계속되는 야근에 파김치가 되었다. / 반나절을 걸어서 파김치가 된 상태였지만 집에 들어와서 밀린 일을 하고 잤다.

핏기가 가시다 ⇒ 핏기가 없다 ¶ 외근을 나갔던 그는 핏기가 가신 얼굴로 사무실에 들어왔다.

핏기가 없다 기운이나 활기가 없다. ¶ 김 형, 오늘은 왜 그리 핏기가 없소? 어제 너무 무리한 것 아니오? / 가난하고 핏기 없는 이 땅의 국민에게 새로운 희망을 심어 주고 싶습니다.

【목소리】

돼지 멱따는 소리 아주 큰 소리. ¶ 술에 취한 무리가 돼지 멱따는 소리로 노래를 부르며 길을 가다가 행인들과 시비가 붙었다.

목구멍이 크다[2] 목소리가 크다. ¶ 한해철은 목청을 돋우었다. 아직 술도 목구멍으로 넘어가지 않았는데 목구멍이 커진 것은 좀 의외라는 생각이 들었다. (정을병, 즐거운 방관자)

목이 잠기다 소리가 잘 나오지 않다. ¶ 오랫동안 이야기를 했더니 목이 잠겨 목소리가 별로 좋지 않습니다. 참 **목(이) 메다**

목(이) 터지다 목소리를 무척 크게 냄을 강조하는 말. 주로 '목이 터지도록'이나 '목이 터지게'의 꼴로 쓰인다. ¶ 멀어져 가는 그를 보며 그의 이름을 목 터지게 불렀다. / 목이 터지도록 소리를 지르고 싶었으나 나의 목구멍은 얼어붙은 듯 아무런 말도 나오지 않았다. / 남북이 함께 모여 목이 터져라 응원할 날은 언제 올 것인가.

목청을 뽑다 큰 소리를 내다. 주로 큰 소리로 노래를 부르는 경우에 쓰이는 표현이다. ¶ 그는 기타를 꺼내 들더니 아파트가 쩡쩡 울리도록 목청을 뽑아 댔다. / 우리 형제는 극장 근처에서 목청을 뽑아 장사하며 하루하루를 살아갔습니다.

화통(을) 삶아 먹다 목소리가 크다. ¶ 화통 삶아 먹은 소리를 내다. / 화통을 삶아 먹었는지 목소리가 크다. ※ 화통(火筒): 기차, 기선, 공장 따위의 굴뚝.

능력(能力), 성장(成長), 수준(水準)

【성숙(成熟), 성장(成長), 연령(年齡)】

귀때기에 피도 안 마르다 ⇒ **머리에 피도 안 마르다** ▷ 비속어 ¶ 귀때기에 피도 안 마른 젊은 놈들이 서둘러 아버지의 유산을 물려받으려 싸움질을 하다니.

귀밑에 피도 안 마르다 ⇒ **머리에 피도 안 마르다** ¶ 귀밑에 피도 안 마른 계집년이 어쩌면 벌써부터 요렇게 앙큼스러울까. (정비석, 슬픈 목가)

남의 나이를 먹다 오래 살다. ¶ 노인들은 남의 나이를 먹으면서 자연스레 남의 이(틀니)도 낍니다. / 사람은 건강할 때까지 사는 것이 가장 행복한 거야. 거동도 잘 못하면서 남의 나이를 먹고 사는 것처럼 한심한 것도 없지. / 딱 스무 살에 띄워 본 한 편의 시가 이제 남의 나이를 먹은 지도 삼 년째가 되어서야 영글었나 봅니다. 〖기원〗 제 나이를 다 살고 남의 나이로 살아간다는 뜻으로, 늙은이가 오래 사는 것을 이르는 말이다.

대가리가 굵어지다 ⇒ **머리(가) 굵다[굵어지다]** ▷ 비속어 ¶ 아들 녀석이 이제는 대가리가 좀 굵어졌다고 아비 말을 듣지 않아. / 몇몇 대가리가 굵어진 아이들은 어려운 상황을 대충이나마 이해하고 있는 것 같았다.

대가리가 커지다 ⇒ **머리(가) 굵다[굵어지다]** ▷ 비속어 ¶ 애들은 1학년 때야 순진하지만, 대가리가 좀 커지면 선생 말을 말 같지 않게 생각해.

대가리에 피가 마르다 ⇒ **머리에 피가 마르다** ▷ 비속어 ¶ 자식들도 대가리에 피가 마를 듯하니깐 뭐 저희들 앞가림이나 했지 어디 애비 말 들어 줍니까? (김영수, 박서방)

대가리에 피도 안 마르다 ⇒ **머리에 피도 안 마르다** ▷ 비속어 ¶ 대가리에 피도 안 마른 녀석이 여자 꽁무니나 쫓아다니다니. 정말 한심한 녀석이군.

딱지(가) 덜 떨어지다 미숙하거나 어리다. ¶ 아직 딱지가 덜 떨어졌는지 하는 짓마다 엉뚱한 짓이야. / 우리 사이에서 보수당을 옹호하는 사람은 미련하고 딱지 덜 떨어진 얼치기로 취급

받는다. 〖기원〗 '딱지가 덜 떨어지다'는 아직 머리의 쇠딱지가 다 떨어지지 못하였다는 뜻으로, 치기(稚氣)를 벗어나지 못한 상태를 이르는 말이다. ㊒ **덜 떨어지다**

떡국(을) 먹다 나이를 한 살 더 먹다. ¶ 떡국 한 그릇 더 먹었으니 이젠 어른스럽게 굴어야지. / 떡국 한 그릇 더 먹은 게 무슨 위세라고 그렇게 떠벌리고 다니는 거야? ㊟ **떡국(을) 먹이다**

말만 하다 (여성이) 성숙해지다. '말만 한'과 같이 쓰인다. ¶ 말만 한 아가씨가 왜 밤늦게 돌아다녀? / 말만 한 처녀를 타지에 보내 놓았으니 부모 처지에선 항시 조마조마할 수밖에.

머리(가) 굵다[굵어지다] (주로 생각이) 성인처럼 성숙해지다. ¶ 학교에 모인 사람들은 스무 살 안팎의 머리가 굵은 젊은이들이었다. / 머리 굵어지면 제 마누라만 알지 어디 부모를 눈곱만큼이나 생각을 하겠어?

머리(가) 크다 ⇒ 머리(가) 굵다[굵어지다] ¶ 예전에는 그렇게 착하고 온순하던 녀석이 머리 좀 컸다고 이제 부모한테 대들기까지 한다. / 저희끼리 선생님에게 드릴 선물을 준비한 걸 보면, 우리 반 아이들도 머리가 크긴 큰 모양이에요.

머리에 피가 마르다 미숙한 상태를 막 벗어나 성인이 되다. ¶ 장사공이 어느 결에 머리에 겨우 피가 마른 인달을 눈총을 들였는지 중달의 말을 들으니 두려운 느낌이 일지 않을 수 없었다. (이태원, 객사)

머리에 피도 안 마르다 미숙하거나 어리다. ¶ 머리에 피도 안 마른 녀석들이 벌써부터 담배를 피워?

물(이) 오르다 충분히 성장하여 성숙해지다. ¶ 대학생이 되더니 물이 한창 오를 대로 올랐다. / 어리게만 볼 게 아니에요. 그 정도 나이면 한창 물이 오를 나이가 되었지.

비린내(가) 나다 미숙하거나 어리다. ¶ 이런 비린내 나는 것하고 씨름을 하다니. 참 가소로운 일이다. / 아직 비린내가 나는 녀석이 술집 출입이나 하다니.

서리(를) 이다 머리카락이 하얗게 세다. ¶ 머리에 서리를 이고 있는 사람이 주책을 부려도 유분수지. ㊟ **서리(를) 맞다**

서릿발(을) 이다 ⇒ 서리(를) 이다 ¶ 숨 가쁘게 살아온 세월, 아내는 어느새 머리에 서릿발을 이고 있었다.

앞길이 구만리이다 젊다. ¶ 앞길이 구만리인 아들만은 제발 살려 주세요. / 앞길이 구만리인 젊은이가 여자가 떠났다고 죽을 결심을 해?

앞길이 멀다[1] 젊다. ¶ 앞길이 먼 사람이 그 정도 일로 낙담을 하다니, 될 법이나 한 소린가?

이도 안 나다[1] 미숙하거나 어리다. ¶ 아직 이도 안 난 녀석이 사장이랍시고 내게 명령을 하는군요.

이마에 피도 안 마르다 ⇒ 머리에 피도 안 마르다 ¶ 이마에 피도 안 마른 녀석이 연애나 하려 든다. / 이마에 피도 안 마른 녀석에게 욕이나 얻어먹고 다니다니 너도 참 한심한 녀석이다.

(입에서) **젖**(비린)**내**(가) **나다** 미숙하거나 어리다. ¶ 젖비린내 나는 놈이 무슨 연애를 한답시고 설쳐 대기는. / 자기가 생각하기에는 상당히 컸다고 느끼는 모양인데, 내가 보기에는 아직도 젖내가 난다. / 입에서 젖내가 몰칵몰칵 나는 어린 녀석이 제법 큰소리를 탕탕 치는구나! 〖기원〗 '구상유취(口尙乳臭)'라는 한자 성어에서 나온 말이다.

젖(비린)**내**(를) **풍기다** ① 미숙하거나 어리다. ¶ 네 그 젖내 풍기는 아가리에서 무슨 소리가 나온들 내가 여기 서 있는 이상은 한 발자국도 물러설 수는 없으니 그리 알아라. (정한숙, 이성계) / 이제야 겨우 젖내를 풍기지 않게 된 놈이 거창한 계획을 세우고 있었다는 것에 엄청난 충격을 받았다. / 그건 너희처럼 젖비린내 풍길 때나 하는 소리고, 중견 정치인이라는 사람이 할 소리는 아니지. ② 어린 시절의 풋풋한 분위기가 있다. ¶ 고향에 도착하여 들판을 바라보는 순간 어린 시절 젖내 풍기는 그 소중한 추억들이 그립게 안겨 왔다.

코(를) **흘리다** 미숙하거나 어리다. ¶ 아직 코나 흘리는 나이에 무슨 여자를 사귄다고 야단이야. 참 **코 묻은 돈**

호적에 잉크도 마르지 않다 어리다. ¶ 아직 호적에 잉크도 마르지 않은 어린것들이 벌써부터 어른 흉내를 내는 걸 보면 가당치도 않았다. ※ 호적(戶籍): 호주(戶主)를 중심으로 하여 그 집에 속하는 사람의 본적지, 성명, 생년월일 따위의 신분에 관한 사항을 기록한 공문서. 2008년 호적법 폐지에 따라 폐지되고, '가족 관계 등록부'가 이를 대체하게 되었다.

【**탁월**(卓越), **우월**(優越)】

기(가) **막히다²** 무어라고 말할 수 없을 만큼 대단하다. ¶ 그 여자 정말 기막히게 예쁘다. / 그렇게 기가 막힌 산이 도시 한복판에 있다는 것은 하늘의 축복이 아닐 수 없다.

기(가) **차다²** 굉장하다. 주로 '기차게' 꼴로 사용한다. ¶ 야, 그 여자 정말 기차게 생겼더라. / 우리나라 사람들은 다른 것은 몰라도 축구 하나는 기차게 잘한다.

기똥차다 굉장하다. 주로 '기똥차게' 꼴로 사용한다. ▷ 비속어 ¶ 창호는 수학 하나만큼은 정말 기똥차게 잘한다. / 야! 저 사람, 운전 한번 기똥차게 하는구나.

난다 긴다 하다 ⇒ **날고 기다** ¶ 제아무리 난다 긴다 해도 여기까지는 생각하지 못했을 거야. / 이번 국제 학술 대회에는 자기 분야에서는 난다 긴다 하는 사람들만 모였다.

날고 기다 재주나 능력이 뛰어나다. ¶ 이 정도면 그 분야에서 날고 긴다는 사람들도 고개를 절레절레 흔들 만큼 어려운 문제다. / 제아무리 날고 기는 바람둥이라도 이렇게 독한 마누라에게 걸리면 정말 인생 끝을 구경하는 수가 있는 게다.

날고 뛰다 ⇒ **날고 기다** ¶ 요즘 날고뛰는 녀석들이 한두 명이니? 긴장하지 않으면 네 밥 찾아 먹기도 힘들어.

내로라[내노라] **하다** 재주나 능력이 뛰어나고 명망이 있다. 규범 표기는 '내로라'이지만 일반적으로 '내노라'가 쓰인다. ¶ 국제적으로 내로라하는 학자들도 해결하지 못한 일을 내가 해결했다는 게 믿기지 않는다. / 무서운 십 대 신인에게 내로라하는 장사들도 모두 손을 들었다. 〖기원〗 '나이로다' 하면서 나선다는 뜻으로 최고를 자신할 정도로 뛰어남을 강조할 때 쓴다. '나이로다'에서 나온 말이기 때문에 규범 표기가 '내로라하다'이다.

눈(이) **부시다** 너무 훌륭하여 황홀하다. ¶ 그녀의 모습은 항상 눈이 부시다. / 타고난 체력과 근성에 눈부신 감각이 접목되었으니 그에 필적할 상대가 없을 것이다.

두각을 나타내다 두드러지게 뛰어나다. ¶ 올해 들어 가요계에는 트로트가 두각을 나타내기 시작했다. / 미국에 이민 간 한국인 이세들이 현지 학교에서 두각을 나타내는 것도 부모들의 높은 교육열에 힘입은 것이 아니겠는가. ※ 두각(頭角): 짐승의 머리에 있는 뿔.

둘째가라면 서럽다[섧다] 자타가 공인하는 최고이다. ¶ 내 짝은 우리 반에서 둘째가라면 서러울 만큼 노래를 잘 부른다. / 운동은 둘째가라면 서러워할 녀석이 왜 그렇게 공부에는 취미가 없는지 모르겠어요. / 방향 감각이 없는 사람으로 둘째가라면 설워할 나도 쉽게 그곳을 찾았다.

머리 꼭대기에 앉아 있다 (생각이나 행동이) 우월하다. 주로 '누구 머리 꼭대기에 앉아 있다'와 같이 쓰인다. ¶ 요즘 아이들은 어른 머리 꼭대기에 앉아 있어서 다루기가 힘이 들어요.

머리 위에 올라서다 (생각이나 행동이) 우월해지다. 주로 '누구 머리 위에 올라서 있다'와 같이 쓰인다. ¶ 그 사람이 어수룩해 보여도 우리 머리 위에 올라서 있어.

머리 위에 올라앉다 (생각이나 행동이) 우월해지다. 주로 '누구 머리 위에 올라앉다'와 같이 쓰인다. ¶ 두고 보시오. 이제 상놈들은 우리 머리 위에 올라앉아 양반들 망하는 꼴 보려 할 게요. / 이들은 사람들을 속이고 다른 사람들의 머리 위에 올라앉아 조종하는 데에서 게임을 즐길 때와 같은 황홀감을 느끼는 것처럼 보인다.

뭔가 보여 주다 자신의 재주나 능력을 과시하다. ¶ 다수의 여성은 말보다는 행동으로 뭔가를 보여 주는 데 익숙하다. / 뭔가 보여 주겠다고 큰소리치는 놈치고 무엇 하나 시원스럽게 하는 것 없더라.

비교가 되지 않다 월등하거나 차이가 많다. 주로 '무엇과 비교가 되지 않다'와 같이 쓰인다. ¶ 이곳은 지구 상 그 어떠한 것과도 비교가 되지 않는 아름다움을 간직하고 있다. / 김 화백은 일류 대학을 나온 엘리트로 고등학교만 나온 나와는 비교가 되지 않았다.

비할 바 없다 월등하거나 차이가 많다. 주로 '무엇에 비할 바 없다'와 같이 쓰인다. ¶ 그의 노래는 그 어느 것에도 비할 바 없는 신비함을 지니고 있었다. / 그는 효성스럽고 인자했으며, 사람을 사랑하고 부지런함이 비할 바가 없었다.

빰(을) **치다** 못하지 않다. 주로 '누구 빰치다'와 같이 쓰인다. ¶ 그 아이는 어른 빰치게 말을 잘 한다. / 다른 건 몰라도 바둑이라면 프로 선수 빰칠 정도의 실력이에요. / 이용태는 이렇게 쫓겨난 조병갑의 빰을 치게 무서운 호랑이였다. 읍내 부민들을 잡아다 위협하고 며칠 안에 당장 수백 섬 곡식을 늑탈해 냈다. (이용선, 동학)

손가락 안에 들다 몇째 안 가는 높은 수준에 속하다. 주로 '몇 손가락 안에 들다'와 같이 쓰인다. ¶ 내 영어 실력은 우리 학교에서 다섯 손가락 안에 들어. / 그는 우리나라에서 세 손가락 안에 드는 부자다.

손(에) **꼽다** 여럿 가운데 뛰어난 것으로 여기다. ¶ 그는 자신의 재임 중 업적으로 월드컵 유치를 손에 꼽았다. / 이 세탁기는 디자인 예쁘고 사용도 편리해 세계의 모든 주부가 손꼽고 있는 제품입니다. 참 **손에[으로] 꼽다[헤아리다]**

손(에) **꼽히다** 몇째 안 가는 높은 수준에 속하다. ¶ 이 음식점은 전주에서도 손에 꼽힌다. / 일을 하려면 그 분야에서 손에 꼽히는 사람이 되어야 한다.

손(을) **꼽다**[2] ⇒ **손**(에) **꼽다** ¶ 장 씨 삼 형제는 음악가로서 세계에서도 손을 꼽는다. / 이왕이면 현지인들이 맛집으로 손꼽는 식당으로 가자.

수가 깊다 기술이나 지략이 뛰어나다. 수준이 상대가 가늠할 수 없을 정도임을 나타낸다. ¶ 아무리 그 무공의 수가 깊어도 어쭙잖게 배웠다면 벌써 놈의 창에 찔려 쓰러졌을 것이다. / 수가 깊은 찬호는 김 의원이 나를 닦아세우면서 칼끝은 자기를 겨눈다는 것을 이미 눈치채고 있었다. 참 **수**(를) **읽다**

수가 높다 기술이나 지략이 뛰어나다. ¶ 우리 감독은 수가 높아 큰소리 한번 치지 않고 선수들을 장악했다. / 협상을 하는 데 있어서 그는 나보다 훨씬 수가 높았다. 참 **수**(를) **읽다**

아귀(가) **세다** ① 그 무엇에도 잘 굽혀 들지 않고 단단하다. ¶ 그는 아귀센 주먹에 덜미라도 잡혀 있는 낯빛이었다. / 입안으로 다져진 응어리는 아귀가 너무 세서 토해 낼 수 없습니다. 반 **아귀**(가) **무르다** ② 휘어잡기 어려울 만큼 벅차다. ¶ 그렇게 풀기 없이 내 팔뚝에 쓰러졌던 그 계집이 인제 와서는 아귀가 여간 센 것이 아니다. ※ 아귀: 엄지손가락과 집게손가락의 사이.

아귀(가) **차다** ① ⇒ **아귀**(가) **세다** ① ¶ 그는 몸은 왜소하지만 손은 크고 완전히 뼈로만 된 듯이 아귀차게 느껴진다. ② ⇒ **아귀**(가) **세다** ② ¶ 그의 일솜씨는 세상에 아귀가 찬 일이 없는 듯 완벽했다.

저리 가라 하다 ⇒ **저리 가라**(이)**다** ¶ 그는 독일 사람인데도 한국말 실력은 한국 사람 저리 가라 할 만큼 유창하다.

저리 가라(이)**다** 비교할 수 없을 만큼 아주 대단하다. 주로 '누구 또는 무엇 저리 가라다'와 같이 쓰인다. ¶ 그의 창 솜씨는 관우 장군 저리 가라다. / 그는 피부 검기로 치면 나보다 한술 더 떠서 숯덩이는 저리 가라였다.

죽여 주다 ① (재주나 미모가) 몹시 뛰어나다. ▷비속어 ¶ 춤으로 말하면 그가 죽여준다. / 저 여자 죽여주게 생겼다. ② 난처하게 만들다. ¶ 참 죽여주는구먼. 어째 이런 일이 또 일어났을까? 참 **사람(을) 죽여주다**

찜(을) 쪄 먹다 꾀, 재주, 수단 따위가 비교가 되지 아니할 만큼 월등하다. 주로 '누구 또는 무엇 찜 쪄 먹다'와 같이 쓰인다. ¶ 그는 귀신 찜 쪄 먹게 재주가 좋다. / 재상은 능구렁이 찜 쪄 먹을 정도로 노회한 인물입니다. 참 **구워 삶다**

첫손(가락)에 꼽히다 가장 우수하다. ¶ 그는 자기 분야에서는 첫손가락에 꼽힐 정도로 능력 있는 사람이다.

한 수 위 생각이나 능력이 상대보다 높은 상태. ¶ 조선업에서는 이제 한국이 일본보다 한 수 위다. / 그는 스승보다 한 수 위의 기량을 뽐내며 세대교체를 알렸다. 반 **한 수 아래**

한 수(가) 높다 생각이나 능력이 상대보다 더 높은 수준에 있다. ¶ 당신이 나보다 한 수가 높아. 나의 패배를 인정하네. / 이번 협상에서 우리는 완전히 놈들에게 놀아났다. 놈들이 우리보다 한 수 높았다. 반 **한 수(가) 낮다**

한가락[한가닥] 하다 어떤 분야에서 실력으로 이름을 날리다. 규범 표기는 '한가락'이지만 일반적으로 '한가닥'으로 쓰인다. ¶ 그가 생긴 건 그래도 그 분야에서는 한가락 하는 사람이다. / 어디서건 한가락 한다는 말을 들으려면 남들보다 몇 배 노력해야 한다. / 떡 벌어진 어깨, 커다란 주먹, 정말 그는 한가닥 할 만한 덩치였다.

【열등(劣等), 무능(無能)】

가르친 사위 독창성이 없고 시키는 대로만 하는 사람. ¶ 인생이란 게 좌충우돌하면서 사는 거야. 젊어서부터 가르친사위로 살 수는 없잖아. / 바둑은 처음부터 승부가 결정되어 있었으므로 두나 마나였다. 가르친사위처럼 져 주기로 작정을 했던 나는 홀가분하게 손이 나왔다. 〚기원〛 옛날에 어떤 사람이 사윗감을 고르기 위하여 나무 뒤주 안에 쌀 쉰다섯 말을 넣어 두고 누구든지 그 수량을 알아맞히는 사람에게 딸을 주겠다고 공언하였다. 이 비밀을 딸이 한 어리석은 총각에게 몰래 알려 주어서 결혼을 하였는데, 후에 장인이 사위더러 무엇을 물어보면 사위는 덮어 놓고 "쉰다섯 말이오." 하고 대답했다는 옛 이야기에서 유래하였다고 한다. 참 **고드름 장아찌, 곤산의 옥, 떠오르는 별**

근처도 못 가다 비교가 안 되다. ¶ 그 여자와 너를 비교하라고? 너는 정말 그 여자 근처에도 못 간단 말이야. / 우리 회사는 규모 면에서 아직 대기업 근처도 못 간다.

도토리 키 재기 정도가 고만고만한 사람끼리 서로 다투기. ¶ 당신이 그보다 기량이 뛰어나다고 생각하겠지만 그래 봤자 도토리 키 재깁니다. / 세 기업이 도토리 키 재기 식으로 경쟁을 하고 있다.

뒷손(이) 없다 일을 끝맺는 능력이 부족하다. ¶ 내 요리 솜씨는 괜찮은 편이지만 뒷손이 없는 탓에 설거지거리를 언제까지고 방치한다는 게 흠이지. / 야무지고 똑 부러져 보이는 아가씨들이 그럴진대 수경처럼 덜렁거리며 뒷손 없는 아가씨가 어떨지는 안 봐도 뻔했다.

(밑)바닥(을) 기다 (수준, 성적 따위가) 아주 낮다. ¶ 고등학교 때 성적은 거의 밑바닥을 기었어요. / 허구한 날 밑바닥을 기니 어느 부모인들 좋아하겠니? / 취임 당시 바닥을 기었던 지지율이 요즘 오르기 시작했다.

바닥 첫째 꼴찌. ¶ 바닥 첫째 하기가 일등 하는 것보다 더 어렵다.

바닥(을) 긁다[1] ⇒ **(밑)바닥(을) 기다** ¶ 똑똑하다는 그도 수학 성적에 있어서만은 학급에서 바닥을 긁는 신세다.

바닥을 맴돌다 ⇒ **(밑)바닥(을) 기다** ¶ 그는 입학할 당시에는 성적이 바닥을 맴돌았지만 지금은 우등생이다. / 대부분 작가들은 생계마저 걱정해야 하는 형편이라 가장(家長)으로서의 점수는 항상 바닥을 맴돈다.

바지 저고리 (놀리는 말로) 자기주장이나 능력이 없는 사람. ¶ 원, 남을 깔보아도 분수가 있지. 우릴 뭐 바지저고린 줄 아는 거야? / 남들이 바지저고리라고 놀려 대도 동혁은 묵묵히 자기 일만 해 나갔다.

바지저고리만 다니다 책임감 있고 능력 있는 사람이 없다. ¶ 이 회사에는 바지저고리만 다니나 보지? 책임 의식을 가진 사람이 하나도 없어.

발뒤꿈치도 따를 수 없다 (상대가 너무나 뛰어나) 비교가 되지 않다. ¶ 내 재단 솜씨는 어머니의 발뒤꿈치도 따르지 못해. / 서글픈 일이지만, 나는 그 사람의 발뒤꿈치도 따를 수 없다.

수가 낮다 기술이나 지략의 수준이 떨어지다. ¶ 수가 낮은 정치인은 국민이 자신의 낮은 수에 속는다고 착각한다. 참 **수(를) 읽다**

수가 달리다 기술이나 지략에서 상대에게 밀리다. 주로 '누구에게 수가 달리다'와 같이 쓰인다. ¶ 그는 후배에게도 수가 달렸다 / 그는 수가 달려도 한참 달려 도저히 나를 꺾을 수 없다. 참 **수(를) 읽다**

수가 얕다 ⇒ **수가 낮다** ¶ 영화를 보면 알겠지만, 여기에서 그는 다소 푼수기가 있는 수가 얕은 여자다. / 그 사람 찾아내서 처벌하려 드는 이 정부가 오히려 수가 얕은 거지.

짝이 기울다[2] 한쪽이 다른 쪽보다 뒤떨어지다. 주로 남녀 관계를 나타낼 때 쓰는 표현이다. ¶ 남자 쪽이 너무 짝이 기울어서 맺어지기가 힘들겠어. / 키가 멀쑥한 남편과는 달리 왜소하고 오종종한 생김새를 가진 그녀는 한눈에 보아도 짝이 기울었다.

한 수 아래 생각이나 능력이 상대보다 떨어지는 상태. ¶ 그는 나보다 한 수 아래야. / 언어 감각에 있어서 나는 그보다 한 수 아래다. 반 **한 수 위**

한 수(가) 낮다 상대가 생각하고 있는 것이나 하는 일에 미치지 못하다. '누구보다 한 수가 낮다'와 같이 쓰인다. ¶ 모든 점에서 너는 나보다 한 수가 낮아. / 나보다 한 수 낮은 사람하고 일하면 내 수준이 떨어져서 안 돼. 반 **한 수(가) 높다**

【지능(知能), 이해력(理解力)】

골(이) 비다 지각이나 소견이 없다. ▷비속어 ¶ 골이 빈 놈이 겉멋만 부리지요. / 요새 젊은 놈들치고 제대로 된 놈 없어. 하여튼 골 빈 녀석들은 좀 뜨거운 맛을 보아야 해. 참 **빈 깡통이다, 속(이) 비다**

귀(가) 밝다[2] 남의 이야기를 잘 이해하다. ¶ 귀 밝은 사람은 하나를 들으면 열을 안다.

귀(가) 질기다[2] 둔하여 남의 말을 잘 이해하지 못하다. ¶ 아무리 귀가 질겨도 그 말을 이해하지 못했을까? / 그처럼 귀 질긴 사람은 처음이다. 몇 번을 말해 줬는데도 아직까지 뭘 해야 할지 모르는 눈치다. 참 **쇠귀에 경 읽기**

눈(이) 무디다 어떤 것에 대하여 느끼고 깨닫는 힘이 약하다. ¶ 눈이 무딘 까닭으로 선생님을 제대로 보좌해 드리지 못한 죄를 지었습니다. 용서해 주십시오.

눈이 발바닥이다 보아도 잘 모르다. 무식하여 이해력이 떨어짐을 나타내는 말이다. ¶ 네놈 눈이 발바닥이니 언제 삼국질(三國志) 읽었을 턱이 없지. (박연희, 홍길동) / 나는 전공이 달라서, 보았자 눈이 발바닥이야. 참 **눈(을) 뜬 장님이다[2]**

눈이 밝다 이해력이 뛰어나다. ¶ 계산에는 눈이 밝은 사람이 말을 배우는 데는 왜 그렇게 더딘지 알 수가 없어. / 임진란 때는 명나라가 뒤를 받쳤고 조정 대신들 중에도 전황을 살필 수 있는 눈이 밝은 신하가 있어, 지금보다는 나았지. / 을사오적으로 알려진 이완용은 원래 세상 돌아가는 물정에 유달리 눈이 밝은 사람이었다. ＊을사오적(乙巳五賊): 1905년 일제가 을사늑약을 강제로 체결할 당시, 조약에 찬성하여 서명한 박제순(朴齊純), 이지용(李址鎔), 이근택(李根澤), 이완용(李完用), 권중현(權重顯) 등 다섯 대신을 일컫는 말이다.

달 보고 짖는 개 남의 사정은 모르고 떠드는 어리석은 사람. ¶ 내가 그런 사정도 모르고 지껄였으니, 달 보고 짖는 개꼴이 되었구나.

닭 대가리 바보. 특히 기억력이 좋지 못한 사람. ▷비속어 ¶ 그런 것도 기억을 못 하다니, 너 닭대가리 아니야? / 아마 닭대가리들은 그런 소리를 잘 이해하지 못할 거야.

덜 떨어지다 언행이 어리고 미련하다. ¶ 덜 떨어진 녀석 같으니라고. 그 사기꾼 말을 믿었단 말이야? 지금 시대에 암행어사가 어디 있어. 〖기원〗 어린아이의 머리에 눌어붙은 때인 쇠딱지가 덜 떨어졌다는 표현에서 연유한 말이다. 유 **딱지(가) 덜 떨어지다**

뒷귀(가) 먹다 ⇒ **뒷귀(가) 어둡다** ¶ 당신 그렇게 뒷귀가 먹어서야 무슨 일을 할 수 있겠는가?

뒷귀(가) 밝다 이해력이 좋다. ¶ 그 사람처럼 뒷귀가 밝은 사람하고 일을 같이하는 것은 행운이라고 볼 수 있어. 최소한 답답할 일은 없을 테니까. / 나이에 비해 뒷귀가 밝았던 나는 그런 저간 사정을 나름대로 꿰고 있었다.

뒷귀(가) 어둡다 이해력이 떨어지다. ¶ 고지식한 성깔에 속사정을 등한시하니 뒷귀가 어두워질 수밖에. / 그 애 데리고 일을 할 때 답답해 미칠 뻔했다니까. 뒷귀가 무척 어두운 것 같아.

머리가 굳다 ⇒ **머리가 녹슬다** ¶ 머리가 굳었는지 책을 읽어도 이해가 되지 않아. / 이젠 머리가 굳어서 좋은 생각이 떠오르지 않아요.

머리가 녹슬다 기억력이 감퇴하거나 사고가 무디어지다. ¶ 이젠 지식을 팔아 먹고살기엔 머리가 너무 녹슬었다. / 군대 가 있는 동안에 머리가 녹슬어서 그런지, 요즘은 무엇을 외워도 금방 잊어버려.

머리가 모자라다 바보이다. ¶ 머리가 모자라면 성실한 면이라도 있어야지. / 아무리 머리가 모자란 사람이라도 하느님은 그 사람을 긴히 쓰시기 위해서 세상에 내려보낸 것입니다.

머리가 비다 생각이나 의견이 없다. ¶ 아무리 돈이 많아도 머리가 빈 남자는 매력 없어. / 사람들이 내가 대학에 들어가지 못했다는 이유만으로 머리가 비었다고 말하는 것은 참을 수가 없다. 참 **빈 깡통이다, 속(이) 비다**

머리가 (잘) 돌아가다 ① 생각이 잘 떠오르다. ¶ 머리가 돌아가지 않으면 잠시 담배나 한 대 피우시지요. ② 지능이 높다. ¶ 김 선생은 머리가 잘 돌아가는 사람이야. / 나이가 들수록 머리가 잘 돌아가는 후배들이 두려워진다. 참 **머리가 돌다**

머리(의) 회전이 빠르다 지능이 높다. ¶ 그는 꾀가 많고 머리 회전이 빨랐다. / 미지의 문제를 밝히는 데는 머리의 회전이 빠른 수재들보다 한 가지 문제를 깊게 파고드는 끈질긴 둔재가 필요하다.

머릿속이 비다[1] ⇒ **머리가 비다** ¶ 그 사람이 행동하는 것만 보면, 머릿속이 빈 사람으로 알기 쉽다. / 화려한 옷차림을 한 사람을 보면, 머릿속이 비어 있어서 그것을 감추기 위해 일부러 위압적인 차림을 하고 있는 것 같다.

엉덩이만 크다 어리석다. 외모에 비해서 지적 능력이 부족하다. ▷ 비속어 ¶ 엉덩이만 컸지 창의력이라고는 쥐뿔도 없다.

【진부(陳腐), 신선(新鮮), 쇄신(刷新)】

거듭 (태어)나다 새롭게 면모를 갖추다. ¶ 그는 은퇴 후 유능한 코치로 거듭 태어났다. / 그의 원작 소설이 스릴러 영화로 거듭 태어났다. / 서울의 동대문 패션 타운이 한국의 밀라노로 거듭났다. / 한 시대를 풍미했던 아이돌 스타인 그는 아티스트로 거듭나 대중 앞에 다시 섰다.

공자 왈 맹자 왈 진부한 구식 학문이나 관념을 가리키는 말. ¶ 공자 왈 맹자 왈 하면 밥이 나와요, 돈이 나와요? / 허구한 날 공자 왈 맹자 왈만 하고 있었으니 나라가 망하는 꼴을 보고도 힘을 못 썼지. 그때 신문물을 빨리 받아들였더라면……. 〖기원〗 유교의 가르침을 나타내는 말에서 진부한 학문을 나타내는 말로 의미 변화를 겪으면서 나온 말이다. 참 **하늘 천 따 지**

물이 가다 싱싱하지 못하다. 또는 활력이 없다. ¶ 그 인간들도 모두 물이 가서 사람이 들어오는지 나가는지 관심도 없더라고. / 여름에는 특히 물이 간 생선을 조심해야 한다.

물(이) 좋다 ① (생선 따위가) 싱싱하다. ¶ 아주머니, 물 좋은 걸로 두 마리 주세요. ② 젊고 예쁜 여자들이 많이 있다. ▷ 비속어 ¶ 이 주변에서는 우리 클럽이 물이 제일 좋지요.

틀에 맞추다 짜인 형식에 기계적으로 부응하다. ¶ 난 사회에서 요구하는 틀에 맞춰 살지는 않겠다. / 논술 채점을 해 보니 틀에 맞춘 답안이 많다는 걸 느꼈다.

틀에 박히다 짜인 형식대로 하여 진부하다. ¶ 우리는 틀에 박힌 결혼식은 하지 않기로 했다. / 이 소설의 문체는 다소 틀에 박혀 있지만 그런대로 읽을 만했다.

판에 박히다 ⇒ 틀에 박히다 ¶ 판에 박힌 표현만을 반복하는 것도 언어 공해다. / 모두 판에 박히고 재미없는 농담을 하며 시간을 때우고 있었다.

한물(이) 가다 시대에 뒤떨어지다. 위세가 떨어지다. ¶ 촌스럽게 유행에서 한물이 간 넥타이를 차고 다닌다. / 그를 한물갔다고 혹평하는 사람이 나타나기 시작했다.

사정(事情), 형세(形勢)

【분위기(雰圍氣)】

군불(을) 때다 (어떤 일을 본격적으로 하기 위하여) 미리 분위기를 잡다. ¶ 개헌 군불 때는 청와대의 셈법은 무엇일까? / 경기 침체를 회복하기 위해 정부가 부동산 시장에 군불을 때기 시작했다.

군불(을) 지피다 ⇒ **군불(을) 때다** ¶ 담뱃값을 올리면 흡연율이 저하될 거라면서, 보건 당국이 담뱃값 인상을 위해 군불 지피기에 나섰다. / 내가 밉게 보이겠지만 일을 성사시키려면 나 같은 사람들이 계속 떠들면서 군불을 지피는 것이 중요해요.

도가니로 몰(아넣)다 열광적으로 들끓는 상태로 만들다. '무엇을 무엇의 도가니로 몰아넣다'와 같이 쓰인다. ¶ 유치원을 공포의 도가니로 몰아넣은 사건. / 현대 미술을 이렇듯 광란의 도가니로 몬 미술 시장은 어떻게 굴러가는 것일까? / 이들의 연애담은 사람들을 흥분과 폭소의 도가니로 몰아넣었다. ※ 도가니: 단단한 흙이나 흑연 같은 것으로 고아서 우묵하게 만들어, 쇠붙이를 녹이는 데 쓰는 그릇.

뜸(이) 들다 (분위기가) 충분히 무르익게 되다. ¶ 저는 무작정 들이대는 남자가 제일 싫어요. 남녀가 서로에게 호감을 갖기까지는 뜸 들 시간이 필요한 거잖아요. / 시간이 좀 걸리더라도 뜸이 들면 일을 시작하는 게 좋을 것 같아요. 참 **뜸(을) 들이다**

물(을) 흐리다 분위기를 망치다. ¶ 여기 있으면서 물 흐려 놓지 말고 빨리 나가. / 어느 집단이고 꼭 물 흐리는 놈이 한두 명은 있다니까.

바람 잡이 분위기를 잡아 주는 사람. 주로 사기꾼과 짜고 옆에서 사람의 마음을 흐트러지게 하는 사람을 이른다. ¶ 야바위꾼이 있는 곳에는 항상 바람잡이들이 설쳐 댄다.

바람(을) 내다[2] 마음이 들뜨게 부추기다. ¶ 가만히 있는 사람 들쑤셔서 바람내지 말고 조용히 있다가 떠나렴. 참 **바람(이) 나다[3], 바람(이) 들다[1]**

바람(을) **넣다** 마음이 들뜨게 부추기다. ¶ 얌전한 아이에게 왜 바람을 넣는 거야? / 이 사람 저 사람에게 여행 가자고 바람 넣지 말고, 가고 싶으면 너나 갔다 와라.

바람을 몰고 오다 분위기를 새롭게 바꿀 만한 영향력을 행사하다. ¶ 새 이론이 학계에 바람을 몰고 왔다. / 그는 올해 가요계에 새로운 바람을 몰고 온 가수로 주목받았다.

바람을 (불러)**일으키다** 일시적인 유행이나 새로운 분위기를 만들다. ¶ 우리가 식품 시장에 홍삼 바람을 불러일으킨 주인공입니다. / 그의 선행은 각박하기만 한 우리 사회에 신선한 바람을 일으켰다.

바람(을) **잡다**2 분위기를 고조시키다. ¶ 처음에 모임을 만들자고 바람 잡던 사람이 제일 먼저 발을 빼다니 어이가 없다. / 지금부터 슬슬 바람을 잡아야 내년에 본격적으로 일을 추진할 수 있어요. 참 **치맛바람**

바람(을) **켜다** ⇒ **바람**(을) **잡다**2 ¶ 여러 사람 앞에서 바람을 켜 놓고서 나 몰라라 하고 있는 거야? / 그러고 보니 네놈이 먼저 바람을 켠 게로구나.

바람(이) **불다**1 ① 유행이 되다. ¶ 한동안 잠잠하더니 다시 미니스커트 바람이 불기 시작했다. / 서양 바람이 불더라도 휩쓸리지 말고 우리 것을 지켜 나가야 합니다. ② 일시적으로 어떤 분위기가 형성되다. ¶ 급변하는 시기라 그런지 모든 분야에 '신세대' 바람이 불고 있다. 참 **무슨 바람이 불어서**[**불었는지**], **바람 부는 대로**

바람이 일다 ① ⇒ **바람**(이) **불다**1① ¶ 댄스 바람이 일자 노래보다 춤에 신경 쓰는 가수들이 많아졌다. ② ⇒ **바람**(이) **불다**1② ¶ 정치계에도 세대교체 바람이 거세게 일었다. / 투기 바람이 일자 땅값이 급격하게 뛰기 시작했다.

발동(을) **걸다**1 어떤 일을 하도록 부추기다. ¶ 우리 중 누군가가 발동을 걸자 모두 도서관을 박차고 나와 명동으로 향했다. / 사람들의 가슴에 발동을 거니 생산량에 있어서 혁신이 일어나기 시작했다. 참 **시동**(을) **걸다**, **제동**(을) **걸다**

새바람을 불어넣다 바꾸려는 기운이 일어나게 하다. ¶ 이 일에 새바람을 불어넣을 사람이 필요하다. / 초선 의원들이 조만간 정치권에 새바람을 불어넣는 운동을 시작할 태세다.

애드벌룬(을) **띄우다** 중요 내용을 일부 발표하여 분위기를 잡다. ¶ 정치인들의 망언은 애드벌룬 띄우고 사람들의 반응을 살피려는 의도에서 계획적으로 이루어진다. / 그린벨트 해제라는 애드벌룬을 띄운 것은 그쪽 나름대로 계산이 있었기 때문이었다. ※ 애드벌룬(ad balloon): 광고하는 글이나 그림 따위를 매달아 띄우는 풍선. 광고풍선. 참 **공수표**(를) **날리다**

열풍이 불다 대단히 유행하다. ¶ 세계 정치계에 사십 대 열풍이 불고 있다. / 중남미의 람바다 음악이 세계적으로 사랑을 받으면서 패션가에도 람바다 열풍이 불고 있다.

(찬)**물을 끼얹다** 분위기를 깨다. 주로 들뜬 분위기를 가라앉혀 상대를 조용하게 만든다는 의미로 쓰인다. ¶ 그는 3점 슛을 성공시키며 상대의 추격에 찬물을 끼얹었다. / 이야기가 무르익

어 가는데, 눈치 없는 칠성이가 들어와서 찬물을 끼얹는 말을 했다. / 아버지가 등장하자 소란했던 장내는 물을 끼얹은 듯 조용해졌다. 반 **기름을 끼얹다** 참 **재(를) 뿌리다**

풍선(을) 띄우다 ⇒ 애드벌룬(을) 띄우다 ¶ 선거 공약을 실천하지 않고 이런저런 풍선만 띄우는 이면에는 뭔가 다른 속셈이 있을 것이다. / 개발이 있을 것처럼 풍선을 띄워 부동산 투기를 조장하는 세력이 있다.

회오리바람을 (불러)일으키다 갑작스러운 유행이나 새로운 분위기를 만들다. ¶ 세계 축구 무대에 회오리바람을 일으킨 축구 영웅 마라도나. / 이번에 출시한 신차는 웃돈이 붙어 팔릴 정도로 회오리바람을 불러일으키고 있다.

【시간(時間)】 ≒ 【자주, 항상(恒常)】

눈 깜짝할 사이 짧은 순간. ¶ 그 많은 걸 눈 깜짝할 사이에 먹어 치우다니! / 내가 잠깐 자리를 비운 사이, 일은 눈 깜짝할 사이에 벌어지고 말았다.

동안(을) 띄다 (시간적 사이를) 좀 오래되게 하다. ¶ "그렇게는 안 될 것이야." 하고, 조금 동안을 띄어 "내가 도민이와 의논해 두고 갈 것이니 걱정 마라." 하고 두 도막 대답을 했다.

동안(이) 뜨다[1] (시간적 사이가) 좀 오래이다. ¶ 그는 귀양살이하던 이야기를 하느라고 숟가락질이 동안 뜰 때가 많았다.

메뚜기도 한철 전성기가 짧음을 나타내는 말. ¶ 메뚜기도 유월이 한철인데, 기회가 닿을 때 최선을 다하기 바란다.

백날이 가도 아무리 세월이 흘러도. ¶ 그 사람은 포기해라. 백날이 가도 그렇게 살 사람이다. / 네 자세를 바꾸지 않는 한 네 생활은 백날이 가도 그 타령일 것이다.

세월 없이 오래. ¶ 세월없이 이야기만 하고 있다. / 세월없이 잠만 자고 있다.

시간이 말해 주다 일정한 시일이 걸려야 알 수 있다. ¶ 내가 한 연구의 의의는 시간이 말해 줄 것이다. / 그가 시도하는 것이 얼마나 가능할까 하는 것은 앞으로 시간이 말해 줄 것이다. 참 **시간 문제**

시(를) 매기다 시간을 제한하여 정하다. ¶ 동양에서는 하루를 12등분하여 시를 매겨 사주를 따졌다. ※ 시(時): 예전에 주야를 12지(支)에 따라 12등분한 단위. 자시(子時), 축시(丑時), 인시(寅時), 묘시(卯時), 진시(辰時), 사시(巳時), 오시(午時), 미시(未時), 신시(申時), 유시(酉時), 술시(戌時), 해시(亥時)가 있다.

어제 오늘 근래. ¶ 어제오늘 있었던 일도 아닌데 뭘 그리 놀라나? / 우리나라 정치의 모순과 불합리가 어제오늘 시작된 것은 아니다.

오늘 내일 빠른 시일 안에. ¶ 일이 급하니까 오늘내일 가부간에 결정을 내리시기 바랍니다. / 오늘내일에 끝날 일이 아닙니다. 시간을 두고 지켜보셔야 합니다. 참 **오늘 내일 하다**

요람에서 무덤까지 태어나서 죽을 때까지. ¶ 복지가 잘된 나라에서는 요람에서 무덤까지 국가가 개인을 책임진다. / 문자 그대로 요람에서 무덤까지 뇌물을 깔고 살아야 될 것 같은 세상이다. 산부인과 병원의 간호사부터 장례식 때 인부에 이르기까지.

하루 아침에 짧은 기간에. ¶ 하루아침에 달인이 된 사람은 없다. / 최고의 권위를 자랑하던 신문사가 하루아침에 문을 닫아야만 할 정도로 현실은 참담했다.

하루 이틀 짧은 기간. ¶ 하루 이틀 해서 될 일이 아니다. / 직장 생활 하루 이틀 하나, 그 정도 눈치도 없어!

하룻밤 사이에 ⇒ 하루 아침에 ¶ 하룻밤 사이에 세상이 수십 번 바뀐 것 같다. / 사회적 변화가 하룻밤 사이에 이루어지는 것은 아니다.

【단계(段階), 근접(近接)】

갈 길이 멀다 어떤 일을 이루기까지 노력과 시간이 더 필요하다. ¶ 이 회사의 발전이 기대되지만 아직 규모가 작은 탓에 갈 길이 멀 것이다. / 이번에는 엉겁결에 이겼지만 큰 경기에서 그와 맞설 정도가 되려면 갈 길이 멀다.

눈앞에 두다 (어떤 목표가) 거의 다 이루어지거나 (어떤 시기가) 가까워지다. ¶ 금메달을 눈앞에 두고 물러서야 한다는 사실이 너무나 안타까웠다. / 회갑을 눈앞에 둔 그는 앞으로 이삼 년 더 활동을 하고 싶다고 말했다.

눈앞에 보이다 무척 가깝다. 시간이나 대상 등이 가깝게 되었을 때, 또는 목표가 거의 이루어진 것으로 생각될 때 쓰이는 말이다. ¶ 눈앞에 보이는 현실이 마음에 들지 않더라도 인정하고 가야 합니다. / 빨리 돈을 벌어야 한다는 조급함 때문에 눈앞에 보이는 것에 연연하다 보니, 손님이 돈으로만 보였다. / 마지막 시험 시간이 끝난 후 자신감이 생겼다. 건방진 생각이었지만, 합격이 눈앞에 보였다.

눈코 사이 가까운 거리. ¶ 선생님 댁과는 눈코 사이인데도 자주 찾아뵙지 못해 항상 마음이 편치 못했다.

동안(이) 뜨다[2] (공간적 사이가) 좀 멀다. ¶ 상호가 걸음이 본래 느린 데다가 민수의 짐을 대신 진 까닭에 동안 뜨게 뒤떨어질 때가 많았다.

목전에 두다 ⇒ 눈앞에 두다 ¶ 취업을 목전에 두고 걱정이 많아졌다. / 그는 죽음을 목전에 두고도 마치 얼음장처럼 아무런 감정의 동요도 없었다.

손끝에 잡히다 거의 다 이루다. ¶ 통일이 손끝에 잡히다. / 전쟁이 없었던 일 년 전만 해도 세계 평화가 손끝에 잡히는 듯했다.

시간 문제 가까운 시일 안에 결말이 남. ¶ 본선에 진출한 이상 우승을 하는 것은 시간문제다. / 금강산으로 가는 길은 활짝 열렸으니, 평양으로 가는 길이 열리는 것은 시간문제다. 참 **시간이 말해 주다**

앞길이 멀다[2] ⇒ **갈 길이 멀다** ¶ 이 나라의 혼란은 정돈되지 못했고 이 나라의 번영은 앞길이 멀다. / 국장은 시청률 20% 이상을 원하니 우리 앞길이 아직 멀어.

오늘 내일 하다 ① (죽을 때나 해산 따위가) 다가오다. ¶ 병이 깊어 임종이 오늘내일한다. ② 그날이 오기를 고대하다. '오늘내일하며'와 같이 쓰인다. ¶ 오늘내일하며 아버지를 기다렸다. 참 **오늘 내일**

이마에 와 닿다 ⇒ **코앞에 닥치다** ¶ 결혼 날짜가 이마에 와 닿았다.

첫닭이 울다 새벽이 되다. ¶ 내일 첫닭이 울면 떠나겠습니다. 아침에 제가 안 보이면, 떠난 줄로 아세요.

초읽기에 들어가다 곧 일이 벌어지는 단계에 와 있다. ¶ 전쟁은 이미 초읽기에 들어갔다. / 천만 관객 돌파가 초읽기에 들어갔다. / 동물 복제가 가능한 것으로 보아, 인간 복제도 초읽기에 들어간 것으로 보인다. 〚기원〛 바둑에서 제한된 시간을 초 단위로 알려 주는 데에서 나온 말이다.

코앞에 닥치다 (어떤 시기가) 가까워지다. ¶ 코앞에 닥친 시험 때문에 눈코 뜰 새 없이 바쁘다. 참 **발등에 (불이) 떨어지다**

코앞에 두다 ⇒ **코앞에 닥치다** ¶ 대통령 선거를 코앞에 두고 정국이 혼란스럽다.

코앞으로 다가오다 ⇒ **코앞에 닥치다** ¶ 선거가 코앞으로 다가왔지만 지지율 격차가 적다 보니 결과는 여전히 안개 속이다.

한발 더 다가서다 어떤 목표나 상태에 근접하다. ¶ 그의 연구에 힘입어 인류는 난치병 치료에 한발 더 다가설 수 있게 되었다. / 우리 경제가 깡통 경제로 한발 더 다가서는 불행을 막으려면 소비보다 생산 활동을 더 중히 여기는 의식이 필요합니다.

현 주소 현재 상태. '무엇의 현주소'와 같이 쓰인다. ¶ 다시 시작하려고 할 때 우선 고려해야 할 점은 자신의 현주소를 분명히 파악하는 것이다. / 범인을 잡기 위해서는 인권 침해를 당연시하는 것이 우리나라 인권의 현주소다.

【정착(定着), 안정(安定), 기반 확보(基盤確保)】

골격을 갖추다 기본적이고 중요한 요소를 마련하여 구성하다. ¶ 어느 정도 골격을 갖추어 놓았으니 너는 와서 일만 하면 될 것이다. ※ 골격(骨格): 고등 동물의 체격을 형성하고 지탱하게 하며 근육을 부착하게 하는 기관. 참 **골격을 유지하다**

골격을 잡다 기본적이고 중요한 요소를 마련하여 구성하다. ¶ 정부는 법안의 골격을 잡고 봄에 공청회를 개최했었다.

골격이 서다 ⇒ **골격이 잡히다** ¶ 그때만 해도 골격이 서지 않은 계획이라 언론에 알리기도 어려웠지요.

골격이 잡히다 기본적이고 중요한 요소가 마련되어 구성되다. ¶ 이 재단의 골격이 잡히는 대로 이사장직을 내놓겠다. / 총선을 코앞에 두고서야 정계 개편의 골격이 잡힐 것 같다.

교두보를 설치하다 거점을 확보하다. ¶ 일본은 중국 정벌을 위한 교두보를 설치하기 위해 조선을 침략했다. ※ 교두보(橋頭堡): 교량을 직접 엄호하기 위하여 그 전방 또는 필요한 곳에 축조하는 보루.

궁둥이(를) 붙이다[2] 생활할 곳을 정하여 안정하다. ¶ 여기서 궁둥이 붙이고 살아야겠다. / 그놈은 역마살이 있는 모양이야. 한군데에 오랫동안 궁둥이 붙이고 있는 꼴을 못 보았어. / 이 마을을 지나다가 우연히 동순이 아버지를 만나 궁둥이를 붙인 것이 벌써 스무 해가 되었구려.

궤도에[로] 들어서다 ⇒ **궤도에 오르다** ¶ 우리나라의 수출 산업은 1970년대에 이르러 궤도에 들어서기 시작했다. / 사회가 민주화되면서 법무 행정도 바람직한 궤도로 들어섰지요.

궤도에 오르다 일정 단계나 수준으로 되다. ¶ 사업이 제 궤도에 오르면 적자를 줄일 수 있을 것이다. / 반 년 동안 공석이던 사령탑이 결정되면서 우리 팀은 정상적인 궤도에 오르게 되었다. ※ 궤도(軌道): 행성, 혜성, 인공위성 등이 중력의 영향을 받아 다른 천체의 둘레를 돌면서 그리는 곡선의 길. 또는 기차나 전차가 다니도록 레일을 깔아 놓은 길.

꼴이 박히다 (사람이) 어떤 수준에 걸맞은 모습으로 되다. ¶ 철수가 이제 어른 꼴이 박혔어. / 재판정에 앉아 있는 모습을 보니 김 판사도 이제 판사 꼴이 박힌 것 같아.

디딤 돌 발전의 토대. '디딤돌을 마련하다', '디딤돌을 놓다', '디딤돌로 삼다' 따위와 같이 쓰인다. ¶ 이번 프로그램의 성공적인 개발로 인공 지능 컴퓨터 개발의 디딤돌을 마련했다. / 대통령은 자신의 오늘이 있기까지 디딤돌을 놓아 준 한 분이 있다고 회고했다. 반 **걸림 돌**

리듬을 타다 (일이) 일정한 단계에 올라 자연스럽게 진행되다. ¶ 물 흐르듯 자연스러운 리듬을 타는 글이 좋은 글이다. / 지금은 판매가 부진하여 적자에 가깝지만 한번 리듬을 타기 시작하면 금방 만회할 수 있어요. ※ 리듬(rhythm): 규칙적인 음의 흐름.

말뚝(을) 박다[1] (어떤 장소나 위치에) 고정하거나 정착하다. ¶ 중대장은 1조를 초소에 말뚝 박고 다른 조들로 강변 갈대밭을 수색하라고 지시했다. / 소설가 박완서 씨 일가가 월남하여 서울에서 처음 말뚝을 박은 곳은 인왕산 기슭의 현저동 달동네였다.

바닥에 깔다 바탕으로 하다. 또는 (어떤 사실이나 생각 따위를) 전제(前提)하다. ¶ 종교 분쟁은 민족 및 영토 분쟁을 바닥에 깔고 있다. / 우리는 자본주의를 바닥에 깔고 복지 정책에서 사회주의적인 요소를 일부 받아들였다. / 그는 전쟁이라는 민족적 비극을 바닥에 깔고 있는 시를 써 왔다.

발(을) 붙이다 기반을 마련하다. ¶ 정부는 불법 과외가 우리 사회에 발을 붙이지 못하도록 강력한 조치를 취할 것이라고 발표했다. / 이 지구 상에서 코카콜라가 침투하지 않은 곳이 없다는데, 인도에는 아직 코카콜라가 발을 못 붙이고 있다.

발판으로[을] 삼다 발전과 도약의 수단으로 이용하다. 주로 '무엇을 무엇의 발판으로 삼다'와 같이 쓰인다. ¶ 그는 여자를 자기 출세의 발판으로 삼은 파렴치한이다. / 일제는 조선은행을 중국 대륙으로 확장하여 대륙 침략의 발판으로 삼았다. / 그는 대학 졸업 후 젖소 세 마리를 발판으로 삼아 낙농업에 뛰어들었다. / 그는 돈으로 정계 진출의 발판을 삼았다. / 수차례 좌절을 맛봤던 박 씨는 이번 일로 재기의 발판을 삼았다.

발판을 마련하다 발전과 도약의 기반을 만들다. '무엇의 발판을 마련하다'와 같이 쓰인다. ¶ 일본은 대륙 진출의 발판을 마련하기 위해 조선을 침략했다. / 우리는 선두 팀을 상대로 1승을 거두며 중위권 도약의 발판을 마련했다.

뼈대를 갖추다 ⇒ 골격을 갖추다 ¶ 일제 치하긴 하나 보험법은 그때 이미 뼈대를 갖췄다. / 아직 완성되지는 않았지만 어엿하게 뼈대를 갖춘 내 서재를 보니 기분이 좋았다.

뿌리(를) 내리다 ⇒ 뿌리(를) 박다 ¶ 대중 속에 뿌리를 내리고 사회 운동을 한다는 것은 말처럼 쉬운 일이 아니다. / 서양 문화가 우리 땅에 뿌리내리는 데에는 그리 많은 시간이 걸리지 않았다.

뿌리를 다지다 정착한 후 견고하게 하다. ¶ 폭력 조직이 사회에 뿌리를 다진 뒤에는 경찰이 나서도 뿌리를 뽑기가 어렵다. / 어지러운 환경 속에서도 민주 사회의 뿌리를 다지면서 경제 성장을 이루었다.

뿌리(를) 박다 정착하다. ¶ 그는 고등학교를 졸업한 후 농촌에 뿌리를 박고 살면서 농촌 발전을 위해 헌신해 왔다. / 고향이 따로 있나. 뿌리박고 살다 보면, 그곳이 고향이야. 참 **뿌리(가) 박히다**

자리(가) 나다[1] (머물 수 있는) 공간이 생기다. ¶ 버스에 좀처럼 자리가 나지 않아 결국 종점까지 서서 왔어요. / 다행히 자리가 나서 주차도 하고 텐트도 칠 수 있었다. / 사람이 많으니까 자리 나는 대로 앉아서 식사를 합시다.

자리(가) 잡히다[2] ① (질서, 규율, 제도 따위가) 짜임새 있게 되다. ¶ 우리 모임이 아직 자리가 잡히지 않아 어설프게 보일 겁니다. / 새 제도가 자리 잡히려면 일 년은 걸릴 것 같아요. ②

정착하다. ¶ 아들은 자리가 잡힌 뒤로 한 달에 한 번 꼬박꼬박 안부 편지를 보냈다. 참 **자리(를) 잡다**[3]

자리를 굳히다 위치가 견고해지다. ¶ 영화는 대중문화 예술의 하나로 그 자리를 굳히고 있다. / 동네에서 유명 인사로 자리를 굳힌 그는 자연스럽게 시 의원에 출마하게 되었다.

자리(를) 잡다[2] ① (질서, 규율, 제도 따위가) 짜임새 있게 되다. ¶ 우리 회사가 어느 정도 자리를 잡을 때까지만 도와주셨으면 합니다. / 젊은 직장인들 사이에 새로운 샐러리맨 상이 자리 잡아 가고 있다. ② 정착하다. ¶ 서울에 가서 자리 잡거든 연락해라. / 어느 직장이든 자리를 잡을 때까지는 힘든 법이다.

제자리를 잡다 안정되고 정상적인 상태가 되다. ¶ 사업이 제자리를 잡기까지 삼 년의 시간이 걸렸다. / 이날은 송이와 철이의 관계가 제자리를 잡은 날이었다. / 포도는 잎과 줄기가 다 나오고 가지가 제자리를 잡은 후에야 꽃이 핀다.

제자리를 찾다 ⇒ **제자리를 잡다** ¶ 나는 급변하는 사태에 적응하지 못하고 잠시 휘청댔지만 금세 제자리를 찾았다. / 교육이 제자리를 찾아야 국가의 미래가 밝아질 것이다.

주인(을) 잡다 머물러 잘 수 있는 집을 정하다. ¶ 마을에 도착한 그 사람은 황 서방의 집에 주인을 잡았다. / 그중에서도 깨끗한 집을 골라서 주인을 잡고 저녁밥을 시킨 뒤 바로 주인집 아이를 앞세우고 탕으로 목욕들을 하러 왔다. (홍명희, 임꺽정[林巨正])

터(를) 닦다 일의 토대를 마련하다. ¶ 지금 노인들이 바로 이 나라 경제 발전의 터를 닦아 놓은 사람들이다. / 터는 내가 닦아 놓을 테니 너는 그 위에서 네 기량을 마음껏 펼쳐 보여라.

틀을 잡다 격에 어울리는 형식을 갖추다. ¶ 철기 문명을 들여온 이들은 작은 부족을 통합하며 신속하게 국가의 틀을 잡았다. / 아이가 공부를 잘하는 것은 아니지만 공부의 틀은 잡은 듯하다. / 이 시간을 통해 학생들은 자신이 무엇을 하고 싶은지 앞으로 어떻게 행동해야 할지 아주 구체적인 틀을 잡았다.

틀(이) 잡히다 격에 어울리는 형식이 갖추어지다. ¶ 우리 회사가 지금은 어수룩해 보이지만 곧 틀이 잡힐 것이다. / 우리나라에도 민주주의가 틀 잡힌 지 어언 반세기가 지났다.

한자리(를) 차지하다[1] 일정한 공간이나 위치에 들어가 있다. ¶ 어른들의 대화에는 언제나 '건강'이라는 주제가 한자리를 차지하고 있다. / 그는 기침을 몇 차례 하면서 천천히 다가와 한자리 차지하고 구경을 하기 시작했다.

【기반 상실(基盤喪失), 소외(疏外)】

개밥에 도토리 따돌림을 받아 외롭고 고립된 사람. ¶ 사장 바뀌고 나니 그의 신세도 이젠 개밥에 도토리야. / 난 우리 집에서 완전히 개밥에 도토리야. 누구 하나 신경 써 주는 사람 없어. / 나야 뭐 자유당 정권이 쓰러지는 통에 개밥에 도토리가 됐지.

낙동강(의) 오리알 혼자 떨어져 남게 된 신세. ¶ 터미널에서 우왕좌왕하는 사이에 사람들은 다 떠나 버리고 나만 낙동강의 오리알이 되었다. / 내가 지금은 낙동강 오리알 신세가 되었지만, 한때 날리던 시절이 있었단 말이야. 지금 날고 긴다는 사람들이 다 나와 같이 일했던 사람들이야.

미운 오리 (새끼) 구박받는 존재. ¶ 승호는 어렸을 적만 해도 말썽을 많이 피워 우리 집안의 미운 오리였는데 지금은 어엿한 신사가 되어 있다. / 눈치 없이 윗사람의 권위에 도전하는 듯한 말을 하면 미운 오리 새끼가 되어 두고두고 미움을 받을 수 있다.

발 탄 강아지 일 없이 싸다니는 사람. ¶ 너는 발탄강아지처럼 어디를 그렇게 싸돌아다니는 거니? 〖기원〗 걸음 걷기 시작한 강아지를 뜻하는 말로, 일없이 이리저리 쏘다니는 사람을 놀려 이를 때 쓰인다.

발(을) 붙일 곳이 없다[1] (어떤 장소나 조직에) 정착하지 못하다. ¶ 고향이라고 돌아왔지만 어디 하나 발을 붙일 곳이 없다. / 맹목적으로 남을 따라 하는 사람은 현대 사회에서 발붙일 곳이 없다.

설 땅을 잃다 ⇒ 설 자리를 잃다 ¶ 사회가 변하면서 무사안일주의는 이제 설 땅을 잃게 되었다. / 극단적인 대립으로 긴장이 고조되는 지금, 종교인이 설 땅을 잃는다면 이 사회가 어떻게 되겠어?

설 땅이 없다 ⇒ 설 자리가 없다 ¶ 대기업 중심의 경제 정책이 추진되면서 중소기업이 설 땅이 없어졌다.

설 자리가 없다 존재 기반이 없다. ¶ 이 땅에 퇴폐 문화가 설 자리가 없도록 어른들부터 각성해야 한다. / 매사를 인간적으로 처리하려 들면 법이 설 자리가 없다.

설 자리를 잃다 활동할 기반이 없어지다. ¶ 세상의 너무 많은 거짓 때문에 진실이 설 자리를 잃었다. / 웃음이 설 자리를 잃은 것은 답답한 현실과 무거운 일상 때문일 것이다.

세상(이) 돌아가다 사회가 궤도에 올라 일정한 상태로 되어 가다. ¶ 나 없으면 세상이 돌아가지 않을 거라 생각하는 것 자체가 문제야. / 요즘 세상 돌아가는 게 영 맘에 들지 않아. / 세상이 어떻게 돌아가는지도 모르고 그런 소리를 하고 있어.

하늘을 지붕(으로) 삼다 ① 정처 없이 떠돌아다니다. ¶ 하늘을 지붕으로 삼고 산 지 벌써 십 년이 넘었다. ② 바깥에서 자다. ¶ 집이 없는 사람은 하늘을 지붕 삼아 산다.

【일탈(逸脫), 비정상(非正常)】

궤도를[에서] 벗어나다 비정상적으로 되다. ¶ 그의 행동은 이미 궤도를 벗어나 있다. / 지금은 정치가 헌법이 그려 주는 궤도를 벗어나지 못하도록 감시해야 할 시기다. / 올바른 공직자의 궤도에서 벗어나지 않게 스스로를 채찍질한다면 존경받는 공직자로 기억될 수 있을 것이다.
※ 궤도(軌道): 행성, 혜성, 인공위성 등이 중력의 영향을 받아 다른 천체의 둘레를 돌면서 그리는 곡선의 길. 또는 기차나 전차가 다니도록 레일을 깔아 놓은 길.

궤도를[에서] 이탈하다 ⇒ 궤도를[에서] 벗어나다 ¶ 학교 경쟁력을 높이기 위해 시도된 초빙 교사제가 궤도에서 이탈하는 현상이 나타나기 시작했다. / 등장인물은 이름, 성격, 행동, 출생 등 어느 것 하나 일반적이지 않고, 궤도를 이탈해 있다.

대열에서 벗어나다 ⇒ 대열에서 이탈하다 ¶ 경쟁의 대열에서 벗어나 새 삶을 살고 싶다.

대열에서 이탈하다 (어떤 상태에 얽매이지 않고) 빠져나가다. ¶ 단속이 강화되자 이에 겁을 먹은 조직원들이 하나둘 대열에서 이탈하기 시작했다. / 지금은 연대를 강화한다고 하지만 국제 정세의 변화에 따라 대열에서 이탈하는 국가가 생길 것이다.

말(을) 듣지 않다 ① (몸이) 뜻대로 움직이지 않다. ¶ 나이 먹으니까 몸이 말을 듣지 않는다. / 추운 날씨에 참호에 웅크리고 앉아 있으니 팔다리가 말을 듣지 않았다. ② (기계나 도구가) 이상이 생기다. ¶ 이 기계가 도무지 말을 듣지 않는군. 그러나 어디가 잘못되었는지 알 수가 없어.

맛이 가다[1] 정상적인 상태를 벗어나다. ¶ 그때부터 맛이 가기 시작한 철호는 3차가 끝나 갈 무렵 횡설수설하면서 과거의 잘못을 털어놓기 시작했다.

바람(이) 들다[2] ① 다 되어 가는 일에 탈이 생기다. ¶ 잘 마무리하나 보다 생각했는데 막판에 바람이 들어 뒤끝이 좋지 않을 것 같다. ② 과일이나 채소 따위가 푸석해지다. ¶ 무에 바람이 들어 맛이 없을 것 같다.

본말이 전도되다 중요한 것과 중요하지 않은 것의 순서나 비중이 뒤바뀐 상태가 되다. ¶ 정부는 교육 정책의 실패가 마치 사교육 때문인 것처럼 호도하지만, 그건 본말이 전도된 말이다. 〚기원〛 '본말전도(本末顚倒)'라는 한자 성어에서 비롯된 말이다.

【혼란(混亂), 악화(惡化), 호전(好轉)】 ≒ 【조치(措置), 해결(解決), 수습(收拾)】

개판이 되다 질서가 없어져 형편없이 되다. ▷ 비속어. ¶ 내가 자리를 비운 사이에 회사가 완전히 개판이 되어 버렸어. / 철새 정치인들 때문에 정치판이 완전히 개판이 다 되었다.

검은 구름이 끼다 (사태가) 나쁘게 되다. ¶ 막힘이 없을 것 같던 그의 앞길에도 검은 구름이 끼기 시작했다.

검은 구름이 드리우다 ⇒ 검은 구름이 끼다 ¶ 전쟁은 끝났지만 바그다드에 드리워진 검은 구름은 쉽게 걷힐 것 같지 않았다.

곤두박질(을) 치다 급격하게 나쁜 상태로 되다. ¶ 주가가 곤두박질을 치자 투자자들은 정부의 대책을 요구했다. / 세상이 이렇게 엉망으로 곤두박질치도록 방관하고 방치한 책임이 몇몇 사람에게만 있을까요? ※ 곤두박질: 몸을 번드쳐서 급히 거꾸로 박히는 짓.

공중에 뜨다[2] 현실에서 자리를 잡지 못하거나 동떨어진 상태가 되다. ¶ 이번 일이 무산되면서 내가 완전히 공중에 뜨고 말았어요. / 책임을 질 만한 사람이 일에서 손을 떼자 일이 공중에 떠 버렸다. / 아버지가 갑자기 돌아가시는 바람에 회사가 공중에 떠 버렸다.

구렁(텅이)에 떨어지다 ⇒ 구렁(텅이)에 빠지다 ¶ 악의 구렁텅이에 떨어진 우리 형제자매들을 구해 주소서. / 여자와 도박에 빠진 그는 파멸의 구렁텅이에 떨어졌다. / 매춘의 구렁에 떨어진 여성들을 구제하는 것도 우리의 의무다.

구렁(텅이)에 빠뜨리다 나쁜 처지로 만들다. 주로 '무엇의 구렁텅이에 빠뜨리다'와 같이 쓰인다. ¶ 책을 읽지 않는 것은 자신을 무지의 구렁텅이에 빠뜨리는 짓이다. / 우리를 구렁에 빠뜨린 것은 외부의 적이 아니라 우리 내부의 적입니다.

구렁(텅이)에 빠지다 나쁜 처지가 되다. 주로 '무엇의 구렁텅이에 빠지다'와 같이 쓰인다. ¶ 유흥비를 마련하기 위해 범죄의 구렁텅이에 빠졌다. / 그들은 자신의 권력을 유지하기 위해 왕이 구렁에 빠지는 것을 막지 않았고 오히려 부추겼다.

그림자가 드리워지다 (일의 전망이) 비관적으로 되다. ¶ 우리 앞에 드리워진 그림자를 빨리 걷어 내야 한다. / 회담 말미에 나온 말 때문에 분위기가 냉각되면서 회담 전망에 어두운 그림자가 드리워졌다.

긁어 부스럼을 만들다 일을 한 것이 오히려 해가 되다. ¶ 가만 놓아두었으면 조용히 끝날 일이었는데 공연히 나서서 긁어 부스럼을 만들었다. / 예술 활동은 되도록 자율적으로 굴러 가도록 두는 게 좋다. 공연히 긁어 부스럼을 만든 정부가 참 딱도 하다.

기름을 끼얹다 ⇒ 기름을 붓다 ¶ 금액의 두 배를 주겠다는 말이 그의 불붙은 호기심에 기름을 끼얹었다. / 교수가 학생들을 선동하여 학내 분규에 기름을 끼얹는 행동을 할 수 있는 겁니까? / 학력 위조 사태는 불꽃처럼 타오르던 우리 사회의 불신 풍조에 기름을 끼얹었다. 반 **(찬)물을 끼얹다**

기름을 붓다 (행동이나 사태를) 더 심하게 만들다. ¶ 그는 무슬림을 범인으로 지목하는 발언을 함으로써 아랍인들의 분노에 기름을 부었다. / 말 한마디가 파괴의 씨가 되어 절망에 기름을 부을 수 있음을 명심하세요. / 금광이 대세가 되자 지식인들도 슬그머니 열풍에 올라탔다. 이성을 찾자고 타일러도 시원찮을 지식인들이 앞장서서 가뜩이나 뜨거운 열기에 기름을 부었다.

난리(가) 나다 사태가 심각해지다. 또는 혼란스럽다. ¶ 그런 저속한 말이 바로 방송에 나갔다면, 아마 난리가 났을 거야. / 그 영화를 시시한 작품이라 했더니 심 감독 팬들이 난리가 난 거야. 게시판이 나를 비방하는 글로 가득했지. / 젊은 남자 스타가 나타날 때마다 극성맞은 십 대 소녀들 때문에 거리는 한바탕 난리가 난다.

뇌성에 벽력 불행한 일이 거듭 생김. ¶ 이렇게 뇌성에 벽력이라고 안 좋은 일만 거듭 생기니 답답하기만 하다.

눈(을) 뜨고 볼 수가 없다 (참혹함이나 꼴불견의) 정도가 심하다. ¶ 전투가 끝난 후의 광경은 눈 뜨고 볼 수 없는 지경이었다. / 취직을 미끼로 기부금을 강요해 온 일부 학교의 작태는 차마 눈을 뜨고 볼 수가 없다.

도깨비 놀음 갈피를 잡을 수 없게 되어 가는 일. ¶ 이게 도깨비놀음이지 제대로 체계가 잡힌 일이라고 할 수 있어? / 백성들을 눈가림으로 속이려는 통치배들의 도깨비놀음에 누가 속겠소?

땅(바닥)에 떨어지다 형편없이 되다. ¶ 땅에 떨어진 위신을 되찾기 위해서라도 이번 발표는 잘 해야 한다. / 말세라 해도 과언이 아닐 정도로 사회 윤리와 도덕이 땅에 떨어졌다. / 현재 황실의 권위는 땅바닥에 떨어진 상태였다.

말씀이 아니다[2] ⇒ 말이 아니다[2] ¶ 제자에게 밀리고 있으니, 스승의 행마가 말씀이 아니었다.
* 행마(行馬): 바둑, 장기 따위에서 말을 쓰는 것.

말이 아니다[2] (사정이나 형편이) 몹시 어렵거나 딱하다. ¶ 집을 좀 비우고 다녔더니 집안 꼴이 말이 아니다. / 구한말 나라의 재정은 말이 아니었다. 참 **이만저만이 아니다**

먹구름에 (휩)싸이다 (일의) 상태가 좋지 않다. '무엇이 먹구름에 휩싸이다'와 같이 쓰인다. ¶ 주전 선수들의 컨디션 난조로 금메달 전선이 먹구름에 휩싸였다. / 세계 최대의 금융 자산 대국으로 부상했던 일본의 경제가 무슨 까닭으로 먹구름에 싸이게 되었는가.

먹구름이 걷히다 (일의) 상태가 좋아지다. ¶ 그동안 제기되어 왔던 이 후보에 대한 의혹의 먹구름이 걷히고 있다.

먹구름이 깔리다 ⇒ 먹구름이 끼다 ¶ 외국의 새로운 기술이 계속 유입되면서 자체적인 기술 개발이라는 우리의 목표에 먹구름이 깔리기 시작했다.

먹구름이 끼다 (일의) 상태가 좋지 않다. '무엇에 먹구름이 끼다'와 같이 쓰인다. ¶ 예산안 처리 문제로 국회와 정부의 관계에 먹구름이 잔뜩 끼어 있다.

먹구름이 드리우다 ⇒ 먹구름이 끼다 ¶ 아버지의 사업이 어려워지자, 자연 우리 집에는 먹구름이 드리워졌다.

명암이 교차하다 ⇒ 명암이 엇갈리다 ¶ 20세기는 인류 문명의 명암이 교차한 시대였다. 세계 경제가 비약적으로 발전했지만 두 차례의 세계 대전과 대공황의 고통을 겪기도 했다.

명암이 엇갈리다 한쪽에 좋은 일이 다른 쪽에는 나쁜 일이 되는 상황을 나타내는 말. ¶ 백중지세인 상황에서 이번 수는 그야말로 명암이 엇갈리는 한 수였다. / 상법 개정안이 국무 회의에서 심의 의결되자 재계와 법조계의 명암이 엇갈렸다.

밑천도 못 찾다 ⇒ 본전도 못 찾다 ¶ 큰맘을 먹고 그의 잘못을 지적했지만 그의 무덤덤한 태도에 밑천도 못 찾은 느낌이었다.

발칵 뒤집히다 갑작스러운 사태에 혼란스럽게 되다. ¶ 동생이 갑작스럽게 결혼하겠다고 해서 집안이 발칵 뒤집혔다. / 조직적인 부정 선거가 이루어졌다는 사실이 폭로되자 온 나라가 발칵 뒤집혔다.

범벅이 되다 일이나 물건이 뒤섞이어 갈피를 잡을 수가 없이 되다. ¶ 일이 한번 범벅이 되고 나면, 다시 추스르기가 힘들다.

본전도 못 찾다 일한 보람도 없고 오히려 원래보다 더 나빠지다. ¶ 그 여자에게 사랑한다고 고백했다가 본전도 못 찾았다. / 잘난 체하려고 말 한마디 꺼냈다가 본전도 못 찾고 얼굴만 깎였다.

불난 집에 부채질하다 (행동이나 사태를) 더 심하게 만들다. ¶ 위기에 빠진 기업을 골라 불난 집에 부채질하는 투기적 거래는 제한해야 한다. / 평화 외교를 위해 전력을 다하는 시기에 선제공격을 운운하는 것은 불난 집에 부채질하는 짓이다. 유 **염장(을) 지르다**

뼈만 남다[2] 형편없이 되다. 내용은 없어지고 형식만 남게 되다. ¶ 정부와 국회를 거치면서 지원 사업안은 그야말로 뼈만 남았다. / 뼈만 남아 있는 동아리를 해체하느냐 마느냐의 문제로 입씨름만 하고 있다.

사람(을) 죽여주다 ⇒ 사람(을) 죽이다[2] ▷ 비속어. ¶ 사람 죽여주는 날씨 때문에 감기를 달고 산다. 참 **죽여 주다**

사람(을) 죽이다[2] (어떤 일이나 현상의 정도가) 사람을 괴롭힐 만큼 좋지 않다. ▷ 비속어. ¶ 이놈의 일이 사람을 죽이는구나. 그렇다고 안 할 수도 없는 노릇이니 더 죽을 맛이다.

산 넘어 산이다 상황이 갈수록 더 나빠지거나 할 일이 더 늘어나다. ¶ 대학 시험이 끝나 한시름 놓았겠지만 등록금을 마련하려면 앞으로 산 넘어 산이다. / 책을 쓰는 게 쉬울 거라 생각했는데, 막상 시작해 보니 산 넘어 산이었다. 참 **넘어야 할 산이 많다**

세월을 만나다 활개 치거나 호황을 누릴 수 있는 조건이 되다. ¶ 전에 없이 요즘 서울엔 떡 방앗간이 한창 세월을 만났다. / 사소한 분쟁까지 법으로 해결하려는 풍조가 생기면서 세월을 만난 건 변호사들뿐이다.

소용돌이 (속)에 빠지다 혼란스럽게 되다. 주로 '무엇의 소용돌이에 빠지다'와 같이 쓰인다. ¶ 나는 극도의 두려움에 떨며 거친 감정의 소용돌이에 빠졌다. / 황제가 병으로 죽자 제국은 반란과 음모의 소용돌이 속에 빠졌다.

소용돌이 (속)에 휘말리다 ⇒ **소용돌이 (속)에 빠지다** ¶ 노사 분쟁의 소용돌이에 휘말리지 않으려면 노사 간에 대화를 자주 해야 한다. / 해방 이후 우리나라는 좌우 갈등의 소용돌이 속에 휘말렸다.

소용돌이(를) 치다 ① (사태나 정세가) 급변하며 술렁거리다. ¶ 그가 살아 있다면 소용돌이치는 국제 사회의 변화를 어떻게 보았을까요? / 고종이 등극하고 대원군이 권력을 잡으면서 정국이 소용돌이를 쳤다. ② (생각이나 감정이) 뒤엉키며 요란스럽게 되다. ¶ 내년이면 사십이 된다고 생각하니까 머리에서 착잡한 생각이 소용돌이를 쳤다. / 가슴속에는 수많은 말이 소용돌이쳤지만 한마디 말도 하지 못했다.

수렁에[으로] 빠지다 헤어날 수 없게 되다. 주로 '무엇의 수렁에 빠지다'와 같이 쓰인다. ¶ 그는 은퇴 후 도박의 수렁에 빠졌다. / 주식 시장은 장밋빛 전망을 뒤로 한 채 다시금 깊은 수렁으로 빠졌다. 참 **덫에 빠지다**

안개 속에[으로] 빠져들다 예측하기 어려운 상황으로 되다. ¶ 부동산 대책에도 불구하고 주택 시장이 다시 안개 속으로 빠져들 조짐을 보이고 있다. / 시즌 종반이 되면서 우승의 향방이 다시 안개 속에 빠져들었다. 참 **한 치 앞을 못 (내다)보다**

안개 속이다 형편을 알 수가 없고 예측하기 어려운 상황이다. ¶ 이번 대회 우승 판도는 여전히 안개 속이다. / 여자의 마음이 여전히 안개 속이니 그 남자만 답답할 수밖에. / 국회가 해산되면서 정국은 그야말로 안개 속이다. 참 **한 치 앞을 못 (내다)보다**

안개에 싸이다 ⇒ **안개 속이다** ¶ 그 시기부터 그의 행적은 안개에 싸여 있다. / 외교관 사망 사건으로 두 나라의 관계가 안개에 싸였다. / 경기 회복 시점은 여전히 안개에 싸여 있다.

어두운 그림자가 비치다 암울해지다. ¶ 내 말을 들은 선생님의 눈에 어두운 그림자가 비쳤다. / 금리와 유가가 상승하면서 세계 경제에 어두운 그림자가 비치기 시작했다.

엎치락뒤치락(하다) 일의 상태가 좋아졌다가 나빠졌다가 하다. 또는 양쪽이 서로 비슷하게 겨루어 나가다. ¶ 경기가 엎치락뒤치락 역전을 거듭했다. / 여야 후보의 지지율이 엎치락뒤치락하는 동안 후보들은 부동층의 움직임에 촉각을 곤두세웠다.

엎친 데 덮치다 일의 상태가 더 나쁘게 되다. ¶ 유복자가 뱃속에서부터 소경으로 태어났다. 엎친 데 덮친 격으로 소경 자식을 낳아 놓은 며느리가 도망을 쳐 버렸다. / 직장을 잃고 방황하는데, 엎친 데 덮친 격으로 그해 가을에 아버님이 돌아가셨다.

요[이] 모양 요[이] 꼴이다 좋지 않은 신세이다. ¶ 젊었을 때 그렇게 놀았으니 지금 요 모양 요 꼴이지. / 내가 대학만 나왔어도 이 모양 이 꼴로 살지는 않았을 텐데.

요지경 속이다 혼란스러워 알 수 없다. ¶ 요지경 속 세상을 살다 보면 자신도 모르게 다툼에 말려들 수 있다. / 온갖 인간 군상들이 밀려왔다 밀려 나가는 서울의 지하철 안은 하루 종일 그야말로 요지경 속이다. ※ 요지경(瑤池鏡): 확대경을 장치하여 놓고 그 속의 여러 가지 재미있는 그림을 돌리면서 구경하는 장난감.

전쟁을 치르다 큰 혼란이나 어려움을 겪다. ¶ 여름만 되면 도시 농촌 할 것 없이 해충과 전쟁을 치렀다. / 입시 전쟁을 치르고 난 고3 학생들은 갑자기 주어진 자유에 당황하게 된다.

주리(를) 틀다[2] 몹시 심하다. ¶ 비가 주리 틀게 퍼붓는 통에 교통이 두절되었다. / 저게 무슨 죄가 있다구 저렇게 주리를 틀게 속을 썩이구 다닌담? 아유! 무사만 하면 좋으련만. (박화성, 내일의 태양)

지지고 볶다[3] 혼란스러운 상황에서 좌충우돌하다. ¶ 이제 분가시켰으니 어떻게든지 자기들끼리 지지고 볶으면서 살겠지. / 정치꾼들끼리 지지고 볶든 말든 일반 국민들은 아무 관심도 없다.

찬바람(이) 불다 사정이 나빠지다. ¶ 입시 정책이 대대적으로 바뀌면서 학원가에 찬바람이 불었다. 참 **바람(이) 불다**[2]

찬바람(이) 일다 ⇒ **찬바람(이) 불다** ¶ 중동에 긴장이 고조되면서 석유 산업에 찬바람이 일었다.

춤(을) 추다[2] 진폭이 크다. ¶ 인플레가 심해 물가가 춤을 춘다.

콩가루(가) 되다 질서가 없어져 형편없이 되다. ¶ 아버지가 앓아누우신 후 재산 싸움으로 그 집안은 콩가루가 되어 버렸다. 참 **떡(을) 해 먹을 집안**

파장이 커지다 사태가 심각하게 되다. ¶ 파장이 커질 것을 우려하여 집안에서는 미리 손을 써서 문제를 잠재웠다. / 그가 폭행에 가담했다는 사실이 알려지면서 파장이 커졌다.

하품에 딸꾹질 어떤 일에 다른 일마저 겹치는 것. ¶ 돌림병에 까마귀 울음이요 하품에 딸꾹질이라더니 집안에 환난이 닥친 판에 액운이 겹치니 실로 난감합니다.

한술 더 뜨다 이미 정도를 넘어선 상황에서 더 나아가다. 부정적인 뜻으로 쓰인다. ¶ 일본 형사들도 악랄했지만, 거기에 빌붙은 조선인 형사들은 한술 더 떴다. / 그는 말끝마다 욕을 하더니 취기가 오르자 한술 더 떠 주먹질까지 했다. 참 **한술(을) 뜨다**

허공에 뜨다 현실에서 자리를 잡지 못하거나 동떨어진 상태가 되다. ¶ 북핵 문제의 한국 주도론은 평양의 폭탄선언으로 허공에 떴다. / 공업 단지 개발이 허공에 떠 있는 이유는 토지 보상 협상이 장기화되었기 때문이다.

【위기(危機), 위험(危險)】

기둥뿌리가 흔들리다 기반이 무너질 만큼 위태롭게 되다. ¶ 자식 하나만 대학에 보냈는데도 기둥뿌리가 흔들릴 지경이다. / 혼수를 과하게 하는 게 관습이 되다 보니, 딸 셋을 시집보내고 나면 그 집안의 기둥뿌리가 흔들린다는 말이 생겨났다.

목이 간들거리다 ① 죽을 고비에 직면하다. ¶ 전쟁 기간 동안에 목이 간들거리던 때가 무척 많았다. ② 어떤 직위에서 떨려 나가게 되다. ¶ 취직을 부탁한다고? 생각해 봐. 지금 내 목이 간들거리는데 누구를 도와주겠니?

벼랑으로 치닫다 위험하게 되다. ¶ 사태가 벼랑으로 치닫기 전에 어서 손을 쓰자. / 야당의 태도 변화로 벼랑으로 치닫던 정국이 제 궤도를 찾았다.

뿌리째 (뒤)흔들다 근본을 위태롭게 만들다. ¶ 그런 생각은 우리의 전통적 가치관을 뿌리째 뒤흔드는 것으로 도저히 받아들일 수 없습니다. / 불법 사찰 행위는 개인 사생활의 비밀과 자유, 통신의 비밀 등을 보장하는 헌법상 국민의 기본권을 뿌리째 흔드는 행위다.

살얼음판을 걷다 위태하고 아슬아슬하다. ¶ 시험을 볼 때마다 살얼음판을 걷는 기분이 든다. / 경기가 좋지 않아 우리 업체도 요즘 살얼음판을 걷고 있다.

살얼음판을 밟다 ⇒ **살얼음판을 걷다** ¶ 굵직한 현안을 다뤄 나가는 과정에서 살얼음판을 밟는 상황이 전개될 수 있다.

십 년 감수하다 위기를 넘기다. ¶ 사장님이 다녀가셨다고? 조금만 빨리 왔으면 죽을 뻔했구나. 십 년 감수했네. / 눈 오는 날 산에 올라가는 게 아니었어. 아무 생각 없이 올라갔다가 미끄러졌지. 정말 십 년 감수했어.

적신호가 울리다 ⇒ **적신호가 켜지다** ¶ 두 형제 사이에 적신호가 울린 것은 상속 절차를 밟는 과정에서였다. / 제주 경제의 중심축인 관광과 농업 두 분야가 동시에 휘청거리면서 모든 업종에 걸쳐 부진의 적신호가 울렸다.

적신호가 켜지다 위태로운 상황이 되다. 주로 '무엇에 적신호가 켜지다'와 같이 쓰인다. ¶ 혈압이 높아지기 시작하면서 건강에 적신호가 켜졌다. / 최근 경제 상황은 총체적으로 적신호가 켜져 있는 복합 불황 상태다. 반 **청신호가 켜지다**

적신호를 울리다 위험을 알리다. ¶ 머리는 얼른 도망가야 한다고 적신호를 울려 댔지만, 내 몸은 멍하니 한 곳만을 응시하고 있었다.

큰일(을) 치다 심각한 문제를 일으킬 만한 사건을 저지르다. ¶ 고등학생 때 큰일을 쳐서 퇴학을 당할 뻔했다. / 어제 저녁 술 먹고 큰일을 치고는 수습을 하지 못하고 있다.

큰일(이) 나다 위기를 느낄 만한 사건이 일어나다. ¶ 앞서 출전한 선수의 점수가 너무 높게 나와 큰일 났다고 생각했다. / 주택 가격이 오르기만 하면 신문이나 방송 등에서 마치 주택 시장에 큰일이 난 것처럼 대서특필하기 일쑤다.

턱밑까지 쫓아오다 상대가 위기를 느낄 만한 정도로 발전하다. 주로 '무엇의 턱밑까지 쫓아오다'와 같이 쓰인다. ¶ '중앙'은 설립 삼 년 만에 업계 2위에 올라섰고, 지금 '제일'의 턱밑까지 쫓아온 건 분명한 사실이다. / 우리가 일본을 따돌렸다고 잠깐 손을 놓은 사이 일본은 금세 우리의 턱밑까지 쫓아왔다.

【곤경(困境), 곤란(困難), 난처(難處)】

고개를 흔들다[2] (곤란한 지경을 당하여) 난처해하다. ¶ 집값 문제는 경제 전문가들도 고개를 절레절레 흔들 만큼 하루아침에 쉽게 해결할 사안이 아니다.

골탕(을) 먹다 크게 곤란을 당하거나 손해를 입다. ¶ 대기업 제품이라면 어느 정도 수준이 될 거라고 믿은 소비자만 골탕을 먹었다. / 그동안 정치인들에게 수도 없이 골탕 먹어 왔다고 생각하는 국민들인데 과연 그 말을 신뢰할까? 〖기원〗 골탕은 소의 등골이나 머릿골에 녹말을 묻히고 기름에 지지어 맑은장국에 넣어서 끓인 국이다. 그런데 '골탕'을 먹는 것이 어떻게 해서 손해를 입거나 곤란을 당한다는 의미를 나타내게 되었는지는 불분명하다. 이 때문에 대부분의 국어사전에서는 '골탕(을) 먹다'의 '골탕'을 '한꺼번에 되게 당하는 손해나 곤란'으로 풀이하고 있다. 그러나 이때의 '골탕'이 '먹다'와 호응하는 것으로 봐 이의 어원을 음식명 '골탕'으로 볼 수 있다. 이때 음식의 일종인 '골탕'이 왜 부정적인 의미로 쓰이게 되었는지가 의문인데, 이에 대해서는 '골탕'이 '고깃국'보다 못한 음식으로 여겨졌기 때문이라는 견해와 '골탕'의 '골'이 '곯다'의 '곯'과 발음이 유사하여 '상한 국'이라는 의미로 받아들여졌기 때문이라는 견해가 있다. 참 **골탕(을) 먹이다**

구석에 몰리다 어려운 입장이 되다. ¶ 그는 지난달에 이어 이번 달에도 판매 실적이 하위권에 머무르며 구석에 몰렸다. / 비리 문제로 구석에 몰린 전 씨는 침묵으로 일관하며 시간이 가기만을 기다리고 있는 듯했다.

내 코가 석 자 자기 앞에 닥친 일이 큼. ¶ 지금 내 코가 석 자인데 누구를 도와줄 수 있겠어? 〖기원〗 내 코에서 콧물이 석 자나 되게 흘러내렸으니 당장 훔쳐야 할 형편이라는 상황에서 나온 말이다.

늪에 빠지다 헤어나기 어려운 지경에 처하다. ¶ 가난한 사람도 부자도 탐욕의 늪에 빠지면 이웃을 보지 못하게 됩니다. / 우리 경제가 지금처럼 늪에 빠져 허우적거린 적은 없었어요. 침체의 늪에 빠진 경제를 빨리 회복시켜야 할 텐데.

된서방에 걸리다 ⇒ **된서방(을) 만나다** ¶ 뒤늦게 된서방에 걸린 것이지. 사십 넘어 외국어 공부 시작하기가 쉬운 일인가.

된서방(을) 만나다 몹시 어렵고 까다로운 일을 당하다. ¶ 늘그막에 된서방을 만난다고, 한양 떠나온 뒤 내내 괜찮더니 이제야 고뿔이 들려는가, 으슬으슬 삭신이 쑤셔 댑니다. ※ 된서방: 몹시 까다롭고 가혹한 남편. 참 **임자(를) 만나다**[1]

두 손에 떡을 들다 무엇을 먼저 해야 할지 모르는 상황에 처하다. ¶ 갑자기 여자 친구가 둘이나 생기니까 두 손에 떡을 들고 어쩔 줄을 모르고 있구나. 참 **두 마리 토끼를 잡다**

떡(이) 되다[3] 심하게 곤욕을 치르다. 또는 체신을 회복할 수 없이 되다. ¶ 애매한 부분이라 대충 넘어가려다가 떡이 될 뻔했다. / 자식에게 떡 하나 더 주려다 여론의 매를 맞고 그야말로 떡이 된 고위 공직자가 많다.

바람(이) 불다[2] 시련이 닥쳐오다. 주로 '무슨 바람이 불다'와 같이 쓰인다. ¶ 어떤 바람이 불어도 투쟁의 한길을 걷기로 맹세했어요. / 비리에 관련된 공무원들은 사정(司正) 바람이 불자 모두 납작 엎드려 있다. 참 **찬바람(이) 불다**

복병을 만나다 예상하지 못한 어려움을 당하다. ¶ 우승이 눈앞에 다가왔는데 체중 조절이라는 복병을 만나 꿈이 무산되어 버렸다. / 순탄하게 진행되던 후계자 논의는 내부 반발이라는 의외의 복병을 만나 수면 아래로 가라앉았다. ※ 복병(伏兵): 숨어 있는 적.

빼(지)도 박(지)도 못하다 어떠한 선택을 할 수가 없는 곤란한 상황이 되다. ▷ 비속어 ¶ 어쩌다 보니 빼지도 박지도 못하게 일이 꼬여 버렸다. / 뭣도 모르고 시작했다가 이제 와서 빼도 박도 못하게 생겼다.

삼붕어를 그리다 (거래를 할 때) 말이나 뜻이 공교롭게 엇갈려 누구도 어쩌지 못하는 상황이 되다. 〖기원〗 어떤 사람이 붕어를 사겠다고 비싼 값에 미리 흥정을 해 놓았다. 나중에 다른 사람이 와서 그 붕어를 사겠다고 하였으나 먼저 흥정이 되어 있으니 붕어 주인은 팔지를 못하였다. 그런데 처음에 흥정을 해 놓은 사람이 아무리 기다려도 오지 않는 바람에 결국 처음 흥정한 사람과 나중에 사러 온 사람 그리고 붕어 주인도 모두 손을 대지 못하고 말았다는 이야기에서 나온 말이다.

엿물을 흘리다 곤란한 일을 겪다. ¶ 어제 집에 돌아가다 술주정꾼과 맞닥뜨려 엿물을 흘렸다. 〖기원〗 엿을 만드는 액체인 엿물을 흘려 엿을 제대로 만들지 못하게 되었다는 말로, 곤란한 일에 처함을 나타내는 말이다.

엿(을) 먹다[1] 욕을 먹거나 골림을 당하다. ▷ 비속어 ¶ 내가 따끔하게 혼내 줬더니, 그 버르장머리 없는 놈이 나한테 엿 먹으라고 하면서 도망치지 뭐야. 참 **엿(이나) 먹어라**

엿(을) 먹이다 골탕 먹이거나 속이다. ▷ 비속어 ¶ 그 일은 김 사장 일파가 나를 엿 먹이려고 계획한 거야. 참 **엿(이나) 먹어라**

오(지)도 가(지)도 못하다 어떠한 선택을 할 수가 없는 곤란한 상황이 되다. ¶ 오지도 가지도 못할 막다른 판에 요행히 살길이 생겼다. / 돈이 없어 오도 가도 못하고 이렇게 눌러앉게 되었습니다.

이러지도 저러지도 못하다 어떠한 일도 할 수 없게 곤란한 상태가 되다. ¶ 몰아내자니 만만찮고 그냥 두자니 고통을 받을 것 같아 이러지도 저러지도 못했다. / 단지 하지 않은 일을 하지 않았다고 말했을 뿐인데, 이제 그는 이러지도 저러지도 못하는 상황이 되어 버렸다.

줄초상(이) 나다 연달아 어려운 일을 당하다. ¶ 영리 병원이 들어오면 동네 병원들은 줄초상이 날 게 뻔하다. / 1953년 한 신문에서 대(大)통령을 견(犬)통령으로 잘못 표기했다가 간부들이 구속되고 줄초상 난 적이 있었다. ※ 줄초상(-初喪): 한 집에 잇따라 초상이 남.

(진)**땀**(을) **빼다** 난처하거나 어려운 일로 고생하다. ¶ 논문 심사 과정에서 쏟아지는 심사 위원들의 질문에 대답하느라 땀을 뺐다. / 그는 변명을 하느라 진땀 뺐다. / 라디오 생방송 중 딸꾹질로 진땀을 뺀 뉴스 앵커가 화제다. / 나는 필수 과목인 일반 물리학 수업을 들었을 때 진땀을 뺀 기억을 지울 수 없다.

진땀(을) **흘리다** ⇒ (진)땀(을) 빼다 ¶ 우는 아이를 달래느라 진땀을 흘렸다. / 갑작스런 질문에 진땀을 흘리며 겨우 답변했다.

(진)**땀**(이) **빠지다** 곤경을 치르게 되다. 또는 고생스럽다. ¶ 경찰에 몸을 담고 있다 보면, 땀이 빠지는 일이야 많지만 보람도 그만큼 있다. / 나는 아는 바가 없는데 진실을 말하라고 덤비는 사람과 마주치면 진땀이 빠지지요.

코너로[에] **몰리다** 궁지에 빠지다. ¶ 우리는 초반에 선취점을 올렸지만 중반에 대거 6실점 하며 코너로 몰렸다. / 그 일을 꼬투리 잡아 아내는 이혼을 요구했고 코너에 몰린 나는 집을 나와야 했다. ※ 코너(corner): 구석.

틈바구니[틈새]**에 끼이다** 어정쩡하고 난처한 상태가 되다. ¶ 박 부장과 김 부장의 틈바구니에 끼여 죽을 지경이었다. / 대국의 틈새에 끼인 샌드위치 한국은 어떻게 존재하고 생존할 수 있는가?

피치 못할 어찌할 수 없는. ¶ 피치 못할 사유가 발생했을 때에는 기간 만료 전이라도 계약을 해지할 수 있다. / 춘천에 도착한 아내는 천신만고 끝에 남편과 만나고, 남편으로부터 피치 못할 그간의 사정을 전해 들었다. ※ 피치: '피(避)하지'가 줄어든 말.

【**고난**(苦難), **고생**(苦生)】 ≒ 【**피해**(被害)】【**노력**(努力)】

가랑이[가랭이](가) **찢어지다** (남을 맹목적으로 추종하다) 처지가 나빠지다. 규범 표기는 '가랑이'지만 '가랭이'로 쓰이는 경우가 많다. ¶ 과소비의 들뜬 풍조에 없는 놈 가랑이만 찢어지지. 〖기원〗 '뱁새가 황새걸음 쫓아가다가 가랑이가 찢어진다'라는 속담에서 비롯한 표현이다.

가시밭길을 가다 고난이 많고 험한 삶을 살다. ¶ 공부를 직업으로 삼게 되면 가시밭길을 갈 각오를 해야 한다. / 유복한 집안에서 태어난 그가 편하게 사는 길을 포기하고 왜 가시밭길을 가기로 마음먹었는지 궁금했다.

가시밭길(을) **걷다** ⇒ **가시밭길을 가다** ¶ 네가 위대한 작곡가가 되려면 가시밭길 걷는 걸 두려워해선 안 돼. / 자기 확신이 있다면 가시밭길을 걷더라도 행복을 느낄 수 있을 것이다.

등골(이) **빠지다** 심하게 고생하다. ¶ 자식들 대학 보내려면 부모 등골이 빠져요. / 등골 빠지게 일군 농토를 하루아침에 잃어버린 농부의 심정이 어떻겠습니까? ※ 등골: 척추뼈나 척수(脊髓).

등이 휘다 ⇒ **등골(이) 빠지다** ¶ 등이 휘더라도 참고 일하면, 머지않아 광명의 날이 올 거요. / 등이 휘도록 일을 했지만, 돌아온 것은 찬밥 몇 덩이와 채찍질뿐이었다.

따끔한 맛을 보다 큰 자극이 될 만한 경험을 하다. 주로 호되게 고통을 당하는 것을 나타낸다. ¶ 인면수심의 망종들에겐 따끔한 맛을 보여 주어야 한다. / 애들이 잘못했을 땐 회초리를 든다든가 벌을 세운다든가 해서 따끔한 맛을 보여 줘야 한다니까요.

뜨거운 맛을 보다 큰 자극이 될 만한 경험을 하다. 주로 호되게 고통을 당하는 상황에 쓰는 표현이다. ¶ 한번 뜨거운 맛을 본 투자자들은 경기가 좋아져도 선뜻 투자할 생각을 못 한다. / 아직 뜨거운 맛을 보지 못했나? 이봐! 이 녀석 끌고 나가 버릇 좀 가르쳐 줘. 참 **뜨거운 맛을 보이다**

맛(을) 보다[1] 큰 자극이 될 만한 경험을 하다. 주로 호되게 고통을 당하는 것을 나타낸다. ¶ 어디 한번 맛 좀 볼래?

매운 맛(을) 보다 큰 자극이 될 만한 경험을 하다. 주로 호되게 고통을 당하는 것을 나타낸다. ¶ 매운 맛 보고 싶지 않거든 썩 물러가라. / 사회의 매운 맛을 한번 본 사람은 회사에서 윗사람을 대하는 태도가 다르다. 참 **손끝이 맵다** ①

멍(이) 들다 고통의 흔적이 생기다. ¶ 실연을 당해 가슴에 멍이 들었다. / 국가 간 군비 경쟁은 서로의 국민 경제를 멍들게 할 뿐이다. ※ 멍: 맞거나 부딪혀서 피부 속에 퍼렇게 맺힌 피.

멍(이) 지다 ⇒ **멍(이) 들다** ¶ 엄마가 너희와 함께 할 수 없음에 가슴에 멍이 진다.

몸살(을) 앓다 고통을 겪다. ¶ 지금 산업계는 석유 대란으로 몸살을 앓고 있다. / 십 년도 더 지난 일이지만, 아직까지도 이 사건으로 몸살을 앓고 있는 사람이 많다.

뼈(가) 빠지다 ⇒ **등골(이) 빠지다** ¶ 뼈 빠지도록 일을 했지만 돌아오는 것은 채찍뿐이었다. / 남들은 다 편히 잘 쉬면서 놀고 지내는데 나만 왜 뼈가 빠지게 일만 하는 거지?

뼈가 휘다 ⇒ **등골(이) 빠지다** ¶ 자식 뒷바라지를 위해 뼈가 휘도록 일을 했다.

뼈를 긁어내다 (고통이) 견디기 어려울 정도이다. 주로 '고통', '아픔' 따위의 말을 꾸미며 '뼈를 긁어내는'의 꼴로 쓰인다. ¶ 그는 뼈를 긁어내는 고통으로 오랫동안 울었다. / 뼈를 긁어내는 아픔을 딛고 여봐란 듯이 분연히 일어섰다. 그래, 가자. 다시 시작하는 거야.

뼛골(을) 빼다 힘이 모두 없어지게 만들다. ¶ 젊었을 때 뼛골 빼는 일을 많이 하면 늙어서 고생을 한다. / 주인은 종업원들을 노예처럼 다루면서 뼛골을 뺐다.

뼛골(이) 빠지다 ⇒ **등골(이) 빠지다** ¶ 뼛골 빠지게 일했어도 내게 돌아오는 것은 아무것도 없다.

뼛골(이) 아프다 고통이 심하다. ¶ 뼛골이 아프게 체험한 일을 어찌 잊을 수가 있겠습니까?

산전수전(을) 겪다 온갖 고생과 어려움을 겪을 대로 다 겪다. ¶ 그래도 그만한 사람은 없어. 이 바닥에서는 산전수전 다 겪은 사람이야. / 긴급한 상황이 닥쳤지만, 심 상사는 산전수전 다 겪은 노장답게 침착했다. ※ 산전수전(山戰水戰): 산에서의 싸움과 물에서의 싸움.

살을 도려내다 고통을 겪다. ¶ 아이의 기침 소리에 엄마는 살을 도려내는 듯한 아픔을 느낀답니다.

살(이) **내리다** 기분이 나쁘고 속이 상하다. ¶ 그 일이 걱정이 되어 살이 내린다. / 어머니는 어린 것과 살이 내리는 이러한 흥정을 하고 있을 기력이 없어 엄한 목소리로 말하고는 아이를 돌려보냈다.

생똥(을) **싸다** 고생하다. ▷비속어 ¶ 우리가 누구 때문에 이렇게 생똥을 싸고 있는지 알아? / 없는 돈에 집을 짓느라고 내가 생똥을 쌌다.

쓴맛을 보다[1] 고통스러운 경험을 하다. ¶ 인생에서 쓴맛을 보고 나면 작은 일에도 감사하게 된다. / 많은 시간과 노력을 들여 작품을 만들었지만 흥행 실패로 쓴맛을 봤다. 유 **쓴잔을 들다**[마시다]

애(를) **먹다** 고생하다. ¶ 고집쟁이 아들 녀석을 설득하느라 애를 먹었다. / 이번 시험에서는 수학 과목 때문에 애먹었다.

애(를) **먹이다** 고생하게 하다. ¶ 말썽을 자주 피워 나를 애먹이던 아이들이 기억에 남는다. / 콜레라가 창궐하여 보건 당국을 애를 먹였다.

욕(을) **보다**[1] (일을 하느라) 수고하다. 또는 고생하다. ¶ 먼 길 오느라 욕봤네. / 그 사람 설득하려면 욕 좀 볼 거야. / 그는 길에서 넘어져 자기 부인이 욕을 보며 해 입힌 두루마기와 중의 적삼을 더럽혔다.

죽을 똥(을) **싸다** 어떤 일에 몹시 힘을 들이다. ▷비속어 ¶ 내 자식이 그렇게 죽을 똥을 싸는 꼴은 더 이상 못 보겠어. / 죽을 똥을 싸서 한 일인데 좋은 평가를 받지 못하니까 힘이 빠진다.

피눈물(을) **뿌리다**[2] ⇒ **피눈물**(이) **나다**[2] ¶ 피눈물을 뿌리며 고생해 정상에 올랐다.

피눈물(을) **흘리다**[2] ⇒ **피눈물**(이) **나다**[2] ¶ 피눈물을 흘리며 고통의 시절을 보내지 않은 사람은 성공의 의미를 알기 어렵다.

피눈물(이) **나다**[2] 몹시 고생하다. ¶ 없는 살림에 과외비를 대며 자식 뒷바라지하느라고 피눈물이 났다. / 그는 이날을 위해 오랜 시간 동안 피눈물 나는 훈련을 했다.

학(질)(을) **떼다** 어렵거나 거북한 일로 곤경을 치르다. ¶ 민수가 며칠 동안 잠을 안 재우는 데 정말이지 학질을 뗐다. / 조사 기간 동안 그는 회사의 비협조와 딴죽걸기에 학을 뗐다고 말했다. ※ 학질: 말라리아 병원충을 가진 모기에 물려서 감염되는 전염병.

허리가 굽어지다 힘들어 찌들다. ¶ 자식들 뒷바라지에 허리가 굽어진 우리 어머니.

허리가 부러지다 힘들게 일하다. ¶ 가난한 사람들은 허리가 부러지도록 일해도 입에 풀칠하기가 힘들어요.

허리가 휘다 힘에 겹다. ¶ 궁궐을 새로 짓느라 백성들은 또다시 허리가 휘었다. / 어려운 시절에 잘살아 보자는 일념으로 일했고 또 자식을 키우느라 허리가 휘도록 희생했다.

혀[쌔](가) **빠지다** 어떤 일에 몹시 힘을 들이다. 주로 '혀 빠지게'의 꼴로 쓰인다. 규범표기는 '혀'이지만 방언형인 '쌔'도 많이 쓰인다. ¶ 일 년 내내 혀 빠지게 일해도 손에 쥐는 것은 별로 없다. / 매일 고갯길을 오르내리는 건 혀가 빠질 일이지만 이젠 그만둘 수도 없습니다.

혀(를) **빼물다** 몹시 힘들어하다. ¶ 버거웠던지 혀를 쑥 빼무는 그녀를 보고 도와주지 않을 수 없었다.

홍역을 치르다 몹시 어려움을 겪거나 고생을 하다. ¶ 아들 대학 입시 때문에 온 집안 식구가 함께 홍역을 치렀다. / 금년 여름에는 노사 분규로 우리 경제가 큰 홍역을 치렀습니다. ※ 홍역(紅疫): 여과성 병원체에 의하여 일어나는 급성 발진성 전염병.

【다급(多急), 절박(切迫)】

간에 불(이) **붙다**[2] 급하다. 당한 일이 다급하여, 간장이 타는 것 같다. ¶ 처음에는 여유를 갖더니 엉뚱한 곳에서 일이 터지자 간에 불이 붙었다. 참 **간(장)이 타다**

꼬리가 빠지게 급하게. 주로 '달아나다', '도망치다'를 꾸미는 말로 쓰인다. ¶ 살아남은 놈들은 꼬리가 빠지게 강가로 달아났다. / 그들은 기겁을 하고 꼬리가 빠지게 도망쳤다.

똥줄(이) **나게** ⇒ **똥줄(이) 빠지게** ¶ **똥줄이 나게 도망쳤다.**

똥줄(이) **빠지게** (혼이 나서 달아날 때) 매우 급하게. ¶ 순찰 중인 경찰관을 보자마자 도둑들은 똥줄이 빠지게 달아났다. 참 **뽕(이) 빠지다**[1]

막다른 골목 더는 어떻게 할 수 없는 절박한 경우. ¶ 이제 더 이상 빠져나갈 수 없어. 막다른 골목에 들어선 거야. / 막다른 골목은 변화의 출발점이다. / 막다른 골목에 몰린 그의 처지를 너무나 잘 알고 있었기 때문에 다른 말을 꺼내기 힘들었다.

발등에 (불이) **떨어지다** 어떤 일이 몹시 절박하게 닥치다. ¶ 내 발등에 불이 떨어졌는데 누구를 보살필 수 있겠니? / 우선 발등에 떨어진 문제부터 해결하고 후일을 기약하자. / 지금은 발등에 떨어진 일이 너무나 많아 미래를 계획할 여유조차 없다. 참 **눈앞에 나타나다, 코앞에 닥치다**

발등의 불 절박한 일. ¶ 약사법 개정이 발등의 불로 되자 정부와 의료인 간의 알력이 표면화 되었다. / 이제 우리나라에서도 마약 문제가 발등의 불이 된 것 같다. / 남의 염병이 나의 고뿔만 못하다는 속담이 있다. 나의 발등의 불이 다급한 것이다. / 일을 할 때 내 발등의 불부터 끄고 보자는 태도로 임해서는 신뢰를 얻을 수 없다. 참 **불(을) 끄다**

벼랑 (끝)**에 몰리다** ⇒ **벼랑(끝)에 서다** ¶ 농산물 수입으로 벼랑 끝에 몰린 농민들의 생존권을 지켜 달라. / 2연패로 벼랑에 몰린 한국이 내일 결선 진출을 위한 한판을 치른다.

벼랑 (끝)**에 서다** 물러설 곳 없는 절박한 상황에 처하다. ¶ 그는 불법 정치 자금에 대한 검찰 조사가 시작되면서 벼랑 끝에 서게 되었다. / 벼랑 끝에 선 사람을 구하는 것은 진심 어린 말이다.

(분)**초를 다투다** 일이 매우 급하다. 또는 짧은 시간 내에 급하게 서두르다. ¶ 분초를 다투는 일에도 그는 태연자약했습니다. / 병원에는 분초를 다투어 치료를 받아야 하는 위급한 환자가 넘쳐났다. / 그 일은 초를 다투는 것이니, 빨리 끝내기 바란다. / 가슴에 피가 괸 데다 파편이 폐를 뚫어 목숨이 초를 다투었다. ※ 분초(分秒): 시간 단위인 분과 초를 아울러 이르는 말.

불똥이 떨어지다[1] 어렵거나 부담스러운 일이 갑작스럽게 닥치다. ¶ 철강 가격이 오르면서 당장 조선업계에 불똥이 떨어졌다. / 하필이면 나에게 왜 그 불똥이 떨어지난 말이야. 그렇지 않아도 골치 아픈 일이 널려 있는데.

불(이) **나다** 바쁘고 다급하다. '부리나케'의 원형으로 볼 수 있다. ¶ 특종을 잡으려고 발바닥에 불이 나게 뛰어다녔다. / 신문이 배포되고 한두 시간이 지나자 전화통에 불이 났다.

비상(이) **걸리다** (위기로 인하여) 다급해지다. ¶ 책 출간 날짜가 눈앞에 다가왔는데 아직 마무리 작업이 끝나지 않아 편집부에는 비상이 걸렸다. / 스카우트 바람이 불면서 회사마다 집안 단속에 비상이 걸렸다. ※ 비상(非常): 뜻밖의 긴급 사태.

【변질(變質), 변화(變化)】

김(이) **빠지다**[2] 음식의 본래 맛이나 냄새가 없어지다. ¶ 김이 빠진 맥주를 먹느니 차라리 맹물을 마시는 게 낫겠다. ※ 김: 액체가 높은 열을 만나서 기체로 변한 것.

녹(이) **슬다** (오랫동안 쓰지 않아) 나쁜 상태가 되다. ¶ 이제 내 기억력도 녹슬었나 봐. 전에 읽은 내용을 생각하려 해도 도저히 생각이 나지를 않아. / 오랫동안 활동을 하지 않았으니 내 노래 실력도 녹이 슬었을 거예요.

독이 오르다[2] 매운맛이 들다. ¶ 이 고추는 제대로 독이 올랐다.

때(가) **묻다** 세상일에 영향을 받아 순수함을 잃다. ¶ 때 묻지 않은 사람을 순수하다고 말하는데, 이 말은 멍청하다는 뜻으로 이해되기도 한다. / 철없다고 야단치지 마세요. 저는 언니들이나 아저씨들처럼 때가 묻지 않았잖아요. 참 **구김살(이) 없다, 때(를) 벗다, 물(이) 들다**

맛이 가다[2] 음식이 부패하다. ¶ 이 동태찌개는 맛이 갔는데? / 맛이 간 음식을 먹었으니 배탈이 날 수밖에.

머리(가) **썩다** 생각이 시대에 뒤떨어지거나 불건전하다. ¶ 자기를 계발하지 않고 무사안일한 태도로 살면 머리가 썩어 사회에서 도태된다. / 그에게서 삶의 지혜를 많이 배울 수 있을 거라고 생각했는데 만나 보니 머리가 썩어 빠진 늙은이더라고.

바람(이) **나가다**[2] 본래의 맛이 없어지다. ¶ 자리를 오래 비워 두는 바람에 바람 나간 맥주를 마시게 되었다.

병(이) **들다** 건전하지 않게 변질되다. ¶ 마약이 만연한 걸 보면, 이 사회가 병이 들어도 단단히 들었어.

약(이) **오르다**[2] (식물에서) 자극적인 성분이 많아지다. ¶ 아이는 약 오른 고추를 먹고 펄펄 뛰었다. / 노랗게 뜸이 들었던 수국 잎들이 시꺼멓게 약이 오르고. (이태준, 화단) 참 **약**(을) **올리다**

빈도(頻度), 정도(程度), 분량(分量)

【자주, 항상(恒常)】≒【시간(時間)】

눈만 뜨면 늘. ¶ 그저 눈만 뜨면 먹을 생각만 하는구나. / 형제는 눈만 뜨면 싸웠다.

떡(을) 먹듯(이) 예사로 자주. 또는 쉽게. ¶ 한두 번도 아니고, 어떻게 약속을 떡 먹듯 안 지키니? / 신호 위반을 떡 먹듯이 하는 운전자들이 많다. / 어려운 수학 문제를 떡 먹듯 푸는 학생 중에 수학 공부의 목적을 생각하는 사람이 몇이나 될까? 참 **누워서 떡(을) 먹다**

밤 낮 늘. ¶ 아버지에 대한 기억은 항상 회색빛이다. 아버지는 밤낮 지겨운 술타령, 구타, 욕지거리만 해 댔기 때문이다. / 밤낮 노름만 했으니 쪽박을 차는 것도 당연하지. / 게임 중독에 빠진 그는 밤낮으로 컴퓨터 앞에만 앉아 있다.

밤낮 없이 쉬지 않고 계속. ¶ 어린 학생들이 밤낮없이 공부하는 모습을 보면 안쓰러운 생각이 든다. / 그는 젊을 때부터 밤낮없이 술만 마시더니 폐인이 되어 버렸다.

밤낮을 가리지 않다 쉬지 않고 계속하다. ¶ 밤낮을 가리지 않고 연구하는 연구소의 미래는 밝다. / 밤낮을 가리지 않고 여자 타령만 하면 뭐합니까? 실속이 있어야지.

밤이나 낮이나 ⇒ 밤 낮 ¶ 밤이나 낮이나 술만 먹고 있으니 언제 공부를 할 수 있겠어?

밥(을) 먹듯(이) 예사로 자주. ¶ 거짓말을 밥 먹듯이 해도 아무런 양심의 가책을 느끼지 못하는 사람이 많다. / 거짓말을 밥을 먹듯 하자면 우선 기억력이 좋아야 합니다.

비가 오나 눈이 오나 어떤 상황에서도 한결같이 늘. ¶ 할아버지는 비가 오나 눈이 오나 매일 아침 집 앞을 청소하셨다. / 비가 오나 눈이 오나, 나는 혼자서 십 리 밖의 학교를 걸어서 다녀야 했다.

사흘이 멀다 하고 얼마 안 가서 곧. 어떤 일이 일어나는 횟수가 일반적인 정도보다 잦음을 이르는 말. ¶ 그는 사흘이 멀다 하고 외박을 한다. / 넌 사흘이 멀다 하고 도시락을 잊어버리니, 까마귀 고기를 먹었니? / 김 일병의 애인은 사흘이 멀다 하고 면회를 온다.

시도 때도 없이 때를 가리지 않고 자주. ¶ 시도 때도 없이 몰려드는 빚쟁이 등쌀에 배겨 낼 수가 없었다. 참 **여느 때 없이**

앉으나 서나 어떤 상황에서나 늘. ¶ 시험을 한 달 남기고는 앉으나 서나 시험 생각뿐이었다. / 앉으나 서나 당신 생각, 앉으나 서나 당신 생각뿐이에요.

자나 깨나 어떤 상황에서나 늘. ¶ 자나 깨나 불조심, 꺼진 불도 다시 보자. / 낯선 땅에서 살아야 하는 그는 자나 깨나 고향을 그리워했다.

하루가 멀다고 얼마 안 가서 곧. 거의 매일같이 어떤 일이 자주 일어남을 이르는 말. ¶ 하루가 멀다고 찾아오는 친구 때문에 공부를 제대로 할 수 없다. / 내가 어렸을 때 우리 육 남매는 하루가 멀다고 말썽을 부렸다.

하루에도 열두 번 때를 가리지 않고 자주. ¶ 아무리 좋아도 그렇지, 하루에도 열두 번 전화를 해 대니 지겨워 죽겠어.

【유일(唯一), 처음】

단벌 가다 오직 그것 하나뿐이다. 그 이상은 없을 정도로 뛰어나다. ¶ 할머니는 나를 손자 가운데서도 단벌가는 아이라고 생각하셨다. / 그는 괴력을 지닌 거인으로 북악산 호랑이의 입을 맨손으로 찢었다는 소문이 돌 만큼 단벌가는 인물이었다. ※ 단벌(單-): 오직 단 한 벌.

둘도 없다 오직 그것 하나뿐이다. 그 이상은 없을 정도로 소중하다. ¶ 그 자식은 내게 둘도 없는 피붙이야. / 둘도 없는 내 사랑.

듣다 처음 지금까지 들어 보지 못한 말을 처음으로 듣게 되었음을 이르는 말. ¶ 이렇게 추악한 이야기는 듣다 처음이야.

밖에 없다 최고이다. 제일이다. 주로 '누구밖에 없다'와 같이 쓰인다. ¶ 아무렴, 적임자는 나밖에 없지. 어느 놈이 그 자리를 넘봐, 넘보긴. / 그 분야에서는 누가 뭐래도 너밖에 없다.

【심(甚)함, 격렬(激烈)】

경(을) 치게 무척. 주로 '경치게'의 꼴로 쓰이며, 아주 심한 상태를 못마땅하게 여김을 나타낸다. ¶ 날씨 한번 경을 치게 덥네. / 그 사람 키는 경치게도 크네. 참 **경(을) 치다**

땅이 꺼지게 (한숨 쉬는 것을) 몹시 깊고 크게. ¶ 내가 시험에서 떨어졌다는 소식을 듣고 어머니는 땅이 꺼지게 한숨을 쉬었다.

말도 말다 보통을 넘어서는 사실임을 강조하여 이르는 말. 명령문 형식으로 사용된다. ¶ 이번 집회에 얼마나 많은 사람이 모였는지 말도 마. / 누가 아니라니? 말도 마라. 글쎄 또 결혼한다고 난리야. / 아이고. 말도 말아요. 그놈들한테 내줄 것 다 내주고, 뜯길 것 다 뜯겼어요.

머리 끝까지 (화나는 정도가) 심하게. ¶ 그는 화가 머리끝까지 나서 매를 들었다.

물 끓듯(이) **하다** (비난, 논란, 분노가) 걷잡을 수 없는 정도가 되다. ¶ 집으로 오는 길에 보니 학교에서 느낀 이상으로 거리는 물 끓듯 했다. / 단발령이 내려지자 전국의 유림들이 이에 반대하여 물 끓듯 했다. / 찬반론이 물 끓듯이 하는 중에 국민들은 대통령의 선택을 지켜보고 있었다. * 단발령(斷髮令): 1895년 성년 남자의 상투를 자르도록 내린 명령.

빗발(이) **치다** (비난, 요구 따위가) 거세게 이어지다. ¶ 밀린 외상 때문에 걸려 오는 빗발치는 독촉 전화에 마누라는 신경과민 증상을 보였다. / 언론의 직무를 유기한 신문사에 비난의 소리가 빗발쳤다. ※ 빗발: 비가 내려칠 때에 줄이 진 것처럼 보이는 빗줄기.

상투 끝까지 매우 심하게. ¶ 아버지는 그 소식을 듣고 화가 상투 끝까지 나서 제대로 말을 잇지 못하셨다. / 어린 녀석들은 조금만 잘해 주면 상투 끝까지 기어오른다. ※ 상투: 예전에 장가든 사내가 머리털을 끌어 올려서 정수리 위에 틀어 감아 매던 것.

세상 천지에 어디에도. 더할 나위 없음을 나타내는 말. ¶ 세상천지에 저런 효자는 없다. / 세상천지에 그만큼 착한 사람도 없지요.

여느 때 없이 보통 때와 달리 정도가 심하거나 특별함을 나타내는 말. ¶ 방송사의 출입 규제가 여느 때 없이 엄격했다. / 대통령의 특별한 관심 표명을 계기로 국어순화운동이 여느 때 없이 힘차게 일고 있다. 참 **시도 때도 없이**

이를 데 없다 달리 말을 할 수 없을 정도로 그 정도가 심하거나 대단함을 나타내는 말. ¶ 이 키가 큰 젊은 여자는 몸매가 이를 데 없이 우아했다. / 사실 할리우드가 황금기 시절을 보낼 때조차도 영화 포스터는 조잡하기 이를 데 없었다.

이만저만 하다 부정어 '아니다'와 함께 쓰여 보통 수준을 넘어섬을 나타낸다. ¶ 저 사람과는 이만저만한 사이가 아니다. / 비행기 소음으로 주민들의 고통이 이만저만한 것이 아니다. / 서울에서 생활을 하니 돈이 이만저만하게 드는 게 아닙니다.

이만저만이 아니다 보통이 아니다. 대단하다 ¶ 씨름 선수라 그런지 몸무게가 이만저만이 아니더라. / 그 일 때문에 고생이 이만저만이 아니다. 참 **말이 아니다**[1, 2]

죽 끓듯 하다 ⇒ **물 끓듯**(이) **하다** ¶ 그의 악행을 비난하는 여론은 거의 한 달간 죽 끓듯 했다. 참 (변덕이) **죽 끓듯 하다**

짝이 없다 비교할 수 없을 만큼 대단하거나 심하다. '어떠하기 짝이 없다'와 같이 쓰인다. ¶ 재미있는 영화라고 해서 기대했는데, 막상 뚜껑을 열고 보니 싱겁기 짝이 없었다. / 오랫동안 기다리던 친구를 만나니 반갑기 짝이 없다. / 천한 것이 아씨를 넘보다니 무엄하기 짝이 없다.

【최대한(最大限), 최소한(最小限)】

길(을) 가는 사람 아무나. 주로 '길을 가는 사람에게 물어보라'와 같이 쓰인다. ¶ 네가 잘했는지 못했는지 길 가는 사람에게 물어봐라. 아마 모두가 너를 욕할 것이다.

너 나 (할 것) 없이 가릴 것 없이 모두 다. 모두 다 그러함을 나타내는 말. ¶ 우리 동네에서 이런 일이 일어났다는 것에 대해 너 나 할 것 없이 반성해야 합니다. / 일정이 끝나자 사람들은 너 나 할 것 없이 계곡물에 발을 담그며 땀을 식혔다. / 어떤 일로 누구 하나가 돈 벌었다고 하면 너나없이 그 일에 뛰어든다.

너도 나도 빠지지 않고 모두 다. 적극적으로 나섬을 나타내는 말. ¶ 주민들은 추락한 여객기 안에서 생존자들을 구출하는 일에 너도나도 나섰다. / 어떤 일이 잘된다고 하면, 너도나도 달려들기 마련이다.

누구 할 것 없이 ⇒ 너 나 (할 것) 없이 ¶ 연극이 끝나자 누구 할 것 없이 눈가가 젖어 있었다. / 지난 삼 년간 우리는 너무나 아팠다. 노동자들은 누구 할 것 없이 거리로 내몰렸다.

머리끝에서 발끝까지 전부. ¶ 어제 선본 남자는 머리끝에서 발끝까지 마음에 들지 않았어요. / 그의 아내는 그를 머리끝부터 발끝까지 보살펴 주며 평생 그의 시중을 들기에 바쁜 생활을 보내 온 터였다.

미주알 고주알 이것저것 모두 속속들이. ¶ 내가 선만 보고 오면 어머니는 상대 남자에 대해 미주알고주알 캐묻는다. / 나는 학교에서 돌아오기만 하면 엄마한테 짝에 대해서 미주알고주알 떠들어 댄다. 〖기원〗 '미주알'은 항문을 이루는 창자의 끝 부분인데, 여기에 '고주알'이라는 의미 없는 말이 덧붙어 만들어진 표현이다.

빙산의 일각 일부분. ¶ 이번에 공개된 사실은 빙산의 일각에 불과하다. / 사람들은 이번에 폭로된 공직자 비리는 빙산의 일각에 불과할 것이라고 입을 모았다. 〖기원〗 빙산은 윗부분이 전체의 약 7분의 1이라는 점에서, 이 표현은 바람직하지 못한 일의 대부분이 숨겨져 있고 외부로 나타나는 것은 극히 일부분에 지나지 않음을 비유하는 말이다.

세 살 먹은 어린애도 아무나. ¶ 그 정도 상식은 세 살 먹은 어린애도 알고 있는 내용이다. / 누가 잘못했는지는 세 살 먹은 어린애가 들어도 알 것이다.

알파이며 오메가이다 시작이며 끝이다. 전부이다. ¶ 이 책은 대입 국어의 알파이며 오메가이다. / 진실이 담기지 않은 매끄러운 글이 명문이 될 수 없다는 것이 내 문장론의 알파이며 오메가이다. ※ 알파(alpha): 희랍 자모(字母)의 첫 자. 오메가(omega): 희랍 자모의 마지막 자.

하나 가득 정해진 분량에서 최대한. ¶ 어머니는 맛있는 음식이 하나 가득 담긴 바구니를 들고 왔다. / 책장에는 그림책이 하나 가득 꽂혀 있었다.

하나 같이 예외 없이 모두. ¶ 부엌이나 거실이나 하나같이 휑뎅그렁한 느낌이었다. / 왜 내 주위의 사람들은 하나같이 이렇게 모자랄까?

하나부터 열까지 모든 것을 다. ¶ 그는 하루에 겪은 일을 하나부터 열까지 이야기해야 했다. / 후배들 하는 것을 보면 하나부터 열까지 마음에 들지 않는다. / 아이가 혼자 할 수 있는 것이 없어 하나부터 열까지 모두 해 줘야 했다.

하다 못해 최소한. 주어진 상황에서 최소한 할 수 있는 것을 가리킬 때 쓰는 말. ¶ 집에 하루 종일 있었으면 하다못해 청소라도 해 놓았어야지. / 불가촉천민은 하다못해 그림자도 사원에 드리울 수 없었다. / 몸이 건강해야 하다못해 막노동을 해서라도 먹고 살지.

한 걸음씩 조금씩. ¶ 양쪽에서 한 걸음씩만 양보해도 쉽게 해결될 일인데 자기주장만 내세우다 보니 협상이 안 된다.

한 눈에 한꺼번에 모든 사실을 파악할 수 있게. ¶ 토지 거래 내용을 전산화한 결과, 이름과 주민등록번호를 입력하면 최근 수년간의 토지 거래 사실이 한눈에 드러나게 되었다.

【적다, 드물다】

가물에 콩 나다 드물다. 주로 '가물에 콩 나듯'과 같이 쓰인다. ¶ 그런 기회는 가물에 콩 나는 건데 그것을 놓쳤단 말이야? / 문제는 물건이 워낙 귀하다는 것이다. 가물에 콩 나듯 물건이 나온다.

간에 기별도 안 가다 양이 차지 않다. ¶ 라면 한 그릇 가지고는 간에 기별도 안 가지요. 한 세 그릇쯤 먹어야 소식이 갈까요? / 한창 젊을 때라 그 정도로는 간에 기별도 안 갔지만 자리가 자리인 만큼 조용히 자리를 떴다.

병아리 눈물 매우 적은 수량. ¶ 병아리 눈물만큼의 양심이라도 있다면, 이렇게는 못 할 겁니다. / 예전에는 병아리 눈물만 한 커피 잔에 담긴 에스프레소를 마시며 문학을 즐겼다.

병아리 오줌 ⇒ 병아리 눈물 ¶ 그 정도가 어디 술입니까? 병아리 오줌이지. / 인젠 다 틀렸어요, 풀래야 풀 물도 없고, 병아리 오줌만 한 봇물도 중들이 죄다 가로막아 넣고. (김정한, 사하촌)

손가락으로 꼽다[헤아리다] **⇒ 손에**[으로] **꼽다**[헤아리다] 주로 '손가락으로 꼽을[헤아릴] 정도'와 같이 쓰인다. ¶ 그와 가깝게 지내는 친구는 손가락으로 꼽을 정도다. / 평범한 사람들에게는 평생 손가락으로 꼽을 정도로 드문 경험이 해외여행이다. / 급격하게 침체된 경기 탓에 우리 고장에서 명맥을 유지하고 있는 업체는 손가락으로 헤아릴 정도다.

손에[으로] **꼽다**[헤아리다] 수가 매우 적고 드물다. 주로 '손에 꼽을 정도' 또는 '손으로 꼽을 정도'와 같이 쓰인다. ¶ 우리 회사에서 남자가 순수 채식주의자인 경우는 손에 꼽는다. / 이번 시험에서 합격한 사람은 손으로 꼽을 정도다. / 제사상 차리는 법이 복잡해서 제대로 알고 있는 사람은 손에 헤아릴 정도라고 하네요. / 막을 올려야 하는데 관객이 한 손으로 헤아릴 정도밖에 안 왔다. 참 **손(에) 꼽다**

입에 붙이다[2] 음식이 양이 무척 적음을 나타내는 말. 주로 '누구 입에 붙이느냐'와 같이 쓰인다. ¶ 쥐포 다섯 마리로 누구 입에 붙일 수 있을지 모르겠네요.

코에 바르다 나누어야 할 물건이 너무 적음을 나타내는 말. 주로 '누구(의) 코에 바르느냐'와 같이 쓰인다. ¶ 이걸 누구 코에 바르려고 가져온 거야? 가져오려면 많이 좀 가져오지. / 현재 문예 진흥 기금은 너무 적다. 그 정도로 누구의 코에다가 바를 것인가.

코에 붙이다 ⇒ **코에 바르다** ¶ 사람은 이렇게 많은데 음식을 이 정도밖에 가져오지 않으면 누구 코에 붙이라고 하는 거야.

【많다, 흔하다】

발길에 차이다[2] ⇒ **발에 채다** ¶ 발길에 차이는 게 여자인데 나는 왜 여태껏 사랑을 못 해 보았을까? / 세상은 넓고 발길에 차이는 게 돈 벌 건데, 넌 허구한 날 방구석에만 틀어박혀 있냐?

발에 채다 그 수가 많고 흔하다. ¶ 보석이 귀하다지만 여기서는 발에 채는 게 보석이다. / 발에 채는 것이 여자야. 싫다고 떠난 여자에게 미련 가질 필요 없어.

셀 수(가) 없다 매우 많다. 주로 '셀 수 없이', '셀 수 없을 만큼'과 같이 쓰인다. ¶ 전쟁으로 죽거나 다친 이는 셀 수가 없다. / 이곳에는 해마다 셀 수 없이 많은 관광객이 찾아온다. / 이 세상에 질병은 참으로 셀 수 없을 만큼 많다.

숲을 이루다 빽빽하게 많이 있다. ¶ 들판에 아파트가 숲을 이루고 있었다. / 동요비(碑)가 숲을 이룬 이 학교는 늘 고운 노래가 넘치는 요람으로 어린이들의 사랑을 받고 있다.

쌔고 버리다 가득 쌓이고도 남아서 내버릴 정도로 흔하다. ¶ 인터넷에서 날고뛰는 사람들은 쌔고 버렸다. / 명산과 승악이 천하에 쌔고 버렸지만 이 금강산같이 사상의 내면적 풍부를 그득히 안고 있는 산은 없다. ※ 쌔다: '쌓이다'의 준말.

입이 많다 식구가 많다. ¶ 유난히도 입이 많던 우리 집은 항상 먹을 것이 부족하여 형제간에 경쟁이 치열했다. 참 **눈이 많다, 입이 무섭다**

【밀집(密集), 몰려듦】

구름(과) 같이 한꺼번에 많이. '모이다', '몰려들다' 따위의 동사와 어울려 쓰인다. ¶ 입장 시간이 되자 관객들이 구름과 같이 몰려들었다. / 문묘 넓은 뜰에는 각지에서 과거 응시자들이 구름같이 모여들었다. / 그는 구름같이 모인 지지자들 앞에서 연설을 했다.

기름(을) 짜다[3] 자리가 비좁아 괴로울 정도로 사람이 많다. ¶ 버스 안에는 기름을 짤 정도로 사람이 많다.

발(을) 디딜 틈이 없다 (물건이나 사람이) 빽빽하게 들어차다. ¶ 우리 가게는 발을 디딜 틈이 없을 정도로 손님들이 모여들어 장사가 잘되고 있다. / 불안해진 사람들은 닥치는 대로 식량을 구입해 집에 발 디딜 틈도 없이 쌓아 놓고 있다.

발(을) 붙일 곳이 없다[2] ⇒ **발(을) 디딜 틈이 없다** ¶ 이번 공연에는 발붙일 곳이 없을 정도로 사람이 많이 모였다.

봇물을 이루다 한꺼번에 몰려들다. ¶ 예금 해약이 봇물을 이루자 은행은 대책 마련에 나섰다. / 방송 후 프로그램 게시판엔 드라마에 대한 칭찬 소감이 봇물을 이뤘다. ※ 봇물(洑−): 둑을 쌓아 냇물을 막은 보의 물.

봇물(이) 터지다 한꺼번에 쏟아져 나오다. ¶ 봇물이 터지듯 나오는 울음을 누그러뜨릴 수 없었다. / 지금은 조용하지만 결국에는 쌓였던 불만이 봇물 터져 사회가 큰 혼란에 빠질 것이다.

입추의 여지가 없다 ⇒ **발(을) 디딜 틈이 없다** ¶ 콘서트장이 입추의 여지가 없을 정도로 이번 공연에 대한 사람들의 관심은 대단했다. / 그곳은 입추의 여지도 없이 관광객들로 꽉 차 있었다. 『기원』 '입추지지(立錐之地)'라는 한자 성어에서 나온 말이다.

줄(을) 서다[1] 차례를 기다리는 사람이나 일이 많다. ¶ 나하고 결혼하자고 줄 선 남자들이 어디 한둘인 줄 알아요? / 추석 연휴에 개봉할 영화가 줄을 서 있다.

【증감(增減)】

가지(를) 치다 ① 불필요한 인원이나 부서를 없애 조직을 간소화하다. ¶ 이번 인사 조치는 가지치기의 일환이다. / 우리 그룹에서도 주력 업종 이외는 가지를 쳐야 경쟁에서 살아남을 수 있다. ② 하나의 근본에서 딴 갈래가 생기며 확장되다. ¶ 그가 끼어들면서 영화 이야기는 잠시 더 가지를 쳤다. / 처음에는 십여 명의 회원으로 시작했지만 회원이 급증하면서 일곱 개의 클럽으로 가지를 쳐 나갔다.

뒤가 달리다 ① 댈 물건이 부족해지다. ¶ 공사 속도가 빨라지자 가뜩이나 뒤가 달리던 건설 자재들이 더욱 달리게 되었다. ② 뒤를 댈 힘이 없어지다. ¶ 이제 나이를 먹고 나니 뒤가 달려서 자식 교육을 다 시킬 수 있을지 걱정이야.

몸을 섞다[1] 합치다. ¶ 먹과 물이 몸을 섞어 먹물이 만들어진다. / 여러 시내가 몸을 섞어 강이 되듯이 각 사상은 서로 영향을 주고받으며 상호 침투합니다.

새끼(를) **치다** 본디 있는 것을 바탕으로 그 수효나 종류가 늘어나다. ¶ 돈을 굴렸더니 제법 새끼를 쳐서 적지 않은 돈이 되었어. / 눈을 감으면 무수히 새끼를 치는 생각들로 머릿속이 복잡해진다.

【**소멸**(消滅), **소진**(消盡)】

개미 새끼 하나 볼 수 없다 아무도 없다. ¶ 제보를 받자마자 긴급히 출동했지만 개미 새끼 하나 볼 수 없었다. / 해도 저물고 길도 잘 모르는데 근처에 개미 새끼 하나 볼 수 없었다. 나는 갑자기 두려움을 느끼기 시작했다.

개미 새끼 하나(도) **얼씬 못하다** 아무도 접근할 수 없다. ¶ 내 허락 없이는 개미 새끼 하나 얼씬 못한다. / 이 집을 중심으로 사방 1킬로미터 이내에는 개미 새끼 하나도 얼씬 못하게 경비를 하고 있습니다.

곁(을) **비우다** 보호하거나 지키는 사람이 없는 상태가 되게 하다. ¶ 아이 곁을 비우지 말고 잘 돌보아라.

곁(이) **비다** 보호하거나 지킬 사람이 없다. ¶ 지금 환자의 곁이 비었으니 여기 있지 말고 빨리 병실로 가 봐라.

구경도 못하다 볼 수 없거나 아예 없다. ¶ 사고가 난 지 몇 개월이 지났지만, 아직 보상금은 구경도 못했다. / 제주도에 가면 그동안 구경도 못한 음식을 만날 수 있다. 참 **낟알 구경**(을) **못하다**

그림자도 안 보이다 ⇒ 그림자도 없다 ¶ 토끼만 몇 마리 왔다 갔다 할 뿐 호랑이는 그림자도 안 보였다. / 온 산을 뒤지다시피 했지만 봉단이는 그림자도 보이지 않았다.

그림자도 없다 흔적이나 자취가 없다. ¶ 혜경은 창문 밖으로 머리를 내밀고 두루 찾았으나 컴컴한 골목 안에는 사람의 그림자도 볼 수 없었다. / 곳간 앞에 사람은 그림자도 없고 잠겼을 곳간 문은 빼끔하게 열려 있었다.

동(을) **내다** 모두 써 없애다. ¶ 그는 있는 술을 동을 내고 나서야 잠이 들었다. / 할인 행사를 시작하자마자 들이닥친 사람들이 백화점의 모든 상품을 동 내고 썰물처럼 빠져나갔다. ※ 동: '동'은 물동이, 술동이의 '동이'이다. '동이'는 질그릇의 일종이다. 보통 둥글고 배가 부르며 아가리가 넓고 양옆에 손잡이가 달렸다.

동(이) **나다** 다 써서 없어지다. ¶ 며칠 지나니까 금세 밑천이 동이 났다. / 그들은 이제 말할 재료가 동이 났는지 약속이나 한 듯이 입을 다물었다. / 신상품이 너무 인기라, 물건을 들여놓

자마자 금세 동이 난다. 참 **날개(가) 돋치다[1], 불티(가) 나다**

레퍼토리(가) 딸리다 할 말이나 노래가 없다. ▷ 비속어 ¶ 이젠 레퍼토리가 딸리나 봐요. 그 말 많던 사람이 오늘따라 조용히 남의 말만 듣고 있으니 말이에요. / 레퍼토리가 딸려서 부를 만한 노래가 없어요. 다른 사람이 먼저 부르세요. ※ 레퍼토리(repertory): 상연 목록. 연주곡목.

무대에서 사라지다 활동을 하지 않게 되다. ¶ 초원을 주름잡던 유목 민족들은 이제 역사의 무대에서 사라졌다. / 신정부 개혁 대상에 든 공직자들은 하나둘 중앙 무대에서 사라졌다.

밑천이 드러나다[2] ⇒ 밑천(이) 떨어지다 ¶ 웬만큼 돈이 많지 않은 이상 몇 시간 도박을 즐기다 보면 밑천이 드러나기 마련이다. / 연애를 시작한 지 한 달 만에 내가 알고 있는 우스갯소리는 밑천이 드러나 버렸다.

밑천(이) 떨어지다 가지고 있던 것을 모두 내놓아 남은 것이 없다. ¶ 잠잠한 걸 보니 이야기 밑천이 떨어진 모양이야. / 노래방에서 밑천 떨어졌을 때 함께 부를 만한 노래가 뭐가 있지? / 사부는 정말로 밑천이 떨어진 듯 자신의 무공을 더 이상 가르쳐 주지 않았다.

바닥(을) 긁다[2] 조금도 남기지 않고 가져가다. ¶ 어선들이 바닥을 긁는 싹쓸이 조업을 하다 보니 금세 어장(漁場)이 황폐화되었다.

바닥(을) 내다 모두 써 없애다. 또는 다 먹어 없애다. ¶ 배가 고팠는지 아이들은 밥솥의 밥을 금방 바닥을 냈다. / 이런 추세라면 사람들은 곧 지구 상에 있는 석유를 바닥낼 것이다.

바닥(을) 보다[2] ⇒ 바닥(을) 내다 ¶ 그 많던 재산을 다 바닥을 보고 말았으니 고향에 간들 누가 반겨 주겠어. / 밥통의 바닥을 보고서야 아이들은 숟가락을 하나둘 놓기 시작했다.

바닥(이) 나다 다 소비되어 없어지다. ¶ 이야기가 다 바닥나서 더 이상 할 이야기가 없다. / 그는 가지고 있던 돈이 바닥이 났는지 초조한 얼굴이 되었다. / 밥이 금방 바닥이 나서 뒤에 있던 사람들은 굶을 수밖에 없었다.

바닥(이) 드러나다[2] ⇒ 바닥(이) 나다 ¶ 아무리 아껴 쓴다고 해도 천연자원이 한정된 이상 언젠가는 바닥이 드러날 것이다.

바닥(이) 보이다[2] ⇒ 바닥(이) 나다 ¶ 어찌나 아껴 쓰는지 일 년이 지났는데도 아직 바닥이 보이지 않았다. / 너무 맛있어서 바닥이 보일 때까지 자꾸 숟가락이 갔다.

불(을) 사르다 (부정적인 것을) 모두 없애 버리다. ¶ 그는 봉건 시대의 낡은 사상을 불사르고 새 시대에 맞는 사상을 세우고자 했다.

빈 손으로 아무것도 없이. ¶ 빈손으로 시작했는데 이렇게 집 한 채라도 장만하니 뿌듯하기만 하다. / 큰맘 먹고 무단 상경했는데, 빈손으로 내려갈 순 없잖아.

빈손(을) 털다 ① 헛일이 되어 아무런 소득이 없다. ¶ 사업이 망하여 빈손 털고 말았다. / 빈손을 털고 나면 세상이 새롭게 보인다. 노력해도 안 되는 일이 있다는 새로운 진리를 보게 되는 것이다. ② 가지고 있던 것을 몽땅 내다. ¶ 노름판에서 빈손 털고 나섰다. / 한 영감은 빈손을 털고 나서도 개평이라도 얻을까 해서 판이 끝나도록 기다렸다.

뽕(을) 빼다 다 없애거나 남김없이 쓰다. ▷ 비속어 ¶ 우리 프로그램에서는 하루에 하나의 이슈를 뽕빼는 방식으로 뉴스 해설을 합니다. / 나는 옷 하나 사면 사시사철 그 옷만 입고 다니면서 뽕을 빼지요.

뽕(이) 빠지다[2] 가지고 있던 것이 다 없어지다. ▷ 비속어 ¶ 이제 그만 물어보세요. 이러다 제 짧은 밑천이 뽕빠지겠어요. / 노름판에 죽치고 앉아 뽕이 빠질 때까지 화투를 쳤다. / 누에쳐 봤자 왜놈들 변덕에 꼬치 값이 있나, 조합에서 단돈 한 푼 보태 주는 게 있나, 네미 뽕 따다가 뽕빠지게 생겼으니. (이문구, 우리 동네 황씨) 참 **뽕[봉](이) 나다**

뿌리(가) 빠지다 ⇒ **뿌리(가) 뽑히다** ¶ 혼인 한 번 치르고 나면 집안의 뿌리가 빠진다. / 경찰과 학교 당국의 노력으로 학교 주위에서 기생하던 불량배들의 뿌리가 빠졌다.

뿌리(가) 뽑히다 완전히 없어지다. ¶ 낡은 사상이 뿌리 뽑히려면, 최소한 한 세대는 흘러야 한다. / 마약 거래를 일삼던 조직폭력배들은 사실상 뿌리가 뽑힌 상태다.

뿌리(를) 뽑다 완전히 없애다. ¶ 가축 전염병을 뿌리 뽑더라도 축산물에 대한 공포를 쉽게 없애진 못할 것이다. / 그들은 제국을 무너뜨리고 왕조의 뿌리를 뽑았다. / 뇌물 수수라는 게 워낙 은밀하게 이루어지는 것이라 금방 뿌리를 뽑는 것은 불가능하다.

뿌리를 자르다 ⇒ **뿌리(를) 뽑다** ¶ 그런 악습은 보다 빨리 뿌리를 잘라 버리는 것이 좋을 것이다. / 모든 폭력은 어떠한 일이 있어도 이 땅 위에서 뿌리를 자르겠다. 참 **싹을 자르다**

뿌리째 뽑다 ⇒ **뿌리(를) 뽑다** ¶ 부패 세력을 뿌리째 뽑자면 대통령이 특단의 결정을 내려야 한다. / 현행 교육의 모순들을 뿌리째 뽑지 않는 한 치맛바람을 비난만 할 수는 없지요.

뿌리째 뽑히다 ⇒ **뿌리(가) 뽑히다** ¶ 이순신은 일본의 침략으로 뿌리째 뽑혀 쓰러지려는 조선왕조를 구했다.

손(을) 털다[1] 가지고 있던 것을 다 잃어 남은 것이 없게 되다. ¶ 상갓집에 갔다가 노름판에서 두 손 털고 나섰다. / 손을 털어야만 집에 갈 거야? 한번 판을 벌이면 끝낼 줄을 몰라. / 지독한 가뭄으로 농민들은 논밭에서 깨끗이 손 털고 나앉았다.

싹 쓸다 모조리 가져가다. 주로 '싹쓸이하다'와 같이 쓰인다. ¶ 토벌 작전이라는 게 잔존하는 세력을 싹쓸이하자는 것 아닌가. / 외국 기업 하나가 들어와 우리 돈을 싹 쓸었다.

싹도 없다 아무것도 남아 있지 않다. ¶ 이런 일을 겪고 나면 이전에 가졌던 동정심은 싹도 없어지는 거지. / 조금은 남았으리라고 생각했는데, 아이들이 싹도 없이 다 먹어 버렸다. ※ 싹: 씨앗에서 처음으로 터져 나오는 어린잎이나 줄기. 참 **싹을 자르다**

씨가 마르다 아무것도 남아 있지 않다. ¶ 밀렵꾼들 때문에 야생 동물의 씨가 말랐다. / 현재의 외환 시장은 달러가 씨가 마른 상태입니다. / 요새는 사람들이 위험하고 힘든 일을 피하는 통에 막노동꾼 씨가 말랐다.

씨가 지다 ⇒ 씨가 마르다 ¶ 세상에 여자가 씨가 졌소? 그런 여자와 결혼하게. / 여기 남자는 씨가 졌습니까? 왜 이런 일에 나서는 사람이 없지요?

씨도 없다 ⇒ 싹도 없다 ¶ 그 많던 감자를 씨도 없이 다 가져가니? / 그 흔하던 종이가 이젠 씨도 없어졌다.

씨(를) 말리다 아무것도 남지 않게 처치하다. ¶ 부정 공직자의 씨를 말려야 한다. / 민족 간의 전쟁은 자칫하면 상대의 씨를 말리려는 살육전이 될 수도 있다.

씨를 없애다 ⇒ 씨(를) 말리다 ¶ 일본 경찰은 이번 기회에 저항 세력의 씨를 없애려 하는 것 같다.

주머니(를) 털다[1] 가지고 있는 돈을 다 내놓다. ¶ 네가 대학만 합격하면 내 주머니를 털어서라도 가르칠 테니까 시험이나 잘 볼 생각을 해라. / 우리는 주머니를 다 털고도 모자라서 입고 있던 옷까지 벗어 놓고서야 술집을 나올 수 있었다.

호주머니를 털다 ⇒ 주머니(를) 털다[1] ¶ 우리는 표지 디자인을 결정하고 호주머니를 털어 인쇄를 맡겼다. / 그들은 그럴듯한 말로 여러분의 호주머니를 털어 갈 것입니다.

정신 상태(精神狀態)

【정신(精神)없음, 얼떨떨함】

나사(가) 빠지다 정신이 해이해지다. ¶ 원, 나사 빠진 놈 같으니라고. 그것 하나도 제대로 못 하다니. / 요즘 젊은 사람들 나사가 빠져서 큰일이에요. 근무 시간에 잠을 자지를 않나. ※ 나사(螺絲): '나사못'의 준말. 반 **나사(를) 조이다[죄다]** [2]

나사(가) 풀리다 ⇒ **나사(가) 빠지다** ¶ 군대란 한가하게 놔두면 나사가 풀리는 법이다. / 한동안 아무 말도 않고 놔두었더니, 나사가 풀어질 대로 풀어졌어. 요즘 들어 여기저기서 사고가 계속 터지잖아.

넋(을) 놓다 (어떤 일이나 대상에 집중하여) 다른 생각을 못 하거나 아무 생각 없이 있다. ¶ 그는 넋을 놓고 하염없이 창밖을 내다보았다. / 정신 차려! 그렇게 넋 놓고 있다가는 코를 베어 가도 모르겠다.

넋(을) 빼다 ⇒ **넋(을) 놓다** ¶ 남자 사원들은 모두 넋을 빼고 그 여자를 쳐다보았다. / 넋을 빼고 텔레비전을 보다가 밥을 태워 버렸다.

넋(을) 잃다 ① (어떤 일이나 대상에 집중하여) 다른 생각을 못 하거나 아무 생각 없이 있다. ¶ 나는 넋을 잃고 그의 연설을 들었다. ② 제정신을 잃다. ¶ 아들 소식을 애타게 기다리는 동안 방송에서 흘러나온 절망적인 속보에 어머니는 넋을 잃었다.

넋(이) 나가다 ① 어떤 일이나 대상에 집중하여 다른 생각을 못 하거나 아무 생각이 없이 있다. ¶ 그녀의 원피스 자태에 모든 남자들이 넋이 나갔다. / 이건 위험한 훈련이다. 넋 나간 녀석들은 죽을 수도 있으니 정신 똑바로 차려라. ② (혼란스러운 상황에서) 정신을 차릴 수 없게 되다. ¶ 상담원은 고객들의 빗발치는 항의 전화를 받느라 완전히 넋이 나갔다.

넋(이) 빠지다 ① ⇒ **넋(이) 나가다** ① ¶ 아이들은 할아버지 이야기에 넋이 빠져 엄마가 부르는 소리를 듣지 못했다. ② ⇒ **넋(이) 나가다** ② ¶ 그는 아내를 떠밀어 내고 넋이 빠진 것처럼 주인집을 향해 휘적휘적 걸어 올라갔다.

눈동자가 풀리다 ⇒ **눈이 풀리다** ¶ 남편이 죽었다는 소식에 충격을 받은 여자의 눈동자가 풀려 있었다. / 눈동자까지 게게 풀린 것이 막걸리 사발이나 좋이 들이켠 모양이다. (심훈, 상록수) * 게게: 눈이나 몸에 기운이 없어 축 늘어진 모양.

눈만 깜박[끔벅, 껌벅]거리다 아무 생각 없이 있다. 또는 잘 몰라서 어리둥절해하다. ¶ 할 일이 없어 모두 눈만 깜박거리고 있어요. / 학생의 절반 이상이 눈만 껌벅거려 진도를 나갈 수 없다. / 한참을 설명했는데도 눈만 끔벅거리는 사람들을 보니 가슴이 답답했다.

눈만 깜박[끔벅, 껌벅]이다 ⇒ **눈만 깜박[끔벅, 껌벅]거리다** ¶ 선생님은 침을 튀기며 열심히 이야기하고 있는데, 그 학생은 그저 눈만 깜박이고 있었다. / 어제 만난 그 남자는 너무 둔하더라고. 걷고 싶다 말하니까 두 눈만 끔벅이더라니까.

눈이 풀리다 정신이 나가 판단력이 거의 없어지다. ¶ 눈이 풀려 헛소리하는 그녀가 무서웠다. / 그는 술이 약한지 맥주 두 병에 눈이 풀렸다.

눈이 흐릿하다 총기가 없고 정신이 나간 듯하다. ¶ 그는 피해자라기에는 너무 담담했고 가해자라기에는 사람들을 바라보는 눈이 흐릿했다.

더위(가) 들다 ⇒ **더위(를) 먹다** ¶ 옛날부터 우리 조상들은 여름에 더위가 들면 으레 익모초의 잎과 줄기로 즙을 내어 마셨다.

더위(를) 먹다 (더위에 지쳐서 병이 난 것처럼) 정신을 차리지 못하다. ¶ 너, 더위를 먹었니? 왜 이렇게 힘이 없어? / 김 대리는 이번 승진에서 탈락하고 나더니, 회사가 더위 먹었냐고 불만을 달고 다닌다. 참 **약(을) 먹다**

머리가 어지럽다 (자신에게 주어지는 칭찬이나 행복을) 감당하기 힘들다. ¶ 행복감에 머리가 어지러워지며 나는 행복 깊은 곳에서 일말의 불안을 느꼈다. 참 **비행기(를) 태우다**

머릿속이 비다 [2] 일시적으로 멍한 상태가 되다. ¶ 총성이 울리는 순간 내 머릿속이 텅 비었다.

세상(을) 모르다 [2] 의식하지 못하다. 주로 '세상을 모르고 자다'와 같이 쓰인다. ¶ 술에 취해 늦게 귀가한 날에 세상모르고 자고 있는 딸아이의 얼굴을 바라보고 있으면 가슴이 뭉클해진다.

어안이 벙벙하다 뜻밖의 일을 당하여 어리둥절하다. ¶ 연이도 어안이 벙벙했는지 말을 잇지 못하고 있었다. / 그가 경찰이 되었다는 소식을 듣고는 모두가 뜻밖이란 얼굴로 잠시 어안이 벙벙했었다. ※ 어안: 어이없어 말을 못 하고 있는 혀 안.

얼(을) 먹다 어리둥절하다. ¶ 그는 얼을 먹어 말을 제대로 하지 못했다. / 갑자기 사람들이 친절하게 대하자 그는 얼을 먹었다.

얼(이) 빠지다 ① ⇒ **넋(이) 나가다** ① ¶ 그는 예쁜 여자를 보더니 얼이 빠져 내가 부르는 소리도 듣지 못했다. ② ⇒ **넋(이) 나가다** ② ¶ 주위의 환호성에 얼이 빠져 맥주를 들이켰는데 그 후로 얼마나 마셨는지 기억이 안 나.

업어 가도 모르다 정신이 없다. ¶ 어찌나 깊이 잠이 들었는지 업어 가도 모르겠다. / 업어 가도 모를 만큼 일에 푹 빠져 있다.

정신을 뽑다 얼떨떨하게 만들다. ¶ 놀라운 자연의 신비와 경이로움이 정신을 뽑아 온몸이 그저 위대한 자연 앞에 허탈해졌다. / 그대가 도박에 손을 대는 순간 도박은 당신의 정신을 뽑아 간다.

주체 어지럽다 처치하기 어려울 만큼 짐스러워 정신이 어수선하다. ¶ 여기저기 흩어져 있는 옷들 때문에 집에 들어가서도 주체 어지럽기만 했다.

주체(를) 못하다 짐스럽고 귀찮아 감당할 수 없다. ¶ 일이 어찌나 많은지 주체를 못할 지경이다.

하늘이 돌다 정신이 없다. ¶ 처음 먹어 보는 술이라 그런지 하늘이 빙빙 돈다. 참 **눈알(이) 돌다**

혼(을) 빼다[뽑다][2] 얼떨떨하게 만들다. 또는 정신을 차릴 수 없을 만큼 현란하고 치열하다. ¶ 밴드는 드럼 소리로 관객의 혼을 뽑아 놓고 콘서트를 시작한다. / 후보 자리를 놓고 벌이는 공천 싸움이 본선보다 더 혼 빼는 경우가 많다. / 이 정도 공격이면 그놈 혼을 뺄 수 있을 거야.

혼(이) 빠지다 ① ⇒ **넋(이) 나가다** ① ¶ 그는 미모의 치과 의사에게 혼이 빠졌다. ② ⇒ **넋(이) 나가다** ② ¶ 초나라의 공격에 혼이 빠진 조조는 산발이 되어 말에 올라탔다.

혼쭐이 빠지다 ① ⇒ **넋(이) 나가다** ② ¶ 나는 밀려드는 주문에 혼쭐이 빠져 있었다. / 그는 당의 진로를 놓고 벌이는 좌충우돌 싸움에 혼쭐이 빠졌다. ② (호된 시련으로) 고통을 겪게 되다. ¶ 시험 성적표가 나온 날 나는 아버지에게 혼쭐이 빠지게 꾸중을 들었다.

【정신(精神) 차림】

나사를 조이다[죄다][2] ① 해이해진 마음을 가다듬어 정신을 차리다. ¶ 고3이 되었으니 이제 나사를 죄고 공부를 해야 할 거야. ② 해이해진 마음을 가다듬게 하다. ¶ 처음에 학생들을 느슨하게 다루다가는 나중에 풀린 나사를 조이는 데 애를 먹을 수 있다. ※ 나사(螺絲): '나사못'의 준말. 반 **나사(가) 빠지다** 참 **고삐를 조이다[죄다]**

눈(을) 똑바로 뜨다[2] 정신을 차리다. ¶ 재판부는 눈 똑바로 뜨고 공정하게 재판에 임하기 바란다. / 급변하는 세상에서 낙오되지 않으려면 눈을 똑바로 뜨고 나라 안팎을 살펴야 한다.

눈을 크게 뜨다[1] 정신을 바짝 차리다. ¶ 수업 시간에는 눈을 크게 뜨고 선생님 말씀을 잘 들어야 한다.

【실성(失性)】

간이 뒤집히다[2] 미치다. ¶ 이년이 제정신이야? 필경 간이 뒤집힌 게지. 젖먹이를 버리고 서방질을 해? 화냥년 같으니라고. 참 **눈(이) 뒤집히다**

머리가 돌다 비정상적인 상태로 되다. 미치다. ¶ 머리가 돌아도 유분수지. 어디다 반말이야. / 그놈이 완전히 머리가 돌았구먼. 제 어미도 몰라보다니. 참 **머리가 (잘) 돌아가다**

출몰(出沒), 소요(騷擾)

【**등장**(登場), **부각**(浮刻), **주목**(注目)】≒【**노출**(露出)】【**관심**(關心), **무관심**(無關心)】

각광을 받다 관심과 주목의 대상이 되다. ¶ 우리의 상품이 세계 시장에서 각광을 받고 있다. / 키프로스는 찬란한 햇살, 수려한 경관, 지중해의 낙원으로 세계 여행객들로부터 각광을 받아 왔다. 〖기원〗 각광(脚光)은 무대의 전면 아래쪽에서 배우를 비추는 빛인데, 이 빛으로 관객들이 배우에게 더욱 집중할 수 있다는 점에 착안하여 만들어진 표현이다.

고개를 내밀다 (어떤 생각이나 일, 세력 따위가) 나타나거나 생겨나다. ¶ 사회 분위기가 좋아지자 그동안 숨어들었던 세력들이 하나둘 고개를 내밀기 시작했다. / 내 행동에 낯이 뜨거워졌지만 머리 한구석에서는 슬그머니 변명의 소리가 고개를 내밀었다.

고개(를) 들다[2] (눌렸던 생각이나 일, 세력 따위가) 다시 나타나다. ¶ 그를 만난 뒤 지난날의 아픈 추억이 고개를 들었다. / 증권가엔 다시 고개 든 '3월 위기설'로 긴장감이 고조되었다. / 장마에 주춤했던 무더위가 고개를 들면서 아이스크림 판매가 늘었다.

고개를 들먹이다 ⇒ **고개(를) 들다**[2] ¶ 시대적인 상황 때문에 꺼낼 수 없었던 이야기가 시대가 바뀌며 다시 고개를 들먹이기 시작했다. / 일 년이 지난 지금 당시 미처 생각지 못했던 의문들이 고개를 들먹이고 있다. 참 **어깨를 들먹이다**

고개를 쳐들다 ⇒ **고개(를) 들다**[2] ¶ 선거전이 종반으로 치닫자 지역주의가 고개를 쳐들었다. / 집권 말기에는 어김없이 세대 교체론이 고개를 쳐들기 마련이다.

곪아 터지다 잘못된 것이 드러나다. ¶ 이번 사건은 그동안 쌓여 왔던 내부 갈등이 곪아 터진 결과다. / 이 사회의 곪아 터진 부분을 발가벗기려면 큰 용기가 필요하지요.

눈앞에 나타나다 현실로 드러나다. ¶ 걱정하고 있었던 일이 드디어 눈앞에 나타났다. / 자본주의 경제권의 위기 징조는 지금 세계의 여러 곳에서 눈앞에 나타나고 있다. 참 **발등에 (불이) 떨어지다**

눈앞에 닥치다 현실로 드러나다. ¶ 눈앞에 닥친 일부터 하나씩 해결해 나가야지. / 비상 시 대처 요령을 알고 있었어도 막상 눈앞에 닥치면 당황하기 쉽다.

눈에 띄다[1] 현저하다. ¶ 올해 들어 우리 집에 찾아오는 사람이 눈에 띄게 줄었다. / 아이의 성장이 눈에 띄게 더디다면 병원에 가 보는 것이 좋다.

눈표(가) 나다 ① ⇒ **표(가) 나다** ① ¶ 물건을 쓰고 나면 눈표 나는 곳에 두어야 나중에 쉽게 찾지. ② ⇒ **표(가) 나다** ② ¶ 아무리 잘하려고 노력해도 눈표가 나지 않아 마음이 상했다. / 집안 살림이란 게 아무리 해도 눈표가 나지 않아 그렇지, 정말 힘든 직업이 바로 주부라는 직업이라고요. ※ 눈표(-標): 눈에 얼른 뜨이도록 한 표(標).

똬리[또아리]를 틀다 자리를 차지하고 도사리다. 규범 표기는 '똬리'지만 '또아리'로 많이 쓰인다. ¶ 차별화된 정책 승부가 사라진 선거판엔 어김없이 네거티브 공방이 똬리를 틀었다. / 내 머릿속에는 '공부해야 한다'는 생각과 '죽도록 놀고 싶다'는 생각이 양 겹의 또아리를 틀고 있었다. ※ 똬리: 짐을 머리에 일 때에 머리 위에 얹어서 짐을 괴는 고리 모양의 물건. 짚이나 헝겊 같은 것을 둥글게 틀어서 만듦.

머리(를) 내밀다 ⇒ **얼굴(을) 내밀다** ¶ 어딜 갔다 이제야 머리를 내미니? 얼마나 기다렸다고. / 그는 열 시가 넘어서야 사무실에 머리를 내밀더니, 하루 종일 시무룩하게 앉아만 있었다.

머리(를) 들다 ⇒ **고개(를) 들다**[2] ¶ 한동안 사라졌던 퇴폐풍조가 머리를 들기 시작한다. / 일본이 우경화되면서 군국주의라는 전근대적인 생각이 머리를 들기 시작한다. / 그 폭력배들이 다시는 머리 들지 못하게 철저히 소탕하시오.

빛(을) 보다 널리 알려지며 주목받게 되다. ¶ 새 정부가 들어서면서 그 사람의 업적이 빛을 보게 되었다. / 그가 죽고 30년의 세월이 지나서야 비로소 그의 작품이 빛을 보게 되었다.

수면 위로 떠오르다 (어떤 의도나 양상이) 드러나다. ¶ 아직까지는 후계자 논의가 수면 위로 떠오르지는 않았다. / 라오스를 점령했던 일본이 패망하자 지하에서 활동하던 라오스인들의 독립 움직임이 수면 위로 떠올랐다.

얼굴(을) 내놓다 ⇒ **얼굴(을) 내밀다** ¶ 이렇게 바쁜 때는 동창회에 얼굴을 내놓는 일도 보통 일은 아닐 듯싶다.

얼굴(을) 내밀다 모습을 보이다. 출석하다. ¶ 동창회에는 얼굴만 내밀고, 그리 바로 갈게요. / 그는 시위가 있을 때마다 단골로 얼굴을 내밀었다. / 이번 사건으로 비밀 정보원이 언론에 얼굴 내미는 사상 초유의 일이 일어났다.

얼굴(을) 디밀다 ⇒ **얼굴(을) 내밀다** ¶ 아이의 엄마는 일주일에 한 번만 얼굴을 디밀었다. / 기껏해야 생일날이나 명절날 얼굴 한 번 디미는 게 전부면서 효자인 척하기는. / 그는 프로 무대에도 겨우 얼굴을 디밀었기 때문에 당시에는 주목하는 사람이 아무도 없었다.

표(가) 나다 ① (사람이나 물건이) 눈에 특별히 잘 띄다. ¶ 거실에 두면 표 나는 장식품을 사야겠는데 뭘 사는 게 좋을까? / 성장할수록 다른 어린 꿀벌들에 비해 덩치가 크고 날개 모양이 다른 게 뚜렷하게 표가 났다. ② (어떤 행동이나 모습, 일의 성과 따위가) 특별히 드러나다. ¶ 회사에 들어가면 표 나는 행동은 하지 말고 윗분들 말씀 잘 들어라. / 일을 했는데도 표가 나지 않으니 답답한 노릇이다.

햇빛을 보다 세상에 나오다. ¶ 서고에 묻혀 있던 귀중한 자료가 30년 만에 햇빛을 보게 되었다. / 민주화가 되면서 그의 작품도 비로소 햇빛을 보게 되었다.

【잠적(潛跡), 은둔(隱遁), 알려지지 않음】≒【은밀(隱密), 슬그머니】

그늘에 가리다 다른 사람에게 치여 드러나지 않다. 주로 '누구의 그늘에 가리다'와 같이 쓰인다. ¶ 그는 형의 그늘에 가려 평생 기 한번 제대로 펴지 못했다.

그늘에 묻히다 ⇒ **그늘에 가리다** ¶ 그는 퇴계의 그늘에 묻혀 주목받지 못했지만 당대의 큰선비였다.

꼬리를 감추다² 사라지다. ¶ 선생님이 나타나자 말썽꾸러기들은 곧바로 꼬리를 감추었다. / 어느새 10월도 꼬리를 감추고 11월을 맞이하게 되었습니다. / 말썽 많던 주문 식단제가 슬그머니 꼬리를 감추는가 싶더니 이번에는 다른 제도를 시행한다고 한다.

꼬리를 숨기다² ⇒ **꼬리를 감추다²** ¶ 특별 단속 기간이 되자 활개를 치던 폭력배들이 꼬리를 숨겼다. / 처음에는 추리물의 분위기를 내더니, 이게 영화 중반부터는 꼬리를 숨기기 시작하더라.

낮잠(을) 자다² (물건 따위가) 제대로 쓰이지 않고 방치되다. ¶ 실험실에서 낮잠 자는 비싼 실험 기재들이 한두 가지가 아니다. / 그 많은 자료가 먼지가 쌓인 채로 서고에서 낮잠을 자고 있다.

눈(을) 피하다 숨다. ¶ 사람들의 눈을 피한다고 해서 잊히는 게 아니라고 생각해. / 일부러 사람 눈을 피하면 오해만 더 생기니까 아예 모든 것을 다 털어놓는 것이 어떻습니까?

베일에 가려지다[감추어지다] 알려지지 않다. ¶ 그 여자의 사생활은 완전히 베일에 가려져 있었다. / 장영실은 실록에도 여러 번 등장할 정도의 역사적 인물이지만, 정작 그의 삶은 베일에 가려진 부분이 많다. / 베일에 감춰진 그의 사생활은 많은 사람의 호기심을 자극했다. / 그의 방문은 비공식 방문이어서 방문 일자와 행선지 등은 베일에 감춰졌다. ※ 베일(veil): 여자들이 얼굴을 가리거나 장식하기 위하여 쓰는 얇은 망사. 참 **베일을 벗다**

베일에 싸이다 ⇒ **베일에 가려지다[감추어지다]** ¶ 그의 자산 중 일부인 저작권 수입은 베일에 싸여 있다. / 그는 은밀하고 베일에 싸인 곳을 여행하는 걸 즐긴다.

빛에 가리다 가치를 인정받지 못하다. 주로 '누구의 빛에 가리다'와 같이 쓰인다. ¶ 그는 그동안 선배들의 빛에 가려 후보 선수로 전전했다. / 이번 시험에서 성적이 좋게 나왔지만, 전교 일등을 한 짝꿍의 빛에 가렸다.

세상을 등지다[1] 은둔하다. ¶ 세상을 등진 채 고독하게 살아가는 예술가를 만나면 신비한 느낌이 든다. 참 **등(을) 지다**[1]

수면 아래로 가라앉다 (어떤 의도나 모습을) 감추다. ¶ 많은 사람의 반발에 개헌 논의는 다시 수면 아래로 가라앉은 것으로 보인다.

안개 속에 묻히다 알려지지 않거나 밝혀지지 않다. ¶ 안개 속에 묻힌 비밀. / 어떻게 그 두 사람이 만났는지는 아직까지 안개 속에 묻혀 있다.

잠(을) 자다 (물건이나 재능 따위가) 방치되거나 계발되지 않다. ¶ 책들이 먼지를 뒤집어쓴 채 서가에서 잠을 자고 있다. / 열심히 연습한다면 잠자고 있는 재능이 빛을 발할 날이 올 거야.

장막에 가려지다[감추어지다] ⇒ **베일에 가려지다[감추어지다]** ¶ 이번 인사이동이 어떻게 이루어질지는 여전히 장막에 가려져 있다. / 이 프로에서는 그간 장막에 감춰져 온 그의 출생과 성장 과정을 보여 주었다. ※ 장막(帳幕): 한데에서 볕 또는 비바람을 피할 수 있도록 둘러치는 막.

장막에 싸이다 ⇒ **베일에 가려지다[감추어지다]** ¶ 그 사건의 배후는 아직도 장막에 싸여 있다. / 스웨덴 기자 아손은 조선을 두루 여행하며 장막에 싸였던 조선인의 생활상을 기록했다.

지하로 들어가다 ⇒ **지하로[에] 숨다** ¶ 반정부 조직은 지하로 들어가 활동할 수밖에 없다.

지하로[에] 숨다 잠적하거나 음성화되다. ¶ 조직폭력배들이 지하로 숨어들었다. / 사채 시장이 어느 정도 양성화되었기 때문에 다시 지하로 숨어들 가능성은 희박하지요.

지하에 묻히다 밝혀지지 않다. ¶ 내부 고발이 없었더라면, 이런 권력형 범죄는 완전 범죄로 지하에 묻혔을 것이다.

코끝도 못 보다 ⇒ **코빼기도 못 보다** ¶ 철수를 지난 나흘 동안 코끝도 못 봤다.

코빼기도 못 보다 나타나지 않아 만나지 못하다. ¶ 그 사람 그때 왔다 간 후로 코빼기도 못 봤어. / 아이들이 저희 방으로 들어가면 다음 날 아침까지 코빼기도 볼 수 없었다.

코빼기도 안 보이다[비치다] 모습을 나타내지 않다. ¶ 내 후견인을 자처하던 사람들이 정작 내가 어려울 때는 코빼기도 안 보였다. / 책임자라는 사람은 코빼기도 안 비쳤다.

【적발(摘發), 발각(發覺), 추적(追跡)】

거미줄(을) 늘이다 ⇒ **거미줄(을) 치다** ¶ 거미줄을 늘여 놓았으나 범인을 검거할 수 있을지는 확신할 수 없다. / 교도소 탈주범을 잡기 위해 경찰은 전국 각지에 거미줄을 늘여 놓았으나 아직까지 아무런 성과를 거두지 못하고 있다.

거미줄(을) 치다 범인을 잡기 위하여 곳곳에 비상선을 널리 펴 놓다. ¶ 전국 각지에 거미줄을 쳤지만 아직까지 범인의 흔적을 찾을 수 없었다.

건수(가) 잡히다 잘못이 적발되다. ¶ 호랑이 같은 생활 지도 선생님에게 건수 한번 잡히면 일주일은 고생해야 한다. / 건수가 잡힐 만한 일은 아예 처음부터 피하는 게 상책이야. ※ 건수(件數): 사건이나 물건의 가짓수. 참 **건수(를) 잡다**

꼬리가[를] 밟히다 (저지른 일의 단서가) 드러나다. ¶ 범인은 카드 전표에 사용한 서명 때문에 꼬리가 밟혔다. / 꼬리를 밟히기 전에 일을 정리하는 것이 좋을 것 같아요. 참 **꼬리(를) 자르다**

꼬리가 잡히다 ⇒ 꼬리가[를] 밟히다 ¶ 평범한 시민으로 신분을 속이고 살아온 나치 전범이 자신이 출간한 회고록 때문에 꼬리가 잡혔다. / 만약 경찰에 꼬리가 잡히면 내가 모든 죄를 뒤집어쓰고 감옥에 가겠어.

꼬리를 남기다 흔적을 남기다. ¶ 강 형사님, 범인은 치밀하군요. 전혀 꼬리를 남기지 않았습니다. / 이 블로그에 들어오신 분들은 부담 갖지 말고 게시판에 꼬리를 남기세요.

꼬리를 밟다 미행하다. ¶ 계속 꼬리를 밟는 사람이 있다는 것을 한참 뒤에야 알게 되었다. 나를 미행하는 이유는? 나는 갑자기 의문에 휩싸이게 되었다.

꼬리를 (붙)잡다 단서나 흔적 등을 찾아내다. ¶ 탈주범의 꼬리를 잡았다고 왜 아무도 내게 보고하지 않았나? / 드디어 꼬리를 붙잡았다. 네 목숨은 이젠 내 손 안에 있다. 참 **말꼬리(를) 잡다**

꿩 구워 먹은 자리 흔적이 전혀 없음. ¶ 대통령이 약속했던 국정 조사도 선거가 끝난 후에는 꿩 구워 먹은 자리가 되어 버렸다. / 제천 장판을 몇 번이나 뒤졌겠나. 허나 처녀의 꼴은 꿩 궈 먹은 자리야. 첫날밤이 마지막 밤이었지. (이효석, 메밀꽃 필 무렵) 참 **꿩 구워 먹은 소식이다**

눈에 띄다² 발견되다. 또는 발각되다. ¶ 적군의 눈에 띄어서는 안 된다. / 누구의 눈에도 띄지 않을 곳에 가서 내 하고 싶은 것 마음대로 하면서 살고 싶다.

덜미(가, 를) 잡히다² 잘못이 발각되어 꼼짝 못하다. ¶ 범행을 부인하던 그는 현장에 떨어진 머리카락 한 올에 덜미를 잡혔다.

덜미를 누르다 약점을 잡아 벗어나지 못하게 하다. ¶ 일단 덜미를 눌러 놓고 제 입으로 일을 맡는다고 할 때까지 기다리자. / 그 사람을 굴복시키려면 나와의 일을 상기시키며 슬그머니 덜미를 누를 필요가 있다.

덜미(를) 잡다² 잘못을 적발하여 꼼짝 못하게 하다. ¶ 신고를 받고 수개월 동안 수사한 끝에 김 씨의 덜미를 잡았다.

뒤가 드러나다 비밀로 하던 일이 알려지다. ¶ 뒤가 드러나지 않도록 보안에 각별히 신경 써라. / 그 사람 혼자 은밀히 추진했던 일인데 뒤가 드러나자 종적을 감추어 버렸다.

뒤를 밟다 (남의 행동을 캐기 위하여) 몰래 따라가다. ¶ 나도 그 사람이 의심스러워 뒤를 밟아

보았지만 아무런 혐의점도 발견하지 못했어.

뒤를 캐다 은밀히 뒷조사를 하다. ¶ 한 야당 정치인의 간첩 사건 관련 여부를 조사하기 위해 뒤를 캐 보았지만 뚜렷한 혐의점을 발견하지 못했다.

뒤집고 핥다 속속들이 자세히 알다. ¶ 인터넷 시대라 집에 앉아서도 남의 나라 속을 뒤집고 핥는다. / 내가 그 집안 사정은 뒤집고 핥듯이 잘 안다.

뒷구멍을 파다 남의 허물을 몰래 찾아내다. ¶ 남의 뒷구멍을 파서 자기 목적을 달성하는 것은 비열한 짓이다.

뒷다리(를) 잡다[1] 약점을 잡아 벗어나지 못하게 하다. ¶ 남의 뒷다리나 잡으려고 하는 네거티브 선거는 없어져야 해. / 그 여자가 뒷다리 잡아서 신세 망친 남자가 한두 명인가.

뒷다리(를) 잡히다[1] 약점을 잡혀 벗어나지 못하게 되다. ¶ 내게 뒷다리를 잡힌 이상 이 일에서 빠져나갈 수 없을 거야. / 여자한테 뒷다리 잡혀 신세 망치지 않으려면 술을 먼저 끊어야 해.

뒷덜미(가, 를) 잡히다[2] ⇒ **덜미(가, 를) 잡히다**[2] ¶ 금을 밀수하려던 조직이 세관에 뒷덜미를 잡혀 전원 구속되었다. / 박 씨는 공금을 개인적으로 유용하다 뒷덜미가 잡혔다.

뒷덜미(를) 잡다[2] ⇒ **덜미(를) 잡다**[2] ¶ 내가 실수라도 저지르면 벼르고 있던 자들은 기다렸다는 듯 뒷덜미를 잡아 나를 쫓아낼 것이다.

들통(이) 나다 들키다. 숨긴 일이 드러나다. ¶ 숨어 지내다가 들통이 날 만하면 다른 곳으로 옮겨 가는 생활이 반복되었다. / 누구한테 무슨 말을 했는지 기억해 두지 않으면 거짓말은 금세 들통 나기 마련이다. 〖기원〗 들통(-桶)은 큰 들손이 달리어 들게 된, 쇠붙이와 법랑으로 만든 그릇인데, 이 '들통'을 들어내면 그 자리에 있던 것이 드러난다는 데에서 이 표현이 유래한 것으로 본다.

뽕[봉](이) 나다 ⇒ **들통(이) 나다** ▷ 비속어 ¶ 거짓말이란 오래 못 간다. 뽕이 나서 뼈다귀도 못 추리기 전에 훨훨 벗어나는 게 상책이겠다. (김유정, 금 따는 콩밭) / 이런 좀도적이란 봉이 나기 전에는 바짝 물고 덤비는 법이었다. (김유정, 만무방) 참 **뽕(이) 빠지다**[1, 2]

이(를) 잡듯 샅샅이. 뒤져 찾는 모양을 이른다. ¶ 이 잡듯이 뒤졌어도 아무것도 나오지 않았다.

【소란(騷亂), 적막(寂寞), 침묵(沈默)】

들었다 놓다[1] 소리가 굉장히 힘 있고 요란하게 울리다. ¶ 학교 전체를 들었다 놓을 정도의 응원 소리가 울려 퍼졌다.

바람(이) 자다[2] 조용해지다. 들떴던 마음이 가라앉다. ¶ 내가 산에 들어갔다가 한 일 년쯤 지나서 바람이 자거든 다시 찾아올 것이다. / 하루도 바람 잘 날이 없었던 한 해였다.

숨소리(를) **죽이다**[2] ⇒ 숨(을) 죽이다[2] ¶ 나는 동생이 잠들어 있는 방으로 숨소리를 죽이고 들어갔다.

숨(을) **죽이다**[2] 아무 말도 하지 않다. ¶ 연주자를 바라보며 청중 모두가 숨을 죽이고 있었다.

(야단)**법석**(을) **떨다** 소란스럽게 굴다. ¶ 어머니 생일상을 차린다면서 딸 셋이서 야단법석을 떨었다. / 아이들이 새벽부터 법석을 떠는 바람에 완전히 잠을 설치고 말았죠. 〚기원〛 불교 용어로 법석(法席)은 설법(說法), 독경(讀經), 강경(講經), 법화(法話) 따위를 행하는 자리를 가리키는 말이다. 그런데 이 법석에서 괴이한 일의 실마리가 야기(惹起)되어 매우 소란한 형국이 되었다는 의미로 쓴 말이 '야단법석(惹端法席)'이다. 따라서 소란스럽게 구는 것을 가리키는 '야단법석을 떨다'의 '야단법석'은 이 '야단법석(惹端法席)'에서 유래한 말로 볼 수 있다. 이때 '야단법석'은 '법석'으로 줄여 말하기도 한다. 그런데 '야단법석을 떨다'의 '야단법석'이 '야외에 크게 펴는 법석'을 가리키는 말인 '야단법석(野壇法席)'에서 유래하였다고 보는 견해도 있다. 야외에 크게 펴는 법석은 사람이 많이 모여 시끌벅적할 수밖에 없다는 데에서 '야단법석(野壇法席)'이 소란스러운 상태를 뜻하게 되었다고 보는 것이다. 참고로 《표준국어대사전》에서는 '야단법석'의 어원을 '야단법석(惹端-)'으로, '법석'의 어원은 '법석(法席)'으로 밝히고 있다.

(야단)**법석**(을) **부리다**[피우다] ⇒ (야단)법석(을) 떨다 ¶ 문이 열리자 주변에 있던 사람들이 일제히 몰려들어 먼저 들어가겠다고 야단법석을 부렸다. / 그는 자신이 한 일에 사람들이 왜 그리 법석을 피우는지 이해할 수가 없었다.

(야단)**법석**(을) **치다** ⇒ (야단)법석(을) 떨다 ¶ 그들은 시장을 개방하면 우리나라 기업이 다 망할 거라고 야단법석을 쳤다. / 술 먹고 들어온 남편 때문에 법석을 치고 나니 다시 잠이 오지 않았다.

잠(이) **들다**[1] 활동하지 않다. ¶ 그의 한마디가 잠들었던 민족의식을 일깨웠다. / 어느덧 바람은 잠이 들고 골짜기는 괴괴한 어둠 속에 잠겼다. 참 **잠에서 깨어나다**

쥐 죽은 듯하다[2] 조용하다. ¶ 이른 새벽에 대충 짐을 싸 메고 그는 쥐 죽은 듯한 집을 나왔다. / 우렁차게 울려 퍼지던 승리의 함성은 9회 말 홈런 한 방에 쥐 죽은 듯한 침묵으로 바뀌었다.

지방 방송 주변에서 시끄럽게 떠드는 소리. ¶ 지방방송은 이만 끄고 집중하세요.

호떡집에 불나다 소란스럽다. ¶ 호떡집에 불난 부서는 본관 2층에 자리 잡은 상황실이다. / 선거를 앞두고 정치권은 이미 오래전부터 호떡집에 불난 듯합니다.

성패(成敗), 보람

【성공(成功), 성과(成果)】

개가를 올리다 성과를 얻다. ¶ 생명 공학 분야에서 개가를 올린 덕분에 회사가 살 수 있었다. / 서희는 협상을 통해 압록강 유역의 땅을 고려 땅으로 인정받는 개가를 올렸다. ※ 개가(凱歌): 개선(凱旋)할 때 부르는 노래. 승리를 축하하는 노래. 개선가의 준말.

건수(를) 올리다 ⇒ 건수(를) 잡다 ¶ 건수 하나 올린다는 생각으로 단속에 나서지 말고 사고를 예방한다는 자세로 단속에 임해 주세요. / 될성부른 시장 몇 곳의 급소만 찍으면 큰 건수를 올릴 수 있다.

건수(를) 잡다 성과를 얻다. 잘못을 적발하는 성과를 뜻할 때도 쓴다. ¶ 창호는 한동안 실적이 없어서 풀이 죽어 있더니, 이젠 건수 하나 잡았다고 기가 살아 있다. / 대통령의 말실수 하나에 건수를 잡았다는 듯이 들고일어나는 야당의 모습이 한심하기만 했다. / 몰래 술을 마시다가 건수 잡을 만한 것을 찾고 다니던 내무반장에게 걸리고 말았다. ※ 건수(件數): 사건이나 물건의 가짓수. 참 **건수(가) 잡히다, 트집(을) 잡다**

대박을 터트리다 크게 성공하다. 주로 투자나 흥행에서 크게 성공한 것을 표현하는 말. ¶ 종전의 자전거에 대한 생각을 완전히 깬 제품을 개발했지만 대박은커녕 소박도 못 터트렸다. / 흥행업이란 게 성공하면 대박을 터트리지만 실패하면 도산하기 쉬운 것이다. 『기원』 이 표현에 사용된 대박의 의미는 두 가지로 추정되는데, 첫째는 이 표현이 주로 노름판에서 쓰인다는 데 주목하여 그 기원을 대박(大博)으로 보는 설, 둘째는 이 표현을 흥부가 박을 타다가 크게 횡재를 했다는 옛이야기에서 나온 말로 봐서 대박이 큰 박을 뜻한다고 보는 설이 있다.

대박이 나다 크게 성공하다. ¶ 그는 대박이 나기만을 기다리며, 늘 운이 따라 주지 않는다고 불평만 한다. / 그는 연극에 빠져 배우 생활을 하다가 조그맣게 시작한 피자집이 대박이 나 '잘나가는 사장님'으로 십 년을 살았다. 참 **노(가) 나다**

대박(이) **터지다** ⇒ **대박이 나다** ¶ 복권에서 대박 터진 사람이 부럽니? 쉽게 들어온 돈은 사람을 망칠 수도 있어. / 나도 언젠가는 대박이 터져 지긋지긋한 가난의 굴레에서 벗어날 수 있을 거야. / 아이디어 하나를 낸다고 바로 상품화가 되고 대박이 터져 갑부가 되는 것이 아닙니다.

대어를 건지다 ⇒ **대어를 낚다** ¶ 프로팀 관계자들은 고등학교를 졸업한 선수들 중 대어를 건지기 위해 혈안이 되어 있다.

대어를 낚다 큰일을 성취하거나 큰 인물이나 이득을 얻다. ¶ 그 정도 대어를 낚으려면 십 년은 공을 들여야겠지. / 학습 만화를 선점한 출판사가 엄청난 가능성이 잠재되어 있는 만화 시장에서 가장 먼저 대어를 낚을 것이다. ※ 대어(大魚): 큰 물고기.

샴페인을 터뜨리다 성공을 축하하다. ¶ 우리가 너무 일찍 샴페인을 터뜨린 건 아닌지 모르겠어요. 〖기원〗 성공을 축하할 때 주로 샴페인을 터뜨리는 데에서 유래한 말이다.

열매(를) **맺다** 성공적인 결과를 얻다. ¶ 이번 일에 노력을 많이 들인 만큼 좋은 열매를 맺게 되어 기쁘다. / 그의 세밀한 관찰력과 직관은 영장류 행동에 대한 세계적인 발견으로 열매를 맺었다. 반 **공염불에[로] 그치다[끝나다], 말짱 도루묵(이다)** 참 **씨(를) 뿌리다**[2]

월척을 건지다 ⇒ **대어를 낚다** ¶ 그 선수를 스카우트했으면 월척을 건진 거야. ※ 월척(越尺): 한 자가 넘는 물고기.

월척을 낚다 ⇒ **대어를 낚다** ¶ 다니엘은 그의 옛 친구이자 대장을 확인해 주었다. 연방군은 월척을 낚은 셈이었다.

월척을 올리다 ⇒ **대어를 낚다** ¶ 일 년간의 수사로 마침내 월척을 올린 신임 검사에게 축하가 쏟아졌다.

자리(가) **나다**[2] 자취나 흔적이 남다. 일한 뒤에 성과가 나타나다. ¶ 한나절을 해도 피로에 비해 도무지 일은 자리가 나지 않는다.

재미(를) **보다**[2] (일에서) 성과를 올리다. ¶ 장사가 잘되어 재미를 톡톡히 보았다. / 올해는 고추 농사로 재미 좀 보았습니다. / 서울과 대결한 상대는 모두 수비 축구로 재미를 봤다.

한 건 하다 성과를 내다. ¶ 오늘 한 건 했네. / 우리로서는 이제 겨우 한 건 했을 뿐인데도 상대는 무척 민감하게 반응했다.

한 건(을) **올리다** 성과를 내다. ¶ 오늘 하루 허탕 치나 했는데 마지막에 한 건 올리고 나니 뿌듯하다. / 경쟁이 치열하다 보니, 너도 나도 한 건 올리려고 혈안이 되어 있다.

헹가래(를) **치다** 성공을 축하하다. ¶ 헹가래 치며 좋아할 일만은 아닌 것 같아요. 〖기원〗 축하받을 사람을 던져 올렸다 받았다 하는 데에서 나온 말이다.

히트(를) **치다**[하다] 대성공을 하다. ¶ 올해 히트 친 노래는 트로트 계통의 노래들이다. / 신제품이 기대 이상의 히트를 쳤다. / 뭐든지 히트를 하려면 대중보다 반 발만 앞서야 한다. 너무 나가면 안 된다는 말이다. ※ 히트(hit): 안타.

【실패(失敗), 보람 없음】

결딴(이) 나다 (사물이나 일 따위가) 아주 망가지거나 없어지게 되다. ¶ 남편의 사업 실패로 살림이 결딴났다. / 상대가 시골 사람이라고 얕잡아 보고 어설프게 접근했다가는 자네가 먼저 결딴이 나는 수가 있네.

고배를 들다[마시다] ⇒ **쓴잔을 들다**[마시다] ¶ 항상 자신만만한 그였지만 이번 시험에서 고배를 든 이후로 오랫동안 슬럼프에 빠졌다. / 그는 단순하게 정치를 한번 해 볼까 하는 생각에서 무작정 국회 의원 선거에 출마했다가 맥없이 고배를 마셨다. ※ 고배(苦杯): 쓴 술잔. 유 **미역국(을) 먹다**

공염불에[로] **그치다**[끝나다] 어떤 주장이나 시도가 아무 보람이 없게 되다. ¶ 그들이 내세웠던 의욕 넘친 구호들은 모두 공염불에 그쳤다. / 이번 주택 정책도 공염불로 끝날 수 있다고 경고하는 사람들이 많다. ※ 공염불(空念佛): 신심(信心) 없이 입 끝으로만 외는 염불. 반 **열매(를) 맺다** 참 **공수표(를) 날리다**

공염불을 외다 아무 보람 없는 주장을 되풀이하다. ¶ 군부의 사전 검열이 시행되는 상황에서 편집권 독립을 주장하는 것은 공염불을 외는 것이나 마찬가지였다. 참 **노래(를) 하다**[부르다], **중 염불하다**

공염불이 되다 ⇒ **공염불에**[로] **그치다**[끝나다] ¶ 멋들어진 공약이 공염불이 되는 것을 수도 없이 봤기 때문에 기대를 하지 않는다.

공(을) 치다 헛되게 보내다. ¶ 건설 노동자들에게는 비 오는 날이 곧 공치는 날이다. / 새벽부터 나갔다가 공을 치고 돌아오는 날은 집까지 오는 길이 멀게만 느껴진다.

괘(가) 그르다 일이 뜻대로 되지 않거나 예상한 것과 다르다. ¶ 꽃단장을 하고 나갔는데 괘 그른 소나기에 머리가 엉망이 되었다. / 속으로는 번연히 괘가 그른 줄 다 알면서 얼렁뚱땅 거짓말이나 해 가면서 처신하는 사람들이 정치를 하고 있으니 세상이 어떻게 되겠어요? ※ 괘(卦): 점괘.

국물도 없다 아무것도 돌아오는 몫이나 이익이 없다. ¶ 그런 식으로 일하면 국물도 없는 줄 알아라. / 저런 사람이 대통령 되면 우리는 국물도 없는 것 아냐? 참 **건더기가 없다**

그림의 떡 실제로 이용할 수 없거나 차지할 수 없는 것. ¶ 그 여자는 너에게 그림의 떡이야. 일찍 포기하는 게 좋아.

금(이) 가다[1] 좌절되다. ¶ 그는 아들이 자기보다는 큰 인물이 되기를 못내 바라고 있었다. 그런데 그 소망에 자꾸 금이 가고 있는 것만 같아 속이 끓어 견딜 수 없었다.

깨어진[깨진] **그릇** 돌이킬 수 없는 상태. ¶ 뒤늦게 부산을 떨었지만 이미 깨어진 그릇을 붙잡고 안간힘을 쓰는 꼴이었다. / 이미 엎지른 물이요, 깨진 그릇이다. 이제 모두 잊어버려라.

꿩 놓친 매 애써 잡은 것을 놓쳐 분해하는 사람을 비유하는 말. ¶ 그는 승진을 위해 온 힘을 다해서 노력했으나 낙하산 인사로 꿩 놓친 매가 되고 말았다.

남의 다리(를) 긁다 ① 자기를 위하여 한 일이 남을 위하여 한 일이 되다. ¶ 나는 떨어지고 내 노트를 빌려 간 녀석은 합격했으니, 남의 다리나 긁어 준 거지 뭐. ② 해야 할 일을 하지 않고 엉뚱한 일을 하다. ¶ 이제까지 한 일이 남의 다리나 긁어 준 일이었다니 한심하기 그지없구나.

단솥에 물 붓기 (형편이 너무 기울어서) 도와주어도 소용이 없음. ¶ 그 사람에게는 더 이상 미련 갖지 마라. 아무리 도와주어도 단솥에 물 붓기니. ※ 단솥: 열을 가하여 몹시 뜨거워진 솥.

도로 아미타불 ⇒ 말짱 도루묵(이다) ¶ 여자 하나 때문에 십 년 공부가 도로 아미타불이 되어 버렸다. / 모은 돈을 투전으로 털어 버리고, 결국 도로 아미타불로 장돌림을 다시 시작할 수밖에 없었다. ※ 아미타불(阿彌陀佛): 서방 정토(西方淨土)에 있다는 부처의 이름. 이 부처를 염(念)하면, 죽은 뒤에 극락세계에 간다고 함.

돈이 나오냐 밥이 나오냐 아무 소용이 없다는 표현. ¶ 그 운동이라는 것을 하면 돈이 나오냐 밥이 나오냐? 이젠 어미 속 좀 그만 썩이고 그만두렴.

말짱 도루묵(이다) 노력하였던 일이 수포로 돌아가다. ¶ 여행 가고 싶어도 건강을 잃으면 말짱 도루묵이야. / 성장이고 복지고 경제가 쪼그라들어서는 말짱 도루묵이다. / 사소한 잘못으로 어렵게 이룬 것을 말짱 도루묵으로 만든 사람이 많다. 〖기원〗 선조가 임진왜란이 일어나 피란 갔을 때 우연히 '묵'이라는 물고기를 먹어 보고는 너무 맛이 좋아서 '은어(銀魚)'라는 이름을 내렸는데, 전쟁이 끝나 궁궐에 돌아온 후 은어가 생각나서 다시 먹었을 때는 피란지에서의 맛을 느낄 수 없었다고 한다. 그래서 선조는 "이 물고기를 도로 묵이라고 불러라."고 말했다 한다. 이후 '도로 묵'이 나중에 '도루묵'으로 바뀌며 '말짱 도루묵'라는 말이 만들어졌다고 한다. 반 **열매(를) 맺다**

메기(를) 잡다[2] 기대와 달리 허탕을 치거나 실패하다. ¶ 빚을 받으러 갔지만 오늘도 메기를 잡았다. / 나는 윤희라는 징검다리에 내 체중을 실었다가 메기를 잡고 만 꼴이었다. 허방다리를 짚은 거지. ※ 메기: 민물고기의 일종.

무덤(을) 파다 파멸을 자초하다. ¶ 발전을 위한 디딤돌을 마련하고자 기획한 사업이 우리의 무덤을 파고 말았다. / 지금 그에 대항하여 군사를 일으키는 것은 스스로 무덤을 파는 것이나 다름없습니다.

물(을) 먹다[1] 실패하다. ¶ 대학 시험에서 한 번 물을 먹었다고 그렇게 실망할 일은 아니다. / 그 역시 이번 인사에서 철저히 물먹었다는 점은 인정하면서도 나와는 사뭇 다른 표정이다. 참 **물(을) 먹이다**

밑 빠진 독에 물(을) 붓다 아무리 해도 소용없는 일을 하다. 주로 '밑 빠진 독에 물 붓기'와 같이 쓰인다. ¶ 돈이 생기는 대로 갚았지만, 빚이 워낙 규모가 커서 밑 빠진 독에 물 붓기였다. / 밑 빠진 독에 물 붓지 말고 자생력 있는 시장만 살리고 나머지는 깨끗이 정리합시다.

박(을) **타다** 기대하던 일이 낭패를 보다. ¶ 심혈을 기울여서 추진했던 일인데 어이없게도 박을 타고 말았다. ※ 박: 박과에 속하는 일년생 만초(蔓草).

비비 꼬이다 일이 잘되지 아니하고 어그러지다. ¶ 처음부터 일이 비비 꼬이기 시작했다. / 더럽게 일이 비비 꼬인 것이다. 하필이면 그녀의 아버지가 그때 나타날 게 뭐람.

빛이 없다 생색을 낼 수도 없고 보람도 없다. ¶ 기껏 도와줬어도 빛이 없으니 환장할 노릇이다.

쇠귀에 경 읽기 아무리 말해도 소용없음. ¶ 아무리 공부하라고 해도 그 녀석에게는 쇠귀에 경 읽기다. 참 **귀**(가) **질기다**[1, 2]

수포로 돌아가다 허사가 되다. ¶ 몇 년 동안 심혈을 기울인 일이 한순간에 수포로 돌아갔다. / 나의 오랜 노력이 전부 수포로 돌아가는 것 같아 안타깝다. ※ 수포(水泡): 물거품.

시간(을) **죽이다** 별달리 하는 일 없이 시간을 보내다. ¶ 다른 사람 일에 쓸데없는 참견을 하다가 시간만 죽였다. / 집에서 구들장을 지고 시간 죽이는 일도 이젠 지겨워.

쓴맛을 보다[2] 쓰라린 실패의 경험을 하다. ¶ 나름대로 준비를 하고 나갔지만, 예선에서 쓴맛을 봤다. / 그는 선거에서 세 번이나 쓴맛을 본 뒤 대통령이 되었다.

쓴잔을 들다[마시다] 쓰라린 실패의 경험을 하다. ¶ 일본은 한국의 조직력에 밀려 쓴잔을 들었다. / 대학 시험에서 대부분의 수험생들은 어쩔 수 없이 낙방의 쓴잔을 들어야 한다. / 이번에는 예선에서 쓴잔을 마셨지만 다음엔 결선까지는 가야지. 유 **미역국**(을) **먹다** 참 **쓴맛을 보다**[1]

엎지른[엎질러진] **물** 돌이킬 수 없는 상태. ¶ 이미 엎지른 물인데 생각하면 무얼 하나. / 그는 후회의 눈물을 흘렸지만 이미 엎질러진 물이었다.

엿(을) **먹다**[2] 실패하다. 또는 좌절하다. ▷ 비속어 ¶ 이번 승진에서 엿 먹은 사람은 우리뿐이다. 참 **엿**(이나) **먹어라**

육통(이) **터지다** 일이 거의 다 되려다가 틀어지다. ¶ 노름이라면 이골이 났다는 노름방의 도꼭지 격인 짝눈도 육통이 터질 노릇이라며 손을 턴 뒤 뒷손을 짚고는 물러나 앉았다. (김소진, 처용단장) 〖기원〗 경서를 외우는 시험인 강경과(講經科)에서 칠서 중 여섯 가지는 외우고 한 가지를 못 외워 낙방하였다는 데서 나온 말이다. 다른 말로 '일불살육통(一不殺六通)'이라고도 한다.

입만 아프다 말한 보람이 없다. ¶ 너랑 말해야 내 입만 아프다. / 바뀌는 건 없고, 말해야 입만 아프니까 가만히 있는 거야.

코방아(를) **찧다** 바닥에 부딪치다. ¶ 일을 서두르다가 미끄러져 코방아를 찧고 말았다.

하늘에 (대고) **주먹질하다** 아무런 영향을 끼치지 못하는 헛된 일을 하다. ¶ 억울하면 하늘에 대고 주먹질을 하더라도 내게는 그리 말게. / 그 아이를 타이르는 것은 하늘에 주먹질하는 것이나 다름없어.

하늘에 (대고) **팔매질하다** ⇒ **하늘에** (대고) **주먹질하다** ¶ 기를 쓰며 그의 마음을 사려 했지만, 하늘에 팔매질하기였다. / 아무리 나 혼자 기를 쓰며 너와 혼인하고 싶다 해도 그건 하늘에 대고 팔매질하는 꼴밖엔 안 된다구. (유현종, 임꺽정전)

한강에 돌 던지다 ⇒ **하늘에** (대고) **주먹질하다** ¶ 외환 보유고를 투입해 환율 상승을 막는 것은 한강에 돌 던지는 것과 같다.

허방다리(를) **짚다** 예상을 잘못하여 실패하다. ¶ 이 영화에서 세상사를 읽으려는 관객은 허방다리를 짚을 수밖에 없다. / 그는 대마(大馬)를 물고 늘어지며 실마리를 잡아 보려 안간힘을 써 보지만 허방다리 짚는 일인 줄 누구보다 잘 알고 있다. ※ 허방다리: 구덩이를 파 놓고 위장한 함정(陷穽). 땅바닥인 줄 알고 발을 잘못 딛는 것을 '허방다리를 짚다'라고 하는데, 예상을 잘못하여 일을 실패하는 것을 가리키는 데에도 쓰인다.

허방(을) **짚다** 예상을 잘못하여 실패하다. ¶ 그가 돌연 사퇴했으니 그의 영향력을 기대한 우리는 허방을 짚은 셈이 됐다. / 내심 그녀가 나를 좋아할 거라 여기고 있었는데 허방을 짚었다. ※ 허방: 땅바닥이 움푹 패어 빠지기 쉬운 구덩이.

허방(을) **치다** ⇒ **허방**(을) **짚다** ¶ 이렇게 첫판부터 허방 친 날은 일찍 손을 터는 게 상책이다. / 그는 지삼출이 의병의 잔당이란 것을 뒤늦게 알아채고 허방을 친 것을 애석해했다.

헛김(이) **나다** 일에 실패하거나 하여 풀이 꺾이다. ¶ 내가 주도한 일이었는데 완전히 원점으로 돌아가 버려 헛김이 났다. ※ 헛김: 딴 데로 새어 나오는 김.

헛물(을) (들이)**켜다** 기대와 달리 일한 보람이 없게 되다. ¶ 우리는 공격에 힘을 쏟았지만 번번이 상대의 수비에 막혀 연신 헛물만 들이켰다. / 일이 뒤틀려 헛물을 들이킨 것이 분해 견딜 수가 없었다. / 그를 잡으러 눈에 불을 켜고 마을을 뒤졌지만 헛물만 켰다.

헛방(을) **놓다** 일한 보람이 없게 되다. ¶ 이번 일도 헛방놓으면 나는 그것으로 끝장이다. / 신중하게 시작한 일이었는데 헛방을 놓고 말았다. ※ 헛방(-放): 쏘아서 표적을 맞히지 못한 총질.

헛방(을) **치다** ⇒ **헛방**(을) **놓다** ¶ 세 번째에도 헛방을 친 건 변명의 여지가 없다. / 지진 예보는 확실히 어려운 문제로서 헛방을 쳤다가는 후과를 감당하기 어렵다.

【파산(破産)】

거리로[에] **나앉다** 집을 잃거나 무일푼이 되다. ¶ 올 경기가 어찌나 나쁜지 거리에 나앉을 판이다. / 집세를 내지 못해 거리로 나앉게 생겼다. 참 **집도 절도 없다**

기둥뿌리(가) 뽑히다 기반이 무너지며 망하게 되다. ¶ 갈빗집도 굉장한 갈빗집을 차릴 모양인데, 그러다가 김 사장네 기둥뿌리가 뽑히는 것 아닐까?

기둥뿌리(를) 뽑다 기반을 무너뜨려 망하게 하다. ¶ 너랑 같이 사업을 하자고? 남의 집 기둥뿌리 뽑을 일 있어? / 마음 같으면 당장이라도 쫓아가서 그놈 집 기둥뿌리를 뽑아 놓고 싶었지만 그럴 수는 없었다.

깡통(을) 차다 ⇒ 쪽박(을) 차다 ¶ 그렇게 방탕한 생활을 계속하니, 그 사람 깡통 찰 날도 얼마 남지 않았다. / 주식 투자를 잘못하는 바람에 깡통을 차게 생겼다.

날이 나다 어떤 일에 거덜이 나다. ¶ 장사 잘되느냐고요? 날이 난 지 오래되었어요. / 사기꾼들의 농간으로 우리 사업이 날이 나고 말았다. 『기원』 짚신 같은 것이 닳아서 신날이 드러나는 경우를 '날이 나다'라고 한 데에서 유래하였다.

뒤가 들리다 밑천이 다 떨어지다. ¶ 시작한 지 일 년 만에 뒤가 들려 장사를 그만두었다.

말아 먹다 망하게 하다. 상태를 나쁘게 하다. 주로 '무엇을 말아먹다'와 같이 쓰인다. ¶ 가문을 일으키는 일은 어려워도 가문을 말아먹는 것은 순식간이다. / 대통령의 독선이 한 나라를 말아먹고 있다. / 그는 지난해부터 증권사에 들락거리더니 결국은 크게 한번 말아먹고 집까지 날렸다.

바가지(를) 차다 ⇒ 쪽박(을) 차다 ¶ 그는 아무리 돈을 잃어 바가지를 차게 되었어도 구차한 소리는 하지 않는다. / 투자 한번 잘못한 탓에 바가지 차고 거리에 나앉게 되었다.

쪽박(을) 차다 망하다. ¶ 친구 빚보증 잘못 서서 쪽박 차는 신세가 되고 말았다. / 시 한 편으로 어떤 기생은 이름이 오르고, 어떤 기생은 쪽박을 차게 되었다. 『기원』 옛날에는 거지들이 바가지, 쪽박, 깡통 따위를 차고 다녔는데, 이런 모습을 빗댄 표현이다. 즉 빌어먹는 신세가 될 만큼 모든 것을 잃은 것을 나타낸다. 참 **불알 두 쪽만 차다, 쪽박(을) 깨다**

【망가뜨림, 일을 망침】 ≒ 【맞고 때림】

거지 제 쪽박 깨기 자신이 한 일이 자신을 망치거나 자신에게 손해를 입히는 경우를 가리키는 말. ¶ 일을 한다고 한 것이 거지 제 쪽박 깨기였으니 나도 한심한 녀석이야. / 그런 일을 지금 하는 것은 거지 제 쪽박 깨기야. 시간을 두고 천천히 생각해서 일을 하도록 해라. 참 **누워서 침(을) 뱉다**

결딴(을) 내다 (일이나 물건 따위를) 아주 망가뜨리거나 없어지게 만들다. ¶ 아들놈은 농사짓는다고 설치면서 멀쩡한 감자밭을 결딴내 버렸다. / 얼마 전에는 사업한답시고 살림을 결딴내더니 이젠 선산까지 팔아먹으려고? / 그놈을 지금 당장 결딴을 내야지만 내 속이 풀릴 것 같다.

고춧가루(를) **뿌리다** ⇒ **재**(를) **뿌리다** ¶ 다 된 일에 고춧가루 뿌리는 놈이 꼭 있게 마련이야. / 다 이겨 놓은 게임이었는데 철호가 고춧가루를 뿌리는 통에 지고 말았다.

곤죽을[으로] **만들다**[2] (일을) 망치다. ¶ 곤죽을 만들어도 유분수지. 이렇게까지 일을 망치고도 무사할 것 같아요? / 자기가 책임지고 일을 마무리한다고 하더니 아예 곤죽으로 만들었다. ※ 곤죽(-粥): 몹시 질어서 질퍽질퍽한 밥. 참 **곤죽이 되다**

두루묵주머니(가) **되다** 새롭게 시도한 일을 망치게 되다. ¶ 청와대에서 떨떠름하게 여긴다니 이 일도 결국엔 두루묵주머니가 되고 말 수밖에 없을 것이다. 〖기원〗 '두루묵주머니'라는 말은 사전에 나오지 않는 말이지만, '두루묵주머니를 만들다'란 표현의 의미를 통하여 볼 때, '두루뭉술'이라는 단어와 '묵주머니(묵물을 짜는 데 쓰는 큰 주머니)'란 단어가 결합하여 만들어진 단어로 추정된다.

두루묵주머니(를) **만들다** 새롭게 시도한 일을 망가뜨리다. ¶ 그들은 한술 더 떠서 개혁안을 두루묵주머니를 만들어 버리려고 애를 바동바동 쓰는 판이다.

떡을 만들다[2] ⇒ **떡**(을) **치다**[1] ¶ 별것도 아닌 녀석이 잘난 체만 하다가 다 이겨 놓은 경기를 떡을 만들어 놓았다.

떡(을) **치다**[1] (일을) 망치다. ¶ 시험 시간에 늦는 바람에 이번 시험은 떡을 쳤다. / 일을 도와준다고 하더니 되레 떡을 쳐 놓았다. / 지난 십 년간 떡을 치던 제조업이 호황인 데 비해 서비스업은 부진을 면치 못하고 있다.

묵주머니(가) **되다** (일, 물건, 사람 따위가) 망치거나 못쓰게 되다. ¶ 신랑 신부가 갈팡질팡하는 동안에 묵주머니 된 예식은 이후 일사천리로 진행되었다. / 술 취한 사람이 시비를 걸어 그날 노름판은 묵주머니가 되었다. / 우리가 굽어본즉 전신이 묵주머니가 된 것 같고 내가 어찌하기 전에 숨이 끊어지고 말았다. ※ 묵주머니: 묵물을 짜는 데 쓰는 큰 주머니.

묵주머니(를) **만들다**[2] (일, 물건, 사람 따위를) 망치거나 못쓰게 만들다. ¶ 우리가 칠 년 동안이나 준비한 일을 묵주머니 만든 이가 다름 아닌 형이었다.

산통(을) **깨다** (일을) 망치다. ¶ 다 된 일이었는데, 내가 산통 깬 꼴이 되었다. / 나도 물론 그 일이 잘되길 바라는 사람이야. 그런데 본의 아니게 산통을 깨고 말았네. 〖기원〗 산통(算筒)은 장님이 점을 칠 때에 쓰는 산가지를 넣는 통인데, 산통이 깨지면서 점을 칠 수가 없게 된 상황을 일을 망치는 것에 비유하여 나온 말이다.

소금(을) **뿌리다** ⇒ **재**(를) **뿌리다** ¶ 남 잘되는 일에 소금 뿌리지 말고 제발 빠져 줘.

이도 저도 아니다 ⇒ **죽도 밥도 아니다** ¶ 여러 가지 시도만 하다가 결국은 일이 이도 저도 아니게 되어 버렸다. / 저자에게 휘둘리고 시장에 휘둘리다 보면 이도 저도 아닌 책이 만들어질 수밖에 없다.

자충수를 두다 자신이 한 일이 자신에게 해를 입히게 되다. ¶ 작전을 과감하게 바꾸어 정공법으로 나갔지만 자충수를 둔 꼴이 되고 말았다. / 지금과 같은 상황에서 경쟁자들이 자충수를 둘 경우 우리가 주도적 지위를 확보할 수 있을 것이다. ※ 자충(自充): 바둑 둘 때에 자기가 돌을 놓아 자기 수를 줄임.

재(를) **뿌리다** (일을 망치게) 훼방을 놓다. ¶ 다 된 일에 재 뿌리지 말고 가만있어라. / 그의 계획에 결정적으로 재를 뿌린 게 아버지였다. 〚기원〛 '다 된 밥에 재를 뿌린다'라는 속담에서 유래한 말이다. 참 **(찬)물을 끼얹다**

절름발이로 만들다 제 기능을 하지 못하게 하다. ¶ 일제의 식민지 언어 정책이 한글을 절름발이로 만들었다. / 관치 금융이야말로 한국 경제를 절름발이로 만든 결정적 요인이다.

죽도 밥도 아니다 제대로 하지 못하여 어중되다. ¶ 이런 식으로 아무 생각 없이 공부하다가는 죽도 밥도 안 된다. / 더 시일을 지체했다가는 정말 죽도 밥도 아니게 될지 모르니 빨리 끝내자.

죽(을) **만들다** ⇒ **죽**(을) **쑤다** ¶ 선생님은 날 믿고 일을 맡겼을 텐데 이렇게 죽을 만들어 놓았으니 어떻게 해.

죽(을) **쑤다** (일을) 망치다. ¶ 이번 시험에서도 죽을 쑤었으니 무슨 면목으로 어머니를 본담. / 시원한 여름이 되면 에어컨 사업은 죽 쑤기 마련이다.

쪽박(을) **깨다** (일을) 망치다. ▷ 비속어 ¶ 내가 눈치는 좀 없어도 쪽박 깨는 일은 하지 않을 테니까 염려하지 마세요. / 영어도 못하는 사람이 영어로 협상을 해서 스스로 쪽박을 깬 것이다. ※ 쪽박: 작은 바가지. 참 **쪽박(을) 차다**

초(를) **치다** 기분을 나쁘게 하거나 일을 망치게 하다. ▷ 비속어 ¶ 그가 초 치는 소리를 해서 분위기가 갑자기 침울해졌다. / 초 치는 소리 그만하고, 우리 분위기 한번 살려 보자. ※ 초(醋): 조미료의 한 가지. 시고 약간 단맛이 있는 액체.

코(를) **빠뜨리다** 못 쓰게 만들다. ¶ 다 된 일에 코 빠뜨리지 말고 처음부터 다시 챙겨 보게나. 〚기원〛 '다 된 밥에 코 빠뜨린다'라는 속담에서 유래한 말이다.

코(를) **풀다** (일을 망치게) 훼방을 놓다. ¶ 잘되는 일에는 항상 코를 푸는 사람이 나타나기 마련이다.

파투(가) **나다** 일이 잘못되거나 이루어지지 않다. ¶ 명절 가족 모임이 파투 난 것은 올해가 처음이다. / 그 사람만 없었으면 이번 일이 파투가 나지는 않았을 거예요. ※ 파투(破鬪): 화투 놀이에서 판이 무효가 되거나 그렇게 되게 함.

파투(를) **내다** 일이 잘못되거나 이루어지지 않게 하다. ¶ 술 때문에 가족과의 약속을 파투 낸 죄가 얼마나 큰지 알아요? / 그는 철없는 행동으로 첫 번째 결혼을 파투를 내고 엄청나게 후회했다고 한다.

판(을) **깨다**[1] 분위기를 망치다. ¶ 젊은이들끼리 신나게 일하는데 나 같은 늙은이가 끼어들어

판을 깨면 되겠어요? / 내가 노래를 부르기 시작하자 분위기가 가라앉았다. 판을 깨지 않으려면 빨리 다음 사람에게 마이크를 넘겨야 할 것 같았다.

판을 뒤집다[1] ⇒ **판(을) 깨다**[1] ¶ 그는 술만 먹었다 하면 판을 뒤집는 말을 해 모임을 엉망으로 만들었다.

풀(을) 쑤다 ⇒ **죽(을) 쑤다** ¶ 이번 일도 풀을 쑤고 나니, 사람들 볼 면목이 없다.

【손해(損害)】

돈을 까먹다 손해가 발생하다. 돈 대신에 '퇴직금', '적립금' 따위가 쓰이기도 한다. ¶ 나는 지금까지 큰돈은 못 벌었지만 사업에 실패해 돈을 까먹지는 않았다.

밑지는 장사 이득은 없고 손해만 보는 일이나 행위. ¶ 사랑은 진짜 밑지는 장사인지 뻔히 알면서도 하게 되는 것이 아닌가 싶어요. / 리메이크는 어찌 되었든 처음부터 밑지는 장사지만, 김 감독은 그만의 정서로 과거의 걸작을 훌륭히 살려 낸 것 같다.

바가지(를) 쓰다 터무니없는 값을 지불하게 되다. ¶ 밑지고 판다는 말만 믿고 물건을 사다가는 바가지 쓰기 마련이다. / 휴가철 관광지에서 바가지를 쓰는 것은 어찌 보면 당연한 일이다. 〖기원〗 중국에서 들어온 십인계라는 놀음에서 유래한 말이다. 십인계는 1에서 10까지의 숫자가 적힌 바가지를 엎어 놓고 뒤섞은 뒤, 노름꾼들은 자기가 대고 싶은 바가지에 돈을 대고 물주는 숫자를 말하는 노름이다. 이때 돈을 잃게 되는 경우를 '바가지를 썼다'라고 표현하였다. 참 **똥바가지(를) 쓰다**

바가지(를) 씌우다 터무니없는 값을 지불하게 하다. ¶ 안면이 있다는 사람이 오히려 바가지 씌우는 일이 많다. / 바가지를 씌워서라도 이 손님에게 몇 푼을 남겨야겠다는 생각이 들었다. / 어떤 장사꾼은 상대방이 외국인일 경우 자국인에 비해 여섯 배 내지 열 배까지 바가지를 씌워 버리는 일도 있었다.

삿갓(을) 씌우다 억울한 손해를 보게 하다. ¶ 그렇게 착하게만 보이던 순이가 우리를 삿갓 씌울 줄을 누가 꿈이나 꾸었겠소? ※ 삿갓: 대오리나 갈대로 거칠게 엮어서 비나 볕을 막기 위하여 쓰는 갓.

적자(를) 내다 손해나게 하다. ¶ 경기 침체로 창사 이래 최대의 적자를 냈다. 〖기원〗 부기 장부에 부족액을 붉은 글자[赤字]로 기입한 데서 유래한 말이다. 반 **흑자(를) 내다**

적자(를) 보다 손해를 입다. 수입보다 지출이 많아 수지가 맞지 않다. ¶ 적자를 보는 것을 각오하고 새 사업을 시작했습니다. / 올 들어 남편의 수입이 늘었는데도 가계부는 여전히 적자를 보고 있는 실정이다. 반 **흑자(를) 보다**

【이익(利益), 혜택(惠澤)】

굿 보고 떡 먹기 두 가지를 동시에 얻는 것. ¶ 상대 당에 내분이 일어 당이 깨지면 우리로서는 굿 보고 떡 먹기의 환상적인 구도를 연출할 수 있다. 㗊 **굿(을) 보다**

꿩 먹고 알 먹기 한 가지 일로 두 가지 이상의 소득을 얻는 것. ¶ 이번 일은 정말 꿩 먹고 알 먹기지. 여자도 만나지, 거기에다 돈까지 생기는 일이니.

떡 갈라 먹듯 이권 또는 이익을 나누듯. ¶ 전문성은 도외시한 채 떡 갈라 먹듯 구성된 이사회를 인정할 수는 없다.

떡고물이 떨어지다 혜택을 입다. 부정적인 일을 거들어 준 대가가 생기는 상황에 주로 쓰인다. ¶ 옆에서 일 좀 거들면 떡고물이라도 떨어질까 했는데 아무것도 남는 것이 없어 섭섭했다. / 조금만 나긋나긋하게 굴면 떡고물이 떨어질 텐데, 왜 그렇게 냉랭하게 굴어 화를 부르니? ※ 떡고물: 인절미나 경단 따위의 겉에 묻히거나 시루떡의 켜와 켜 사이에 뿌리는 팥, 녹두, 콩, 참깨 따위의 가루.

떡고물이 생기다 ⇒ 떡고물이 떨어지다 ¶ 떡고물이 생기는 일이라면 마다할 사람이 아니었다. / 정권의 실세들과 친하게 지내면 떡고물이라도 생기지 않겠어? 㗊 **떡이 생기다, 웬 떡이냐**

수지(가) 맞다 이윤이 남다. ¶ 양을 키우는 것보다 농사를 짓는 것이 더 수지가 맞았다. / 출판업은 수지가 맞는 사업이 아니다. ※ 수지(收支): 수입과 지출.

수지(를) 맞추다 이윤이 남게 하다. ¶ 수지를 맞추려면 물건값을 올려야 할 거야. / 판매량이 어느 정도가 되어야 수지를 맞출 수 있는지 계산해 봤어?

제 밥(을) 찾아 먹다 제 몫을 얻다. ¶ 경쟁이 치열해져서 눈을 잠깐만 다른 곳으로 돌려도 제 밥 찾아 먹기 힘들다. / 외국에 나가 살면서 제 밥을 꼬박꼬박 찾아 먹는 일은 결코 쉽지가 않다. / 이제 겨우 제 밥 찾아 먹으면서 사는 이 생활도 엄청난 노력이 없었다면 이루기 어려웠을 것이다.

한몫(을) 보다 ⇒ 한몫(을) 잡다 ¶ 부동산 투기로 한몫 크게 보려면 서울로 가야지. / 자유당 때 일부 정치인들은 불량배들을 앞잡이로 내세워 한몫을 보았다.

한몫(을) 잡다 큰 이득을 취하다. ¶ 젊었을 때 한몫을 잡아야 늙어서 편안하게 살 수 있다. / 추석 대목에 한몫 잡아 보려는 장사꾼들은 물건 팔기에 정신이 없었다.

흑자(를) 내다 이익이 나게 하다. ¶ 매년 흑자 내는 기업이 몇이나 되겠어요? / 장사를 시작한 지 십 년째부터 겨우 흑자를 내기 시작했다. 〖기원〗 부기 장부에 수입 초과액을 검은 글자[黑字]로 기입한 데서 유래한 말이다. 㫈 **적자(를) 내다**

흑자(를) 보다 이익이 생기다. ¶ 장사가 잘되어 올해 수억 원의 흑자를 봤다. / 문예지를 출간해 흑자 보는 경우는 거의 없다. 㫈 **적자(를) 보다**

영향(影響), 흔적(痕迹), 해(害)

【영향(影響)을 미침】 ≒ **【소유(所有), 지배(支配)】**

검은손을 뻗치다 어떤 사람이나 대상에 나쁜 목적으로 접근하다. ¶ 목돈이 생긴 그에게 검은손을 뻗치는 자들이 많았다. / 내가 경제적으로 힘든 상태라는 점을 간파한 그들은 돈을 미끼로 내게 검은손을 뻗쳤다 / 어처구니없는 것은 현 정권 인사들조차 그가 뻗친 검은손에 놀아났다는 사실이다.

돌풍을 만나다 갑작스럽게 큰 영향을 받게 되다. ¶ 조용하던 가요계가 돌풍을 만났다. 랩의 상륙이 가요계의 판도를 바꿔 놓기 시작한 것이다. ※ 돌풍(突風): 갑자기 일어나는 바람.

돌풍을 일으키다 급부상하여 큰 영향을 미치다. ¶ 우리 학교 축구부는 창단 이 년 만에 전국대회 4강에 진출하는 돌풍을 일으켰다. / 콜라와 사이다 등이 지배하던 음료 시장에서 식혜가 돌풍을 일으켰다.

들었다 놓다² 큰 영향을 미치다. ¶ 조만간에 온 나라를 들었다 놓을 새로운 정책이 펼쳐질 것이다. / 이번엔 이스라엘 로비 단체인 미국 이스라엘 공공문제위원회(AIPAC)의 파워가 미국을 들었다 놓았다. 유 **들었다 놨다 하다**

맥을 쓰다² 영향을 미치거나 효력을 나타내다. ¶ 정치적 홍정에서는 때로 공갈 전술이 맥을 쓰기도 한다. /《토정비결》이 첨단 과학 시대인 오늘날에도 맥을 쓰는 것을 보면 그 영향력을 알 만하다.

머리가 젖다 어떤 인습과 사상에 물들다. ¶ 그는 약육강식의 논리에 머리가 젖어 배려와 양보를 모른다. / 관료주의에 머리가 젖은 사람들은 국민의 정치 참여 기회를 줄이려 한다.

물(을) 들이다 사상, 행동, 버릇 따위에 영향을 주다. ¶ 한때 대학의 토론 모임이 학생들을 좌익 사상에 물을 들이는 좌경 의식화 과정으로 매도된 적이 있었다. / 착한 아이를 물들여서 헤어 나올 수 없는 수렁에 빠뜨리는 유해 문화를 없애야 한다.

물(이) **들다** (사상, 행동, 버릇 따위가) 닮아 가거나 영향을 받다. ¶ 이념 서클에 있더니 좌익 사상에 물들었다. / 착한 아이였는데 나쁜 친구들에게 물이 들어 범죄의 구렁텅이에 빠져 버렸어. 참 **때**(가) **묻다**

바람(을) **타다**[2] 외부의 영향을 받다. 주로 정치적인 영향을 받는 경우를 이른다. ¶ 공부하는 사람이 바람을 쉽게 타면 안 돼. 항상 줏대 있게 굴어야 하는 거야. / 돈 많이 버는 것도 중요하지만 바람 많이 타는 직업은 좋지 않아요.

세상을 뒤흔들다 큰 영향을 미치다. ¶ 장사하는 사람의 눈으로 볼 때, 그 정도면 세상을 뒤흔들 발명품입니다. / 올해 초에는 그동안 감추어졌던 연예계의 비리가 폭로되어 세상을 뒤흔들었다.

손길(을) **뻗**(치)**다** (영향을 미치거나 세력을 넓힐 목적으로) 어떤 분야나 대상에 접근하다. ¶ 청일전쟁은 일본이 대륙에 손길을 뻗치는 계기가 되었다. / 그는 내게 사랑을 고백하자마자 다른 여자에게 손길을 뻗어 사랑 놀음을 벌였던 바람둥이였어요.

손길(이) **닿다** 영향력이나 힘이 미치다. ¶ 그 사람 손길이 닿지 않은 곳이 없다. / 경찰의 손길이 잘 닿지 않는 곳일수록 범죄가 자주 발생하는 것은 당연하다.

손길(이) **미치다** ⇒ **손길**(이) **닿다** ¶ 이 집 어디고 그의 손길이 미치지 않은 곳이 없다. / 명나라 때는 정치·경제는 물론 군권과 경찰권에까지 환관의 손길이 미쳤다.

손(을) **뻗**(치)**다**[2] ① (영향을 미치거나 세력을 넓힐 목적으로) 어떤 분야나 대상에 접근하다. ¶ 일부 치졸한 대기업은 잡다한 사업에까지 손을 뻗쳐 중소기업이 설 자리를 빼앗는다. / 요즘은 조직폭력배들이 손을 뻗지 않은 분야가 없다. ② (자신의 이익을 위하여) 적극적으로 간섭하다. ¶ 미국은 남의 나라 내정에까지 손을 뻗친다. ③ 도와주려고 나서다. ¶ 하나님은 항상 우리에게 구원의 손을 뻗치고 있다.

손(이) **닿다**[1] ⇒ **손길**(이) **닿다** ¶ 신기하게도 그의 손이 닿은 곳은 모두 밝고 깨끗한 동네로 바뀌었다. / 인간의 손이 닿지 않은 자연의 경이로움을 맛보고 싶다면 여기로 오세요.

손이 미치다 ⇒ **손길**(이) **닿다** ¶ 손이 미치는 데까지 도와 드리겠소. / 집안 청소에 바빠 아직 정원 잡초에는 손이 미치지 못한 것 같았다.

외풍을 타다 ⇒ **바람**(을) **타다**[2] ¶ 다른 곳이면 몰라도 감사원이 외풍을 타면 안 되지요. / 겉으로는 화려하지만 외풍을 잘 타는 자리라 마음이 동하지 않는다. 언제 밀려날지 모르니.

입김을 받다 영향을 받다. '누구의 입김을 받다'와 같이 쓰인다. ¶ 한국은 지정학적으로 중국의 거센 입김을 받을 수밖에 없었다. / 기업 연구소는 회사의 입김을 받지 않고 객관적이고 독립적인 판단을 내릴 수 있어야 한다. / 검찰이 대통령의 가족을 엄정히 조사하겠다지만, 청와대의 입김을 받는 검찰이 과연 어디까지 조사할 수 있을까?

입김을 (불어)**넣다** 영향력을 행사하다. ¶ 왕비는 왕이 그를 파직시키지 못하도록 입김을 불어

넣었다. / 그는 은퇴 후에도 계속해서 당에 입김을 넣으며 세력을 유지했다. / 사장이 입김을 넣지 않았으면 그런 사람이 이사가 될 수 있었겠어요? 유 **압력(을) 넣다**

입김이 세다 영향력이 있다. ¶ 그는 군부에 입김이 센 사람이다. / 유목민 여성들은 남성들만큼 일을 많이 하기 때문에 가정에서 입김이 셌다.

입김이 작용하다 영향을 끼치다. '누구의 입김이 작용하다'와 같이 쓰인다. ¶ 아이들이 장래 희망을 정할 때는 대개 부모의 입김이 작용한다. / 그를 사장으로 영입한 데는 노조의 입김이 작용했다.

천하를 (뒤)흔들다 큰 충격으로 세상에 영향을 미치다. ¶ 그의 한 마디 한 마디에는 천하를 뒤흔들 만한 힘이 있었다. / 그즈음 중국에서는 태평천국의 난이 일어나 천하를 흔들었다.

촉수를 뻗치다 야심을 가지고 대상물에 서서히 작용을 미치다. ¶ 침략의 촉수를 뻗치고 있는 다국적 기업을 물리칠 수 있는 전략을 짜야 한다. / 투기꾼들은 고서화, 골동품에까지 투기의 촉수를 뻗쳤다.

태풍을 일으키다 ⇒ 돌풍을 일으키다 ¶ 히딩크는 한국을 월드컵 4강에 올려놓으며 국제 축구계에 태풍을 일으켰다. / 다른 사람에겐 위인일지 몰라도 내 생각에 나폴레옹은 군사를 일으켜 살육의 태풍을 일으킨 인물이다.

파문을 던지다 어떤 사실이 다른 데 영향을 미치거나 문제를 일으키다. ¶ 종교 개혁은 종교계와 사회에 큰 파문을 던졌다. / 이 소설은 당시 문단뿐만 아니라 사회에도 큰 파문을 던진 작품으로 내용이 반사회적·반윤리적이라 하여 일대 논쟁을 불러일으켰었다. ※ 파문(波紋): 수면에 이는 물결.

파문을 일으키다 ⇒ 파문을 던지다 ¶ 급진적인 주장을 담은 그의 책은 학계에 커다란 파문을 일으켰다. / 그는 뇌물 스캔들로 세상에 파문을 일으키고 잠적했다.

【영향(影響)이 없음】

외풍을 막다 외부의 영향을 차단하다. ¶ 검찰 총장이 정치적 외풍을 막아 주면 검찰권의 중립성을 확보할 수 있다.

죽 떠먹은 자리 흔적이 나지 않음. ¶ 네 양껏 먹어도 죽 떠먹은 자리일 테니 걱정 말고 많이 먹어라. / 고운 사포로 살살 문질러서 지우면 처녀 죽 떠먹은 자리처럼 감쪽같이 없어지니까 너무 걱정 마라.

한강에 배 지나가기 아무런 흔적도 남지 않는 일. 주로 여자에 대하여, 성관계 후에 아무 흔적도 남지 않는다는 의미로 쓰인다. ▷ 비속어 ¶ 네 몸, 단산 수술까지 했으니 애 밸 염려도 없고 하룻밤 지내는 건 한강에 배 지나가기가 아니냐?

한강에 배 지나간 자국 아무런 흔적도 남지 않음. ¶ 그런 일에 너무 마음 쓰지 마라. 그런 허물쯤은 한강에 배 지나간 자국이야.

【가해(加害)】

걸고 넘어지다 자신의 책임이나 죄에 다른 사람을 연루시키다. ¶ 내가 잡히더라도 당신을 걸고넘어지지는 않을 겁니다.

골탕(을) 먹이다 곤란하게 하거나 손해를 입히다. ¶ 무례한 관광객을 골탕 먹이려는 듯 안내원은 일부러 먼 길로 돌았다. / 나는 난감한 질문으로 아이들을 골탕 먹이는 짓도 심심찮게 했다. 참 **골탕(을) 먹다**

뒤통수(를) 때리다[2] ⇒ **뒤통수(를) 치다**[3] ¶ 그동안 별 탈 없이 잘 지내왔는데, 엉뚱한 사건이 그녀의 뒤통수를 때렸다.

뒤통수(를) 치다[3] 당황하게 하다. 예상하지 못한 일이 일어나거나 그런 일을 하였음을 나타낼 때 쓴다. ¶ 나중에 뒤통수치지 말고 못하겠으면 지금 이야기해. / 몇 개의 습격조를 조직하여 적들의 뒤통수를 불시에 친다면 우리에게 승산이 있다.

뜨거운 맛을 보이다 실력 행사를 하여 상대에게 고통을 주다. ¶ 우리가 겪는 고통을 계속해서 외면한다면 뜨거운 맛을 보이겠다고 경고했다. 참 **뜨거운 맛을 보다**

물(을) 먹이다 곤란에 빠뜨리다. ¶ 반드시 성공하여, 나를 물 먹이려는 자들에게 본때를 보여줄 것이다. / 저쪽에서 물 먹이기로 나오는데, 앉아서 당할 수만은 없지 않아요? / 최 기자는 연예인에게 스캔들이 생겼다 하면, 끝까지 들춰내어 물을 먹이고 마는 것으로 악명이 높다. 참 **물(을) 먹다**[1]

불(을) 주다 남에게 큰 곤욕이나 해를 입히다. ¶ 당시 친구에게 불을 준 사람은 다름 아닌 친구의 아내였다. 반 **불(을) 받다**

외곽을 때리다 우회적으로 실력 행사를 하여 상대방에게 타격을 입히다. ¶ 이런 경우에는 맞서 대항하는 것보다 외곽을 때리는 게 현명하다. / 그는 외곽을 때리는 수법으로 여론을 환기하고 분위기가 무르익으면 정면 승부를 내기로 했다. ※ 외곽(外廓): 바깥 테두리.

좀 먹다 (어떤 사물에) 드러나지 않게 해를 입히다. ¶ 서로에 대한 불신이 우리 조직을 좀먹고 있다. / 민족 자주 의식을 좀먹는 사대주의를 없애도록 노력해야 합니다. ※ 좀: 벌레의 일종.

죽음의 재 생물에 원자병 등을 일으키며 죽음에 이르게 하는 방사능진. 낙진. ¶ 죽음의 재로 인한 피해가 늘고 있다.

【자해(自害)】

누워서 침(을) 뱉다 자기 자신에게 해가 돌아오는 행동을 하다. ¶ 밖에 나가서 자기 가족 흉을 보는 것은 누워서 침 뱉기다. / 형제간의 낯 뜨거운 입씨름은 누가 먼저 잘못하고를 떠나 누워서 침을 뱉는 일이었다. 참 **거지 제 쪽박 깨기, 얼굴에 침(을) 뱉다**

제 살(을) 깎아 먹다 자기가 한 일의 결과가 자신들에게 해가 되다. ¶ 이대로 가면 결국 제 살을 깎아 먹는 경쟁이 일어날 수밖에 없다. / 여행사들은 저가 상품 판매에 주력하고 있지만, 이는 업체 간 제 살 깎아 먹기밖에 되지 않는다.

하늘 보고 침(을) 뱉다 ⇒ 누워서 침(을) 뱉다 ¶ 이 일을 밖에 이야기하는 것은 하늘 보고 침 뱉기니까 입조심하세요. / 같이 일하는 동료를 헐뜯는 것은 하늘 보고 침을 뱉는 것과 마찬가지야.

【피해(被害)】≒【고난(苦難), 고생(苦生)】

곁불(에, 을) 맞다 관계없는 사람이 피해를 입다. ¶ 그 사람 요주의 인물이야. 그 사람 주변에서 어슬렁거리다가는 곁불에 맞는 수가 있어. / 격동기일수록 횡재를 하는 사람들도 많지만, 다른 한편으로 아무 생각 없이 살다가 곁불을 맞아 몰락하는 사람도 많다. ※ 곁불: 목표로 되지 않았던 짐승이 목표로 겨누어진 짐승 가까이에 있다가 맞는 총알.

구정물(이) 튀다 (상관없는 사람에게) 화가 미치다. ¶ 제발 일이 커지지 말아야지, 난민이 입성하면 필시 아무 상관없는 우리에게도 구정물이 튈 거요. / 무슨 일이 있어도 나에게 구정물 튀기지만 않으면 좋겠어요.

날벼락(을) 맞다² 전혀 예상하지 못한 상태에서 큰 변을 당하다. ¶ 회사가 도산하며 날벼락 맞은 종업원들에게 지난 일 년은 처절한 시간이었다. / 살 붙이고 살던 아내도 남편이 간첩이라는 걸 까마득히 모르고 있다가 날벼락을 맞았다.

날벼락(이) 떨어지다[내리다]² 전혀 예상하지 못한 상태에서 큰 변이 생기다. ¶ 전쟁터라는 게 언제 날벼락이 떨어질지 모르니 항상 불안할 수밖에요. / 맑은 하늘에서도 날벼락이 내릴 수 있으니 일이 잘 풀릴수록 더 조심하게 되지요.

된불(을) 맞다 ⇒ 된서리(를) 맞다 ¶ 된불 맞고 죽은 송장은 처치하게 하고 선불 맞아 죽지 않은 사람은 구호하게 했다. ※ 된불: 급소를 정통으로 맞힌 총알. * 선불: 급소에 맞지 않고 설맞은 총알.

된서리(를) 맞다 (권력이나 난폭한 힘에 의하여) 모진 타격이나 해를 입다. ¶ 부동산 대책으로 주택과 토지 시장이 된서리를 맞았다. / 이런 시기에 겁 없이 까불다가는 된서리 맞는 수가 있다.

뒤통수(를) (얻어)**맞다**[2] 예상치 못한 일을 당하다. ¶ 어린아이의 천진한 한마디에 어른들이 뒤통수를 얻어맞았다. / 서주를 지키던 장비는 술을 먹다가 여포에게 뒤통수를 맞고는 줄행랑 쳤다.

마른벼락(을) **맞다** ⇒ **날벼락**(을) **맞다**[2] ¶ 아버지와 어머니가 비행기 사고로 죽으며 단란하고 평화롭던 가정이 마른벼락을 맞았다.

마른벼락(이) **떨어지다**[내리다] ⇒ **날벼락**(이) **떨어지다**[내리다][2] ¶ 마른벼락이 떨어지더라도 의연할 수 있게 항상 나와 내 주변을 점검하며 살았다.

벼락(이) **떨어지다**[내리다][2] ⇒ **날벼락**(이) **떨어지다**[내리다][2] ¶ IMF라는 벼락이 떨어질 때도 우리 회사는 끄떡없었어.

불똥이 떨어지다[2] 재앙이나 화가 미치다. ¶ 형이 부도를 내고 잠적하면서 내게 불똥이 떨어지게 된 것이다. / 환율이 갑자기 오르면서 유학생들에게 때 아닌 불똥이 떨어졌다.

불똥(이) **튀다** 재앙이나 화가 미치다. 주로 관계없는 사람에게 화가 미치는 경우에 쓴다. ¶ 공연히 저 때문에 과장님께 불똥이 튄 것 같아 죄송합니다. / 언제 어디로 불똥이 튀어 누가 어떤 피해자가 될지 모를 상황입니다. 참 **불꽃**(이) **튀다**[1]

불(을) **받다** 큰 곤욕을 치르거나 재해를 입다. ¶ 너나 하니까 불을 아니 받았지, 다른 사람이었으면 목숨이 위태했을 것이다. / 아무런 잘못도 없이 불을 받고 나니 내가 전생에 무슨 죄를 지었나 하는 생각이 들었다. 반 **불**(을) **주다**

뼈도 못 추리다 큰 타격을 입다. 죽은 뒤에도 추릴 뼈가 없다는 뜻에서 나온 말로 상대와 싸움의 적수가 될 수 없음을 과장되게 이르는 말. ¶ 그 사람 손에 걸렸다 하면 네까짓 녀석은 뼈도 못 추릴걸. / 공연히 남들이 나팔 부는데 놀아나다가는 본전은커녕 뼈도 추리지 못하고 말 게 뻔하다.

서리(를) **맞다** (권력이나 난폭한 힘에 의하여) 타격이나 해를 입다. ¶ 불교는 조선 시대에 와서 서리 맞고 산으로 들어가게 되었다. / 미국과 일본의 관계가 악화하면서 일본에서의 영어 교육이 서리를 맞았다. 참 **서리**(를) **이다**

서릿발을 맞다 ⇒ **서리**(를) **맞다** ¶ 그는 인생의 황혼기에 접어들어 세월의 서릿발을 맞은 것 같은 아주 완고한 인상이었다.

소한테 물리다 뜻밖의 상대에게 해를 입다. ¶ 나는 어찌할 줄을 모르고 소한테 물린 꼴로 멍청하게 웃고만 있었다. / 봉삼이가 길라잡이가 되어 앞장서고 최가가 맨 뒤로 처져서 소한테 물린 놈처럼 자국 없이 비틀거렸다. (김주영, 객주) 참 **발꿈치**(를) **물리다**

쌍코피(가) **터지다** 타격을 입다. 타격이 큼을 강조하여 쓰는 말이다. ¶ 자기주장만 하는 두 사람 사이에서 나는 항상 샌드위치가 되어 쌍코피가 터졌다.

쑥(대)밭이 되다 원래의 형체가 남아 있지 않을 정도로 피해를 입다. ¶ 오랑캐의 침입으로 궁궐은 쑥밭이 되었다. / 아버지 사업이 망하면서 쑥대밭이 된 집안을 형이 일으켜 세웠다.

앉아서 벼락(을) 맞다 가만히 있다가 뜻밖의 화를 당하다. ¶ 남편만 믿고 있다가는 앉아서 벼락 맞을 것만 같아요.

앉은벼락을 맞다 ⇒ **앉아서 벼락(을) 맞다** ¶ 우려가 너무 빨리 현실이 되었습니다. 우리는 꼼짝없이 앉은벼락을 맞았지요. / 그렇게 눈치 없이 있다가는 앉은벼락을 맞기 십상이지.

욕(을) 보다[2] 치욕을 당하다. ¶ 당신이 오지 않았으면, 선생님이 불량배들한테 욕보실 뻔했어요. / 부패 추방 운동이 벌어지면서 정경 유착으로 잘나가던 기업가 여럿이 욕을 봤다.

욕(을) 보이다[1] 치욕을 안기다. ¶ 내 잘못으로 부모를 욕보였으니 이 죄를 어떻게 씻을 수 있겠는가. / 아무리 잘못을 저지른 부모라도 이를 감싸는 게 자식의 도리인데, 어미 머리카락을 잘라 욕을 보인 것은 자식 된 도리가 아니다.

찬바람(을) 맞다 타격을 입다. ¶ 경쟁 상품이 많아지면서 우리 회사 신제품이 찬바람을 맞았다.

코피(가) 터지다 타격을 입다. ¶ 이 정도 힘을 가지고 대기업과 경쟁하다가는 코피 터지기 십상이다.

큰코(를) 다치다 크게 봉변을 당하다. ¶ 어리다고 얕보다가는 큰코다칩니다. / 외모로만 나에 대해 속단했다가는 큰코를 다칠 것이다. 참 **기(가) 죽다, 코가 납작해지다**

피(를) 보다 ① 피해를 입다. ▷비속어 ¶ 피를 보는 쪽은 내 쪽이지, 그쪽이야 무슨 손해가 있겠어? / 이번에 잠깐의 실수로 피를 봤지만 언젠가는 꼭 일어서고 말 거야. ② 크게 봉변을 당하거나 곤욕을 치르다. ▷비속어 ¶ 그러다가 피 보는 수가 있으니까 까불지 말고 조용히 있으라고. 참 **피(를) 흘리다**

한 방(을) 먹다 크게 당하다. ¶ 게으름을 피운다고 후배한테 한 방을 먹었다. / 일을 못한다고 한 방 먹은 것에 대해서는 아무런 감정이 없지만 나를 인격적으로 매도한 일에 대해서는 참을 수 없다.

한 방(을) 얻어맞다 ⇒ **한 방(을) 먹다** ¶ 지금까지 선전했지만 중국에 한 방을 얻어맞고 물러났다. / 결과만 놓고 보면, 우리 정부가 이번 외교 전쟁에서 한 방 얻어맞은 것이다.

일의 진행(進行)

【원인(原因)】

불씨가 되다 원인이 되다. ¶ 경찰의 강경 진압이 이번 사건의 불씨가 되었다. / 한반도 내의 무력 분쟁은 세계를 전화의 도가니로 몰아넣는 불씨가 될 수 있습니다.

불(을) 당기다 (어떤 현상이나 투쟁이) 세차게 일어나도록 계기를 만들다. ¶ 민족 지도자들의 독립 선언은 민족 해방 운동에 불을 당기는 결과가 되었다. / 이번 사건은 팔레스타인 사람들의 인티파다에 재차 불을 당겼다. * 인티파다(intifada): '봉기' 또는 '반란'이란 뜻의 아랍어.

씨(를) 뿌리다[1] 원인을 제공하다. ¶ 내가 두 사람 사이에 갈등의 씨를 뿌렸다는 게 믿어지지 않아요. / 미국과 소련이 한반도 분단의 첫 씨를 뿌렸다는 것은 객관적 사실이라고 봐야지요.

【시작(始作)】

가락을 떼다 (일이나 행동을) 시작하다. ¶ "널 부른 것은 다른 이유가 아니라……." 당숙이 엄정한 목소리로 일단 가락을 떼었다. / 얼굴에 묻은 검정 기름에 무신경해지며 나의 정비공 생활은 하나둘씩 가락을 떼었다. ※ 가락: 소리의 높낮이가 길이나 리듬과 어울려 나타나는 음의 흐름.

걸음마를 타다 ⇒ **첫발[첫걸음]을 (내)디디다(딛다)** ¶ 사장이라고는 해도 이 바닥에서는 갓 걸음마를 탄 셈이니 잘 보살펴 주세요.

기지개를 켜다[펴다] 조용히 움직임을 시작하다. ¶ 오랫동안 해외에서 실력을 쌓아 온 유학파들이 동인지를 만들면서 기지개를 켜기 시작했다. / 이른바 '새 정치 운동'이라고 할 만한 신세대 정치인들의 움직임이 서서히 기지개를 켜고 있다. / 군사 정권 아래서도 노동자들은 노조를 조직하며 조금씩 기지개를 펴 왔었다.

꼭지(를) 따다[2] (일을) 처음으로 시작하다. ¶ 이 일은 내가 꼭지를 땄지만, 그것을 잘 유지하여 좋은 결실을 맺는 것은 여러분 몫이다. ※ 꼭지: 잎이나 열매가 가지에 달려 있게 하는 짧은 줄기.

닻을 올리다 어떤 일을 시작하거나 시작하려고 하다. ¶ 혁명 투쟁의 닻을 올린 지가 벌써 반 세기가 다 되었습니다. 반 **닻(을) 감다**

동이 트다 새 세상이 시작되다. ¶ 우리 백성들이 이제는 살게 되나 보오. 캄캄한 밤이 그리도 길더니 이제는 동이 트려는 것이오. 〖기원〗 동(東)은 동쪽이란 뜻으로, 이 표현의 원뜻은 동쪽 하늘이 밝아 온다는 것이다.

막을 열다 ⇒ 막을 올리다 ¶ 전국 체전이 드디어 어제 막을 열었다. / 총장의 축사를 시작으로 5월 축제의 막을 열었다. / 기막힌 한 비극이 그 종막을 내리기도 전에 또 한 개의 비극은 다른 한쪽에서 벌써 그 막을 열고 있지 않은가?

막을 올리다 시작하다. ¶ 내가 신문사에 들어갈 때는 박정희의 유신 시대가 막을 올리고 있던 무렵이었다. / 프로 야구와 프로 축구의 출범으로 한국에도 프로 스포츠 시대가 막을 올린 셈이다. / 20세기는 냉전 종식과 함께 막을 내렸고, 21세기는 정보화로 그 막을 올리고 있다. 반 **막을 내리다**

막이 오르다 시작되다. ¶ 드디어 여러분이 기다리던 청소년 음악회의 막이 올랐습니다. / 이번 엑스포 대회를 계기로 우주 시대의 막이 올랐다. / 공민왕의 영토 회복에 대한 의지와 국권 회복 운동은 그가 변발을 풀어 헤쳤을 때 이미 그 막이 오른 것이었다. 반 **막을 내리다**

문(을) 열다[1] ① 사업을 시작하다. ¶ 요즘 새로 문을 연 음식점이 많아서 음식점 서비스가 갑자기 좋아졌다. / 우리 호텔은 공항에서 좀 멀기는 하지만 문을 연 지 얼마 안 돼 시설만큼은 최고죠. ② (회사, 가게 따위에서) 하루의 일을 시작하다. ¶ 우리 가게는 아침 여섯 시에 문을 열어요.

물꼬를 트다[1] 본격적으로 시작될 수 있도록 계기를 만들다. ¶ 역사의 흐름은 민중이 형성하지만 그 물꼬를 트는 데는 지도자의 결단이 필요하다. / 이 일은 내가 꼭 이뤄야 할 일인 데다 통일의 물꼬를 트는 일이기도 하다. ※ 물꼬: 논에 물이 넘나들도록 만든 어귀.

발동(을) 걸다[2] 어떤 일을 할 태세를 갖추다. ¶ 상황이 안 좋아 지금까지 가만있었는데, 이제 슬슬 발동을 걸 때가 된 것 같아요. 참 **제동(을) 걸다**

발동(이) 걸리다 어떤 일을 할 태세가 갖추어지다. ¶ 수업을 빼먹기로 유명하던 그가 뒤늦게 발동이 걸려 요즘은 밤새워 공부만 한다. / 한국인은 한번 발동이 걸리면 무서운 저력을 발휘한다. 이것이 '한강의 기적'을 이루어 낸 원동력이 아니었을까? 참 **제동(이) 걸리다**

발(을) 담그다 ⇒ 발(을) 들여놓다[2] ¶ 그가 정치에 관심은 있더라도 이번 선거에 발 담글 것 같지는 않다. / 대기업들이 빵집을 만드는 게 유행이던 때 우리도 제과업에 발을 담갔다.

발(을) 들여놓다[2] 어떤 분야에서 활동을 시작하다. '어디에 발을 들여놓다'와 같이 쓰인다. ¶ 내가 문단(文壇)에 발 들여놓은 지 30년이 다 되어 간다. / 그가 자발적으로 나간 이상 앞으로 정계에 다시 발을 들여놓을 것 같지 않다.

발(을) 디디다 ⇒ 발(을) 들여놓다[2] ¶ 그는 교육계에 발을 디딘 지 20년 만에 교장이 되었다. / 포스트모더니즘이 이 땅에 발 디딘 지 얼마 되지 않았지만 문학계에 커다란 영향을 끼치고 있다.

보따리(를) 풀다[2] 계획되어 있거나 가지고 있는 것을 내어 보이다. ¶ 유학 가서 고생하며 공부했는데 돌아와서 보따리를 풀어 보기도 전에 병으로 죽고 말았다. / 할아버지가 한번 이야기보따리를 풀면 시간 가는 줄 몰라요. 참 **보따리(를) 싸다[1, 2]**

봉화(를) 들다 선구적으로 시작하다. ¶ 전봉준은 농민 전쟁의 봉화를 든 인물이다. / 노동 운동의 첫 봉화를 든 섬유 업체 여성 노동자들의 피어린 투쟁을 기억하자. ※ 봉화(烽火): 횃불과 연기로써 급보를 전하던 고대의 통신 방법. 참 **선편(을) 잡다**

봉화(를) 올리다 ⇒ 봉화(를) 들다 ¶ 1517년 마르틴 루터는 종교 개혁의 봉화를 올렸다.

삽을 뜨다 공사를 시작하다. ¶ 물론 삽도 뜨지 못하고 방치해 두느니, 이곳에 연립 주택이라도 짓는 게 나을 수는 있다.

새싹을 틔우다 (어떤 일을) 시작할 수 있는 계기를 만들다. ¶ 정상 회담으로 남북한이 신뢰 회복의 새싹을 틔울 수 있었다.

서막을 올리다 ⇒ 막을 올리다 ¶ 견훤이 나라를 세우고 국호를 백제라 칭함으로써 후삼국 시대의 서막을 올렸다. / 인공위성의 발사로 우주 시대의 서막을 올린 인류는 이제 우주 탐사선을 발사하며 우주 개발을 계획하고 있다. / 독일의 폴란드 침공으로 서막을 올린 제2차 세계 대전은 인류에게 씻을 수 없는 상처를 남겼다. ※ 서막(序幕): 연극 따위에서, 처음에 인물과 사건 등을 예비적으로 보여 주는 막.

서막이 오르다 ⇒ 막이 오르다 ¶ 그의 등장으로 불꽃 튀는 대결의 서막이 올랐다. / 이제 한반도 평화 시대의 서막이 오른 것일까?

손(을) 붙이다[2] 어떤 일을 시작하다. ¶ 이것저것 손을 붙여 보았지만, 제대로 되는 것이 하나도 없다. / 그는 일단 일에 손 붙이면 날을 새워서라도 마치고야 마는 성격이다.

시동(을) 걸다 어떤 일을 시작하다. ¶ 그 일을 차일피일 미뤄 오다가 이제야 시동을 걸었습니다. / 오랜 시간 동안 준비한 일이었는데 시동을 걸자마자 반대에 부딪혀 포기하고 말았다. 참 **발동(을) 걸다[1]**, **제동(을) 걸다**

싹을 틔우다 어떤 일이 시작되도록 하다. ¶ 민주주의를 지구 상에 싹 틔운 사람들은 한 시대를 불화살처럼 살다 간 사람들이었다. / 정보화가 아직 싹을 틔우기도 전에 정보화 사회의 문제점을 너무 강조하는 것은 문제 아닌가요? 참 **꽃(을) 피우다, 꽃(이) 피다**

싹(이) **트다** 기미가 보이다. 어떠한 일이 생겨나거나 되어 가기 시작하다. ¶ 두 사람 사이에 사랑의 싹이 텄다. / 부모의 불행을 지켜보며, 천진난만한 아이의 머릿속에도 부정적인 생각이 싹트기 시작했다.

씨(를) **뿌리다**[2] 시작할 수 있는 계기를 만들다. ¶ 브나로드 운동은 농민들을 계몽하여 농촌에 문명의 씨를 뿌리자는 생각을 가진 젊은이들이 일으킨 운동이다. 참 **열매(를) 맺다**

첫 단추를 끼우다 어떤 일을 시작하다. ¶ 이번 무역 협상은 첫 단추를 잘못 끼웠기 때문에 계속 문제를 일으키는 것이다. / 나는 자그마한 생맥줏집을 여는 것으로 사업의 첫 단추를 끼웠다.

첫 삽을 뜨다 어떤 일을 시작하다. ¶ 우리는 일제 강점기에 민족 사학 건설의 첫 삽을 떴다. / 역사적인 대사전 편찬의 첫 삽을 뜬 분이 저기 계시는 선생님이다.

(첫)**걸음마를 떼다** ⇒ **첫발**[첫걸음]**을** (내)**디디다**[딛다] ¶ 무슨 일이든지 걸음마를 뗄 때는 말도 많고 액도 많이 끼는 법이야. / 우리 연구 모임이 걸음마를 뗄 무렵만 해도 우리를 이상한 눈으로 보는 사람들이 많았다. / 첫걸음마를 떼는 순간부터 이런 어려운 일이 생기니 앞으로의 일이 막막하기만 합니다. 참 **종짓굽이 떨어지다**

첫발[첫걸음]**을** (내)**디디다**[딛다] 처음 일을 시작하다. ¶ 그는 대학을 마치고 중학교 교사로 교육계에 첫발을 내디뎠다. / 사업에 첫발을 내딛는 순간부터 시련이 닥쳐오기 시작했다. / 그는 박물관에서 공직의 첫걸음을 디뎌 오늘에 이르렀다. / 어떤 일이든 첫걸음을 내디딜 때에는 긴장되고 흥분하기 마련입니다.

첫발[첫걸음]**을 떼다** ⇒ **첫발**[첫걸음]**을** (내)**디디다**[딛다] ¶ 그가 출판계에 첫발을 떼어 놓게 된 것은 그의 나이 서른 살 때다.

(첫)**테이프**(를) **끊다** 처음 시작하다. ¶ 오늘 우리 가게 손님으로 김 사장님이 첫테이프를 끊으셨어요. / 신제품 개발에서 먼저 테이프 끊은 쪽은 대만이었다.

판(을) **벌이다** 사람들을 불러 모아 놀이나 일을 시작하다. ¶ 분위기가 오르자 친구들은 오랜만에 화끈하게 마셔 보자면서 본격적으로 판을 벌였다. / 세배가 끝난 후 일가친척들이 윷놀이 판을 벌이고 놀았다. / 판 벌여 놓은 사람이 나 몰라라 하면 누가 그 일을 마무리할 수 있겠어요? / 우리가 연구비는 댈 테니 김 교수가 주도하여 판을 벌여 보세요. 참 **판을 차리다**

【발전(發展), 순조(順調)로움】

거칠 것(이) 없다 장애가 없이 순조롭게 일을 하다. ¶ 당나라와 신라가 연합군을 구성하여 발해를 공격하기도 했으나, 발해의 성장은 거칠 것이 없었다. / 거칠 것 없던 천하의 항우를 제압하고 중국을 통일한 사람이 유방이다.

계단을 밟아 가다 (어떤 일을) 정해진 순서대로 하다. ¶ 계단을 밟아 가면서 일을 처리해야지 불쑥 사장에게 보고하면 어떻게 합니까? 과장은 뭐 허수아비입니까? / 차례차례 계단을 밟아 가다 보면 너에게도 좋은 때가 올 것이다. 그러니 너무 서두르지 마라.

급물살을 타다 일이 갑자기 빠르게 진행되다. ¶ 상황 변화로 협상이 급물살을 타면서 우리 부서가 바빠졌다. / 용의자가 밝혀지면서 수사가 급물살을 탔다.

꽃(을) 피우다 어떤 일이나 현상을 무르익게 하거나 번성하게 하다. ¶ 바둑은 중국에서 나왔지만, 승부 바둑은 일본에서 꽃피웠다. / 이 일대를 중심으로 면앙정 송순, 송강 정철 등 수많은 시인 묵객(墨客)이 가사 문학의 꽃을 피웠다. / 온 가족이 모여 앉아 오순도순 이야기꽃을 피웠다. 참 **싹을 틔우다**

꽃(이) 피다 어떤 현상이 화려하게 나타나다. ¶ 민주주의가 꽃피기 위해서는 시민들이 각성해야 한다. / 내가 백 점 맞았다는 말에 엄마 얼굴에 꽃이 피었다. 참 **노랑꽃(이) 피다, 싹을 틔우다**

발돋움(을) 하다 (사업이나 시설 규모가) 발전의 전망을 가지고 확대되다. '무엇으로 발돋움하다'와 같이 쓰인다. ¶ 우리 회사는 노동자들의 피와 땀으로 짧은 시일 내에 한국 제일의 중공업 기업으로 발돋움했다. / 울산은 지금 세계적인 자동차 공업지로 발돋움을 하는 한국 산업의 중심지다. ※ 발돋움: 키를 크게 하려고 발뒤축을 들고 발끝으로만 디디고 서는 짓.

불(이) 붙다 활기차게 되다. ¶ 새로운 경쟁자가 나타나면서 경쟁에 불이 붙었다. / 신소재를 이용한 제품의 개발에 불이 붙었다.

잘 나가다 장애가 없이 순조롭게 일을 하다. ¶ 잘나간다는 사람 몇몇을 제외하면 대부분 작가들이 어렵게 산다. / 정권이 바뀌자 그동안 잘나가던 공무원들이 불안해하는 것 같다.

줄(을) 잡다[1] (금 캐는 작업을 하는 중에) 금맥을 찾다. ¶ 그는 노다지판의 줄맥이 산허리를 뚫고 이 밭으로 뻗어 나왔다며, 둘이서 파면 불과 열흘 만에 줄을 잡을 거라 했다. * 줄맥(-脈): '맥락(脈絡)'의 방언형.

청신호가 켜지다 앞일이 순조롭게 될 징조가 보이다. ¶ 예선을 쉽게 통과하면서 금메달 획득에 청신호가 켜졌다. / 환율과 금리가 제자리에 돌아오고, 각종 경제 지표에도 청신호가 켜졌다. 반 **적신호가 켜지다**

탄력(을) 받다 (어떤 계기로) 더 높아지거나 많아지게 되다. ¶ 그가 출연함으로써 시청률 상승이 더욱 탄력을 받을 것이다. / 장 막판에 급하게 매수세가 들어오면서 주가가 탄력을 받았다.

한 걸음 내디디다[내딛다] 전진하다. ¶ 우리가 한 걸음 내디딜 때마다 대기업의 견제는 더 치밀해졌다.

한 걸음 더 나아가다 한 단계 더 발전하다. ¶ 포장용지를 재활용하는 데에서 한 걸음 더 나아가 포장을 간소화하는 태도가 필요하다.

한 발(짝) **더 나아가다** ⇒ **한 걸음 더 나아가다** ¶ 자기가 있는 위치에서 한 발짝도 더 나아가지 못하는 사람들이 많다. / 춥다는 소리를 듣고 겨울옷 하나 준비했는데, 다른 사람들은 나보다 한 발 더 나아가 이불까지 싸들고 나타났다.

한발 앞서다 더 낫다. ¶ 일본은 기술 개발에 있어서만은 한국보다 한발 앞서 나간다. / 요즘 쌀밥이 각광받는 걸 보면 쌀밥 문화가 서양의 식문화보다 한발 앞선 식생활인 것 같아요.

힘(을) **받다** ⇒ **탄력**(을) **받다** ¶ 사장의 말 한마디로 우리 제안이 힘을 받았다. / 지지도 상승에 힘을 받은 대통령은 개헌을 제안하며 정국의 중심에 섰다.

【**전환**(轉換), **변경**(變更), **교체**(交替)】

고삐를 돌리다 (진행 중인 일의 방향을) 변경하다. ¶ 같은 여학교의 선배인 아내에 대한 흠모와 존경이 그대로 준보에게로 고삐를 돌린 셈이었다. (이효석, 풀잎) ※ 고삐: 한 끝을 말이나 소의 재갈에 잡아매어 몰거나 부릴 때에 끄는 줄.

궤도를 바꾸다 (진행 중인 일의 방향을) 변경하다. ¶ 나이 들고 난 후 인생의 궤도를 바꾼다는 것은 참으로 어려운 일이다. ※ 궤도(軌道): 행성, 혜성, 인공위성 등이 중력의 영향을 받아 다른 천체의 둘레를 돌면서 그리는 곡선의 길. 또는 기차나 전차가 다니도록 레일을 깔아 놓은 길.

궤도를 수정하다 ⇒ **궤도를 바꾸다** ¶ 총선 참패 후 정부의 개혁 정책은 궤도를 수정해야만 했다. / 일본은 국제 사회에서 군사적 역할을 확대시키는 방향으로 외교 정책의 궤도를 수정했다.

말을 바꿔 타다 진행 중인 일을 변경하다. ¶ 한번 일을 시작하면 말을 바꿔 타지 않는 게 내 신조다. / 말을 자주 바꿔 타면, 따르던 사람들도 등을 돌릴 수가 있다.

무대를 옮기다 활동 공간을 바꾸다. ¶ 오렌지족들이 압구정동에서 신촌으로 무대를 옮겼다. / 기업의 새로운 도약을 위해 아시아에서 아프리카로 무대를 옮겼다.

문턱에 들어서다 어떤 단계가 끝나고 새로운 단계가 시작되다. '어디 혹은 어느 시기의 문턱에 들어서다'와 같이 쓰인다. ¶ 대학을 갓 졸업하고 사회의 문턱에 들어선 신입 사원들의 눈빛은 참으로 신선하다. / 날씨가 아침저녁으로 쌀쌀해지는 것을 보니, 계절이 가을의 문턱에 들어선 모양이다. ※ 문턱: 문짝의 밑이 닿는 문지방의 윗부분.

문턱을 넘다[넘어서다] ① 경계나 고비를 지나 어떤 일이 시작되거나 이루어지다. 주로 '무엇의 문턱을 넘다'와 같이 쓰인다. ¶ 입동이 지났다. 철로 따지면 겨울의 문턱을 넘은 셈이다. / 1차전에서 입은 부상이 발목을 잡아 결승 문턱을 넘지 못했다. / 국내에 거주하는 외국인 수를 볼 때 우리나라는 이미 다문화 사회의 문턱을 넘어섰다. / 3선 개헌으로 장기 집권의 문턱을 넘어선 박정희 정권은 저항 언론에 재갈을 물리려 했다. ② 어떤 환경이나 상태에서 벗어나다. 주로 '무엇의 문턱을 넘다'와 같이 쓰인다. ¶ 그는 두 차례의 수술 후, 죽음의 문턱을 넘어 건강을 회복했다.

물(을) 갈다 (구성원을 전체적으로) 바꾸다. 주로 전체적인 교체를 뜻하는 말로 '물갈이'가 쓰인다. ¶ 이번 총선에서 정치판의 물갈이를 해야 한다는 여론이 점점 힘을 얻어 가고 있다. / 조직이 비대해지면 하는 일도 없이 월급만 축내는 사람들이 많아져요. 이젠 고인 물을 갈 때가 된 것 같아요.

바닥(을) 다지다 최악의 상황에서 반전을 준비하다. ¶ 집값이 바닥을 다지고 있는 이때가 투자의 호기다. / 증시는 바닥 다지기를 끝내고 올해가 지나면 상승세를 이어 갈 것이란 전망이 나왔습니다. 참 **바닥(을) 보다 3**

발(길)(을) 돌리다 2 가는 방향을 바꾸다. 또는 다른 분야로 전환하다. ¶ 한국에서의 인기가 시들해지자 미국 진출로 발을 돌린 게 아닐까? / 불황이라 그런지 사람들은 조금이라도 싼 음식점으로 쉽게 발길을 돌린다. / 그 선수도 나이가 먹으면서 실력이 떨어지니까 방송계로 발길을 돌리게 된 것 같다.

삼천포로 빠지다 (일이나 이야기가) 엉뚱한 방향으로 진행되다. ¶ 잘 나가다가 일이 꼭 삼천포로 빠진단 말이야. / 나는 삼천포로 빠져 버리고 있는 상념을 바로잡고 다시 책을 잡았다. / 이 영감쟁이의 말이 하두 두서가 없고 번번이 삼천포로 빠지는 바람에 나중에는 나도 뭔 소린지 몰라 헷갈리고 말았다우. (김영현, 해남 가는 길) 『기원』 1965년 12월에 개통된 부산~진주 간 전동 열차 3량 가운데 1량은 삼천포가 종착역이었는데, 진주에 갈 손님이 삼천포로 가는 객차를 타고 가다가 잠에서 깨어나 보니 삼천포까지 가버렸다는 데에서 나온 말이라는 이야기가 전해 온다.

새 장을 열다 새로운 단계로 들어서게 하다. '무엇의 새 장을 열다'와 같이 쓰인다. ¶ 인터넷이 시민운동의 새 장을 열었다. / 이 드라마는 한국식 과학 수사물의 새 장을 열었다는 평가를 받았다.

새 장이 열리다 새로운 단계에 접어들다. ¶ 이 한 권의 책으로 한국 문학의 새 장이 열리게 되었습니다.

샛길로 빠지다 (일이나 이야기가) 엉뚱한 방향으로 진행되다. ¶ 떠들썩한 장난에 대화가 종종 샛길로 빠졌다. / 사리사욕 때문에 국가적 사업이 샛길로 빠지는 일이 자주 있다. / 한때의 잘못된 생각으로 샛길로 빠진 적도 있었지만 지금은 두 아이의 아버지로 열심히 살고 있습니다.

샛길로 새다 ⇒ **샛길로 빠지다** ¶ 이건 좀 샛길로 샌 질문이겠지만 선생님은 왜 지금까지 독신으로 사시나요? / 샛길로 새지 않고 꾸준히 노력하면 누구나 자신이 원하는 걸 이룰 수 있을 겁니다.

세상을 바꾸다 사회의 제도나 상태를 아주 다르게 하다. ¶ 우리가 나서서 세상을 바꿉시다. / 노동자들이 자꾸 글도 쓰면서 떠들어 대야 세상을 바꿀 수 있어요.

세상이 바뀌다 사회의 제도나 상태가 아주 달라지다. ¶ 그 노인네들 세상이 바뀐 줄도 모르고 아직까지 양반 흉내를 내고 있어.

지평을 열다 ⇒ **새 장을 열다** ¶ 문학의 새로운 지평을 열다. / 자주 민주 통일의 새 지평을 여는 데 한몫을 하고 싶어요.

지평이 열리다 ⇒ **새 장이 열리다** ¶ 이번 회담으로 한중 관계의 새로운 지평이 열렸다. / 이 치료법의 출현으로 현대 의학의 새로운 지평이 열렸다고 생각한다.

천지가 개벽할 판 모든 것이 바뀔 상황. ¶ 새 정부의 등장과 더불어 시작된 개혁으로 천지가 개벽할 판이다.

판(을) 깨다[2] 현재의 질서와 체계를 무너뜨리다. ¶ 적어도 판을 깨지 않는 범위 안에서 경쟁을 해야 두 사람 모두 살아남을 수 있다. / 대통령은 판을 깨면 안 된다는 온건파의 주장을 받아들였다.

판을 뒤집다[2] 세력 판도를 바꾸다. ¶ 선거 막판에 돈뭉치 사건이 판을 뒤집었다. / 그녀는 역전의 여왕답게 다 넘어갔던 판을 뒤집는 이변을 펼쳤다. / 이번 우주 항공 기지 건설 건이 재계의 판을 뒤집을지도 모른다.

획을 긋다 전기를 마련하다. ¶ 얼마 전 역사학에 획을 그을 만한 발굴이 있었다. / 20세기 지성사에 커다란 획을 그은 학파로 프랑크푸르트학파를 언급하지 않을 수 없다. / 공병우 박사는 한글 타자기 발명에 성공하여 한글 기계화 역사에 큰 획을 그었다.

【방해(妨害), 장애(障礙)】

가리(를) 틀다 잘되어 가는 일을 방해하거나 가로막다. ¶ 남북 정상 회담에 가리를 트는 극우 언론의 속내는 뻔하다. / 보수당은 민간인 학살을 규명하기 위한 법안을 결사적으로 가리 틀었다. / "거 아도 있는 데서 고마하소." 넘벌댁이 목청을 가다듬자 학산 양반이 번지질을 하다 말고 가리 틀었다. (김태연, 그림 같은 시절) ※ 가리: 일의 갈피와 조리(條理).

걸림 돌 방해하거나 가로막는 존재. ¶ 나는 젊고 능력 있는 사람들에게 걸림돌이 되고 싶진 않아요. 반 **디딤 돌**

덜미(가, 를) **잡히다**[3] (어떤 어려움으로) 일을 그르치거나 기세가 꺾이다. ¶ 잘나가던 기업이 유동성에 덜미가 잡혀 부도 위기에까지 몰렸다.

덜미(를) **잡다**[3] (어떤 어려움이) 잘되던 일을 그르치게 만들거나 기세를 꺾다. ¶ 당시에는 좋은 선택이었지만 지금은 오히려 그게 덜미를 잡았다. / 지난해 세계 경제의 덜미를 잡은 유럽 재정 위기가 재발할 수도 있다는 우려가 있다.

뒷다리(를) **걸다** 방해하거나 가로막다. ¶ 일 잘하는 사람 뒷다리나 걸려고 하는 간부는 당장 쫓아내야지요. / 그들이 의도적으로 발목을 잡고 뒷다리를 걸었지만 우리는 우리 갈 길을 갔다.

뒷다리(를) **잡다**[2] ⇒ **뒷다리**(를) **걸다** ¶ 뒷다리 잡기 해서 덕 봤다는 사람은 없어. 공정한 경쟁을 하지 않으면 결국은 모두가 손해 보는 것이지.

뒷다리(를) **잡아당기다** ⇒ **뒷다리**(를) **걸다** ¶ 부정 투표 소문이 돌며 사방에서 개혁당의 뒷다리를 잡아당겼다. / 역사는 진보의 역량이 되어야지 뒷다리를 잡아당기는 부담이 되어서는 안 된다.

뒷다리(를) **잡히다**[2] 방해받거나 가로막히다. ¶ 선거를 치르며 언론에 뒷다리를 잡혀 본 적이 있는 정치인들은 언론에 적대감을 갖기 마련이다.

뒷덜미(가, 를) **잡히다**[3] ⇒ **덜미**(가, 를) **잡히다**[3] ¶ 성장 신화를 만들어 내며 앞서 가던 아일랜드는 부동산 거품 붕괴로 뒷덜미를 잡혔다.

뒷덜미(를) **잡다**[3] ⇒ **덜미**(를) **잡다**[3] ¶ 시장의 불안감이 다시 한 번 증시의 뒷덜미를 잡았다.

딴죽(을) **걸다** 트집을 잡고 방해하다. ¶ 내가 하는 일에 딴죽 걸지 마. / 내가 과장으로 발령받자 남자 동기들이 어떻게 여성을 과장으로 임명할 수 있냐며 딴죽을 걸었다. ※ 딴죽: 씨름 따위에서 쓰는 재주. 자기의 발로 상대자의 다리를 옆으로 치거나 끌어당기어 넘어뜨리는 일.

딴죽(을) **치다** ⇒ **딴죽**(을) **걸다** ¶ 어제까지만 하여도 아무 소리 없더니 이제 와서 딴죽을 치는 심보는 무엇인지 모를 일이다.

딴지(를) **걸다** ⇒ **딴죽**(을) **걸다** ¶ 야당이라고 정부가 하는 모든 일에 사사건건 딴지 거는 건 아닙니다. / 남편이 텔레비전을 바꾸자고 하면 나는 텔레비전은 아직 쓸 만하니 세탁기부터 사자고 딴지를 걸었다. ※ 딴지: '딴지'는 많이 사용하는 말이지만, 사전에 올라 있지 않으며 그 의미도 분명하지 않다. 다만 이 단어가 쓰인 '딴지를 걸다'라는 표현의 의미가 '딴죽(을) 걸다'와 유사하다는 데에서 '딴지'와 '딴죽'의 관련성을 유추해 볼 수는 있다.

발등(을) **찍다** 남의 일을 그르치거나 해를 주다. ¶ 일 잘하는 사람을 도와주지는 못할망정 발등을 찍는 일은 하지 말아야지요.

발목 잡기 상대를 방해하여 견제하기. ¶ 의사들의 집요한 발목 잡기로 한의학의 과학화를 위

한 사업이 지지부진해지고 있다. 참 **발목(을) (붙)잡다**

발(을) 걸다 방해하다. ¶ 남의 일에 발을 걸지 말고 네 일이나 잘해라. / 우리의 힘이 날로 신장되니까 곳곳에서 발을 걸고 나오지만, 그런다고 우리가 기죽을 줄 아느냐?

벽에 부딪치다[부닥치다] 어떤 일에 장애나 문제가 생기다. ¶ 그는 의욕적으로 시작한 일이 벽에 부딪치자 당황하기 시작했다. / 벽에 부닥쳤다고 뒤로 물러서거나 하던 일을 포기하는 것은 남자다운 태도가 아니다.

브레이크(를) 걸다 ⇒ 제동(을) 걸다 ¶ 정부는 국내 기업을 보호하기 위해 외국 상품 수입에 브레이크를 걸었다. / 국회는 정부의 독주에 브레이크를 걸 의무와 권리가 있다. ※ 브레이크(break): 제동기.

빗장(을) 걸다[1] 더 이상 발전하지 못하게 가로막다. ¶ 외부와 교류를 하지 못하게 빗장을 걸었다고는 하지만 이러한 조치가 성공하리라 믿는 사람은 없었다.

빗장(을) 지르다[1] ⇒ 빗장(을) 걸다[1] ¶ 남의 일에 빗장 지르고도 속이 편할까? / 이번 정부의 조치는 진보적인 학문 연구에 빗장을 지르는 행동이라고밖에 볼 수 없다.

암초가 나타나다 문제가 생기다. ¶ 그의 출셋길에 암초가 나타났다. 뇌물 받은 사실이 드러난 것이다. / 연구를 하다 보면 예상하지 못했던 암초가 나타나 나아갈 길이 막히는 경우가 허다하네. ※ 암초(暗礁): 물속에 잠겨 보이지 않는 바위나 산호.

암초에 걸리다 ⇒ 암초에 부딪치다 ¶ 군 현대화 사업이 고위 장성들의 비리 문제로 시작부터 암초에 걸렸다. / 우승이 거의 확실시되던 우리 팀은 주전 투수 부상이라는 암초에 걸려 시즌 종반 내내 고전했다.

암초에 부딪치다 방해를 받다. ¶ 일이 순조롭게 되리라고 생각했는데 뜻밖의 암초에 부딪치며 중단되었다. / 그 영화는 심의 단계에서부터 암초에 부딪쳐 일반 개봉에 차질을 빚게 되었다.

제동(을) 걸다 어떤 일을 방해하거나 못하게 하다. ¶ 정부는 과다한 상행위에 제동을 걸 의무가 있다. / 서둘러 본가에 인사를 드리러 가자는 그의 말에 제동을 건 것은 어린 아들이었다. / 그가 떠나면서 그녀의 야심에 제동을 걸 방해물은 모두 사라지게 되었다. 참 **발동(을) 걸다[1,2]**, **시동(을) 걸다**

제동(이) 걸리다 방해를 받아 못하게 되다. ¶ 정부가 추진하는 개발 사업이 환경 단체의 반대로 제동이 걸렸다. / 건강 악화로 음악적 성장에 제동이 걸린 그는 산으로 들어가 수양에 전념했다. 참 **발동(이) 걸리다**

틀개를 놓다 (어떤 일을) 방해하다. ¶ 강을 건너는 데 틀개를 놓는 자는 지위 고하를 막론하고 체포하라. / 권신들이 서로 틀개를 놓는 중에 조정 공론이 이것저것 다 무력해져서 하등 조처 없이 달포를 지내 왔다. ※ 틀개: 무엇을 틀기 위한 물건.

【차질(蹉跌), 보완(補完)】

공백이 생기다 차질이 생기다. ¶ 이번 일에는 절대로 공백이 생기면 안 됩니다. / 책임자가 갑자기 병이 나는 바람에 일에 공백이 생겼습니다.

구멍을 메우다 허점을 보완하다. ¶ 이 일의 구멍을 메운다는 것은 이미 늦은 것 같다. / 카드 사용만 신중하게 해도 돈이 빠져 나갈 구멍을 메우는 데 상당한 도움이 될 것이다.

구멍(이) 나다 차질이 생기다. ¶ 현장 근로자들의 파업으로 수출 목표 달성에 구멍이 났다. / 이번 일에 구멍 나면 안 되니까 믿을 만한 사람에게 일을 맡겨라.

구멍이 뚫리다 ⇒ **구멍(이) 나다** ¶ 주전 선수들이 슬럼프에 빠져 팀 전력에 구멍이 뚫렸다.

구멍이 생기다 ⇒ **구멍(이) 나다** ¶ 엄마가 밖으로 바쁘게 나다니면서 아이의 성적 관리에 구멍이 생긴 것 같다.

펑크[빵꾸](가) 나다[1] 차질이 생기다. 규범 표기는 '펑크(puncture)'이지만 일반적으로 '빵꾸'로 쓰인다. ¶ 김 대리는 성격이 꼼꼼하지 못해 그 사람에게 일을 시키면 펑크 나기 십상이지. / 사회자가 제 시간에 도착하지 않아 오전 프로그램이 빵꾸가 났다.

펑크[빵꾸](를) 내다 차질이 생기게 하다. ¶ 그는 발표를 펑크 내고도 별로 미안한 기색이 없었다.

【부진(不進), 쇠퇴(衰退), 중단(中斷), 후퇴(後退)】

게걸음(을) 치다[2] (걸음이나 사업이) 몹시 느리거나 좀처럼 발전이 없다. ¶ 다른 조들은 손발이 잘 맞아 일이 척척 진행되는데, 우리 조만 게걸음을 치고 있다. ※ 게걸음: 게처럼 옆으로 걷는 걸음.

내리막길로 접어들다 쇠퇴하기 시작하다. ¶ 코미디계의 황제로 통할 만큼 하늘을 찌르던 그의 인기도 이제 내리막길로 접어드는 모양이다. / 증시가 서서히 내리막길로 접어들었고 그는 팔 기회를 놓친 채 원금이 날아가는 과정을 쓰린 가슴으로 지켜보아야 했다.

내리막길을 가다 ⇒ **내리막길을 걷다** ¶ 안사의 난을 겪으면서 강대했던 당나라는 하루하루 내리막길을 향해 갔다. / 국제 정세가 변하며 혈맹이라던 두 나라의 우호 관계도 내리막길을 가고 있다.

내리막길을 걷다 쇠퇴하다. ¶ 주가가 가파르게 내리막길을 걷고 있다. / 최강자로 군림하던 그였지만 지난번 패배 후 내리막길을 걷기 시작했다.

답답한 송사다 (일의 진행이) 시원스럽지 않고 답답하다. ¶ 거액을 제시했지만 이에 응하는 사람이 없으니 전문 인력을 확보하는 일이 그야말로 답답한 송사다.

동(이) **끊기다** (일이) 계속되지 못하고 끊어지다. ¶ 인력 부족으로 일의 동이 끊길 뻔했다. ※ 동: 사물과 사물을 잇는 마디. 반 **동**(이) **닿다**[1] 참 **동**(을) **대다**[1]

뒤로 물러서다[2] 주장을 철회하거나 추진하던 일을 포기하다. ¶ 이제 와서 뒤로 물러서는 것은 항복하는 것이나 다름없는 일이다. / 석윳값 인상에 대한 반발이 거세지자 정부는 결국 뒤로 물러설 수밖에 없었다. / 역동적이고 활기찬 시장 분위기로 불경기에 대한 우려는 뒤로 물러난 듯하다. 참 **발**(을) **빼다**

뒷걸음(질)(을) **치다** 상황이 전보다 나빠지다. ¶ 세계적인 불경기가 지속되자 당장 수출 산업이 뒷걸음을 쳤다. / 수익성이 뒷걸음질 치는 분야부터 정리를 할 계획이다. / 스포츠 스타들의 몸값은 크게 뛰었지만 기량은 상대적으로 뒷걸음질 치고 있다.

떡국(을) **먹이다** 그해 안으로 끝내야 할 일을 끝내지 못해서 다음 해로 넘기다. ¶ 아무리 늦어도 연말까지는 끝낼 수 있으니까 떡국을 먹이는 일은 없을 거요. / 이 일로 신제품 개발 건을 떡국 먹이는 일이 없게 최선을 다해 봅시다. 참 **떡국**(을) **먹다**

똥차가 막히다 내 앞에 윗사람이 많다. 주로 미혼의 손위 형제가 있어 결혼이 늦어지거나 선배가 있어 승진이 늦어지는 경우를 표현하는 말이다. ▷ 비속어 ¶ 내가 왜 결혼을 안 하냐고요? 생각해 보세요. 내 앞에 똥차가 얼마나 막혀 있는지. 〖기원〗 똥차는 오래되어 낡은 차를 가리키는 속어이다. 따라서 '앞에 똥차가 막히다'는 오래되고 낡은 차가 길을 막고 있어 새 차가 앞으로 나가지 못하는 상황을 묘사한 것인데, 이를 결혼하지 않은 손윗사람이 많아 아랫사람이 결혼하기 어려운 상황을 비유하는 데 사용한 것이다.

똥차가 밀리다 ⇒ **똥차가 막히다** ▷ 비속어 ¶ 우리 집은 똥차가 밀려 있어 아마 삼 년 내에 결혼하기는 힘들 거야.

매암[맴](을) **돌다** (일이) 어떤 테두리를 벗어나지 못하고 되풀이되다. ¶ 일을 한다고는 하는데 계속 매암만 돌고 일에 진척이 없다. / 국가가 나서서 피해보상을 한다지만 아직까지 피해를 파악하는 정도에서 맴을 도는 형편이다. 〖기원〗 제자리에서 몸을 뺑뺑 돌리는 장난에서 나온 말이다.

매암[맴](을) **돌리다** 어떤 테두리를 벗어나지 못하고 되풀이하게 만들다. ¶ 그는 어찌된 게 남을 하루 종일 매암을 돌리고도 전혀 미안하다는 말조차 하지 않는다. / 누구 맴 돌릴 일 있나. 가르쳐 주려면 좀 잘 가르쳐 주지, 왜 사람을 쓸데없이 왔다 갔다 하게 해.

맥(이) **끊어지다**[2] 일관성이나 연관성이 없어지다. ¶ 심판이 너무 자주 끼어들면 경기의 맥이 끊어져 지루해질 수 있다. / 도공들이 잡혀가거나 산속으로 숨으면서 조선 도자기의 맥이 끊어져 버렸다.

발(길)(을) **돌리다**[3] 더 나아가지 못하고 되돌아가다. ¶ 군대를 이끌고 성문까지 진격했지만 제대로 싸워 보지도 못하고 발을 돌려야 했다. / 시청에 일을 보러 갔다가 담당자가 출장 중이어서 발길을 돌린 적이 많다.

백지로 돌리다 없던 일로 하다. ¶ 그는 활동을 중단하며 다음 달 예정된 앨범 제작 계획도 백지로 돌렸다. / 지금까지 해 온 일을 백지로 돌리고 새로 시작해 보자.

백지로 환원하다 ⇒ 백지로 돌리다 ¶ 일단 매듭지어진 협상안이 뒤에 백지로 환원되는 경우도 종종 있다. / 초현실주의는 다다이즘이 철저하게 기성 예술을 백지로 환원시킨 폐허 속에서 나타났다.

불(이) **꺼지다** 어떤 주장이나 일이 더 이상 진척되지 못하다. ¶ 세대 교체론은 청년층 내부에서도 시기상조라는 비판을 받아 조기에 불이 꺼졌다.

원점으로 (되)**돌아가다** 처음 상태로 돌아가다. ¶ 용의자가 무혐의로 풀려나면서 수사가 원점으로 돌아가게 되었다. / 메마른 웃음이 나를 조롱하듯이 울려 퍼졌다. 결국 모든 일은 원점으로 되돌아간 것이다.

원점을 맴돌다 진척이 없다. ¶ 시간은 자꾸 가는데 이야기는 계속 원점을 맴돌고 있었다. / 사건이 발생한 후 한 달이 되도록 별다른 단서를 잡지 못한 채 수사가 원점을 맴돌고 있다.

이도 안 나다² (일이) 거의 진행되지 않다. ¶ 이 기관에 대한 조사는 이미 드러난 사실을 확인하는 차원인데, 다른 기관에 대한 수사에 비하면 아직 이도 안 났다.

제자리 걸음(을) (하다) 진척이 없다. ¶ 올해 들어 수출은 제자리걸음을 하는데 수입은 증가하는 추세를 보인다. / 열심히 공부하는데도 성적이 제자리걸음이라면 공부 방법을 바꿔야지.

제자리에 머물다 발전이 없다. ¶ 나이가 들면 사람들이 타성에 빠져 제자리에 머물러 안주하는 경향이 있다. / 제조업에 비해 서비스 업계가 부진을 면치 못하면서 산업 전체의 생산성이 제자리에 머물렀다.

한 발(자국) **물러나다**[물러서다] 후퇴하거나 양보하다. ¶ 끈질긴 설득에 재협상은 없다던 회사도 결국 한 발 물러섰다. / 한 발 물러나는 것을 '양보'라 여기는 한 양보는 물론 타협도 기대하기 어렵다. / 일본은 중국과의 충돌을 피하기 위해 한반도에서 한 발자국 물러섰다.

허리가 잘리다 더 이상 이어지지 못하다. ¶ 그는 상대의 본진으로 병력을 밀어 넣으려 했으나 수비대에 의해 허리가 잘렸다. / 단락을 잘못 나누면 글이 허리가 잘려 난해해질 수 있다.

호흡이 끊기다 흐름이 이어지지 않다. ¶ 일을 하다가 호흡이 한번 끊기면 원상 복귀가 힘들다.

【**연속**(連續), **인계**(引繼), **지속**(持續)】

골격을 유지하다 근본적인 것을 지속시키다. ¶ 정부가 바뀌었어도 경제 정책의 골격은 그대로 유지할 것 같다. / 자본의 세계화 시대에 사회주의는 그 골격을 유지하기가 힘들게 되었다. ※ 골격(骨格): 고등 동물의 체격을 형성하고 지탱하게 하며 근육을 부착하게 하는 기관. 참 **골격을 갖추다**

공을 넘기다 다른 곳에서 결정하도록 미루다. ¶ 대통령은 원론적인 답변만 하고 공을 국회로 넘겼다.

공이 넘어가다 결정권이 다른 곳으로 가다. ¶ 공이 본부로 넘어간 이상 나로서는 어쩔 수가 없다. / 그가 자기의 결심을 밝힌 이상 그의 속마음이 어디에 있든 상관없이 일단 공은 그녀 쪽으로 넘어갔다.

꼬리가 길다 ① 나쁜 일을 오래 두고 계속하다. ¶ 이번 한 번만 한 번만 하다가 꼬리가 길어져 아버지께 들키고 말았다. / 치밀하게 진행해 온 일이었지만 꼬리가 너무 길었다. 그의 행동을 수상히 여긴 옆집 남자가 경찰에 신고하면서 모든 일이 드러났다. ② 문을 닫지 않고 들어오는 사람을 나무라는 말. ¶ 날도 추운데 넌 웬 꼬리가 그렇게 기니?

꼬리(를) 달다[2] 앞뒤로 서로 잇따르다. ¶ 자동차들이 꼬리를 달고 공장 구내로 들어오기 시작했다.

꼬리(를) 잇다 ⇒ **(꼬리에) 꼬리를 물다** ¶ 올해 들어 대형 사고가 꼬리를 이었다. / 시간이 흐를수록 의문이 꼬리를 이었다.

(꼬리에) 꼬리를 물다 (사건이나 생각 따위가) 계속 이어지다. ¶ 의문이 꼬리에 꼬리를 물었다. / 소문은 꼬리에 꼬리를 물어 학생들의 불안감이 더욱 커졌다. / 비리 공화국을 방불케 할 정도로 뇌물 사건이 꼬리에 꼬리를 물고 있다. / 춘추 말기의 중국에서는 전쟁이 꼬리를 물었다. / 사고가 꼬리를 물고 일어나는데 당국은 대비책을 마련하지 못하고 있다.

내친 걸음 이왕에 시작한 일이나 행동. 대부분 어떤 일을 하다가 다른 일을 더한다는 뜻으로 '내친걸음에', '내친걸음으로', '내친걸음이라'와 같이 쓰인다. ¶ 컴퓨터를 구입한 후, 내친걸음에 컴퓨터 학원에 등록했다. / 경관은 높은 사람을 만나라고 엄지손가락을 들어 보였다. 나는 내친걸음으로 2층 서장실로 달려갔다. / 여자는 호남선 대합실을 향해 걸어가기 시작했다. 어디로 갈까 망설이던 그도 내친걸음이라 여자를 따르기로 했다.

대(를) 받다 앞사람의 일을 뒷사람이 이어받다. ¶ 선배들의 대를 받아 학생회를 발전시켜야 합니다. ※ 대(代): 이어져 내려오는 집안의 계통.

동(을) 대다[1] 도중에 떨어지지 않게 계속 잇대다. ¶ 열흘 동안의 한파를 지나오는데 그들은 가까스로 동을 대었다 (이기영, 두만강) / 아무리 부자라고 해도 아무 차질 없게 동 대는 것이 쉬운 일은 아닐 것이다. ※ 동: 사물과 사물을 잇는 마디. 참 **동(이) 끊기다**

동(이) 닿다[1] 차례가 이어지다. ¶ 자재와 인력이 부족해 일이 동 닿기가 쉽지는 않을 것입니다. 반 **동(이) 끊기다**

뒤(를) 따르다 같은 일을 하다. ¶ 앞서간 전사들의 뒤를 따르겠습니다. / 저도 돌아가신 선생님 뒤를 따라 의료 봉사 활동에 나머지 생을 바치겠습니다.

뒤를 물다 계속 이어지다. ¶ 의미 없는 이야기들이 뒤를 물고 들려왔다.

명맥을 유지하다 사라지지 않고 존속하다. ¶ 우리의 전통 문화는 서구 문화의 거센 물결에 밀려 겨우 명맥이나 유지하고 있는 상태다.

명맥을 잇다 사라지지 않고 존속하다. 또는 계승하다. ¶ 내가 지금 스승의 뒤를 이어 나전 칠기의 명맥을 잇고 있다. / 한글 글씨체 중 눈에 띈 것은 궁중의 나인들로부터 그 명맥을 이은 궁체였다. / 〈아프리카의 눈물〉은 아프리카의 풍광과 문화를 생생히 전달하며 명품 다큐멘터리의 명맥을 이었다.

바통(을) 넘겨주다 (어떤 일이나 역할을) 인계하다. ¶ 가장 믿는 후배에게 지금까지 하던 일의 바통을 넘겨주고 나니 마음이 편안해졌다. 〖기원〗 릴레이 경기에서 주자가 바통(baton)을 갖고 뛰다가 다음 주자에게 넘겨주는 데에서 나온 말이다.

바통(을) 물려주다 ⇒ 바통(을) 넘겨주다 ¶ 그는 새 진행자에게 바통을 물려주고 물러났다. / 실험적 음악을 연주했던 1기는 정기 연주회를 끝으로 2기에게 바통을 물려줬다.

불씨가 꺼지지 않다 원인이 사라지지 않고 지속되다. ¶ 헤어졌다고 했지만 자녀 양육 문제가 남아 있어, 갈등의 불씨는 아직 꺼지지 않았다.

자리가 길어지다 모임이 오랫동안 지속되다. ¶ 동창회에 나갔다가 자리가 길어져 집에 늦게 들어갔다. / 그가 나타나 자리가 길어지니 그를 좋아하는 사람이 있을 리가 없다.

주거니 받거니 말이나 물건 따위를 서로 계속해서 주고받거나 건네는 모양. ¶ 친구와 이야기를 주거니 받거니 하다 보니 벌써 날이 밝았다. / 계집종은 삽짝 밖에서 대기하고, 중과 여인, 노파가 방에 둘러앉아 주거니 받거니 술을 마셨다.

줄줄이 사탕으로 연달아. ▷비속어 ¶ 부정에 관련된 공무원들이 줄줄이 사탕으로 잡혀 들어갔다.

【끝, 종결(終結)】≒【단절(斷絶), 불통(不通)】

간판을 내리다 (어떤 일을) 그만두다. ¶ 개업한 지 일 개월 만에 간판을 내리고 말았다. / 영화는 예상과 달리 개봉 일주일 만에 간판을 내리기로 결정해야 할 만큼 흥행에 실패했다. ※ 간판(看板): 상점, 영업소 등에서 그 이름이나 판매 상품 따위를 써서 사람들의 눈에 잘 띄도록 걸거나 붙이는 표지.

단락(을) 짓다 일을 마무리하다. ¶ 아직 이 일의 단락을 짓지 못하고 있습니다. 선생께서 힘을 써 주셔야 하겠습니다. / 지금까지 하던 일은 일단 단락 짓고, 이 일을 먼저 처리하라고.

닻(을) 감다 하던 일을 걷어치우다. ¶ 전망도 보이지 않는 일로 이렇게 허덕거리느니 차라리 일찍 닻을 감는 게 상책일 듯싶다. / 자네가 무당질을 하고 싶어 한 것은 아니니 나를 남편으로 의지할 마음이 있거든 오늘부터 그 노릇을 닻 감아 버리게. 『기원』 닻을 감아 뱃길을 떠난다는 데에서 나온 말이다. 그런데 흥미로운 사실은 닻을 감는 것과 닻을 올리는 것은 같은 행위이지만 전자는 일을 끝내는 것을, 후자는 일을 새롭게 시작하는 것을 비유한다는 점이다. 반 **닻을 올리다**

뒤끝을 보다 일의 결과를 보다. ¶ 일을 시작했으면 뒤끝을 보아야 할 게 아닌가. / 그는 이 영화로 얼굴을 알렸지만 차기작에서 씁쓸한 뒤끝을 봤다.

뒤끝을 흐리다 시작과 달리 어떤 일의 끝맺음이 좋지 않다. ¶ 일본 증시가 수출주 강세에도 불구하고 강보합세로 장을 마쳐 뒤끝을 흐렸다. 참 **뒤끝(이) 흐리다**

뒤를 다지다[2] 일을 단단히 마무리하여 문제가 없게 하다. ¶ 먼저 갈 테니 뒤를 잘 다져 놓고 오게나. / 포졸 떼는 너무 악을 쓰고 대드는 장판 아낙들의 서슬에 밀려 슬금슬금 골목을 빠져나며 뒤를 다졌다. (이용선, 동학)

뚜껑(을) 벗기다 ⇒ 뚜껑(을) 열다 ¶ 모든 일의 성패는 뚜껑을 벗겨 보아야 안다. / 비관적인 추측이 많았었지만, 막상 뚜껑을 벗겨 보니 결과는 예상 밖으로 나타났다.

뚜껑(을) 열다 일의 결과를 보다. ¶ 길고 짧은 것은 뚜껑을 열어 봐야 알지. / 막상 뚜껑을 열고 보니 여론 조사에서 약세를 면치 못했던 야당이 압승을 했다.

마침표를 찍다 어떤 일을 끝내거나 마치다. ¶ 그는 30년에 걸친 공직 생활에 마침표를 찍고 고향에 내려갔다. / 그는 대중문화를 둘러싼 세대 간의 대립에 마침표를 찍자고 강조한다. / 지도부가 바뀌면서 시작해 놓고 마침표를 찍지 못하는 일이 되풀이되고 있다.

막을 내리다 끝나다. 또는 끝내다. ¶ 시대가 변하고 청소년들의 취향이 변하면서 그의 전성기도 막을 내렸다. / 국채 보상 운동은 일본의 탄압으로 막을 내리고 말았다. 『기원』 막(幕)은 무대를 가리거나 공연 진행 과정에 장면 전환을 위하여 열고 닫는, 천으로 만든 물건이다. 이 때문에 '막을 내리다', '막을 열다', '막을 올리다' 등은 '공연을 끝내다', '공연을 시작하다' 등의 의미로 사용되었고, 이 의미가 확장되어 일이 시작되거나 끝남을 나타내게 되었다. 반 **막을 올리다, 막이 오르다**

매듭(을) 짓다 마무리하다. ¶ 작은 일이든 큰일이든 항상 한 가지씩 매듭을 짓고 나면 기분이 편안해진다. / 여러분은 지금까지의 과정에서 생겨난 문제들을 어떤 형태로든 매듭짓고 공과를 평가받아야 한다. ※ 매듭: 노, 실, 끈 따위를 잡아매어 마디를 이룬 자리. 반 **매듭(을) 풀다**

먹고 떨어지다 일정한 이득만 얻고 더 이상 관계하지 않다. ▷ 비속어 ¶ 백만 원 줄 테니 이거나 먹고 떨어져라. / 너는 그렇게 푼돈 먹고 떨어지는 것으로 만족해라. / 이번에는 그냥 소개

비만 먹고 떨어지는 게 아니라 나도 악착같이 한몫 끼기로 했다. 참 **먹고 들어가다**

문(을) 닫다[1] ① 폐업하다. ¶ 외상값을 제대로 수거하지 못해 문 닫는 술집이 많아졌다. / 노동자들에게 임금을 주지 않기 위해 일부러 문을 닫아 버리는 것은 위법이다. / 계속되는 불경기로 문을 닫아야 할 판국이다. ② (회사, 가게, 공공 기관 따위가) 하루의 일을 끝내다. ¶ 파리만 날리고 있느니 빨리 문을 닫고 쉬는 게 낫겠다. / 우리 가게는 저녁 여덟 시에 문을 닫습니다.

바닥(을) 보다[3] 끝맺음을 하다. ¶ 그는 한번 일을 시작하면 바닥을 보고야 마는 성격이다. 참 **바닥(을) 다지다**

발(을) 빼다 하던 일을 그만두고 물러나다. ¶ 여론이 좋지 않다고 지금 당장 그 일에서 발을 빼는 것은 명예롭지 못하다. / 시장은 시민 불편이 예상돼 당장 협의하기 어렵다며 한 발짝 발을 뺐다. / 착하게 살겠다고 약속했지만, 그가 폭력 조직에서 발 빼기가 쉽지는 않을 것이다. 참 **뒤로 물러나다, 뒤로 물러서다**[2]**, 몸(을) 빼다**[2]**, 발뺌(을) 하다, 발(을) 끊다**

발(을) 씻다 하던 일을 그만두고 일과 관련한 관계를 깨끗하게 정리하다. ¶ 그런 일은 신물이 나. 이제는 그 일에서 발 씻고 싶어. / 너무 깊게 관계한 일이라 나 혼자 살겠다고 이제 와서 발을 씻을 수도 없는 일이다. 참 **입(을) 씻다**

볼 장(을) 다 보다 더 이상 해야 할 일이 없게 되거나 나아질 일이 없게 되다. ¶ 그는 다음 기회라는 건 생각하지 않고 이번에 볼 장을 다 볼 거라 했다. / 시험 하나 끝난 것을 가지고 볼 장 다 봤다는 식으로 행동하는 젊은이들이 있어 마음이 어둡다. / 가장이 만날 술만 먹으니, 저 집안도 이젠 볼 장 다 본 거지, 그렇지 않아요? 〖기원〗 물건을 사러 온 장을 다 둘러보았다는 말로, 모든 일을 다 마쳐 더 이상 해야 할 일이 없는 상황을 가리킨다.

손(을) 끊다[1] 어떤 일을 더 이상 하지 않다. ¶ 그 일에서 손 끊은 지 한참 되어 나는 잘 몰라요. / 그가 도박 생활에서 완벽하게 손을 끊었다고 한 말은 거짓이다.

손(을) 놓다[2] ⇒ **손(을) 떼다** ¶ 노점 장사마저 손을 놓았으니 앞으로 무얼 해 먹고 사나. / 사람들은 자녀 교육에서 웬만큼 손을 놓고 눈을 뗴도 좋을 무렵, '나는 무엇인가?' 하는 공허감을 맛본다.

손(을) 떼다 하던 일을 그만두다. ¶ 그런 일은 후배들에게 시키고, 너는 그 일에서 손을 떼는 것이 좋을 것 같아. / 하던 일에서 손을 떼고 지금은 복덕방을 하고 있어요. / 어제로 현장 일을 손 떼고 오늘부터 사무실 근무를 시작했다. 참 **손(을) 대다**[1]

손을 멈추다 하던 일을 잠시 그만하다. ¶ 일하던 손을 잠깐 멈추고 뒤돌아보았다. / 퇴근 시간이 되었다고 하던 일도 손을 딱 멈추고 퇴근하는 직원을 좋게 볼 사장은 없다.

손(을) 빼다 ⇒ **손(을) 떼다** ¶ 내가 여기서 손 빼면, 남은 일을 누가 하지? / 도박판에 한번 빠지면 패가망신을 하고서야 손을 빼게 마련이다. 참 **몸(을) 빼다**[2]

손(을) 씻다 하던 일을 그만두고 일과 관련한 관계를 깨끗하게 정리하다. 주로 부정적인 일을 그만둘 때 쓴다. ¶ 그는 종교에 귀의한 후 폭력 조직에서 손을 씻고 새 삶을 시작했다. / 내 시간이 반이 없어진 것은 자네도 짐작할 걸세. … (중략) … 그것마저 없어지는 날 나도 그때 아주 손을 씻어 버리려 아직은 찌싯찌싯 붙어 있네. (이태준, 패강랭) * 찌싯찌싯: '지싯지싯'의 센 말. 남이 싫어하는지는 아랑곳하지 아니하고 제가 좋아하는 것만 자꾸 짓궂게 요구하는 모양. 참 **입(을) 씻다**

손(을) 털다 2 ⇒ **손(을) 떼다** ¶ 웬만하면 학생 운동에서 손을 털어라. 너 아니어도 나라를 구할 사람 많아. / 가급적이면 이 일에서 빨리 손 털고 새 일을 시작하고 싶다.

손(이) 떨어지다 일이 끝나다. ¶ 이 일이 손 떨어진 뒤에야 시간이 날 것 같아요. / 만들다 만 방앗간이라고 하지만, 갖출 건 다 갖춰서 방아확만 파 놓으면 좋게 손이 떨어질 것이었다.

아퀴(를) 짓다 끝마무리하다. ¶ 난 들어가 봐야겠어. 오늘 누굴 꼭 만나서 아퀴 질 일이 있어서 그래. (이무영, 계절의 풍속도) / 지난 20여 년 동안 엎치락뒤치락했던 협상을 단시일 내에 아퀴 짓기는 쉽지 않을 것이다. / 다른 데 정혼한 데가 없으면, 우리끼리 만난 김에 아퀴를 지어 두는 것이 좋지를 않소? ※ 아퀴: 일을 마무르는 끝매듭. 참 **아퀴가 맞다[맞아떨어지다]**

종지부를 찍다 ⇒ **마침표를 찍다** ¶ 새 삶을 시작하려면 어떻게든 그와의 만남에 종지부를 찍어야 했다. / 휴전 상태에 종지부를 찍고 남북 간에 평화 체제를 확립했다. / 구차한 인생은 이쯤에서 종지부를 찍는 게 옳았다. ※ 종지부(終止符): 한 문장이 끝났음을 나타내거나 연이어 끝맺음을 나타낼 때 찍는 부호. 마침표의 다른 말. 참 **날(이) 새다, 종(을) 치다**

종지부를 치다 ⇒ **마침표를 찍다** ¶ 이젠 이런 황당한 정치에 종지부를 쳐야 합니다.

조건(條件), 처지(處地)

【속박(束縛), 고립(孤立)】

가마솥에 든 고기 꼼짝없이 죽게 된 처지나 그러한 상황에 처한 존재. ¶ 아무런 대책도 세울 수 없을 만큼 몰릴 대로 몰려, 지금의 내 신세가 가마솥에 든 고기 신세가 되었다.

굴레를 쓰다 (어떤 평가나 책임에서 벗어날 수 없이) 얽매이다. ¶ 그는 한평생을 전과자라는 굴레를 쓰고 살아왔다. / 그는 잘 던지고도 타자의 도움을 받지 못해 패전 투수의 굴레를 썼다. ※ 굴레: 마소의 목에서 고삐에 걸쳐 얽어매는 줄.

굴레를 씌우다 (어떤 평가나 책임에서 벗어날 수 없게) 얽매다. ¶ 옛날엔 출가한 여자에게 칠거지악(七去之惡)이란 굴레를 씌웠다. / 그들은 양심적 지식인들에게 공산주의자란 굴레를 씌워 탄압했다. ※ 칠거지악(七去之惡): 전근대 시대에 아내를 내쫓는 이유가 되던 일곱 가지 사항.

굴레에 얽매이다 속박되다. ¶ 주부라는 굴레에 얽매여 꿈을 포기하는 여성이 많다. / 개혁을 하려면 먼저 봉건적 관습의 굴레에 얽매인 인물들을 제거해야만 했다.

그물 속에 들다 잡혀 꼼짝하지 못하다. ¶ 한번 이 녀석들에게 걸려드는 날에는 그물 속에 든 거나 다름없이 도저히 빠져 나갈 도리가 없는 것이다. (박태원, 갑오농민전쟁)

그물에 든 (물)고기 이미 잡혀 꼼짝하지 못하는 신세. ¶ 거미줄처럼 늘어진 수사망으로 그물에 든 고기가 되어 버렸으니 어찌할 도리가 없습니다. / 내가 그의 제안을 받아들이면 그물에 든 물고기 신세가 될 거란 생각이 먼저 들었네.

낚시에 걸린 (물)고기 꼼짝 못하고 요구하는 대로 응하는 경우에 처한 사람. ¶ 도박꾼에 걸려든 주부들은 낚시에 걸린 물고기 같은 꼴이 된다. / 선비가 한번 조정에 서게 되면, 모두 낚시에 걸린 고기 꼴이 되는 것입니다. (김영두, 퇴계와 고봉 편지를 쓰다)

덜미(가, 를) 잡히다[4] 꼼짝 못하고 요구하는 대로 응하는 신세가 되다. ¶ 어머니는 한 남자에게 덜미 잡혀 평생을 그 남자의 아내로 살아온 것이다.

덜미(를) 잡다[4] 꼼짝 못하게 하거나 좌지우지하다. ¶ 대중은 예술가의 덜미를 잡고 있다고 생각하지만 예술가는 예술가대로 대중의 덜미를 잡고 있다. / 자신이 결혼했다는 사실을 마냥 숨기고 지낼 수 없다는 생각이 그의 덜미를 잡았다.

독 안에 든 쥐 고립된 처지의 사람. 또는 어떤 상황에서 벗어날 수 없는 처지의 사람. ¶ 어물어물하다간 독 안에 든 쥐가 되기 십상이니까 전세가 불리해지면 미리 도망들을 친다우. (박완서, 목마른 계절) / 산간 부락 소탕 작전에 이은 해안 부락 축성 작전이 끝남으로써 도적들은 독 안에 든 쥐가 되었다. ※ 독: 간장, 김치 따위를 담가 두는 데 쓰는 큰 오지그릇이나 질그릇.

독 안에 들다 벗어날 수 없는 처지가 되다. ¶ 이젠 독 안에 들어 버렸으니 하늘의 심판을 기다릴 수밖에 없다. / 이 시에서 그는 유배되어 있는 자신을 말 잃은 마부와 같아 독 안에 들어 있어 빠져나오기 어렵다고 자조적으로 표현하고 있다.

들숨 날숨 없다 형편상 꼼짝달싹할 수 없다. ¶ 남편을 따라 자진할 뜻은 전혀 없었어. 들숨 날숨 없이 아랫사람들을 돌보고 시부모를 공경하며 하루하루 열심히 살았으니까. (김탁환, 열녀문의 비밀) / 경신은 들숨 날숨 없이 복잡한 서울 거리를 헤어 나와 개운포 한길로 달리었다. (현진건, 무영탑)

멍에(를) 메다 (어떤 평가나 책임에서 벗어날 수 없이) 얽매이다. ¶ 살인자의 아들이라는 멍에를 메고 살 수 없어 고향을 떠났어요. / 자기 아버지가 한 일 때문에, 그는 평생을 가문의 명예 회복이라는 멍에를 메고 살았다. ※ 멍에: 수레나 쟁기를 끌게 하기 위하여 마소의 목에 얹는 구부러진 막대.

멍에(를) 쓰다 ⇒ 멍에(를) 메다 ¶ 그는 오늘 비교적 잘 던졌지만 타선의 도움을 받지 못하여 패전의 멍에를 썼다. / 《설공찬전》은 16세기 조선 사회에서 금서(禁書)의 멍에를 쓰고 역사의 저편으로 사라졌다가 최근 원문이 발견되어 새롭게 관심을 끌고 있다.

목(이) 매이다 (사람이나 일에) 눌리거나 얽매인 처지에 놓이다. 어떤 것에 걸려 다른 일을 진척시키지 못함을 이른다. ¶ 요 몇 년 동안 집안일에 목이 매여 제대로 공부를 못 했다.

물 떠난 고기 생활 바탕을 잃어버려 기가 빠진 사람. ¶ 대중을 이해하지 않으려는 작가는 물 떠난 고기와 같이 우리 시대에서는 곧 호흡이 끊어질 것이다. / 잘살아 보겠다고 미국으로 이민을 갔으나 물 떠난 고기로 살아가는 건 너무 힘들었다. 반 **물 만난 고기, 물 얻은 고기**

발목을 묶다 ⇒ 발을 묶다 ¶ 수천 년 민중의 발목을 묶어 온 봉건주의에서 해방되었다. / 모성 본능이야말로 여자의 발목을 묶어 두는 가장 믿음직한 족쇄일 것이다.

발목(을) (붙)잡다 ① 어떤 행동을 하지 못하게 하다. ¶ 날이 어두워지기 전에 떠나려고 했으나, 집주인이 하루 더 머물다 가라고 발목 잡는 바람에 다음 날 출발했다. / 그의 떨리는 목소리가 떠나려는 내 발목을 붙잡았다. / 벗어나려고 애쓰던 그 생활을 할 수밖에 없게 내 발목을 붙잡은 아버지가 원망스러웠다. ② (단서나 약점 따위를 부각하며) 굴레에서 벗어나지 못하게 하다. ¶ 여자 문제로 발목을 잡는 것처럼 유치한 것도 없다. / 회사 융자를 받아 매입한 땅이 발목을 잡고 있어, 나는 회사의 노비나 다름없는 신세가 되었다. / 그는 공직에 진출하고 싶었지만 과거의 친일 행각이 발목을 붙잡는 바람에 뜻을 이루지 못했다. 참 **발목 잡기**

발목(을, 이) **잡히다** ① 일에 꽉 잡혀서 벗어나지 못하다. ¶ 먹고사는 일에 발목이 잡혀 꼼짝할 수가 없다. ② 약점을 잡히다. ¶ 나는 그에게 발목 잡힐 만한 일을 한 적이 없다. ③ 미련이나 애착 때문에 떠나지 못하다. ¶ 그는 다 익은 곡식에 발목을 잡혀 멀리 떠날 수도 없었다.

발목을 조이다 어떠한 행동을 하지 못하도록 압박하다. ¶ 세계적으로 확산되는 반전 운동이 미국의 발목을 조이고 있다. / 걱정과 고민과 욕심, 그것들은 모두 그의 발목을 조이는 족쇄들이었다.

발목이 묶이다 ① 난처한 지경에서 벗어나지 못하다. ¶ 그는 사랑이라는 감정에 발목이 묶여 힘들어하고 있다. / 어처구니없는 과거에 발목이 묶인 우리는 지금도 과거에서 벗어나지 못하고 있다. ② ⇒ **발**(이) **묶이다** ¶ 항공사에서는 폭풍으로 발목이 묶인 승객들을 위해 숙소를 준비했다. / 왕자가 이곳에 발목이 묶여 있는 사이에 궁에 가서 왕자를 쫓아낼 방도를 마련해야 한다.

발을 묶다 꼼짝 못하게 하다. ¶ 상대 팀 좌익수의 발을 얼마나 효과적으로 묶을 수 있느냐가 이번 경기의 승패를 좌우할 것이다. / 자본주의 사회에서도 국가의 금융 정책이 은행의 발을 묶곤 한다.

발(이) **묶이다** 자유롭게 이동하거나 활동할 수 없게 되다. ¶ 비판적인 정치인들이 정치 활동 규제로 발이 묶여 있다. / 계속되는 바람과 폭우로 발이 묶여 있기 때문에 육지로 올 수 없었다.

손발(을) **묶다** 아무 일도 할 수 없게 만들다. ¶ 우리의 손발을 묶으려는 어떠한 술책도 용납하지 않을 것이다. / 사람들은 툭 하면 법을 만들어 자신들의 손발 묶고 길을 가로막는다.

손발(이) **묶이다** 아무 일도 할 수 없게 되다. ¶ 조직을 완전하게 가동할 수 없으니 손발 다 묶인 거나 다름없다. / 이런 제도들이 한꺼번에 시행되면 대주주는 손발이 묶이게 된다.

손(을) **묶다** 어떤 일을 할 수 없게 만들다. ¶ 안보의 대가로 경제 협력을 요구하는 것은 이쪽의 손을 묶고 돈을 내라는 것과 마찬가지다.

손(이) **묶이다** 어떤 일을 할 수 없게 되다. ¶ 주전들 부상으로 우리 팀은 손이 묶여 버렸다. / 소파 규정에 손 묶인 한국 정부로서는 미군이 관련된 문제에 적극적으로 나설 수가 없었다.
* 소파(SOFA; Status of Forces Agreement): 한 국가의 군대가 다른 국가의 영토에 주둔하게 될 경우 주둔군의 지위에 관하여 쌍방 국가가 체결하는 협정.

손이 잠기다 일에 매어 벗어날 수 없게 되다. ¶ 요 몇 년 동안 회사 일에 손이 잠겨 집안 어른들을 찾아뵙지 못했다. / 요새는 모내기에 손이 잠겨서 다른 일은 엄두도 못 내고 있어.

수족을 묶다 ⇒ **손발(을) 묶다** ¶ 정당하지 않은 공권력으로 온 국민의 수족을 묶을 수 있다고 보십니까? / 아기 뇌에 좋은 자극을 주지 않는 엄마는 아기의 수족을 묶어 건전한 발육을 방해하고 있는 것과 같습니다.

수족이 묶이다 ⇒ **손발(이) 묶이다** ¶ 그는 상대 수비에 수족이 묶여서 의미 있는 공격을 하지 못했다.

오금(을) 묶다 아무 일도 할 수 없게 하다. ¶ 급한 일들이 오금을 묶어 놓아 아무 데도 갈 수가 없었다. / 이번 공연에서 그들은 천상의 하모니로 당신의 오금을 묶어 놓을 것이다.

오금(이) 묶이다 아무 일도 할 수 없게 되다. ¶ 기말 시험에 오금이 묶여 놀지도 못하고 방구석에만 있어요.

잠(을) 재우다 활동하지 못하게 하다. ¶ 그는 현란한 피칭으로 상대의 강한 타선을 잠재웠다. / 회사 내에 쌓인 불만을 잠재우려면 사장이 먼저 희생하는 모습을 보여 줘야 한다.

족쇄를 채우다 꼼짝하지 못하게 하다. 또는 무력하게 하다. ¶ 정부가 대학을 돌보려고 하다가는 오히려 대학에 족쇄를 채워 성장을 저해할 수 있다. / 일제의 치안 유지법은 독립운동을 하는 조선인들을 탄압하고 족쇄를 채우려는 데 그 저의가 있었다. ※ 족쇄(足鎖): 죄인 발목에 채우는 쇠사슬.

줌 안에 들다[2] 자유롭지 못하게 되다. ¶ 마누라 줌 안에 들어 있어 제 마음대로 할 수 있는 일이 없다. ※ 줌: 주먹의 준말. 반 **줌 밖에 나다**

차꼬를 채우다 ⇒ **족쇄를 채우다** ¶ OB베어스가 삼미슈퍼스타즈에 마침내 11연패의 차꼬를 채웠다. / 검찰의 기소 남용 편의에 차꼬를 채워야 한다. ※ 차꼬: 죄수를 가두어 둘 때 쓰던 형구(刑具)의 하나.

코가[를] 꿰이다 약점이 잡혀 벗어나지 못하다. ¶ 그런 사기꾼들에게 코가 한번 꿰이고 나면 헤어나기 힘들다. / 일단 돈을 받게 되면 코를 꿰일 수밖에 없어요.

코를 꿰다 약점을 잡아 벗어나지 못하게 하다. ¶ 나중에 좋은 자리 생기면 내가 사장 코를 꿰어서라도 널 꼭 그 자리에 앉힐 거야.

【자유(自由)】

굴레를 벗다 틀에서 벗어나다. ¶ 이젠 나를 둘러싼 모든 굴레를 벗어 버리고 새로운 세상을 보고 싶다. / 우리 당이 지역당이란 굴레만 벗게 되면 내년 총선에서 승리할 가능성이 높다. ※ 굴레: 마소의 목에서 고삐에 걸쳐 얽어매는 줄.

눈에서 벗어나다 감시나 구속에서 자유롭게 되다. ¶ 철없던 시절에는 아버지의 눈에서 벗어날 수 있다면 어디라도 좋았다. / 당신은 놈들의 눈에서 벗어나 있으니, 사람들 사이를 돌아다니면서 연락을 하는 데 적격이야.

손아귀에서 벗어나다 지배에서 해방되다. '누구의 손아귀에서 벗어나다'와 같이 쓰이는데, 이때의 손아귀에는 부정적인 의미가 있다. ¶ 우리 민족은 35년 동안의 투쟁 끝에 일제의 손아귀에서 벗어날 수 있었다. / 그는 사채업자의 손아귀에서 벗어나 아내를 다시 만났다.

손에서 벗어나다 다른 사람의 지배나 영향권에서 벗어나다. ¶ 나이가 들면 부모의 손에서 벗어나고 싶어 하는 게 인지상정이야. / 넌 내 손에서 벗어나지 못해! 넌 절대로 그 녀석과 약혼을 못 해!

족쇄를 풀다 억압에서 벗어나다. ¶ 그는 과학으로 종교의 족쇄를 풀고 우주의 비밀을 파헤치려 했다. / 영조는 31년이라는 긴 시간을 투자해 자신의 과거를 얽매고 있던 모든 족쇄를 풀었다. ※ 족쇄(足鎖): 죄인 발목에 채우는 쇠사슬.

줌 밖에 나다 자유롭게 되다. ¶ 주인의 줌 밖에 나서 좋긴 좋지만 할 일이 마땅치 않다. ※ 줌: 주먹의 준말. 반 **줌 안에 들다**[2] 참 **눈 밖에 나다**

터널을 빠져나오다 어려움에서 벗어나다. ¶ 일을 마무리하는 지금은 긴 터널을 빠져나온 기분이다. / 지금의 정치 혼란도 권위주의 시대의 터널을 빠져나오면서 겪는 일시적인 혼란일 거예요.

【활약(活躍), 호조건(好條件)】

날개(를) 달다 크게 활약할 수 있는 처지가 되다. ¶ 그는 이번 선거에서의 승리로 대선 가도에 날개를 달았다. / 그동안 스폰서가 없어 고생했는데, 이제 후원 계약을 통해 날개를 단 만큼 우승으로 기대에 부응하겠다. 참 **날개(가) 돋치다**[2]

날개(를) 펴다 크게 활약하다. 또는 활약할 수 있는 처지가 되다. ¶ 그는 길고 길었던 슬럼프를 노력과 끈기로 이겨 내고 부활의 날개를 폈다. / 군사 정권 아래서 활짝 날개를 편 반공주의는 오늘날 보수의 이념이 되었다. / 만화는 현실에 없는 이야기를 하면서 우리에게 상상력의 날개를 펴게 해 준다.

물 만난 고기 어려운 지경에서 벗어나 크게 활약할 판을 만난 사람. ¶ 나는 대학 졸업 후 언론사에 입사하면서 물 만난 고기처럼 현장을 누볐다. / 유럽 리그에 들어선 그는 물 만난 고기였다. 반 **물 떠난 고기**

물 얻은 고기 ⇒ **물 만난 고기** ¶ 영업 부서로 옮긴 후 그는 물 얻은 고기마냥 크게 활약하고 있다. 반 **물 떠난 고기**

【대등(對等)】

어깨(를) 겨누다 (실력이나 힘 따위를 비교할 때) 대등하다. ¶ 그는 너와 어깨를 겨눌 만한 상대다. / 임사홍은 무오사화 이후 권세를 독점하던 유자광과 어깨 겨눈 인물이다.

어깨(를) 겨루다 ⇒ **어깨(를) 겨누다** ¶ 이 분야에서는 나와 어깨 겨룰 만한 사람이 없다. / 한국은 자동차 시장에서도 일본과 어깨를 겨뤘다.

어깨(를) 견주다 ⇒ **어깨(를) 겨누다** ¶ 그는 빼어난 실력으로 내로라하는 선배들과 어깨를 견줬다.

어깨를 나란히 하다 ⇒ **어깨(를) 겨누다** ¶ 우리 학교도 이젠 세계적인 대학과 어깨를 나란히 할 정도가 되었다. / 그는 젊은 시절 이미 문명을 떨쳐 당대 최고의 문장가였던 황현, 이건창, 강위 등과 어깨를 나란히 했다.

【대립(對立)】

(대립)**각을 세우다** 대립하다. 양쪽이 반대 입장에 서서 대립하는 것을 각(角)의 모양으로 비유하였다. ¶ 언론에 대해 각을 세울 필요가 있을까요? / 현재 상황에선 대통령과 각을 세워야만 선거에서 표를 많이 얻을 수 있을 것이다. / 그는 언론에 대립각을 세우며 하루도 편할 날이 없었다. / 사도세자의 죽음과 관련한 문제는 당시 노론과 남인의 이해가 첨예하게 대립각을 세운 지점이었다.

맞불(을) 놓다 대항하여 공격하다. ¶ 그 사람 성질이 보통이 아니지만, 네가 맞불만 놓지 않는다면 같이 일하는 데 큰 문제는 없을 거야. / 우리가 '통 큰 치킨'으로 큰 인기를 모으자 경쟁 업체는 '착한 생닭'으로 맞불을 놓았다.

물과 불이다 서로 용납하지 못하거나 맞서는 상태. 또는 그런 상태의 물건. ¶ 회사에서 물과 불인 편집장과 나는 회의 내내 사사건건 부딪쳤다. / 자본가와 노동자는 서로 융화될 수 없는 사이다. 한마디로 물과 불이라고 볼 수 있다. 참 **물과 기름이다, 물불을 가리지 않다**

평행선을 긋다 ⇒ **평행선을 달리다** ¶ 후보 단일화 논의는 여전히 평행선을 긋고 있다. / 협상은 세 시간 이상 진행되었지만 결론을 내리지 못하고 끝까지 평행선을 그었다.

평행선을 달리다 의견이 대립되어 조정되지 않다. ¶ 토론은 평행선을 달린 채 아무 성과 없이 끝났다. / 서로 양보를 하지 않으면서 양측의 주장이 계속 평행선을 달렸다.

기회(機會), 화근(禍根)

【**기회 획득**(機會獲得)】

꼭지가 무르다 기회가 무르익다. ¶ 꼭지가 물렀을 때 나서야 큰 희생 없이 일을 끝낼 수 있어. / 세상에는 꼭지가 물러 저절로 입에 떨어질 만큼 잘된다는 장사는 흔치 않다. ※ 꼭지: 잎이나 열매가 가지에 달려 있게 하는 짧은 줄기.

막차(를) **타다** 마지막 기회를 잡다. ¶ 내가 취업한 해부터 취업난이 심해졌으니, 나는 막차를 탄 셈이지요. / 소질도 없고 남아도는 돈도 없으면서 막차라도 타고 그 일을 시작하겠다는 생각은 가당찮다. 반 **버스**(를) **놓치다**

멍석(을) **깔다** 기회를 주다. ¶ 하던 짓도 멍석 깔면 하지 않는 것이 사람의 심리인가 보다. / 부모님이 멍석을 깔아 줄 때는 그렇게 공부하기가 싫었었는데, 요즘 비로소 공부 맛을 알았다. ※ 멍석: 짚으로 새끼 날을 싸서 엮은 큰 자리. 흔히 곡식을 널 때 씀.

멍석(을) **펴다** ⇒ **멍석**(을) **깔다** ¶ 기껏 멍석을 펴 줬는데, 그는 꿀 먹은 벙어리처럼 입을 다물고 있다.

【**기회 상실**(機會喪失)】

날(이) **새다** 일이 잘못되게 끝나다. ¶ 이젠 날 샜다. 집에 가서 애나 봐야겠다. / 남들은 이번 일은 날이 샜으니 다시 시작하라고 하지만, 나는 그 이유를 모르겠다. 참 **종지부를 찍다**

뒷북(을) **치다** 어떤 일을 제때 하지 않고 뒤늦게 나서다. ¶ 나중에 뒷북치지 말고 설명할 때 잘 들어라. / 무슨 일이든 적절한 때가 있음을 분간치 못하고 기회가 지난 뒤에 뒷북을 치는 사람이 있다. / 각종 비리 사건이 해마다 터졌지만, 감사원은 항상 사고가 터진 뒤 뒷북만 쳤다.

〖기원〗 행차가 다 지나간 뒤에 뒤늦게 북을 친다는 데에서 나온 말이다.

물 건너가다 (더 이상의 조치를 할 수 없게) 상황이 끝나다. ¶ 1차 시험은 이미 물 건너갔으니, 빨리 2차 시험에 대비하는 것이 필요하다. / 물 건너간 일을 자꾸 거론해야 무슨 소용이 있겠니? / 정권이 바뀌었으니, 이제 내각제 개헌 논의는 물 건너간 것이겠지? 참 **주사위(를) 던지다**

버스(를) 놓치다 기회를 잃다. ¶ 다시 오기 어려운 좋은 기회였는데, 자신이 없어 이것저것 생각만 하다가 버스를 놓치고 말았다. / 버스 놓치고 손 흔들어 본들 무슨 소용이 있겠어요? 반 **막차(를) 타다**

손(을) 넘기다[2] 시기를 놓치다. ¶ 이상 저온 현상으로 금년 모내기는 아무래도 손을 넘길 것 같습니다.

종(을) 치다 상황이 끝나다. 주로 실패한 상황을 나타내는 데 쓰는 말이다. ▷ 비속어 ¶ 이미 종 친 일, 너무 미련 갖지 마라. / 좋은 시절도 이젠 종을 쳤다. 참 **종지부를 찍다**

지나간 버스에 손(을) 흔들다 ⇒ 차 지나간 다음(에) 손(을) 흔들다 ¶ 이제 와서 무얼 어떻게 하겠다는 거야? 지나간 버스에 손 흔든다고 버스가 멈추니? / 지금 펄펄 뛰어 봤자 지나간 버스에 손 흔드는 격이다.

차 떠났다 상황이 끝나다. ¶ 이제 그만 울어라. 이미 차 떠났는데 지금 와서 어떻게 하겠어.

차 지나간 다음(에) 손(을) 흔들다 기회를 놓친 뒤 소용없는 일을 하다. ¶ 차 지나간 다음에 손을 흔들면 무슨 소용이 있겠어요? 이제 모든 것이 다 끝났어요.

차려 놓은 밥(상)도 못 먹다 주어진 기회도 활용하지 못하다. ¶ 정국이 야권에 유리하게 돌아갔지만, 야당은 차려 놓은 밥상도 못 먹고 선거에서 패배했다.

차려 주는 밥(상)도 못 먹다 기회를 주어도 활용하지 못하다. ¶ 기회를 만들어 줘도 놓치다니. 너는 차려 주는 밥도 못 먹니? / 홈경기에서 참패한 후 차려 주는 밥상도 못 먹느냐는 핀잔을 들어야 했다.

행차 뒤(에) 나팔[나발] **(불다)** 제때 일을 하지 않아 기회를 놓친 뒤 소용없는 일을 하다. ¶ 저녁을 먹은 다음에 쇠고기를 내놓아 보았자 행차 뒤에 나팔 불기였다. / 왜 소년 잡지의 동시를 흉내 낸 걸까. 수없이 후회도 했지만 행차 뒤 나팔이었다. / 그는 어김없이 찾아온 기회를 뜬금없이 놓쳤고 뒤늦게 수단을 부려 보았지만 행차 뒤 나발로 전혀 효과가 없었다. 〖기원〗 '원님 행차 뒤에 나팔을 불다'라는 속담에서 비롯한 표현이다.

【말썽, 화근(禍根)】

동티(가) 나다 말썽이 생기다. ¶ 카지노를 건드리면 동티 날까 염려한 검찰은 관련자 일부만 구속하는 선에서 사건을 매듭지었다. / 초반전은 흑이 몰렸다. 그러나 흑의 응수 타진에 백이 동문서답한 것이 동티가 나서 대번에 형세가 이상해졌다. ※ 동티: 흙을 잘못 다루어 지신(地神)을 노하게 하여 받는 재앙. 참 **불집(이) (일어)나다**[1]

동티(를) 내다 말썽을 일으키다. ¶ 동티 낼 소릴랑 아예 하지 마시오. / 산을 함부로 건드려 동티를 낸 사람들에게는 이번 산사태의 책임을 물어야 한다.

벌집[벌통]을 건드리다 말썽을 일으키다. 섣불리 건드려서 큰 골칫거리를 만드는 경우를 가리키는 말. ¶ 그렇지 않아도 시장과 의회의 관계가 좋지 않았는데, 시장의 한마디가 벌집을 건드렸다. / 선거를 앞두고 대통령이 조세 개혁의 벌통을 건드린 이유에 대해선 해석이 분분하다. 참 **불집(이) (일어)나다**[1]

벌집[벌통]을 (들)쑤시다 ⇒ **벌집[벌통]을 건드리다** ¶ 되도록 조용하게 넘어갔으면 해요. 대의명분도 좋지만 공연히 벌집을 들쑤실 필요는 없잖아요. / 가만히 있었으면 아무 일 없이 넘어갈 텐데 괜히 벌통을 들쑤셔 놓았어. / 지금 그에게 대꾸를 한다는 것은 벌집을 쑤시는 것과 같다.

불집을 건드리다 ⇒ **벌집[벌통]을 건드리다** ¶ 자리 지키고 싶으면 불집 건드리지 말고 가만히 있어. / 일을 안전하게 해결하려다가 오히려 불집을 건드리는 꼴이 되고 말았다. ※ 불집: (석등 따위의) 불을 켜 넣는 부분.

불집을 일으키다 ⇒ **벌집[벌통]을 건드리다** ¶ 술김에 윗집 사람을 때려 불집을 일으켜 놓았으니 사태가 이만저만 커진 게 아니었다.

불집이 (일어)나다[2] 말썽이 되거나 위험한 일이 생기다. ¶ 입으로는 누구나 무사하기를 바라면서도 불집이 좀 일어나 주었으면 하는 생각이 특별한 앙심은 아니건마는 역시 누구의 마음속에나 없지 않았다. (염상섭, 감사전)

소리(가) 나다 ⇒ **잡음이 일다** ¶ 언론에 나가면 소리가 날 일이니까 보안에 각별히 유의하라고. / 소리 안 나게, 티 안 나게, 색깔 없이 일을 조심조심 처리하는 게 그의 장점이다.

잡음이 나다[생기다] ⇒ **잡음이 일다** ¶ 잡음이 나지 않도록 지도부에서 조정을 잘 해 보세요. / 경선을 졸속으로 진행하다 보니 이 과정에서 잡음이 생길 수밖에 없었다.

잡음이 일다 말썽이 생기다. ¶ 이 학교는 설립 초기부터 파행적인 학사 운영으로 잡음이 일었다. / 이 정도로 큰 행사를 치를 때 잡음이 이는 건 어쩔 수 없다.

호랑이 새끼를 기르다[키우다] 자기의 적수가 될 수 있는 사람을 자기 밑에 두다. ¶ 만약 지금 그를 없애지 않으면 호랑이 새끼를 길러 숲으로 보내는 것과 같습니다. / 그런 사람을 내 밑에 두고 기술을 가르쳤다니. 호랑이 새끼를 키운 셈이 되고 말았다.

유사성(類似性), 적합성(適合性)

【닮음, 유사(類似)】

같은 물에서 놀다 같은 환경의 사람들끼리 모여 같은 짓을 하며 지내다. ¶ 능력 있는 사람을 찾지 않고 같은 물에서 노는 사람으로만 고르려고 하니 인물이 없지요.

그 아버지에 그 아들이다 (아버지와 아들 사이에 성격이나 생김새 따위가) 똑같다. ¶ 네 아버님도 약주를 좋아하셨는데, 누가 그 아버지에 그 아들이 아니라고 할까 봐서, 술 한번 시원스럽게 먹는구나. 참 **그놈이 그놈이다**

글자 그대로 글로 표현된 바대로. ¶ 그는 대의를 위해 글자 그대로 통 큰 양보의 모습을 보여주었습니다. / 신화(神話)는 글자 그대로 읽으면 안 되고, 그 말이 상징하는 바를 생각하며 읽는 거야.

도장(을) 찍다[2] 매우 닮다. ¶ 내 아들놈은 말이야, 완전히 나를 그대로 도장 찍었어.

말 그대로 말로 표현된 바대로. ¶ 요즘 같은 취업난에 공무원이 되는 것은 말 그대로 하늘의 별따기다. / 자율 학습은 말 그대로 학생 본인의 자율에 맡기겠다는 것이 학교의 방침이다.

문자 그대로 ⇒ 글자 그대로 ¶ 여객기 사고 현장은 문자 그대로 아비규환(阿鼻叫喚)이었다.

빼다(가) 박다 매우 닮다. ¶ 어쩌면 자기 엄마를 저렇게 빼다 박았을까? / 아마도 그는 어머니와 아버지의 장점만을 쏙쏙 빼다가 박은 인물인가 보다.

【차이(差異)】

간발의 차이 아주 작은 차이 ¶ 간발의 차이로 그를 따돌리고 일 등을 했다. / 서둘러 왔지만 간발의 차이로 선생님을 뵙지 못했다. ※ 간발(間髮): 머리카락 하나만큼의 틈.

같은 값이면 이왕이면. 값이나 힘이 드는 정도가 같을 바에는. ¶ 같은 값이면 제 차로 함께 고향에 가지요. / 같은 값이면 돈 많은 사람이 좋지. 이왕이면 다홍치마라잖아요.

거리가 멀다 비교하는 대상에 미치지 못하거나 차이가 나다. ¶ 우리 생각은 당신 생각과 거리가 멀어요. / 국민을 정치판의 들러리로 세우는 것은 민주주의와 너무나도 거리가 멀다.

거리가 생기다[1] 차이가 나다. ¶ 이렇게 나간다면 처음에 계획했던 것과는 거리가 생길 수밖에 없다.

거리가 있다 차이가 나다. ¶ 미사일 발사 시점에 대한 미국 측 주장은 한국 국방부의 분석과 거리가 있었다. / 신세대들의 옷차림을 보면 확실히 우리 감각과 거리가 있다.

눈치가 다르다 어떤 행동이 평소와 달리 이상하다. ¶ 하숙집에서 쫓겨나서 친구 집에 한 달이 넘게 얹혀 있었는데, 어느 날은 친구 어머니의 눈치가 달라, 짐을 싸들고 나왔다. / 오늘따라 나를 보는 그 남자의 눈치가 달라, 집안일 핑계 대고 빨리 집으로 돌아왔다.

이야기가 다르다[2] 조건이나 상황이 같지 않다. 주로 '무엇은 이야기가 다르다'와 같이 쓰인다. ¶ 작은 회사들은 위기에 유연하게 대처할 수 있었지만, 규모가 큰 회사는 이야기가 달랐다. / 숙소와 교통수단이 발달되어 있으면 돈을 절약할 수 있는 방법을 찾을 수 있었겠지만 아프리카는 이야기가 달랐다. / 사고가 일어나는 건 피할 수 없는 일이라고 하지만 살인 미수는 전혀 이야기가 다르지.

하늘과 땅 둘 사이의 아주 큰 차이. ¶ 군대에서 장성과 영관의 대우는 하늘과 땅 차이이다. / 이번에 올라온 두 팀의 수준을 보면 아주 하늘과 땅이다.

【마찬가지】

가로 지나 세로 지나 ⇒ 엎어치나 메어치나 ¶ 어차피 저당 잡힌 집이니 가로 지나 세로 지나 지니긴 틀린 집이었다. / 일 년 고생하고 기껏 콩 몇 섬 얻어먹느니보다는 금을 캐는 것이 슬기로운 짓이다. 이렇게 지지하게 살고 말 바에는 차라리 가로 지나 세로 지나 사내자식이 한번 해볼 것이다. (김유정, 금 따는 콩밭) 〖기원〗 짐을 가로로 지나 세로로 지나 등에 지기는 마찬가지라는 뜻으로, 이렇게 되든지 저렇게 되든지 마찬가지인 경우를 이르는 말이다.

그 얼굴이 그 얼굴이다 차이가 없다. 참신한 인물이 없음을 이르는 말이다. ¶ 요즘 연예인들은 그 얼굴이 그 얼굴이라서 구별이 안 된다. / 세미나라고 모이면 항상 그 얼굴이 그 얼굴이니, 새로운 이야기가 나올 턱이 있나.

그게 그거다 차이가 없다. ¶ 여야가 콩이다 팥이다 싸우지만 국민 눈에는 그게 그거다. / 드라마는 많은데 그게 그거라서 딱히 추천할 만한 게 없다.

그놈이 그놈이다 ⇒ **그 얼굴이 그 얼굴이다** ¶ 여당이든 야당이든 보수 정당은 그놈이 그놈이다. 참 **그 아버지에 그 아들이다**

도긴 개긴 조금 더하고 덜한 정도의 차이는 있으나 본질적으로는 차이가 없다. 주로 '도진 개진'이나 '도찐 개찐'과 같이 쓰이지만 규범 표기는 '도긴 개긴'이다. ¶ 우리나라에서 재벌의 아들이 아닌 이상에야 대부분이 도긴 개긴으로 비슷하게 살고 있단 생각이 든다. / 고속 열차가 등장하고서야 기차도 자동차와 도긴 개긴은 될 만큼 빠른 축에 들게 되었다. / 식민 지배에 대한 일본 총리의 사과가 진일보했다고들 말하지만, 예전의 사과와 견줄 때 근원적으로는 도긴 개긴이다. 〖기원〗 이 표현에 사용된 '도', '개', '긴'은 모두 윷놀이 용어이다. '긴'은 윷놀이에서 자기 말로 남의 말을 쫓아 잡을 수 있는 거리를 말하고, '도'와 '개'는 그 끗수가 각각 한 끗과 두 끗인 것을 말한다. 따라서 원뜻은 '도'로 가는 길이나 '개'로 가는 길이나 대세에 별 영향을 주지 않는다는 것인데, 이러한 뜻이 확대되어 본질적으로 거의 차이가 없는 상황을 나타내는 데 쓰이게 되었다.

도진[찐] **개진**[찐] ⇒ **도긴 개긴** ¶ 빚 받아 내는 일을 하는 상근이나 술집 웨이터로 사는 근호나 사실 한 발짝만 물러서 바라보면 도진 개진 뒷골목 인생들이다.

둘러치나 메어치나 ⇒ **엎어치나 메어치나** ¶ 둘러치나 메어치나 결과는 마찬가지다.

벌리나 오므리나 ⇒ **엎어치나 메어치나** ¶ 벌리나 오므리나 마찬가지니까 아무렇게나 해라.

엎어치나 메어치나 어떻게 하나 (마찬가지이다). ¶ 엎어치나 메어치나 매한가지다. 이제 마음을 비우고 일을 해라. / 엎어치나 메어치나 저놈은 벌을 받아 마땅한 놈이니 우리가 저놈을 잡아 넘기세.

오십 보 백 보이다 조금 낫고 못한 정도의 차이는 있으나 본질적으로는 차이가 없다. ¶ 외국이나 우리나라나 젊은 사람들이 화려함을 좇는 성향은 오십 보 백 보인 듯합니다. / 여당과 야당이 서로 헐뜯으며 으르렁거리지만, 국민들 눈에는 오십 보 백 보이다. 〖기원〗《맹자(孟子)》 '양혜왕편(梁惠王篇)'에 나온 말이다. 맹자가 '전쟁터에서 오십 보 도망친 사람이 백 보 도망친 사람을 겁쟁이라고 비웃은 일'에 대하여 어떻게 생각하느냐고 양의 혜왕에게 묻자, 혜왕은 '오십 보나 백 보나 도망치기는 마찬가지'라고 답하였다.

【**적합**(適合), **적절**(適切)】

안성 맞춤 어떤 경우나 상황에 잘 어울림. 또는 생각한 대로 잘 들어맞음. ¶ 이곳은 깊은 산속이어서 피곤해진 심신을 안정하는 데 안성맞춤이다. / 이 집이 너 혼자 살기에는 안성맞춤인 것 같다. / 이 카페는 여가 시간을 보내기에 안성맞춤으로 꾸며졌다. 〖기원〗 옛날부터 경기도 안성은 놋그릇을 만드는 곳이었다. 특히 안성의 유기점은 주문하는 사람의 마음에 맞게 질 좋은 놋그릇을 만들어 주는 것으로 유명했다. 사람들이 이를 칭찬하면서 '안성맞춤'이라는 말이 쓰이게 되었다.

임자(를) 만나다² 적합한 인물을 만나다 ¶ 아이들은 임자 만났다 싶으면 한 줌의 동냥을 얻기 전까지는 절대 포기하지 않았다. / 이 옷이 정말 제 임자를 만난 것 같아요. 너무 잘 어울려요.

주인(을) 만나다 ⇒ 임자(를) 만나다² ¶ 감독님이 광고 회사에 근무한 적이 있었으니, 〈광고천재 이태백〉은 주인 제대로 만난 드라마였네요. / 그를 만나 보면 그에게 따르는 '인간적인 경영인'이란 수식어가 제 주인을 제대로 만났다는 생각이 든다.

【부적합(不適合), 부적절(不適切)】

개 발에 편자 제격에 맞지 않는 물건. ¶ 짚신에 양말을 신으면 개 발에 편자라 할 만큼 양말은 아직 귀물이었다. (박완서, 미망) / 무조건 광폭 타이어를 찾는데, 그 차에 광폭은 개 발에 편자야. / 아무리 좋은 제도와 시설을 마련하면 뭘 하나. 제대로 쓸 줄 모르면 개 발에 편자일 뿐이다. ※ 편자: 말굽에 대어 붙이는 쇳조각.

달밤에 체조하다 격에 맞지 않는 짓을 하다. ¶ 잠을 자다 말고 달밤에 체조하는 기분으로 대청소를 시작했다. / 달밤에 체조하는 것도 아니고, 지금 그 일을 왜 하고 있어요?

돼지 목에 진주 (목걸이) 제격에 맞지 않는 물건. 값어치를 모르는 사람에게는 보물도 아무 소용이 없음을 비유할 때 주로 쓰인다. ¶ 그 사람에게 책은 돼지 목에 진주였다. / 불성실한 환자에겐 천하의 명약도 돼지 목에 진주 목걸이에 불과하다.

배보다 배꼽이 크다 원래의 것보다 덧붙는 것이 더 많다. ¶ 배보다 배꼽이 큰 세금을 내면서 누가 땅을 팔겠는가? / 구두 한 켤레에 이만 원인데 구두 고치는 데 만 원이면 배보다 배꼽이 큰 셈이지.

번지수가 다르다 어떤 일에 딱 들어맞지 않거나 엉뚱하다. ¶ 그는 전혀 번지수가 다른 걱정을 하고 있었다. / 다시 한 번 들어 보니 내가 처음 생각했던 것과는 번지수가 달라도 한참 달랐다. ※ 번지수(番地數): 일정한 기준에 따라 번호를 매겨서 나누어 놓은 땅의 번호 수.

번지수가 틀리다 ⇒ 번지수가 다르다 ¶ 혹시 번지수가 틀린 질문을 해도 정성껏 답변해 줘. / 그는 번지수가 틀린 사랑을 했지만 결코 불행한 인물은 아니었다.

번지수를 잘못 찾다 엉뚱한 데를 잘못 짚다. ¶ 처음 시작을 잘못하여 나중에 번지수를 잘못 찾는 결과를 내고 말았다. / 어디서 생떼야? 내가 만만해 보여서 그런다면 번지수를 잘못 찾아도 한참 잘못 찾았어.

중뿔(이) **나다** 엉뚱하거나 주제넘다. ¶ 그런 자리에서는 중뿔나게 나서지 않는 것이 좋다. / 네가 무어 잘났다고 중뿔이 나게 구느냐? / 대통령의 중뿔난 행동이 여당의 지지율을 갉아먹고 있다. ※ 중뿔: 가운데에 난 뿔. 참 **쥐뿔도 없다**

쥐뿔(이) **나게** 제격에 맞지 않게. 주제넘게. ¶ 그는 가진 것 하나 없으면서도 쥐뿔 나게 주변 사람들의 아픔을 외면하지 못했다. / 모두 침묵하고 있는데 쥐뿔 나게 내가 나설 수도 없었다. 참 **쥐뿔도 없다**

팔자에 없다 어울리지 않거나 적합하지 않다. ¶ 딸 하나 시집 잘 보내 놨더니 팔자에 없는 호강을 다 한다. / 며느리 덕에 팔자에 없는 모피 코트를 다 입어 보는구나. / 팔자에 없는 해외여행을 하겠다고 우긴 것부터가 잘못이었지. 일주일 만에 집에 돌아왔더니 집안이 온통 난리가 났지 뭐예요.

가치(價値), 효과(效果), 명예(名譽)

【**가치**(價値), **효과**(效果)】

고깃값을 하다 제 역할을 하다. ▷ 비속어 ¶ 우리나라 국회 의원 중에 제대로 일을 하는 의원이 몇 명이나 됩니까? 대부분이 고깃값도 못 하는 것 같아요. / 병졸들은 죽을 테면 고깃값이나 하고 죽자고 외치며 창덕궁으로 달려가 민겸호를 끌어내 무참히 때려죽였다.

곤산의 옥 훌륭한 사람이나 물건. ¶ 곤산의 옥을 알아보지 못한 것은 모두 면접 위원장인 제 실수입니다. ※ 곤산(崑山): 곤륜산(崑崙山)의 준말. 중국 전설상의 산. 참 **가르친 사위, 고드름 장아찌, 떠오르는 별**

말발(이) **서다** (상대에게) 지시나 충고가 받아들여지다. ¶ 아랫사람에게 말발이 서야 일을 해 먹지. / 공장에서 일을 못하면 동료들에게도 말발이 안 선다.

말(을) **하다** 영향력을 발휘하거나 가치를 나타내다. '무엇이 말을 하다'와 같이 쓰인다. ¶ 돈이 말을 하는 세상이야. / 땅 투기가 기승을 부리면서 이제는 땅이 말을 하는 시대가 되었다.

먹혀 들다 (입장이나 견해가) 받아들여지다. ¶ 내 이야기가 먹혀들 정도면, 머리가 굳어져 버린 보수적인 노인은 아닙니다. / 요즘에는 정치인의 말이 국민들에게 제대로 먹혀들지 않는 걸로 봐서, 정치의 시대는 간 것 같습니다.

밥값을 하다 제 역할을 하다. ¶ 여기 있는 사람 중 자기 밥값을 제대로 하는 사람은 거의 없습니다. / 자기 밥값도 제대로 못 하는 양반이 무슨 정치에는 그렇게 관심이 많습니까?

빛(을) **내다** ⇒ **빛을 발하다** ¶ 장기전에서는 화려한 기술보다 강철 같은 체력이 빛을 내기 마련입니다.

빛을 발하다 가치를 보이다. ¶ 한동안 슬럼프에서 벗어나지 못했던 선수가 이번 시즌에서 빛을 발하기 시작했다. / 자신만의 목소리로 대중들과 호흡해 온 그는 무대에서 가장 빛을 발하는 가수다.

빛을 잃다 힘이나 가치를 잃고 제구실을 못하게 되거나 보잘것없는 존재로 되다. ¶ 새로운 이론이 나오면서 그의 주장이 빛을 잃어 가고 있다. / 수백 년간 자본 시장의 중심으로 군림해 온 런던이 최근 주변 정세가 변하며 그 빛을 잃어 가고 있다.

빛(이) 나다 가치가 드러나다. ¶ 그는 역사에 길이 빛날 업적을 세웠다. / 화려하게 꾸며도 기본이 안 되면 빛이 나지 않는 법이다. / 꾸준히 하다 보면 어느 순간 빛이 날 때가 있다. / 빛이 나지 않는 일을 마다하지 않고 열심히 하는 사람이 참 많다.

빛(이) 바래다 본래 가지고 있던 가치나 의미가 제대로 드러나지 못하다. ¶ 취업 준비에 빛이 바랜 청춘. / 앞사람들의 화려한 명성 때문에 그의 업적은 빛이 바랬다.

사람값에 가다 사람이라고 할 만한 가치가 있다. 주로 '사람값에 못 가다'나 '사람값에 가지 못하다'와 같이 부정적인 상황을 나타내는 데 쓰인다. ¶ 사람값에도 못 가는 놈들을 높은 자리에 앉혀 놓고 권력을 유지하려는 모습이 안쓰럽기까지 하다. / 그 녀석 사람값엔 가지도 못한다니까그려. 억지로 치자면 건달이지. (이무영, 농민)

사람값에 들다 ⇒ 사람값에 가다 ¶ 그들은 유색인이라는 이유로 사람값에 들지 못하고 제일 천한 막장에서 일했습니다.

약기운이 떨어지다 ⇒ 약효가 떨어지다 ▷ 비속어 ¶ 본사에서 연락이 왔다고? 그 사람들 약기운이 떨어진 모양이군. 오늘 한잔 또 먹여야 되나?

약발(을) 받다 (뇌물 따위의) 효력이 나타나다. ▷ 비속어 ¶ 뇌물을 썼는데도 약발을 받지 않으면 어떻게 할까 걱정했는데 통과하라는 신호가 떨어졌다. [참] **약(을) 쓰다**

약효가 떨어지다 (뇌물 따위의) 효력이 약해지다. ▷ 비속어 ¶ 아무리 좋은 전략도 반복하다 보면 약효가 떨어지기 마련이다. / 경쟁 도입의 약효가 떨어졌는지, 시장 전반에 성장 둔화와 지체 현상이 나타났다. [참] **약(을) 쓰다**

약효(를) 잃다 (뇌물 따위의) 효력이 없어지다. ▷ 비속어 ¶ 장관 자리도 약효를 잃은 모양인지 그는 우리의 요구에 응하지 않았다. / 우리 제품의 가장 큰 매력이었던 '싼값'이 이제는 약효를 잃었다. [참] **약(을) 쓰다**

얼굴값(을) 하다 얼굴이 잘생긴 만큼의 일을 하다. 주로 잘생긴 사람이 문제를 일으킨다는 부정적인 의미가 있다. ¶ 시집도 안 간 여자가 애를 낳다니. 얼굴이 반반하다 했더니 결국 얼굴값 하는구나. / 장님 점쟁이의 아내는 얼굴값을 하느라고 이웃집 젊은 사내하고 배를 맞추며 지냈다. (이원규, 육담) [참] **생긴 대로 놀다**

이름값(을) 하다 유명한 만큼 역할을 하다. ¶ 그는 팀이 위기 상황에 빠졌을 때 골을 넣어 톡톡히 이름값을 했다. / 지조나 자존심도 없이 제 이름값도 못 하며 너절하게 사는 사람들이 많다. [참] **생긴 대로 놀다**

주가가 오르다 가치, 명성, 위세 따위가 높아지다. ¶ 얼마 전까지만 해도 계속 주가가 올랐는

데 지금은 아무도 나를 찾아 주는 사람이 없다. / 그 행사엔 요즘 한창 주가를 올리고 있는 영화배우들이 모두 나온대.

칼로 물(을) 베다 행위의 결과가 심각하지 않거나 아무런 효력이 없음을 이르는 말. 주로 부부 사이에 다투었다가도 시간이 조금만 지나면 사이가 좋아지는 것을 가리키는 말로 쓴다. ¶ 부부싸움은 칼로 물 베기다. / 부부가 된 후에도 역시 싸움을 하지만 이때의 싸움은 이미 칼로 물을 베는 것에 지나지 않는다.

코 값을 하다 남자 구실을 제대로 하다. ¶ 그 사람 코 값은 하는지 고집이 가관일세그려. / 얼마나 변변치 못하면 코 값도 못한다고 집에서 쫓겨났겠어?

하늘 높은 줄 모르다[2] (지위나 가격 따위가) 끝없이 상승하다. ¶ 그의 인기는 하늘 높은 줄 모르고 치솟는다. / 요즘 들어 집값과 땅값이 하늘 높은 줄 모르고 올라간다.

【**명성**(名聲), **업적**(業績)】

간판(을) 따다 내세울 만한 자격 따위를 얻다. ¶ 대학을 나왔지만 간판 하나 딴 것 외에는 얻은 것이 하나도 없었다. / 나는 꿈을 이루기 위해 대학에 입학했지 결혼을 위한 간판을 따려고 들어온 게 아니다. / 이왕 의사가 될 바에야 조금 더 고생하더라도 전문의 간판을 따는 게 좋지 않을까? ※ 간판(看板): 상점, 영업소 등에서 그 이름이나 판매 상품 따위를 써서 사람들의 눈에 잘 띄도록 걸거나 붙이는 표지.

발자국을 남기다 ⇒ 발자취를 남기다 ¶ 고인께서는 우리 독립운동사에 커다란 발자국을 남기셨습니다.

발자취를 남기다 후세에 기억될 만한 일을 하다. ¶ 그는 기업인으로서뿐만 아니라 정치인으로서도 굵은 발자취를 남겼다. / 최고의 자리에 올랐으니 발자취를 남길 만한 일을 해야 하지 않겠어요?

얼굴(을, 이) 팔리다 유명해지다. ¶ 한 일도 없이 얼굴만 팔리고 나니 부끄럽기만 하다. / 지난번에 방송에 한 번 나온 이후로 얼굴이 팔렸는지 대문 밖에만 나가면 아는 체를 하는 사람이 많다. 참 **매스컴(을) 타다, 전파를 타다**

역사의 한 페이지를 장식하다 중요한 일을 행하다. ¶ 그는 세 종목에서 세계 신기록을 세우며 우승해 스포츠 역사의 한 페이지를 장식했다. / 역사의 한 페이지를 장식할 만한 일을 해 보고 죽는 것이 모든 사람의 소원일 것이다.

이름을 걸다[1] (약속하거나 확인할 때) 명예를 담보로 하다. 주로 '누구의 이름을 걸고 무엇하다'와 같이 쓰인다. ¶ 저는 그런 말을 한 적이 없습니다. 제 이름을 걸겠습니다. / 그 일만은 반드시 막겠습니다. 내 이름을 걸고 약속합니다. / 아버지의 이름을 걸고 하는 일이다 보니 부담감도 적지 않았었다.

이름(을) 날리다 (명예를 얻어) 유명해지다. ¶ 한국에서만 이름이 나면 뭐해. 세계에 이름을 날려야 진짜 대장부지. / 그 선수는 세계 대회에서 이름을 날리고 돌아왔다. 참 **매스컴(을) 타다, 전파(를) 타다**

이름(을) 남기다 (공을 세워) 이름이 후세에 전해지다. ¶ 훌륭한 사람이 되고 싶으면 먼저 역사에 이름을 남긴 사람들이 어떻게 살았는지를 알아봐라. / 후대에 이름을 남길 만한 일을 하고 죽어야 할 텐데.

이름(을) 팔다 명성을 이용하다. ¶ 내 이름을 팔아서라도 그 일은 성사시켜라. / 대통령의 이름을 팔아 사업체에서 돈을 뜯어 낸 사람이 구속되었다. / 궁지에 몰리자 그는 자신이 그토록 미워했던 아버지 이름을 팔았다.

이름(이) 높다 ⇒ 이름(이) 있다 ¶ 세계적으로 이름 높은 우리의 명산 백두산에 가 보고 싶다. / 그 사람은 정계에서만이 아니라 학계에서도 이름이 높다.

이름(이) 없다 세상에 널리 알려지지 않다. ¶ 그때만 해도 그는 이름 없는 선비에 불과했다. / 그는 생전에는 별로 이름이 없던 가수였다.

이름(이) 있다 세상에 널리 알려져 있다. ¶ 그는 당대의 이름 있는 집안에서 태어났지만 가난한 사람을 위해 살기로 마음먹었다. / 이름이 있는 학교를 나온 사람은 무엇이 달라도 다르다.

족적을 남기다 ⇒ 발자취를 남기다 ¶ 그는 물리학 분야에 큰 족적을 남겼다. / 원효는 불교 대중화의 선구자면서 불교 사상에도 뚜렷한 족적을 남긴 인물이다. ※ 족적(足跡/足迹): 발로 밟은 곳에 남아 있는 자취.

【체면 유지(體面維持)】

낯을 내다 (어떤 일을 생색이 나게 하여) 체면이 서게 하다. ¶ 남의 것을 가지고 제 낯을 내는 사람을 보면 참 얄밉다. / 그들은 친구의 낯을 내어 준다고 역까지 나와 일행을 마중했다. 〖기원〗 '낯'은 얼굴을 가리키는 말이고, 얼굴은 곧 체면과 연결된다.

낯을 보다 ⇒ 얼굴(을) 보다 '낯을 봐서'나 '낯을 봐서라도'와 같이 쓰인다. ¶ 선생님의 낯을 봐서라도 내게 그렇게 행동하면 안 되지. / 창수 씨 낯을 봐서 나도 참을 수 있는 데까지 참을 테지만 당신도 말 좀 조심하시오.

낯을 세우다 ⇒ 얼굴(을) 세우다 ¶ 낯을 세운답시고 자기변명만 늘어놓을 게 아니라 수습책을 내놓아야지요. / 이 선생이 학생들 앞에서 낯을 세울 수 있도록 동료 선생님들이 신경 써 주세요.

낯이 서다 체면을 유지하다. ¶ 당신이 그런 말을 해 주니 이제야 낯이 서는군요. / 너희가 공부를 잘해야 부모님도 낯이 설 게 아니냐.

면목이 서다 ⇒ 낯이 서다 ¶ 보란 듯이 취직을 해 부모님께 면목이 섰다. / 성적이 너무 낮게 나와 후배들에게 면목이 서질 않는다. * 면목(面目): 얼굴의 생김새. 참 **면목(이) 없다, 면목(이) 있다 2**

얼굴(을) 보다 체면을 생각하다. '누구의 얼굴을 봐서'와 같이 쓰인다. ¶ 내 얼굴을 봐서라도 그냥 넘어가 주게. 군이 여러 사람 보는 앞에서 잘못을 공개할 필요는 없잖아. / 네 아버지의 얼굴을 봐서 이번은 용서해 줄 테니 다시는 이런 짓을 하지 마라. / 이번에는 얼굴 봐 주지 말고 당차게 밀어붙이라고. 너에게는 마지막 기회라고 생각해.

얼굴(을) 세우다 체면을 지켜 주거나 더 나아가 명예롭게 하다. ¶ 이번 일 잘 마무리해서 제 얼굴도 좀 세워 주세요. / 어릴 때부터 체면 차리고 얼굴 세우는 일에 익숙했던 나는 인사치레하는 데 쓰는 돈을 아까워하지 않는다.

염치를 차리다 부끄럽지 않게 행동하다. ¶ 염치를 차리며 살자면 세상살이가 쉽지 않다. ※ 염치(廉恥): 체면을 차릴 줄 알며 부끄러움을 아는 마음.

【체면 손상(體面損傷)】

구정물을 뒤집어쓰다 치욕스러운 일을 당하다. ¶ 그는 아들을 위해 구정물을 뒤집어쓸 작정을 했는지 모든 잘못이 자기에게 있다고 말했다. / 명색이 우리 대표인데 구정물을 뒤집어씌우고 흠집을 내어야 직성이 풀리겠는가?

납작코(가) 되다 ⇒ 코가 납작해지다 ¶ 바보에게 납작코 된 태권도 선수. / 최약체 팀에 져 예선 탈락하면서 한국 축구가 납작코가 되었다.

납작코(를) 만들다 ⇒ 코를 납작하게 하다 ¶ 세계 최강 미국을 납작코 만든 한국 야구. / 그는 이번 대회에 혜성처럼 나타나 골프 황제를 납작코를 만들었다. / 들불 같은 투쟁으로 오만한 독재자를 납작코를 만들어 주겠다.

낯(을) 깎다 ⇒ 얼굴(을) 깎다 ¶ 우리 집안의 낯을 깎아 내리는 실수 없이 조국이 맡겨 준 이 영예로운 초소를 잘 지켜야 한다.

낯(이) 깎이다 ⇒ 얼굴(이) 깎이다 ¶ 이 과장은 술주정으로 낯이 깎이고 나서 다시는 술을 입에 대지 않았다. / 낯 깎이는 것을 두려워하면 그런 일을 하지 못한다.

똥칠(을) 하다 (체면이나 신뢰를) 손상시키다. ▷ 비속어 ¶ 불미스러운 일을 하여 가문에 똥칠하는 일이 없도록 해야 한다. / 이 아비 얼굴에 똥칠을 해도 분수가 있지. 어떻게 그런 나쁜 짓을 할 수 있어?

먹칠(을) 하다 (체면이나 신뢰를) 손상시키다. ¶ 저는 부모 얼굴에 먹칠한 불효자식입니다. / 너는 우리 얼굴에 먹칠을 했으니 우리 모임에서 제명을 당해도 마땅하다. / 여러분이 비뚤어진 행동을 하면 학교의 이름에 먹칠을 한다는 걸 유념하셨으면 합니다.

모양(이) 사납다[2] 일의 처리 방식이 매끄럽지 못하여 멋쩍게 되다. ¶ 언론에 정보가 새 나가면서 청와대만 모양이 사납게 되어 버렸다. / 이처럼 모양 사납게 간담회 일정이 이중으로 잡힌 것은 비서실의 책임이다.

스타일(을) 구기다 멋쩍게 되다. ¶ 나서지 않아도 될 일에 괜히 나서서 스타일만 구겼다. / 학생들 앞에서 스타일을 구기더라도 이 말은 해 줘야 할 것 같아. ※ 스타일(style): 모양.

얼굴에 침(을) 뱉다 모욕을 주다. ¶ 내가 어떻게 우리 형을 욕하겠어? 제 얼굴에 침 뱉는 꼴이 되는데. / 웃으면서 다가오는데 어떻게 얼굴에 침을 뱉겠어요? 참 **누워서 침(을) 뱉다**

얼굴(을) 깎다 (체면이나 신뢰를) 손상시키다. ¶ 남의 흉을 보는 것은 스스로 제 얼굴을 깎는 일이다. / 처신 똑바로 해라. 너희 아버지 얼굴 깎는 일일랑은 하지 말고.

얼굴(이) 깎이다 망신을 당하다. ¶ 그는 지난번 주정으로 얼굴이 많이 깎였다. / 남들이 너를 우습게 보는 것도 당연한 일이야. 네가 얼굴 깎일 일을 많이 했으니 당연하지.

코가 납작해지다 (승부에서 패하거나 일을 잘 못하여) 망신을 당하고 위세가 떨어지다. ¶ 한 수 아래로 여겼던 한국에 지면서 미국 야구의 코가 납작해졌다. / 제대로 된 적수를 만나 코가 납작해진 이후로 그는 자기 자랑을 일절 하지 않았다. 참 **기(가) 죽다, 큰코(를) 다치다**

코를 납작하게 하다 (월등하게 이기거나 일방적으로 몰아붙여) 망신을 주고 위세를 떨어뜨리다. ¶ 이번에 일등을 해서, 그의 코를 납작하게 해 주고 싶어. 참 **기(를) 죽이다, 깔아 뭉개다**

코(를) 떼이다[떼다] 무안당하거나 핀잔을 듣다. '코를 떼이다'로 써야 어법에 맞지만, 관습적으로 '코를 떼다'를 써 왔다. ¶ 공연히 섣부른 수작하다 코 떼이지 말고 가만있어요. / 그에게 단단히 코 떼여 억하심정이 있지 않고서야 어찌 그렇게 심술을 부릴 수 있단 말인가. / 그러한 일을 할 때에는 제 집에두 상당한 방비가 있을 것인즉 함부루 경솔하게 손을 댔다가 코를 떼는 수가 있는 것이다. (윤백남, 태풍) / 처음 중매쟁이가 왔다 갔을 때, 그는 어머니에게 '난 장가 안 간다'고 한번 제겨 보았으나, 그렇잖아도 장가가 늦었는데 그게 무슨 수작이냐고 단댓바람에 코를 떼었다. (김남천, 대하)

콧대가 꺾이다 잘난 체를 못 하게 되다. ¶ 이번 사태로 중국의 위상이 크게 높아진 반면 미국은 기세 높던 콧대가 꺾였다.

콧대를 꺾다 잘난 체를 못 하게 만들다. ¶ 한국 팀이 세계 최강인 미국의 콧대를 꺾어 놓았다. / 나는 그 여자의 높은 콧대를 꺾어 놓을 만한 일이 없을까 하고 고심하고 있었다.

5

문화 文化 및 사회 社會 생활 生活

글쓰기, 방송(放送)·예술(藝術), 스포츠

【글쓰기】

만리장성을 써 보내다 긴 편지를 써 보내다. ¶ 만리장성을 써 보낸들 무슨 소용이 있어? 그 사람 마음은 이미 다른 데에 가 있는데……. ※ 만리장성(萬里長城): 중국의 역대 왕조가 변경 방위를 위하여 축조한 대성벽. 참 **만리장성을 쌓다**

발로 쓰다 글을 쓰기 위하여 열심히 취재를 다니다. ¶ 제주도 토박이의 발로 쓴 제주 여행기. / 대하소설은 머리로만 쓰는 것이 아니라 발로도 써야 한다.

붓을 꺾다 글 쓰는 생활을 그만두다. 그만두는 의지, 저항적 태도 따위를 강조할 때 쓴다. ¶ 암울했던 식민지 시대에 실천적 지식인들은 붓을 꺾고 칼을 잡았다. / 1960년의 그날에 붓을 꺾고 바둑 두고 술만 마신 사람은 오늘 한없이 부끄러워 울 것이다.

붓을 놓다 ① 글 쓰는 생활을 그만두다. ¶ 생활에 쪼들려 붓을 놓을 수밖에 없었다. ② 글 쓰는 행위를 끝내다. ¶ 그는 붓을 놓고 자신이 쓴 글을 찬찬히 읽어 보고 있었다.

붓을 던지다 ① ⇒ **붓을 놓다** ① ¶ 이런 시기에 붓을 던진다는 것은 작가의 도리가 아닙니다. 이런 때일수록 더 쓰고 더 기록해야지요. ② ⇒ **붓을 놓다** ② ¶ 쓸 만큼 썼으면 이제 그만 붓을 던지고 나오게.

붓(을) 들다 글쓰기를 시작하다. ¶ 자기가 쓴 글에 대한 책임감을 느낄 나이가 되면 붓 들기가 겁이 난다. / 위험을 무릅쓰고 과감히 질책의 붓을 든 분들의 용기에 뜨거운 갈채를 보냅니다.

붓이 가볍다 짓는 글이 막히지 않고 순조롭게 잘 나가다. ¶ 오늘따라 붓이 무척 가볍습니다. / 남의 글을 읽다 보면, 창작 충동이 다시 생겨서 붓이 가벼워지기도 한다.

붓이 나가다 짓는 글이 잘 이루어져 나가다. ¶ 붓이 잘 나가는 날 원고를 마무리 지어야겠다. / 며칠 동안 막혀 있어 답답했는데 이제야 붓이 나가기 시작합니다.

연필을 놓다 글 쓰는 행위를 끝내다. ¶ 청탁받은 원고를 낮부터 쓰기 시작했는데, 날이 다 밝아서야 연필을 놓았다.

연필을 들다 글 쓰는 행위를 시작하다. ¶ 연필을 들기만 하면 할 말이 모두 달아나 버린다. / 전부터 선생님께 편지를 쓰고 싶었는데 차마 용기가 안 나서 망설이다가 지금에야 연필을 들었습니다.

펜을 놓다 ① ⇒ **붓을 놓다** ① ¶ 펜을 놓고 일 년쯤 재충전하는 기간을 가지고 싶다. / 그는 촉망받는 대학생 작가였지만, 졸업 후 회사에 취직하면서 펜을 놓았었다. ② ⇒ **붓을 놓다** ② ¶ 글이 잘 나오지 않을 때는 펜을 놓고 호숫가를 거닐곤 합니다.

펜을 들다 ⇒ **붓(을) 들다** ¶ 내가 펜을 든 지도 벌써 십 년이 다 되어 간다. / 우리 문학인들은 펜을 들어 그 어둠에 싸인 슬픈 시대를 온몸으로 증언했다.

【그리기, 사진(寫眞)】

괴발개발[개발새발] **그리다** 글씨를 알아볼 수 없게 갈겨쓰다. 이 말은 고양이의 발을 그렸는지 개의 발을 그렸는지 알아볼 수 없게 막 갈겨썼음을 비유하는 말이다. 말의 변화로 '개발새발 그리다'를 쓰는 경우가 많다. ¶ 괴발개발 그려서 알아볼 수 있을는지 모르겠다. / 어린아이들이 개발새발 그린 글씨를 보는 선생님의 마음은 뿌듯했다. 아이들이 글씨를 깨치기 시작하는 것이 대견스럽기만 했다. ※ 괴발: 고양이 발.

괴발개발[개발새발] **쓰다** ⇒ **괴발개발**[개발새발] **그리다** ¶ 편지라고 보내왔는데, 글씨를 하도 괴발개발 써서 읽을 수가 없다.

앙괭이(를) **그리다**[하다] 검정을 칠하다. ¶ 얼굴에 앙괭이 그린 청소부가 내게 미소를 지어 보였다. / 아들은 얼굴에 앙괭이를 그리며 열심히 구두를 닦고 있었다. / 하늘은 시커멓게 앙괭이를 해 가지고 무겁고 얕게 내려앉았다. 비가 오려나? ※ 앙괭이: 정월 초하룻날 밤에 자는 아이의 신 중에서 발에 맞는 신을 신고 간다는 귀신. 신을 잃어버리면 그해는 운수가 불길하다고 함. 야광귀(夜光鬼) 또는 약왕귀(藥王鬼)라고도 함.

카메라에 담다 사진을 찍다. ¶ 이국적인 풍경을 카메라에 담았다. / 누나는 고향에 있는 가족들의 모습을 카메라에 담아서 내게 보내 주었다.

【방송(放送), 공연(公演)】

매스컴(을) **타다** 신문, 잡지, 방송 매체에 보도되거나 출연하다. ¶ 매스컴 타려고 혈안이 된 학자가 학문을 제대로 할 수 있겠어요? / 가수들이 매스컴을 한번 타면 그때부터 출연료도 덩달아 치솟는다. 참 **얼굴(이, 을) 팔리다, 이름(을) 날리다**

무대를 밟다 출연하다. 스포츠 따위 여러 분야에서 특정 대회나 지역에 진출하는 것을 의미하기도 한다. ¶ 그는 아역으로 처음 무대를 밟은 이래 지금까지 연기 생활을 하고 있다. / 그는 한국인 최초로 메이저리그 무대를 밟았다. ※ 무대(舞臺): 노래, 춤, 연극 따위를 하기 위하여 설치한 단(壇).

무대에 서다 출연하다. ¶ 드디어 대중 가수들과 한 무대에 서서 함께 노래할 수 있는 기회를 잡았다. / 배우들은 한 시간 무대에 서기 위해 열 시간 넘게 리허설을 한다.

무대에 오르다 ① 공연을 하다. ¶ 해마다 수많은 작품이 만들어지지만 무대에 오르는 작품은 극소수에 불과하다. ② ⇒ **무대에 서다** ¶ 그는 두 살 때부터 무대에 올라 춤추고 노래했다.

무대에 올리다 작품을 공연할 수 있게 하다. ¶ 국립국악원이 산대희(山臺戱)를 무대에 올리는 건 이번이 처음이다. / 이제 남은 것은 그 시나리오를 무대에 올리는 것뿐이다.

전파를 타다 방송 매체를 통하여 알려지다. ¶ 잠깐이라도 전파를 한번 타고 나면 유명 인사가 되어 버린다. / 일평생을 시골에 살면서 농민 운동을 한 사람의 이야기가 전파를 타자 많은 곳에서 격려 편지가 날아들었다. 참 **얼굴(이, 을) 팔리다, 이름(을) 날리다**

한가락 뽑다 노래나 소리, 춤, 솜씨, 재주 따위를 한바탕 멋들어지게 해 보이다. ¶ 이번 아니면 언제 재주 자랑하겠어요? 빼지 말고 한가락 뽑아 보라고요. / 그는 먼저 술 한 사발을 들이켜고 노래를 한가락 뽑았다.

【운동 경기(運動競技), 놀이】

머리(를) 올리다[1] (골프에서) 필드(field)에 처음 나가다. ¶ 골퍼라면 누구나 머리 올린 날을 잊지 못한다. / 레슨 두 번 받고 드라이브 레인지에서 다섯 번밖에 연습하지 않은 아들놈의 머리를 올려 줬다.

박살(을) 뜨다 씨름에서, 단번에 메다꽂으려고 공중 떠서 들어 올리다. ¶ 용수는 노련한 씨름꾼이라 상대가 대번에 박살을 뜨려고 덤비자 그의 꼭뒤를 짚으며 막았다.

백구의 향연 야구, 배구, 골프 따위의 하얀 공으로 하는 시합을 가리키는 말. ¶ 야구장을 가득 메운 관중이 백구의 향연을 만끽하고 있다. / 백구의 향연이 끝난 골프장의 한여름 밤은 철저하게 음악의 몫이다. / 전국의 배구 꿈나무들이 만들어 내는 백구의 향연이 경기도 화성에서 펼쳐진다.

벤치(를) 지키다 후보 선수가 되어 시합에 나가지 못하다. ¶ 언제쯤이나 벤치를 지키는 신세를 면하게 될지. / 벤치만 지키다 갑자기 타석에 들어서니 얼떨떨하더군.

수제비(를) 뜨다 돌을 물 위로 튕기어 가게 던지다. ¶ 풀밭에 서면 경주를 하고 시냇가에 서면 납작한 돌을 집어 물 위에 수제비를 뜨기 일쑤다. / 광안리 바다에서 우리는 조개껍질로 수제비 뜨기를 하며 지난 세월의 아픈 기억을 어루만졌다. ※ 수제비: 밀가루를 반죽하여 맑은장국에 적당한 크기로 떼어 넣어 익힌 음식.

권한(權限), 역할(役割), 무력(武力)

【권한(權限), 역할(役割)】

내 사람 ⇒ **자기[제] 식구** ¶ 당을 위해서 뛰는 사람은 없고, 모두 내 사람 챙기기에만 바쁘다.

당근과 채찍 회유와 위협(책). ¶ 당근과 채찍을 번갈아 쓰며 사람을 다루는 게 현명한 용인술이다. / 교사들을 교육 개혁에 참여시키기 위해서는 무엇보다도 당근과 채찍이 수반되어 한다. 〖기원〗 'carrot and stick'이라는 영어 표현에서 나온 말이다.

도낏자루(를) 쥐다 실질적인 권한을 가지다. ¶ 개혁의 도낏자루를 쥐고 있던 사람이 개혁 정책의 칼날에 목이 떨어진 아이러니는 역사상 여러 번 있었다. / 이 모임에서 도낏자루를 쥐고 있는 사람은 회장이 아니고, 저기 앉아 있는 사람이야. 잘 알아서 모시라고.

백지 수표(를) 쓰다 마음대로 할 수 있는 권한을 주다. ¶ 국민들은 파병 연장에 백지 수표를 써 준 의회를 비판했다. 참 **부도 수표를 남발하다**

손에 달리다 누구의 힘에 좌우되다. '누구 손에 달리다'와 같이 쓰인다. ¶ 이제 공장을 살리고 못 살리는 것은 우리 노조원들 손에 달렸습니다. / 이번 일은 당신 손에 달린 것이나 마찬가지야. 좀 열심히 해 주게. 참 **손안에 (놓여) 있다**

열쇠(를) 쥐다 (일의) 해결책을 가지다. 또는 어떤 일에서 핵심적인 역할을 하다. ¶ 해결의 열쇠는 당신이 쥐고 있습니다. / 둘로 갈린 집안의 대립을 중재하는 데에 열쇠를 쥔 사람은 할아버지뿐이다.

자기[제] 밥그릇 이권이나 권한. ¶ 지금의 군 반발은 자기 밥그릇 챙기기에 불과하다. / 위기가 닥쳐왔음에도 위에 있는 놈들은 제 밥그릇 챙기느라고 혈안이 되어 있다. 참 **(자기[제]) 앞가림(을) 하다**

자기[제] 식구 자기편에서 이권이나 권한을 서로 나눠 가지는 집단. ¶ 강 감독은 혹시라도 자기 식구 챙기기라는 말이 나올까 싶어 철저하게 실력에 따라 선수를 기용한다. / 노조 또한 제 식구만 챙기는 노동 운동에서 벗어나 서민과 함께 공생하는 길을 찾아야 한다. 참 **(자기[제]) 앞가림(을) 하다**

채를 잡다 어떤 일이나 분야에서 주도적인 역할을 하다. ¶ 김안로가 조정의 채를 잡은 뒤엔 조용할 날이 없었다. / 사랑에는 벌써 영감님들이 채를 잡고 앉아서 술상이 벌어졌다. (염상섭, 만세전) ※ 채: 발구, 달구지, 수레 따위의 앞쪽 양옆에 댄 긴 나무. 이것을 잡고 수레 따위를 움직인다.

칼자루(를) 잡다 ⇒ 칼자루(를) 쥐다 ¶ 공정이라는 개념은 언제나 칼자루 잡은 쪽의 해석에 따라 남용될 여지가 있다. / 정부의 위임을 받아 은행이 기업 구조 조정의 칼자루를 잡았다.

칼자루(를) 쥐다 주도권을 갖다. 또는 권력을 잡다. ¶ 대통령은 군과 이해관계가 없는 인물에게 국방 개혁의 칼자루를 쥐어 주려 했다. / 연애를 시작할 때 칼자루 쥐는 쪽은 여자인 경우가 많다. / 시가 아무리 칼자루를 쥐었다 하더라도 시민들의 혈세를 이런 식으로 사용해서는 안 된다.

칼(자루)을[를] 휘두르다 권력을 사용하다. ¶ 정부는 칼을 휘두르더라도 공정한 법 논리에 따라야 한다. / 거침없이 해고의 칼자루를 휘두르던 기업들이 최근 생각을 바꾸기 시작했습니다. / 그땐 공연윤리위원회라는 기관이 한창 칼자루를 휘두르며 심의 대상 영화에 가위질을 할 때다.

키를 잡다 일의 나아갈 방향을 결정하는 역할을 하다. ¶ 민주당이 사실상 정계 개편의 키를 잡고 있는 동시에 진보 대연합의 큰 축이 될 수밖에 없다. / 황 원장이 연구원의 키를 잡으면서 직원들에게 강조한 것은 참여와 소통이었다. ※ 키: 배의 방향을 조종하는 장치.

키를 쥐다 ⇒ 열쇠를 쥐다 ¶ 홍 여인이라는 사람이 이번 사건 해결의 키를 쥐고 있는 셈이다. / 주위에서는 노사 합의를 하는 것으로 가닥을 잡아가는 듯했으나 정작 키를 쥔 쪽은 아무런 반응을 보이지 않고 있다. / 결정적인 증거 자료를 입수한 그는 상황을 반전시킬 키를 손에 쥐었다. ※ 키(key): 열쇠.

한몫(을) 하다 (어떤 결과에 이르는 데에) 일정한 역할을 하다. ¶ 집값 거품이 커진 데에는 언론도 한몫 단단히 했다. / 우리 팀이 승리하는 데 저도 한몫을 하고 싶어요.

【무력 행위(武力行爲)】

불(을) 맞다 쏜 탄환에 맞다. ¶ 불 맞은 사슴을 추격하기 위해 사냥개를 풀었다.

불(을) 뿜다 총구에서 총알이 나가다. ¶ 중대장의 명령이 떨어지자 백여 개의 총구가 불을 뿜기 시작했다.

불장난(을) 벌이다[1] 무기를 동원하여 무모하고 폭력적인 행동을 하다. ¶ 불장난 잘못 벌였다가 큰코다치는 것 봤지? 그러니 얌전하게 있으란 말이야. / 그 집단은 전쟁광들의 집단이라 언제 불장난을 벌일지 몰라.

총부리를 맞대다 무력으로 대치하다. ¶ 어떤 일이 있어도 같은 형제끼리 총부리를 맞대는 일은 없어야 합니다.

총을 들다 무력을 사용하다. ¶ 나라가 위기에 빠졌을 때, 나는 펜 대신 총을 들었다. / 1980년 광주에서 시민들이 총을 들 수밖에 없었던 이유를 알아야 합니다.

총을 잡다 ⇒ 총을 들다 ¶ 우리가 지금 총을 잡는다면 누가 우리의 순수성을 믿어 주겠습니까? / 반란군들은 대부분 자신의 가족이 학살된 데에 분노를 느껴 총을 잡았다고 했다.

큰불(을) 놓다 화력이 센 총으로 큰 총알을 쏘다. ¶ 큰불을 놓아 곰을 한 마리 잡았다.

피가 피를 부르다 무력 충돌의 악순환이 계속되다. ¶ 무신 정권이 엎치락뒤치락하며 피가 피를 불렀다. / 두 민족 간의 갈등은 피가 피를 부르는 격렬한 보복 행위로 지속되어 왔고 그 와중에 수많은 정치인이 암살당했다.

피를 부르다 무력 충돌을 초래하다. ¶ 당신의 무모한 행동이 피를 부를 수도 있다는 걸 명심하세요. / 강경한 힘의 리더십은 마찰과 단절을 낳았고, 결국 피를 불렀다.

돈, 상거래(商去來), 절도(竊盜)

【돈, 상거래(商去來)】

값이 닿다 (물건값을 흥정하여) 적당한 가격에 맞춰지다. ¶ 아무리 물건이 좋아도 값이 닿아야 살 수 있는 거지.

개미 군단 주식 시장의 소액 투자자. ¶ 개미군단은 상대적으로 정보가 부족하기 때문에 부실한 회사가 남발하는 주식을 과대평가할 수 있다.

금을 놓다[2] ⇒ **금(을) 치다**[2] ¶ 어디 한번 금을 놓아 보시지요.

금(을) 치다[2] (물건을 사고팔 때) 물건값을 어림잡아 부르다. ¶ 그는 십만 원이라고 금을 치고 나서 내 의향을 물었다. ※ 금: 물건의 값.

금(이) 닿다 ⇒ **값이 닿다** ¶ 금만 닿으면 제가 구입하겠습니다.

긋고 먹다 외상질하다. ¶ 오늘은 돈이 없으니 긋고 먹는 수밖에 없구나. 『기원』 흔히 외상 달아 놓고 먹는 것을 긋고 먹는다고 하는데, 이는 옛날 주막 등에서 거래 내역을 나무 막대에 칼로 표시한 데에서 유래하였다. 근대에도 이러한 방식의 거래가 있었는데, 가정에서 대어 놓고 매일 두부를 받든지 할 때는 '엄대'라고 하는 한 뼘쯤 되는 막대기를 추녀 끝에 꽂아 놓고 들여놓은 숫자만큼 못이나 칼로 그어 놓았다가 그것을 헤아려 셈해 주고는 없앴다.

꽃(을) 띄우다 (주식에 대하여) 살 것을 권하다. ¶ 최근 증권사 리포트들이 정보 기술(IT)주에 돌을 던지는 대신 내수주(內需株)에 꽃을 띄우기 시작했다.

날개(가) 돋치다[1] 상품이 빠른 속도로 팔려 나가다. 주로 '날개가 돋친 듯'과 같이 쓰인다. ¶ 내가 쓴 소설이 날개 돋친 듯 팔리고 있어요. / 신개발 상품이 날개가 돋친 듯 팔려 나간다. 참 **동(이) 나다**

도련님 천량 아껴서 오붓하게 모아 둔 채로 있는 돈. 아직 돈을 쓸 줄 모르는 도련님의 돈과 재물이란 뜻이다. ¶ 본시 돈은 쓰라고 있는 것인데, 그 사람 돈이 많으면 뭐하나 도련님 천량이니. ※ 천량: 개인 살림살이의 재산.

돈(을) 굴리다 수익을 내기 위하여 투자하다. 주로 금융 기관에 투자하거나 사채업을 해서 수익을 내는 일을 나타낼 때 쓴다. ¶ 여윳돈이 조금 있는데 어떻게 돈을 굴려야 할지 모르겠어요. / 단기 자금이 쏟아지자 은행들은 콜 시장에서 돈을 굴렸다.

돌(을) 던지다[3] (주식에 대하여) 팔 것을 권하다. ¶ 특정 종목에 대해 열 개 중 세 개의 리포트가 돌을 던질 때는 이미 주가가 빠지기 시작하는 때다.

물(을) 타다[2] 시세에 맞추어 거래를 하다. ¶ 큰손들이 물을 탈 때 멋모르고 주식을 샀다가는 손해 보기 십상이다. / 단물은 다 빼먹고 막판에 가서야 무상 증자 등으로 대규모 물타기를 한 후 기업을 공개하는 게 그들의 수법이야. 〖기원〗 증권 거래 방법인 '물타기(scale trading)'에서 나온 말이다. 이 방법은 팔 때에는 시세가 오름에 따라 점점 파는 수를 늘리고, 살 때에는 내림세에 따라 사는 수를 점점 늘려, 물건의 평균 단가를 올리거나 내려서 손해 위험을 줄이려는 방법이다.

바닥(이) 질기다 (증권 거래에서) 떨어진 시세가 더 내리지 않고 오래 계속 버티다. ¶ 한동안 주가가 폭락하자, 언젠가부터 투자자들 사이에 바닥이 질기게 될 것이라는 말이 나돌았다.

불티(가) 나다 물건을 내놓기가 무섭게 금방 팔리다. ¶ 날씨가 더워지자 냉방용품이 불티나게 잘 팔린다. / 신제품이 시장에 나오자마자 사겠다는 사람이 몰려들고 불티가 나게 팔려 나갔다. 참 **동(이) 나다**

상투(를) 잡다 (어떤 물건을) 가장 높은 시세에 매입하다. ¶ 어떤 사람은 주식으로 떼돈을 벌었다는데, 어찌된 게 나는 상투를 잡고 육갑만 떨고 있는 건지 모르겠어. / 부동산 투기 바람이 지나갈 때, 멋모르고 이를 사들였다가는 상투 잡는 수가 있다. ※ 상투: 예전에 장가든 사내가 머리털을 끌어 올려서 정수리 위에 틀어 감아 매던 것. 참 **땡(을) 잡다, 봉(을) 잡다**

세월이 없다 벌이가 잘되지 않다. ¶ 요즘은 통 세월이 없어서 가게 문을 닫아야 할까 보다. / 세월이 없어도 가업의 전통을 생각해서 계속 문을 열어 놓고 있는 실정입니다.

손이 빠르다[1] 파는 물건이 잘 팔려 나가다. ¶ 생선을 반값으로 판다고 하니 눈에 띄게 손이 빨랐다.

종잇값을 올리다 ⇒ **지가를 올리다** ¶ 그의 소설은 장안의 종잇값을 올리며 문단에 충격을 주었다. / 그가 죽고 나자 《태현경(太玄經)》은 세상에서 귀히 여기는 저술이 되어 낙양의 종잇값을 올렸다.

지가를 올리다 책이 잘 팔리다. ¶ 이번 소설이 서울의 지가를 올릴 정도가 되어야 할 텐데요. 〖기원〗 '낙양의 지가(紙價)를 올리다'에서 나온 말로, 진나라의 좌사(左思)가 〈삼도부(三都賦)〉를 지었을 때 낙양 사람이 다투어 이것을 베낀 까닭에 종잇값이 올랐다는 〈문원전(文苑傳)〉의 고사를 배경으로 한다.

코 묻은 돈 어린아이들이 가지고 있는 돈. ¶ 코 묻은 돈까지 긁어모아 도망쳐 버렸다. / 초등학교 근처에서 가게를 하며 코 묻은 돈 벌어 살고 있어요. 㕘 **코(를) 흘리다**

큰 손 대규모 금전 거래를 하는 투자가. ¶ 이곳 부동산 시장을 서울의 큰손들이 쥐락펴락합니다. 㕘 **마당 발, 손(이) 크다**

파리(를) 날리다 영업, 사무 따위가 안 되고 불황이다. ¶ 장사는 안 되고 파리만 날리고 있으니 월말에 낼 집세가 걱정이 된다. / 면회일에는 방문객들이 밖에서 음식을 해 오기 때문에 교도소 내 식당은 파리를 날렸다. 㕘 **하품만 하고 있다**

【절도(竊盜)】

담 구멍(을) 뚫다 도둑질하다. ¶ 남의 집 담 구멍을 뚫어서라도 입에 풀칠해야 할 판이다. / 남의 집 담 구멍 뚫는 일도 이젠 이골이 났다.

밤이슬(을) 맞다 도둑질하다. ¶ 대기업을 운영하시는 분이 중소기업 기술 빼내려고 부하 직원에게 밤이슬 맞는 일을 시키시다니 정말 놀랍습니다. / 네 이놈, 흥부야! 내가 듣자니 네가 요즈음 밤이슬을 맞아 가며 못된 짓을 하고 다닌다면서? (이청준, 심술보 터진 놀부)

손(을) 타다² 도둑맞다. ¶ 빤히 보이는 데 놓아두니 손을 타지. / 집안에 들락거리는 사람이 많다 보니 가끔 물건들이 손을 탔다.

손이 거칠다¹ 훔치기를 잘하다. 손버릇이 나쁘다. ¶ 그 아이는 가정 환경이 나쁜 탓에 손이 거칠어졌다.

주머니(를) 털다² 강도질하다. ¶ 불량배들이 떼를 지어 다니며 지나가는 사람의 주머니를 털었다. / 밤늦게까지 돌아다니다가 나쁜 사람을 만나면 주머니를 털릴 수도 있다. 㕘 **칼만 안 들다**

소식(消息), 소문(所聞), 평판(評判)

【**소식**(消息)】

꿩 구워 먹은 소식이다 소식이 없다. ¶ 심부름을 보냈더니 이건 꿩 구워 먹은 소식이야. / 살았을 리가 없어. 살았다면 이렇게 몇 년 동안이나 꿩 구워 먹은 소식일까? 참 **꿩 구워 먹은 자리**

함흥 차사이다 소식이 없다. ¶ 한번 심부름을 가면 함흥차사니, 어떻게 일을 시키겠어요? / 본사에 항의하자 이번에도 확인한 후 연락하겠다는 말만 되풀이할 뿐 다시 함흥차사였다. 〖기원〗 조선 태조 이성계가 왕위에서 밀려나 함흥으로 가 버린 뒤, 태종이 그의 노여움을 풀고자 함흥으로 여러 번 사신을 보냈으나, 이성계는 그 사신들을 죽이거나 잡아 가두고 돌려보내지 않았다는 고사에서 '함흥차사(咸興差使)'라는 말이 나왔다.

【**소문**(所聞), **이야깃거리**】≒【**말하기**】【**발설**(發說), **폭로**(暴露)】

구설에 오르다 ⇒ **입길에 오르**(내리)**다** ¶ 매사에 말을 삼가며 남의 구설에 오르는 일이 없도록 해라. / 이 정부 들어 미덥지 않은 처신으로 구설에 오른 공직자들이 많아졌다. ※ 구설(口舌): 입과 혀.

귀가 가렵다[간지럽다][1] 심심해서 새로운 이야깃거리를 듣고 싶다. ¶ 우리 시대의 사람들은 귀가 가려운 사람들이다. 귀를 즐겁게 하기 위해 많은 것을 찾아다닌다. / 스캔들은 뭔가 재미있는 일이라도 생겼으면 하고 바라는, 귀가 간지러운 한량들에게나 좋은 말이다.

귀에 들어가다 (어떤 일이나 사건이) 알려지다. 주로 '누구의 귀에 들어가다'와 같이 쓰인다. ¶ 이 소문이 김 씨 귀에 들어가면, 아마 그 딸은 쫓겨나게 될 거야. 참 **귀에 들어오다**

날개(가) **돋치다**[2] (소문이) 빠르게 퍼지다. ¶ 조만간에 정부 조직을 개편한다는 소문이 날개

돋쳐 퍼져 나갔다. 참 **날개(를) 달다**

도마 위에 오르다 (어떤 대상에 대하여 비판하는 상황에서) 이야깃거리가 되다. ¶ 다시 도마 위에 오른 군 가산점 제도. / 낙태를 허용해야 한다는 주장이 제기되면서 제한적 낙태 허용 여부가 다시 도마 위에 올랐다. / 금융 시장을 감독해야 할 금융감독원이 직원들의 잇단 비리와 부적절한 처신으로 여론의 도마 위에 올라 있다.

도마 위에 올려놓다 (어떤 대상에 대하여 비판하는 상황에서) 이야깃거리로 삼다. ¶ 학생들이 모여 이야기만 시작하면 선생님을 도마 위에 올려놓기 일쑤였다. / 한창 상영 중인 영화를 도마 위에 올려놓고 뭘 어쩌자는 건가. 상영이 끝나면 그때 평가하자.

말밥에 오르다 (주로 부정적인 의미로 쓰여) 이야깃거리가 되다. ¶ 수년 전 미국의 어느 부통령은 'tomato'를 'tomatoe'라고 써서 말밥에 오른 적이 있다. / 사람들의 말밥에 올라 좋을 것이 없으니 조용히 있다가 떠나라고.

말밥에 올리다 (주로 부정적인 의미로 쓰여) 이야깃거리로 삼다. ¶ 내가 무슨 말을 했다고 공연히 사람을 말밥에 올려?

우물 공사 수다스럽게 남의 이야기를 하기. 아낙네들이 우물가에 모여 동네 이야기를 수다스럽게 하는 것을 이르는 말. ¶ 동네 아주머니들은 우물 공사에 시간 가는 줄 모르고 있었다. 참 **이빨(을) 까다**

입길에 오르(내리)다 (주로 부정적인 의미로 쓰여) 이야깃거리가 되다. ¶ 그가 토론회에서 여성을 비하하는 발언을 한 것은 두고두고 입길에 올랐다. / 올가을 사람들의 입길에 오른 대표적인 먹을거리가 낙지다. / 지방 선거에서 참패하고 당내 권력 공백이 생기면서 그의 존재가 다시 입길에 오르내리기 시작했다.

입방아(를) 찧다 남의 일에 이러쿵저러쿵하다. 주로 쓸데없는 말을 방정맞게 자꾸 하는 것을 나타낸다. ¶ 어제 시집온 새색시를 두고 동네 아낙네들이 입방아를 찧는다. / 직장 동료를 안주 삼아 이러쿵저러쿵 입방아를 찧으면 안 되지요. ※ 방아: 곡식을 찧는 틀.

입방아에 오르(내리)다 ⇒ **입길에 오르(내리)다** ¶ 그는 각종 설화(舌禍)에 연루돼 입방아에 오른 인물이다. / 연예계에 데뷔하자마자 입방아에 오르내리는 걸 보면 평소 행실이 좋지 않았겠어. / 이 소문이 정가의 입방아에 오르내리면 좋을 일이 없을 것이다.

입에 오르(내리)다 이야깃거리가 되다. ¶ 그의 이름이 평론가들 입에 자주 오르내린다. / 그런 행동은 눈에 띄기 마련이고, 사람들의 입에 오르내리다 보면 좋지 않은 평판이 돌게 된다. / 홀아비와 과부가 이웃에 산다는 것만으로도 남의 입에 오르기 쉬우니, 이사를 시켜야 할 것 같다.

입에 올리다 이야깃거리로 삼다. 또는 어떤 말을 하다. ¶ 그에 대해서는 지금까지 입에 올린 적이 없었다. / 무슨 까닭으로 그놈은 내 이름을 입에 올렸단 말이냐? / 대통령은 연설 중에

'민주주의'라는 말을 여섯 번이나 입에 올렸다.

입에서 입으로 이 사람에서 저 사람으로. 소문이 전해지는 것을 나타내는 말. ¶ 입에서 입으로 전해지면서 소문은 금세 전 학교에 퍼졌다. / 시 한 편이 입에서 입으로 전해져 대단한 파문을 일으켰다.

입이 무섭다 소문나는 것이 두렵다. '누구의 입이 무섭다'와 같이 쓰인다. ¶ 두 친구가 내 잘못을 알고 못 견디게 구는 것만 같았다. 그 둘의 눈이 무섭고 입이 무서웠다. / 다른 사람의 입이 무섭다는 사람이 왜 그런 짓을 해? 참 **눈이 많다, 보는 눈이 있다**[1]**, 입이 많다**

쫑고 까불다 ⇒ **입방아(를) 찧다** ¶ 말 많은 사람이 모이면 찧고 까불기 마련이다. / 자기 이야기가 아니라고 그렇게 찧고 까부는 게 아니야.

참새들(의) 입방아 남의 이야기를 수다스럽게 하는 일. ¶ 유명인에겐 언제나 뒤따르기 쉬운 참새들의 입방아를 피한 채 그들은 둘만이 소중한 사랑을 키웠다.

혀끝에 오르(내리)다 ⇒ **입길에 오르(내리)다** ¶ 시집도 안 간 여자가 사람들 혀끝에 오르면 좋지 않다. / 연예인이 남의 혀끝에 오르내리는 것을 두려워하면 스타 자질이 없는 것이다.

혓바닥에 올려놓다 (주로 부정적인 의미로 쓰여) 이야깃거리로 삼다. ¶ 사람들이 나를 혓바닥에 올려놓고 온갖 입방아를 찧는다는 건 잘 알고 있다.

【평판(評判)】

귀가 가렵다[간지럽다][2] 남들이 자신에 대한 말을 하는 느낌을 받다. ¶ 우리가 이렇게 뒷소리를 하고 있으니, 그 친구 귀가 가려울 거야. / 진상을 다 밝혔는데도 이러쿵저러쿵 말들이 많으니, 귀가 가려워서 원 살겠나. / 잘못한 일이 많다 보니 사람들이 모여 있는 것만 봐도 귀가 간지러워 히스테리를 부리는 것 같다.

꼬리표가 붙다 ⇒ **딱지(가) 붙다** ¶ 게으른 학생이라는 꼬리표가 붙고 나면 졸업하는 순간까지 고생을 한다. / 감옥에 갔다 온 이후로 그에게는 전과자라는 꼬리표가 붙었다.

꼬리표를 떼다 ⇒ **딱지(를) 떼다**[1] ¶ 무책임한 사람으로 한번 찍히고 나면 그 꼬리표를 떼기가 여간 힘든 게 아니에요. / 이번에 발표한 소설로 그는 '번역 문학가'란 꼬리표를 떼고 소설가로 화려하게 변신했다.

꼬리표를 붙이다 ⇒ **딱지(를) 붙이다** ¶ 그는 나에게 공산주의자란 꼬리표를 붙여 공격했다.

낙인(을) 찍다 지우기 어려운 부정적 평가를 내리다. '어떤 사람으로 낙인을 찍다'와 같이 쓰인다. ¶ 그들은 나를 반역자로 낙인을 찍어 체포했다. / 환경이 개발보다 우위에 있다고 보고 개발을 무조건 환경 파괴로 낙인찍으려는 주장은 옳지 않다. 참 **점(을) 찍다**

낙인(이) 찍히다 부정적인 평가에서 벗어나기 힘든 처지가 되다. '어떤 사람으로 낙인이 찍히다'와 같이 쓰인다. ¶ 나는 이미 문제아로 낙인이 찍힌 지 오래되었다. / 그 종교 집단에서 한번 배신자로 낙인이 찍히면 평생을 쫓겨 다녀야 한다. / 유대인들은 예수를 죽인 민족으로 낙인 찍혀 이천 년 동안 온갖 고난을 겪어야 했다.

딱지가 떨어지다 기존의 평판에서 벗어나게 되다. 주로 '무엇이라는 딱지가 떨어지다'와 같이 쓰인다. ¶ 30년 동안 이룬 경제 성장으로 후진국이라는 딱지가 떨어졌다. / 재벌이라는 딱지가 떨어지면 그도 대권을 꿈꿔 볼 수 있지 않을까요? 〖기원〗 딱지는 무엇의 표로 쓰는 종잇조각인데, 어떤 표시나 증명을 하는 기능에서 사물에 대한 평가나 인정 등의 의미가 나오게 되었다.

딱지(가) 붙다 (주로 부정적으로 쓰여) 평판이 나다. 주로 '무엇이라는 딱지가 붙다'와 같이 쓰인다. ¶ 수업 시간에 몇 번 늦고 싸움 몇 번 하고 나니까 불량소년이라는 딱지가 붙어 버렸습니다. / 어느 대학 출신이라는 딱지가 붙어 평생을 따라다니는 이런 사회가 발전할 수 있겠어요?

딱지(를) 떼다[1] 기존의 평판에서 벗어나다. ¶ 저를 평가할 때 제발 장애인이란 딱지를 떼고 봐주세요. / 드디어 노총각 딱지 떼고 아리따운 신부를 맞게 되었습니다. / 팀에 입단한 지 여러 해가 지났지만 아직도 후보 딱지를 못 떼고 있다.

딱지(를) 붙이다 (부정적으로) 평가하여 규정하다. 주로 '무엇이라는 딱지를 붙이다'와 같이 쓰인다. ¶ 학교생활에 적응하지 못하는 아이들에게 어른들은 불량 청소년이란 딱지를 너무 쉽게 붙이는 것 같아요. / 서로 믿고 함께 일해야 할 사람들에게 '당신은 무슨 주의자(主義者)'라고 딱지 붙여서야 되겠는가. / 주요 언론은 정부의 주장을 검증 없이 받아들이며 이번 파업에 불법 딱지를 붙였다.

식견(識見), 견문(見聞)

【**식견**(識見)】 ≒ 【**예측**(豫測), **상상**(想像)】

귀(가) 밝다[3] 정보나 소식을 빨리 알다. ¶ 저 친구는 참 귀 밝은 사람이야. 별 소릴 다 듣고 다니니. / 그는 귀가 밝아 먼 곳의 일까지 잘 알았고, 눈이 밝아 작은 일도 잘 관찰했다.

귀가 트이다 (사람들의 말과 의견을 잘 파악해) 어떤 분야나 대상의 속성과 이치를 깨달을 수 있게 되다. ¶ 사회 돌아가는 데에 조금만 신경을 쓰면 금방 귀가 트일 거야. / 비록 늦게 배우는 글이긴 했지만 또박또박 극성스럽게 익힌 보람으로 해가 지나자 제법 눈이 열리고 귀가 트여 하는 말마다 홍 거사를 깜짝깜짝 놀라게 하였다. (문순태, 타오르는 강)

눈(을) 뜨다 (현상을 잘 파악하여) 어떤 분야나 대상의 속성과 이치를 깨닫다. ¶ 자라 온 환경 때문에 그는 여자에 일찍 눈을 뜨게 되었다. / 그는 생활이 안정되기 시작하면서 자기 몸이 소중하다는 사실에 눈뜨기 시작했다. / 그는 박규수의 문하에서 수학하면서 일찍부터 개화사상에 눈을 떴다. / 그는 공장에 다니면서 드나들게 된 야학에서 비로소 세상에 눈을 뜰 수 있었다.

눈이 뜨이다 ⇒ **눈이 트이다** ¶ 돈에 눈이 뜨이고 나서 그 순진하던 사람이 생각하는 것부터 달라지기 시작했다. 참 **눈이 번쩍 뜨이다**

눈이 열리다 ⇒ **눈이 트이다** ¶ 관중석에 물러앉아 뛰는 동료들을 바라보고 있을 때 문득 경기에 대한 새로운 눈이 열릴 수도 있다. / 너희가 그것을 먹는 그날에 필시 너희 눈이 열리고, 너희가 필시 하느님처럼 되어 선악을 알게 될 것이다. (창세기 3장 5절)

눈이 트이다 (현상을 잘 파악하여) 어떤 분야나 대상의 속성과 이치를 깨달을 수 있게 되다. ¶ 이 영화를 보고 나서야 그 배우의 매력에 눈이 트인 것 같아요. / 처음에는 책이 너무 어려워 깜깜했는데, 여러 번 읽다 보니까 눈이 트였다. / 비로소 어두운 눈이 트여 자신이 어리석었음을 깨달은 대왕은 후회의 눈물을 흘렸다.

머리가 깨다 뒤떨어진 생각이나 무지한 상태에서 벗어나다. ¶ 그는 머리가 남보다 일찍 깨서 전망 있는 사업에 먼저 손을 댔다. / 나이 먹은 양반이 그렇게 진보적인 생각을 하고 있는 걸 보면 머리가 깬 분이라는 것을 알 수 있다.

잠에서 깨어나다 뒤떨어진 생각이나 무지한 상태에서 벗어나다. ¶ 제발 잠에서 깨어나 시대의 변화를 읽으시길 바랍니다. / 아직도 우물 안 개구리로 깊은 잠에서 깨어나지 못한 사람들이 많다. 참 **잠(이) 들다**[1]

【안목(眼目)】

눈을 크게 뜨다[2] 안목을 키우고 식견을 넓히다. ¶ 여자들이여, 가정에만 파묻혀 있지 말고 눈을 크게 떠라. / 좀 더 눈을 크게 뜨고 세상을 넓게 볼 줄 안다면, 남보다 더 성공할 것이다.

눈이 낮다 보는 수준이 높지 않다. ¶ 그런 물건을 고른 것은 그의 눈이 낮아서 그런 것만은 아닐 것이다. / 타고난 재주가 아무리 출중하고, 일평생 익힌 솜씨가 아무리 능란해도, 눈이 낮은 사람은 결국 하찮은 몰풍정(沒風情)을 벗지 못할 것이다. (최명희, 혼불) * 몰풍정(沒風情): 풍치나 경치가 전혀 없음.

눈(이) 높다 여간한 것은 시시하게 여길 만큼 평가 기준이 높고 까다롭다. ¶ 그런 미인이 아직까지 시집 못 가고 있는 것을 보니 눈이 무척 높은 모양이야. / 일자리가 없어서 취직을 못하는 게 아니라 눈이 높아서 취직을 안 하는 거지요. / 눈 높은 손님 한 사람의 비난이 전체 손님의 칭찬보다 무서운 법이야. 참 **코가 높다**

눈이 있다 보는 수준이 높다. ¶ 어린것도 눈은 있어서 아무거나 고르지를 않아요. / 똑같은 골동품을 보아도 눈이 있는 사람만 그 물건 됨을 알아본다.

보는 눈이 있다[2] 평가할 수 있는 능력이 있다. ¶ 그는 나름대로 여자 보는 눈이 있다고 자부한다. / 녀석. 보는 눈은 있어서 내 차 비싼 건 아는군. / 물건 보는 눈이 있는 손님이라면 이걸 놓칠 리 없지요.

(보는) 눈이 정확하다 사물을 보고 분별하는 능력이 뛰어나다. ¶ 아이들의 눈이 정확한 것은 자기 느낌에 솔직하기 때문이지요. / 수십 년간 장사를 해서 그런지 가게 주인은 사람 보는 눈이 정확했다.

안목(이) 높다 사물을 보고 분별하는 능력이 뛰어나다. ¶ 미술품을 감상하는 안목이 높은 것 같다. / 옷 고르는 것을 보니 안목이 상당히 높은 것 같다.

안목(이) 있다 사물을 보고 분별하는 능력이 있다. ¶ 그는 미술품을 보는 안목이 있다. / 어느 정도 방을 보는 안목이 있는 사람이었으면 그런 방을 고르지는 않았을 것이다.

【논리(論理), 이치(理致)】

그런 법이 어디 있어 이치에 맞지 않은 일에 대하여 항의할 때 쓰는 말. ¶ 마감 시간이 조금 지났다고 원서를 받아 주지 않다니, 그런 법이 어디 있어? / 계엄령이 내려졌다고 하지만 대낮에 사람을 때려죽이는 그런 법이 어디 있어?

동(을) **대다**[2] 조리가 맞게 하다. ¶ 동을 대어 이야기하면, 듣는 사람이 이해하기 쉽다. ※ 동: 사물과 사물을 잇는 마디.

동(이) **닿다**[2] 조리가 맞다. ¶ 학생 하나가 전혀 동이 닿지 않는 말을 하다가 돌아갔다. / 그는 내가 묻는 말에 동이 닿을 듯 말 듯한 대답을 하고서 한 번 기침을 했다. / 그 아이가 이유를 말하는 것이 동이 잘 닿지 않아서 처음엔 의심을 좀 했었지요.

되지도 않는 소리 전혀 이치에 닿지 않는 말. ¶ 되지도 않는 소리를 지껄이면서도 전혀 자신의 잘못을 모르는 한심한 학자들이 있다. 참 **되지도 않을 소리, 씨알머리(가) 없다**

두 동(이) **지다** 서로 모순이 되다. ¶ 전령의 말이 두 동 지고 졸가리가 없어 그쪽 상황을 파악할 수 없었다. / 줏대 있는 마음과 열린 마음은 언뜻 서로 두 동이 진 듯하지만 사실은 그렇지 않다. 『기원』 사물과 사물을 잇는 마디가 이어지지 않는다는 데에서 나온 말이다. 참 **동(을) 달다, 두 동(을) 싸다**

말(이) **되다**[2] 이치에 맞다. 또는 어느 정도 타당성이 있다. ¶ 이게 말이 되는 소린지 판단해 주세요. / 논문을 쓴다고는 썼는데 말이 되는지 잘 모르겠어요.

말이 아니다[3] ⇒ **말이[도] 안 되다** ① ¶ 지금까지 자기들 마음대로 하다가 이제 와서 저보고 책임지라는 건 말이 아닌 소리지요.

말이[도] 안 되다 ① 이치에 맞지 않다. 또는 타당성이 없다. ¶ 왕의 권리를 신이 부여했다고? 말도 안 되는 소리! / 말도 안 되는 일에 도전해 성공한 사람들의 도전 정신은 배울 만하다. / 군대를 동원해 놓고서 당시의 실권자가 몰랐다는 것은 말이 안 됩니다. ② 어떤 상황이 너무 황당하여 받아들일 수 없음을 나타내는 말. '말도 안 돼'와 같이 쓰인다. ¶ 그런 못된 여자가 내 며느리로 들어온단 말이야? 말도 안 돼.

무릎 맞춤 두 사람의 말이 어긋날 때 제삼자 앞에서 대면시켜 따짐. ¶ 무릎맞춤을 하면 다 밝혀질 일이니 지금 이야기하는 게 서로를 위해서 좋은 일일 것 같은데? / 무슨 일이 있어서 조사를 당하든지 또는 무릎맞춤을 할 경우에는 그 돈을 자네가 빌려 주었다고만 대답해 주게. 참 **무릎을 맞대다**

밑도 끝도 없다 아무런 근거가 없다. 주로 '밑도 끝도 없이'와 같이 쓰인다. ¶ 밑도 끝도 없이 결혼을 하겠다고 하면 어떡하니? 차분하게 이야기해 보아라. / 그가 선생님의 숨겨 놓은 딸이라는 소문이 밑도 끝도 없이 퍼졌다. / 여자는 밑도 끝도 없는 이야기를 시작했다. 도대체 자신이 이야기를 건네는 대상이 누군지, 그 대상이 지금 어떤 상황인지는 안중에도 없었다.

벙어리 재판 옳고 그름을 판단할 수 없는 일이나 자기변명을 못 하고 일방적으로 듣기만 하는 일 따위를 나타내는 말. ¶ 영어에 미숙한 그는 미국 법원의 벙어리 재판으로 살인죄를 뒤집어써야 했다. / 이제 나는 쓸데없는 힐문이나 힐책 따위인 벙어리 재판은 더 이상 받지 않겠다.

사개(가) 맞다 ⇒ **앞뒤가 맞다** ¶ 그는 항상 사개 맞는 말만 한다. / 빈틈을 공격하려고 해도 그의 말이 사개가 딱 맞으니 도대체 반박을 할 수 없었다. ※ 사개: 상자 같은 것의 네 모퉁이를 요철형으로 만들어 끼워 맞추게 된 부분.

사개(를) 물리다 말이나 사리의 앞뒤 관계를 빈틈없이 딱 맞아떨어지게 하다. ¶ 조립부 김 반장은 조립도 기막히게 잘할 뿐 아니라 무슨 얘기나 사개를 잘 물려 젊은이들도 혀를 차곤 한다.

아귀(가) 맞다 ⇒ **앞뒤가 맞다** ¶ 그는 뛰어난 기억력으로 모든 사건을 아귀 맞게 정리했다. / 옆에서 들어 보니 그 청년의 말이 아귀가 맞았다. ※ 아귀: 물건의 갈라진 부분.

아퀴가 맞다[맞아떨어지다] 일의 정황이 빈틈없이 들어맞다. ¶ 태임이의 추상 같은 추궁에 아퀴가 맞게 꾸며 댈 수 있을 만큼 입분이는 간교한 위인이 못 되었다. (박완서, 미망) / 태임이의 백골단이 귀정이를 죽였으니 너희들도 의당 백골단을 죽여야 아퀴가 맞아떨어지지 않냐 이거야. (김소진, 열린 사회와 그 적들) ※ 아퀴: 일을 마무르는 끝매듭. 참 **아퀴(를) 짓다**

앞뒤가 맞다 말이나 사리의 앞뒤 관계가 빈틈없이 딱 들어맞다. ¶ 말이 앞뒤가 맞지 않는 것을 보니 그 녀석이 우리를 속이고 있는 것이 분명하다. / 도시보다 농촌의 소득이 많아졌다고요? 그러면 왜 젊은이들이 도시로 갑니까? 앞뒤가 안 맞아요.

이(가) 맞다 빈틈없이 서로 잘 맞아 조화를 이루다. ¶ 대충 구한 것인데 이렇게 이가 잘 맞을 줄은 몰랐어요. / 물음 속에 대답이 있고 대답 속에 물음이 있어 문답이 어김없이 이가 맞는다.

흑백을 가리다 옳고 그름을 따지다. ¶ 흑백을 가릴 일이 있으면 정정당당하게 가립시다. / 지금으로서는 흑백을 가릴 수가 없을 것 같으니, 좀 더 시간이 지난 후에 다시 생각해 봅시다.

【견문(見聞), 체험(體驗)】

달고 쓴 맛(을) 보다 좋은 일 나쁜 일을 모두 겪다. ¶ 뒤죽박죽 엉망진창. 하루 사이에 달고 쓴 맛 다 봤다. / 11월 유동성 랠리의 달고 쓴 맛을 본 주식 시장의 연말 장세는 화려함보다는 차분함이 압도할 것이라는 목소리도 있다.

맛(을) 보다[2] (어떤 현상이나 감정 따위를) 체험하다. ¶ 인생의 쓰라림을 맛보았다. / 조국의 고마움을 이역만리(異域萬里)에서 비로소 맛보았소.

물(을) 먹다[2] 어떤 경험을 하다. 주로 '어디 물을 먹다'와 같이 쓰인다. ¶ 그는 사회 물을 그만큼 먹었어도 아직 대학생 티를 못 벗고 있다. / 대학 물 먹은 손자가, 할아버지의 제사상 머리에, '조부 사망 기념일'이란 지방을 써 붙였답니다. / 외국 물을 먹은 티를 내느라고 영어 단어를 섞어 쓰며 혀를 굴리는 모습은 보기 역겹네요.

바깥바람을 쐬다 외출하다. 또는 해외여행을 가다. ¶ 한평생 읍내도 벗어나지 않고 산 사람이 아들 덕분에 바깥바람 한번 쐬더니 말수가 많아졌다. / 그는 오랜만에 바깥바람을 쐰 호기심 많은 어린애처럼, 풀잎에 맺힌 이슬 하나하나를 유심히 관찰했다.

바람(을) **쐬다**[2] (어떤 현상을) 체험하다. ¶ 당시 양반보다 중인들이 먼저 개화 바람을 쐬었다. / 그는 아직 세상 바람을 제대로 쐰 적이 없는 어린아이일 뿐이다.

세상(을) **모르다**[3] 세상 물정에 어두워 일상에서 일어나는 일을 잘 모르다. ¶ 살아가는 데 도움이 될 만한 이야기를 해 달랬더니, 세상모르는 소리만 하고 있어. / 우리 형은 세상을 모르고 공부만 한 사람이라 답답하다.

쓴맛 단맛(을) **다 보다** 일어날 수 있는 모든 일을 겪다. ¶ 날 우습게 보면 큰코다쳐. 내가 이 바닥에서는 쓴맛 단맛 다 본 사람이야.

우물 안 개구리 견문이 좁은 사람. ¶ 우물 안 개구리인 우리나라 은행들의 초라한 국제화 수준은 숫자로도 금방 확인된다. / 넓은 세계로 떠나라. 사람이 우물 안 개구리로 자라서는 아무짝에도 쓸모가 없는 법이다.

노동(勞動), 생활(生活)

【노동(勞動)】

몸으로 때우다 부족한 면을 육체노동으로 보충하다. ¶ 계획을 치밀하게 세우지 못해 처음에는 당황했지만 몸으로 때워 넘겼다. / 모자라는 구석은 사장이 직접 나서서 몸으로 때우기도 하니까, 그렇게 빠르게 성장할 수 있었지. 참 **말로 때우다**

몸으로 뛰다 현장에서 직접 몸을 움직이면서 일하다. ¶ 이론을 공부하여 외우는 데 치중하기보다는 몸으로 뛰면서 이를 체화시키는 데 치중해야 한다. / 내가 듣기로 김 실장이 도지사를 도와 직접 몸으로 뛰며 도민들의 고충을 해결한다고 들었는데, 참으로 잘하는 일이야. 참 **말로 때우다**

몸을 굴리다 ① 생활하다. ¶ 늙어서 아픈 건, 젊었을 때 건강이 얼마나 소중한지 생각하지 않고 함부로 몸을 굴린 결과야. ② 몸을 움직여 일하다. ¶ 펜대를 굴리면 귀하고 몸을 굴리면 천하다는 사람들의 의식은 아무리 애를 써도 잘 바뀌지 않는 것 같다. / 산모가 그렇게 몸을 굴리면 안 된다고 호통을 쳤지만, 우윳값이라도 벌어야 하는 그의 딱한 처지에 마음이 무거웠다.

몸(을) 놀리다 ① ⇒ **몸을 굴리다** ① ¶ 젊었을 때 함부로 몸을 놀리면 늙어서 고생하게 된다. / 잦은 술과 거친 잠자리로 함부로 몸을 놀린 사람이라면 대개 몸이 차갑기가 예사였다. ② ⇒ **몸을 굴리다** ② ¶ 그는 아침 일찍부터 부산하게 몸을 놀려, 내가 일어나기도 전에 길 떠날 채비를 마쳤다.

몸(을) 받다 윗사람 대신으로 일을 하다. 현대어에서는 거의 쓰이지 않는다. ¶ 대왕대비나 왕대비의 몸을 받은 나인들이 치성이나 기도 하러 내려와 있을 때는 유수(留守) 사또도 꿈쩍을 하지 못하니 그 아래 관속들은 더 말할 것이 없었다. (홍명희, 임꺽정[林巨正])

몸(을) 쓰다 ⇒ **몸을 굴리다** ② ¶ 예전에는 몸을 쓰는 일을 천하게 여겼으나, 지금은 그런 일들에 대한 편견이 사라졌다.

발로 뛰다 현장을 직접 돌아다니면서 일하다. ¶ 지금은 말만 하는 이론가가 아니라, 발로 뛰는 사람이 필요한 때다. / 연구원들이 직접 발로 뛰어 조사를 한 뒤 보고서를 작성했다. 참 **말로 때우다**

손에 물을 묻히다 육체노동을 하다. ¶ 가게를 봐 준다고 해도 손에 물을 묻히는 것이 아니라 물건을 파는 일이기 때문에 힘든 것은 없다. / 평상시에 장식품으로 노리개를 달고 다닐 정도라면 손에 물을 묻히는 사람은 아닐 것이다. 반 **손에 물(을) 묻히지 않다**

손품(을) 팔다 ① (손을 사용하는) 일을 하다. 주로 이것저것 뒤적이거나 찾아보는 일을 가리킨다. ¶ 그는 정보 수집을 위해 동호인 카페와 관련 외국 사이트를 넘나들며 손품을 팔았다. ② (힘든 일은 아니지만) 일정한 노력이 필요한 일을 하다. ¶ 아이가 반장을 하면 그 엄마는 자주 학교에 나가 손품을 팔 수밖에 없다. 참 **다리품(을) 팔다**

【무노동(無勞動)】≒【평온(平穩), 안심(安心)】

발바닥에 흙 안 묻히고 살다 육체노동을 하지 않고 편하게 지내다. ¶ 발바닥에 흙 한번 안 묻히고 살던 양반이 그 고생을 했으니, 병이 안 나는 게 이상하지.

손끝에 물 한 방울 튀기지 않다 육체노동을 하지 않고 편하게 지내다. ¶ 우리 딸은 손끝에 물 한 방울 튀기지 않고 자랐어.

손에 물(을) 묻히지 않다 육체노동을 하지 않고 편하게 지내다. ¶ 그는 태어나서 지금까지 손에 물도 묻히지 않고 편안하게 살아왔다. / 부잣집 외동딸인 아내는 결혼 전 손에 물 한번 묻히지 않았다. / 손에 물 한 방울 묻히지 않고 산 사람이 어떻게 그 일을 할 수 있겠어? 반 **손에 물을 묻히다**

【일손, 일솜씨】

구석이 비다 일을 처리하는 데에 빈틈이나 부족한 점이 있다. ¶ 나이는 삼십 이낸 듯싶은데도 그 인사성이며 행동거지가 하나도 구석이 비는 데가 없겠다. (이기영, 봄) / 대체 다른 사람의 꾀는 구석이 비는 데가 많지만 서장사의 꾀는 물 부어 샐 틈이 없습니다. 서장사는 지금 우리의 보배요. (홍명희, 임꺽정[林巨正])

도(가) 통하다 통달하다. ¶ 그는 4개 국어를 모국어처럼 구사할 만큼 외국어에 도통해 있다. /

그는 다른 것은 몰라도 자기 전공만큼은 도가 통해 있었다.

손끝이 맵다 ① 일하는 것이 야무지다. ¶ 손끝이 매운 사람이라서 일의 매조지가 잘되었군. 참 **매운 맛(을) 보다** ② 가축을 기르는 일에 번번이 실패하는 사람에게 이르는 말. ¶ 자네 손끝이 매워 소가 또 죽은 모양이야.

손끝이 여물다 능숙하다. 특히 수공(手工)을 잘하다. ¶ 이젠 일에 손끝이 여물어서 빨리 할 수 있다. / 된장찌개가 맛있다고 인사를 건네니, 집에서 직접 담근 된장이란다. 어쩐지 맛이 다르더라니. 안주인의 손끝이 여문 것이 분명하다.

손바람이 나다 일을 처리하는 기세가 좋다. ¶ 그 여자, 부엌일 하나는 손바람이 나게 잘해요. 참 **신바람(이) 나다**

손에 붙다 능숙해져 능률이 오르다. ¶ 지금은 어색해도 그렇게 계속 그리다 보면 금세 손에 붙을 거야. / 회사에 들어온 지 몇 년이 되니까 일이 슬슬 손에 붙기 시작했다. 유 **손에 익다** 반 **손에 설다**

손에 오르다 ⇒ **손에 붙다** ¶ 일이란 게 하면 할수록 손에 오르는 법이지. 유 **손에 익다** 반 **손에 설다**

손이 거칠다[2] 일하는 솜씨가 찬찬하지 못하다. 또는 정밀하지 못하다. ¶ 박 씨는 너무 손이 거칠어서 그런 정교한 물건은 제대로 만들지 못할 거야.

손이 걸다[2] 일솜씨가 좋다. ¶ 화초뿐 아니라 개나 고양이, 새 등 집에서 기르는 짐승들도 내 손만 가면 기승스럽게 번성해 어려서부터 손이 걸다는 말을 들어 왔다. (박완서, 저문 날의 삽화)

손이 느리다 굼뜨다. ¶ 내가 손이 느려 작업 성과가 나지 않는다. / 서로 놀리고 장난치면서도 일을 일찍 마친 친구는 손이 느린 친구를 도와준다.

손이 달리다 일손이 모자라다. ¶ 농번기만 되면 농촌에서는 손이 달려 아우성이다. / 위에서 정한 목표량을 채우려면 손이 달릴 수밖에 없다.

손이 뜨다 굼뜨다. ¶ 여태 한 일이 이거야? 너처럼 손이 뜬 녀석은 처음 본다.

손(이) 맵다[2] 일하는 것이 야무지다. ¶ 손이 매운 사람이라 이번 일도 실수 없이 마무리 지을 거야. / 순이는 남달리 독하고 손이 매워 점원들이 짊어지지 못하는 물건이 있으면 그녀가 직접 짊어지고 올 정도였다.

손이 모자라다[부족하다] ⇒ **손이 달리다** ¶ 지금 한창 손이 모자라 애먹고 있었는데 잘 왔다. 외투 벗고 이리 와 거들렴. / 농사철에는 손이 부족하니까 어린아이들도 부모 일을 거드느라 학교에 가지 못하는 경우가 많아요.

손이 빠르다[2] 민첩하다. 일처리가 빠르다. ¶ 김 선생은 손이 빨라 같은 시간에 남들보다 두 배 정도 더 만든다. / 그는 눈을 감고 자판을 두드릴 수 있을 정도로 손이 빠르다.

손이 서투르다 일하는 품이 익숙하지 않다. ¶ 아직 손이 서툴지만 열심히 하다 보면 곧 익숙해지겠지요.

손이 싸다⇒손이 재다 ¶ 조립공들은 돌아가는 기계에 손이 싸게 부품을 끼웠다.

손이 여물다⇒손끝이 여물다 ¶ 그의 아내는 손이 여물어서 살림을 아주 잘했다.

손이 재다 손놀림이 몹시 빠르다. ¶ 지난번 모내기는 손이 잰 동수 덕분에 쉽게 했는데 그 녀석마저 서울로 가 버렸다.

잡을손이 뜨다 일을 다잡아 해내지도 못하고, 한다고 하여도 몹시 굼뜨다. ¶ 그런 일들을 마음으로부터 즐기는 건 아니어서 아무래도 잡을손이 떴다. / 일판이 사뭇 어수선한 데다가 인부들이 다들 잡을손이 뜬 것이 아무래도 이상했다.

잡을손이 있다 일을 다잡아 해내는 솜씨가 있다. ¶ 그는 잡을손이 있는 사람이라 안심하고 일을 맡길 만하다.

흘게(가) 늦다 하는 짓이 야무지지 못하다. ¶ 아무것도 할 줄 모르고, 게다가 흘게가 늦고 게을러빠진 데다가 눈치까지 없다. / 흘게 늦은 사무 처리 때문에 돈을 타내는 데 시간이 많이 걸렸다. ※ 흘게: 고동, 매듭, 사북, 사개 따위를 단단하게 죈 정도나 무엇을 맞추어서 짠 자리.

【생활(生活)】

굴러 먹다 마구잡이로 생활하거나 경험을 쌓다. ¶ 어디서 굴러먹은 놈이기에 이렇게도 버르장머리가 없어? / 탄광에서 굴러먹은 지 벌써 십 년이 다 되어 가는데, 얻은 것은 진폐증이고 잃은 것은 건강이다.

남의 집(을) 살다[1] 집세를 내고 집을 빌려 생활하다. ¶ 결혼 20년 만에 드디어 남의 집 살이를 청산하고 분양받은 아파트로 이사했다. / 서울에서 남의 집을 사는 가구가 50%를 넘는 것으로 조사되었다.

목이 붙어 있다[1] 살아서 생활하다. ¶ 견디기 어려운 상황에서는 목이 붙어 있다는 것이 부담스럽게 느껴질 때가 있다.

밥(을) 먹다[1] 생계를 잇다. ¶ 선생이란 직업을 가지고 밥 먹을 수 있을지 모르겠다. / 그 일을 해서 이제껏 밥을 먹은 셈이니까 감사해야지.

밥(을) 먹여 주다 실질적 또는 경제적으로 도움이 되다. ¶ 공부가 밥 먹여 주는 것도 아닌데 그렇게 고생하면서 할 필요가 있을까? / 직업 이름이 밥을 먹여 주는 것도 아닌 바에야, 아무러면 어떠냐.

밥줄이 걸리다 먹고사는 문제와 관련되다. 특히 직업을 얻고 잃는 문제와 관련된 일임을 강조할 때 쓴다. ¶ 우리 회사 전 직원의 밥줄이 걸린 문제니 확실히 마무리해. / 교원 임용 시험은 사범대 졸업생들의 밥줄이 걸려 있는 일이다.

살(을) 붙이고 살다 같은 공간에서 함께 생활하다. ¶ 엄마 아빠 곁에서 가장 오래 살 붙이고 산 막내가 엄마 아빠의 마음을 가장 잘 알 거야. / 결혼한 지 십 년이 넘었지만 정작 남편과 살을 붙이고 산 해는 삼 년도 안 됩니다. 유 **살을 맞대다[1]**

한 지붕 밑에[아래] 살다 함께 생활하다. ¶ 내가 남이에요? 한 지붕 밑에 살면서 왜 그런 사실을 이야기하지 않았어요? / 우리 집은 3대가 한 지붕 아래 살고 있다.

한솥밥(을) 먹다 한 집안 또는 한 직장에서 함께 생활하다. ¶ 한솥밥 먹고 지내는 사이에 이렇게 감쪽같이 나를 속여도 되는 겁니까? / 그와 팔 년째 한솥밥을 먹고 있으니 이젠 척하면 삼천리죠.

결혼 생활(結婚生活)

【**결혼**(結婚)】

가마 타고 시집가다 격식에 맞춰 제대로 결혼하다. ¶ 저 계집애 하는 짓 좀 봐라. 그래 가지고 가마 타고 시집이나 가겠어? / 나이도 먹은 데다가 애까지 딸려 가마 타고 시집가기는 틀렸어.

건즐을 받들다 아내가 되다. 과거에 아내나 첩이 되는 것을 겸손하게 일컫는 말로 쓰였다. ¶ 항상 영웅호걸을 얻어 건즐을 받들게 하고자 했으나, 적당한 사람이 없어 나이 이팔이 넘도록 배필을 얻지 못했습니다. ※ 건즐(巾櫛): 수건과 빗.

계집을 보다 여자를 사귀어 관계를 맺다. ¶ 그 양반 늘그막에 계집을 하나 보더니 사람이 완전히 변해 버렸어. / 내가 이 나이에 무슨 계집을 보겠습니까? 그건 정말 오해입니다.

국수(를) 먹다 결혼식을 올리다. ¶ 이봐, 이 형! 언제 국수 먹여 줄 거야? 너무 뜸 들이지 말고 할 거면 빨리 결혼해. 〖기원〗 과거 결혼식 피로연에서 흔히 국수를 대접했던 데에서 나온 말이다. 반 **도장(을) 찍다**[3], **수세(를) 베어 주다**

귀밑머리(를) 마주 풀고 만나다 결혼하다. ¶ 그 영화를 함께 누릴 이가 나와 귀밑머리를 마주 풀고 만난 짝이 아닐 줄을 어찌 알았으랴. / 귀밑머리 마주 풀고 만난 인연보다 더 큰 인연이 세상에 또 있을까?

귀밑머리(를) 올리다 ⇒ **귀밑머리(를) 풀다[풀어 얹다]** ¶ 다 큰 계집애가 집안 살림만 하느라 저 고생인데 빨리 귀밑머리를 올려 줘야 하지 않겠어요?

귀밑머리(를) 풀다[풀어 얹다] 시집가다. ¶ 할머니는 할아버지에게 처음 귀밑머리를 푼 것이 아니었다. / 결혼해서 애까지 있는 사람이 내 앞에서 귀밑머리 풀고 해로하자고 뻔뻔하게 말하더라고. / 아주머니는 영실이가 저렇게 베틀에 앉아 밤을 밝히는데 빨리 귀밑머리를 풀어 얹어야 하지 않겠느냐고 떠들어 댔다. 〖기원〗 처녀 때에 땋았던 귀밑머리를 풀어 쪽을 지고 시집을 가는 것에서 유래하였다.

딸을 치우다 시집보내다. ¶ 시집 안 간다고 하여 애물단지던 딸을 치우고 나니 시원섭섭하다. / 부랴부랴 사방으로 수소문을 해 가면서 되는대로 딸을 치워 버리기 위해서 사위 재목을 구하러 나섰다.

마당(을) 빌리다 초례식(醮禮式)을 지내다. 그러나 신랑이 신부의 집에 가서 치르는 초례식이 없어지면서 이러한 표현도 쓰이지 않는다. ¶ 요즘에는 마당 빌리는 경우가 거의 없다.

머리(를) 얹다 ⇒ 머리를 올리다[2] ¶ 내 평생 수많은 남자와 사랑을 해 봤지만 잊히지 않는 사람은 머리를 얹어 준 첫 사내다. / 어머니는 어떻게 하나 금순이 머리 얹는 거라도 보고야 죽겠다고 하신다.

머리(를) 얹히다 여자를 아내로 취하다. 신분이 낮은 사람들의 혼례나 정식 혼례를 치르지 않고 동거하는 경우에 쓰인다. ¶ 내가 머리 얹힌 여자들만 해도 대여섯 명이다. / 한온이가 꺽정이와 상의하고 날짜를 가리어서 계집아이의 머리를 얹히었다. (홍명희, 임꺽정[林巨正])

머리(를) 올리다[2] 시집가다. 신분이 낮은 사람들의 혼례나 정식 혼례를 치르지 않고 동거하는 경우에 쓰인다. ¶ 철없던 시절 사내 하나를 만났지만, 머리를 올린 지 반년 만에 헤어졌다. / 머리 올린 값으로 작은 집이라도 얻지 못한다면 동서남북 객사와 술청에서 부르는 대로 떠돌며 연명해야 할 처지였다.

면사포(를) 쓰다 시집가다. ¶ 영희는 올봄에 면사포를 쓴다. / 그녀가 삼 개월 전에 면사포 쓴 사실이 뒤늦게 알려졌다. ※ 면사포(面紗布): 결혼할 때 신부가 머리에 쓰는 흰 사(紗)로 된 장식품.

살림(을) 내다 분가시키다. ¶ 난 아들 녀석이 식을 올리는 대로 살림을 낼 거야.

살림(을) 차리다 남녀가 가정을 꾸려 살다. ¶ 그들은 부모의 반대를 물리치고 살림을 차렸다. / 그 많던 자식이 각자 살림 차려 나가고 나니 집안이 썰렁하기만 하다.

살을 맞대다[1] 결혼하여 같이 살다. ¶ 살을 맞댄 지도 벌써 십 년이 다 되어 가나, 남들은 우리를 아직도 신혼부부로 본다. 㽇 **살(을) 붙이고 살다**

상투(를) 틀다 장가가다. ¶ 나이만 먹었다고 다 어른인가? 모름지기 남자는 상투를 틀어야 어른이 되는 거야. / 그 녀석이 상투 틀고 나더니 이젠 어른 행세를 하려 든다. ※ 상투: 예전에 장가든 사내가 머리털을 끌어 올려서 정수리 위에 틀어 감아 매던 것.

세간(을) 나다 분가하다. 함께 살던 사람이 따로 살림을 차려 나가다. ¶ 공교롭게도 아들네가 세간을 난 사흘 후에 며느리가 임신했다는 소식을 전했다. / 세간 나더라도 부모 자식 간의 정리가 변할 수 있겠어? ※ 세간: 집안 살림에 쓰는 온갖 물건.

세간(을) 내다 ⇒ 살림(을) 내다 ¶ 아들자식도 세간 내니 팔촌이 되어 버렸군! / 형은 논 두 마지기와 밭 두 마지기를 동생에게 주어 세간을 내보냈다.

시집(을) 가다 여자가 결혼하다. ¶ 내일이면 우리 누나가 시집간다. / 요즘은 시집을 가는 게 예전보다 더욱 힘들어졌다. ※ 시집(媤-): 남편의 집안.

시집(을) 보내다 여자를 결혼시키다. ¶ 시집을 보낸 지 며칠이 안 돼서 돌아온 딸을 대하는 부모의 심정은 오죽하겠니?

팔자(를) 고치다[1] 여자가 재혼하다. ¶ 내가 미쳤지. 이 나이에 좋은 남자 만나 팔자를 고치겠다고 기대했으니. / 자식 못 믿고 세 번이나 팔자 고친 처지에 무슨 설움인들 못 당하랴 하고 살았다.

한 몸이 되다 부부가 되다. ¶ 이제 한 몸이 된 신랑 신부는 서로를 존중하며 백년해로 할 것을 여기 모인 모든 분에게 약속을 했습니다. 참 **살(을) 섞다**

화촉을 밝히다 혼인하다. ¶ 두 사람은 다음 달에 화촉을 밝힐 예정이다. 〖기원〗 과거의 결혼식에서 빛깔 들인 초인 화촉(華燭)을 사용한 데에서 유래한 말이다.

【이혼(離婚)】

도장(을) 찍다[3] 이혼하다. ¶ 부부 싸움 중 감정이 격해져서 도장을 찍자는 말까지 나왔다. 반 **국수(를) 먹다**

수세(를) 베어 주다 아내와 갈라지다. 현재는 쓰이지 않는다. ¶ 그는 여자의 헤픈 씀씀이를 감당하지 못하게 되자 결국 수세 베어 주고 혼자 살고 있다. 〖기원〗 옛날에 남자가 여자에게 주던 이혼 증서가 수세인데, 하류층에서는 수세 대신 옷고름을 베어 주었다. 여기에서 '수세 베어 주다'라는 말이 나오게 되었다. 반 **국수(를) 먹다**

【임신(姙娠), 출산(出産)】

달(이) 차다 애 낳을 달이 되다. ¶ 달이 찼으니 이젠 친정에 내려가서 애 낳을 준비를 했으면 합니다.

몸(을) 가지다[2] 임신하다. ¶ 몸을 가진 여자는 항상 모든 일에 주의하고 심지어 보는 것, 먹는 것, 입는 것에도 신경을 써야 한단다. 참 **몸(을) 하다**

몸(을) 풀다[2] 출산하다. ¶ 몸 푼 지가 얼마 되었다고 찬바람을 쐬니? / 닷새 동안 정신을 잃고 진통 중에 있던 산모가 자정이 넘은 지 얼마 후에 몸을 풀게 되었다.

몸이 무겁다[2] 임신하다. ¶ 몸이 무겁더라도 손쉬운 일은 스스로 해야 몸을 풀 때 고생을 안 하지. / 몸도 무거운 사람이 무슨 빨래를 한다고 그래. 그건 내가 할 테니까 자네는 몸이나 잘 돌보게.

배(가) **부르다**[1] 임신하다. ¶ 아내가 배가 불렀다는 것을 안 뒤부터 남편은 일찍 퇴근했다. / 배가 부른 다음에는 모든 것을 주의해야 한다.

속도(를) **위반하다** 결혼을 하지 않은 상태에서 임신하다. ▷ 비속어. ¶ 가끔 속도위반하여 결혼을 서두르는 사람들이 있다. / 그는 예정보다 빨리 결혼 날짜를 잡았지만 속도를 위반한 건 아니라고 강조했다.

홑몸이 아니다 임신하다. ¶ 홑몸이 아니니까 항상 모든 일에 조심해야 한다. 참 **홑몸으로**

【**양육**(養育)】

그늘 아래 보살핌을 받아. 주로 '누구의 그늘 아래에서'와 같이 쓰인다. ¶ 아버지의 그늘 아래서 생활한 사람은 자립심이 부족하다. / 나는 오빠의 그늘 아래서 성장하는 데 아주 만족했습니다. 왜냐하면 오빠 밑에 있으면 안심이 되기 때문입니다.

손때(를) **먹이다**[2] 정성스럽게 양육하다. ¶ 이 녀석 손때 먹인 지 벌써 십 년이 다 되었다.

손때(를) **묻히다**[2] ⇒ **손때**(를) **먹이다**[2] ¶ 김동리가 손때 묻혀 키운 맹장들이 오늘의 한국 문단을 주도하고 있다. / 대여섯 살 철부지 때부터 손때를 묻혀 키운 내 몸종이 언감생심 그런 짓을 저질렀다구 생각하니 속에서 방망이가 치밀어 오르구……. (홍석중, 황진이)

온상에서 자라다 과보호를 받다. ¶ 온상에서 자란 아이는 경쟁 사회에 적응하기가 힘들다.

온상에서 크다 ⇒ **온상에서 자라다** ¶ 제가 온상에서만 커서 세상 물정을 모른다는 말이 있는데 그건 오해입니다.

치마폭에 감싸다 모성애로 보호하다. ¶ 아이를 너무 치마폭에 감싸 주면 나중에는 자립심을 잃고 말아.

혈연(血緣), 가정(家庭)

【**혈연**(血緣)】

개구멍 받이 남이 밖에 내다 버리고 간 것을 받아서 기른 아이. ¶ 그 아이가 개구멍받이는 아닐 텐데, 그 집 부모들이 왜 그렇게 구박을 하고 학대하는지 알다가도 모르겠어.

배(가) **다르다** 아버지는 같고 어머니가 다르다. ¶ 그들은 배다른 자매간인데도 사이가 참 좋네요.

사돈의 팔촌 아주 먼 관계에 있는 친인척. ¶ 한 사람이 성공하면, 사돈의 팔촌까지도 파리 꼬이듯이 달라붙기 마련이다. / 우리 집은, 아닌 말로 사돈의 팔촌까지 식객으로 들끓었다. 우리 집에서 학교를 다닌 학생으로 내 기억 속에 남은 것만도 스무 명이 넘는다.

터(를) **팔다** 동생이 태어날 자리를 마련하다. ¶ 둘째가 터를 잘 팔아서인지 셋째 녀석이 기다리던 아들이었어. 〖기원〗 둘째 아이부터는 그 위 아이가 자리를 마련해 주어야 태어난다고 생각하는 민간 의식에서 나온 말이다.

피는 물보다 진하다 혈육의 정이 깊다. ¶ 피는 물보다 진하기에 외국에서 동포를 만나면 반가운가 보다.

피를 나누다[1] 혈육의 관계가 있다. ¶ 피를 나눈 형제끼리 싸움을 하기는 왜 하니? / 같은 피를 나누고 같은 말을 하는 우리가 아직도 분단의 멍에를 짊어지고 있습니다.

피를 받다 (조상, 부모 따위의) 성격이나 신체적 특징을 이어받다. ¶ 형은 아버지의 피를 받아 고집이 무척 세다. / 너는 누구 피를 받아서 그렇게 매사에 자신감이 없는 거니?

핏줄을 나누다 ⇒ 피를 나누다[1] ¶ 북한에 계신 동포는 우리와 한 핏줄을 나눈 한 겨레이며 한 동포, 한 형제입니다.

핏줄이 당기다 혈육의 정을 느끼다. ¶ 그 아이를 내 아들이라고 우길 염치도 없는 년이지만, 그래도 핏줄이 당겨 찾아오는 아이를 어떻게 그냥 돌려보냅니까?

한 치 걸러[건너] **두 치** 촌수가 멀어질수록 친밀함이 덜할 수밖에 없다는 말. 촌수와 관계없는 경우에도 쓴다. ¶ 아무래도 한 치 걸러 두 치다. 작은 일 하나도 남을 시키는 것과 우리 식구를 시키는 것이 달랐다. / 우리 사이는 한 치 걸러 두 치만 되어도 피가 맹물로 되어 버리는 서푼짜리 인척 관계가 아냐. / 한 치 건너 두 치라고 조카보다는 동생에 대한 애정이 더 깊을 수밖에 없었다.

혹(을) **달다** 전처나 전 남편과의 사이에서 낳은 자식이 있다. ¶ 혹 하나 달린 것도 미안한데 내가 어떻게 그런 요구를 할 수 있겠어? 참 **과거가 있다, 뒤를 달다, 혹(을) 떼다, 혹(을) 붙이다**

【집안, 가정(家庭)】

떡(을) **해 먹을 집안** 불화한 가정. ¶ 이런 떡 해 먹을 집안에서는 도저히 살 수 없다. 『기원』 떡은 굿이나 고사 따위를 지낼 때 반드시 있어야 할 음식이었다. 그런데 굿이나 고사는 대부분 안 좋은 일이 있을 때 지내기 때문에, 떡을 해 먹을 일이 많은 집안은 화합하지 못하고 어려운 일만 이어지는 집안을 뜻하게 된 것이다. 못마땅함을 나타내는 말인 '**떡을 할**'도 같은 맥락에서 나온 표현으로 볼 수 있다. 참 **떡을 할, 콩가루(가) 되다**

뼈대(가) **있다**[2] 문벌이 좋다. ¶ 뼈대 있는 집안은 뭐가 달라도 다르다.

뿌리(가) **없다** 근본이나 출신 성분이 좋지 못하다. ¶ 네가 그런 행동을 하고 다니니까 뿌리 없는 놈이라고 하는 거야. / 우리가 가진 건 없지만 뿌리가 없는 집안하고 혼인을 할 수는 없다.

사랑의 보금자리 가정. 서로 사랑하는 사람끼리 만든 가정을 이르는 말. ¶ 사랑의 보금자리를 꾸미는 일처럼 숭고하고 아름다운 일도 없다.

교제(交際)

【관계(關係)**, 소통**(疏通)**】** ≒ **【후원**(後援)**】【이동**(移動)**, 방문**(訪問)**, 기다림】**

길을 트다 얼굴을 익히다. 관계를 맺다. ¶ 처음 길을 틀 때가 힘들지, 한번 트고 나면 그다음부터는 수월해질 거야. / 그 슈퍼에 길을 트고 나니 모든 것이 편안했다. 급할 때는 외상도 할 수 있으니.

길(이) 닿다 관계가 맺어지다. ¶ 다행스럽게도 돈 많은 사람에게 길이 닿아 일이 순조롭게 풀리고 있습니다. / 그 사람이 시작한 일은 잘되나 해서 가 보았는데, 길이 닿는 데가 하도 없어서 한숨만 푹푹 쉬고 있더군.

다리(를) 건너다 중간 단계를 거치다. ¶ 그 물건은 몇 다리를 건너서 내 손에 들어왔다. / 명령이 바로 전달되지 않고 한 다리만 건너도 말이 바뀌곤 한다. ※ 다리: 물 또는 어떤 공간의 위로 건너다닐 수 있도록 만든 시설물.

다리(를) 놓다 관계를 잇다. ¶ 그 집과 다리 놓을 방법이 없을까요? / 그는 노래 하나로 청소년과 중년층 사이에 다리를 놓았다. / 그가 바로 두 연인 사이에 다리를 놓아 주었던 사람입니다.

담을 헐다 단절되었던 것을 회복시키다. ¶ 남과 북은 반세기 넘게 쌓아 온 담을 헐고 민족 대화합의 장으로 나와야 한다. / 예수의 피는 하늘과 땅 사이의 담을 헐었을 뿐만 아니라 인간 사이의 담도 헐었습니다.

두 다리를 걸치다 ⇒ 양다리(를) 걸(치)다 ¶ 나는 생활과 창작에 두 다리를 걸치고 엉거주춤하면서 무엇 하나 제대로 하지 못했지. / 양단간에 결정을 해야지 언제까지 그렇게 두 다리를 걸치고 있을 건데?

등(이) 닿다 연결되다. 주로 '누구와 등이 닿다'와 같이 쓰인다. ¶ 나 혼자서 한 일이 아니라 권력층과 등이 닿아 했던 일입니다.

맥이 닿다 ⇒ 선이 닿다 ¶ 고위층에 맥이 닿는다고 큰소리칠 때는 언제고, 이제 와서 오리발 내미는 것은 또 무슨 심보입니까? / 그동안 고생한 사람들은 해직당하고, 사장과 직간접으로 맥이 닿는 사람들이 낙하산식으로 들어와 높은 자리를 다 차지했다.

문을 두드리다 ① (문제를 해결하기 위하여 어떤 곳을) 방문하다. '어디의 문을 두드리다'와 같이 쓰인다. ¶ 그는 학교생활의 어려움을 호소하다 학생 상담소의 문을 두드렸다. / 나는 생각을 거듭한 끝에 우리 가곡을 취입하고자 레코드사의 문을 두드렸다. ② (어떤 분야나 조직에서) 일을 하고자 하다. '어디의 문을 두드리다'와 같이 쓰인다. ¶ 그는 연예계 데뷔 십 년 만에 영화계의 문을 두드렸다. / 그는 보수 정치에 환멸을 느끼고 진보 정당의 문을 두드렸다. / 문을 두드리는 사람은 많지만 성공하기가 힘든 곳이 가요계다.

물꼬를 트다[2] 막혔던 관계가 회복될 계기를 만들다. ¶ 포로 송환은 그동안 얼어붙었던 남북 관계에 새로운 물꼬를 틀 수 있는 획기적인 조치였다. / 미국과 중국은 탁구 경기를 통해 외교의 물꼬를 텄다. ※ 물꼬: 논에 물이 넘나들도록 만든 어귀.

발이 잦다 오가는 횟수가 많다. ¶ 요즘에는 단골손님뿐만 아니라 뜨내기손님들도 매콤하면서도 향긋한 이 집 비빔밥의 매력에 빠져 발이 잦아요.

벽을 깨다 ⇒ **벽을 무너뜨리다** ¶ 우리를 가로막고 있는 벽을 깨고 인간 대 인간으로 다시 만납시다. / 불신의 벽을 깨고 서로 믿으며 협조해 간다면 모든 일이 잘될 텐데.

벽을 넘다 거치적거리는 문제를 극복하다. ¶ 인간 한계의 벽을 넘어 세계 신기록을 달성했다. / 손에 손 잡고 벽을 넘어서 서로 사랑하는 한마음 되자.

벽을 무너뜨리다 거치적거리는 문제를 없애고 소통하다. ¶ 현실의 벽을 무너뜨릴 수 없던 길동은 마침내 도적이 되어 사회 체제에 저항했다. / 내 글이 분단의 벽을 무너뜨리는 데 기여할 수 있었으면 좋겠다.

벽을 허물다 ⇒ **벽을 무너뜨리다** ¶ 장애인과 비장애인 간의 벽을 허물고 지역 실정에 맞는 장애인 복지 정책을 마련하자.

북(이) **나들듯** 자주 들락거림을 나타내는 말. '베틀에 북 나들듯'이 줄어든 말이다. ¶ 철수가 무슨 일로 저 집에 북 나들듯 하는 건지 알아봐라.

선을 대다 ⇒ **줄**(을) **대다** ¶ 김 장관 쪽에 선을 댈 수 있는 사람 없나? / 그는 논을 사들이기 전에 도청에까지 은밀하게 선을 대서 염전 허가가 나올 수 있도록 뒷손을 썼다.

선이 닿다 (도움을 줄 수 있는 인물이나 단체와) 관계가 있다. ¶ 일제 때는 신안의 모래를 총독부와 선이 닿는 광산업자들이 대거 채취해 갔다. / 김 의원은 여당에서 유일하게 재야에 선이 닿아 있는 사람이었다. / 무작정 그를 찾아 여기저기를 헤매다 정말 우연히 선이 닿았다.

속 다리(를) **걸치다** 이익을 보려고 몰래 다른 편과 관계를 맺다. ¶ 어지간히 곧은 사람이 아니고는 이쪽저쪽 다림 보아 두 길마 보자고 지주 쪽에 속 다리 걸치고 나오는 사람이 없으란 법도 없거든. (한무숙, 돌)

손(이) **닿다²** 관계가 맺어지다. ¶ 시민 단체에서 활동하면서부터 그와 손이 닿게 되었다.

양다리(를) **걸**(치)**다** 양편과 모두 관계하다. 이익을 보려고 태도를 분명히 하지 않는 사람을 비판하는 말이다. ¶ 그렇게 양다리 걸고 있다가 양쪽 모두에게 따돌림당하는 수가 있어요. / 그는 악당과 경찰에 양다리를 걸고 정보를 팔았다. / 두 여자 사이에서 양다리를 걸치고 있는 친구의 모습이 갈수록 불안해 보였다. / 노조 위원장은 노조와 회사 사이에서 양다리를 걸쳤다는 비판을 받고 물러났다. 참 **두 길마**(를) **보다**, **한 다리**(를) **걸치다**

양단을 걸치다 ⇒ **양다리**(를) **걸**(치)**다** ¶ 인조는 명과 후금 사이에서 양단을 걸쳤다는 것을 빌미로 광해군을 권좌에서 끌어내렸다. ※양단(兩端): 두 끝.

줄(을) **놓다** ⇒ **줄**(을) **대다** ¶ 가능하면 지금 당장 검찰 쪽에 줄을 놓아 수사 방향을 알아보라고. / 지금 장관을 통해서 청와대에 줄 놓고 있는 중이니 때가 되면 지체 없이 불러올리겠네.

줄(을) **대다** (도움을 줄 수 있는 인물이나 단체와) 관계를 맺다. ¶ 본부 쪽에 줄 댈 사람이 없어 이번에도 승진하긴 어려울 듯하다. / 경찰이 유흥업자들과 줄을 대고 꿀물을 빨듯 기생한다면, 법은 이들을 먹여 살리는 칼자루에 지나지 않을 것이다. 참 **등**(을) **대다**

줄(을) **밟다** ⇒ **줄**(을) **타다** ¶ 자네 집주인인 임여해에게 청을 드려 보게. 그 줄을 밟아서 서울에 올라가 가정 대감에게 등을 대는 것이 상책일 것 같네. (조설근, 홍루몽)

줄(을) **서다²** 어느 편을 선택하여 그쪽을 좇아 따르다. ¶ 정권이 바뀌면 많은 공무원이 새 정권의 실세를 찾아 줄을 서려고 한다. / 지금 상황에선 어느 쪽에 줄 서야 유리할지 판단이 서지 않는다.

줄(을) **잡다²** 도움을 줄 수 있는 인물이나 단체와 관계를 맺다. ¶ 그는 결코 끊어지지 않을 믿음직스러운 줄을 잡았다는 생각에 흥분했다. / 사장이 새로 줄을 잡았다 이거야. 그것도 지금 정권의 핵심에 있는 사람을 말이야.

줄(을) **타다** 도움을 줄 수 있는 인물이나 단체를 선택하여 좇다. ¶ 당시는 정치의 줄을 타지 못하면 생명을 부지하지 못하는 사회였다. / 누가 어느 줄을 탔느냐를 보고 사람을 뽑는 건 회사를 위해서도 좋지 않아요.

줄(이) **닿다** ⇒ **선이 닿다** ¶ 군청에 줄 닿을 만한 사람 없는지 알아봐. 그쪽에 줄이 없으면 구멍가게도 하기 어려워. / 언론사 재직 중 청와대와 줄이 닿아 정계에 입문하는 경우가 많다. 참 **줄이 없다**, **줄**(이) **있다**

【**단절**(斷絶), **불통**(不通)】≒【**끝**, **종결**(終結)】

골이 깊다 단절과 불신의 상태가 악화되다. ¶ 날이 갈수록 서로에 대한 불신의 골이 깊어만

갔다. / 이래저래 골이 깊어만 가는 우리 사회의 불신 풍조 현상에 입맛이 씁쓸하다.

골이 파이다 ⇒ **골이 깊다** ¶ 식민지 시대를 거치면서 한국인과 일본인 사이에는 감정의 골이 깊게 파였다.

꼬리(를) 자르다 관계나 흔적을 없애다. ¶ 그들이 꼬리 자르고 숨는다면 추적이 거의 불가능할 것이다. / 두 사람의 탈당으로 자연스레 당내 수구(守舊) 세력의 꼬리 자르기 효과를 거두었다. 참 **꼬리가[를] 밟히다**

담(을) 쌓다 2 ⇒ **벽(을) 쌓다** ¶ 친구 사이에 그런 조그마한 일을 가지고 담을 쌓으려고 하는 것은 있을 수 없는 일이다. / 집에서 살림만 하는 여자라고 해도, 그전처럼 바깥 세계와 담쌓고 살 수는 없는 세상이 되었다. 참 **담이 높다, 벽이 높다**

동(을) 자르다 관계를 끊다. ¶ 큰일을 하기 위해서는 그 따위 녀석과는 동 자를 각오를 해야 한다. / 건강을 위한다면 술과 담배는 동을 잘라야 한다. ※ 동: 사물과 사물을 잇는 마디.

발걸음이 뜸하다 찾아오는 횟수가 많지 않다. ¶ 요즘 왜 그렇게 발걸음이 뜸했어요? 나는 무슨 일이라도 난 줄 알았어요. / 양로원에 해마다 찾아오는 손님이 줄고 친척들마저 발걸음이 뜸하자, 할머니들의 수다도 줄었다.

발그림자도 들여놓지 않다 ⇒ **발그림자도 안 비치다** ¶ 말다툼이 있은 뒤로는 발그림자도 들여놓지 않았다. / "곧 찾아뵙겠습니다."라고 한 녀석이 일 년이 다 가도록 발그림자도 들여놓지 않는다.

발그림자도 안 비치다 전혀 나타나지 않다. ¶ 이제 높은 자리로 갔다고 여기에는 발그림자도 안 비치는 거야? / 심하게 다툰 이후로 일주일 동안 남편은 집에 발그림자도 안 비쳤다.

발길(을) 끊다 ⇒ **발(을) 끊다** ¶ 음식 맛이 떨어지면 곧바로 발길 끊는 손님이 많다. / 선생님과 좋지 않은 일이 있은 이후로 선생님 댁에 발길을 끊었다.

발길이 뜸하다 ⇒ **발걸음이 뜸하다** ¶ 신도로가 생긴 이후 사람들의 발길이 뜸한 대관령 옛길을 거쳐 가는 길은 더없이 호젓하다.

발길이 멀어지다 오가는 횟수가 줄어들다. ¶ 발길이 멀어지면 당연히 마음도 멀어지기 마련이에요. / 정이 멀어지니 자연히 발길도 멀어진다.

발로 차다 일방적으로 관계를 끝내다. ¶ 여자를 사귀다가 그렇게 쉽게 발로 찰 수 있는 거야? / 내가 발로 찬 남자가 몇이나 되는지 아세요? 댁도 정신 바짝 차려야 될걸요.

발(을) 끊다 왕래를 그만두다. 또는 관계를 하지 않다. ¶ 그 사람, 몇 해 전에 한 번 다녀간 이후로 발을 뚝 끊었어요. / 그 소굴에 발을 끊고 난 후로 내 삶이 달라지기 시작했다. / 어떻게 해서든지 철수가 나쁜 놈들과 발 끊도록 해야 해. 참 **발(을) 빼다**

발(이) 뜨다 ⇒ **발걸음이 뜸하다** ¶ 한창 인기가 있었을 때는 너무 사람들이 많이 찾아와 죽을 지경이었는데 지금은 사람들 발이 뜨다. / 주팔이가 북촌 이 승지 집에 발이 뜨게 된 까닭에 이 승지가 미복으로 찾아오거나 그렇지 아니하면 일부러 사람을 보내서 불러 가게 되었다. (홍

명희, 임꺽정[林巨正])

벽(을) 쌓다 교류를 하지 않고 폐쇄적으로 되다. ¶ 이웃 간에 벽을 쌓고 지낸다. / 국민과 정부 간에 불신의 높은 벽이 쌓이고 정치는 국민의 신뢰를 얻지 못했다.

손(을) 끊다² 교류나 거래를 그만두다. ¶ 합작 사업을 확대하되 신용이 낮은 회사와는 서둘러 손을 끊었다. / 그런 치사한 사람하고는 빨리 손 끊는 게 좋다.

울타리(를) 쌓다 ⇒ **벽(을) 쌓다** ¶ 여성에 대한 사회적 편견에 맞서기라도 하듯 그녀는 자신만의 견고한 울타리를 쌓았다. / 친구들이 나를 동정할수록 나는 더욱 견고한 나의 울타리를 쌓고 외톨이가 되었다.

울타리(를) 치다 ⇒ **벽(을) 쌓다** ¶ 어차피 다시 만날 사이에 서로 울타리 치고 살 필요는 없잖아. / 위기감을 느끼면 주위에 도움을 청하기보다는 주위 사람들에게 울타리를 치는 사람이 있다.

판 밖 어떤 일에 관계없음. ¶ 나는 판 밖의 사람이니 여기 낄 이유가 없네요. / 나는 판 밖이니 이 일에는 관여하지 않을 거예요.

【친밀성(親密性), 이별(離別)】

거리가 생기다² 관계가 나쁘게 되거나 소원하게 되다. ¶ 한동안 연락을 하지 않으면서 그 사람과 나 사이에 뜻하지 않게 거리가 생겼다.

거리를 두다 (사람 혹은 일을 관계함에 있어) 너무 밀접하지 않게 하다. ¶ 그 남자하고는 아직까지 거리를 두고 교제하고 있다. / 그 일과는 일정하게 거리를 두는 것이 좋을 것 같다.

거리를 좁히다 (사람 혹은 일을 관계함에 있어) 보다 밀접하게 하다. ¶ 이상과 현실 사이의 거리를 좁히는 것은 참으로 어렵다. / 사랑은 바라봄이 아니라 서로의 거리를 좁혀 가고자 하는 마음입니다.

격(을) 두다 관계를 소원하게 하거나 차별이 생기게 하다. ¶ 서로 격 두지 말고 툭 터놓고 이야기해 봅시다. / 이 제품은 중후한 디자인으로 타사 제품과 격을 두었습니다. ※ 격(隔): 사이를 가로막는 간격.

금(이) 가다² (서로의) 사이가 벌어지다. ¶ 사소한 오해로 부부 사이에 금이 갔다. / 극소수 정치군인들의 야욕 때문에 군에 대한 국민의 신뢰에 금이 갔다.

낯을 가리다 ① (주로 어린아이에 대하여 쓰여) 처음 보는 사람을 어려워하거나 피하다. ¶ 이 애가 낯을 가리나 봐. 나한테 오지 않으려 하니 말이야. / 우리 아이들은 낯을 가리는 편이어서, 주말에도 집에만 있지 사람 많은 곳에 놀러 나가는 것을 좋아하지 않아요. ② 관계에 따라 차별적으로 대하다. ¶ 학생들 낯을 가리지 않고 공평하게 대해 주는 사람은 박 선생님뿐입니다. / 이번 사건에 대해서는 낯을 가리지 않고 법대로 처리할 것이다.

사이(가) **뜨다** 사귀는 관계가 친하지 않다. ¶ 그와는 나이 차이도 많고 하니까 아무래도 사이가 좀 뜨지요. / 같은 동네에 살고 있는데 사이가 떠서야 되겠어요?

손(을) **나누다**[2] 떠나며 헤어지다. ¶ 마지막으로 그 사람과 손을 나눈 뒤로 나는 행상으로 나섰다. / 어느덧 갈림길에 당도하자 그들은 손을 나누었다. (이기영, 신개지)

코 아래 입 거리가 매우 가까움. ¶ 우리 집과 철수네는 코 아래 입이니까 내가 전해 줄게.

코를 맞대다 몹시 가까이 하다. ¶ 우리는 남북이 코를 맞댄 판문점을 시찰했다. / 코를 맞대고 같이 지내는 처지에 그런 일을 가지고 다투면 어떻게 되니?

틈(이) **나다**[2] ⇒ **틈이 생기다** ¶ 영토 문제로 틈이 난 두 나라의 관계는 당분간 회복되기 어려울 듯하다. / 부부 사이에 자주 대화를 하지 않으면 자연스럽게 틈이 나기 마련이지요.

틈이 벌어지다 ⇒ **틈이 생기다** ¶ 경제의 아우인 양왕이 황제처럼 행세하자 형제간에 틈이 벌어졌다. / 경쟁이 치열해지면서 친구인 둘 사이에도 틈이 벌어지기 시작했다.

틈이 생기다 서로의 사이가 좋지 않게 되다. ¶ 이번 인사 문제 때문에 두 사람 사이에 틈이 생겼다. / 친구와 틈이 생겨 사이가 좋지 못할 때는 자신에게 덕이 부족했다고 생각해야 옳다.

피가 통하다[2] 서로 인정으로 연결되어 끌리다. ¶ 그를 처음 본 순간부터 피가 통하는 것을 느낄 수 있었다. / 당사자의 마음이 되어 생각한다는 것은 온정미(溫情味)가 있는 일이며, 이것이 피가 통하는 정치라 할 것이다.

피를 나누다[2] 생사를 함께하는 관계로 되다. ¶ 늘 엇갈리기만 했던 두 남자, 장우와 태호가 이제는 피를 나눈 전우가 되었다.

【교제 양상(交際樣相)】

간판을 걸다 공개적으로 정체를 밝히거나 활동하다. ¶ 당시 시대적 상황이 엄혹했던지라 간판을 걸고 공개적으로 활동하지는 않았다. / 오락 프로그램 전성시대에 정식으로 문화 프로그램이라는 간판을 걸었다. / 보수층이 두꺼운 지역이라 야당 간판을 걸고 선거에 나서겠다는 사람이 몇 명이나 될지 모르겠다. ※ 간판(看板): 상점, 영업소 등에서 그 이름이나 판매 상품 따위를 써서 사람들의 눈에 잘 띄도록 걸거나 붙이는 표지.

마당 발 교제 관계가 넓은 사람. ¶ 그는 체육계의 마당발답게 모르는 선수가 없었다. / 평소 마당발로 통하는 사람이라 그의 도피를 도와주는 사람도 많을 것이다. 참 **큰 손**

발(이) **너르다** ⇒ **발**(이) **넓다** ¶ 그는 이 지방에서 발이 너른 사람이니까 네가 자리를 잡는 데 도움이 될 거야.

발(이) **넓다** 다양한 사람과 교제하여 아는 이가 많다. ¶ 그는 연예계에 발이 넓었다. / 신랑이 꽤나 발이 넓었던지, 여러 유명 인사들이 신랑 신부를 축복해 주러 나타났다.

발(이) **좁다** 교제에 적극적이지 않아 아는 이가 많지 않다. ¶ 나는 발이 좁아 아는 사람도 별로 없다. / 그 친구는 발이 좁고 꽉 막힌 녀석이라 취직 부탁할 만한 곳이라고는 한 군데도 없을 겁니다.

안면(이) **넓다** 아는 사람이 많다. ¶ 그 바닥에서는 안면이 꽤 넓은 편이다. / 안면 넓다는 것도 헛소리였던 것 같아. 정작 그가 어려울 때 도와주겠다는 사람 하나도 없었잖아.

안면(이) **있다** 이전에 본 적이 있다. ¶ 안면이 있는 것 같아서 한번 물어봤더니, 나하고 고등학교 동창이었다. / 안면이야 있는 사람이지만, 그렇게 친한 편은 아니어서 부탁하기가 좀 그렇다.

오지랖(이) **넓다**[2] 교제 관계, 즉 인간관계가 폭넓다. ¶ 그 사람 오지랖 경치게 넓네. 길 가면서 모르는 사람이 없어. / 술을 좋아하니 자연히 오지랖이 넓을 수밖에 없다. ※ 오지랖: 웃옷이나 윗도리에 입는 겉옷의 앞자락. 참 **앞자락이 넓다**, **치마폭**(이) **넓다**

이름을 걸다[2] 한 구성원으로 있다. ¶ 저는 지금 태권도부에 이름을 걸어 놓고 있어요. / 그 사람은 학회에 이름만 걸어 놓고 한 번도 나와 보지 않았다. / 그는 막강한 재력을 배경으로 자금 조달 부서에 들어가 후보 위원 정도로 이름을 걸었다.

【**접근성**(接近性), **경쟁력**(競爭力)】 ≒ 【**이동**(移動), **방문**(訪問), **기다림**】

담이 낮다 접근하기가 쉽다. ¶ 자주 오고 가다 보면 마음의 담도 낮아질 거야. / 우리 커뮤니티는 담이 낮아 들어오고 싶은 사람은 누구나 들어올 수 있어.

담이 높다 ⇒ **벽이 높다** ¶ 휴전선의 철망보다 더 무서운 것은 마음의 담이 높아지는 것이다. / 세계 대회에 나와 경쟁하면서 세계 정상의 담이 높다는 것을 다시 한 번 절감했다. 참 **담**(을) **쌓다**[2]

담이 얕다 ⇒ **담이 낮다** ¶ 베를린 장벽을 사이에 두고 있었지만, 의외로 동서의 담은 얕았다.

대문이 열리다[2] 개방되다. ¶ 강화도 조약을 계기로 쇄국 정책을 고수하던 조선의 대문이 열리게 되었다.

명함도 못 들이다 (실력이) 상대가 되지 않다. ¶ 그 사람들은 수준이 얼마나 높은지 우리는 명함도 못 들인다. / 거물들이 어찌나 많은지 나 정도는 명함도 못 들이고 그냥 올 수밖에 없었어.

명함(을) **내밀다** (실력에서) 남에게 밀리지 않을 정도로 경쟁력이 있다. ¶ 어디 가서 명함 내밀 정도가 되려면 지금부터라도 속 차려서 열심히 돈을 벌어라. / 아직까지는 명함을 내밀 만한 처지가 되지 못한다. / 이 정도 실력으로는 어디서 영어 교사 자격증이 있다고 명함도 못 내

밉니다.

문을 넓히다 입사, 입학, 가입 따위를 어렵지 않게 만들다. ¶ 문을 넓히는 것은 좋지만 아무나 가입시킨다면 수준이 떨어지지 않을까?

문(을) 닫다[2] 접근할 수 없도록 폐쇄하다. ¶ 외국 자본을 적대시하며 문을 꼭꼭 닫고 있었으니 나라가 발전할 수가 있었겠어요? / 대화를 하지 않은 상태에서 사춘기가 되면 아이는 아예 마음의 문을 닫아 버리지요.

문(을) 열다[2] 접근할 수 있도록 개방하다. ¶ 내 연구실 문은 항상 열려 있으니, 궁금한 사항이 있으면 언제든지 들르라고. / 우리가 먼저 문을 열고 적극적으로 세계 시장에 진출해야 합니다. / 끊임없이 대화하고 관심을 보이자 드디어 아이가 마음의 문을 열었어요.

문을 좁히다 입사, 입학, 가입 따위가 어렵게 만들다. ¶ 경기가 나빠지면서 기업들이 신규 채용의 문을 좁혔다. / 신학 대학의 문을 좁혀 어중이떠중이들이 목사가 되지 않도록 해야 한다.

문이 좁다 입사, 입학, 가입 따위가 어렵다. ¶ 대학 정원은 늘었지만 명문 대학 입학의 문이 좁아 입시 경쟁은 아직도 치열하다. / 정규직의 문이 갈수록 좁아져 고용 불안이 심화되고 있다.

문턱을 낮추다 (조건이나 자격 따위를 완화하여) 누구나 쉽게 접근하도록 하다. ¶ 그는 사장 취임 때부터 사장실 문턱을 낮추겠다고 선언했다. / 서민들이 쉽게 대출을 받을 수 있도록 은행의 문턱을 낮춰야 합니다. ※ 문턱: 문짝의 밑이 닿는 문지방의 윗부분.

문턱을 높이다 (조건이나 자격 따위를 까다롭게 하여) 접근하기 어렵게 만들다. ¶ 금리를 낮춰도 모자라는 판에 은행 문턱을 더 높이면 중소기업은 모두 문 닫으라는 얘기 아니냐? / 의료급여 재정을 아끼겠다는 보건복지부의 대책이 병원 문턱만 높였다는 비판이 일었다.

문턱이 낮다 (자격 조건이 까다롭지 않아) 누구나 쉽게 접근할 수 있다. ¶ 아무래도 병원보다는 문턱이 낮은 약국에 환자들이 쉽게 드나들 수 있겠지요. / 음식점은 진입 문턱이 낮아 자영업을 하려는 퇴직자들이 선호하는 업종이다.

문턱이 높다 (자격 조건이 까다로워서) 들어가거나 상대하기가 힘들다. ¶ 그동안 관공서의 문턱이 높았는데 요즘 들어서는 많이 나아졌다. / 의과 대학은 입학 문턱이 너무 높아 웬만한 실력으로는 들어갈 수 없다.

벽이 높다 접근하기 어렵거나 소통이 어렵다. ¶ 서로 간에 불신의 벽이 높다. / 유학 시절, 밤낮없이 공부했지만 언어의 벽이 높아 본국 학생들을 따라가기 힘들었다. 참 **담(을) 쌓다**[2]

빗장(을) 걸다[2] ⇒ **문(을) 닫다**[2] ¶ 그가 말이 없는 것은 타인에 대해 빗장을 걸었기 때문이다.

빗장(을) 열다 ⇒ **문(을) 열다**[2] ¶ 그 여자가 마음에 질러 놓은 빗장을 언제나 열 것인가? / 그는 점차 다각화되는 남북 교류가 북의 빗장을 열게 할 것이라 믿었다.

빗장(을) 지르다[2] ⇒ **문(을) 닫다**[2] ¶ 한번 마음에 빗장을 지르고 나면 다시 열기가 힘들어진다.

【접대(接待), 뇌물(賂物)】

기름(을) 치다 어떤 일이 수월하게 진행될 수 있도록 뇌물을 쓰다. ¶ 일이 수월하게 진행되려면 구청 담당자에게 어느 정도는 기름을 쳐야 할 거야.

돈을 찌르다 어떤 일을 잘 보아 달라고 뇌물을 주다. ¶ 기업들마다 앞을 다투어 그에게 선을 대고 돈을 갖다 찔렀다. / 감독은 잘 보아 달라며 심판들에게 돈을 찔러 주었다고 한다.

뒷손(을) 내밀다 ⇒ 뒷손(을) 벌리다 ¶ 싫다고 하면서도 뒷손을 내미는 그런 사람인데, 그냥 돌아오면 어떡하나?

뒷손(을) 벌리다 뇌물을 요구하다. 겉으로는 사양하고 뒤로 요구하는 경우를 표현하는 말. ¶ 사업을 허가하는 과정에서 뒷손 벌리는 공무원들이 있다. / 그 나라는 대통령부터 말단 경비까지 뒷손을 벌리지 않는 사람이 없었다.

백[빽](을) 쓰다 이권을 얻기 위하여 비정상적인 방법으로 남에게 부탁하다. 규범 표기는 '백'이지만 일반적으로 '빽'으로 쓰인다. ▷비속어 ¶ 빽을 써서 안 되는 일이 없는 사회는 뭔가 잘못되었다. ※ 백(back): 뒤. 참 **낙하산(을) 타다, 후광을 업다**

봉투(를) 돌리다 (돈에 해당하는) 뇌물을 주다. ¶ 봉투 돌려서 국회 의원 된 사람이 무슨 국민을 위한 정치를 할 수 있겠어? / 명절이 되면 관공서에 봉투를 돌려야 한 해가 편안해. ※ 봉투(封套): (편지나 서류 따위를 넣는) 종이로 만든 주머니.

상다리가 부러지다 음식을 굉장히 많이 차려 놓다. ¶ 어머니는 상다리가 부러지게 차려 놓고는 차린 게 별로 없지만 많이 들라고 하셨다. / 집들이 두 번 했다가는 거덜 나겠어. 무슨 음식을 상다리가 부러지게 차렸어?

상다리가 휘어지다 ⇒ 상다리가 부러지다 ¶ 어머니는 휴가 나온 아들을 위해 상다리가 휘어지게 음식을 차려 놓았다.

약(을) 쓰다 뇌물을 주다. ▷비속어 ¶ 무사통과하려면 경비들에게 어느 정도 약을 써야 되는 것 아냐? 참 **약발(을) 받다, 약(을) 먹다, 약효가 떨어지다, 약효(를) 잃다**

약(을) 치다 ⇒ 약(을) 쓰다 ▷비속어 ¶ 관계 직원에게 미리 약 쳐 놨으니까 내 이름을 대고 부탁해. / 난 이리저리 약을 쳐 놓고 나서 어느 날 날짜를 잡아 마각을 드러냈어.

엎드려 절 받다 자기 스스로 요구하여 대접을 받다. ¶ 완전히 엎드려 절 받기군요. 하지만 기분은 나쁘지 않아요. / 전화를 받고 허겁지겁 뛰어나온 아들의 차에 올라타면서도 엎드려 절 받는 기분이 들어 울적했다.

옆구리(를) 찔러 절(을) 받다 ⇒ 엎드려 절 받다 ¶ 옆구리 찔러 절 받는 식의 충성 맹세는 소용없다.

입(을) 씻기다 자기에게 불리한 말을 못하도록 돈이나 물건을 주다. ¶ 그 사람들 입을 씻기는 데 얼마나 많은 돈이 들었는지 아세요? / 탈미골에는 군관들의 기찰이 전보다 버쩍 심하여

강가의 여간 벌이는 내통하여 주는 군사 입 씻기기에 다 들어갔다. (홍명희, 임꺽정[林巨正])

코 아래 진상 눈앞에서 바로 먹을 것이나 뇌물을 바치는 것. ¶ 옥에 갇힌 사람을 보러 오자면 옥쇄장이의 인정을 사려고 코 아래 진상을 갖다 드리는 것이 의전례(依前例) 있는 일이었다. (홍명희, 임꺽정[林巨正]) / 과거라는 게 어디 빈손으로 급제하는 건가. 코 아래 진상, 뒷구멍으로 시관(試官)들을 매수하는 자라야 장원이지. (방기환, 어우동) * 옥쇄장이: 감옥에 갇힌 사람을 지키는 하급 관리. 표준어는 '옥쇄장'이다.

한턱(을) 내다 한바탕 음식을 대접하다. ¶ 아들을 낳고 친구들에게 한턱을 냈다. / 그 일이 성사만 된다면 당연히 한턱내야지요. / 내가 군청에 잘 말해 줄 테니 그저 한턱만 내요.

한턱(을) 쓰다 ⇒ **한턱(을) 내다** ¶ 그는 친구들을 학교 앞 주점으로 끌고 가 거나하게 한턱 썼다.

남녀 관계(男女關係)

【이성 경험(異性經驗)】

과거가 있다 이전에 이성과 관계하다. ¶ 과거가 있는 여자라고 사랑하지 말란 법 있어요? / 그 사람이 과거가 있는 것은 사실이지만 그건 우리 사이에 아무 문제가 되지 않아요. / 나중에 알고 보니 그 여자도 남자에게 버림받은 과거가 있었다. 참 **금(이) 가다**[3], **혹(을) 달다**

눈이 맞다 (남녀 간에) 사랑하는 뜻이 통하다. ¶ 개구멍을 드나들던 떡장수 여자와 수하물 창고 인부가 어느 결에 눈이 맞았다. / 그의 말대로라면, 그 부부는 같은 마을의 앞뒷집에 사는 동안 눈이 맞아 마침내 동네 혼사를 한 것이다. 참 **발(이) 맞다**

불꽃(이) 튀다[2] (남녀 간에) 애정이 격렬하게 일다. ¶ 불꽃 튀는 사랑만이 사랑은 아니다. / 그녀와 눈이 마주친 순간 불꽃이 튀었다. 서로 하나의 끈으로 연결된 것을 느꼈다.

불장난(을) 벌이다[2] (남녀 간에) 분별없는 위험한 교제를 하다. ¶ 이야기는 두 남녀가 여행지에서 눈이 맞아 불장난을 벌이는 것으로 시작되었다. / 철모를 때 벌인 불장난으로 평생을 고통 속에 사는 미혼모들이 많다. 참 **배(가) 맞다**[2]

손(목) 한 번 안 잡아 봤다 (남녀 관계에 있어서) 밀접하지 못하다. ¶ 우리 둘은 정말 손 한 번 안 잡아 본 사이입니다. / 사귄 지 일 년이 다 되어 가는데 손목 한 번 안 잡아 봤다는 게 말이 됩니까?

전기가 통하다 (남녀가) 서로 마음을 주고 받다. ▷ 비속어 ¶ 그는 당시 객석에 앉아 있는 남편과 눈이 마주쳤고 바로 전기가 통했다며 남편과의 첫 만남을 회상했다.

진도(를) 나가다 (남녀 간에) 사귀는 정도가 깊어져 일정한 단계를 넘게 되다. ▷ 비속어 ¶ 그 남자와는 어느 정도 진도를 나갔니? / 뭐, 벌써 손목을 잡았다고? 너무 빨리 진도 나가는 것 같은데.

【성관계(性關係)】

갈 데까지 가다[2] 성관계를 갖다. ¶ 그녀와는 그날 밤 갈 데까지 갔지요. 그런데 우리 관계는 그날 이후로 악화되기 시작했지요.

같이 자다 ⇒ **잠자리를 같이하다** ¶ 그 사람과 같이 잔 적은 없어요. 우린 그냥 친구 사이로만 만났어요. / 같이 잔 남자의 지갑을 몽땅 털어 가는 신종 범죄가 요즘 판을 치고 있습니다.

금(이) 가다[3] 순결을 잃다. ¶ 요즘 세상에 금이 간 여자라 안 된다는 말을 할 수 있나? 참 **과거가 있다**

도장(을) 찍다[4] 확실히 자기 것으로 하다. 남자가 여자와 육체적으로 관계를 맺었다는 뜻으로 쓴다. ▷ 비속어 ¶ 내가 도장 찍은 여자야. 너희는 김칫국도 마시지 마! / 내가 할 말은 아니지만, 결혼하려면 도장부터 찍으라고.

떡(을) 치다[2] 성행위를 하다. ▷ 비속어 ¶ 한바탕 질펀하게 떡을 치고 나온 홍수는 다리를 휘청거리며 우물가로 갔다.

만리장성을 쌓다 성관계를 갖다. ▷ 비속어 ¶ 요즘 애들은 밤새 만리장성을 쌓고도 아침에는 가벼운 마음으로 헤어진다. / 그녀와 그날 밤 만리장성을 쌓았지만, 결국은 그것도 다 부질없는 짓이더군요. ※ 만리장성(萬里長城): 중국의 역대 왕조가 변경 방위를 위하여 축조한 대성벽. 참 **만리장성을 써 보내다**

몸(을) 더럽히다 여자가 정조를 잃다. ¶ 한번 몸을 더럽히면 인생이 끝난 것으로 생각하는 관념이 성폭력범이 고개 들고 다닐 수 있는 환경을 조성했다. / 그는 자신을 살리기 위해 아내가 몸을 더럽힌 사실을 알고 오열했다.

몸(을) 바치다[2] ⇒ **몸(을) 주다** ¶ 돈 바치고 몸 바치고 내가 가진 모든 것을 다 바쳤지만, 그 남자는 아무런 말도 없이 떠나 버렸어요.

몸(을) 버리다[2] ⇒ **몸(을) 더럽히다** ¶ 나쁜 놈 만나 몸 버리고 돈 버렸으니까 이런 곳에 굴러들어 왔지.

몸을 섞다[2] 성관계를 갖다. ¶ 당신이랑 몸을 섞었다는 소문이 나면 확 죽어 버릴 테니까 입조심하세요. / 남자와 여자가 사랑이란 이름으로 몸을 섞어 태어난 아이들이건만 출산과 양육은 여자의 몫인 게 현실이다.

몸(을) 주다 (여자가) 정조를 바치다. ¶ 그녀는 처음 몸을 준 남자를 잊지 못한다. / 먹여 줘, 재워 줘, 몸 줘. 그런데 왜 떠나니?

몸(을) 팔다 매춘(賣春)하다. ¶ 몸 파는 것도 비참한 일이지만, 돈을 주고 여자를 사는 행위도 인간성을 파괴하는 행위다. / 어머니는 돈을 받고 누나는 몸을 판다는 그 현실에서 철이의 세상살이가 시작되었다.

몸을 합치다 ⇒ **몸을 섞다**[2] ¶ 전에는 먹일 것도 없이 아이만 만든다고 하여 팔을 내치며 퉁을 놓기가 일쑤였고, 어떻게 억지를 쓰다시피 해 몸을 합쳐도 마누라는 그저 장작 토막일 뿐이었다. (조정래, 아리랑)

몸을 허락하다 (여자가 남자에게) 성교를 허락하다. ¶ 내가 그에게 몸을 허락한 이후로 그의 태도가 돌변했지요. / 여자가 남자에게 몸을 한번 허락했다고 모든 것을 허락한 것은 아니라는 사실을 명심해요.

배(가) 맞다[2] 성관계를 갖다. ▷ 비속어 ¶ 남녀가 배 맞지 않은 이상 어떻게 부모 몰래 야반도주를 할 수 있겠어? / 두 사람의 사랑을 시골 사람들은 연놈이 배가 맞았다는 막말로 떠들어 댔다. (박완서, 휘청거리는 오후) 참 **불장난(을) 벌이다**[2]

배알을 빼앗기다 정조를 유린당하다. ▷ 비속어 ¶ 그놈한테 배알까지 빼앗겼는데 어떻게 남편에게 사실대로 말해요? ※ 배알: '창자'를 비속하게 이르는 말.

살을 맞대다[2] ⇒ **살(을) 섞다** ¶ 요즘은 나이도 먹고 바쁘기까지 하여 집사람과 살을 맞대는 것도 어쩌다 한 번이다.

살(을) 섞다 성관계를 갖다. 또는 부부 생활을 하다. ¶ 우리가 살을 섞은 사이도 아닌데 서로 부담을 가질 필요가 있어요? / 몇십 년을 살 섞은 사인데 그렇게 쉽게 이혼을 하다니 믿어지지 않는구나. 참 **한 몸이 되다**

삼밭에[으로] 들다 성관계를 갖다. ¶ 대명천지 밝은 날에 어느 누가 보아줄까. 들어나 가세, 들어나 가세, 삼밭으로 들어나 가세. 적은 삼대는 쓰러지고 굵은 삼대 춤을 춘다. (전라남도 지방 전래 민요, 도령타령) 〖기원〗 삼은 높이 자라기 때문에 옛날에는 삼밭에서 남녀가 성행위를 하는 일이 많았는데, 이러한 이유로 삼밭에 드는 것을 '성행위를 하다'라는 의미로 사용하였다. 일부 민요에 이와 같은 상황이 묘사되어 있다.

색(을) 쓰다 ① 성적인 교태를 부리다. ▷ 비속어 ¶ 짙은 화장을 한 여인들이 색을 쓰면서 손님들에게 접근하고 있었다. / 너무 색 쓰지 마. 그러다 정 들면 어떡하라고. 참 **살살 녹이다** ② 성행위를 하다. ▷ 비속어 ¶ 색을 너무 자주 쓰면 몸 버린다.

선을 넘다[2] 성관계를 갖다. ¶ 그녀는 넘지 않아야 하는 선을 넘어 생긴 아이를 혼자 낳아야만 했다.

선을 지키다[2] 성관계를 갖지 않다. ¶ 우리 관계가 깊어지더라도 결혼 전까지는 꼭 선을 지켜 주세요.

손(을) 대다[4] 성관계를 갖다. ¶ 짐승 같은 놈. 아직 철도 들지 않았을 어린아이에게 손을 대다니. / 카사노바는 즐겨 소박데기에 손을 댔다. 남편에게 복수하려는 여성의 심리를 이용한 것이다.

수청(을) 들다 (성적인) 서비스를 하다. ▷ 비속어 ¶ 이 마담! 내 수청을 들 만한 아이가 없단 말이야? / 춘향은 수청 들라는 사또의 명을 어겨 옥에 갇히는 신세가 되었다. 〚기원〛 수청(守廳)은 높은 벼슬아치 밑에서 시키는 대로 따르며 심부름하던 일, 또는 기생이 지방 수령에게 잠시 몸을 바치는 일을 의미하는 말이었다. 현재는 이 중 '성적'인 의미만 남아 있다.

욕(을) **보다**[3] 강간을 당하다. ¶ 그놈한테 욕본 여자가 한두 명이 아니다. / 그 여자는 나쁜 사람한테 납치당해서 욕을 본 적이 있다는 이야기를 하면서 눈물을 흘렸다.

욕(을) **보이다**[2] 강간하다. ¶ 그때 나를 욕보인 건 도둑이 아니라 이웃 사람이었다. / 그는 여학생을 강제로 욕을 보인 혐의로 구속되었다.

운우지정을 나누다 성관계를 갖다. ¶ 이날 밤 두 사람은 구름밭에 집을 짓고 석밀(石蜜)처럼 농익은 운우지정을 나눴다. ※ 운우지정(雲雨之情): 남녀가 육체적으로 관계하는 사랑을 빗대어 하는 말.

웃음을 팔다 매춘하다. ¶ 내가 거리에서 웃음을 팔면서 살고 있지만 내 마음까지 팔고 살지는 않아요. / 웃음을 파는 여자라고 인격까지 무시할 수는 없잖아요. 참 **웃음을 사다**

잠자리를 같이하다 성관계를 갖다. 또는 성생활을 하다. ¶ 그 부부는 잠자리를 같이하지 않은 지 오래다.

한 베개 동서 한 여자와 관계한 남자들. ▷ 비속어 ¶ 그럼 너도 씨를 주었어? 이거 원, 새까만 후배와 한 베개 동서라니. 나 원 창피해서.

【외도(外道), 간통(姦通)】

곁눈(을) **팔다**[2] (짝이 있는 이가) 다른 이성에게 관심을 보이다. ¶ 여자 친구를 두고 곁눈을 팔면 어떡해. / 결혼하고 살다 보면 잠깐 곁눈 팔 수도 있지만 가정을 깨는 일이 있어선 안 돼.

군눈(을) **뜨다** 외도하다. ¶ 박 서방이 늘그막에 군눈을 뜨는 바람에 그 집안에 바람 잘 날이 없다네. / 지금까지 잘 지내다 하필이면 그런 작자에게 군눈 뜨는 것이 마뜩하지 않았다. ※ 군눈: 보지 않아도 좋은 것을 보는 눈. 쓸데없는 짓.

늦바람(이) **나다**[2] 나이 들어 뒤늦게 이성 관계로 마음이 들뜨거나 외도하다. ¶ 그 영감 늦바람이 났는지 옷차림에 꽤나 신경 쓰더라고. 참 **고기 맛본 중**

맞바람(을) **피우다** 남편과 부인이 함께 외도하다. ¶ 남편이 바람을 피웠다고 여편네란 사람이 맞바람 피우면 집안 꼴이 뭐가 되겠어요? / 둘 다 서로를 의심하여 매일 밤낮으로 싸우더니 결국 맞바람을 피우는구나.

바람(을) **피우다** 배우자가 아닌 이성과 사귀다. ¶ 경섭은 아내 몰래 바람을 피우다가 들켜 집에서 쫓겨났다. / 사실 아내를 감쪽같이 속이고 바람 피운다는 것은 쉽지 않다. 참 **치맛바람**

바람(이) **나다**[3] (배우자가 아닌) 이성과의 관계로 마음이 들뜨거나 외도하다. ¶ 결혼 일 년 만에 아내가 바람나 가출하면서 집안이 풍비박산이 되었다. / 그녀는 술에 의존하여 살고 있고 설상가상 남편은 젊은 여자와 바람이 났다. 참 **바람**(을) **내다**[2]

오쟁이(를) **지다** 자기 여자가 다른 사내와 간통하다. ¶ 이놈아, 네놈은 계집까지 빼앗기지 않았어? 못난 놈 같으니. 우리는 직업은 못 얻고 카페 신세를 질망정 오쟁이는 안 졌단 말이다. (이광수, 흙) / 바이런은 유부녀를 꼬드기는 재주가 뛰어나 당대의 재력가나 정치가들 여럿을 오쟁이 진 사내로 만들었다. 【기원】《고금소총(古今笑叢)》에는 이웃집 남자가 어리석은 남편에게 오쟁이를 지도록 하고 그의 아내와 성관계를 맺었다는 이야기가 나오는데, 이를 '오쟁이(를) 지다'의 유래로 본다.

오쟁이(를) **타다** ⇒ **오쟁이**(를) **지다** ¶ 마누라 때문에 오쟁이를 탄 작자치고는 제법 걸때가 있어 봬는 친군데. (김소진, 처용단장) ＊걸때: 사람의 몸집이나 체격을 뜻하는 걸대(傑大)가 변한 말.

치맛바람(이) **나다** 여자가 다른 남자와 놀아나다. ¶ 그녀는 치맛바람이 나서 자식이고 남편이고 모두 다 버리고 집을 나가 버렸다. 참 **치맛바람**

한눈(을) **팔다**[2] 외도를 하다. ¶ 한 가정을 책임지고 있는 터에, 한눈팔 겨를이 어디 있겠어요? / 남자는 어느 정도 경제적인 안정을 얻으면, 대개 한눈을 팔게 되는 법이죠. 참 **한 우물**(을) **파다**

【성차별(性差別)】

암탉이 울다 여자가 자기주장을 강하게 하다. ¶ 암탉이 우니 나라가 시끄럽다는 말은 여성 정치인에 대한 모욕입니다. / 암탉이 울면 집안이 망한다는데, 요즘 며느리 하는 일을 보면 걱정이 많아요. 【기원】 '암탉이 울면 집안이 망한다'는 속담에서 비롯한 표현이다.

호박꽃도 꽃이냐? 아름답지 못한 여자를 놀리는 말. ¶ 여자라고 다 아름다운 것은 아니야. 호박꽃도 꽃이냐?

죄(罪)와 벌(罰)

【**죄**(罪), **처벌**(處罰)】 ≒ 【**경멸**(輕蔑), **비난**(非難), **질책**(叱責)】

경(을) 치다 모질게 꾸지람을 듣거나 벌을 받다. ¶ 내일쯤은 연좌로 경치게 될 것이니 어디 보자. / 어른을 똑바로 쳐다보면서 말대꾸를 하다니. 저런 경을 칠 녀석. 〖기원〗 '경(黥)'은 옛날에 행해졌던 형벌 가운데 하나인데, 얼굴이나 팔뚝의 살에 홈을 내어 먹물로 죄명을 찍어 넣었다. '경을 치다'는 이 형벌을 받는다는 의미이다. 참 **경(을) 치게**

나랏밥(을) 먹다[1] 감옥살이하다. ¶ 한 번만 더 이딴 짓 해 봐! 그대로 나랏밥 먹게 될 테니까 각오해! / 그는 졸업 후 노동 운동에 뛰어들어 여러 차례 연대 파업을 주도했고 덕분에 나랏밥을 먹기도 했다.

단두대에 오르다 (죄에 대하여) 심판을 받다. ¶ 독버섯처럼 자라 왔던 부정부패 사범들이 드디어 단두대에 오르게 되었다. / 이번 선거의 결과에 따라 정부의 개혁 정책이 단두대에 오를 수도 있다. ※ 단두대(斷頭臺): 죄인의 목을 자르는 형틀.

딱장(을) 받다 심한 형벌을 가하여 자백하게 하고 각서를 받다. 지금은 잘 쓰이지 않는다. ¶ 지금 같은 세상에 그놈 멱을 뒤틀어 쥐고 딱장을 받아 낼 수도 없지 않습니까? / 우리 둔처에 혐의를 두고 이틀에 한 사람 꼴로 식구들을 불러 가서 딱장을 받아 내고 있으니 잠자코 있을 수가 없었소. (김주영, 야정) ※ 딱장(-狀): 닦달해서 강제로 고백을 받아 내어 쓰게 하는 각서.

딱지(를) 떼다[2] 불법 행위에 대한 벌금 통지서를 발부하다. ¶ 경찰은 고속 도로에서 과속을 하는 차량을 적발해 딱지를 떼었다. / 요즘은 역 대합실에서 흡연을 하면 경찰이 딱지를 떼니까, 조심하세요.

머리(를) 깎다[1] 감옥살이하다. 최근에는 잘 쓰이지 않는 표현이다. ¶ 그렇게 큰 잘못을 한 것도 아닌데 머리를 깎게 된 것은 순전히 돈이 없었기 때문이다. 〖기원〗 죄수의 머리를 깎는 데에서 유래한 말이다.

밥(을) 내다 심한 형벌을 가하여 죄를 자백하게 하다. 지금은 잘 쓰이지 않는다. ¶ 그놈을 잡아 밥을 내려고 했지만 워낙 독한 놈이라 입을 열지 않았다. / 딱장을 받거나 밥을 내려고 갖은 악형을 가했는데, 도리매로 치는 물볼기나 회초리로 계속 때리는 잔채질은 그래도 견딜 만은 했을 것이다. (장승욱, 한겨레 말모이)

별(을) 달다 감옥에 갔다 오면서 전과(前科)가 생기다. ▷ 비속어 ¶ 감방에 드나들다 보니까 별을 다섯 개 달아서 오성 장군이라는 별명이 붙었어요.

빨간 줄이 그어지다 감옥에 갔다 오면서 전과(前科)가 생기다. ¶ 빨간 줄이 그어지고 나면 취직하기 어려워져. 〖기원〗 전과가 있는 사람의 호적 따위에 빨간 표시를 하였다는 데서 유래한 말이다.

쇠고랑(을) 차다 경찰에 잡혀가다. ¶ 나는 쇠고랑 찰 정도의 일은 안 합니다. / 허위 사실을 이야기하면 쇠고랑을 차야 하니까 정확하게 말하세요.

철창신세를 지다 감옥살이를 하다. ¶ 그는 아내를 구타한 죄로 철창신세를 졌다.

철퇴를 가하다 엄하게 처벌하다. ¶ 경찰은 이번 단속을 통해 유흥업소 주변의 조직폭력배들에게 철퇴를 가했다.

철퇴를 내리다 ⇒ **철퇴를 가하다** ¶ 대원군은 문벌 세도가들에게 빌붙어 부정을 일삼은 자들에게 철퇴를 내렸다.

철퇴(를) 맞다 심한 제재나 처벌을 받다. ¶ 융성하던 불교는 조선 시대로 들어와 철퇴를 맞게 되었다. / 의약품의 과대, 과장, 허위 광고가 법의 철퇴를 맞았다.

치도곤을 당하다 화를 입다. ¶ 잘못 말했다가 재수 없으면 치도곤을 당할지도 모를 일이었다. ※ 치도곤(治盜棍): 곤장(棍杖)의 한 가지. 버드나무로 넓적하게 만들었으며 곤장 중에서 크기가 가장 컸다.

치도곤을 먹이다 화를 입게 하다. ¶ 몇십 년 만의 강추위로 겨우내 치도곤을 먹인 것도 성이 차지 않은 듯 봄이 오는 길목에서 폭설이 내렸다.

치도곤을 안기다 ⇒ **치도곤을 먹이다** ¶ 그런 녀석은 치도곤을 안겨도 시원치 않을 것이다. / 그 나라는 공직자가 우리 돈으로 만 원만 받아도 관계법으로 치도곤을 안기는 나라다.

콩밥(을) 먹다 감옥살이를 하다. ¶ 콩밥을 먹는 한이 있어도 그런 녀석은 버르장머리를 고쳐 놓아야 한다. 〖기원〗 옛날 감옥에서는 콩을 많이 넣어 죄수의 밥을 지었다는 데에서 유래한 말이다. 참 **기름밥(을) 먹다, 짬밥(을) 먹다**

【용서(容恕)】

두남(을) 두다 ① 잘못된 것을 용서하고 돕다. ¶ 덮어 두고 두남 둘 것이 아니라 꾸짖을 때는 따끔하게 꾸짖어야지요. ② 가엾게 여겨 보아주다. ¶ 집장사령(執杖使令) 노릇을 하는 놈들은 다 조금씩 손대중으로 농간을 부려서 혹 매 맞는 사람에게 두남을 두기도 하고 혹 매 맞는 사람을 더 골려 주기도 했다.

때(를) 씻다 누명을 벗다. 또는 허물을 용서받다. ¶ 그놈을 나라에 잡아 바치고 소인의 몸에 붙은 도적의 때를 씻으려고 마음을 먹었습니다. / 한번 도둑놈으로 찍힌 이상 학교에서 도둑의 때를 씻는다는 것은 불가능했다.

면죄부를 주다 용서하다. ¶ 검찰 조사라는 게 비리 공직자들에게 면죄부를 주는 절차가 되어서는 안 되겠지요? / 그를 더 나쁜 악당과 비교하면서 그의 모든 악행에 면죄부를 주었다.
※ 면죄부(免罪符): 로마 가톨릭 교회가 죄를 면한다는 뜻으로 발행한 증서.

학업(學業), 직업(職業), 출세(出世)

【학업(學業)】

가방끈(이) 길다 학력이 높다. ¶ 영국, 미국을 부모 따라 다니면서 학교를 다니다 보니 가방끈은 아주 길었다. / 내 글은 가방끈 긴 고급 독자들의 입맛에는 맞지 않을 거예요.

가방끈(이) 짧다 학력이 낮다. ¶ 가진 것 없고 가방끈 짧은 사람도 성공할 수 있나요? / 중학교만 겨우 졸업한 나는 아내보다 가방끈이 훨씬 짧았다. / 항상 배우기 위해 노력하다 보니 성공하게 되었다는 그에게 가장 큰 성공 요인은 짧은 가방끈이었다.

교문을 나서다[나오다] 졸업하다. ¶ 낙제를 계속하여 졸업이 늦어지더니 결국 육 년 만에 교문을 나서게 되었다. / 휴학과 복학을 반복하며 우여곡절을 다 겪고 나서야 교문을 나올 수 있었다. 참 **뒷구멍으로 들어가다[들어오다]**

권총(을) 차다 ⇒ 펑크[빵꾸](가) 나다[2] ¶ 수업도 듣지 않고 기말시험도 치르지 않았으니, '철학개론'은 틀림없이 권총을 차겠군. 〖기원〗 F학점의 F와 권총의 모양이 비슷한 데서 유래한 말이다.

글이 짧다 학력이 낮거나 아는 것이 별로 없다. ¶ 사신이 칙서를 건네자 글이 짧은 이진충은 군사를 불러 칙서를 읽게 했다. / 어머니는 글이 짧았지만 교수들 앞에서도 전혀 위축되지 않고 자신의 생각을 거침없이 말했다.

눈(을) 뜬 장님이다[2] 글자를 모르다. ¶ 지금은 모두 글을 깨우쳤지만, 얼마 전까지만 해도 우리나라에는 눈뜬 장님이 반을 넘었다. 참 **눈이 발바닥이다**

말이 짧다[2] 외국어 실력이 신통치 않다. ¶ 파리 지사로 발령을 받았는데 말이 짧아서 큰일이야. 개인 교수라도 받아야 될까 봐.

먹물(을) 먹다 글공부를 한 경력이 오래되다. ¶ 먹물 먹은 티는 내지 않는 게 좋아. / 육체노동을 하더라도 먹물을 먹은 놈은 어디가 달라도 달라 보여. / 네가 그렇게 똑똑한 소릴 하면서도 청소부 운운하냐? 그건 다 먹물을 먹은 어설픈 이상론이다! (박경리, 단층) ※ 먹: 벼루에 물을 붓고 갈아서 글씨를 쓰거나 그림을 그리는 데 쓰는 검은 물감.

먹물(이) 들다 ⇒ **먹물(을) 먹다** ¶ 아무래도 먹물이 든 사람이 더 조리 있게 말하겠지요. / 어느 정도 먹물 들고 의식 있는 사람치고 나라 걱정을 하지 않는 사람은 없었다.

문자(를) 쓰다 어려운 말(주로 한자로 된 말)을 사용하다. ¶ 별것도 없는 사람이 유식한 체하며 문자를 쓴다. / 그 앞에서 아는 체하는 건 공자 앞에서 문자 쓰는 격이다.

미역국(을) 먹다 시험에 떨어지다. ¶ 올해가 취업 정년인데 마지막 시험에서 미역국을 먹고 말았다. / 이번에도 미역국 먹으면 깨끗이 포기하고 다른 일을 시작할 생각이다. / 수험생은 많고 대학 문은 좁으니, 수험생의 반 이상이 미역국을 먹어야만 한다. 유 **고배를 들다[마시다], 쓴잔을 들다[마시다]**

사각모(자)를 쓰다 대학생이 되다. 초기 대학생들이 사각모자를 쓰고 다닌 데에서 연유한 말로, 현재는 거의 쓰이지 않는다. ¶ 고생 끝에 겨우 사각모자를 썼지만 대학 생활은 기대와 달랐다. / 옛날 아버지들은 사각모를 쓴 아들이 고시에 합격하여 가문의 영예를 높여 주길 바랐다.

쌍권총(을) 차다 두 과목을 낙제하다. ¶ 이번에도 쌍권총을 차면 교칙에 따라 학교에서 완전히 제적될 것 같다.

어깨너머로 배우다 정식 절차를 밟지 않고 공부하다. ¶ 어깨너머로 배운 글이지만 맹자 정도는 읽을 수 있어요. / 나는 어릴 때 할아버지의 어깨너머로 배워 바둑을 알게 됐다.

펑크[빵꾸](가) 나다² 낙제 점수를 받다. 규범 표기는 '펑크(puncture)'이지만 일반적으로 '빵꾸'로 쓰인다. ¶ 이번 학기 또 두 과목이 펑크가 났어. / 비록 빵꾸는 났지만 대학 생활에서 가장 기억에 남는 과목은 '여성학 개론'이었다.

하늘 천 따 지 《천자문(千字文)》이라는 책 또는 기초적인 한문 지식. ¶ 공부를 얼마나 했느냐고요? 하늘 천 따 지 정도는 할 수 있어요. 〖기원〗 예로부터 《천자문》은 한문을 처음 배우는 학습자를 위한 교과서 겸 습자 교본이었다. 여기에서 '하늘 천 따 지'는 《천자문》의 첫 두 글자 '天, 地'의 새김(하늘, 땅)과 음(천, 지)인데, 이런 연유로 '하늘 천 따 지'는 《천자문》이라는 책 또는 가장 기초적인 한문 지식을 비유적으로 나타내는 말이 되었다. 참 **공자 왈 맹자 왈**

학교 구경(을) 하다 정규 교육을 받은 경험이 있다. '학교 구경도 못 하다'와 같이 주로 부정을 나타내는 말과 함께 쓰인다. ¶ 아직도 전 세계 7억 5,000만 명이 글을 읽지 못하고, 학교 구경도 못 한 아이들은 1억 명이 넘는다.

학교 근처에 가 보다 ⇒ **학교 구경(을) 하다** ¶ 학교 근처에도 못 가 본 장애인을 위한 별도의 교육 기관이 필요하다. / 우리 어머니는 가난한 농가의 맏딸로 태어나 다섯이나 되는 동생들 돌보고 집안일 돕느라 학교는 근처에도 가 보지 못하셨다.

【취업(就業), 직업 활동(職業活動)】

강단에 서다 ⇒ **교편을 잡다** ¶ 그는 대학 강단에 선 지 올해로 20년이 되었다. / 이런 불량한 아이들을 상대하고 가르쳐야 하는 것이 교육이라고 하면 누가 기꺼이 강단에 설 것인가.

관 물(을) 먹다 공무원 생활을 하다. ¶ 관료라는 것의 속성이 그런 것인가? 그렇게 착하고 겸손하던 사람도 관 물을 먹더니 사람이 변했어.

관 물(이) 들다 공무원으로서의 티가 나다. ¶ 동사무소에서 근무한 지 얼마나 되었다고 벌써 관 물이 들어?

교단에 서다 ⇒ **교편을 잡다** ¶ 사범 학교를 졸업한 지가 엊그제 같은데, 교단에 선 지 벌써 십 년이 넘었다.

교편을 잡다 선생이 되다. ¶ 교편을 잡고 있지만 내가 진정한 교육자라고 생각해 본 적은 없다. ※ 교편(教鞭): 수업이나 강의할 때 교사가 사용하는 막대기.

금배지(를) 달다 국회 의원이 되다. ¶ 금배지를 달고 나면 국민의 공복(公僕)이 되었다고 생각하기보다는 보통은 권력을 잡았다고 생각하지. / 내가 공천해 줘서 금배지를 단 사람만 해도 족히 20명은 될 거야.

기름밥(을) 먹다 공장 생활을 하다. 기계를 만들거나 고치는 직업에 종사하는 것을 낮춰 표현할 때 많이 쓴다. ¶ 기름밥 먹고 사는 놈이 언제 돈을 모으겠어요. / 기름밥 좀 먹더니, 이제 제법 공돌이 티가 나는구나. / 아버지는 당신 눈에 흙이 들어가도 자식이 기름밥을 먹는 꼴은 못 보시겠다며 대학 등록금을 마련해 주셨다. 참 **콩밥(을) 먹다**

나랏밥(을) 먹다² 공무원 생활을 하다. ¶ 그는 나랏밥 먹는 사람들이 저 정도인데 누굴 믿겠냐며 공무원에 대한 불신을 드러냈다. / 하마평에 오르는 걸 보니 조만간에 나랏밥을 먹게 될 것 같네요.

남의 집(을) 살다² 남의 집안일을 하여 주거나 가게의 점원 노릇을 하며 그 집에 붙어 살다. ¶ 아버지의 죽음 후 가세가 기울어지고, 나는 먼 친척집으로 남의 집살이를 가게 되었다. / 소학교를 졸업하자마자 대처로 나가 지물포에서 남의 집을 살면서 도배 기술을 배웠지요. 참 **눈칫밥(을) 먹다**

땅(을) 파먹고 살다 농사를 짓다. 농사짓는 것을 낮춰 표현할 때 많이 쓴다. ¶ 그는 벼슬을 그만두고 시골에 내려와 땅을 파먹고 살았다. / 땅 파먹고 사는 사람처럼 불쌍한 사람도 없다. 힘이 있나, 사람들에게서 존경받기를 하나, 그렇다고 돈을 잘 벌기를 하나.

말뚝(을) 박다² 어떤 지위에 오래 있다. ▷ 비속어 ¶ 이런 곳에 말뚝 박고 싶은 마음은 조금도 없어. 이제 다른 일을 하고 싶어.

머리(를) 깎다² 중이 되다. ¶ 전쟁 중에 부모 형제를 모두 잃은 그는 머리 깎고 산에 들어갔다.

/ 세상일에 얽매이는 게 싫으면 머리를 깎고 속세를 떠나야지.

메가폰(을) 잡다 (영화 제작에서) 감독을 맡다. ¶ 김 감독이 메가폰 잡은 영화는 지금까지 관객을 실망시킨 적이 없습니다. / 우리 주변의 아름다운 사연들이 영화로 만들어지고 있다. 충무로 영화사들이 앞다투어 멍석을 깔아 주고, 능력 있는 스타 감독들이 메가폰을 잡는다. 〚기원〛 영화감독이 촬영 현장에서 메가폰(megaphone)으로 지시를 내리는 데에서 유래하였다.

몸(을) 담다 (어떤 분야, 조직, 직업 따위에) 종사하다. '어디에 몸을 담다'와 같이 쓰인다. ¶ 저는 학계에 몸을 담고 있을 처지도 못 되어서, 이만 학교를 그만둘까 합니다. / 가장 번창했던 시기에 이 연구회에 몸담았던 사람이 30여 명에 이른다. 반 **뒤로 물러나다**

물(을) 먹다[3] (어떤 분야, 조직, 직업 따위에) 종사하다. 종사한 경험을 속되게 강조할 때 많이 쓴다. 주로 '어디 물을 먹다'와 같이 쓰인다. ¶ 이 바닥에서 물을 먹은 지도 벌써 30년이 되었건만 아직 집 한 칸도 마련하지 못했지요. / 진골이니 성골이니 하는 얘기가 나오는 것을 보면, 사장이 다른 회사 물을 먹었던 사람보다 처음부터 이 회사를 다닌 사람들을 중용하는 것 같아요.

밥(을) 먹다[2] (어떤 분야, 조직, 직업 따위에) 종사하다. 종사한 경험을 속되게 강조할 때 많이 쓴다. 주로 '어디 밥을 먹다'와 같이 쓰인다. ¶ 내가 20년 군대 밥을 먹은 사람입니다. / 이 출판사에서만 20여 년, 출판업계에서 밥 먹은 지는 30년째다.

백의의 천사 간호사. 미화하는 말로 쓰인다. ¶ 나는 커서 백의의 천사가 될 거야.

분필 가루(를) 먹다 ⇒ 교편을 잡다 학교 환경이 바뀌면서 현재는 잘 쓰이지 않는다. ¶ 분필 가루를 먹은 지도 벌써 육 년째입니다.

손(을) 치다 돈을 받고 손님을 묵게 하다. ¶ 저는 손을 쳐서 벌어먹고 사는 처지입니다.

솥뚜껑 운전(수) 부엌일(을 하는 사람). 부엌일과 가정주부를 낮춰 표현하는 말이다. ▷ 비속어 ¶ 나도 대학까지 나온 사람이에요. 여자라고 결혼하면 솥뚜껑 운전수나 하고 있으라니 될 법이나 한 소립니까? / 여직공의 상당수가 집에서 솥뚜껑 운전을 하는 것보다 차라리 공장에서 일하는 것이 좋다고 대답했다.

쇠 밥그릇 ⇒ 철 밥통[밥그릇] ¶ 사회가 바뀌면서 공무원이 쇠 밥그릇이라는 인식도 바뀌었다.

자리(가) 나다[3] 취직할 수 있는 기회가 생기다. 또는 일을 맡을 사람이 필요하게 되다. ¶ 지금은 채용할 수 없지만 자리 나는 대로 연락하겠습니다. / 작은 시골 마을에 보수가 좋은 가정교사 자리가 났다는 소문이 들려왔다.

자리(를) 잡다[3] 취직하다. ¶ 너도 빨리 자리를 잡아야 장가를 가지. 참 **자리(가) 잡히다**[2]

자리에 붙어 있다 어떤 직위에 남아 있다. ¶ 그는 자리에 오래 붙어 있지 못하고 자주 직장을 바꾼다. / 요즘처럼 대량으로 감원시키는 때에 자리에 붙어 있는 것만도 다행이다.

잔뼈가 굵다 오랫동안 어떤 일을 계속하다. ¶ 그는 농사일에 잔뼈가 굵었다. / 분이는 세상에 나오면서부터 아버지가 누군지도 몰랐다. 그저 산으로 뛰어다니며 대추를 주우며 잔뼈가 굵어 열여섯 살을 먹었다. (김광주, 종점소묘)

짬밥(을) 먹다 ① 군대 생활을 하다. ¶ 나는 15년 동안 짬밥 먹고, 그것도 전방에서만 10년 동안 살았어. ② 조직 생활을 하다. ¶ 몇 년 더 짬밥을 먹으면 이런 일쯤은 대수롭지 않게 여기게 될 거야. 『기원』 짬밥은 원래 남아 버리는 밥이라는 의미의 '잔반(殘飯)'에서 변화한 말인데, 의미가 확대되어 군대에서 먹는 밥도 아울러 이르게 되었다. 이로 인하여 군대에서 생활한 연륜을 나타내는 데 '얼마간 짬밥을 먹다'라는 말을 사용하게 되었고, 이후 조직 생활의 연륜을 나타내는 말로 확대되어 사용되었다. 참 **콩밥(을) 먹다**

철 밥통[밥그릇] 절대 해고당할 일이 없는 직업. ¶ 철 밥통을 지키려는 기득권 세력들의 저항이 만만치 않아요.

펜대(를) 굴리다 사무직에 종사하다. ¶ 펜대나 굴리고 있는 사람이 현장의 사정을 어떻게 알겠어요? / 나는 공장에서 일하고 있지만, 자식들만큼은 대학에 보내서 펜대 굴리며 살게 하겠다.

흙 속에 파묻혀 살다 농촌에서 농사를 지으며 살다. ¶ 이젠 모든 세상사를 잊기 위해 흙 속에 파묻혀 살기로 작정했다.

흙(을) 파먹고 살다[1] ⇒ **땅(을) 파먹고 산다** ¶ 땅을 일구며 흙만 파먹고 사는 사람들이 뭘 알겠습니까? / 논, 밭 몇 마지기에 조상 대대로 흙 파먹고 살아왔습니다.

【비정상적(非正常的)인 취업(就業)과 입학(入學)】

개구멍으로 들어가다[들어오다] ⇒ **뒷구멍으로 들어가다**[들어오다] ¶ 장인 덕분에 개구멍으로나마 회사에 들어갈 수 있었다. / 나는 당당하게 공채를 통해 들어왔기 때문에 개구멍으로 들어온 그런 사람하고는 격이 달라.

낙하산(을) 타다 (높은 사람의 지원으로) 원하는 지위에 오르다. ¶ 취업난이 심해지자 작은 회사에도 낙하산을 타고 내려오는 사람들이 생겼다. / 공직 기강을 세우려면 퇴임 후 낙하산 타고 좋은 자리를 차지하는 관행부터 없애야 한다. 『기원』 높은 사람의 지원으로 어떤 자리를 차지한다고 해서 낙하산을 타는 것에 비유하였다. 참 **백[빽](을) 쓰다, 백[빽](이) 있다**

낙하산이 떨어지다 (높은 사람의 지원으로) 외부 사람이 부임하다. ¶ 이번에도 낙하산이 떨어질 모양이야. 당분간은 내부에서 원장이 나오긴 힘들 거야. / 낙하산이 떨어질 때마다 일반 사원들의 사기는 떨어질 대로 떨어지게 된다.

뒷구멍으로 들어가다[들어오다] (입학이나 취업을) 비정상적인 방법으로 하다. ¶ 학교를 뒷구멍으로 들어온 사람하고 같이 수업을 받을 수 없습니다. / 지금이 어떤 세상인데, 돈을 주고 뒷구멍으로 대학에 들어갑니까? / 그는 뒷구멍으로 들어왔다는 사실이 동료들에게 알려질까 봐 노심초사했다. 참 **교문을 나서 다[나오다]**

뒷문으로 들어가다[들어오다] ⇒ **뒷구멍으로 들어가다**[들어오다] ¶ 사장 아들이라고 다 뒷문으로 들어가는 건 아니야. 난 제대로 시험치고 합격해서 들어갔어.

【실업(失業), 해고(解雇), 퇴직(退職)】

구들장(을) 지다[2] 실업 상태로 집 안에만 있다. ¶ 일이 틀어졌다는 소문이 나돌 때부터 그는 구들장을 지고 살았다. / 허구한 날 구들장이나 지고 있으니. 원 답답해서 살 수가 있나. ※ 구들장: 방고래 위에 놓아 방을 만드는 넓고 얇은 돌.

뒤로 물러나다 은퇴하다. ¶ 그는 잠시 철학 공부를 한다고 뒤로 물러났다가 다음 해에 정치권에 복귀했다. / 뒤로 물러날 때를 알아야만 후세에 훌륭한 정치인으로 평가받을 수 있을 것이다. 반 **몸(을) 담다** 참 **발(을) 빼다**

모가지가 간들거리다[간들간들하다] 해고될 처지에 놓이다. ▷ 비속어 ¶ 모가지가 간들거리는데 휴가는 무슨 얼어 죽을 휴가.

모가지(가) 떨어지다 ⇒ **목(이) 잘리다** ▷ 비속어 ¶ 내 모가지가 떨어지더라도 사장에게 할 말은 해야겠어요.

모가지(가) 잘리다 ⇒ **목(이) 잘리다** ▷ 비속어 ¶ 갑자기 모가지가 잘린 사람들은 당장 내일부터 먹고 살 일이 막막합니다.

모가지(를) 자르다 ⇒ **목(을) 자르다** ▷ 비속어 ¶ 몇 명 모가지 자른다고 관료 조직이 달라질까요?

목(을) 자르다 해고하다. ¶ 구조 조정이 시작되면 대개 여직원들부터 목을 잘랐다. / 목을 자르기 전에 잘해라. 기회는 이번 한 번뿐이다.

목을 치다 ⇒ **목(을) 자르다** ¶ 한솥밥 먹던 입사 동료들을 내 손으로 목을 쳐야 한다는 것이 괴롭기만 하다.

목(이) 떨어지다[1] ⇒ **목(이) 잘리다** ¶ 해마다 목 떨어지는 사람이 몇 명인 줄이나 알아? 똑바로 하지 않으면 회사에서 버티기 힘들 거야. 참 **목을 (내)걸다**

목이 붙어 있다[2] 해고되지 않고 남아 있다. ¶ 그렇게 무능력한 사람이 지금까지 목이 붙어 있다는 게 믿어지지가 않아요.

목(이) 잘리다 해고되다. 또는 어떤 직위에서 그만두게 되다. ¶ 이런 식으로 근무하다가는 얼마 안 가 목이 잘릴 것 같다.

밥(을) 축내다 하는 일이 없이 실업 상태로 있다. 주로 '밥만 축내다'와 같이 쓰인다. ¶ 받아 주는 회사가 없어 이렇게 밥만 축내고 있으니 밥벌레지요. / 졸업하고 밥이나 축내는 신세가 되지 않으려면 지금 열심히 공부해야 한다.

밥줄을 끊다 해고시키다. ¶ 내가 아무리 독하다지만 우리 직원들 밥줄을 함부로 끊는 사람은 아닙니다.

밥줄이 끊기다[끊어지다] 해고되다. ¶ 밥줄이 끊기고 나니 살길이 막막하기만 하다. / 윗사람들의 지시에 잘 따라야만 밥줄이 끊기지 않을 테니 윗사람 눈치를 보게 되는 건 어쩔 수 없다. / 불경기로 회사가 부도나는 바람에 밥줄이 끊어지게 된 사람이 한둘이 아니다. 참 **끈(이) 떨어지다**

보따리(를) 싸다[2] 하던 일을 완전히 그만두고 물러나다. ¶ 여론 조사에서 지지율이 하위에 머문 후보들은 두말없이 보따리를 쌌다. / 승진 길이 막히면 스스로 견디지 못해 보따리 싸는 사람들이 많다. 참 **보따리(를) 풀다**[1, 2]

옷(을) 벗다 공적인 직장(주로 군인, 경찰, 공무원 따위)을 그만두다. ¶ 건강이 좋지 않아 임기를 못 채우고 옷을 벗게 되었어요. / 그는 이번 사태에 대한 책임을 지고 옷을 벗었다. 반 **감투(를) 쓰다**

자리를 내놓다 직위나 직책에서 물러나다. ¶ 여론이 나빠지자 그는 장관 자리를 내놓고 낙향했다. / 내가 자리를 내놓는다고 해결될 일이면 백 번이라도 자리를 내놓지요.

자리를 박차고 나오다 (기세 좋게) 직장을 그만두다. ¶ 그는 대학 졸업 후 바로 은행에 들어갔지만 이 년 만에 자리를 박차고 나왔다. / 나는 김 감독이 안정된 자리를 박차고 나온 이유가 궁금했다.

【출세(出世)】

감투(를) 쓰다 직위를 차지하다. ¶ 내가 그까짓 감투 쓰려고 이런 일을 한 것은 아닙니다. / 마키아벨리가《군주론》을 쓴 것은 새 권력자에게 잘 보여 감투를 쓰기 위해서였다. ※ 감투: 머리에 쓰는 의관의 하나로 말총, 가죽, 헝겊 같은 것으로 탕건 비슷하게 만들었는데 턱이 없다. 벼슬을 아니 한 평민이나 중인들이 씀. 반 **옷(을) 벗다**

도남의 날개 큰 사업을 하고자 하는 야망. ¶ 기업들은 도남의 날개를 펴기 위해 대륙으로 진출하고자 했다. 〖기원〗 붕새가 날개를 펴고 머나먼 남명(南冥)으로 날아가려 한다는 뜻.《장자(藏子)》의 '소요유편(逍遙遊篇)'에 나온다.

비단 방석에 앉다 높은 지위에 오르다. 또는 그에 걸맞은 유복한 생활을 하다. ¶ 차가운 맨바닥일지라도 마음 편한 자리가 비단 방석에 앉은 것보다 좋습니다. 참 **돈방석에 앉다, 바늘방석**

에 앉다

세상에 서다 상당한 지위에 오르다. 또는 제구실을 하며 살게 되다. ¶ 밑바닥 생활을 하며 고생하다가 뒤늦게 세상에 서게 되었다. / 우리 아이가 세상에 혼자 설 수 있을 때까지는 당신이 건강해야 해요. 참 **홀로 서다**

자리에 오르다 직위에 오르다. ¶ 과장 자리에 오르기까지 십 년의 세월이 걸렸다. / 사람이 높은 자리에 오르면 어느 정도는 달라지는 법인데, 우리 사장님은 예나 지금이나 똑같이 수수하십니다.

청운의 꿈 출세하려는 생각이나 의지. ¶ 그는 청운의 꿈을 안고 서울에 왔다. ※청운(青雲): 푸른 빛깔의 구름. 높은 지위나 벼슬을 비유적으로 이르는 말이다.

한자리(를) 차지하다[2] ⇒ **한자리(를) 하다** ¶ 그 주변으로 한자리 차지하려는 사람들이 추수철 메뚜기 떼처럼 모여들었다.

한자리(를) 하다 높은 지위에 오르다. ¶ 이놈이 장차 한자리할 놈이야. 할아버지는 나를 무릎에 올려놓고 자랑해 마지않았다.

부유(富裕), 가난

【**부유**(富裕), **풍족**(豊足)】

개기름이 흐르다 형편이 좋아 보이다. 풍족하면서도 천박한 모습을 표현할 때 쓰는 말이다. ¶ 높은 자리에 있는 분들이어서 그런지 모두 얼굴에 개기름이 좔좔 흐른다.

개천에 든 소 먹을 것이 많아 유복한 처지에 든 사람. ¶ 날카롭던 사람이 이젠 개천에 든 소가 되어 둥글둥글해졌다. 『기원』 개천에 든 소는 양편 언덕의 풀을 다 뜯어 먹을 수 있다는 데에서 나온 말이다.

기름기(가) **돌다** ⇒ **기름**(이) **흐르다** ¶ 위로 두 딸은 얼굴에 기름기가 돌고 옷차림도 명품 티가 나는데 막내만 후줄근해 보였다.

기름기(가) **흐르다** ⇒ **기름**(이) **흐르다** ¶ 얼굴에 기름기 흐르는 것을 보니 요즘 생활이 괜찮은가 봐요.

기름(이) **흐르다** 형편이 좋아 보이다. 주로 '얼굴에 기름이 흐르다'와 같이 쓰인다. ¶ 기름이 흐르는 그의 얼굴에서 그 옛날 혁명 투사의 모습은 찾을 수 없었다.

돈방석에 앉다 많은 돈을 가지게 되다. ¶ 박 대리는 복권 당첨으로 돈방석에 앉을 판이다. / 돈방석에 앉더니 뵈는 게 없구먼. 참 **바늘방석에 앉다, 비단 방석에 앉다**

돈벼락(을) **맞다** 갑자기 많은 돈이 생기다. ¶ 돈벼락을 맞으면 아프지도 않을 거야. / 돈 걱정을 하다 보면 가슴이 답답해 못 견딜 지경이다. 어떤 때는 돈벼락이라도 맞아 봤으면 하는 생각이 들기도 한다.

돈(을) **만지다** 많은 돈을 벌다. ¶ 금광 사업에 뛰어들어 돈을 만지더니 사람이 달라졌어. / 요즘 건설 경기가 좋아 그쪽 사람들 돈 좀 만졌지.

뒤집어 쓰다[2] (온몸에 다 받아) 충분하다. 주로 '뒤집어쓰고도 남다'와 같이 쓴다. ¶ 아이들 급식에 드는 돈이라야 서울시 예산의 백분의 일이면 뒤집어쓴다고 합니다. / 시내 관광은 두 시간이면 뒤집어쓰고도 남습니다.

밥술이나 먹다 경제적으로 안정되다. 아주 부유하지는 않지만 그런대로 여유가 있음을 나타내는 말이다. ¶ 전에는 빌어먹던 녀석들이 이젠 밥술이나 먹게 되었다고 거드름을 피운다. / 밥술이나 먹게 되면 대부분의 남자들이 건강에 관심을 갖게 된다. 참 **밥숟가락[밥술](을) 놓다**

배(가) 부르다² 아쉬울 것이 없다. ¶ 날개로는 팔지 않겠다고 하는 것을 보니 배가 단단히 부른 모양이군. / 대학 졸업생들이 구미에 맞는 직장을 찾으며 기업들과 배부른 흥정을 하던 시절도 있었다. / 배부른 소리라 하겠지만 그런 학교는 싫어요.

배(를) 두드리다 생활이 풍족하여 안락하게 지내다. ¶ 그 일만 잘되면 최소한 삼 년은 배를 두드리며 살 수 있어. / 백성들이 실컷 먹고 배를 두드리니 이 아니 태평세월인가.

배에 기름이 오르다² ⇒ 배에 기름이 지다 ¶ 돈은 벌 만큼 벌었고 배에 기름이 오르고 나니 딴생각이 든다.

배에 기름이 지다 편하게 지내도 될 만큼 형편이 좋아지다. ¶ 그 사람도 이젠 배에 기름이 졌는지 험한 일은 하지 않아.

살(을) 찌우다 재력이나 권력을 강화시키다. ¶ 우리가 그동안 한 일이 결국 사장의 살이나 찌운 것에 지나지 않았다. / 다국적 기업의 살을 찌우기 위해 노동자의 인권을 짓밟을 수는 없다.

손끝에 물이 오르다 (살림이) 점점 부유해지다. ¶ 그렇게 고생만 하더니 이젠 살림이 좀 편 모양이야. 처남댁 손끝에 물이 오른 걸 보니.

주머니 사정이 좋다 ⇒ 주머니가 두둑하다 ¶ 불황이라고 하지만 주머니 사정이 좋은 사람들은 호화롭게 살고 있다.

주머니가 두둑하다 돈이 많다. ¶ 연말 보너스를 받아서 주머니가 두둑하다. / 주머니가 두둑해지니까 마음이 든든해진다.

팔자(를) 고치다² 형편이 갑자기 좋아지다. ¶ 나는 노름 잘해서 팔자를 고쳤다는 사람을 본 적이 없다. / 그는 돈 많은 친구 덕분에 팔자 고쳐서 떵떵거리며 살고 있다.

허리(를) 펴다 형편이 좋아지다. ¶ 이제 허리 좀 펴나 싶었더니 자식이 사고를 쳐 돈이 나가게 생겼다. / 남의 나라 돈을 빌리지 않고는 우리 경제가 허리를 펼 수 없는 형편이다.

【빈곤(貧困), 결핍(缺乏)】

낟알 구경(을) 못하다 (식량이 떨어져) 굶다. ¶ 육이오 때에는 며칠간 낟알 구경도 못하고 지낸 적이 허다했다. 참 **구경도 못하다**

노랑꽃(이) 피다 (영양 상태가 좋지 않아) 누렇게 되다. ¶ 못 먹고 살다 보니 아이들 얼굴에는 노랑꽃이 피었다. / 부황이 들어 천장만 멀뚱멀뚱 쳐다보며 나자빠져 있는 마누라의 노랑꽃 핀 얼굴 위로 검은 흙덩이가 쏟아졌다. (김소진, 열린 사회와 그 적들) 참 **꽃(이) 피다**

목구멍에 풀칠(을) 하다 ⇒ **입에 풀칠(을) 하다** ¶ 요즘은 경기가 별로 좋지 않아 목구멍에 풀칠을 하기도 어려워요. / 목구멍에 풀칠할 만큼은 살아요. 참 **목구멍(의) 때(를) 벗기다**

목에 거미줄(을) 치다 ⇒ **입에 거미줄(을) 치다** ¶ 곧 목에 거미줄을 치게 되었어도 큰소리치는 것은 여전하구나. / 아무리 어렵다고 한들 목에 거미줄이야 치겠니?

바닥(을) 긁다[3] 생계가 곤란하다. ¶ 아무리 우리가 바닥을 긁는 사정이라고 하더라도 어떻게 연로한 어머니께 손을 벌릴 수 있겠어?

배에서 쪼르륵[꼬르륵] 소리가 나다 ① 가난하다. ¶ 글을 쓰는 사람들은 배에서 쪼르륵 소리가 나더라도 정신적인 풍요로움을 느끼며 산다. ② 배가 고프다. ¶ 배에서 꼬르륵 소리가 나도록 잠만 자고 있었니?

뱃가죽이 등에 붙다 배가 고프다. ¶ 이틀을 굶은 우리들은 뱃가죽이 등에 붙어 일어나지 못할 지경이 되었다.

보리 고개 춘궁기(春窮期). 묵은 곡식은 다 떨어지고 보리는 미처 덜 여물어 농가의 식량 사정이 가장 어려운 시기. 합성어가 되어 '보릿고개'로 쓰인다. ¶ 이웃집에서 쌀을 얻어 보릿고개를 겨우 넘겼다. / 우리 어렸을 적만 해도 보릿고개라는 말이 있었는데, 세월이 좋아져서 보릿고개라는 말이 없어진 지도 오래되었다.

보리 동냥 겨우 생계를 유지할 수 있는 상태. ¶ 글을 쓰는 것도 십 년은 공부해야 겨우 보리동냥이나 한다. / 돈을 많이 벌겠다는 욕심은 없지만 대학 시간 강사로는 보리동냥도 할 수 없으니 뭔가 대책을 세워야 할 것 같다.

불알 두 쪽만 차다 (남자가) 내세울 만한 재산이 없다. ▷ 비속어 ¶ 남자가 똑똑하기만 하면 불알 두 쪽만 차고도 장가들 수 있다. / 불알 두 쪽만 찬 주제에 여편네에게 탕탕 큰소리만 치고 있다. 참 **쪽박(을) 차다**

손가락만 빨다 생기는 것이 없어 궁핍하게 살다. ¶ 여름 들어서부터 장사가 되지 않아 두 달 동안은 손가락만 빨았다. / 손가락만 빨고 살 수는 없잖아요? 아무 일이라도 시작해 보세요.

손가락(을) 물다 ⇒ **손가락만 빨다** ¶ 손가락을 물고 사는 한이 있어도 당신 돈을 받을 수 없어요. / 내가 돈을 좋아하면 안 되나요? 성직자라고 손가락만 물고 있으라는 법은 없지 않소?

손(이) 맑다[2] 재수가 없어 생기는 것이 없다. ¶ 손이 맑은 사람은 아무리 노력해도 더 생기는 것은 없는 법이다.

손(이) 비다[2] 돈이 없다. ¶ 손이 빈 사람이 행복하다. / 풍년인데도 농민들은 손이 비는 일이 일어나지 않도록 농업 정책을 재정비하겠다.

입에 거미줄(을) 치다 가난하여 먹지 못하고 굶다. ¶ 지금 입에 거미줄을 칠 판인데 더운밥 찬

밥 가리겠습니까? / 아무리 어렵더라도 산 입에 거미줄 치겠니? 걱정 말고 네가 하고 싶은 일 해라. / 입에 거미줄만 안 치면 됐지 무슨 벼슬에 그리 독이 올라 그 야단인지 정말 모르겠다.

입에 풀칠(을) **하다** 생계를 유지하다. ¶ 내가 회사를 그만두면 당장 입에 풀칠하기도 어려워진다. / 살려 달라고 할 땐 언제고, 이제 와서 입에 풀칠 좀 하고 살 만하니까 내가 필요 없다고? 〖기원〗 '호구지책(糊口之策)'이란 한자 성어에서 나온 말이다.

주머니 사정이 나쁘다 돈이 많지 않다. ¶ 이곳은 싼 음식과 술을 파는 곳이라 주머니 사정이 나쁜 손님들도 충분히 드나들 수 있다.

주머니가 가볍다 돈이 많지 않다. ¶ 그때는 주머니가 가벼워 술도 좀처럼 마시지 못했고, 읽고 싶은 책도 마음껏 살 수 없었다. / 이 호텔은 숙박료가 저렴해서 주머니가 가벼운 여행객들이 많이 찾는다.

주머니가 비다 돈이 없다. ¶ 주머니가 비어 있는 날은 음식 시식 코너를 기웃거리며 끼니를 때웠다.

집도 절도 없다 (재산이나 능력이 없어) 어디에 기댈 신세가 아니다. ¶ 사업에 실패하고 집도 절도 없는 신세가 되었다. / 집도 절도 없는 놈이 내 딸을 데려가겠다고? 어림도 없지. 참 **거리로[에] 나앉다**

춥고 배고프다 (경제적 어려움으로) 신세가 처량하다. ¶ 춥고 배고팠던 시절을 돌이켜 보면, 그것도 하나의 추억이 된다.

흙(을) **파먹고 살다** [2] 돈이나 식량 같은 생활 수단이 전혀 없이 살다. ¶ 작가라고 흙 파먹고 살 수는 없는 거지요. / 일을 했으면 돈을 줘야지 나는 흙을 파먹고 사는 줄 아냐?

생(生)과 사(死)

【출생(出生), 생존(生存)】

귀(가) 떨어지다 ⇒ 귀(가) 빠지다 ¶ 오늘 귀 떨어진 날이라고? 생일 축하해.

귀(가) 빠지다 태어나다. '출생하다'를 속되게 이르는 말. ¶ 오늘이 무슨 날인 줄이나 알아? 오늘 이 몸이 귀 빠진 날이라고. 퇴근길에 한잔 살 테니, 같이 나가세.

머리(통)에 털 나고 태어나서. ¶ 이런 일은 머리에 털 나고 처음 당해 보는 것이다. / 여자한테 그렇게 화를 낸 것은 머리통에 털 나고 처음이었어.

숨(을) 쉬다 살아 있다. ¶ 오늘도 내가 숨을 쉬는 이유는 찬란한 내일을 기대하기 때문이다. / 고려청자에는 옛 도공들의 장인 정신이 숨 쉬고 있다.

숨(이) 붙어 있다 생명을 유지하다. ¶ 숨이 붙어 있는 것만도 다행으로 알아라. / 숨이 붙어 있는 한 조국의 완전한 독립을 위해 계속 싸울 것이다. / 내가 숨이 붙어 있는 한 꼭 이 일을 완수하고야 말겠어. 반 **숨이 끊기다**

【죽음】

고택골(로) 가다 죽다. ¶ 내가 한 대 먹이면 저거 고택골 간다. / 이번 선거에서 지면 우리는 끝이다. 고택골로 같이 가기 싫거든 알아서 뛰어라. 〚기원〛 고택(高宅)골은 현재 서울 은평구 신사동 일대의 옛 명칭인데, 이곳에 공동묘지가 있었다. 그래서 사람이 죽으면 여기다 묻고, 누군가 그 사람의 안부를 물으면 "고택골로 갔어."라고 답을 하였다고 한다.

골로 가다 죽다. ▷ 비속어 ¶ 윗사람에게 대들다가 골로 가는 사람들 많다고 하더라. 알아서 조심하라고. ※ 골: 고랑, 골짜기의 준말. 참 **골로 보내다**

길게 눕다 죽다. ¶ 언젠가는 길게 누울 육신인데 아껴서 무엇하겠느냐? 내 힘이 닿는 데까지 일할 것이다.

까마귀밥(이) **되다** (거두어 줄 사람이 없이) 죽다. ¶ 그렇게 지체 높은 어른이 역적으로 몰려 까마귀밥이 되어 버릴 줄을 누가 알았겠습니까? 〖기원〗 예로부터 까마귀가 죽음을 불러오는 불길한 새로 알려진 이유는 까마귀가 죽은 동물의 시체를 먹이로 하기 때문이다. 따라서 까마귀밥이 되는 것은 죽은 후 그 시체가 들판에 버려진다는 것을 의미하게 되었다.

논두렁(을) **베다** (처량하게) 죽다. ¶ 막연한 동경만으로 귀농했다가는 농약을 마시고 논두렁을 벨 수밖에 없다. / 농부는 늙고 병들고 외롭고 해도 애오라지 논두렁에서 살다가 논두렁 베고 쓰러지는 것이 제 분수지. 〖기원〗 논이 일터인 농부가 일을 하다가 죽는 경우를 이르는 데에서 유래하였다. 이후 의미가 확장되어 집 안에서 편안하게 죽음을 맞이하지 못한 경우를 이르게 된 것으로 보인다.

눈에 흙이 들어가다 죽다. ¶ 내 눈에 흙이 들어가기 전에는 너희 결혼을 허락할 수 없다. / 남은 소원이라면 눈에 흙이 들어가기 전에 통일이 이루어져서 고향 집에 가 보는 것입니다.

눈(을) **감다**[2] 죽다. ¶ 오랫동안 투병 생활을 하시던 아버지가 끝내 눈을 감으셨다.

눈자위(가) **꺼지다** 죽다. ¶ 내가 그곳에 도착했을 때, 그는 이미 눈자위가 꺼져 있었다.

단두대의 이슬로 사라지다 사형당하다. ¶ 우리 아버지는 인혁당 사건에 연루되어 단두대의 이슬로 사라지셨습니다. ※ 단두대(斷頭臺): 죄인의 목을 자르는 기구.

돌아 가다 죽다. ¶ 영감은 작년에 돌아갔고, 아들과 둘이 살고 있소. / 얼굴 마주 보며 사는 사람들에게 잘해 주라고. 사람이 천년만년(千年萬年) 사는 것도 아니고, 사실 언제 돌아갈지 모르는 거잖아.

돌아 가시다 죽다. **'돌아 가다'**의 높임말. ¶ 숙부가 어제 저녁 갑자기 돌아가셨다.

목(이) **떨어지다**[2] 죽음을 당하다. ¶ 목이 떨어져 나간 적들의 수는 셀 수가 없을 지경이다. 참 **목을 (내)걸다**

물고(가) **나다** 죽다. ¶ 물고가 날 때 나더라도 진실을 숨길 수는 없는 것 아닙니까? 〖기원〗 물고(物故)가 사람의 죽음을 나타내게 된 것은 그 사람이 쓰는 물건이 낡은 것으로 되었다는 뜻에서 비롯되었다. 참 **물고**(를) **내다**

(물)**고기 밥이 되다** 물에 빠져 죽다. ¶ 멀쩡하게 나갔던 사람이 물고기 밥이 되었다니 믿어지지 않아요. / 선체에 대한 관리 소홀이 수많은 사람을 물고기 밥이 되게 한 원인이 되었다. / 갑자기 바람이 횡 돌면서 배가 모로 놓이게 되면 열다섯 명의 아이들은 고기밥이 되고 말 것이다.

물귀신(이) **되다** 물에 빠져 죽다. ¶ 저 사람은 수영을 제대로 못해. 저대로 놔두었다가는 물귀신이 될 수도 있어.

밥숟가락[밥술](을) **놓다** ⇒ **숟가락**(을) **놓다**[2] ¶ 그렇게 함부로 말하다가 밥숟가락 놓는 수가 있어. 말조심해. / 밥술을 놓은 분을 무덤까지 모시고 가는 상여를 넣어 두는 곳집은 보통 마을에서 뚝 떨어진 후미진 골에 있다. 참 **밥술이나 먹다**

사잣밥(을) (걸머)**지다**[짊어지다] 언제 죽을지 모를 운명이다. 또는 그러한 운명을 각오하고 나서다. ¶ 배꾼이라고 천대를 받으면서 사잣밥을 지고 바다를 떠돌던 지난날은 생각만 해도 지긋지긋하다. / 사잣밥을 걸머지고 덤비는 사람을 당할 수 없지. / 우리가 뒤꼭지에다 사잣밥 짊어지고 대창 들고 나설 때는 먼 맘 묵고 나섰소? (송기숙, 녹두장군) 『기원』 민속에서는 초상난 집에서 죽은 사람의 넋을 부를 때 그를 맞으러 염라부에서 오는 사자를 대접해야 한다고 말하는데, 사자를 대접하기 위하여 채반에 담아 발인할 때까지 담이나 지붕 모퉁이에 놓아두는 세 무더기의 밥을 사잣밥이라고 한다.

세상을 등지다[2] 죽다. ¶ 그는 술로 몸을 버려 세상을 등졌다.

세상(을) **떠나다**[뜨다] 죽다. ¶ 내가 생각하기로 그는 적당한 시기에 세상을 떴다. 조금 더 오래 살았다면 구차하게 삶을 마무리했을 것이다. / 이곳에 있는 대부분의 환자는 두 번 다시 바깥 구경을 못 하고 세상을 떠나고 만다. / 아내가 세상을 뜨고 난 후 남편도 외로움에 견디다 못해 세상을 뜨고 말았다.

세상(을) **버리다** 죽다. ¶ 세상을 비관하면서 술만 마시더니 결국 허망하게 세상을 버리고 말았다. / 그 형은 마지막까지 고향에 남아 있다가 결국 암으로 세상을 버렸다.

손톱 밑에 흙이 들어가다 죽다. ¶ 손톱 밑에 흙이 들어가기 전까지는 그 일을 포기할 수 없습니다.

수구문 차례 늙고 병들어 죽을 때가 가까워진 사람을 일컫는 말. ¶ 수구문 차례가 다 되어서야 인생살이가 무엇인지 알 것 같다. 『기원』 수구문(水口門)은 성벽 안의 물이 밖으로 흘러 빠지는 수구에 만든 문인데, 옛날에는 시체를 수구문 밖에 버리곤 한 데서 이 표현이 나오게 되었다.

숟가락(을) **놓다**[2] 죽다. ¶ 거액 복권에 당첨된 순간에 심장 마비로 숟가락을 놓는 사람도 있다.

숨(을) **거두다** 죽다. ¶ 그가 적군의 총을 맞고 숨을 거둔 것은 전쟁이 끝나 갈 무렵이었다.

숨(을) **넘기다** 죽다. ¶ 불안하게 말을 잇던 장군은 끝내 숨을 넘기고 말았다.

숨(을) **놓다** 죽다. ¶ 심한 불황이 지속되면서 손잡고 숨 놓는 가족이 늘고 있다. / 섬진강 상류에서 송사리 떼를 잡아 차에 싣고 돌아오던 날은 성냥개비보다 작은 그것들이 지쳐서 혹시 숨을 놓지나 않을지 마음을 조이기도 했고……. (안도현, 세상이라는 이름의 어항)

숨이 끊기다 죽다. ¶ 몸에 경련이 나는 걸로 봐서는 완전히 숨이 끊긴 것 같지 않았다. 반 **숨(이) 붙어 있다**

숨(이) **넘어가다** 죽다. ¶ 그는 금방이라도 숨이 넘어갈 듯하더니 이내 정신을 차렸다. / 아내는 그해 겨울 폐렴으로 가스랑거리는 가래와 함께 숨이 넘어가고 말았다.

요단 강(을) **건너가다** 죽다. ¶ 모든 고통을 훌훌 떨쳐 버리고 하늘나라로 간다는 기쁨이었을까? 그 미소를 끝으로 어머니는 미련 없이 요단 강을 건넜다. ※ 요단 강(Jordan江): 팔레스타인에 있는 강의 이름.

잠(이) 들다[2] 죽다. ¶ 우리 할머니는 양지바른 언덕에 잠들어 계신다. / 그의 유해는 아직껏 고국에 돌아오지 못한 채 이역 땅에 잠들어 있다.

칠성판(을) 지다 죽다. 또는 죽음을 무릅쓰고 사지에 들어가다. ¶ 이름은 그 사람의 실체를 담보한다. 태어나면서부터 칠성판 질 때까지 희로애락을 같이한다. / 가라 하시오면 가오리다만 칠성판을 지고 사지로 들어가는 일이고 보니 성큼 대답이 아니 나옵니다. (정한숙, 처용랑) ※ 칠성판(七星板): 관(棺) 속 바닥에 까는 얇은 널조각. 널조각에 북두칠성을 본떠서 일곱 개의 구멍을 뚫어 놓는다.

하늘나라에 가다 죽다. ¶ 하늘나라에 가신 아버지가 그리워졌다.

한 줌의 흙이 되다 죽다. ¶ 우리도 언젠간 한 줌의 흙이 되겠지.

황천객이 되다 죽다. ¶ 그의 날카로운 칼 솜씨에 적군들은 비명 한번 지르지 못하고 황천객이 되었다. ※ 황천객: 황천(黃泉)은 사람이 죽은 다음 그 혼이 가서 산다는 세상을 말하고, 황천객(黃泉客)은 저승으로 간 나그네란 뜻으로 죽은 사람을 이르는 말이다.

황천길로 가다 죽다. ▷비속어 ¶ 과로에 의한 쇼크였습니다. 너무 무리하면 아예 황천길로 가는 수도 있으니 조심하세요.

【죽임, 살해(殺害)】

골로 보내다 죽이다. ▷비속어 ¶ 골로 보내기 전에 입 다물고 있어. 참 **골로 가다**

물고(를) 내다 죽이다. ¶ 상놈 주제에 양반을 두 눈 똑바로 뜨고 쳐다보다니, 이 물고를 낼 놈. / 비밀을 누설한 놈을 잡아다가 물고를 낼 것이다. 참 **물고(가) 나다**

바람구멍(을) 내다 총으로 쏘아 죽이다. ¶ 그런 놈은 내가 바람구멍을 내 주고 말겠다. / 대낮에 칼 들고 설치는 놈들은 바람구멍을 내 줘야 해.

숨(을) 끊다 죽이다. ¶ 그는 자기 스스로 숨을 끊어 결백을 증명하고자 했다. / 그는 바닷가재를 끓는 물에 넣어 숨을 끊었다.

숨통을 끊다 죽이다. ¶ 그런 천하의 역적은 반드시 내 손으로 숨통을 끊어 놓을 것이다. / 그는 자신을 학대하고 억누른 원수의 숨통을 끊었다.

잡아 먹다[4] (사람을, 특히 남편을) 죽게 하다. ¶ 그 계집이 남편을 잡아먹었다.

피로 물들이다 대량으로 살육하다. ¶ 광주를 피로 물들인 데 대해 누가 책임을 져야 하는가.

피비린내(가) 나다 살육으로 인하여 살벌하다. ¶ 나는 어릴 적에 피비린내 나는 전쟁을 겪었다.

운수(運數), 운명(運命)

【운수(運數), 횡재(橫財)】

굴러 (들어)온 떡 횡재. 기대하거나 노력하지 않았는데 얻게 된 것을 가리킨다. ¶ 굴러 온 떡 주워 먹는 요행만 기대해서는 성공할 수 없지. / 어, 그것 굴러 들어온 떡이로구나. 시골 놈이 시세는 더욱 알 리가 없으니 좁쌀 두어 섬 내주면 삼밭을 알려 줄 게다. (황석영, 장길산)

굴러 (들어)온 호박 ⇒ **굴러 (들어)온 떡** ¶ 이게 웬 굴러 들어온 호박이냐 싶어 그를 반갑게 맞았다. / 계산속이 빠른 그가 이렇게 굴러 온 호박을 놓칠 리가 없지.

노(가) 나다 운이 좋아 횡재를 하거나 일이 잘 풀리다. ¶ 고삐 풀린 아파트 가격이 서민의 가슴을 할퀴는 사이 건설 업체들은 노가 났다. / 영화가 대박을 쳤다지만 배급사만 노 난 거지 제작사는 별로 얻은 게 없어. / "후한 것은 노름판 인심이라는데, 해장국값이라도 내놓고 가야잖어?" "노 날 때마다 뜯어낸 건 어쩌구서 그러는 거여." (조선작, 초토) 『기원』 노름판에서 패가 좋아 돈을 크게 따는 상황을 가리킬 때 사용하던 말에서 유래하였다. 이 표현에 사용된 '노'가 금이 나오는 광맥(鑛脈)을 뜻하는 '노다지'에서 비롯되었다는 설이 있다. 참 **대박이 나다**

도깨비 방망이 전지전능(全知全能)한 물건. ¶ 보안법이 뭐 도깨비방망인가? 걸핏하면 보안법으로 사람을 잡아들이게. / 내 말만 들어라. 내 말 한마디가 도깨비방망이다. 『기원』 도깨비가 가지고 다닌다는 방망이를 휘두르면 소원이 이루어진다는 옛이야기에서 유래한 말이다.

돼지꿈을 꾸다 재수 좋은 일이 생겼을 때 하는 말. 돼지꿈을 꾸면 재물이 생긴다고 한다. ¶ 돼지꿈을 꾸었나, 오늘 이게 무슨 횡재지?

땡(을) 잡다 뜻밖에 좋은 수가 생기다. ▷ 비속어 ¶ 남들은 내가 장가를 잘 들어 땡잡았다고 하지만, 막상 살아 보니 답답한 일도 많았다. / 원가 팔백 원에 불과한 것을 손님 눈치 봐 가며 오천 원 불러 적당한 선에서 팔리면 그날은 땡을 잡은 날이다. ※ 땡: 골패나 투전에서 같

은 짝을 뽑는 일. 땡땡구리. 참 **상투(를) 잡다**

떡이 생기다 이득을 얻다. 보통 뜻밖의 이득을 얻는 상황에서 '자다가도', '생각지도 않은' 따위와 어울려 쓰인다. ¶ 어른 말을 들으면 자다가도 떡이 생기는 법이란다. / 무용을 본다고 해서 돈이 나오는 것도, 떡이 생기는 것도 아니겠지요. / 아무 생각 없이 일을 했는데 생각지도 않은 떡이 생겼다. 참 **떡고물이 생기다**

똥(을) 밟다 재수가 없다. ▷ 비속어 ¶ 오늘 완전히 똥 밟았네. / 아침부터 그런 기분 나쁜 사람을 보다니. 에이 똥 밟았다.

봉(을) 잡다 횡재하다. ¶ 네 주제에 그런 미인을 아내로 맞이했으니 봉 잡은 셈이지. / 나를 보고 봉 잡았다고 생각했겠지만 내가 그렇게 어수룩한 사람이 아니라는 것만 알아 두기 바라네. ※ 봉(鳳): 봉황을 뜻하는 말. 참 **봉으로 알다, 상투(를) 잡다**

용꿈을 꾸다 재수 좋은 일이 생겼을 때 하는 말. 용꿈을 꾸면 좋은 일이 생긴다고 한다. ¶ 협상 대표는 "어젯밤 용꿈을 꾸었다."면서 회담 진척에의 희망을 피력했다. / 그 애도 장사를 하는디, 몇백만 원짜리 집도 샀다우. 에그, 촌년이 용꿈 꿨지, 그게 다 서방 잘 만난 탓이여. (정영환, 한해지대)

웬 떡이냐 기대치 않던 행운을 얻었을 때 하는 말. ¶ 갑자기 돈을 준다고 하니까 이게 웬 떡이냐 하고 덤벼들었다가 피해 본 사람들 많아요. 참 **떡고물이 생기다**

팔자 타령 신세 한탄. ¶ 할머니가 측은해 보여 팔자타령을 들어 주다 보니 하루해가 저물었다. / 허구한 날 맨 팔자타령만 하고 있으니, 발전이 없지, 없어.

팔자가 (드)세다 편안하지 않고 고생을 많이 할 운명이다. ¶ 사람이 너무 부지런해도 팔자가 드세단다. / 어린 나이에 혼자 몸으로 월남하여 일가를 이룬 나는 인생 그 자체로서는 팔자가 드센 축에 속할 것이다. / 여자가 체신은 커도 말여, 어깨는 좁아야 혀. 그 색시처럼 어깨가 넓으면 팔자가 센 법여. (박범신, 불의 나라) 반 **팔자(가) 늘어지다, 팔자(가) 좋다**

팔자(가) 사납다 타고난 운명이 기구하다. ¶ 팔자가 사나워서 그런지 하는 일마다 잘되지 않는다. / 팔자 사나우면 의붓아들이 삼 년 맏이가 된다더니 닥치는 일마다 싹수가 맞지 않고 망측스럽게 되는구나. 반 **팔자(가) 늘어지다, 팔자(가) 좋다**

하늘에서 떨어지다 저절로 얻어지다. ¶ 세상에 하늘에서 그냥 떨어지는 것은 없다. / 기회란 것이 하루아침에 하늘에서 뚝 떨어지는 것이 아니다. 노력하는 자에게 오는 것이다.

【운명(運命), 신앙(信仰)】

달(이) 가시다 사람이 죽어서 부정(不淨)하다고 생각되는 달이 지나가다. ¶ 다른 사람들은 미신이라고 말하지만, 달이 가신 후에야 일을 마음 놓고 할 수가 있을 것 같다.

바람(을) 올리다 바람 신에게 빌다. ¶ 예전에 바람이 드세게 불라치면 어른들은 바람을 제대로 올리지 못해서 그렇다고 말하곤 했다. / 우리 어머니들은 이월 초하룻날 부엌에서 정갈한 음식을 차려 놓고 바람을 올렸다. 〖기원〗 음력 이월 초하루부터 스무날까지 폭풍우 피해를 막고자 풍신제(風神祭)를 올려 영등할머니와 그 며느리에게 빌던 풍속에서 유래하였다. 영등할머니는 음력 이월 초하룻날인 영등날에 하늘에서 내려온다는 할머니로 바람을 다스린다고 한다.

주사위(를) 던지다 어떤 일이 이미 돌이킬 수 없는 상태가 되다. 모든 것을 운명에 맡긴 상태가 되다. ¶ 그는 주사위를 던졌다. 반도체에 회사의 운명을 건 것이다. / 이미 주사위를 던진 일인데 이제 와서 걱정한들 뭣하겠는가. 참 **물 건너가다**

하늘에 맡기다 운명에 따르다. ¶ 모든 것을 하늘에 맡기고 나니 마음이 편해진다. / 그동안 그렇게 열심히 했으니 인간으로서 할 수 있는 일은 다한 셈이다. 이제 모든 것을 하늘에 맡겨라.

생리(生理)

【**갈증**(渴症)】

목이 타다 갈증을 느끼다. ¶ 땀을 많이 흘렸더니 목이 탄다. / 하루 종일 걸어서 목이 몹시 탔으나, 물은 고사하고 쉬어 갈 만한 곳도 없었다.

【**배설**(排泄), **월경**(月經)】

뒤가 급하다 똥이 몹시 마렵다. ¶ 그 사람은 뒤가 급한지 갑자기 자리를 떴다. / 뒤가 급하다고 아무 데서나 일을 볼 수는 없잖아요.

뒤가 마렵다 똥이 몹시 마렵다. ¶ 기차 시간이 가까워 오는데 갑자기 뒤가 마려웠다. / 그 사람은 뒤가 마려운 사람처럼 꼼지락거리더니 갑자기 자리를 떴다.

뒤(를) 보다 대변을 보다. ¶ 뒤를 볼 시간도 없이 공부했지만 아무런 성과도 없이 해를 넘기고 말았다.

몸(을) 하다 월경을 치르다. 지금은 잘 쓰이지 않는 표현이다. ¶ 중전께서 나이 든 상궁에게 "너도 아직까지 몸 하느냐?" 하고 물으셨다. / 그날 밤도 자리 펴고 막 누우려다 아직도 몸을 하는 저를 보고 사립 밖으로 뛰어나가 한바탕 춤을 추더라구요. (문정희, 처용 아내의 노래)
참 **몸(을) 가지다**[1, 2]

(볼)일(을) 보다 똥이나 오줌을 누다. ¶ 화장실에서 일을 보고 있는데 누군가 급하게 문을 두드렸다. / 볼일 보러 간다고 나간 사람이 한 시간이 되어도 돌아오지 않았다. / 한혜주가 볼일을 다 볼 때까지, 그는 늘 빈 복도에 서서 사람의 기척을 내 주곤 했다. (송하춘, 사막의 폭설)
※ 볼일: 해야 할 일.

지도(를) **그리다** 잠자리에 오줌을 싸 놓다. ¶ 너 어젯밤에 또 지도 그렸지? 다 큰 애가 창피하지도 않니? / 어제 수박을 많이 먹더니, 오늘 아침 이불에 지도를 그려 놓았지 뭐예요.

【잠, 졸음】

고갯방아(를) **찧다** ⇒ **방아**(를) **찧다** ¶ 피곤하다는 건 알지만, 어른이 이야기를 하는데 젊은 사람이 고갯방아를 찧고 있으면 안 되지.

꿈나라로 가다 잠자다. ¶ 철수 있느냐고? 철수 지금 꿈나라로 갔단다. 내일 전화하렴. / 꿈나라로 간 만딸의 모습을 보고 있자니, 평화가 바로 이것이구나 하는 생각이 들었다.

눈썹 싸움을[씨름을] **하다** 졸음이 오는데 안 자려고 애쓰다. ¶ 오후만 되면 책상에 앉아 눈썹 싸움을 했다. / 재미없는 수업이었지만, 눈썹 씨름을 하며 한 시간을 버텼다.

눈(을) **붙이다** 잠을 자다. ¶ 밤도 깊었는데 이젠 눈을 좀 붙여야 내일 일찍 일어나지. / 학기말이라 너무 바쁘다. 정말 눈 붙일 여유도 없이 새벽 일찍 도서관으로 가야만 했다.

단꿈(을) **꾸다**[2] 잠을 자다. ¶ 전화하지 마세요. 그 사람 아직 단꿈을 꾸고 있을 시간이에요. 참 **꿈**(을) **꾸다**

밤(을) **밝히다** 밤을 새우다. ¶ 큰 애가 어제 밤을 밝히지나 않았는지 모르겠소. 좀 더 자게 깨우지 말고 내버려 둡시다.

방아(를) **찧다** 졸면서 고개를 끄덕이다. ¶ 수업 시간 동안 연신 방아를 찧고 있는 학생들을 보는 선생의 마음이 편할 리 없었다. ※ 방아: 곡식을 찧거나 빻는 기구.

자리(를) **걷다**[3] 이부자리를 정리하다. ¶ 우리는 다음 날 아침 일찍 자리를 걷고 길을 나섰다. / 오늘 아침은 온 식구가 일찍 자리를 걷었다.

자리(를) **보다** (잠을 자려고) 이부자리를 깔다. ¶ 방에 자리를 보아 놓았으니, 어서 들어가 주무십시오.

자리에 들다 잠을 자다. ¶ 자리에 들 시간이에요. / 밤이 깊어서 자리에 들면 베갯머리를 요란스럽게 울리는 벌레 소리는 무어라고 형언할 수 없을 만큼 처량하다.

잠에 떨어지다 깊이 잠들다. ¶ 아이들은 잠에 떨어진 지 오래다. / 그는 긴장이 풀어졌는지 자리에 눕자마자 곧바로 잠에 떨어졌다.

한눈 붙이다 잠깐 자다. ¶ 밤새 뒤척거리다가 이른 아침에야 겨우 한눈 붙일 수 있었다. / 운전 중 졸음이 오면 길가에 차를 세우고 한눈 붙인 후 가는 게 좋아요.

표제어 색인

〈ㄴ〉

〈ㄷ〉

〈ㄹ〉

〈ㅁ〉

〈ㅂ〉

〈ㅅ〉

〈ㅇ〉

〈ㅈ〉

〈ㅊ〉

〈ㅋ〉

〈ㅌ〉

〈ㅍ〉

분류명 색인

〈ㅇ〉

〈ㅈ〉

〈ㅊ〉

〈ㅌ〉

〈ㅍ〉

〈ㅎ〉

분류에 따른 색인

공포감, 불안감 59

흥분, 화 71

우울, 통쾌 79

슬픔, 감동, 고통 82

2. 성격, 태도 87

인격, 품성 89

인정, 도량 97

능숙성 125

일치, 조화 129

사람을 대하는 태도 133

염치, 죄의식 153

진실성, 진정성 159

참여 태도 163

작업 태도 170

듣기와 말하기 237

사정, 형세 302

빈도, 정도, 분량 326

정신 상태 337

출몰, 소요 341

성패, 보람 348

영향, 흔적, 해 359

일의 진행 366

권한, 역할, 무력 411

돈, 상거래, 절도 414

소식, 소문, 평판 417

식견, 견문 421

최경봉

원광대학교 국어국문학과 교수. 어휘 의미론, 국어학사, 국어 정책과 관련한 연구를 하면서, 《국어 명사의 의미 연구》, 《우리말의 수수께끼》(공저), 《한국어가 사라진다면》(공저), 《우리말의 탄생》, 《우리말 오류사전》(공저), 《한글에 대해 알아야 할 모든 것》(공저), 《국어사전학 개론》(공저), 《한글 민주주의》, 《교양 있는 10대를 위한 우리말 문법 이야기》 등을 저술하였다.

kbchoi@wku.ac.kr

의미 따라 갈래지은

우리말 관용어 사전

1판 1쇄 펴낸날 2014년 5월 20일
1판 2쇄 펴낸날 2017년 7월 10일

지은이 | 최경봉
펴낸이 | 김시연

펴낸곳 | (주)일조각
등록 | 1953년 9월 3일 제300-1953-1호(구 : 제1-298호)
주소 | 03176 서울시 종로구 경희궁길 39
전화 | 734-3545 / 733-8811(편집부)
733-5430 / 733-5431(영업부)
팩스 | 735-9994(편집부) / 738-5857(영업부)
이메일 | ilchokak@hanmail.net
홈페이지 | www.ilchokak.co.kr

ISBN 978-89-337-0680-0 01710
값 38,000원

* 이 도서의 국립중앙도서관 출판시도서목록(CIP)은 서지정보유통지원시스템 홈페이지(http://seoji.nl.go.kr)와 국가자료공동목록시스템(http://www.nl.go.kr/kolisnet)에서 이용하실 수 있습니다.
(CIP제어번호 : CIP2014014221)